한국시민사회사
민주화기 | 1987~2017

한국시민사회사
민주화기 1987~2017

1판 1쇄 인쇄 | 2017년 5월 10일
1판 1쇄 발행 | 2017년 5월 15일

지은이 | 주성수
고 문 | 김학민
펴낸이 | 양기원
펴낸곳 | 학민사

등록번호 | 제10-142호
등록일자 | 1978년 3월 22일

주소 | 서울시 마포구 토정로 222 한국출판콘텐츠센터 314호(☎ 04091)
전화 | 02-3143-3326~7
팩스 | 02-3143-3328

홈페이지 | http://www.hakminsa.co.kr
이메일 | hakminsa@hakminsa.co.kr

ISBN 978-89-7193-242-1(94330), Printed in Korea
          978-89-7193-243-8(전3권)

이 도서의 국립중앙도서관 출판시도서목록(CIP)은 e-CIP홈페이지(http://www.no.go.kr/ecip)와
국가자료공동목록시스템(http://nl.go.kr/kolisnet)에서 이용하실 수 있습니다.
(CIP제어번호:CIP2017006992)

進賢
한국학

한국 시민 사회사
민주화기 | 1987~2017

주성수 지음

학민사
Hakmin Publishers

한국 시민사회 30년을 돌아보며

민주주의에도 봄은 왔는가? 겨울 내내 얼어붙은 광장에서 절규했던 시민들이 민주주의의 봄을 찾고 있다. 주권자 시민들의 '대통령 탄핵' 명령을 국회의원들과 헌법재판관들도 받들지 않을 수 없었기에 '시민혁명'이 되었다. 촛불의 광장에 나서서 행동한 직접민주주의가 대의민주주의를 바로잡아 잃었던 봄을 찾게 하는 '시민혁명'의 역사를 남긴 것이다.

시민들이 직접 나섰기 때문에 2016년 시민혁명이, 그리고 30년 전 6월 민주항쟁이 위기의 민주주의를 지켜낼 수 있었다. 필자도 국민이자 시민으로, 시민운동가이자 학문연구자로 시민사회 30년 역사를 함께 했다. 박정희-전두환 정권에 저항했던 학생운동을 거쳐 미국 유학길에 올라 1987년 민주항쟁의 날 하루 전에 귀국한 이래 30년을 시민사회 연구와 활동에 매진했으니, 시민사회와의 인연이 제법 길다고 할 것이다. 그 30년의 시민사회 연구와 활동결과를 이 책『한국시민사회사 1987~2017』에 담았으니 감개가 무량하다. 이 책은 시민운동에만 치우치지 않고 시민사회의 제도·조직·생활·이념 등 4차원의 콘텐츠로 시민사회 연구의 지평을 확장시키는데 중점을 두었다. 국제 표준(ICNPO)에 맞춰 시민사회의 샐러드 바와 같은 다양성과 다채성을 보여준 것도 이 책의 특징이라 할 수 있다.

1987년 민주항쟁의 열망과 열기가 식지 않았던 1989년은 세계적으로 사회주의가 붕괴하고 민주화와 시민사회 시대가 개막되었던 해였다. 국내에서는 경실련이 출범했고, 필자는 한양대 교수가 되어 얼마 후 이 단체에 동참하였다. 경실련 사회복지위원회 위원으로 취약계층 생계지원과 시민사회 지원제도 논의에 참가했고, 강동·송파경실련의 창립 공동대표로 지역사회운동에도 몸담았다. 1992년 필자의 첫 저서인 『사회민주주의와 경제민주주의』는 경실련의 경제민주화 담론과 필자의 박사학위논문(복지국가 노인의료의 정치경제)의 연장이었다. 이 책 덕분에 스웨덴 정부 초청으로 2주간 스웨덴을 방문한 보람도 있었다.

1994년 한양대에서 시작한 '대학자원봉사'를 전국 대학으로 보급하는데 열중하다가, 1995년 한국자원봉사포럼, 1996년 한국대학사회봉사협의회, 1997년 한국자원봉사협의회, 1998년 공동모금회, 1999년 KOPION 창설 임원으로 활동하게 되어 시민사회와 자원봉사 활동가들과 만나는 귀한 기회를 갖게 되었다.

1997년은 필자에게 있어 의미 있는 해였다. 연구년으로 미국 체류 중에 외환위기 소식을 접하고 급히 귀국, 공공근로정책 제안을 계기로 정부정책 연구와 활동에도 참여하게 되었다. 공익지원 사업을 개시했던 국정홍보처, 서울시정 참여사업, 비영리민간단체 지원사업에 기획과 심사, 평가위원으로 참여했다. 1997년 말에는 한양대 제3섹터연구소를 창설, 시민사회 연구를 본격화할 수 있는 토대를 갖추게 되었다. 1998년 학술진흥재단의 '시민사회와 지식인' 프로젝트를 시작으로, 2002~08년 사이에는 '시민사회와 NGO', '시민참여와 민주주의', '민주적 거버넌스' 연구를 수행하며 여러 논문과 저서들을 생산할 수 있었다. 또 2002년부터는 전문학술지〈시민사회와 NGO〉를 창간, 전국의 시민사회 연구자들과 네트워크도 갖출 수 있었다. 국제적으로는 2차(2004~06, 2008~10)에 걸쳐 '글로벌 시민사회 네트워크'(CIVICUS)에 참여, 48개국 글로벌 시민사회지표 연구에 한국보고서를 내는데 동참하였다.

『한국시민사회사』 저술을 마치면서 30년 후의 한국 시민사회를 기대해보면, 우선 시민사회에도, 권력에도 페어플레이와 관용의 정신을 주문하고 싶다. 반대를 위한 반대의 맞불집회나 시위를 접고, 상대에 적대적이거나 폭력적인 행동은 하지 않으며 권력의 유혹에도 넘어가지 않겠다는 '페어플레이 협약'을 해주길 바란다. 또 시민들을 좌우로 갈라놓게 하고 수개월간 차가운 광장에 나서게 만드는 지도자나 정권도 더 이상 보지 않았으면 한다. 대신 시민들과 시민단체의 다양한 목소리와 의견을 수렴하는 '심의적' 직접민주제로 대의민주제를 보완했으면 한다.

　　나아가 정권에 비판적이거나 불만을 토로했다고 하여 블랙리스트로 억압하거나, 정권이 유지되기 어렵다고 하여 수구단체들을 사주, 관제시위를 벌이게 하거나, 또는 시민사회와 시민들을 갈라놓고 싸움붙이는 정권은 민주주의의 이름으로 역사 속에 파묻어야 할 것이다. 사상 초유의 대통령 탄핵으로 만들어진 대통령선거 결과가 좌와 우, 보수와 진보 모두에게 공정과 관용을 주어 민주주의의 봄꽃이 활짝 펴게 되기를 기대해본다.

　제3섹터연구소 창설 20주년을 기념하는 의의도 갖고 있는 이 책을 내기까지 많은 분들의 도움이 있었다. 한국학중앙연구원은 고맙게도 연구비를 지원해 주었다. 연구의 기획부터 실제 연구에 이르기까지 정상호·이나미 교수님과 김이경 연구원이 함께했다. 이 분들은 물론, 그간 제3섹터연구소에 몸담아 함께했던 열 다섯 분의 연구교수님들의 수고와 애정 덕분이라 생각하며, 그분들께도 진심으로 감사드린다. 어려운 출판계 사정에도 불구하고 이 책을 민주항쟁 30년을 기념하는 의미 있는 저서라 반기며 기꺼이 출간을 맡아준 학민사에도 감사드린다.

2017년 4월 **주 성 수**

CONTENTS

PART 03
한국 시민사회 조직사

PART 04
한국 시민사회 생활사

PART 05
한국 시민사회 이념사

CONTENTS

서 론

한국 시민사회사
연구방법론

01 _ 한국 시민사회사 : 시민사회와 시민사회단체의 의미

〈한국 시민사회사〉 연구는 독자적 연구대상이자 분석적 범주로서 '시민사회사'라는 개념을 새롭게 사용한다. 시민사회사란 '시민사회'의 형성·유지·발전, 즉 시민사회의 역사를 말한다. '역사'의 사전적 정의는 '과거의 사건' 또는 "사람이나 제도의 삶과 발전과 관련된 사건들의 연대기적 기록"이다. 따라서 이 연구의 주제인 '한국 시민사회사'는 한국 시민사회의 역사를 시민사회의 제도와 조직, 그리고 생활과 이념이라는 네 가지 범주를 통해 연구하는 것을 의미한다.

'시민사회'는 국가도 시장도 아닌 '제3섹터'(third sector)로 통칭되면서, 그 개념이 다양하게 정의되고 있다. "사람들이 공동의 이해를 추구하기 위해 모인 가족, 국가 및 시장 사이에 위치한 제도, 조직 및 개인들의 영역"이다(Anheier 2004: 22). 국제NPO 표준화(ICNPO) 연구자들에 따르면, 초중고 및 고등교육을 포함한 일체의 비영리 교육기관, 병원과 각종 의료기관, 심지어는 국가가 설립하거나 운영하지 않는 정치조직들과 기업이 설립하거나 운영하지 않는 재단, 노동조합 등도 '시민사회'에 포함된다(UN 2003). '시민사회단체'는 NGO(non-governmental organization) 또는 NPO(non-profit organization)라고도 부른다[1].

02 _ 통합적 시민사회 연구방법론 : 시민사회지표와 ICNPO

본 연구는 국제적으로 활용되고 있는 국제비영리조직유형(ICNPO)과 시민사회지표(Civil Society Index: CSI) 접근법을 활용해, 한국 시민사회의 제도, 조직, 생활사를 분석할 수 있는 연구방법론을 개발해 저술하였다.

ICNPO는 시민사회 조직을 교육, 문화, 예술, 사회복지 등으로 체계화 분류해, 시민사회의 복잡다양성을 조작 가능한 분석틀로 전환시켰다. 이 방법론은 1990년 존스홉킨스 대학의 프로젝트로 시작되어 1997년에는 13개국의 국제비영리조직분류법 결과를 발표했고, 대상국이 1999년에는 22개국, 2004년에는 36개국으로 비교연구의 폭이 확대되었다. 그런데 국제비영리조직분류법은, 첫째, 계량적 지표로 환산 곤란한 국가와 시민사회의 관계, 시장과 시민사회의 관

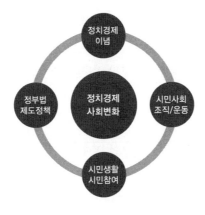

시민사회사 연구의 흐름도

계 등을 포괄하기 어렵다는 단점이 있다. 둘째, 한국의 환경단체, 노조, 민주변호사협회 등에 대한 분류 코드와 실제 활동 내용이 일치하지 않는 경우가 빈번하게 발생할 수 있다는 단점이 있다(Salamon and Anheier 1997: 75-6).

한편 시민사회지표(CSI) 접근법은 78개 항목에 대한 객관적 자료와 관련 시민사회 전문가 집단의 주관적 평가를 결합하여 구조, 환경, 가치, 영향을 기준으로 해당 시민사회의 성격을 평가한다. 시민사회 이해관계자를 포커스 그룹으로 한 설문조사와, 지역사회 주민들의 시민사회와 시민사회단체들의 활동에 대한 평가 결과를 지표 항목들의 점수 평가에 포함시킨다. 이에 따라 시민사회 운동단체뿐 아니라 사회복지와 청소년 등의 서비스 단체, 노조와 기업 재단, 언론, 정부의 관계자, 학계의 연구자 등 무수하고 다양한 이해당사자들이 지표 조사의 포커스 그룹에 참여해서 시민사회를 질적으로 평가하는 과정을 거친다. 현재는 CIVICUS(www.civicus.org)가 한국을 포함한 50여 개국에서 시민사회지표를 활용하여 시민사회의 국제비교를 진행하고 있을 정도로 주목받는 시민사회 연구방법이다.

03 _ 국가형성기·산업화기·민주화기의 시민사회 제도, 조직·생활·이념사

한국 시민사회사는 해방 이후부터 최근까지의 시기(1945~2017)를 국가형성기(1945~60), 산업화기(1961~86), 민주화기(1987~2017)로 구분해, 연구진 3인이 각 시기 연구를 분담해, 시민사회의 제도, 조직, 생활, 이념으로 분류해, 국내외 정치와 경제, 사회 변화에 따른 정부의 법과 제도와 정책(제도사), 시민사회의 조직과 운동(조직사), 시민생활과 시민참여(생활사), 그리고 시민사회를 둘러싼 이념(이념사)에 연구의 초점을 맞춘다.

04 _ 시민사회의 시민사회단체 유형 : 국제 비영리조직분류(ICNPO)

본 연구는 ICNPO의 광범위한 시민사회 비영리단체 유형 분류에 따라 연구를 수행한다.[2] 세계적으로 가장 보편적인 것은 다음과 같은 ICNPO의 12분류 모형이다.

국제비영리조직분류(ICNPO) 체계

단체 분류	포함 범주
Group1 문화와 레크리에이션	미디어와 통신관련 단체/ 예술단체/ 역사, 문학 등의 인문 협회/ 박물관/ 동물원 및 수족관/ 스포츠/ 레크리에이션과 사교클럽/ 봉사 클럽
Group2 교육 및 연구	유·초·중·고등 교육/ 고등교육기관/ 직업·기술학교/ 성인·평생교육/ 의료연구소/ 과학기술연구기관/ 사회과학과 정책학
Group3 보건	병원/ 재활시설/ 개인병원(요양원 포함)/ 정신병원/ 정신건강치료소/ 급성정신질환지원서비스/ 공중보건과 건강교육/외래환자건강관리프로그램/ 재활의료/ 응급의료서비스
Group4 사회서비스	아동복지와 서비스, 탁아소/ 청소년 서비스와 청소년 복지/ 가족 서비스/ 장애인서비스/ 고령자서비스/ 자립프로그램을 포함한 사회 서비스/ 사고와 응급상황 예방과 통제/ 일시적인 피난처/ 난민지원/ 소득과 생계비 지원/ 물질적인 지원
Group5 환경	오염 감소와 통제/ 자연자원 보전과 보호/ 환경미화와 오픈 스페이스/ 동물보호와 복지/ 야생생물 보존과 보호/ 수의학 서비스
Group6 개발과 주거	공동체운동단체와 마을단체/ 경제발전기관/ 사회발전기관/ 주거협회/ 주거지원단체/ 직업훈련프로그램/ 직업상담과 조언/ 직업 재교육
Group7 법률, 권익주창, 정치	권익주창단체/ 시민권 단체/ 인종단체/ 시민단체/ 법률서비스/ 범죄예방과 공공정책/ 범죄자 사회복귀/ 피해자 지원/ 소비자보호협회/ 정당과 정치단체
Group8 박애 및 자원봉사	보조금 제공 재단/ 자원봉사 장려기관/ 자금제공기관
Group9 국제기구	교환·교류·문화 프로그램/ 개발지원단체/ 국제재난과 구호조직/ 국제인권과 평화단체
Group10 종교	종교집단/ 종교집단의 협회
Group11 기업과 협회, 노동조합	경영인협회/ 전문가협회/ 노동조합
Group12 비분류 집단	위에 포함되지 않은 조직

PART 01

1987~

총론 :
한국 시민사회
민주화기

2017

한 국 시 민 사 회 사

제 1 장

시민,
시민사회,
시민사회조직

01 _ 2016년 시민혁명과 1987년 민주항쟁

'민주주의'(democracy)는 말 그대로 국민이 지배하는 기제이다. 대한민국은 박정희 정권의 유신헌법을 제외하고 1948년 제헌 헌법부터 '모든 권력은 국민으로부터 나온다'고 천명해 왔다[1]. 지난 30년을 돌이켜보면 국민들이 제대로 권력을 행사해서 민주주의를 살려냈던 위대한 역사는 1987년 민주항쟁과 2016년 박근혜 대통령퇴진을 이뤄낸 시민혁명이었다. 무능하고 부패한 박근혜 대통령이 국정농단의 주범이 되어 헌법을 파괴한 죄값으로 탄핵을 받아 물러난 것이다. 2017년 3월 10일 "대통령 박근혜를 파면한다"는 헌법재판소의 심판은 "헌법을 만들어 내는 힘의 원천"이 되는 "국민의 신임을 배반한" 위헌·위법행위라 밝혔다.

대통령이 탄핵되었다고 바로 민주주의가 회복된 것은 아니었다. 민주적 선거, 정부 운영 등 '형식적' 민주주의는 실현되었다고 하지만, 헌법 질서가 유지되고 대통령을 비롯해 국회의원과 공직자들이 국민을 두려워하고 섬기며 민주적 제도와 정책으로 시민의 자유와 평등과 삶의 질 향상을 보장하는 '실질적' 민주주의는 심각한 위기에 처해 있다는 현실을 주권자 시민들은 직접 목격할 수 있었다. 87년 민주항쟁에서 시민들이 쟁취한 민주주의가 강산이 세 번이나

바뀐 뒤에도 유명무실의 허약함을 드러냈던 것이다. 위기의 민주주의를 복원시켜 '강한' 민주주의를 만들어내야 하는 주체자 역시 모든 권력을 행사하는 주권자 국민들, 시민들이다. 국민들과 시민들은 권력을 남용해 국익을 해치는 국가나 대통령에 대해 그리고 재력과 정경유착으로 사익을 추구하려는 대기업들에 맞서는 시민사회와 함께 정치 민주화, 경제 민주화를 실현해야 하는 시대적 요청을 받고 있다.

민주주의는 결코 완벽할 수 없지만, 시민들과 시민사회는 위기에 처한 민주주의를 지켜냈고 또 '강한' 민주주의로 업그레이드를 하는 주역이었다는 사실은 지난 30년의 역사에 빠짐없이 기록되어 있다. 재직기간 내내 국정문란을 일으켰던 박근혜 대통령의 퇴진을 이끌어내는 위대한 시민혁명의 중심에 시민들과 시민사회가 있었다. 1987년 6월에 광장에 쏟아져 나온 '비판적' 시민들과 조직적인 시민사회의 민주항쟁이 군사정권을 무너뜨리고 민주화 시대를 활짝 열었던 것처럼 2016년에도 '비판적' 시민들이 시민사회와 함께, 민주주의의 시대를 부활시켰다.

한국의 시민사회는 87년 민주항쟁 이후 어떤 역사적 경로를 거쳐 왔는가? 정치와 사회와 정부정책에 실질적으로 의미있는 영향력을 행사하며, 민주주의 가치 증진에 기여했는가? 그래서 미래 세대에 물려줄 만한 '지속가능한' 시민사회의 위상을 갖추고 있는가? 먼저 30여년 전 민주화와 세계화 시대의 역사적 소용돌이에서 시민사회의 성장에 관한 글로벌 동향과 이론적 배경에 초점을 맞춰보자.

02 _ 민주화와 세계화 시대의 시민사회

1987년 민주항쟁은 한국 역사 최초의 '민주주의 시대'이자 동시에 '시민사회 시대'의 개막을 알렸다. 민주화운동으로 추동된 시민사회의 역량으로 헌법

개정을 이끌어내며 시민의 정치적 자유와 권리를 회복해 시민의, 시민에 의한, 시민을 위한 새로운 시대, 시민사회의 시대를 열어갔다. 여야 합의로 전격적인 헌법 개정이 이뤄졌고 대통령 직선제가 실시되고, 이후 집권한 노태우 정부도 군사정권의 연장이었지만 개혁입법을 일부 수용했다. 뒤이은 김영삼, 김대중, 노무현 정부는 각기 문민정부, 국민의 정부, 참여정부를 국정의 기치로 정치, 경제, 사회 민주화를 동시에 전면적으로 추진하면서 시민사회를 국정의 파트너로 수용하며 '시민사회 시대'를 선도하는 리더십을 발휘하였다.

1987년 민주항쟁 이후 1989년 글로벌 차원의 사회주의의 붕괴라는 혁명적 변혁이 있었다. 동시대적으로 한국과 지구촌은 전대미문의 정치사회적 혼란 속에서도 하나의 뚜렷한 시대, '시민사회 시대'로 나란히 진입해갔다. 그간 사회주의 영향을 받은 한국의 일부 운동권도 얼마가지 않아 새로운 신사회운동(new social movement)으로 편입해왔다.[2] 사회주의 붕괴 직후 동구권의 변혁을 면밀히 관찰했던 다렌도르프(Dahrendorf 1997)가 『1989년 이후: 도덕, 혁명, 시민사회』를 집필한 시점인 1997년 그는 동구 혁명이 "제약받지 않는 토론, 평등 및 근본적인 민주주의의 새로운 세계"를 갖다주는 희망인지를 아직 확신할 수 없지만, 한 가지 확신하는 것은 "시민권과 시민사회가 선거나 시장보다 더 중대한 진전을 보여준다"는 점이라고 평가하였다.

글로벌 '시민사회 시대'의 개막에 대해서는 여러 논의들이 제시되었는데, 특히 샐러먼(Salamon 1994)의 이론적 해석을 많이 참고한다. 그는 2대 혁명(경제성장과 커뮤니케이션 혁명), 3대 실패(시장실패, 정부실패, 자원섹터 실패), 4대 위기(복지국가, 개발, 환경, 사회주의의 위기), 3대 압력(위로부터, 아래로부터, 밖으로부터의 압력)이라는 이론적 시각을 제시한다. 그에 따르면, 시민사회는 경제성장과 IT혁명 덕분에 글로벌 차원으로 발전될 수 있는 유리한 환경을 갖게 되었고, 여기에 전통적인 시장실패와 정부실패, 그리고 자원섹터 실패가 시민사회의 등장을 정당화시키는 이론적, 정책적 배경으로 부각되었다는 것이다. 또 서구에서는 복지국가

의 위기, 제3세계에서는 개발의 위기, 동구에서는 사회주의 위기, 그리고 글로
벌 차원에서는 환경의 위기가 국가 주도적인 거버먼트(government) 시대를 국가
와 시장과 시민사회가 공조하는 새로운 거버넌스(governance) 시대로 전환시켜
놓았다. 또 국내에서는 위로부터는 리더십의 강력한 의지, 아래로부터는 시민들
의 확고한 지지, 밖으로부터는 타국과 국제사회의 압력과 영향력이라는 3박자
지지가 역사적인 시민사회 시대의 개막을 앞당겼다.

글로벌 '시민사회 시대'의 3중 지지와 압력은 한국에서도 민주항쟁 이후의
시민사회의 동향에서 뚜렷하게 부각된 시대적 요청이 되었다. '위로부터'의 압
력에서는 김영삼 정부를 거쳐 김대중 정부와 노무현 정부에 이르는 진보적 정
부들의 리더십이 시민사회의 성장을 지원하는 확고한 지지기반이 되었다. 문민
정부, 국민의 정부, 참여정부는 시민사회를 개혁의 파트너로 삼아 서로 공조하
며 정치, 경제, 사회 전반의 개혁을 추진해갈 수 있었다. 김영삼 대통령은 금융
실명제의 전격도입, 전두환과 노태우의 단죄 등 개혁입법과 제도의 기초를 마
련하는 리더십을 발휘했다. 김대중 대통령은 외환위기와 함께 찾아온 경제위기
극복에 전념하면서도 시민사회의 정치활동에 적극적인 지지를 보내며 시민사
회의 성장을 지원하였다. 김대중 대통령은 2000년 총선시민연대의 활동을 공개
적으로 지지했고, 환경단체들의 동강댐 건설 반대운동에 손을 들어주며 댐건설
을 백지화시켰으며, 심지어는 시민사회의 개혁 요청에 정부가 보조를 맞출 것
을 지시하였다.

또 '아래로부터'의 압력에서는, 시민사회와 시민사회단체(NGO)에 대한 시
민의 지지는 절대적이며 지속적이었다. 법에 도전적인 '불복종운동'을 했던
2000년 총선시민연대의 활동에 대한 시민들의 지지는 각종 여론조사에서 꾸준
히 2/3 이상을 유지했다. 또 여론의 지지를 가늠하는 척도로서 언론의 대대적인
보도만으로도 NGO에 대한 '아래로부터'의 지지는 파격적이었다고 평가할 수
있다(주성수 등 2001, 2002, 2004). 시민들은 정부와 국회와 정당에 대해서는 절반

도 신뢰하지 않아도 시민사회단체(NGO)에 대해서는 2/3 이상이 절대적인 신뢰와 지지를 보내왔다(주성수 2016).

시민사회 시대에는 특히 '시민'의 성장을 주목해볼 만하다. 세계화, 탈냉전 등의 글로벌 동향의 중심에는 시민사회뿐 아니라 '시민'이 중요한 행위 주체로 부상하고 있다. 정부와 정치에 무관심하거나 무력한 시민이 아니라 정부와 정치에 '비판적'이며 NGO 등의 자발적 시민사회단체에 참여하는 '자발적' 시민의 등장은 시민사회 시대의 주요 특징이다. OECD(2000)는 시민들이 소비자보호, 환경보호, 소외층 옹호 등 실질적인 사회문제 해결과 공익추구를 바라는 '자주적' 시민(emancipated citizens)으로 등장한 것이 거버넌스 시대의 특징이라 강조했다. 또 지구촌 시민사회조직들의 구심체 역할을 하고 있는 시비쿠스(CIVICUS)는, "시민운동이 이제는 지속적인 글로벌 현상"이라 전제하면서, '시민'의 등장을 중시한다(de Oliveria & Tandon 1994: 2).

지난 20여년 기간에 다양한 계급, 종교 및 인종의 배경을 가진 모든 사람들이 민주주의와 인권을 수호하고 보다 형평적인 개발과 보다 안전한 환경을 위해, 또는 더 간단히 얘기하면 자신들의 이웃과 지역사회에서 도움을 필요로 하는 사람들을 돕고 일상 삶의 질을 향상시키기 위해 조직들을 구성하였다. … 오늘날 두드러지게 나타나고 있는 특징은 이같은 연대와 공공영역에 대한 책임의 미덕을 글로벌 차원으로 확대시켜가고 있다는 점이다. … 보다 광범위한 시민참여와 보다 강력한 시민 영향력을 지향하는 대규모, 거의 보편적인 운동이 하나의 새로운 현상으로, 어떤 단일의 포괄적인 구조에 의해 조장되고 있는 것도 아니고, 어떤 고정된 주소도 없으며, 어떤 종교적 개종이나 정치적 교전을 추구하는 것도 아니며, 또 국가권력에 타겟을 맞춘 것도 아니다. 그 중심에는 시민이라는 인물이 있으며, 또 다양한 얼굴과 다원적 관심사 그리고 오늘의 세계에서의 영감의 원천들을 가진 많은 시민들이 있다.

한편 '밖으로부터'의 압력은 국제사회의 압력으로, 한국 시민사회의 활동에 대한 국제사회의 지지와 한국 정부에 대한 압력 또한 경시될 수 없을 정도로 대단했다. 1999년 UN의 세계NGO대회를 서울에서 개최하였고, 또 2002년 제3차 ASEM대회도 서울에서 개최되면서 국제사회와 국제 NGO들의 관심과 지지가 한국 시민사회의 정치적 역량 강화에 적지 않게 기여하였다. 정부대표와 NGO 대표들이 인권, 환경 등 UN 회의나 국제행사에 나란히 참여하는 기회가 확대되면서 정부가 NGO를 대하는 태도가 우호적으로 변화된 것도 새로운 '시민사회 시대'의 특징이었다. 국제사회가 NGO를 주요 이해관계자 또는 파트너로 인정하는 만큼, 한국 정부와 사회도 이같은 세계화의 추세에 보조를 맞춰가는 거버넌스를 수용했다(주성수 2000).

샐러먼(Salamon 1994) 교수는 이를 글로벌 '결사체 혁명'(associational revolution)이라 설명했다. 샐러먼 등(Salamon et al. 1999:4)은 다음과 같이 설명한다.

북부 선진사회 대부분에서는 전통적인 사회복지 정책에 대한 심각한 의문에서, 남부 개발도상국의 많은 사회에서는 국가주도 개발의 진전에 대한 실망에서, 남유럽과 동유럽에서는 국가사회주의 실험의 실패에서, 그리고 세계 도처 어디에서나 인간의 건강과 안전을 끊임없이 위협하는 환경파괴에 대한 관심에서 명백해지고 있는 위기인 것이다. 이런 국가에 대한 의문은 시장정향적 경제정책에 대한 지지를 유도해오면서 세계 도처에서 작동하고 있는 시민사회단체들에 대해 새로운 관심과 새로운 기대를 집중시켜 왔다. 또 이들의 숫자와 규모가 수직 성장을 하고 있다는 사실 때문에도 이 단체들에 대한 관심이 이끌리면서 세계 도처에서 실제적인 '글로벌 결사체 혁명', 즉 조직화된 사적, 자발적 활동의 대규모 폭증 추세가 진행중인 것으로 보여진다.

사회주의 붕괴 이후 혼란에 빠진 글로벌 정치경제 질서를 '글로벌 거버넌스'(global governance)로 유지하기 위한 노력은 UN을 중심으로 합의가 이뤄져갔다(주성수 2000). 코피 아난 UN사무총장은 '글로벌 시민사회' 시대의 의미를 다음과 같이 강조하였다(UNSG 1998: 2).

비국가(non-state) 행위자들의 영향력과 역할의 증대는 변화하는 국제환경의 증표이자 동시에 운동이 되어 왔다. 사회운동이 추구하는 목표와 구성원 및 주요 현안들을 조직화하는 영역, '시민사회'라고 일컬어지는 영역에서 NGO들은 가장 명백한 운동형태이다.[3]

한국은 1991년 남북한이 동시에 UN에 가입한 이후 UN을 중심으로 국제 사회활동을 확대해갔고, 동시에 시민사회의 국제활동도 더불어 증대되었다.[4] 한국 정부와 시민사회대표들은 UN의 여성, 아동, 장애인, 난민, 이민자 등 취약 계층의 인권 보호와 증진을 위한 국제회의에 참석하여 인권증진의 대응 방안을 국제사회와 공유하고, 국제적인 인권보호 메커니즘을 강화해 나가는 데 기여하는 역할도 수행했다(외교부 2015: 235).

03 _ '효과적' 국가 : 정부의 민주화 제도

지금의 정치, 경제, 사회적 질서는 무엇보다도 87년 민주항쟁의 전통을 이어받은 시민사회의 운동과 성장에 부분적으로 기반한 것으로 평가해볼 수 있다. 또 다른 측면은 이같은 시민사회의 압력과 요청을 법과 제도와 정책으로 수용해 개혁을 추진한 국가의 리더십과 정책 혁신이라는 공급측의 변혁도 있었다(주성수 2004).

포스트모던(post-modern) 시대의 진전과 더불어 공공정책은 크게 확대되어 왔다. '삶의 질'에 대한 요구가 급증하고 환경과 소비자 보호 등 각종 규제정책의 수용을 압박하는 사회적 요구가 늘어남에 따라 정부는 이를 수용해 정책으로 추진해 정부의 확대라는 결과를 초래하였다. 이런 공공정책의 확대는 새로운 행정조직과 프로그램의 확대로 나타나며, 이를 집행하기 위해 시민사회의 공조에 의존하지 않을 수 없다. 정부의 프로그램 확대는 시민사회의 참여를 필요로 하고, 또 시민사회는 정부에 대해 새로운 프로그램을 요청하며 더 많은 역할을 하게 된다. 새로운 프로그램이 도입되고 행정조직이 신설되면 여기에 접근하는 시민사회단체의 기회가 확대되어 공공정책과정에 주요 참여자가 된다. 한국의 환경부나 여성부가 신설된 것은 환경단체들과 여성단체들의 꾸준한 압력이 결정적인 역할을 했고, 또 환경부와 여성부는 각기 시민사회단체들과 정책을 협의해 추진하는 '정책 거버넌스'를 갖춰 왔다.

민주적 정권교체는 시민운동의 흐름에 적지 않은 변화를 갖다 주었다. 김영삼 정부의 출범으로 시민사회단체에 대한 재정지원이 확대되었고, 김대중 정부에 와서는 '비영리민간단체지원법'을 제정해서 매년 시민사회단체의 사업을 공모형식으로 지원해주는 제도가 정착된 계기가 마련되었다. 반면에 이명박 정부에 와서는 2008년 촛불집회로 인해 시민사회와 적대적 관계로 되면서 시민사회에 대한 재정지원 규모를 낮추고, 또 촛불집회 참여 단체를 대상에서 배제시켜 정치적 파장을 일으켰다. 민주화기에 와서 정부의 보조금 지원사업의 확대는 시민사회의 성장에 많은 영향을 미쳤다. 보조금 이론에 따르면, 비영리조직은 세금감면을 포함한 명시적이고 묵시적인 보조금 혜택을 받고 있으며, 다양한 형태의 보조금은 비영리부문의 활성화에 커다란 역할을 하고 있다. 정책적, 정치적 이유 등으로 정부는 직접적인 보조금을 통해 시민사회단체에 재정지원을 하며, 법인세 감면, 기부금에 대한 소득공제 혜택 등 다양한 간접적 지원을 한다(김석은, 김유현 2013: 292). 그럼에도 이명박-박근혜 정부 기간은 보수적 정권의 보수단체 지원에 편향되어 진보단체에게는 시련기가 되었다.

정부의 복지프로그램의 확대는 복지단체 등의 수혜 급증을 유도했고, 또 정부의 정책집행을 보조하는 무수한 서비스 전달단체들을 양산해냈다. 서비스 전달 단체들은 지역사회 단위로, 동시에 의료, 간호 등 전문영역별로 분화된 특징이 있다. 한국에서 가장 급증하는 시민사회단체들은 사회서비스 전달단체인 복지단체들이며, 사회복지 분야는 교육 분야와 더불어 한국 시민사회에서 가장 성장하는 분야를 대표한다.(PART 03 참조)

개혁지향적인 정부의 출범은 한국 시민사회의 성장에 결정적으로 중요한 요인이 되었다는 것을 확인할 수 있다. 미국이 1960~70년대에 인권운동과 반전운동으로 시민운동의 개화기를 열었듯이 한국에서는 1970~80년대의 민주화운동이 오늘날 시민운동의 기초를 다져 놓았다. 1990년대에는 환경부와 여성부의 신설, 4대 사회보험의 도입뿐 아니라 식약청, 공정거래위원회 등의 신설로 규제정책이 확대되면서 시민사회가 활동할 수 있는 유리한 환경이 조성되었다. 의제설정 단계부터 시민사회의 문제제기와 입법제안은 정책결정에 적지 않은 영향을 미쳤고, 또 그런 과정을 거쳐 도입된 정책을 집행하는 과정에도 시민사회의 참여가 점차 확대되어 왔다.

그밖에도 국가인권위원회, 반부패위원회, 지속가능개발위원회 등이 신설되며 정책과정에 시민사회단체의 참여가 개방되었다. 또 이 기관들과 신설된 중앙부처의 고위 정책결정층에 시민사회 대표들이 점차 자리를 맡게 되었다. 반면에 보수 성향의 이명박-박근혜 정부 기간에는 보수성향의 시민사회단체들이 조직되어 활동하면서, 보수와 진보의 이념적 충돌과 갈등이 지속되었다. 그러나 보수 정권의 집권에도 불구하고 국민의 복지욕구 증대에 따라 새로운 복지제도의 도입과 확대가 두드러지게 나타났다. 무상급식, 보육 등은 대통령 공약으로 제시되며 한국의 복지국가를 '선별적' 복지국가에서 '보편적' 복지국가로 업그레이드 시키는 계기가 되었지만, 박근혜 정부는 집권후 복지재원 마련에는 증세 거부로 일관하며 보편적 복지국가는 빈 공약이 되고 말았다. 무능하고 부패한 정권은 수시로 극우단체들의 맞불집회에 의존하며 정권에 비판적인 진보단체들의 활동을 견제했고, 문화예술계 블랙리스트로 정부지원 중단은 물론, 언론과 사상과 표현의 자유를 침해했다.

04 _ '강한' 시민사회 : 조직과 역량 증대

이상과 같이 시민사회의 성장에는 정부의 지속적인 확대를 꼽을 수 있지만, 다른 한편으로는 시민운동의 급성장에 의한 시민사회의 역량증대도 중요했다. 시민사회의 성장은 한편으로는 정부 제도와 정책의 확대 그리고 정치적 기회의 확대에 기인하면서도, 다른 한편으로는 정책의 실패와 정부에 대한 불신에서 비롯된 것으로도 볼 수 있다(주성수 2004). 후자의 시각이 시민사회 내부의 시각이다. 반전운동, 환경운동, 소비자운동 등이 공공정책을 비판하는 반정부 성향의 '권익주창' 운동을 대표한다.

또 시민운동의 지속적인 업그레이드 또한 중요했다. 미국의 경우, 포드재단(Ford Foundation)은 1960년대 폭력을 수반하는 시위로 점철된 시민운동의 방식을 보다 안정되고 제도화된 새로운 시민운동 방식으로 바꿔보려는 대안으로 '공익법률운동'(public interest law movement)을 지원하기 시작했다(Berry 1999: 26).[5] 이같은 법적 소송을 통한 새로운 시민운동의 방식은 한국에서도 참여연대가 주요 운동전략으로 추진해온 방식으로서 지난 20년간 상당한 성과를 냈다(참여연대 2014).

시민사회의 역량증대는 시민을 대상으로 하는 다양한 서비스 활동에도 두드러지게 나타난다. 복지국가의 제도와 정책이 미흡한 한국 사회에서 민간 복지기관들과 시민사회단체들의 역할은 복지정책을 보완해주는 정책 파트너십에서 찾아볼 수 있다. 실제로 시민사회와의 파트너십은 복지정책의 집행에서 크게 확대되어 왔다. 복지국가의 제도화가 미흡한 상황에서 정부는 시민사회의 정책 거버넌스 파트너 역할에 크게 기대해온 것이다.

또한 시민사회의 경우, 권익주창 활동뿐 아니라 빈곤층과 실업자를 직접 대상으로 하는 사회서비스 제공 역할을 확대해 왔다. 외환위기의 상황에서 많은 시민사회단체들이 사회서비스 영역에 동참해 왔고, 아직도 지역사회 차원에서 많은 단체들의 사회서비스 지원활동이 지속되고 있다. 시민사회단체들은 정부와 기업과의 대립과 갈등 관계를 '생산적 긴장관계'로 전환해서 사회복지 파트너십에 동참하며, 지역사회 주민의 기부와 자원봉사활동으로 자원을 동원해 사회복지 지지층을 구축하고, 또 자체 전문성 제고를 통해 창의적인 사회복지 프로그램의 개발과 운영에 기여할 수 있다(주성수 2004, 2011).

05 _ '비판적 시민'의 성장

시민사회 시대의 또 다른 특징은 '비판적' 시민(critical citizen)의 성장에서 찾을 수 있다. '비판적' 시민은 사회문제나 정부정책에 비판적 의견을 표출하거나 행동에 자발적으로 나서는 능동적인 시민을 일컫는다(Norris 1999). 비판적 시민은 일반적으로 다음과 같이 '합리적이며 일관된' 행태를 보여준다. "민주적 가치들에 신념을 갖고 있지만 실제로 민주적 정부가 운영되는 방식에 대해 비판적이고, 또는 정치 제도에 대해서는 신뢰하지만 정치인에 대해서는 불신하며, 또는 대부분의 정치인들을 비방하지만 특정 지도자를 지원하고, 또는 타인을 신뢰하지만 선출직은 신뢰하지 않는다."(Norris 1999: 13). '비판적' 시민들은 정부와 정치에 대해 비판적이며, 정당 등을 통한 전통적인 정치참여뿐 아니라 시민사회단체와 자원봉사, 서명운동과 시위 등 시민사회 활동에 참여하는 자발적인 시민들이다(주성수 2015). 한국 시민사회에서 '비판적' 시민들은 투표 참여 등 관례적 참여뿐 아니라 2002년 미선·효순 촛불 집회와 시위, 2008년 미국산쇠고기수입반대 촛불 집회와 시위, 2016년 박근혜 대통령퇴진 촛불집회와 시위에 비판적 참여자가 되어, 개혁과 민주화의 동력을 제공해준 주체였다.

서구에서도 서명, 시위, 시민단체 활동 등 비관례적 참여가 오히려 일상화된, 관례적인, 제도화된 정치과정이 되고 있다(Goldstone 2003; Jordan 1998; Norris 1999). 유럽뿐 아니라 미국에서도 정치권 밖의 '저항정치'(protest politics)가 중앙이나 지방의 정책 의제설정 과정에서 보편화되었고(Euchner 1996), 전통적인 이익집단 주도의 다원주의 패러다임을 '참여혁명' 패러다임으로 바꾸는 발전과정으로 간주하기도 한다(Cigler & Loomis 1991: 8). 투표와 공청회 등의 전통적인 참여방식과 전혀 다른 서명, 시위, 파업 등의 새로운 참여방식은 시민들의 적극적이고 직접적인 참여로, 환경과 소비자운동과 삶의 질 공동체운동 등 신사회운동의 주류를 형성하고 있다(Olivo 2001).

그간 시민들은 투표도 하지 않는 '무관심한' 시민, 정부와 정치에서 소외된 '무력한' 시민 등 다분히 부정적인 모습으로 부각되었다. 그러나 최근에 와서는 정부와 정치의 구속에서 벗어난 '자주적' 시민, 정부와 정치에 거침없는 '비판적인' 시민, 나아가 새로운 참여의 대안을 찾아 활동하는 '자발적'이며 '참여적' 시민으로 변화하는 새로운 동향을 주목해볼 수 있다(Norris 1999; OECD 2000). '비판적' 시민이 등장한 것은 정부 실패와 정책 실패로 보는 견해가 지배적이다(Norris 1999; King & Stivers 1998). 정부에 비판적인 반정부 정서의 주요요인들로는 정부의 불합리한 권력의 행사, 정부정책과 서비스의 비효과성과 비효율성, 정부와 시민 사이의 갭 확대 등으로 꼽아볼 수 있다(Berman 1997; King & Stivers 1998: 7-12).

한국에서 '비판적' 시민의 성장은 IT 혁명의 성장과 밀접히 관련된다. 시민들은 인터넷, SNS 등의 네트워크를 통해 필요한 정보를 입수해 공유하며 '비판적' 식견을 갖춰 국정과 사회문제를 비평하는 시민들로 성장하고 있다. 촛불집회가 시작된 2002년부터 시민들은 인터넷 등으로 정보를 접해 광장에 나와 촛불을 켜들기 시작해, 2016년 말에는 시민혁명의 대절정을 만들었다. 2002-16년 기간 IT와 SNS 기술혁명의 급성장이 촛불 시민들의 참여혁명을 뒷받침해준 혁신적 도구가 되었던 것이다. 시민들은 인터넷과 SNS 등을 통해 촛불집회의 정보를 공유하며 집회 참여를 독려하거나 집회를 자신들의 축제로 만들며 집회의 콘텐츠를 주도하는 역할을 했다. IT와 SNS 강국의 시민답게 이를 촛불집회의 참여와 행사의 도구로 활용한 지혜를 갖춘 '시민 전문가'들이다. 2016년 촛불집회에서 시민들은 SNS나 채팅 웹, 1인방송 등을 통해 촛불시민의 여론 형성 등 직접민주제를 실천하는 주권자 역할을 했다. 집회 참여뿐 아니라 국회의 대통령 탄핵 압박 등도 '박근핵 닷컴 청원운동' 등 IT와 SNS를 활용한 시민들의 직접민주주의 행동으로 이어졌다. IT와 SNS는 국민을 대신하는 대의민주주의를 약화시키고 국민들이 직접 나서는 직접민주주의의 실천을 강화시키는 혁신적이며 강력한 민주주의의 도구로 등장했다.

제 2 장

지표로 보는
한국 민주주의

1987년 민주항쟁 이후 민주화기의 시민사회 활동은 민주주의 가치 증진에 얼마나 중요한 영향을 미쳤는지를 평가해볼 만하다. 시민사회는 정부와의 정책 거버넌스를 통해 민주주의의 성장에 얼마나 기여했는가? 정책 거버넌스의 궁극적 목표는 절차적 민주주의의 성장뿐 아니라 인권 등의 실질적 민주주의의 성장에 대한 기여에 있다고 볼 수 있다.

01 _ 국가는 민주적으로 통치되는가

1987년 민주항쟁 이후 한국의 민주주의는 어느 정도 성장했는가? 시민사회가 개혁운동의 성과로 추진해온 민주주의는 형식적, 절차적 수준을 넘어 실질적인 성장을 이뤘는가? 법과 제도 등의 형식적 또는 절차적 민주주의는 크게 성장해온 것으로 평가받고 있지만, 민주적 정치, 인권, 시민적 자유, 분배 정의 등 실질적인 민주주의 성과는 크게 미치지 못한 것으로 평가될 수 있다.

먼저 국가가 '국민의 뜻에 따라 지배되는가'를 살펴볼 수 있다. 개혁입법의 제정, 제도적 장치 등을 통한 정부의 노력과 의지와는 달리 국민의 여론은 국가가 자신들의 뜻에 맞지 않는 또는 거슬리는 방향으로 지배되고 있다는 것으로 드러나고 있다. 20세기말, "당신의 국가는 국민의 뜻에 의해 지배되는가?" 라는 질문에 대해 세계인들은 긍정보다 두 배 높은 부정의 답변을 했다. 갤럽 인터내셔널(Gallup International 1999)이 세계 60개국 5만 7천명을 대상으로 한 1999년 밀레니엄 서베이 결과를 보면, 세계인 30%만이 위의 질문에 '그렇다'고 답했는데, 한국인은 18.7%만이 그렇다는 답변을 했다.[6)]

시민들이 인식하는 민주주의의 이상과 현실의 갭은 민주항쟁 10년 후인 1997년 김영삼 정부가 집권한 이후에도 상당했다는 것을 확인할 수 있다. 당시의 한국인들은 1점(완전 독재제)부터 10점(완전 민주제) 척도에서 8.4점으로 비교적 높게 민주주의를 이상적으로 기대했지만 현실은 6.2점으로 평가해, 둘 사이의 갭이 상당한 것으로 나타났다(Rose et al. 1999: 153). 이런 갭에 대한 설문분석 결과, 민주주의가 실천되는 과정에 대한 불만, 정부의 부패, 군사정부와 독재통치 거부의식 등 정치적 요인들이 중요한 것으로 드러났다. 그밖에 타인에 대한 신뢰가 중요하면서도 교육, 사회적 신분 등의 요인들은 덜 중요하며, 국가경제와 가계의 상황 등 경제적 요인들도 상대적으로 낮은 설명력을 보였다(앞글: 161-2).

그런데 2010~14년 기간에 조사된 자료에서도, 민주적 통치 문제는 여전히 중요하면서도 잘 이뤄지지 않고 있는 이슈라는 것을 알 수 있다. 한국인의 민주주의의 중요성 인식도는 세계적으로 높은 수준이지만, 실제로 국가가 민주적으로 지배되고 있는가에 대해서는 한국인의 절반 이상(56%)이 '보통수준 이하'라는 비판적인 의견을 제시한다. 또 개인의 인권이 존중되고 있다는 답변은 70%로 11개국 평균보다 약간 높은 수준이다.

"민주적으로 통치되는 국가에서 산다는 것이 당신에게는 얼마나 중요한가?"라는 물음에 대해서는 2005년과 2010년의 한국인들은 '매우 중요' 55%와 53%, '다소 중요' 33%와 33%로 민주주의의 가치에 대한 확고한 신념을 갖고 있다. 그런데 "민주주의 정치는 얼마나 중요한가?"라는 물음에 대해서는 점차 중요성에 대한 지지도가 줄어드는 동향을 보여준다(표 1-2). 정치에 대한 무관심이나 불신이 반영된 평가인 것 같다.

〈표 1-1〉 민주주의에 대한 국민의식 : OECD 11국과 한국 비교 (2010~14)

	OECD 11국 평균	한국
1. 민주적으로 통치되는 국가에서 산다는 게 얼마나 중요한가 (괄호안 : 당신의 국가는 얼마나 민주적으로 통치되는가?)		
– 전혀 중요하지 않음　　(매우 비민주적)	1.2 (4.8)%	1.3 (4.7)%
– 별로 중요하지 않음　　(다소 비민주적)	1.8 (11.4)	2.0 (19.7)
– 보통　　　　　　　　　(보통)	10.6 (23.9)	10.6 (32.0)
– 다소 중요　　　　　　(다소 민주적)	21.8 (37.7)	33.0 (37.5)
– 매우 중요　　　　　　(매우 민주적)	61.2 (17.1)	53.0 (5.8)
2. 당신의 국가에서 개인의 인권은 얼마나 존중되고 있는가?		
– 매우 존중됨	13.1%	3.8%
– 다소 존중됨	52.1%	66.4%
– 별로 존중 안됨	28.2%	25.5%
– 전혀 존중 안됨	3.6%	3.2%

〈자료〉 World Values Survey. http://www.worldvaluessurvey.org/WVSOnline.jsp
OECD 11국 : 미국, 독일, 스웨덴, 스페인, 네덜란드, 호주, 뉴질랜드, 일본, 에스토니아, 슬로베니아, 한국.

　　나아가 민주주의의 기본적 가치에 대한 국민의식을 살펴보면, 2005년과
2010년 사이에 적지 않은 변화가 있다는 것을 엿볼 수 있다. 부자 과세로 빈곤
층을 보조하는 것이 민주주의의 기본적 특성인지, 정부가 실업자에게 급여를
제공해주는 것이 민주주주의 기본적 특성인지에 대해서는 2/3 이상 절대 다수
가 2005년과 2010년에도 지지층이 되었지만, 억압으로부터 시민의 자유를 보
호하는 것이 민주주의의 특성인지, 여성이 남성과 동등한 권리를 보장받는 것
이 민주주의의 기본적 특성인지에 대해서는 지지층이 각기 68% → 62%로,

〈표 1-2〉 한국인에게 민주주의 정치는 얼마나 중요한가 (1996~2010)

	1996	2001	2005	2010
매우 중요	45%	21%	22%	19%
다소 중요	39%	55%	55%	55%
다소 나쁨	12%	10%	17%	18%
매우 나쁨	4%	3%	6%	6%

〈자료〉 World Values Survey
N= 1996년 1249, 2001년, 2005년, 2010년 모두 1,200명.

〈표 1-3〉 민주주의 기본적 가치에 대한 한국인 의식 : 2005년과 2010년

민주주의의 기본적 특성	조사연도	전혀 아니다	다소 아니다	보통	다소 그렇다	매우 그렇다
1. 부자 과세로 빈곤층 보조하는 것	2005년	9%	8%	14%	32%	40%
	2010년	6%	6%	16%	37%	36%
2. 정부가 실업 급여를 지원하는 것	2005년	5%	8%	14%	32%	40%
	2010년	4%	6%	16%	37%	36%
3. 억압으로부터 시민의 자유를 보호하는 것	2005년	10%	6%	16%	24%	44%
	2010년	7%	6%	24%	31%	31%
4. 여성이 남성과 동등한 권리를 보장받는 것	2005년	5%	3%	15%	20%	57%
	2010년	4%	7%	22%	19%	48%

〈자료〉 World Values Survey http://www.worldvaluessurvey.org/WVSOnline.jsp
N(사례수) = 2005(1,200), 2010(1,200).

77% → 67%로 다소 위축되었다. 국민의 정치적 민주주의 의식수준이 확고하다고 보기 어려운 내용들이다.

OECD 주요국과 비교해보면, 한국인의 민주주의 가치에 대한 인식 수준은 혼합적이다. 〈표 1-4〉를 보면, 부자 과세에는 강하게 지지하지만, 정부의 실업급여 지원과 시민 자유 보호에서는 유럽 국가들과는 다르고 미국과 호주, 일본과 유사한 결과를 보여주며, 남녀 평등에서는 일본과 함께 가장 낮은 지지를 보낸다.

〈표 1-4〉 민주주의의 기본적 가치 지지율(%) : 한국과 OECD 6국 (2010~13)

민주주의의 기본적 특성	한국	미국	일본	독일	스페인	스웨덴	네덜란드	호주
1. 부자 과세로 빈곤층 보조하는 것	72.5	29.1	46.4	59.9	60.1	54.5	44.9	46.7
2. 정부가 실업 급여를 지원하는 것	63.0	37.2	65.9	75.9	78.3	70.9	65.0	44.7
3. 억압으로부터 시민의 자유를 보호하는 것	61.7	62.5	51.5	76.5	73.8	82.7	74.4	62.9
4. 여성이 남성과 동등한 권리를 보장받는 것	67.2	73.1	63.0	89.5	84.2	93.2	85.8	85.1

〈참고〉 수치는 기본적인 가치라고 지지하는 긍정적 답변 비율.
〈조사시기〉 한국, 일본 2010년, 미국, 스페인, 스웨덴 2011년, 독일 2013년, 호주, 네덜란드 2012년.
〈사례수〉 한국(1200), 일본(2443), 미국(2232), 독일(2046), 스페인(1189), 스웨덴(1206), 내덜란드(1902), 호주(1477).

02 _ 정치적 권리와 시민적 자유

한국 민주주의의 발전은 국제적으로 많이 참고되는 프리덤하우스(Freedom House)의 정치적 권리와 시민적 자유 지표로 분석해볼 만하다. 〈표 1-5〉에서 정치적 자유와 시민권 권리 지수는 1과 2 수준이 자유국 수준인데, 1972~73년과 1974~87년 민주화 이전 시기에는 5 또는 6, 4 또는 5 수준에 머물다가 1987년 직후 1988~92년 기간에 3으로 상승되고 1993년부터 2 또는 1 수준으로 높은 수준의 '자유국'의 지위를 인정받았다.

그런데 정치적 자유가 2013~15년 기간에 1에서 2 수준으로 퇴보된 것에 주목해볼 만하다. 프리덤하우스의 '2015년 한국 보고서'에는 정치적 자유가 한 단계 낮아진 이유와 시민권 권리가 2단계 수준에 머물러 있는 상황에 대한 설명이 서술되어 있다. 먼저 '정치적 권리'에서 전체 40점 만점에 34점을 받아 전년도 2013년에 비해 1점 감점되었다. 첫째, 선거과정(12점 중 11점)에서는 원세훈 국가정보원장을 비롯한 국정원의 2012년 대통령 선거 부당 개입에 대한 사법 심판이 나왔다. 둘째, 정치적 다원주의와 참여(16점 만점에 13점)에서는 통합진보당 이석기 의원의 국가보안법 위반 사건으로 법무부의 정당해산에 대해 헌법재판소가 8대 1의 판결로 즉각적인 정당해산을 선고하였다. 셋째, 정부의 기능에서는 12점 만점에 10점으로 감점 요인들이 있었다.[7] 또 '2016년 한국 보고서'에는 선거과정에서는 12점 중 11점, 정치적 다원주의와 참여에서는 16점 중

〈표 1-5〉 한국의 정치적 권리와 시민적 권리 : 프리덤하우스 평가 (1972~2015)

	1972~73	1974~87	1988~92	1993~03	2004~12	2013~15
한국의 지위	비자유국	부분자유국	자유국	자유국	자유국	자유국
정치적 자유	5, 6	4, 5	2	2	1	2
시민적 권리	5, 6	4, 5	3	2	2	2

〈자료〉 Freedom House 각연도. www.freedomhouse.org

13점에 머물렀다. 헌법재판소가 통진당을 해산시키는 합헌 결정으로 내린 점 등이 감점이 되었다.

실제로 언론의 자유는 2013년부터 2015년까지 내내 '부분적 자유'(partly free) 국가로 평가받았다. 〈그림 1-1〉에서 프리덤하우스 점수는 32점 이상이면 '부분적 자유' 상태를 보여주는데, 1993~96년 기간에 오히려 '자유'상태에서 2011~15년 기간에 '부분적 자유' 상태로 퇴보하였다. 한편 '국경없는 기자회' 점수는 순위를 보여주는데, 2002년 134개국중 39위로 비교적 양호하다 촛불시위가 한창이던 2008년 47위(168개국중), 2009년 69위(170개국중)로 추락했고, 다시 2012~15년 기간에도 50위에서 60위로 OECD에서는 최하위권으로 밀려났다.

다음으로, 시민적 권리는 '2'의 지위에 1993년 이래 지속적으로 머물러 있다. 2014년 60점 중 50점, 2015년 60점 중 49점으로 낮은 평가를 받았다. 먼저 2014년의 경우 표현과 신념의 자유(16점중 13점)에서는 미디어 검열은 불법이지만 이명박 대통령의 재임기간에 정부의 공식적 검열, 부분적으로는 온라인 콘텐츠 검열이 늘었다. 또 정부 당국은 수만 건의 온라인 게시물을 친북 게시물로 조사하였는데, 이에 대해 UNHCR과 국제앰네스티 본부는 게시물이 정치적 반대를 묵살시

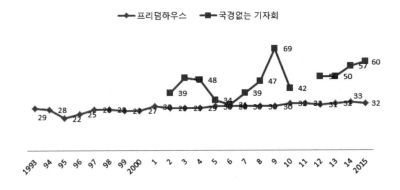

〈그림 1-1〉 한국 언론의 자유 : 1993~2015, 프리덤하우스와 국경없는 기자회

〈자료〉 프리덤하우스 freedomhouse.org: 국경없는 기자회 https://index.rsf.org/#!/index-details/KOR

키는데 오용되고 있다며 법의 축소 또는 폐지를 요청하였다. 또 정부는 미디어 출판물의 보도에 영향력을 행사하려 했고 주요 방송 미디어의 경영에 개입한 점도 서술하였다. 2014년 8월 산케이 신문 서울지국장 일본인 가토에 대한 제소는 한국 내의 언론의 자유에 의문을 제기하는 사건이라 소개하였다. 또 정부는 개인의 프라이버시를 존중하면서도, 법이 허용한 범위에서 전화 통화, 문자, 이메일 등을 감청할 수 있다며, 2014년 9월 박근혜 정부는 세월호 관련 대통령 비하 루머를 확인하기 위해 투위터 등 소셜 미디어와 문자 메시지를 감청했다.[8] 2015년에는 박근혜 대통령이 부친의 독재 통치를 미화시키려는 의도에서 중고교 역사 교과서의 국정화를 강행한 것이 비민주적인 표현의 자유억압 사례로 소개되었다.

둘째, 결사와 조직의 권리에서 2014년의 12점중 11점 결과는 헌법상 결사와 조직의 자유는 존중되지만 이와 관련해 몇가지 법률소송이 제기되었다. 집시법은 사회적 소요를 일으키는 활동을 금하고 있는데, 시위자들에 대해 불법적 폭력을 행사하는 경찰도 처벌되어야 하지만 그렇지 않다는 주장들이 제기된 것이다. 2015년 박근혜 정부의 국정교과서 강행에 저항하는 집회와 시위를 경찰이 강제 진압한 사례가 비민주적인 것으로 비판받았다.

셋째, 법의 지배에서도 2014년과 2015년 모두 16점 만점에 13점으로 3점 감점되었다.[9] 넷째, 개인적 자율과 개인의 권리에서는 2014년과 2015년 모두 16점 만점에 13점으로 3점 감점되었다. 2014년의 경우, 일반여성의 권리가 많이 신장되었지만 고용과 사회적 차별은 여전하며 정부에서의 대표성도 미흡한 점, 여성 근로자는 남성 근로자의 임금 44% 정도로 일하는 점, 자유 여행은 보장되고 있지만 북한 여행은 정부의 허가를 받아야 한다는 점 등이 감점 요인들이다. 2015년에는 여성의 사회적 차별, 고용 차별, 정치적 대표성 차별이 감점 요인이 되었다.

03 _ 인권에 대한 국민 의식

인권에 대한 국민의식은 국가인권위원회의 2011년과 2016년 조사 결과를 참고해볼 만하다.[10) 먼저 시민 개인이나 가족이 지난 3년간 경험한 차별에 대해서는 성, 연령, 학력, 신체조건 차별 등이 매우 심각한 것으로 나타났고, 2011~16년 기간에 다소 개선되었지만 여전히 차별 이슈들이 적지 않다는 것을 알 수 있다(표 1-6).

다음으로 취약집단의 인권상황에 대한 평가에서는 '매우 존중'(5점)에서 '전혀 존중되지 않음'(1점)까지 평가 척도를 적용했을 때 여성(3.6점), 아동·청소년(3.4점), 노인(3.2점)을 제외한 대부분의 취약집단들에 속한 사람들의 인권이 존중되지 않는다고 보고 있다(표 1-7). 장애인, 미혼모, 병력이 있는 사람, 사회복

〈표 1-6〉 지난 3년간 응답자 및 가족의 차별 경험 비율(%)

구분	2011년	2016년
1) 성차별	15.7	12.3
2) 임신 혹은 출산에 의한 차별	5.7	4.1
3) 성희롱 혹은 성추행 경험	9.2	4.6
4) 종교·사상·정치적 입장의 차이로 인한 차별	3.8	3.0
5) 장애로 인한 차별	3.5	1.5
6) 나이가 많거나 적다는 이유로 인한 차별	18.5	11.6
7) 비정규직이란 이유로 인한 차별	11.5	9.7
8) 학력이나 학벌로 인한 차별	17.4	11.5
9) 출신지역에 따른 차별	5.4	4.4
10) 인종, 피부색, 출신국가/ 민족으로 인한 차별	1.9	0.5
11) 신체조건을 이유로 인한 차별	8.4	7.0
12) 혼인상황(미혼, 기혼, 이혼 등)으로 인한 차별	3.7	2.0
13) 가족상황(편부모, 미혼모)으로 인한 차별	2.7	1.5
14) 성 소수자라는 이유로 인한 차별	1.0	0.5

〈자료〉 국가인권위원회 2017.

구분	2011년	2016년
1) 장애인	2.4	2.8
2) 비정규직 노동자	2.2	2.4
3) 외국인 노동자	2.0	2.1
4) 결혼이주여성	2.2	2.4
5) 여성	3.4	3.6
6) 미혼모	2.1	2.5
7) 아동·청소년	3.3	3.4
8) 노인	2.9	3.2
9) 병력이 있는 사람	1.8	2.2
10) 군복무자	2.7	2.9
11) 사회복지시설 생활자	2.4	2.8
12) 성소수자	1.8	2.0
13) 탈북자 (북한이탈주민)	2.3	2.4
14) 생활보호 대상자	2.5	2.7
15) 노숙자	1.8	2.1
16) 경찰 수사 중인 피의자	1.9	2.3
17) 구금시설 수용자	1.8	2.2
18) 전과자	1.7	2.1

〈자료〉 국가인권위원회 2017.

지시설 생활자, 경찰 수사 중인 피의자, 구금시설 수용자, 전과자 등의 인권상황
에 대한 평가가 2011년에 비해 0.4점 증가되기는 하였으나 여전히 3점(보통 수
준)을 넘지 못하는 2점대 낮은 수준에 머물렀다.

한편 전문가의 인권의식 조사 결과, 비정규직 노동자, 외국인 노동자, 노숙
자 등의 경제적 약자, 병력자 등에 대한 인권상황은 부정적으로 평가했고, 개인
정보의 보호와 집회·시위의 자유 제한에 대하여 우려했으며, 학생인권조례 제
정(75.5%), 양심적 병역거부(69.6%)에 대해서는 공감대가 확산되었다. 양심적 병
역거부의 경우, 2005년 90%, 2011년 64%가 반대하였으나 2016년에는 52%가
반대해 양심적 병역거부를 찬성하는 국민이 증가해, 찬반 양론으로 대립되는

현안이 되고 있다. 또 전문가들은 인권침해 가해자로 정치인(25.8%)을 먼저 꼽았고, 검찰, 군상급자, 직장상사 순서로 답했다.

04 _ 사회자본 : 정부와 시민사회 신뢰도

또 다른 중요한 민주주의 지표는 신뢰에 초점을 맞춘 사회자본이다. '사회자본'(social capital)은 "조정화된 행동을 유도함으로써 사회의 효율성을 높일 수 있는 신뢰, 규범, 네트워크와 같은 사회조직의 특성들을 의미한다"(Putnam 1993: 167). 또 "사회자본은 특정 사회에서 또는 사회의 특정 부문에서 신뢰의 확산에서 생기는 능력"으로, "풍부한 사회자본은 튼튼한 시민사회를 만들고, 튼튼한 시민사회야말로 오늘날 근대 자유민주주의의 필수조건이라 할 수 있다"(Fukuyama 2000).

(1) 사회기관 신뢰도 : 정부, 기업, NGO 비교

먼저 민주화기 이전과 이후의 신뢰도를 비교할 수 있는 세계가치관조사 자료를 참고해볼 수 있다. 〈표 1-8〉은 1981~2014년 기간의 동향을 보여주고 있는데, 특히 1987년 민주항쟁 이후인 1990년은 1981년과 매우 대조적이다. 1990년 이후 국회와 법조계 및 정부, 군대와 경찰의 신뢰는 지속적으로 추락해왔고, 그밖에 정당, 군대, 경찰뿐 아니라 언론, 기업, 노조 등 사회기관에 대한 신뢰도 매우 낮은 수준으로 추락해 왔지만, 유일하게 시민단체만은 2002년에 높은 수준의 신뢰도를 유지해오다 2010년에 다소 낮아졌다.

특히 의회에 대한 불신의 확대 추이는 한국만의 문제가 아니라 OECD 대부분의 국가들에서 나타나는 보편적인 동향이 된지 오래다. 한국의 경우 1981년 68.3% → 1990년 34.1%로 민주항쟁 이후에 신뢰도가 절반이 달아날 정도로 심각했다. 많은 시민들이 의회나 정당을 통해 자신들의 의사가 정책에 반영되

〈표 1-8〉 한국의 정부, 기업, 시민사회단체 신뢰도: 1981~2014

	1981	1990	1996	2002	2010	2014
국회	68.2	34.1	31.1	13.3	25.5	18.8
사법	80.8	67.6	58.6	52.8	66.7	45.8
정부	-	-	43.9	34.6	49.5	40.9
정당	-	-	25.0	12.0	26.1	-
군대	86.7	79.7	70.7	59.1	63.5	34.8
경찰	73.3	53.0	47.5	34.6	58.7	42.6
언론	69.2	66.3	64.7	54.0	61.0	43.6
기업	54.3	35.3	34.7	42.4	55.9	43.4
노조	60.1	66.6	55.7	35.7	38.6	-
시민단체			69.7*	77.1	62.4**	68.3

〈참고〉 * 1999, ** 환경단체
〈자료〉 1981, 1990, 1996, 2010 World Values Survey; 2002 Gallup International. 2014 한국갤럽(주성수 2016).

고 있지 않다는 강한 불만에서 의회에 대한 불신이 높아졌다. 이에 비해 환경단체는 타국에도 비교되는 가장 높은 신뢰를 받다가 2010년에는 다소 위축된 위상을 보여준다.

또 2002년 45개국 평균에서 신뢰도는 정부(50%), 의회(38%), 법조계(48%)에 비해 NGO(59%)가 가장 높은데, 한국에서는 정부(25%), 의회(11%), 법조계(31%), NGO(77%)로 나타났다. 그런데 2007년과 2012년의 갤럽 조사에서는 정부에 대한 신뢰도는 금융위기 등 경제 침체의 여파로 OECD 34개국 평균이 48.6%에서 42.6%로 추락했고(OECD 2014), 한국도 2007년 25%, 2012년 24.8%로 추락해, 노무현 정부 말기와 이명박 정부 말기 모두 유사한 신뢰의 위기를 보였다.

(2) 한국의 정부 불신과 NGO 신뢰

그렇다면 NGO가 정부에 대한 불신을 조장한 것으로 볼 수 있는가? 〈표 1-10〉의 교차분석 결과를 보면 '정부불신 = NGO신뢰'라는 제로섬 게임이 지

〈표 1-9〉 정부와 의회와 환경단체 신뢰도 비교: 한국과 OECD 7국

	1995~97년*			2010~13년**		
	의회	중앙정부	환경단체	의회	중앙정부	환경단체
한국	31.1%	43.8%	84.4%	25.5%	49.5%	62.4%
일본	24.9	30.0	56.6	19.8	24.3	33.7
미국	30.3	29.7	44.2	20.2	32.6	47.7
독일	29.4	23.5	69.0	43.5	44.4	66.1
스페인	35.6	30.1	58.6	33.5	20.7	55.6
네덜란드	28.4	26.7	53.0	32.6	33.0	44.7
호주	33.4	38.9	58.0	28.3	30.0	57.3
스웨덴	44.7	41.4	72.0	59.3	59.9	69.2
시민단체			69.7*	77.1	62.4**	68.3

〈자료〉 1981, 90, 96, 2010 World Values Survey
〈참고〉 * 일본, 스페인 1995, 한국, 미국, 스웨덴 1996년, 독일 1997, 호주, 네덜란드 2005년.
**한국, 일본 2010, 미국, 스페인, 스웨덴 2011, 독일 2013, 호주, 네덜란드 2012년.

배적이다. 중앙정부와 광역자치단체, 의회와 정당에 대한 불신과 NGO에 대한 신뢰 그룹에 속한 사람들이 44%, 45%, 62%, 63%로 다수를 이루고 있다. 양측을 모두 신뢰하는 그룹은 그보다 훨씬 적은 30%, 29%. 12%, 10%로 나타났고, 정부를 신뢰하고 NGO를 불신하는 시민은 극소수에 불과하다.

특히 국회와 정당 등 대의기관에 대한 불신이 더욱 강하면서 NGO에 대한 신뢰가 확고한 것을 보면, 정부신뢰의 문제를 대의민주주의의 문제로 지적하는

〈표 1-10〉 정부, 국회, NGO 신뢰 교차분석: 2002년과 2014년

			중앙정부		국회	
			신뢰	불신	신뢰	불신
2002년	NGO	신뢰	29.5%	44.2%	11.6%	62.0%
		불신	5.6%	20.8%	1.5%	24.9%
2014년	NGO	신뢰	32.4%	36.2%	15.6%	52.9%
		불신	8.5%	23.2%	3.3%	28.3%

〈자료〉 한국 갤럽 2002, 2014. 참고: 유의수준 교차분석 4개 모두 p=0.000.

'제도적' 해석이 높은 설득력을 보여준다. 국회와 정당 등 대의민주제 기관에 대한 불신이 NGO에 의한 참여민주제의 활성화에 기여한 것이 한국 특유의 상황이라 볼 수 있다. 이에 대해 '대의의 대행'이라는 해석(조현연, 조희연 2001)도 있지만, 실제로 대의의 대행이 이뤄진 경험적 증거는 빈약하다. 한국 NGO의 왕성한 입법제안 활동에도 실제 입법제안이 수용된 경우는 거의 없다는 주장도 제기되었다. 15대 국회 34개월간 입법청원된 273건중 99년 3월말까지 채택된 것은 단 하나도 없었다(박원순 2002: 25-8).

(3) 정부 불신에 대한 해석

그렇다면 정부신뢰의 위기는 어떻게 초래되었는가? 아래에서는 정치적, 제도적, 경제적, 문화적 해석으로 구분해 정리해볼 수 있다. 이들은 서로 어느 정도 구별되는 특징을 갖고 있지만, 일부 해석들은 서로 보완적이거나 대립모순적일 수 있다.

첫째, 정치적 해석은 '정부실패'에서 정부불신의 원인을 찾는다. 시민들이 정부로부터 기대하는 기대치와 정부의 실질적인 성과 사이의 갭에서 정부에 대한 불신이 팽배했다는 지적이다. 1980년대에 와서 '작은 정부'와 복지국가의 축소를 주창하는 신보수주의가 미국과 영국, 유럽 전역에 확대되며 정부정책에 일대 변화가 있었다. 또 1990년대에는 세계화가 본격화되면서 정부의 정책수행력은 외부환경으로부터도 심각한 도전을 받아 더욱 자치력을 상실해가는 추세가 진행되었다.

둘째, 제도적 해석의 기초가 되는 '민주주의 결손'(democratic deficit) 이론은 국민의 대표로 선출된 의회엘리트와 시민의 의사를 반영하는 여론 사이를 연결시켜주는 중개기관인 의회, 정당, 이익집단의 역할이 쇠퇴했고, 또 이들의 역할에 대해 유권자들이 심각한 의문을 제기해왔다는 해석이다(Hayward 1995, 1996). '제도적' 해석에 따르면, 시민들이 의회와 정당 등의 대의민주주의를 떠나 참여

민주주의에서 새로운 기회를 찾고 있는 것은 당연한 일이다(Norris 1999b).

셋째는 경제적 해석으로, 신자유주의의 영향을 주목해볼 수 있다. 시민들은 소비자로서 시장에서 얻는 만족감과 정부로부터 얻는 만족도의 갭에서 정부불신이 키워진다고 본다(EU 2000). 새로운 관리체제로서의 신공공관리(new public management)는 국제자본시장과 EU와 같은 세계화의 압력으로부터 경제와 사회를 더 이상 통치하거나 관리할 수 없는 국가능력의 한계에서 비롯되었다(Peters & Pierre 1998: 226).

마지막은 문화적 해석으로 포스트모더니즘의 성장을 꼽을 수 있다. 포스트모더니스트는 경제성장보다 환경보호를 더 중요한 사회문제로 보며, 국가의 목표가 안정과 질서유지, 물가안정 등의 산업사회의 이슈보다 개인의 자유의 보장과 시민의 정책참여 등의 이슈들을 더 중시할 것을 주문한다(Inglehart 1977).[11] 포스트모던 가치관의 확대로 정부신뢰가 하락하며, 반면에 환경, 평화, 인권 등 신사회운동에 대한 신뢰가 상대적으로 높아지는 동향을 주목해볼 수 있다.

포스트모던 가치관은 민주주의에 대한 확고한 신뢰를 갖고 있기 때문에 관례적인 정치참여와 다른 비관례적인 정치참여를 통해 시민의 목소리를 표출하며 정책에 영향력을 행사한다. 참여의 방법으로는 선거, 정치인 접촉, 정치 집회 참여 등의 관례적 방식보다는 캠페인, 서명운동, 불매운동, 시위참여 등의 비관례적인 직접행동이 보다 지배적인 방식으로 부각된다.

(4) 대통령 국정수행 지지도와 시민사회

2016년 11월말부터 12월말까지 박근혜 대통령의 국정수행 지지도는 사상 최저 4%를 기록했다. '잘하고 있다'는 응답이 4%에 불과하고, '잘 못하고 있다'는 응답이 91~94%에 달했다. 최순실과 공모한 국정농단이 최초로 공개되고 그 다음 날인 10월 25일 대통령이 사과문을 발표한 직후부터 매주 조사된 갤럽의 국정수행 지지도는 17%에서 4%까지 추락하며 촛불집회의 퇴진 압력을 받았다. 12월에 가서도 계속 지지도 4%에 있었지만 대통령은 끝내 퇴진하고 않아 국민들은 차가운 광장에서 새해를 맞으며 '즉각 퇴진'의 함성으로 절규해야 했다.

한편 역대 대통령의 국정수행에 대한 국민 지지도는 연 평균 50%를 넘어선 경우는 취임 첫해 김영삼, 김대중, 박근혜 대통령이 기록한 다음 2년차부터 마지막 4-5년째는 가장 저조한 지지도를 기록하는 특징이 있다. 이처럼 대통령의 국정수행 지지도가 낮은 것은 정치와 경제의 변혁뿐 아니라 촛불집회 등 시민사회의 주창활동과 밀접히 관련된 것으로 볼 수 있다. 앞서 살펴보았듯이 정부에 대한 불신과 시민사회에 대한 신뢰는 통계적으로도 유의미한 상관성을 보여주는 것이 한국 시민사회사의 특징이다.

노태우 정부는 군사정권의 연장으로 개혁입법 등 산적한 민주화 국정과제를 수행하지 않아 지속적으로 불신을 받으며 겨우 임기를 마칠 수 있었다. 김영삼 정부는 문민정부로 비교적 높은 신뢰를 받으며 출범해 집권 초기부터 금융실명제 실시, 전두환과 노태우 처단 등 시민사회와 공조해 강력한 개혁을 추진했지만 임기 말에 닥친 외환위기로 지지도는 10% 이하로 추락했다. 김대중 정부 역시 집권 초기부터 개혁입법과 시민사회와의 거버넌스 시도 등 지속적인

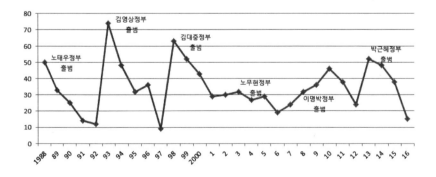

〈그림 1-2〉 역대 대통령 국정수행 지지도 : 1988~2016

〈자료〉 한국갤럽 데일리 오피니언 제189호, 제200호.

민주화를 추진했음에도 북한 관련 '퍼주기' 논란 등 반북, 반공 보수단체들의 저항이 이어지면서 높은 지지를 받지 못했다. 노무현 정부 또한 집권기간 내내 행정수도 이전이나 탄핵 등으로 보수단체들의 저항뿐 아니라 이라크 파병, 2002년 미군장갑차에 의한 두 여중생의 사망으로 인한 불평등 한·미 관계 개선을 요구하는 진보단체들의 저항 때문에도 집권기간 내내 30%대에 머물다가 말기에는 20% 이하로 추락되는 수모를 겪었다.

진보적 정권들이 물러나고 보수적 정권들이 들어섰다고 국정수행 지지도가 높아지지는 않았다. 이명박 정부는 집권 첫해에 미국산쇠고기수입반대 촛불집회의 저항을 받아 출발이 좋지 않다가 점차 회복되는 듯했지만, 이후 반값 등록금 투쟁, 4대강 반대 등 시민사회의 촛불집회 도전이 이어지면서 겨우 20%대의 지지를 받으며 임기를 마감하였다. 박근혜 정부는 출발에는 50% 이상의 높은 지지를 받다가 2014년 세월호 참사 촛불집회에 이어, 2016년 10월말부터 최순실 등과 함께 국정농단의 책임을 묻는 대통령퇴진 촛불집회로 사상 최저인 4% 지지로 추락해 결국 탄핵을 받아 물러날 수밖에 없었다.

국민들이 뽑은 대통령이 국민 절대 다수의 불신을 샀기 때문에 탄핵을 받은 것이다. 탄핵 결정문에는 대통령의 위헌·위법행위는 "국민의 신임을 배반한 것"으로, "법 위배행위가 헌법질서에 미치는 부정적 영향과 파급효과가 중대하므로, 피청구인을 파면함으로써 얻는 헌법 수호의 이익이 압도적으로 크다"고 심판하였다.

제 3 장

지표로 보는
한국 시민사회

이상과 같은 시민사회(비영리부문)의 성장에 관한 ICNPO의 계량적 접근법과 다른 '시민사회지표'(civil society index :CSI) 연구방법으로 지난 30년간의 한국 시민사회의 발전을 분석해볼 수 있다. 시민사회지표 연구는 한국의 시민사회는 얼마나 건강하며, 지속가능한지에 초점을 맞춰 시민들은 참여하며, 시민사회단체들이 잘 조직되어 민주적 가치를 생산하고 국가와 사회에 의미있는 영향을 미치고 있으며, 또 시민사회가 성장할 수 있는 지속가능한 환경을 갖고 있는지 경험적 조사와 통계 자료로써 분석한다.

01_ 시민사회지표 : 참여, 조직, 가치, 영향, 환경

시민사회지표 연구에는 두 가지 다른 접근법이 활용되고 있다. 하나는 계량적 접근법으로, 시민사회단체들을 표준화된 국제NPO분류법(ICNPO)에 의해 분류해서, 이들의 경제적 규모(고용, 수입, 지출)를 통계적으로 측정한다.[12] 다른 하나는 양적 접근법에 질적 접근법을 혼합한 방법이다. CIVICUS가 개발한 시민사회지표(Civil Society Index: CSI)는 시민사회를 참여, 구조, 환경, 가치, 영향으로 구분해, 국내외 문헌 및 자료의 분석, 시민사회 이해관계자들을 대상으로 하는 토론과 설문조사 등을 활용한다.

시민사회(단체)의 개념에 대해, ICNPO는 '시민사회조직'에 초점을 맞추고 있는 반면에, CIVICUS는 '시민사회' 영역을 핵심 개념으로 파악한다. 전자가 조직의 구조기능적, 양적 측면을 중시하고, 후자는 조직들 뿐 아니라 시민사회의 주요 이해관계자들의 역동적인 활동과 역할에 초점을 맞추고 있다.

시민사회지표를 구성하는 참여, 조직, 가치, 영향, 환경은 각기 다음과 같은 내용들로 구성되며, 이들 각각을 측정하기 위한 하위차원들과 지표항목들은 아래의 표들에 제시되어 있다(CIVICUS 2008a, 2008b).

1. 시민참여: 시민 개인들이 사회적 시도나 정책적 발안에 어느 정도 관여해 참여하는 있는지를 측정한다.
2. 조직수준: 시민사회조직의 서베이 분석을 통해 조사된 시민사회의 조직적 특성을 제도화의 수준으로 보여준다.
3. 가치실천: 시민사회가 주요 가치들을 실천하는 수준의 정도를 측정한다.
4. 영향수준: 시민사회 내부와 외부 인식 조사를 통해 측정된 시민사회가 사회와 정책에 미치는 임팩트 정도를 보여준다.
5. 외부환경: 시민사회가 작용하는 외부환경을 사회경제적, 정치적, 문화적 환경 변수들로 구분해 측정한다.

CIVICUS의 글로벌 CSI 조사는 1차 2005년에, 2차 2009년에 시행되었다. 2005년 조사에서는 시민사회의 구조, 가치, 영향, 환경 등 네 차원으로 구분해 각기 여러 세부항목들로 측정하였다. 또 2009년 조사에서는 시민참여를 추가해, 참여, 조직, 가치, 영향, 환경 등 다섯 가지로 구분해 각기 여러 세부항목들을 측정하였다. 조사 방법은 국가간의 비교연구를 위해 국제기관들이 조사한 경험적 자료들을 최대한 활용했다.[13] 또 조사대상을 시민사회 내부자뿐 아니라 외부 이해관계자들에게도 확대시켜 시민사회의 영향력에 대한 각계(입법, 사법, 행정부, 언론, 학계)의 의식과 시민사회 내부자의 의식을 비교해 볼 수 있는 기회가 제공되었다.[14]

먼저 2005년의 시민사회지표 조사결과는 한국 시민사회가 건강하고 지속 가능한 상태라고 보기 어려운 결론을 제시해준다. 지표(최저0- 최고3) 기준에서 ① 구조는 1.5, ② 환경도 1.6로 모두 취약하지만, ③ 가치는 2.3으로 가장 양호한 건강상태를 보여주며, ④ 영향은 1.9로 중간 수준의 건강성을 보여준다. 한국의 시민사회는 투명성, 민주주의 등의 '가치'를 추구하는 역할과 정부정책에 대한 영향력에서는 긍정적인 평가를 받고 있지만, 상대적으로 시장을 감시하고 시민의 자치역량(empowerment)을 개발하고 사회적 욕구를 직접적으로 충족시키는 등의 사회적 영향력은 아직 부족한 상태로 분석되었다. 특히 취약한 부분은 시민사회가 활동하는 공간으로서의 '환경'과 시민사회 자체의 '구조'이다.

한편 2009년의 조사결과 또한 한국 시민사회가 결코 건강한 상태에 있다고 볼 수 없는 결론을 제시해준다. 5개 차원에서 100점 기준으로 측정한 결과를 보면(그림 1-3), 참여와 영향은 절반 수준에도 미치지 못하고, 조직과 가치, 환경 또한 겨우 절반 수준을 넘어섰지만 안정화보다는 취약성을 보여준다(주성수 2010).

먼저 ① 시민사회의 기초가 되는 시민참여가 취약하며, ② 시민사회의 조직력은 비교적 양호하지만, ③ 가치실천은 겨우 중간 수준에 있고, ④ 시민사

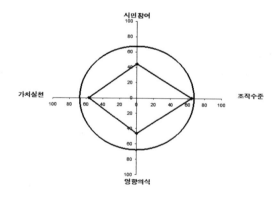

〈그림 1-3〉 2009년 한국 시민사회지표

회의 영향력이 미흡하다는 것이 다수 의견으로 나왔고, ⑤ 국가와 사회 전반의 정치, 경제, 사회적 수준을 보여주는 환경에서는 비교적 높은 중간 이상을 보여준다. 그림에서 다이어몬드를 둘러싼 원형이 '환경' 차원을 보여준다. 국가적으로 시민사회의 발전의 여건이 어느 정도 성숙되어 있지만 시민사회의 발전에 밑거름이 되는 시민들의 참여가 여전히 부진하다는 것이 일차적인 결론으로 제시될 수 있다. 시민참여의 취약성이 있지만 '조직수준'과 '가치실천'은 비교적 높은 편인데, 그것도 겨우 중간수준을 넘는 정도라 시민사회가 상당 수준의 조직화를 달성했고, 가치를 실천하고 있다고 보기 어렵다. 시민사회의 성과 또는 노력의 결실로 볼 수 있는 영향에 대해서도 긍정적인 평가보다는 부정적인 평가가 지배적이다. 이는 한국의 시민사회가 참여와 조직의 취약성에도 불구하고 비교적 높은 가치를 실천하고 국가와 사회 전반에 비교적 강한 영향력을 행사한다는 2005년의 연구결과(주성수 2006)와는 다소 차이가 있다.[15]

02 _ 시민참여와 시민사회의 조직

이제 시민사회지표의 참여, 조직, 가치, 영향, 환경을 2009년 조사결과를 기준으로 살펴보고, 추가적으로 2005년의 시민사회지표 조사결과도 함께 참고해 정리해볼 수 있다(주성수 2006, 2010).

(1) 시민사회의 '참여 수준'

시민사회에 시민은 참여하는가? 먼저 2005년 조사결과에서는 시민참여의 넓이와 깊이 모두가 허약한 상태로 나타났다. 비정파적 정치활동은 보통 수준에 있지만, 기부, 자원봉사, 지역사회 활동 등 시민들의 개인 차원의 참여는 낮은 수준인 것으로 나타났다. 기부의 금액과 자원봉사의 시간 등 참여의 깊이에서 매우 열악한 것이 특징이다. 한편 시민참여의 다양성 점수는 전반적으로 낮은데, 특히 시민사회 리더에 있어 사회적 소수자의 참여가 제한되어 있다는 점도 확인된다.

한편 2009년의 조사에서는 시민참여는 먼저 '사회적' 참여에서 ① 교회나 종교단체, ② 스포츠나 레크리에이션 단체, ③ 예술, 음악, 교육단체 등의 회원활동을, 또 정치적 활동에서는 ① 정당, ② 노조, ③ 환경단체, ④ 전문협회, ⑤ 소비자단체, ⑥ 인도적, 자선단체 등의 회원활동을 지칭한다. 각 단체의 회원활동에서 형식적(inactive) 회원이 아닌 적극적(active) 회원이 얼마나 많은지를 측정한 결과이다. 사회적 조직이나 정치적 조직의 봉사활동은 회원이 아니지만 자원봉사에 참여한 시민들의 범위(넓이)와 활동시간(깊이)을 보여준다. 전체적으로 시민참여의 넓이뿐 아니라 참여활동 시간을 기준으로 하는 깊이에서도 저조한 실적을 보여주지만, 참여의 다양성에서는 여성, 노인, 장애인, 저소득층 등의 참여가 비교적 고르게 이뤄진 것으로 제시된다. 정당, 노조 등의 주창조직에서의 활동이 비교적 저조한 것이 한국적인 특징이다.

(2) 시민사회의 '조직 수준'

시민사회의 조직수준은 시민참여와 비교하면 비교적 양호하다고 볼 수 있지만, 여전히 취약한 측면들을 보여준다. 2005년의 조사에서는 시민사회 전반의 엄브레라 조직의 존재와 엄브렐라 조직의 효과성에서 비교적 양호한 것으로 나타났지만, 시민사회 내부의 윤리강령 등 내부규제 장치의 부족, 시민사회를 지지하는 인프라의 존재, 국제적 연계활동, 시민사회 행위자들 사이의 커뮤니케이션 수준이 보통 또는 낮은 수준으로 평가되었다(주성수 2006).

한편 2009년의 조사 결과를 보면, 조직수준의 내용 면에서는 '인적 자원'과 '국제적 연계' 항목을 제외한 모든 항목들에서는 비교적 높은 수준의 조직화를 이룬 것으로 보여진다. 먼저 '내부 거버넌스'에서 특이한 사항은 의사결정이 회원총회(18.2%), 선출직 이사회(24.2%), 선출직 집행위원회(17.2%)로 전체 과반수가 넘는 것으로 나타났고, 반면에 임명직 집행책임자(19.2%), 임명직 운영위원회 (11.1%), 상근 직원(10.1%) 등이 전체의 40% 가량을 차지한다. 또 연맹, 협회에 소속되거나 연대 조직에 참여한 경우가 76%로 비교적 높은 수준을 보여준다. 한편 재정 면에서는 수입이나 지출이 안정된 현상유지를 보여준다.[16] '인적 자원' 항목은 전체 조직원 중에서 자원봉사자의 비중을 측정해 인적 자원의 지속 가능성을 측정하는데, 단순 봉사자의 수가 조직원 전체의 25%를 넘는 경우가 대부분인 것으로 조사되었다. 또 '국제적 연계'에서는 국제결사체협회(Union of International Associations)의 데이터베이스에 등록된 한국의 국제 NGO들의 수가 소수에 지나지 않은 것으로 나타났다. 글로벌 시민사회 활동이 매우 미흡한 수준이라는 것을 엿볼 수 있는 항목이다.[17]

03 _ 시민사회의 가치실천

시민사회의 '가치실천'은 시민사회 내부의 거버넌스, 노동, 윤리, 환경에 대한 평가 결과뿐 아니라 시민사회의 비폭력, 관용, 부패, 내부 민주화 등을 보여준다. 2005년 조사는 주로 사회 전반의 민주주의, 양성평등, 환경보호, 인권옹호, 부패방지 등의 가치 실천에 대한 시민사회의 활동에 대한 평가에 초점을 맞추었지만(주성수 2006; Joo et al. 2006), 2009년의 조사는 시민사회 내부의 민주화 차원에도 초점을 맞춘 특징이 있다.

먼저 2005년 조사결과를 보면, 한국의 시민사회가 추구하고 실천하는 민주적 가치는 3.0 중 2.3으로 비교적 높은 수준이다. 시민사회단체는 정치적 과정을 민주적으로 개혁하려고 노력했을 뿐 아니라, 스스로도 조직 내부에 민주적 절차와 규범을 도입하여 왔다는 것을 보여준다. 게다가 한국의 시민사회단체는 빈곤퇴치와 같은 물질적 가치뿐만 아니라 양성평등 또는 환경보호와 같은 탈물질적 가치를 동시에 추구해왔다. 그럼에도 관용과 비폭력과 같은 하위차원은 개선의 여지가 많은 과제로 제시되었다.

한국의 민주주의 공고화에 대한 시민사회의 노력(2.6)은 높은 성과로 나타난 반면, 시민사회 내부의 민주주의는 이보다 훨씬 못 한 수준(1.8)에 머물렀다. 투명성과 양성평등에서도 오히려 시민사회 내부의 문제가 더 심각한 것을 보여준다. 국가 차원의 민주주의 노력보다 시민사회 내부 민주주의 노력 성과가 더 낮게 나타났다. 서구 3국의 경우, 대부분 민주주의, 투명성, 관용, 비폭력/평화, 양성평등 등이 이미 높은 수준에 달해 있기 때문에 시민사회의 노력이 두드러지게 나타나지 않는다는 점을 감안해야 한다.

한편 2009년 조사결과는 비교적 높은 점수를 받은 양호한 항목들과 비교적 낮은 점수의 취약한 항목들로 대비를 이루고 있다. 양호한 결과들로는 민주적 의사결정, 양성평등의 기회 제공, 재무정보 공개, 내부 민주주의, 비폭력과 평화증진 활동 등이지만, 반면에 노조참여율, 노동기준의 공개, 환경기준의 공개에서는 취약성을 보여주었고 비폭력과 비관용 의식에서도 취약한 수준을 보여준다. 시민사회가 조직 내부의 '민주적 의사결정'을 진흥시키는 역할을 하는지에 대해서는 '상당한'(33%) 또는 '보통'(46%)이라고 비교적 절대다수를 보여주지만, 미약하거나 제한적 역할도 각기 8%, 11%로 나타나 있다. "여성을 위한 기회균등 및(또는) 동일 노동에 동일 임금 정책을 공식으로 갖추고 있는지"에 대해서는 그렇다(79%), 아니다(15%)로 나타났으며, 74.7%가 재정정보를 공개하고 있다고 답했다. 또 시민사회 내부의 부정부패에 대해서는 '빈번함'(12%), '가끔 있음'(44%), '거의 없음'(44%)으로 내부 부정부패도 심각한 이슈로 부각되어 있다.

나아가 시민사회 내부의 비폭력 이슈가 부각되고 있다. "시민사회 내부에 자신들의 이해를 표현하기 위해 (공격, 적대, 잔혹 또는 다툼 등) 폭력을 이용하는 세력이 있습니까?" 하는 질문에 대해 그렇다(56%), 아니다(43%)로 나타나 심각한 수준이라는 것을 엿볼 수 있다. 그럼에도 "국가 차원에서 시민사회의 비폭력

〈표 1-11〉 국가와 시민사회의 '민주화' 지표 : 한국, 독일, 이탈리아, 네덜란드

	한국	독일	이탈리아	네덜란드
1. 민주주의 공고화 노력	2.6	3.0	3	2
시민사회 내부 민주주의	1.8	2.5	3	2
2. 사회 투명성 제고 노력	2.6	1.0	2	2
시민사회 내부 부정부패	1.8	2.0	3	3
3. 사회적 관용 증진 노력	1.9	2.5	3	1
시민사회 내부 관용 증진	1.9	2.0	2	2
4. 사회적 비폭력/평화 증진	2.0	3.0	3	2
시민사회 내부 비폭력/평화	2.0	2.5	2	3
5. 사회적 양성평등 노력	2.7	1.5	2	2
시민사회 내부 양성평등	2.0	2.0	2	2

〈자료〉 주성수 2010(CIVICUS 시민사회지표 각국 보고서 http://www.civilsocietyindex.org/).

과 평화 증진"의 역할에 대해서는 상당하다(56%), 보통이다(25%), 제한적이다
(13%), 미약하다(6%)로 긍정적 견해가 압도적이다.[18]

04 _ 시민사회의 '영향 수준'

2005년 조사에서 시민사회의 영향(impact)은 '가치'만큼 높은 점수는 아니
지만 비교적 양호한 수준에 있다. 주창활동에 대한 높은 평가와 서비스 활동에
대한 낮은 평가가 대조를 이루고 있다. 주창활동을 대표하는 '공공정책에 대한
영향'이 가장 높은 점수를 받으며, 정치개혁, 환경보호, 부패근절, 양성평등, 인
권옹호에서 매우 높지만 서비스 분야인 사회복지에서는 비교적 낮은 편이다.
국가에 대한 감시 점수는 높지만, 기업에 대한 감시 점수는 낮다. 또 다른 권익
주창 활동인 '사회적 이해에 대한 대응'은 비교적 높지만, 사회적 욕구의 충족
등 서비스 활동에서는 활동이 부진한 것으로 평가받고 있다. 또 시민의 자치역
량 강화에서도 여성의 자치역량 강화를 제외한 다른 모든 항목에서 부정적 평

가를 받고 있다.

2009년 조사에서는 당시 가장 국가적 관심사가 무엇인지에 대한 자료들과 시민사회지표 자문위원회(위원 12명)의 의견을 수렴한 결과, 첫째는 양극화 해소, 둘째는 경제위기 극복으로 나타났다. 먼저 '사회적 관심사'에서 양극화 해소에서는 작지만 어느 정도의 영향력이 있는 것으로 나타나지만, 경제위기 극복에서는 거의 미미한 역할에 그친다는 결과를 보여준다. 이에 대해서는 내부자와 외부자의 견해가 일치한다. 또 '사회 전반'에 대해, 또는 '정부정책'에 대해 시민사회의 영향력은 비교적 강하게 나타나지만, 자기 조직의 영향력은 이에 비해 미미한 수준이라는 평가를 제시한다. 외부 관계자의 견해에서도 이와 비슷한 결과를 보여준다.

나아가 시민사회의 영향력에 대한 시민사회 내부자와 외부자의 의식을 비교해보면, 양자의 뚜렷한 차이가 없다는 것을 알 수 있다. 그런데 시민사회가 많은 영향력을 행사하는 정책 사례에서는 시민사회 내부자와 외부자 사이에는 뚜렷한 의식 차이를 보여준다.[19] 또 국가 차원의 정책결정에 대한 시민사회의 영향력의 경우, 내부자보다 오히려 외부자가 시민사회의 '영향력이 많이 있음'으로 평가한다. 또 교육 등의 구체적인 정책영역에서도 내부자와 외부자의 의견이 다소 차이를 보여준다.

또한 시민사회의 활동 결과로 나타나는 정책도입에 대해 시민사회 내부자의 경우, 자기 조직의 활동 결과로 나타난 정책도입을 물었고, 외부자에게는 '시민사회가 가장 활동적인 영역'에 대해 물은 결과, ① 환경(16.7%), ② 환경정책(10.5%), ③ 복지(10.0%), ④ 교육(6.7%)로 꼽았는데, 이 중 첫째로 꼽은 영역에서 정책도입의 결과는 어떠했는지를 물은 결과는 내부자-외부자 의식이 어느 정도 일치한 것으로 나타났다. 시민사회의 활동으로 정책도입이 성공했다는 의견은 각각 61%와 47%로 나타났고, 실패했다는 의견은 5%와 20%로 두 집단 사이에 차이가 있다.

05 _ 시민사회의 '외부 환경'

한국 시민사회에 영향을 미치는 외부 환경(environment)은 크게 두 가지로 구분해 살펴볼 수 있다. 하나는 국가와 사회 전반의 환경으로 시민사회가 성장하는 넓은 의미의 사회적 여건이며, 다른 하나는 시민사회의 활동에 적용되는 정부의 규제 등 좁은 의미의 정책적 여건이라고 구분할 수 있다.

먼저 2005년의 조사에서는 환경은 한국 시민사회가 불리하지도 않지만 유리할 것도 없는 환경에 존재한다는 경험적 측면을 보여준다. 하지만 하위차원과 개별 항목들 사이에는 많은 편차가 존재한다. 사회경제적 환경은 3.0점으로 환경차원에서 가장 높은 평가를 받았다. 그러나 정치적 환경에서 부정부패는 심각한 이슈로 부각되어 있는데, 이는 2009년 조사에서도 그리고 2014년까지도 심각한 것으로 나타난다. '기본적 자유' 측면에서는 시민적 자유, 정보권, 언론의 자유, 정치적 경쟁과 같은 항목들은 1987년 이후 민주화 과정에서 꾸준히 개선되어온 결과로 볼 수 있다. 그럼에도 국가보안법, 선거법, 정보공개법의 개정이나 폐지가 정치적 환경 개선의 과제로 제시되고 있다. 반면 사회문화적 환경과 법률적 환경은 환경차원에서 가장 취약한 영역이다. 불신과 불관용은 한국의 시민들 사이에 광범위하게 퍼져 있는데, 불관용의 정도는 세계적으로 가장 높은 수준에 있다. 법률적 환경 역시 비우호적이다. 집시법, 국가보안법은 자유로운 주창활동을 제약하는 요소로 지적되었으며, 각종 세법과 기부금품모집 규제법은 시민사회단체들의 재정과 모금활동에 많은 제약을 주고 있다고 평가되었다. 이에 따라 국가와 CSO 관계는 진보적 정부들의 집권에도 불구하고 대화부터 잘 안되는 심각한 수준에 있으며, 시장과 CSO 관계 또한 중간 수준 이하에 머물렀다.

일반적으로 정부와 CSO 사이의 관계를 기초로 하는 '민주적' 거버넌스는 〈표 1-12〉에 제시된 항목들처럼 양자의 대화도 자주 이뤄지고, 정부는 시민사

〈표 1-12〉 정부와 시민사회단체 관계 : 한국, 독일, 이탈리아, 네덜란드

정부와 CSO 관계	한국	독일	이탈리아	네덜란드
정부와 CSO 대화	1.0	2.5	3	2
정부의 CSO 세제 지원	0.6	2	3	2
정부의 CSO 지원	1.3	3	3	3
CSO의 정치활동 자유	1.3	2.5	3	3
CSO의 정부로부터의 자율	1.6	2	3	2
CSO의 정부책무성 감시	2.4	2	2	2

〈자료〉 주성수 2010 (CIVICUS 시민사회지표 각국 보고서 http://www.civilsocietyindex.org/).
〈참고〉 점수는 최저(0)부터 최고(3)까지의 척도.

회를 적극 지원하며, 시민사회는 자율성을 갖고 정부 비판이나 책무성 감시에 활동적인 역할을 하며 양자가 '생산적 긴장' 관계를 보여줄 것이다.

그러나 한국 정부와 CSO의 관계는 서구의 경우와 비교해보면 매우 낮은 수준의 형식적인 수준에 머물러 있다. 거버넌스의 기본적인 척도인 '정부와 CSO 대화', '정부의 CSO 세제 지원', '정부의 CSO 지원'에서 매우 낮은 수준에 머물렀다. 그렇다고 CSO의 정부비판이나 정치활동의 자유나 정부로부터의 자율이 아주 낮은 것은 아니지만, 서구에 비해 '정부 책무성 감시' 활동이 상대적으로 강한 것이 한국적 특성으로 부각된다. 정부와 시민사회 모두가 '민주적' 거버넌스를 추구하기 위한 기본적인 관계 개선의 과제를 공통적으로 안고 있는 것이다. 그 과제는 정권의 특성이라 볼 수도 있지만 세제, 지원정책, 대화 채널과 CSO의 참여 제도 등 제도적인 여건의 개선이라고 볼 수 있다.

한편 2009년의 조사에서는 넓은 의미의 외부 환경은 사회정치적 환경과 사회경제적 환경에서 비교적 양호한 것으로 나타난다. 사회문화적 환경은 공공정신에서 양호한 반면 신뢰와 관용이라는 사회적 가치에서 취약성을 보여준다. 특히 '정부와의 관계'가 협력과 공조보다는 대립과 갈등의 관계에 있다는 것을 보여주는 항목들은 정부의 규제나 억압 등에 나타나 있다.[20] 이런 결과들은 2008

년부터 촛불 시위 등으로 양자의 관계가 극심한 대립의 관계로 치달았고, 정부는 촛불시위에 참여한 단체들을 블랙리스트로 비영리민간단체사업에서 배제시키는 제재를 가해 왔다. 이런 제재는 실제적으로 중앙의 행정안전부와 지자체 등 전국적으로 동시에 진행된 처벌적 조치들이었다. 이에 대해 시민사회단체들은 성명 발표 등으로 맞섰고,[21] 국제앰네스티는 조사를 통해 평화로운 촛불시위를 정부가 부당하게 진압한 인권침해라는 보고서를 발표하였다(Amnesty Int'l 2009, 2010).

제 4 장

언론 빅데이터로 보는
한국 시민사회

한국의 시민사회단체들의 활동은 언론에 상세히 보도되고 있어, 언론보도를 통해 그 현황과 문제점들을 경험적으로 파악해볼 수 있다. 한국언론진흥재단의 뉴스 빅데이터 분석법을 활용해(www.kinds.or.kr), 1990년 초부터 2016년 말까지의 시민사회단체들의 활동에 관한 언론보도 분석결과를 정리해볼 수 있다.[22]

01 _ '시민단체'의 성장 : 언론 보도

빅 데이터 분석 검색창에 '시민단체'를 입력해 1990년 초부터 2016년 말까지의 언론보도량을 비교해보면, '시민단체'의 활동은 언론보도에서 만큼은 꾸준히 성장하고 있다. 1990~99년까지 초기의 점진적인 성장기를 거쳐 2000년부터는 새로운 전환기를 맞는데, 새천년을 맞이하는 2000년부터 한국 시민사회는 역사상 최초의 '진보주의 시기'를 맞아 사회적 관심이 집중되었다. 2000년 총선시민연대의 낙선운동의 혁명적 여파로 한국 시민사회가 급진적으로 진보주의 시기로 성장하다, 2008년 보수적 이명박 정부의 출범으로 정치적 시련기에 접어든다. 〈그림 1-4〉에서 볼 수 있듯이 2008년에 미국산쇠고기 수입반대 촛불집회가 장기화되면서 보도량이 두 배 가량 급증했고, 이후 2009~16년 기간에도 다양한 촛불집회가 이어졌지만 '시민단체' 활동이 사회적 관심이자 이슈로 부

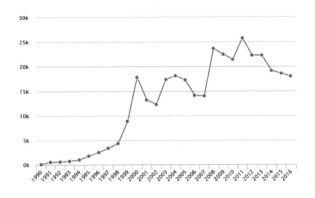

〈그림 1-4〉 한국 '시민단체'의 언론 보도량 추이 : 1990~2016

각되지는 않았다. 사회적 관심이 '시민단체'에서 '시민'으로 이동한 변화인 것으로 보여진다.

2000년 언론 보도량(N=17,812)의 폭증은 시민사회단체의 낙선운동 연대활동이 주도적인 역할을 한 결과를 보여준다. 낙선운동, 선거운동, 선거법, 유권자, 영향력 등 낙선운동 관련 키워드 보도가 많았고, 또 낙선운동을 주도했던 참여연대, 경실련, 환경운동연합 관련 보도들이 뒤를 이었다. 2001~02년에 다소 잠잠하던 시민사회 활동이 활성화된 것은 2002년의 두 여중생 사망 촛불집회가 2003년까지 수개월 지속되었고, 2004년에는 4월 총선을 앞두고 3월부터 노무현 대통령 탄핵반대 촛불시위가 5월 헌법재판소의 기각 판결이 있을 때까지 이어졌다.

2008년의 보도량(N=23,655)은 미국산쇠고기 수입반대 촛불집회가 5월초부터 연말까지 지속되며 집회 관련 시민참여와 시민단체의 활동이 늘면서 폭증하였다. 시민단체 활동과 관련해 이명박 정부에 대한 비판적 활동, 촛불집회와 시민단체 활동가들, 여성연합과 여성민우회 등 촛불집회에 참여한 여성들의 참여 폭발이 많이 보도되었다. 또 촛불집회와 시위는 2008년부터 시작된 대학생들의 반값 등록금 투쟁 집회가 2009년, 2010년, 2012년까지 이어지며 시민단체들의 연대활동도 지속되었다.

2011년에 보도량(N=25,769)이 최대를 기록한 배경에는 다음해 총선을 앞두고 시민사회 대표들의 정치참여 등이 이슈화되었다. 뉴라이트 등 보수단체 대표들의 정치활동의 배경으로 시민단체가 자주 보도되었다. 2011년 이후 2016년까지 보도량이 점차 감소한 추이를 주목해볼 만하다.

또 2014년 세월호 참사로 4월부터 다음해 말까지 촛불집회와 시위는 지속되며, 세월호 진상규명 촉구와 특별법 제정을 위한 시민사회의 연대활동도 지속되었다. 2016년은 박근혜 대통령퇴진 촛불집회가 있었던 시민혁명의 해로, 10주만에 연인원 천만명의 시민들이 참여해 시민단체 관련 보도 또한 역사상 최대를 기록하였다.

02 _ '시민단체' 주요 이슈 분석

언론에 보도된 '시민단체' 관련 보도량은 1990~2016년 말까지 약 34만 건으로 집계되었고, 이를 빅데이터 분석의 이미지로 보여주면 〈그림 1-5〉와 같다.

〈그림 1-5〉 '시민단체' 언론보도
빅데이터 : 1990~2016

(1) 시민단체 관련 주요 이슈

보도 내용을 이슈로 세분화해보면, 참여연대(16,572건)가 가장 많고 다음으로 경실련(16,011건), 그 다음으로 많은 주목을 받으며 보도량이 많은 순서의 이슈들은 민주화, 출신인사, NGO, 낙선운동, 도덕성, 불법행위, 정치세력화, 정권교체 등이다.

이상의 관련 이슈들을 풀이해보면, 시민단체는 '민주화'를 지향하는 활동으로, 시민단체 '출신인사'들의 정계 진출 등이 사회적 관심사로 부각되어 논란이 일었고, 또 시민단체의 글로벌 용어가 되는 'NGO'로 통용되고 있으며, '낙선운동'은 한국 시민단체의 역사를 대표하는 상징적 활동이며, 또 시민단체는 '불법행위'를 고발하거나 고소하는 활동을 하면서 사회적 여론 형성의 주도적 역할을 한다. 그럼에도 시민단체는 재정적 어려움에 직면해 기업 등지로부터의 자금 요청이나 압력 행사, 성추행 등의 '도덕성' 문제를 노출시켰고, 특히 진보단체나 보수단체 구분없이 '정치세력화'를 도모한다는 오해나 비난을 받기도 했다.

(2) 참여연대와 경실련

한국 시민사회단체를 대표하는 참여연대와 경실련 관련 보도를 우선 분석해보면, 두 단체에 대한 언론보도와 사회적 관심사는 두드러진 차이를 보여준다. 참여연대의 경우, '경실련'과 함께 언론에 자주 보도되는 경우가 가장 많았고, 다음으로 '기업'들이 3천 건 보도되며 재벌개혁, 주주총회, 전경련, 삼성, SK그룹 등이 가장 많이 보도되어, 참여연대의 경제민주화 관련 활동이 가장 중요한 사회적 관심사이자 이슈가 되었다는 것을 알 수 있다. 이와는 대조적으로 '권력화' 또한 두 번째로 크게 부각된 이슈가 되었다. 참여연대 활동이 정부나 재계에 대한 감시자 역할로 사회적 주목을 받게 되면서, 정계나 일부 언론, 보수단체들이 참여연대의 정치세력화, 권력화를 우려하는 언론 보도도 적지 않았다.

경실련의 경우, 참여연대보다 5년 일찍 창설해 활동했지만 언론보도량에서는 참여연대 활동보다 뒤진 관심을 받았다. 경실련의 주요 활동들을 다시 세분화해보면, 공동대표와 정책실장 등의 동정 보도가 많았고 '당선운동'과 '보험료 납부거부운동'이 많은 주목을 받았으며, 또 김대중 정부나 노무현 정부에 대한 '비판적 협력'도 이슈가 되었다. 그럼에도 몇차례에 걸쳐 후원금 문제 등으로 '도덕성' 문제를 일으키며 집행부가 교체되는 일을 거쳐 정부와 기업으로부터 일체의 지원금을 받지 않겠다는 결의를 발표하며 또 주목을 받기도 했다.

(3) '민주화'와 '출신인사' 관련 이슈

다음으로 많이 보도가 되었던 '시민단체' 이슈들은 '민주화'와 '출신인사'이다. 시민단체가 다양한 민주화 관련 활동을 하는 내용들이 많으며, 또 '출신인사'와 관련해서는 시민단체들이 언론에 자주 보도되면서 어떤 인물들이 활동하며 시민단체 활동인사들이 정부 요직이나 국회의원 등의 정치인들, 그리고 각종 위원회의 대표로 임명되면서 이와 관련된 보도들이 많이 늘었다.

먼저 '민주화' 관련 빅데이터 분석결과에서는, '참여연대'와 '민주주의', '공동투쟁위원회', '경실련' 등이 가장 많이 보도되었고, '출신인사' 관련 빅데이터 분석결과로는 '정치권', '대통령인수위원회', '야권단일화', '참여연대', '경실련', '청와대', '영향력' 등을 참고해볼 만하다.

(4) '도덕성'과 '불법행위'

'도덕성'과 '불법행위' 관련 보도는 시민단체의 주요 역할에 초점을 맞춘 보도이다. 정치인, 공직자, 사회지도층의 '도덕성' 문제를 제기하고 이들과 기업 등 주요기관들의 '불법행위'를 사회에 고발하고 법적, 윤리적 책임을 추궁하는 감시활동과 관련된 내용들이다. 반면 시민단체 자체의 '도덕성' 문제도 후원금, 성추행, 선명성, 순수성 등으로 보도되었다는 사실을 주목해볼 만하다.

03 _ 촛불집회 시민과 시민단체

(1) 2008년과 2016년 최대의 촛불집회 보도

이제 시민참여 운동의 핵심이 되었던 '촛불집회'를 검색해볼 만하다. 다시 한국언론진흥재단의 뉴스 빅데이터 분석을 보면, '촛불집회'는 2002년 두 여중생 사망 촛불집회부터 2016년 말 박근혜 대통령퇴진 촛불집회에 이르는 15여 년 기간의 추이를 보여준다. 제한적인 언론 보도량을 월간 기준으로 살펴보면,

2002년 12월 최초의 촛불집회 관련 보도 건수는 43건에 불과했지만, 2004년 3월 노무현 대통령 탄핵반대 촛불집회는 561건으로 폭증했고, 이후 2008년에 6개월 이상 지속된 촛불집회는 6월에 사상 최대의 보도량(7,500건 이상)을 기록한 다음 2008년 내내 매월 수천 건 이상이 보도되었다. 이후 월간 최대 기록은 박근혜 대통령퇴진 촛불집회로 2016년 11월에 7,470건에 달했다. 연간 통계는 〈그림 1-6〉과 같다.

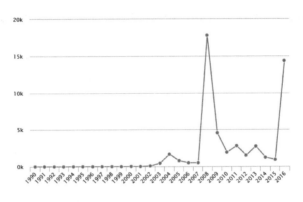

〈그림 1-6〉 촛불집회 언론 빅데이터 보도량 : 2002~16

(2) 시민과 시민단체 주도의 촛불집회

'촛불집회' 검색어를 분석해보면, '시민들'이 가장 많이 등장해 촛불집회의 주인공 '시민들'에 초점을 맞춘 것을 알 수 있다. 다음으로 '시민단체'와 함께 촛불집회 행사 주최가 되는 대책회의, 광우병 국민대책회의(2008년), 퇴진행동 (2016년) 등이 많은 스포트라이트를 받았다. 또 '대통령 하야'와 '탄핵 정국' '최순실'은 2016년 박근혜 대통령퇴진 촛불집회, 그밖에 관련 보도는 2004년 노무현 대통령, 2008년 이명박 대통령, 2016년 박근혜 대통령과 관련된 것이다.

PART 02

1987~

한국
시민사회
제도사

2017

한 국 시 민 사 회 사

제 1 장

민주항쟁과
제도개혁

01 _ 한국 시민사회 제도사

　1987년 민주항쟁은 산업화기를 역사의 뒤편으로 밀어내고 새로운 민주화 시대를 열었다. 새 헌법이 마련되며 대통령 직선제를 포함한 제도 개혁과 더불어 정치적 자유와 시민적 권리가 회복되었다. 구속된 양심수들이 풀려났고, 언론의 자유도 확대되었다. 민주화운동 중심의 운동권과 노동운동 등 구사회운동이 환경단체 등 시민사회단체가 주도하는 신사회운동으로 이동하는 '패러다임 전환'(paradigm shift)이 이뤄진 시기였다.

　〈한국 시민사회 제도사〉는 87년 민주항쟁 이후 헌법 개정을 비롯한 정치, 경제, 사회개혁에 이르는 개혁입법과 제도와 정책에 초점을 맞춰 민주화기의 시민사회 역사를 서술한다. 개혁입법은 시민사회가 정치, 경제, 사회개혁 운동으로 추진한 성과를 반영한 것으로, 김영삼 '문민정부'부터 김대중 '국민의 정부'와 노무현 '참여정부'에 이르는 시기에 집중되어 있다. 이후 이명박 정부는 집권 초기부터 미국산쇠고기수입반대 촛불집회에 맞서 시민사회와 대립하면서 보수단체들을 지원해 진보단체들을 견제하는 전략으로 시민사회 제도사에 새로운 변화를 초래했다. 박근혜 정부 또한 시민사회와의 관계 개선이나 회복보다는 견제 또는 응징하는 정책을 고수하며 이명박 정부 이후 실종된 정부-시민사회 파트너십 또는 거버넌스는 형식상의 제도로 고착되었다.

1987년 민주항쟁 직후의 헌법 개정의 입법부터 이후 2017년에 이르는 시민사회의 제도사는 정부와 시민사회의 관계에 크게 의존하는 역사라고 볼 수 있다. 김영삼 정부부터 노무현 정부에 이르는 15년의 역사는 한국의 '진보주의 시대'(Progressive Era)라 지칭할 수 있을 정도로 정부, 경제, 사회 전반에 걸쳐 개혁과 민주화가 꽃을 피웠던 시기로 평가해볼 만하다. 이후의 이명박-박근혜 정부에 와서 민주화와 개혁이 실종되었다고 볼 수 있다. 정치, 경제, 사회 개혁과 민주화를 추동해온 시민운동도 2000년대 초부터는 외환위기와 실업극복의 정부정책으로 활성화된 사회복지(사회적 서비스, 사회적 일자리 등)와 사회적경제(사회적기업, 협동조합, 마을공동체 등) 영역에서 시민생활과 공동체에 기반한 활동으로 점차 이동해가고 있다. 새로운 '패러다임 전환'이라 볼 수 있는, 새로운 시대적 요청이자 혁신이었다.

02 _ 민주항쟁과 헌법개정

1987년 6월 민주항쟁으로 12월에는 헌법개정이 이뤄져 대통령 직접선거가 있었다. 그런데 김영삼 후보와 김대중 후보가 단일화를 이루지 못해 노태우 여당 후보가 당선되면서 군부정권이 연장되었다. 그렇다고 민주화가 멈출 수는 없었다. 국민들은 1988년 국회의원 선거에서 야당을 지지해 민주화에 지속적인 참여자가 되며, 민주화와 함께 찾아온 새로운 시민사회 시대를 시민의, 시민에 의한 시민사회로 열어갔다.

(1) 6·10 민주항쟁의 개막

6·10 민주항쟁은 1987년 1월 14일 박종철의 고문 사망과 4월 13일 전두환의 호헌조치에 저항하는 야당·재야·학생들의 민주대연합으로 시작되었다.

호헌반대 민주헌법쟁취 국민운동본부가 조직되어, 전국 2,191명의 발기인을 대표한 계훈제, 박형규, 김상근, 최형우, 김동영, 양순직 등 150여 명이 향린교회에 모여 발기인대회와 함께 결성대회를 열었다. 국민운동본부는 대회에서 4·13조치 무효를 선언하며, 현행 헌법 및 집시법, 언론기본법, 형법과 국가보안법의 독소조항, 노동관계법 등 악법의 민주적 개정과 무효화를 위한 범국민적 6·10 민주항쟁 대회를 준비하였다. 국민운동본부는 함석헌, 홍남순, 강석주, 문익환, 윤공희, 김지길, 김대중, 김영삼 등 8명의 고문과 박형규, 김승훈, 지선, 계훈제, 이우정, 송건호, 박용길, 고은, 양순직, 김명윤, 한승헌 등 11명의 상임공동대표로 구성되었다. 국민운동본부는 민정당 대통령 후보를 정하는 6월 10일에 '고문살인 은폐 규탄 및 호헌철폐 국민대회'를 열고, "국민합의를 배신한 4·13 호헌조치의 무효를 전국민의 이름으로 선언한다"며, "이 땅에 진정한 민주헌법을 확립하고 민주정부를 수립하기 위해 온 국민이 참여할 수 있는 평화적인 모든 수단과 방법을 총동원 할 것"이라는 결의문을 발표했다.

민주항쟁은 서울대생 박종철의 고문치사를 은폐하려던 독재정권에 대한 항거로 시작되었다. 박종철 고문치사가 알려진 1월부터 각계에서 고문치사를 규탄하는 성명서가 발표되었고, 2월 7일 '고 박종철 추모대회'와 3월 3일 '고문추방 민주화대행진'은 경찰의 강경한 탄압 속에서도 학생들과 시민들이 대거 참여한 가운데 진행되었다. 또 4월 13일 전두환 대통령은 특별담화로 현행 헌법으로 정부 이양과 연내 대통령 선거 실시를 발표했지만, 이에 맞서 5월 18일 천주교정의구현사제단은 고문치사사건의 조작과 은폐를 폭로하면서, 6월 10일 민주항쟁으로 민주화운동이 총집결하는 급진전이 있었다. 5월에는 4·13 호헌조치에 대한 교수, 종교계, 문인, 언론인 등 각계의 시국선언이 이어졌고, 거의 모든 대학에서 '호헌철폐, 독재타도' 항쟁이 뒤따랐다. 그리고 5월 27일 민주항쟁의 구심체가 되는 국본이 발족되면서, 6·10 범국민대회는 전국에서 24만여 시민들이 참여한 가운데 진행하였다(시민의신문 2005.7.22-23).

6·10 민주항쟁의 범국민대회 선언문은 "1970년대 언론자유 운동을 비롯한 반(反)유신 투쟁, 1980년대의 반미(反美)·통일 운동을 거치면서 우리 사회에는 점진적으로 '시민운동권'이 성장했다"고 선언하며, "오늘 우리는 전 세계 이목이 우리를 주시하는 가운데 40년 독재정치를 청산하고 희망찬 민주 국가를 건설하기 위한 거보를 전 국민과 함께 내디딘다. 국가의 미래요 소망인 꽃다운 젊은이를 야만적인 고문으로 죽여 놓고 그것도 모자라서 뻔뻔스럽게 국민을 속이려 했던 현 정권에 국민의 분노가 무엇인지를 분명히 보여 주고, 국민적 여망인 개헌을 일방적으로 파기한 4·13 호헌 조치를 철회시키기 위한 민주 장정을 시작한다"고 발표했다(호헌반대 민주헌법쟁취 운동본부).

(2) 제9차 헌법개정

민주항쟁의 위기에 봉착한 집권여당은 6월 29일 노태우 대표위원의 6·29선언을 통해, 여야 합의하의 대통령직선제 개헌을 통한 평화적인 정권 이양, 정치범의 전면적 사면과 복권, 언론의 자유 보장을 위한 제도의 개선, 대학 자율화 등을 약속하였다. 이로써 직선제 개헌은 가속화되어, 여야 합의로 헌법개정을 논의해 1987년 9월 18일 여야 공동으로 헌법개정안이 국회에 발의되었다. 10월 12일 의결된 개헌안은 27일 국민투표로 확정되어, 29일 공포되었다.[1]

헌법 개정의 주요 내용들은 다음과 같았다. 첫째, 대통령의 비상조치권·국회해산권의 폐지를 통하여 그간 독재정권의 횡포수단이 되었던 법적 근거를 삭제하였다. 또 국정감사권을 부활하는 등 국민의 대표기관인 국회의 권한을 강화하여 그 기능을 활성화함으로써 국가권력의 균형과 조화를 도모하였으며, 법관의 임명절차 개선과 헌법재판소의 신설 등을 통하여 사법권의 독립을 실질적으로 보장하고 헌법의 실효성을 제고하였다. 둘째, 대통령직선제의 채택으로 국민의 직접선거에 의한 정부선택을 보장함과 아울러, 대통령단임제로 평화적 정권교체의 전통을 계승하였다. 셋째, 국민의 정치적 자유와 시민적 권리가 회복될 수 있었다. 구속적부심사청구권의 전면보장, 형사보상제도의 확대, 범죄피해자에 대한 국가구조제 신설 등 국민의 신체와 생명에 대한 보호를 강화하고, 언론·출판·집회·결사에 대한 허가·검열의 금지 등 표현의 권리를 최대한 보장하며, 근로3권의 실질적 보장과 최저임금제의 실시 등 근로자의 인간다운 생활을 할 권리를 확충하여 기본적 인권을 신장하였다. 넷째, 경제질서에 관하여는 자유경제 체제의 원리를 근간으로 하면서 적정한 소득의 분배, 지역경제의 균형발전, 중소기업과 농·어민 보호 등을 통하여 모든 국민의 복리를 증진시키고, 국민생활의 기본적 수요를 충족시키는 사회정의를 실현하도록 하였다.

03 _ 역대 정부의 개혁입법 역사

87년 민주항쟁 이후 노태우, 김영삼, 김대중, 노무현 정부에 이르는 20년간 시민사회의 정치, 경제, 사회 부문의 민주화 운동은 지속되었다. 민주화운동의 핵심에는 '개혁입법'이 있었다. 개혁이란 "보다 더 큰 사회적, 경제적 또는 정치적 평등의 방향에로의 변화와 사회와 정치체제로의 참여 확대"(Huntington 1968: 344)라고 정의될 수 있다. 개혁의 민주적인 성격을 강조하여 민주적인 각종 정치적 권리의 확보와 증대, 사회적 평등의 구현을 위한 다양한 변화를 의미한 것이다. 한국 시민사회의 개혁입법 운동은 개혁을 지향하는 광범위한 실질적인 민주주의의 달성을 추구해 갔다.

〈표 2-1〉에서 볼 수 있듯이 개혁입법은 김영삼, 김대중, 노무현 정부 기간에 집중되어 국가보안법과 집시법을 제외한 다른 정치, 경제, 사회 분야에서 어느 정도 진전을 이룬 것으로 평가해볼 수 있다. 집시법의 경우, 김영삼, 김대중, 노무현 정부에 걸쳐 일부 개정이 이뤄진 이후에도 이명박, 박근혜 정부 기간에도 지속적인 개정운동이 있었다.

〈표 2-1〉 정치개혁, 경제개혁, 사회개혁 입법 : 정권별 비교(1987~2017)

	정치 개혁	경제 개혁	사회 개혁
노태우 정부 1987~92	헌법·개정(1987) 국가보안법 개정(1991) 집시법 개정(1989, 91)	남녀평등고용법(1988) 남녀평등고용법 개정(89) 토지초과이득세법(1990) 환경범죄처벌법(1991)	장애인복지법개정(1989) 영유아보육법(1991) 지방교육자치법(1991) 자유총연맹육성법(1989) 한국국제협력단법(1991)
김영삼 정부 1992~97	집시법 개정(1997) 518특별법(1995) 정보공개법(1996)	금융실명제(1993) 부동산실명제(1995) 노동조합및노동관계조정법 (1997) 소비자보호법 개정	성폭력법(1993) 가정폭력법(1997) 위안부지원법(1993) 여성발전기본법(1995) 기부금모집규제법(1995) 소비자생협법(1998)
김대중 정부 1997~02	집시법 개정(1999) 의문사규명법(2000) 민주화운동보상법(2000) 정보공개법(2001) 국가인권위원회(2001) 부패방지법(2002)	정리해고와근로자파견법 (1998) 제조물책임법(1999) 남녀차별금지법(1999) 의료법 개정	국민기초생활보장법(2000) 비영리단체지원법(2000) 국민의료보험법(1997) 노인복지법 개정(1997) 지방교육자치법 개정 사회단체등록법 폐지 공동모금회법(1997) 북한이탈주민지원법(1997)
노무현 정부 2002~07	집시법 개정(2004) 사회안정법 폐지 과거사법(2005) 친일반민족규명법(2004) 친일반민족규명법 개정 군의문사규명법(2005) 주민투표법(2003) 주민소환법(2006)	자유무역협정법(2005)	사립학교법 개정(2005) 지방교육자치법 개정 SOFA 개정 교통약자이동권법(2005) 유아교육법(2003) 문화유산과자연환경 국민신탁법(2006) 사회적기업법(2007) 호주제 폐지(2005) 성매매금지법(2004) 장기요양보험법(2007) 기부금품모집법(2006) 자원봉사기본법(2006) 지속가능발전법(2007)
이명박 정부 2007~12	친일반민족규명법 개정 의문사법 폐지(2009)	한·미FTA(2011)	국제개발협력법(2010) 공익신고자보호법(2011) 대한노인회법(2011) 협동조합법(2012) 사회서비스이용법(2011) 소비자기본법 개정 공동모금회법 개정
박근혜 정부 2012~17	정보공개법 개정		기초연금법(2014) 아동학대방지특례법(2014) 세월호특별법(2014) 부정청탁과금품수수금지법(2016)

(1) 노태우 정부

노태우 정부는 군부정권의 연장으로 헌법개정 이외의 개혁입법이 정치, 경제, 사회개혁으로까지 미치지 못했다. 정권 출범 이전에 이미 헌법개정이 이뤄진 다음, 경제개혁으로 꼽히는 남녀평등고용법이 1988년에 제정과 동시에 다음 해에 개정을 거쳤고, '환경범죄처벌 특별법'은 1991년 두산기업의 낙동강 페놀 방출 오염사태로 빚어진 국민적 저항으로 제정된 배경이 있었다. 사회개혁 차원에서는 1991년 영유아보육법과 지방교육자치법, 한국국제협력단(KOICA)의 조직을 위한 법제정이 있었다.

(2) 김영삼 정부

'문민정부'를 표방하는 김영삼 정부에서 개혁입법은 군사정권과의 정치적, 역사적 단절을 목표로 하는 부정부패와 정경유착의 근절에 우선 초점을 맞추었다. 금융실명제를 비롯한 경제개혁과 정치개혁이 본격화된 것이다. 김영삼 정부에 와서 본격화된 개혁입법은 정치, 경제, 사회 개혁 전반에 걸쳐 광범위하게 추진되었다.

정치개혁으로는 5·18 특별법과 정보공개법의 도입, 경제개혁으로는 금융실명제와 부동산실명제 도입이 핵심적이었다. 또 노동조합 및 노동관계조정법이 새로 제정된 성과가 있었으며, 사회개혁 차원에서는 위안부 할머니들의 생계를 지원하는 위안부지원법 제정을 비롯해 성폭력법과 가정폭력법의 제정, 또 기부금품모집금지법이 규제법으로 개정되고, 여성발전기본법과 생활협동조합법의 도입 등 사회개혁에서도 진전이 있었다.

(3) 김대중 정부

'국민의 정부'를 표방했던 김대중 정부에서는 우선 외환위기를 극복하기 위한 경제개혁 입법이 정치개혁과 사회개혁에 이르는 광범위한 차원으로 확대되었다. 그럼에도 시민사회가 지향해온 국가보안법 폐지, 집시법 개정 등 개혁입법은 실패를 거듭했다.

정치개혁에서는 먼저 시민사회의 숙원이었던 정보공개법과 국가인권위원회법, 그리고 부패방지법과 의문사규명법과 민주화운동보상법의 제정과 시행이 있었다. 경제개혁에서는 노동법과 의료법 개정이 있었으며, 정리해고와 근로자파견법, 제조물책임법, 남녀차별금지법 등 경제민주화를 위한 입법이 시행되었다. 나아가 사회개혁에서는 여성계의 운동 역량이 결집된 호주제의 폐지가 이뤄졌고, 외환위기로 빈곤과 실업에 내몰린 취약계층의 복지를 지원하는 국민기초생활보장법의 도입, 그리고 사회단체등록법 폐지와 동시에 관변단체(새마을운동, 바르게살기, 자유총연맹)뿐 아니라 모든 시민사회단체가 정부의 재정지원을 받을 수 있도록 한 비영리민간단체지원법의 제정과 시행이 있었다. 또 1997년 제정된 국민의료보험법, 공동모금회법, 북한이탈주민지원법도 사회개혁의 주요 입법으로 기록되었다.

(4) 노무현 정부

'참여정부'로 시민의 참여와 거버넌스를 중시했던 노무현 정부에 와서도 개혁입법의 운동은 그치지 않았다. 김영삼, 김대중 정부에서 포기했거나 미뤄두었던 개혁입법 사안들이 다시 부활한 것이다. 시민사회단체들은 우선적으로 국가보안법 폐지, 언론개혁, 사립학교법 민주적 개정, 올바른 과거청산 등 4대 개혁법안의 입법화를 위한 공동투쟁에 나섰다.

정치개혁에서는 과거사법이 마침내 시행되었고, 친일반민족규명법과 군의문사규명법이 제정, 시행되는 성과가 있었다. 또 주민투표법과 주민소환법이 제정, 시행되어 정치민주화의 진전을 이루었다. 경제개혁에서는 한·미 자유무역협정(FTA) 관련 자유무역협정법 도입이 중요한 변화였고, 사회개혁에서도 무수한 개혁입법이 추진되어 오늘에 이르고 있다. 호주제가 마침내 합법적으로 폐지되었고, 그간 무수한 논의가 있었던 사립학교법과 SOFA 개정이 부분적으로 이뤄졌으며 지방교육자치법의 개정도 뒤따랐다. 새로운 개혁입법으로는 교통약자이동권법, 유아교육법, 문화유산과 자연환경 국민신탁법과 지속가능발전법의 제정, 장기요양보험법, 사회적기업법, 자원봉사기본법의 제정과 시행이 이뤄졌다. 또 기부금품모집규제법이 기부금품모집사용법으로 개정되어 오늘에 이르고 있다.

(5) 이명박 정부

이명박 정부부터 민주화를 위한 정치개혁은 진전되지 않았다. 다만 기존 법률의 개정이나 폐지가 있었는데, 2000년에 제정된 의문사법이 폐지되고 2004년에 제정된 친일반민족규명법이 개정되었으며, 경제개혁 차원에서는 노무현 정부부터 추진된 한·미FTA가 마침내 입법을 거쳐 시행에 들어갔다. 사회개혁 차원에서는 소비자기본법과 공동모금회법의 개정이 있었으며, 또 국제개발협력법, 공익신고자보호법, 대한노인회법, 협동조합법, 사회서비스이용법의 제정과 시행이 중요한 개혁입법으로 기록되었다.

(6) 박근혜 정부

박근혜 정부에서도 특별한 정치개혁이나 경제개혁 차원의 개혁입법이 기록되지 않았다. 다만 2015년 부정청탁과 금품수수금지법(일명 김영란법)이 제정되어 2016년 9월에 시행되었고, 기초연금법과 아동학대처벌특례법 제정이 이뤄졌다. 앞선 정부들에서 이미 상당한 개혁입법이 진행되었기 때문에, 정보공개법 등 기존 법률의 일부 개정이 이뤄질 정도에 머물렀다. 2014년 세월호 참사로 세월호특별법이 제정되어 2015년 1월부터 18개월간 특별조사위원회가 진상규명 등 조사활동을 했지만, 정권의 비협조로 진상규명이 제대로 이뤄지지 않았고 대통령의 참사 직후의 7시간 행적도 규명되지 못했다. 이명박 정부 이후 단절된 시민사회와의 관계는 개선되지 않았고, 거버넌스는 형식에 머물렀다는 평가를 받고 있다.

04 _ 정치, 경제, 사회개혁 입법

1987년 민주항쟁 이후 정치, 경제, 사회 민주화로 폐지되거나 제정 또는 개정된 법률과 이에 따른 정부 조직의 신설과 새로 도입된 정책들은 〈표 2-2〉와 같다. 정치개혁과 사법개혁부터 경제개혁 등의 순으로 국제관계에 이르기까지 다양한 법률과 제도들의 도입이 이뤄졌는데, 이 내용들이 한국 시민사회사 가운데 〈제도사〉의 주요 내용으로 소개된다.

05 _ 거버넌스 시대의 발전

민주화기의 시민사회 제도사는 민주항쟁으로 쟁취한 헌법 개정을 비롯해서, 노태우 정부부터 김영삼, 김대중, 노무현 정부에 이르는 기간에는 정치, 경제, 사회의 개혁을 추구하는 '개혁입법'의 시기를 거쳐 왔다. 그 과정에서 정부와 시민사회가 대립하고 갈등하면서도 협력하고 공조하는 새로운 거버넌스 (governance)의 시대가 열리면서, 시민사회는 개혁입법의 공조적 파트너가 되었고, 사안별로 정부와 공조하는 '정책 거버넌스'의 시대를 열어갔다. 한국 시민사회 제도사를 이해하는데 기초가 되는 '정책 거버넌스'의 이론적 배경을 우선 살펴볼 만하다.

(1) 거버넌스 시대의 시민사회
'거버넌스'는 시민사회의 제도사를 이해하는데 핵심적인 개념이다. 국가 또는 정부가 시민사회와 협력할 수밖에 없는 시대적 배경을 함축하는 개념이다.

〈표 2-2〉 민주화기(1987~2017)의 시민사회 관련 법(제정, 개정, 폐지)과 조직(신설)

	법률 제정, 개정 또는 폐지	정부 조직 신설 또는 정책 도입
정치개혁	(제정) 5·18 특별법, 국가인권위원회법, 군의문사특별법 (개정) 국가보안법, 집시법, 정당법	국가인권위원회, 정치개혁위원회, 의문사진상규명위원회
행정개혁	(제정) 지방자치법, 공직자윤리법, 정보공개법, 행정절차법, 부패방지법, 공익신고자보호법, 부정청탁및금품등수수금지법	행정정보공개제도, 행정쇄신위원회, 부패방지위원회, 국민권익위원회, 투명사회협약
경제개혁	(제정) 금융실명제, 부동산실명제, 공정거래법, 제조물책임법 (개정) 소비자보호법	노사정위원회, 금융실명위원회, 공정거래위원회, 규제개혁위원회, 리콜제도, 손해배상청구소송, 공익소송, 집단소송
양성평등	(제정) 남녀차별금지법, 여성발전기본법, 가정폭력방지법, 성폭력특별법, 성매매방지법, 일본군위안부생활안정지원법 (개정) 가족법, 남녀평등고용법, 정당법(여성공천할당제 신설) (폐지) 호주제	여성부(여성특별위원회), 여성정책담당관실(행정자치부, 법무부, 교육부, 보건복지부, 농림부, 노동부), 여성개발원, 여성재단, 공무원임용 여성채용목표제
사회개혁	(제정) 청소년기본법, 통합방송법, 정간법, 사립학교법, 장애인이동권보장법, 공동모금회법, 자원봉사법, 아동학대처벌특례법 (개정) 기부금품모집법 (폐지) 사회단체신고법	청소년위원회, 방송개혁위원회, 새교육공동체위원회, 제2건국위원회, 자원봉사진흥위원회,
보건복지	(제정) 국민연금법, 건강보험법, 국민기초생활보장법, 장애인고용촉진법, 장애인복지법, 의료법 개정, 사회보장법, 장기요양법, 학교급식법, 영유아보육법, 기초연금법	최저임금제, 무상급식, 무상보육,
환경규제	(제정) 환경범죄의 처벌에 관한 특별조치법 지속가능발전법	환경부(환경청, 환경처), 지속가능위원회, 갈등관리위원회
사회적경제	(제정) 소비자생활협동조합법, 사회적기업법, 협동조합법	사회적기업위원회
북한 관계	(제정) 북한이탈주민지원법	북한이탈주민지원재단 남북기본합의서(1991), 6·15공동선언(2000)
국제사회	UN(아동권리협약), OECD 가입, IMF 구제금융, 국제개발협력법, FTA	세계화위원회, 국제협력단

'거버넌스' 개념의 등장은 사회에 대한 국가 통치의 한계를 의미한다. 1980년대 말에 등장한 '거버넌스' 개념은 사회에 대한 국가개입의 한계와 국가행동의 비효율성과 비효과성이 드러나면서, '최소의 국가'(minimal state)와 동의어가 되고 있다. 국가권력이 약화되어 시민사회 등 민간부문과 공조하는 '정책 네트워크'(policy network)에서 국가행동이 이뤄지고 있다(주성수 2003).

따라서 '통치'(government)의 개념이 '거버넌스'(governance) 개념으로 점차 대체되어 왔다고 볼 수 있다. 정부주도의 시대가 가고, 거버넌스 시대가 열리고 있는 동향이다. 정부 정책결정 영역은 전통적으로 정부의 독점적 영역으로 간주되어 왔지만 이제는 영리기업과 시민사회도 동참하는 '거버넌스'의 영역이 되고 있다. 밖으로부터는 세계화라는 강력한 영향으로 국가의 위상이 크게 위축되었고, 안으로는 다양한 집단의 욕구에 부응하기 힘들 정도로 국가의 관료화와 역량의 한계가 뚜렷해지고 있다. 그래서 "지금의 국가는 큰 문제를 다루기에는 너무 작고, 작은 문제를 다루기에는 너무 비대하다"고 볼 수 있다(UNDP 1993: 5).

'거버넌스' 시대의 도래는 시민사회 시대의 개막을 의미하기도 한다. 글로벌 동향을 보면, 거버넌스 시대의 개막과 시민사회 시대의 개막은 거의 일치한다. 1980년대 말 냉전체제가 붕괴한 이래 글로벌 NGO는 양적으로 팽창했을 뿐 아니라 국제사회에서 그 영향력이 급성장하게 되었다(Salamon 1995). 또 냉전의 종식은 국제정치에 있어 새로운 이슈들, 즉 환경, 인권, 난민, 기아, 여성, 개발 이슈들을 크게 부각시키며 NGO 활동의 활성화에 기여하였다. IT혁명의 급진전 또한 1990년대 NGO의 성장에 결정적으로 중요한 요인이었다. 인터넷과 팩스 등 정보통신의 발달로 국경의 의미가 퇴색되고 있으며, 이에 따라 NGO에 대해 적대적인 국가라 해도 온라인을 통한 정보의 흐름을 통제하기 어렵게 되었다. 동시성, 쌍방성, 초공간성의 특성을 지니는 인터넷의 발달은 공동의 가치와 목적에 기반을 두는 공동체의 출현을 불러와 그 자체가 하나의 새로운 세력이 되기도 하고 NGO 활동에 든든한 후원자가 되기도 한다.

(2) 시민사회의 정책 영향력

1987년 정치민주화로 시민사회가 합법적으로 정치 및 정책 과정에 개입할 여지를 확보하면서 시민사회의 정책 영향력도 확대되었다. 시민사회의 영향력이 주요 시민사회단체들(참여연대, 경실련, 환경운동연합 등)의 영향력으로 설명될 수 있을 정도로 시민사회단체들이 시민사회의 영향력 확대에 중대한 역할을 했다(이숙종 2002; 주성수 외 2001, 2003, 2004, 2011). 시민사회단체의 영향력은 그 대상이 행정부에 국한된 게 아니라 입법부, 사법부, 언론, 기업 등 광범위하며, 시민사회단체들의 영향력은 각종 설문조사에서도 여실히 입증되었다(지표로 보는 정부와 시민사회 신뢰도 참조).

주요 정책결정에 결정적인 영향을 미친 사례들은 동강댐 백지화, 소액주주운동, 낙선운동 등이 꼽히지만(유재원 2005; 주성수 2003, 2004), 금융실명제, 국민기초생활보장법 등 이루 다 헤아릴 수 없을 정도이다. 시민사회의 영향력 행사의 경로의 하나는 지배세력이나 정책주체가 추진하는 시도를 저지하는 행위, 다른 하나는 시민사회가 요구하는 정책을 정책당국이 추진하도록 압력을 행사하는 방식인데, 전자 소극적 방식에서 후자 적극적 방식으로 영향력 행사가 변화되었다. 입법의 경우 초기 시민운동은 의정모니터링 방식에 많이 의존하다 점차 입법청원 등 적극적인 정책 영향력 행사로 발전되었다. 국민기초생활보장법, 부패방지법, 상가임대차보호법 등 다양한 개혁입법들이 새로 제정되었다(이숙종 2002). 부패방지법의 사례처럼 시민사회의 입법청원안이 부분적으로만 수용되는 등, 시민사회의 개혁입법 활동은 정부의 입장에서 의견이 일치되는 경우에만 선별적으로 제정되고 개정되는 특징도 있다.

시민사회단체들이 정책집행과정에 참여해온 것은 오랜 전통을 갖고 있다. 정부의 사무나 사업을 위임받아 대행하는 단체들은 주로 협회 등 이익단체 성격의 비영리법인이나 단체들로 정부부처마다 이들이 사단법인이나 재단법인으로 등록해 그런 집행 대행의 대가로 보조금 등의 지원을 받아 왔다. 그러다 시민사회의 정책 영향력이 확대되면서 시민사회단체들에게도 정책집행의 대행 기회가 점차 확대되어 왔다. 시민사회단체들도 비영리법인으로 등록하고, 또 2000년 비영리민간단체지원법의 시행 이후 비영리단체로 등록해 정부 사무와 사업의 파트너로 참여하며 보조금이나 지원금을 받게 되었다. 여성단체들 중에는 이같은 정부 등록이 여성운동에 어떤 도움이 될지에 대한 논란이 많았고, 결국 정책 거버넌스 참여로 개혁입법에 여성단체들의 활동이 활성화되는 계기가 되었다(주성수 2009).

1990년대에 와서는 정부기능을 민간부문으로 이양할 것을 요구하는 작은 정부론, 신공공관리론이 주류 행정학으로 부상하면서 정부의 공공(public) 서비스가 시민사회에 위임되는 사회(social) 서비스로의 변화가 일어난다. 과거 국가 주도적인 조합주의 방식에서 새로운 민관공조의 방식인 정책네트워크 방식 또는 신공공관리 방식으로 변화된 것이다. 이처럼 이익단체를 집행 파트너로 선택하는 조합주의 방식에서, 시민사회단체를 집행 파트너로 공조하는 정책 네트워크 방식으로의 변화이다. 서구에서는 1980년대 이후 복지국가의 위축과 국가 재정위기를 극복하기 위한 처방으로도 신공공관리에 의존해 민관의 공조에 기초하는 정책 거버넌스가 활성화되었고, 한국도 이같은 선진사회의 정책동향을 수용하는 정책집행이 추진되어 왔다.

06 _ 정부와 시민사회 관계

정부의 전통적인 공공서비스 기능을 위탁받아 대행하는 민관공조의 정책 거버넌스가 활성화되었고, 양자의 대립적이고 갈등적인 관계가 공조적 관계로 변화되었다. 1987년 민주항쟁은 정부-시민사회의 적대적 관계를 청산하게 만들었다. '다원주의 수용'의 변화를 거쳐 공조적 관계로의 변화를 목격할 수 있다 (주성수 2001, 2003).

(1) 억압에서 협력으로

정부가 시민사회의 존재를 인정하며 공조자로 수용하는 '제도적 다원주의' 의 수용에 초점을 맞춰 정리해볼 수 있다(Coston 1998: 366-7). '제도적 다원주의' (institutional pluralism)는 정부가 거부함으로써 치뤄야 할 대가도 있지만 수용함 으로써 얻을 수 있는 실리가 있다는 것을 보여준다. 시민사회를 정책 파트너로 삼아 국가의 효과성과 정통성 모두를 제고할 수 있는 것이다.

먼저 제도적 다원주의를 거부하는 유형에는 억압(repression)과 대항(rivalry) 유형이 있다. '억압형'에서 시민사회는 정부로부터 억압당해 합법화되지 않은 활동을 하며 법률이 규정하는 각종 지원을 정부가 일방적으로 거부하는 경우이 지만, '대항형'에서는 정부에 대한 비판으로 쌍방적인 관계가 이뤄지면서 정부 가 상황에 따라 법률이 규정하는 지원서비스를 제공하는 경우도 있다. 한국은 유신통치 시절과 5공화국 시절의 각종 긴급조치의 발동으로 사실상 '억압형'과 '대항형'이 병존했던 시절이 1987년 민주항쟁 전까지 존속해 왔다. 다음으로 경 쟁(competition) 유형은 정부와 시민사회가 서로 정치적으로, 경제적으로 경쟁하 는 모델이다. 민주항쟁 이후 민주화 과정에서 정부보다 시민사회 또는 NGO가 더 높은 신뢰와 지지를 받아온 것이 사실이다. 정부-시민사회의 경쟁관계가 정 치적으로는 민주화에 기여하며 경제적으로는 정부정책과 개발의 효율성을 높 여주는 긍정적인 효과를 발휘할 수 있다.

이상과 같이 억압형, 대항형, 경쟁형 모두는 정부가 제도적 다원주의를 거 부하는 경우이다. 정부가 제도적 다원주의를 수용하는 다른 네 가지 모델이 용 역형, 제3자정부형, 협력형, 보충형이다.

먼저 '용역'(contract)이란 실용적 다원주의를 반영하는 의미를 지니고 있으며, 국가가 주도적인 역할을 하는 가운데 국가의 운영활동이 시민사회단체들에 위임되는 형태로, 시민사회는 정부가 책임지고 있는 복지수혜자들에게 사회서비스를 전달하는 역할을 맡는다. '용역'은 정부의 입장에서는 긍정적인 평가를 받고 있다. 시민사회의 입장에서는 용역이 시민사회의 전문 역량을 확대시켜준다는 점, 시민사회의 재정 및 인력 안정화에 기여한다는 점에서 긍정적이지만 몇가지 부정적 평가도 제기되고 있다. 시민사회단체들이 정부용역을 담당하는 사업 또는 프로그램이 사기업과의 경쟁에서 시장성을 상실할 수 있고, 또 시민사회가 정부의 재정, 정책 가이드라인에 의존하는 경향도 있다. 정부가 사업 또는 서비스의 책임을 완전히 제3섹터에 위임하는 것은 아니며, 정부는 정책 결정자이며, 규제자와 평가자로 남는다. 시민사회의 독립성과 자율성이 침해될 수 있기 때문에 용역 참여는 바람직하지 않다고 볼 수도 있다(O'Connell 1994).

다음으로 '제3자 정부'(third-party government) 유형이 있다. 이는 용역형과 마찬가지로 정부-시민사회가 역할을 분담하는 형태를 취하면서, 정부는 자원을 공급하고 정책을 결정하며 시민사회단체들은 재화와 서비스의 생산을 조직화한다. 용역형과 다른 점은 제3자정부형에서는 공공기금의 사용과 정책결정 및 법집행 측면에서 정부가 제3섹터 기관들과 상당한 수준의 자율권을 공유한다는 점이다.[2] 한국에서는 비영리조직의 사회서비스 제공 확대가 주류를 형성하는 사회복지 분야가 대표적인 제3자정부 유형에 해당된다. 또 정부의 재정지원과 관리감독에 크게 의존하는 사회적경제 분야도 제3자정부 유형에 가깝다고 볼 수 있다(주성수 2010).

마지막으로 '협력'과 '보충' 유형을 비교해볼 만하다. 협력(cooperation)은 정보공유, 자원공유, 공동행동의 협력에 기초한다. '협력'이란 ① 정부와 시민사회가 서로의 활동을 공유하는 자유로운 정보의 흐름이 존재하고, ② 시민사회단체들이 정부 정책과 규율을 준수하며, ③ 정부 정책은 시민사회에 중립적인 입장을 취하는 조건에서 성립되는 관계라고 볼 수 있다. 다음으로 보충

(complementarity) 유형은 '상호이익, 때로는 상호이용의 차원에서의 공존'이라는 공생(symbiosis)에 기초하는 유형이다. 정부는 정책결정권과 자원동원력이 있고, 시민사회는 서비스공급에서 각기 우위를 점하고 있어, 양자의 관계는 재정적 관계이자 기술적 관계라 볼 수 있다. 정부가 할 수 없는 활동, 정부 행정력이 미치지 않는 지역에 대해 시민사회가 정부 역할의 부재 또는 부족을 보충해주는 관계이다. 서구뿐 아니라 한국의 정부와 시민사회 관계는 이제 대부분이 협력 또는 보충 관계로 진전해 있다고 볼 수 있다.

(2) 정책 네트워크의 발전

정부와 시민사회 관계는 양자의 상호작용의 성격이 어떤 방향으로 변화되었는지에 초점을 맞춰, 이상과 같이 적대, 경쟁, 공조 등으로 구분해 살펴보는 방법이 있고 다른 하나는 양자의 이익매개(interest mediation) 양식의 변화를 분석하는 방식이다. 이론적으로는 세 가지 양식이 제시되는데, 조합주의, 다원주의, 정책 네트워크가 그것들이다. 이익매개 과정에서 국가가 주도적이면 조합주의, 사회가 주도적이면 다원주의로 구분하고, 양자 사이에 정책네트워크가 존재한다고 볼 수 있다(유제원 2005: 82).

한국은 정부수립 이후 국가주도적인 이익매개 방식인 조합주의에 의존해오다 민주화 이후에 와서 정책 네트워크를 수용하는 정책 거버넌스에 의존해왔다. 조합주의에서는 국가와 특정 영역(교육, 복지 등)의 이익을 대변하는 이익집단 사이에 구축된 제도적 협력관계를 통해 해당 영역의 정책을 결정하고 집행해온 것인데, 정책결정에서 이익집단의 자율성이 보장되는 사회주도형 조합주의가 점차 확대된 추세도 있었다. 그러다 1987년 민주항쟁을 계기로 국가의 이익매개의 방식이 정책 거버넌스로 전환되는 일대 개혁이 일어난다. 이익집단 이외의 시민사회단체들이 정책결정과 집행 과정에 참여하는 빈도와 심도가 점차 증대한 것이다.[3)]

환경, 복지 등 대부분의 정책 영역에서 국가와 시민사회 사이의 새로운 이익매개 방식이 되는 정책네트워크가 진전되면서 새로운 유형의 정책 거버넌스가 등장하였다. 하나는 일부 참여자에 국한되며 참여자 사이의 연대로 이뤄지는 정책공동체(policy community)이고, 다른 하나는 정책 참여자는 다수에게 개방적이지만 참여자 사이의 상호작용이 정책 영역이나 이슈별로 상이하게 변화해 높은 유동성과 개방성의 특성을 가진 이슈네트워크로 활성화되었다. 민주화가 진행되면서 정책공동체에서 이슈네트워크로 변화되는 새로운 정책 거버넌스의 진전을 목격할 수 있었다. 정부와 시민사회의 정책 거버넌스는 대칭적인 협력관계로 이뤄졌다기보다는 시민사회가 "개혁의 전위대로 국가에 의해 활용되거나 기껏해야 하위적 위치에서 국가의 사무를 대행해서 처리하는 국가중심적인 거버넌스에 가깝"다는 평가가 지배적이다(유재원 2003, 2005).

제 2 장

정치개혁 입법

01_ 국가보안법

국가보안법은 1948년에 제정되어 지금까지 유지되고 있는 법률이다. 그간 시민사회는 지속적으로 국가보안법의 폐지 운동을 해왔지만 민주항쟁 이후 1991년에 와서야 일부 개정이라는 매우 제한적인 법개정을 한 이후 실질적인 개정은 전혀 이뤄지지 않고 있다. 지금도 국가보안법 폐지 논쟁은 지속되고 있다.

먼저 1991년 법개정으로 일부 항목들에서 개정 또는 신설이 이뤄졌다. 국가보안법을 해석적용함에 있어 국민의 기본적 인권을 최대한 보장하여야 한다는 규정의 신설 등 6개 사항들이 더 있다. 국가보안법의 일부 개정에 대해 시민사회의 반응은 '매우 미흡한' 개정이라 비판하며 국가보안법 폐지 운동을 지속하였다. 이에 대해 2004년 8월 국가기관인 국가인권위원회(위원장 김창국)는 국회의장과 법무부 장관에게 국가보안법을 전면 폐지하라고 권고했다. 인권위원회는 "현행 국가보안법은 법률의 자의적 적용으로 국민의 인권과 존엄성을 침해해 왔고, 법 자체의 인권침해 소지로 끊임없이 논란을 일으켜 온 악법"이라며 "몇 개 조문을 바꾸는 것으로는 문제점이 치유되지 않기 때문에 전면 폐지하는 게 시대적 요구"라고 밝혔다(한겨레신문 2004. 8. 24). 인권위는 전원위원회를 열어 전면 폐지 8인, 대폭 개정 2인으로 이렇게 결정했다.[4]

국가인권위원회는 "국보법이 폐지되면 국가 안보에 공백이 생길 것이란 일부 우려가 있지만, 국보법은 현행 헌법의 내란죄, 외환죄 등과 처벌 규정이 겹치기 때문에 법적 공백은 거의 없다"며, "불고지죄의 경우, 그 자체가 양심의 자유를 심각하게 침해하므로 반드시 폐지해야 한다"고 주장했다.[5] 또 그간 "7차례의 법 개정도 날치기 등 절차적 정당성 없이 이뤄져 존재 근거가 빈약한 반인권적인 법"이라고 지적했다.

그간 국가보안법 위반 혐의자는 매년 꾸준히 늘었다. 2004년 73명, 2005년 39명, 2006년 29명, 2007년 34명, 2008년 31명, 2009년 40명, 2010년 60명, 2011년 74명, 2012년 98명, 그리고 박근혜 대통령이 취임한 2013년에는 108명으로 기록을 세웠다(연합뉴스 2014. 7. 6). 2012년 말 추산으로는 입건자의 85% 이상이 국가보안법 7조 위반이고, 이 중 대부분은 집행유예로 풀려나고 무죄판결도 종종 받았다. 이명박 정부에 들어 인터넷상에서 북한 사이트를 접속하거나 트위터 계정을 리트윗하는 행위를 공안기관이 샅샅이 뒤졌고, 또 자생적으로 국가안보를 '걱정'하는 10~20대들이 국가보안법 위반 사범을 색출하려고 사이트를 뒤져 기관에 고발하기 때문이다(한겨레21 2012. 11. 29).

02 _ 집회와 시위에 관한 법률

집회와 시위에 관한 법률은 1962년 12월에 첫 제정되었고 13차례의 개정을 거쳐 현재에 이르고 있다. 이 법은 집회에 관한 법률과 집회에 관한 임시조치법을 통합하여 적법한 집회 및 시위를 보호하고 공공의 안녕과 질서를 유지하려는 취지에서 제정·시행된 법률이다.

1987년 민주항쟁의 영향으로 1989년 이법의 전문을 전부 개정하여, 헌법에 보장된 집회 및 시위의 자유를 진정한 기본권으로서 더욱 신장시키기 위하여 현행법중 추상적이거나 남용의 여지가 있는 여러 조항을 정비하여 집회·시위의 규제에 있어서 절차의 적정성을 확보하려 하였다(국가법령정보센터). 이어서

2004년의 개정은 "집회·시위가 공공의 안녕질서를 해하거나 시민들에게 불편을 초래할 우려가 있는 경우에 이를 규제할 수 있도록" 하는 이유를 밝혔다(국가법령정보센터).

현재까지 집시법의 문제가 되는 부분은 제8조에서 정하고 있는 집회금지 조치가 사실상의 허가제로 운용되는 것은 아닌지에 대한 논란이다. 헌법 제21조 2항에서는 언론의 자유에 대한 검열의 금지와 더불어 집회와 결사에 대한 허가제도 금지하고 있기 때문이다. 신고요건을 지나치게 엄격하게 정할 경우 신고제가 사실상의 허가제처럼 운용될 수 있어 신고요건의 적정성에 대한 논의가 필요한 시점이다. 또한 제11조에서 명시된 시설로부터 100m 이내의 장소에서는 옥외집회를 할 수 없도록 규정한 점에 대해 100m라는 거리가 과도한 것은 아닌지에 대한 논란이다.

2008년 10월 9일, 서울중앙지법 형사7단독 재판부를 맡았던 박재영 판사는 미국산 쇠고기 수입반대 촛불집회를 주도한 혐의로 기소된 안진걸씨의 신청을 받아들여 집회 및 시위에 관한 법률 제10조와 제23조 1항에 대해 위헌법률심판을 제청했다. 2009년 9월 24일, 헌법재판소는 박재영 판사가 제청한 위헌법률심판에 판결을 내렸다. 야간 옥외집회를 금지한 집시법 제10조와 벌칙을 규정한 제23조 1항에 대해 5(위헌)대 2(헌법불합치)대 2(합헌) 의견으로 헌법불합치 결정을 내렸으며 국회가 법을 개정할 때까지 2010년 6월 30일까지 한시적으로 해당 조항을 적용토록 하였다.

2009년 9월 23일 오후 7시 15분부터 오후 9시까지 대구 동성로에 있는 대구백화점 앞 광장에서 '용산 참사 해결을 위한 전국 순회 촛불 문화제'를 개최해 야간 옥외집회 및 시위를 금지한 집시법 위반혐의로 기소된 사건을 참고해 볼 수 있다. 2014년 7월 10일에 와서 대법원은 서창호 전 인권운동연대 사무국장에 대한 상고심에서 벌금 70만원을 선고한 원심을 깨고 사건을 대구지법으로 되돌려 보냈다.[6]

2013년에는 '플래시몹(flash mob: 일시적으로 모여 특정 퍼포먼스를 벌인 뒤 순식간에 사라지는 행위)' 형식의 집회라도 형식과 내용, 의도에 따라 사전신고대상이 될 수 있다는 대법원 판단이 나왔다. 2010년 4월 서울 중구 명동예술극장 앞에서 청년유니온 김영경 위원장은 카페 회원 10여명과 함께 플래시몹 형태의 퍼포먼스 집회를 열었다. 이들의 퍼포먼스는 노동부가 청년유니온의 노조설립 신고를 반려하는 것을 규탄하는 내용이었다. 회원들은 청년실업과 최저임금 문제가 적힌 피켓을 목에 건 채 돗자리를 펴고 앉아 있거나, 기타를 치고 컵라면을 먹으며 청년들의 생활고를 나타냈다. 김 위원장은 '청년 유니온 노조 설립을 허하시오'라는 피켓을 들고 북을 치며 "청년들도 일하고 싶다"는 구호를 외쳤다. 이들은 이 모임을 순수예술행위라고 주장했으나 검찰은 미신고 옥외집회·시위에 해당한다며 기소했다. 재판부는 유죄를 인정했다.[7]

2008년 미국산쇠고기 수입반대 집회, 2014년 세월호 참사 관련 집회 등 집회와 시위는 줄지 않고 있다. 또 집시법 위반으로 기소된 사람도 계속 늘면서 집시법 논쟁은 지속되고 있다. 사법연감에 따르면 집시법 위반으로 기소된 인원은 2005년 104명, 2006년 206명, 2007년 318명, 2008년 470명, 2009년 488명, 2010년 501명, 2011년 293명, 2012년 415명, 2013년 222명 등이다.[8] 2014년의 세월호 참사 촛불집회의 경우, 경찰이 과잉대응을 했다는 자료가 공개되기도 했다. 세월호 참사에 대한 박근혜 정부의 강력한 대응이었다. 경찰은 2014년 5월 17일부터 8월 30일 사이 열린 6차례의 세월호 관련 집회에 연인원 기준 6만 3천 140명의 경찰력을 투입해, 해당 집회에 참가한 시민의 수(3만 6천 200여명)에 비하면 경찰관 2명이 집회 참가자 1명씩을 담당한 것으로 추산되었다(연합뉴스 2015. 2. 17). 집회 및 시위에 투입되는 경찰의 수는 2011년과 2012년에는 167만여 명 수준이었으나 2013년에는 207만여 명, 2014년에는 1~7월 사이에만 벌써 147만여 명으로 급증했다.

2016년 박근혜 대통령 퇴진 촛불집회에서는 새로운 변화가 있었다. 집회

때마다 경찰은 청와대 부근까지 거리행진을 금지하고 나섰지만 법원은 촛불집회 주최측의 요청을 받아들여, 자유로운 시위를 보장해주는 새로운 변화가 있었다. 청와대까지의 시위 거리가 800미터(10월 29일) → 400미터(11월 19일) → 200미터(11월 26일) → 100미터(12월3일 이후)로 점차 좁혀지며 청와대에 외치는 함성도 더 우렁찬 외침이 되었다. 11월 5일 법원은 "집회·시위가 금지될 경우 불법집회·시위로 보여서 여기에 자발적으로 참여하는 국민의 표현의 자유가 위축될 수 있다"고 설명했다. 19일에도 법원은 "교통 소통의 공익이 이 사건의 집회·시위 자유 보장보다 더 크다고 단정하기 어렵다"며 밝혔다. 26일에도 법원은 지난 몇 주 동안 "시민들이 확인시켜 준 건강한 시민의식과 질서있는 집회문화"를 신뢰한다고 했다. 시위에 나선 시민들도 법원이 허용한 장소까지만, 그리고 행진이 허용된 일몰시간까지만 청와대 앞까지 행진을 마친 다음 자진 해산하며 법원과의 약속을 지켜 상호 신뢰관계를 구축하였다.

이같은 법원의 시위행진 허용 배경에는 시민권리에 대한 인식이 있었다. 법원은 11월 12일에는 "대통령에게 국민의 목소리를 전달하고자 하는 집회"라고 표현했고, 11월 19일에는 "대통령의 국정운영에 대한 우려" 때문으로 규정했고, 11월 26일에는 "범죄혐의를 받고 있는 대통령에 대한 항의와 책임 촉구"라고 밝혔다. 그리고 12월 3일에는 시간 제한을 제외하고 집회 신고한 대로 법원의 허가가 이뤄짐으로써 1987년 6월항쟁의 성과로 시민들이 얻어낸 집회의 자유가 30여년 만에 시민의 품으로 돌아온 것 같았다. 경찰과의 충돌 없이 시위와 행진은 유모차를 끄는 모습, 아이 손을 잡고 걷는 부모의 모습이 보일 정도로 평화로왔다. 중간중간 폭력적인 모습이 보일 때 이를 자제시킨 것도 시민들이었다. 시민들은 차벽 위로 오른 일부 시위대를 제지하고 경찰을 보호하는 모습을 보이기도 했다. 경찰뿐 아니라 응급에 대비하는 소방대원과 구급대, 지하철과 화장실 등 안전과 편의를 제공하는 공무원들과 시민 자원봉사자들이 안전시위로 만들며 시위를 마무리하였다.

03 _ 국가인권위원회법

개혁입법 사례에서 인권은 가장 중요한 국정의 이슈이며, 이에 관한 대표적인 입법 사례로 국가인권위원회법 제정과 사회보호법 폐지를 들 수 있다. 국가인권위원회법은 시민사회의 지속적인 요청을 국민의 정부가 출범하면서 실천한 인권을 대표하는 개혁입법이다. 1993년 6월 비엔나 유엔세계인권대회에 참여한 한국의 인권단체가 정부에 국가인권기구 설치를 요청했고, 1997년 11월 '인권법 제정 및 국민인권위원회 설립'을 대선 공약으로 발표했던 김대중 대통령이 2001년에 공약을 실천한 것이다.

2001년 10월 30일 국가인권위원회법이 국회를 통과함에 따라 11월부터 국가인권위원회가 출범해 각종 인권침해 행위에 대한 조사와 구제, 인권에 관한 교육 및 홍보 활동 등을 시작했다. 가장 논란이 됐던 인권위원회의 위상은 결국 독립적 국가기구로 결론이 났다. 예산을 독자적으로 편성하고 시행령도 다른 기관과 협의 없이 자체 제정하는 등 상당한 독립성이 보장됐다.[9] 2011년 일부 개정된 지금의 법은 위원회의 업무는, 인권에 관한 법령·제도·정책·관행의 조사와 연구 및 그 개선이 필요한 사항에 관한 권고 또는 의견의 표명을 비롯해, 인권침해 행위에 대한 조사와 구제, 차별행위에 대한 조사와 구제, 인권상황에 대한 실태 조사 등으로 명시되어 있다(국가법령정보센터).

04 _ 부패방지법과 부정청탁금지법

부패방지법 또한 시민사회의 지속적인 개혁입법의 요구로 제정될 수 있었다. 부패방지법은 2002년에 제정되었고, 지금의 국민권익위원회의 설치를 위한 법개정이 2008년에 이뤄졌다. 부패방지법이 규정한 '부패행위'란 "공직자가 직무와 관련하여 그 지위 또는 권한을 남용하거나 법령을 위반하여 자기 또는 제3

자의 이익을 도모하는 행위와 공공기관의 예산사용, 공공기관 재산의 취득·관리·처분 또는 공공기관을 당사자로 하는 계약의 체결 및 그 이행에 있어서 법령에 위반하여 공공기관에 대하여 재산상 손해를 가하는 행위"라고 정의한다. 또 부패방지에 필요한 법령, 제도 등의 개선과 정책의 수립·시행 등을 위하여 대통령 소속하에 부패방지위원회를 설치해, 부패행위에 대한 신고의 접수 및 신고자의 보호 및 보상 등을 주요 업무로 한다.

2015년 3월 부정청탁및금품등수수의금지에관한법률(김영란법)이 제정되었다. 2016년 9월에 시행되는 법은 공무원, 사립대학 교수, 언론인 등이 제3자에게 고액 금품(1회 100만원, 연간 300만원 초과)을 받으면 직무 관련성 여부와 무관하게 형사처벌토록 하는 내용을 담고 있다.[10] 공직자나 교수, 언론인뿐 아니라 금품을 제공한 국민도 동일하게 형사처벌이 되거나 과태료가 부과된다. 그런데 2016년 박근혜 대통령이 주도한 대기업 모금이 김영란법 시행 이전이었지만, 이 법이 2015년 3월 27일 공포돼 1년 6개월의 유예기간을 거쳤다는 점에서 비판받아 마땅하다는 견해가 우세했다(SBS 2016. 11. 16). 전경련을 통해 대기업들을 상대로 800억 가량을 모금했고, 또 대통령은 재벌 총수를 두 차례나 독대해 참여를 독려했을 정도로 대통령이 직간접적으로 관여했을 것이란 여러 정황이 드러났다. 대기업들은 강압에 의해 돈을 강탈당한 피해자라고 주장하지만, 특별검사는 삼성 이재용 부회장과 박근혜 대통령이 뇌물을 주고받은 공범자로 기소했다.

05 _ 5·18 특별법

'5·18민주화운동 등에 관한 특별법' 또한 시민사회의 주요 개혁입법에 해당된다. 이 법은 1979년 12월 12일과 1980년 5월 18일을 전후하여 발생한 헌정질서파괴 범죄행위에 대한 공소시효정지 등에 관한 사항 등을 규정함으로써 국가기강을 바로잡고 민주화를 정착시키며 민족정기를 함양함을 목적으로 1995년

12월 21일 제정된 법률이다(국가법령정보센터). 1995년 7월 검찰은 12.12 및 5·18 사건 관련자를 불기소처분했으며, 이는 사회 각계로부터 거센 비난을 받았다. 5·18 특별법 제정할 즈음 신군부 인사들의 새로운 범죄 혐의가 발견되자 1995년 11월 검찰은 12.12 및 5·18 사건 재수사에 나섰다. 검찰은 5·18 특별법 제정과 헌법재판소의 성공한 내란 처벌 결정 등으로 신군부 인사를 기소 가능하다고 판단했고, 5·18 사건 공소시효 만료 하루 전날인 1996년 1월 23일 전격적으로 전두환 등 신군부 인사를 5·18 사건의 내란죄 및 반란죄 혐의로 기소했다. 그리고 같은 해 2월 2일부터 2월 28일까지 검찰은 12.12 사건, 전두환 전 대통령 비자금 사건, 노태우 전 대통령 비자금 사건 등의 관련자들을 기소했다.

06 _ 친일반민족규명법

일제강점하친일반민족행위진상규명에관한특별법은 2004년 3월 22일에 제정되었고 9월에 1차 개정이 있었다. 시민사회의 지속적인 요청에 국회에서 여야가 합의를 이뤄지 못한 채 여당의 의결로 추진되어 이후에도 지속적인 개정 논란에 휩싸인 것이다. 일제시대 소위, 경시, 고등문관 이상은 무조건 '친일반민족행위자'로 규정하는 '지위 당연범 규정'이 문제로 부각되었다.[11] 반민족규명법은 제1조 (목적)에서 "이 법은 일본제국주의의 국권침탈 전후로부터 1945년 8월 14일까지 일본제국주의를 위하여 행한 친일반민족행위의 진상을 규명하여 역사의 진실과 민족의 정통성을 확인하고 항구적 자주민주국가의 구현에 이바지함을 목적으로 한다"고 밝힌다(국가법령정보센터). 또 '친일반민족행위'라 함은 일본제국주의의 국권침탈 전후로부터 1945년 8월 14일까지 행한 다음 각호의 1에 해당하는 행위로 1. 국권을 지키기 위하여 일본제국주의와 싸우는 부대를 토벌하거나 토벌하도록 명령한 행위 등 12가지 항목을 규정하였다. 이 법은 2004년 제정 이래 2005년과 2010년에 두 차례 개정이 이뤄졌다.

07 _ 과거사법

과거사법 또한 시민사회가 요구해온 대표적인 인권 입법에 해당된다. 2005
년 5월에 제정된 과거사법은 "항일독립운동, 반민주적 또는 반인권적 행위에
의한 인권유린과 폭력·학살·의문사 사건 등을 조사하여 왜곡되거나 은폐된 진
실을 밝혀냄으로써 민족의 정통성을 확립하고 과거와의 화해를 통하여 미래로
나아가기 위한 국민통합에 기여하고자 하는 것"이다(국가법령정보센터). 그런데
여야는 여야 합의의 결과임을 강조하고 있지만 민주노동당과 시민사회단체들
은 '누더기 법안'이라며 반발하였다. 과거사법은 국가공권력에 의한 인권침해를
밝히고 피해자 명예를 회복하기 위해 제정논의가 시작됐지만 진실규명 범위에
대한민국의 정통성을 부정하거나 적대적 세력에 의한 테러, 인권유린, 폭력 등
까지 포함해 당초 취지가 무색해졌다는 지적을 샀다.

과거사법에 규정된 과거 진실규명의 범위는 다음과 같다. 진실·화해를 위
한 과거사정리 위원회는 "일제 강점기 또는 그 직전에 행한 항일독립운동, 일제
강점기 이후 이 법 시행일까지 우리나라의 주권을 지키고 국력을 신장시키는 등
의 해외동포사"로 상세히 열거되었다.[12] 그럼에도 진실규명의 범위에 해당하는
사건이라도 법원의 확정판결을 받은 사건은 제외하되, 진실·화해를위한과거사
정리위원회의 의결로 민사소송법 및 형사소송법에 의한 재심사유에 해당하여
진실규명이 필요하다고 인정하는 경우는 예외로 하도록 하였다.

08 _ 민주화운동관련명예회복및보상법

민주화운동관련명예회복및보상법은 김대중 정부의 출범과 동시에 2000년
1월에 도입된 두 개의 법 가운데 하나이다. 다른 하나는 의문사진상규명특별법
이다. 민주화운동 관련법이 제정된 이유는 "민주화운동과 관련하여 희생된 자와

그 유족에 대하여 국가가 명예회복 및 보상을 행함으로써 이들의 생활안정과 복지향상을 도모하고, 민주주의의 발전과 국민화합에 기여함"이라고 소개되고 있다(국가법령정보센터). '민주화운동'이란 "1964년 3월 24일 이후 자유민주적 기본질서를 문란하게 하고 헌법에 보장된 국민의 기본권을 침해한 권위주의적 통치에 항거하여 헌법이 지향하는 이념 및 가치의 실현과 민주헌정질서의 확립에 기여하고 국민의 자유와 권리를 회복·신장시킨 활동을 말한다"고 정의하였다.[13] 그간 민주화운동 관련 명예회복 및 보상 사례들은 국가기록원 자료를 참고해볼 수 있다.[14]

09 _ 의문사법과 군의문사법

2000년 1월 15일 제정과 동시에 6월에 시행되었고, 이후 2002년 3월에 일부 개정을 거쳐 2009년에 의문사진상규명위원회 활동이 종료되면서 폐지되었다. 2000년에 법으로 도입된 배경은 "민주화운동과 관련하여 의문의 죽음을 당한 사건에 대하여 그 진상을 명확히 밝힘으로써 국민화합과 민주발전에 이바지하려는 것"으로 규정되어 있다(국가법령정보센터). 또 '의문사'에 대해서는 "민주화운동과 관련한 의문의 죽음으로서 그 사인이 밝혀지지 아니하고 위법한 공권력의 직·간접적인 행사로 인하여 사망하였다고 의심할 만한 상당한 사유가 있는 죽음을 말한다."고 정의하였다.[15]

의문사진상규명위원회의 조사로 밝혀진 의문사 사례들은 다음과 같다(국가기록원).[16]

- 의문사진상규명위원회는 2002년 9월 재조사를 착수해 인혁당 사건은 고문에 의해 과장, 조작된 것이라고 발표했다. 2002년 12월에 인혁당 사건 피해자와 유족은 서울중앙지법에 사건 재심을 청구해, 2007년 1월 23일 서울중앙지법은 사형 집행 8명에 대해 무죄 선고를 했고, 2008년 1월 23일, 9월 18일 징역형

을 선고 받은 사람들에 대해서도 무죄 선고가 나왔다.

- 광주민주화운동 무력진압에 대한 반발여론이 전국으로 확산되자, 계엄사령부는 반체제 인사들에 대한 조사 및 순화교육을 실시했다. 임기윤은 1980년 7월 19일 부산지구 합동수사단에 자진 출석해, 김대중 내란음모사건 혐의로 조사받던 중 졸도해 뇌일혈로 병사했다. 위원회는 모욕적 언사, 진술강요 등 위법한 공권력 행사로 임기윤이 민주화운동 과정에서 사망하였다고 판단했다.

또 다른 의문사법이 국회에 제출된 것은 노무현 정부 집권 초기였다. 군의문사에 대해 지속적인 문제를 제기해 왔던 천주교인권위원회와 민주사회를 위한 변호사모임은 각종 토론회 등을 통해 특별법 제정 운동을 벌여온 데 따라 법제정이 이뤄진 것이다. 강삼재 의원(한나라당) 등 여야 의원 207명이 제출한 '군의문사 진상규명에 관한 특별법안'은 '군의문사'를 "군복무 중 사망한 자의 사망원인이 명확하지 않다고 의심할 만한 상당한 사유가 있는 죽음"으로 정의하였다(한겨레신문 2003. 9. 19). 이후 국회에서 여야 논의를 거쳐 2005년 7월에 제정되어 2006년 6월에 시행된 군의문사진상규명 등에 관한 특별법이 제정되었다.

군의문사진상규명위원회가 조사해 밝혀진 군의문사 사례들은 다음과 같다.[17)]

- 1965년 훈련소에 입소한 A. 선임하사에게 가슴 구타 당한 후 사망. 부대에서는 하사에게 구타 사실 숨길 것을 지시하고 취침 중 심장마비로 사망했다고 결론내렸지만, 2006년 군의문사진상규명위원회는 구타로 사망한 사실을 밝혔다.

- 1991년 5월 자살한 해군 사병 B. 군 당국에서는 구타, 가혹행위 부정, 개인적인 이유로 자살했다고 결론. 재조사도 같은 결론을 내렸지만, 2009년 군의문사진상규명위원회는 2009년 열악한 근무환경, 과중한 업무, 수면부족, 선임병의 언어폭력과 질책, 구타 등 가혹행위에 장기간 노출되어 사망에 이르렀다

는 결과를 밝혔고, 2014년 8월 국가유공자법상 순직군경유족으로 등록했다.

10 _ 정보공개법

정보공개는 국책공사 등 대규모 예산이 투입되는 정책, 업무추진비(판공비) 등을 공개할 것을 지속적으로 요청한 시민사회단체의 요구를 수용한 대표적인 사례가 된다. 김영삼 정부 말기에 제정되었고, 이후 시민사회의 지속적인 법개정 요구에 따라 노무현 정부에 와서 전면 개정되었다. 1996년에 제정된 '공공기관의 정보공개에 관한 법률'은 제1조 목적에서 "공공기관이 보유·관리하는 정보의 공개의무 및 국민의 정보공개청구에 관하여 필요한 사항을 정함으로써 국민의 알권리를 보장함과 아울러 국정에 대한 국민의 참여와 국정운영의 투명성을 확보하려는 것"이라고 밝혔다.[18] 2013년에 개정된 법은 "정보공개 대상기관 중 공공기관의 정의를 명확히 하고, 국민의 알권리 확대 및 행정의 투명성 제고를 위하여 공개로 분류된 정보는 국민의 청구가 없더라도 사전에 공개하도록" 하려고 개정되었다.

11 _ 공익신고자보호법

공익제보자 보호가 심각한 사회적 이슈로 부각되어 시민사회의 개혁입법 운동으로 발전하였다. 1990년 윤석양 이병은 보안사의 불법적인 민간인 사찰을 고발했고, 같은해 이문옥 감사관은 감사원이 대기업의 비업무용 부동산에 대한 감사를 벌이다 로비 등으로 감사를 갑자기 중단한 사실을 세상에 알려, 감사원과 정·관계, 재벌기업의 각종 비리가 잇달아 드러났다. 또 1992년 군 부재자 투표의 부정을 고발한 이지문 중위, 1992년 관권 선거를 고발한 한준수 연기군수 등 내부고발은 지속되었지만 이들을 공익 차원에서 보호하는 제도적 장치는 미비했다.

이에 1994년 참여연대는 구조적 비리에 대한 내부고발 활성화 등을 골자로 하는 내부비리제보자 보호 입법청원을 하였다. 이 법률안은 그 적용대상으로 공직사회뿐만 아니라 민간기업체, 사회단체도 포함하도록 했다. 뒤늦은 2011년 공익신고자 보호법이 제정되어 시행되고 있지만 공익신고자 보호가 유명무실한 것으로 드러나고 있다. 국민권익위원회에 따르면 2013년 내부고발에 따라 수사를 벌인 결과 55건 가운데 40건의 부정부패가 사실로 드러났다(동아일보 2014. 9. 1). 또 공익 제보자를 지원하는 시민단체 호루라기재단이 내부고발자 42명을 대상으로 실시한 심층조사 결과 25명이 제보 이후 파면 또는 해임 조치를 받았다. 절반 이상이 신분상 불이익을 받은 것이다.

12 _ 주민투표법과 주민소환법

주민투표법은 지방자치단체의 주요 결정사항에 관한 주민의 직접참여를 보장하고, 주민의 복리를 증진함을 목적으로 한다. 주민투표법의 제정은 노무현 정부가 정치개혁의 일환으로 추진한 지방분권 로드맵의 하나였다. 노무현 정부는 2003년 7월에 지방분권 특별법을 발표해, 중앙정부와 지방정부간 권한 재배분을 통한 지방정부의 권한 확대, 열악한 지방재정의 대규모 확충, 자치단체의 역량 강화, 지방의정 활성화와 지방선거제도 개선, 지방정부의 책임성 강화 등을 제시하였다. 또 단체장의 독주를 막기 위해 주민소송제, 주민소환제, 주민투표제 등을 도입하고 주민감사청구제도 활성화를 통해 주민의 의정감시 및 참여 통로를 대폭 확대하는 정책도 포함되었다.

2003년 12월 제정된 주민투표법에서 주민투표의 대상은 주민에게 과도한 부담을 주거나 중대한 영향을 미치는 지방자치단체의 주요 결정사안이지만, 그럼에도 그간의 논란이 되어온 조항들은 국가 및 다른 지방자치단체의 권한 또는 사무에 속하는 사항, 예산 및 재산관리에 관한 사항 등 주민투표에 부치기에 부적합한 사항 등이다.

2004년 핵폐기물처리장 건설의 경우, 정부는 핵폐기물처리장을 국가사무에 해당된 것으로 해석하였지만, 부안 주민들은 "과도한 부담을 주거나 중대한 영향을 미치는 지방자치단체의 주요 결정사안"으로 주장해, 양측이 심각하게 대립하였다. 정부의 방폐장건설 정책은 그간 주민참여나 동의 없는 일방적인 부지선정 → 이에 대한 주민반발 → 정부의 강경 대응 → 주민시위 및 여론 악화 → 계획 철회로 이어지는 악순환을 거듭해왔다(주성수 2004: 125). 부안사태로 방폐장건설 계획이 무산된 후 정부는 새로운 형태의 주민투표를 실시하였다. 지자체의 공모를 받아 4개 지역에서 동시에 주민투표를 실시한 결과를 반영해 경주시를 최종 후보지로 선택한 것이다. 국가기관인 산업자원부 장관의 요청에 대해 자치단체장의 결정과 지방의회의 의결을 거쳐 중앙에 방폐장건설 신청을 해서 승인을 받아 주민투표에 부쳐진 것이다.

그런데 2005년 11월에 실시된 방폐장 주민투표는 시행계획이 발표되면서부터 해당 지역주민들의 행태가 저항보다는 수용으로 바뀌는 특이한 변화가 있었다. 해당 지역 지자체나 의회가 실시한 여론조사에서 주민투표에 의한 방폐장 유치에 주민들의 찬성이 반대보다 더 높은 것으로 나타났고, 경주, 포항, 영덕, 군산 지방의회도 다수결로 유치안을 통과시켰다. 그 배경에 대해 3천억원 특별지원금과 한수원 이전 등 경제적 이익이 주된 요인이라고 볼 수도 있지만, 이보다는 주민투표법과 중저준위방폐장 지원특별법의 제정 등 정부정책의 공식화가 무엇보다도 중요했다(주성수 2006). 네 지역의 주민투표 결과가 모두 투표자 2/3 이상 '절대 다수'의 찬성표를 획득했음에도 결정은 산업자원부가 일방적으로 결정한 것이다.

한편 주민소환제는 2003년부터 논의되었지만 정치적 파행을 거친 다음 2007년에야 제정될 수 있었다. 2004년 4월 29일 전국 최초로 광주광역시의회와 전남도의회에서 주민소환조례가 만장일치로 가결되어 7월에 공포되었지만, 10월 28일 대법원은 주민소환조례 상위법 미비로 효력 무효 판결을 내렸다. 이후 2006년 5월 2일 국회의장이 주민소환제 등 6대 주요 법안 직권상정 후 본회의에서 표결처리되었다.

2007년에 시행된 '주민소환에 관한 법률'에서 선출직 지방공직자를 소환하기 위해서는 특별시장·광역시장·도지사는 당해 지방자치단체의 주민소환투표 청구권자 총수의 10% 이상, 시장·군수·자치구의 구청장은 15% 이상, 지역선거구시·도의회의원 및 지역선거구자치구·시·군의회의원은 20% 이상의 서명을 받아 소환사유를 서면에 구체적으로 명시하여 관할선거관리위원회에 청구하면 된다. 주민소환투표의 실시가 받아들여질 경우 해당 지방공직자에 대한 소환은 유권자 총수의 3분의 1 이상의 투표와 유효투표 총수 과반수의 찬성으로 확정된다. 주민소환제 실시 이후 두 차례의 주민소환 투표가 이뤄졌지만 모두 무산되었다.[19]

제 3 장

경제개혁 입법

1987년 민주항쟁은 정치민주화에 우선했지만, 경제민주화의 개혁과제들도 늦출 수 없는 국정의 중요 이슈가 되었다. 정경유착 등의 부정부패뿐 아니라 재벌개혁 등의 개혁과제들이 산적해 있었다.

01_금융실명제

전국 지가 상승의 여파로 전세, 월세가 폭등하여 서민의 삶이 크게 악화된 상황에서 경실련의 토지공개념 시민운동이 전개되었다.[20] 특히 종합토지세와 양도소득세 과표의 현실화, 금융자산 소득에 대한 종합과세 실시 등 조세법 개정의 개혁과제를 국회에 제시했지만 노태우 정부 기간에는 전혀 성과가 없었다.

김영삼 정부는 집권과 동시에 1993년 금융실명제를 전격 실시하였다. 1993년 8월12일 대통령의 '금융실명거래 및 비밀보장에 관한 긴급재정경제명령'에 의한 금융실명제와 1995년 명의신탁제를 금지하는 부동산실명제가 전격 시행된 것이다. 김영삼 정부의 경제개혁은 민주화 개혁의 핵심으로 볼 수 있다. 금융실명제와 부동산실명제 개혁은 한편으로는 군부 권위주의를 지탱시킨 정경유착의 고리를 끊고 정치와 경제 관계를 투명하게 하며, 다른 한편으로는 재벌기업과 정치엘리트의 연합이 정치를 독점하는 현상을 타파하고자 했다(김도종 2005: 13).

금융실명제 실시 직후의 여파로 고액권, 귀금속, 달러 사재기, 어음과 수표가 장외에서 맞교환되는 사태가 급증했고, 화폐 개혁설 루머도 늘었으며, 중소기업의 매출감소와 자금 악화도 뒤따랐다(위평량 2004: 960). 김영삼 정부 말기인 1997년 대통령 선거를 앞두고 국회는 여야 합의로 경제위기가 금융실명제 때문이라 주장하며 금융개혁 법안을 통과시켰다.

02_ 노동법

경제민주화를 위한 노동법 개정은 노동운동의 핵심이었다. 1987년 노동대투쟁으로 민주항쟁을 완결시켰던 노동운동은 노동법 개정에서는 철옹성의 벽에 부딪혔다. 정부와 기업의 철저한 봉쇄정책으로 노동법의 개정은 지연되어, 2007년 노무현 정부 말기에 와서야 가시적인 성과를 이뤄낼 수 있었다.

1997년 3월 노동조합법과 노동쟁의조정법이 폐지되고 노동조합 및 노동관계조정법이 제정되었다. 법의 주요 내용으로는 "헌법에 의한 근로자의 단결권·단체교섭권 및 단체행동권을 보장하고 노동관계를 공정하게 조정하여 노동쟁의를 예방·해결"함을 목적으로 하지만, 상급단체 복수노조 금지조항을 폐지하고, 정리해고제 시행시기를 2년 유예한 것을 제외하면 부분적인 개정에 지나지 않았다. 그러다 1997년 말에 닥친 외환위기로 노동법 개정은 벽에 부딪히게 된다. 국제금융기구(IMF)는 구제금융을 제공하는 조건으로 정리해고를 법제화하고 근로자파견법을 제정할 것을 요구했다. 1998년 1월에 발족한 노사정위원회는 김대중 정부가 민주노총의 요구를 수용하는 대가로 민주노총은 정리해고와 근로자파견법을 수용할 것을 요구했고, 이에 민주노총의 반발로 노사정위원회 불참과 총파업 결의가 있었음에도 임시국회는 정리해고와 근로자파견법을 제정하였다(김유선 2004: 240).

김대중 정부는 외환위기와 함께 경제개혁을 추진할 수 있는 폭넓은 정치적 기회를 갖고 출범하였다. 김대중 정부는 국가위기로 제시된 대량 실업의 극복과 경제회복에 역점을 두고, 노사합의를 중시하는 노사정위원회의 신설 등에 강력한 리더십을 발휘하였다. 민주노총의 합법적 지위 획득, 노사정위원회를 통한 노조의 정치적 활동의 승인, 공무원과 교원의 노조조직화 권리 인정, 실업자 노조 결성 등 노동운동의 제도권 진입의 결실이 점차 이뤄졌다. 그럼에도 민주노총은 1998년 노사정위원회 참여와 불참 결정을 거듭하다 1999년 이후에는 노사정위원회 탈퇴 상황을 유지하며, 정부의 개혁정책에 저항해갔다(김유선 2004: 240).

한편 국회는 1998년 정리해고를 법제화하고 근로자파견법을 제정하는 등, 민주노총의 강경투쟁과는 배치되는 방향으로 경제회복 위주로 갔다. 이렇듯이 김대중 정부는 집권 초기 외환위기 극복을 위한 노력에서는 많은 부분 긍정적인 평가를 받았지만, 신자유주의 노동정책으로 노동계의 강력한 저항에 직면했고, 나아가 빈부격차 확대, 성장기반 확충 미흡, 기업 및 노동 그리고 공공부문 등 4대 개혁에서는 부진 또는 미진이라는 비판을 면하지는 못했다(김도종 2005: 18).

03_재벌개혁

재벌개혁의 필요성은 1987년 민주화 직후 노태우 정부에서부터 인식되었다. 정부는 재벌그룹의 소유집중을 완화하기 위해 대주주(총수)와 친인척의 주식지분을 분산토록 유도하고, 또 경영권이양과정에서 발생하는 상속세와 증여세 부과를 강화, 소유지분 분산을 촉진키로 했다. 금융실명제 추진 등 제도개혁과 대기업 경제력집중 완화가 주요 시책으로 제시되었다(한국일보 1990.1.13). 상속·증여세 중과 등 상속과정 과세감시를 강화하고 기존주식매각·기업공개 등을 통해 소유집중을 완화토록 유도키로 했다.

1990년 1월 1일부터 토지초과이득세법과 함께 토지공개념 관련 3개 법률이 모두 가동되었다. 금융실명거래제와 함께 6공화국 정부의 개혁의지를 가늠하는 척도로 간주돼온 토지공개념 관련 법률은 일단 입법에 성공하고 시행에 들어갔다는 사실 자체로 평가할 만하지만, 이 법률들이 정부의 입법취지대로 토지투기를 원천적으로 봉쇄할 수 있을지는 회의적인 전망이 많았다(동아일보 1990. 3. 1).

뒤 이어 '5·8 부동산 대책'이 시행되었고, 이에 대해 경실련은 재벌 대기업이 그 동안 토지투기를 주도해 왔음을 정부가 늦게나마 인정했다는 점에서 대책이 타당한 것으로 보았다(경향신문 1990. 5. 8). 재벌의 부동산 과다보유는 경제민주화의 주요 과제로 제기되었다.[21] 국가경제의 근간이 흔들린다는 우려의 소리와 함께 토지공개념이 '경제개혁'으로서 시행되기에 이르렀다. 재벌들은 생산활동보다는 부동산투기에 더 열을 올리고 있었다. 1986년 말에 비해 2년 반 동안 이들의 소유 부동산 면적이 10%가량이나 늘어났다고 한다.

김영삼 정부는 재벌개혁을 위한 조치로 금융실명제를 전격 시행하였다. 대통령 선거에 나선 김영삼 후보는 "재벌이나 힘있는 단체에 의해 정책이 좌지우지 되고 권력있는 사람들이 교묘히 법망을 빠져 나가며 잇속을 챙기는 우리 사회의 만성적 부조리를 집권기간에 반드시 척결하겠다"고 약속했다(한국일보 1992. 11. 24). 경실련은 1992년 11월 대통령선거를 앞두고 ① 금융실명제 조기실시, ② 투기근절을 위한 토지세제 강화, ③ 한국은행 독립과 금융자율화, ④ 재벌의 경제력집중 억제 등 14개 정책과제를 확정해, 대선후보들의 정책평가기준으로 삼았다(경향신문 1992. 11. 7).

김대중 정부는 정권 인수 이전에 닥친 외환위기 극복에 재벌개혁을 추진하지 않을 수 없었다. 국제통화기금(IMF)은 금융위기가 재벌의 과다 차입에서 비롯됐을 뿐만 아니라 경제의 기간을 이루고 있는 재벌이 비효율적이고 불공정한 경영 시스템을 갖고 있다며, 기업경영의 투명성을 선진국 수준으로 확보하도록 하는 것을 자금지원의 핵심 조건으로 내걸었다(한겨레신문 1997. 12. 1). 가장 심각한 개혁과제는 소유 지배구조 개선인데, 총수가 기업을 좌지우지하는 독점적 지배구조를 개혁하는 일이다. 또한 IMF는 재벌의 문어발식 경영 때문에 개별 기업단위의 경쟁이 이뤄지지 못해 전반적인 경쟁력 저하를 가져온 것으로 보아

상호 빚보증과 내부거래를 해소하고, 기업 회계장부를 선진국 기준에 맞추도록 요구했다. 이때는 한창 대통령선거운동 기간으로, 김대중 후보는 "재벌경제는 큰 폐단이다. 이것을 시정하지 않으면 나라의 장래가 없다"며, "문어발식 기업확장은 기업 금융대출을 제한해 막겠다"고 공약했고(한국일보 1997. 12. 2). 당선과 동시에 집권 초기까지는 강력한 재벌개혁의 의지를 고수하였다. 그러나 1998년 5월 실제로 공정거래위원회를 통해 재벌그룹의 부당 내부거래를 조사하는 수준에 그치고 말았다.

노무현 정부는 재벌개혁을 통한 경제민주화를 추진하였다. 노무현 정부는 집권과 동시에 재벌개혁의 3대 과제를 출자총액 규제, 상속·증여세 완전포괄주의, 증권 관련 집단소송제로 설정해 추진하였다. 이에 자유기업원은 자본주의를 부정하는 방법으로 재벌정책을 시행하는 것을 지양해야 한다며 정부의 반재벌정책과 공정거래법의 재벌 규제정책을 모두 폐지할 것을 주장했다(국민일보 2003. 2. 6).

박근혜 정부는 경제민주화 공약으로 집권했지만,[22] 얼마가지 않아 공약을 포기하면서 시민단체들의 강한 반발을 샀다. 2013년 9월 경실련, 참여연대, 민변 등 단체들은 공동기자회견을 열고 상법 개정안 완화 움직임에 대해 강력히 규탄하고 원안 통과를 촉구했다. '일감몰아주기 방지법'인 독점규제 및 공정거래 법률 개정안은 2013년 6월 국회에서 통과됐지만 실제로는 재벌이 편법으로 규제망을 벗어나고 있다는 것이 야당과 시민단체들의 시각이다(주간경향 2016. 6. 14). 2016년 4월 총선에서 여소야대가 된 상황에서 법 개정이 강조되었지만,[23] 2016년 말까지 실질적인 개혁입법은 이뤄지지 않았다.

04 _ 자유무역협정(FTA)

2007년 4월 2일 한·미 자유무역협정(FTA)의 타결은 여야 정치권뿐 아니라 노동계와 시민사회에 심각한 타격을 안겨주었다. 노무현 정부에서 추진된 한·

미 FTA는 이명박 정부에서 최종 비준을 마치게 되었다. 2006년 2월 3일부터 2007년 4월 2일까지 1년 이상의 협상과정 동안, 정치권뿐 아니라 노동계와 시민사회는 협상 반대를 주장하며 집회와 시위를 지속해갔다. 민주노총 등 노동계와 시민사회단체가 연대한 한·미FTA저지범국민운동본부가 결성되어 전국 각지에서 반대 시위를 주도했고, 미국에도 대표단을 보내 원정시위를 하였다. 오바마 미국 대통령은 무역 불균형 등을 이유로 한·미 FTA 비준을 계속 미뤄오다 2011년 10월 12일 미국 의회는 한·미 FTA 비준을 가결했다.

국회 또한 한·미 FTA 비준안을 2011년 11월 22일 가결했다. 재석 의원 170명에 찬성 151표, 반대 7표, 기권 12표로 결의 통과시켰다. 그런데 이 비준안 처리는 헌정사상 최초로 비공개로 의결되었다. 2004년 4월에 발효된 칠레와의 FTA를 시작으로, 2006년 싱가포르, EFTA(4개국), 2009년에 발효된 ASEAN(10개국), 2010년 인도, 2011년 EU(28개국), 페루, 미국, 그리고 2013년 터키, 호주, 캐나다와 FTA가 발효되어 시행되었다. FTA 관련 법으로 '자유무역협정의 이행을 위한 관세법의 특례에 관한 법률'이 2005년 12월에 제정되어 2006년 3월 2일부터 시행되었다.[24]

05 _ 환경 규제

환경규제 법과 제도의 도입은 환경운동의 성장과 정부정책의 제도화라는 양면 모두의 결실로 이뤄진 특징이 있다. 그럼에도 환경규제의 대상이 대부분 기업에 해당되므로, 정부의 환경규제정책은 경제활성화 정책이라는 더 큰 벽에 부딪쳐 좌초되는 경우도 적지 않아, 환경단체들로부터 강한 저항과 불신을 사기도 했다. 그럼에도 최근 기후변화에 대한 글로벌 협약의 진전 등 세계화의 영향으로 기업들도 점차 환경규제에 방어적 자세에서 능동적 대처로 변화되면서 새로운 환경 관련 법과 제도의 정착을 추구하는 추세이다.

1991년 낙동강 페놀 오염사건으로 환경범죄의 처벌에 관한 특별조치법이 제정된 것이 대표적인 환경규제 입법이다. 1991년 3월 경북 구미공단에서 30t의 페놀 원액이 대구 상수원인 다사취수장으로 흘러들면서 수돗물을 오염시켰다. 대구YMCA 등 시민단체들은 규탄대회를 갖고, 두산제품 불매운동을 포함해 상수도요금 납부거부운동, 피해보상대책 강구, 낙동강 감시기구 구성 등을 결의했다. 이에 정부는 개발 중심의 환경 정책을 수정해 특별법을 제정할 수밖에 없는 국민적 저항을 받았으며, 공장 설립 시의 환경기준이 강화되는 등 건강권과 환경권에 대한 국민적 관심을 반영시켰다.

06 _ 소비자 보호

소비자 보호는 헌법에 보장된 소비자의 권리이다. "국가는 건전한 소비행위를 계도하고 생산품의 품질향상을 촉구하기 위한 소비자보호운동을 법률이 정하는 바에 의하여 보장한다"(헌법 제124조)고 되어 있다. 그리고 헌법에 명시된 소비자 보호를 위해 1980년 소비자보호법이 만들어졌다. 몇 차례 개정을 거쳐 왔는데, 2011년에 개정된 지금의 소비자기본법이 시행되고 있다.

소비자보호법은 1986년 1차 개정에서는 소비자단체에 시험검사결과의 공표권을 인정하였고, 1995년의 3차 개정에서는 소비자단체의 업무로 소비자피해구제 관련 합의 및 권고 기능을 부여하였고, 또 소비자단체의 등록 규정을 임의규정화해 단체 설립이 활성화되었다(이득연 2004: 384). 1999년 5차 개정에서는 소비자단체가 필요시 자료와 정보 제공을 사업자 또는 사업자 단체에게 요청할 수 있도록 하였으며, 사업자와 사업자 단체는 이를 지키도록 의무화하였다. 나아가 1990년대 후반에는 리콜제도가 도입되었고, 1998년에는 소비자생활협동조합법, 1999년 제조물책임법이 제정되었다. 소비자생활협동조합법은 다음장의 사회적경제 관련 법과 제도 부분을 참고해볼 수 있다.

제 4 장

사회개혁 입법

01_ 인권보호

(1) 교통약자 이동편의증진법

2005년 1월 '교통약자의 이동편의증진법'이 제정되어, 2007년 1월부터 시행에 들어갔다. 이동권과 관련해 추상적인 규정뿐이었던 '장애인복지법'에서 진일보한 '장애인·노인·임산부 등의 편의증진에 관한 법률'의 한계를 보완하고 있는 법이다. 2001년 1월 4호선 오이도역에서 발생한 장애우 수직형 리프트 추락사고 후 출범한 '장애인이동권 쟁취를 위한 연대회의'는 당시 법률의 미흡함을 개선하기 위해 투쟁해왔다. 2004년 국회는 연대회의와 민주노동당 현애자 의원이 대표 발의한 '장애인·노인·임산부 등의 교통수단 이용 및 이동보장에 관한 법률안'과 건설교통부에서 제출한 '이동편의 증진법안'을 병합해 통과시켰다(경향신문 2007.1.1). 건교위에서 제출한 이동편의 증진법안에 현 의원의 발의안 일부 내용이 첨가됐다.

이렇게 시행된 이동편의증진법은 사실상 장애우 단체의 투쟁이 반영된 결과물이다. 우선 '이동권'에 대한 권리 조항을 명시하고 있다는 점이 성과로 꼽힌다. 국가와 지방자치단체가 이동권을 보장하기 위해 정책을 수립하고 시행하도록 규정하고 있다. 저상버스의 도입과 예산 지원에 대해 의무화한 점도 진일보한 부분이다. 중증 장애우 및 고령자를 위한 특별교통수단 도입 규정을 만든 것도 눈에 띈다.

(2) 아동학대처벌에 관한 특례법

2010년대에 와서 친부모에 의한 아동학대, 어린이집 보육교사들의 아동폭력 등 일련의 사건들이 국민들에게 알려지면서 2014년 1월 아동학대를 방지하는 특례법이 제정되었다. 특별법이 제정된 배경에는 자발적인 시민들의 모임인 '아동학대저지시민모임'이 있었다. 모임은 2011년 울산 계모에 의한 아동사망을 계기로 살인죄 적용 처벌을 요구하며 어머니들이 참여해 만든 조직으로, 2012-13년의 국회 청원활동, 국회 세미나, 국회앞 1인시위 등 다양한 활동의 결실로 2014년 특례법이 시행되는 결실을 맺었다(공혜정 2016).

기존 법에서도 아동복지시설 종사자에게는 아동학대를 당하고 있다고 의심되는 아이를 보면 신고를 '해야 하는' 신고의무가 있지만. 특례법 시행으로 이 신고의무를 어기고 아동학대를 방관하는 경우 과태료가 300만원에서 500만원 이하로 인상되었다. 아동학대 특례법에 의해 신고의무를 가지게 되는 거의 모든 아동복지시설 종사자가 해당된다. 그리고 아동학대 가해자가 부모인 경우가 늘면서, 특례법에 따라 아동학대를 상습적으로 저지르거나 아동학대중상해죄에 해당되는 사람에게서 친권을 박탈할 수 있게 됐다.

02 _ 양성평등

양성평등 관련 법의 제정 또는 개정은 여성운동의 성과이자 진보적 정권의 정치적 리더십의 결실이라고 볼 수 있다. 1987년 민주항쟁과 김영삼, 김대중, 노무현 대통령의 집권으로 여성운동에 '정치적 기회'가 주어진 것도 중요했지만, 여성운동의 역량과 영향력이 증대된 것도 결정적으로 중요했다.

(1) 남녀평등고용법

1988년 노태우정부에서 남녀평등고용법이 도입되었다. 법 제정의 이유는 고용에 있어서 남녀의 평등한 기회 및 대우를 보장하고, 모성을 보호하며, 직업 능력을 개발함으로써 근로여성의 복지증진에 기여하려는 것이다. 1988년 정부 주도하에 졸속으로 제정된 남녀평등고용법에 대한 개정운동은 새로운 '차별의 정의'라는 여성주의 관점에서 여성에 대한 잠정적 우대조치와 모성보호를 차별로 간주하지 않도록 인식과 제도를 바꾸는데 일정한 결실을 거두었다.

1989년 개정된 남녀평등고용법 제2조에는 '차별'에 대해 "사업주가 근로자에게 성별, 혼인 또는 가족상의 지위, 임신 등의 사유로 합리적인 이유없이 채용 또는 근로의 조건을 달리하거나 기타 불이익한 조치를 취하는 것"이라 정의하였다. 또 가부장적이고 비민주적인 가족법도 1989년 개정에서는 호주제는 존치되면서 대부분 조항들은 남녀평등적인 내용들로 개정되었다. 호주제는 2007년에 폐지되었다.

(2) 성폭력특별법

김영삼 정부에 와서는 성폭력특별법이 1993년 12월에 마침내 입법화에 성공하였다. 연이은 성폭력사건들로 입법을 서둘지 않을 수 없었다. 같은 해 10월에 발생한 서울대 우조교 성희롱 사건은 '성희롱'이 정식으로 성폭력 개념으로 포괄되고 그 영향으로 대학뿐 아니라 직장 등에서 성희롱 문제가 사회 전반에 드러났다. 그럼에도 '정조에 관한 죄'를 적용한 1993년의 성폭력특별법은 1995년에 가서 '강간과 추행의 죄'로 개정되고, 이후에도 성폭력특별법은 2003년까지 4차례 개정을 거듭하였다(강남식 2004: 414-8). 2010년에 새로 성폭력특례법이 제정되어, "성인 대상 성범죄자의 신상정보를 인터넷에 등록·공개하도록 하는 등 성범죄자의 처벌 강화와 재범방지 등을 위한 제도를 보완"하였다(국가법령정보센터).

(3) 성주류화 정책

여성 관련 법과 제도의 개혁운동은 1995년 북경 여성대회를 계기로 '성주류화(gender mainstreaming)'를 정책발전 전략으로 삼아 추진된 특징이 있다(강남식 2004 : 419). 먼저 개정 운동에서는 성폭력특별법을 비롯해 남녀평등고용법(1995. 8), 윤락행위등방지법(1995. 1) 개정이 이뤄졌다. 새로운 법률제정으로는 일제하일본군위안부생활안정지원법(1993. 6), 여성발전기본법(1995. 12)에 이어 가정폭력방지법(1997) 제정이 이뤄졌다. 1990년 한국정신대문제대책협의회가 조직되어, 협의회는 일본 시민단체와 재일동포 여성들과의 국제연대, 그리고 1991, 92년에 서울과 평양에서의 남북협력 교류, 그리고 1992년 1월부터 일본 대사관 앞에서의 수요집회 시작을 계기로 마침내 위안부생활안정지원법의 제정을 이끌어냈다(강남식 2004: 415). 이후 김영삼 정부 기간에 신설된 주요 여성정책 제도로는 공무원임용시 여성채용목표제(1995. 12), 공무원의 육아휴직제 및 가족간호제(1995. 12)를 꼽을 수 있다.

'여성발전기본법'에서는 사회의 모든 영역에서 남녀평등을 촉진하고 여성의 발전을 도모하기 위하여 여성정책의 추진체계 및 구체적 내용과 국가와 사회의 책임이 명시되었다.[25] 2014년 4월, '여성발전기본법 전부개정법률안'이 통과되어 '양성평등기본법'으로 시행되었다. 주요 내용은 정책추진체계 강화, 성주류화 조치 체계화, 여성의 참여확대, 인권보호와 복지증진 등이다.

가족폭력방지법은 한국여성의 전화와 전국의 가정폭력상담소의 끈질긴 노력으로 제정되었고, 법 제정 이후에도 아내강간의 문제, 이주여성 가정폭력 문제 등은 지속적인 가정폭력 이슈들로 부각되었다. 법은 1997년에 제정되어 1998년 시행되었다. 법 제정의 이유는 "가정내의 폭력으로 인하여 가정이 파산되고 가정구성원이 신체적·정신적 피해를 당하고 있어 가정폭력을 예방하고 가정폭력으로 인한 피해자를 보호함으로서 건전한 가정을 육성하려는 것임"으로 되어 있다(국가법령정보센터).

김대중 정부에 와서도 법과 제도의 개혁운동은 지속되었다. 1999년 남녀차별금지및구제에관한법이 제정되었고, 2000년에는 정당법을 개정해 여성공천할당제를 신설했으며, 2001년에는 지금의 여성부의 체제를 갖추는 개혁이 이뤄졌다. 이어 남녀고용평등법의 개정과 근로기준법에서 모성보호제도를 강화하는 개정이 이뤄졌다. 그러나 1999년부터 추진된 호주제 폐지운동은 가족법 내의 동성동본불혼제의 무효 판결 이외에는 별 성과가 없었다. 호주제는 2005년에 가서야 헌법재판소의 판결로 폐지되었다.

노무현 정부에 와서는 김영삼, 김대중 정부에서 제정된 법률들 일부에 대한 개정이 지속적으로 추진되었고, 일부 새로운 법률이 제정되기도 했다. 2004년에 제정된 성매매금지법이 그것인데, 이 법은 성매매 종사 여성들의 처참한 사망사건들을 계기로 이들의 노예적인 삶이 알려지면서 지속적인 여성운동으로 결실을 볼 수 있었다.[26] 2005년 2월 호주제가 마침내 폐지된 것은 그간의 여성운동의 성과로 평가된다. 헌법재판소는 아버지 중심의 가족제도를 규정하는 호주제가 "개인의 존엄성과 양성 평등에 위반된다"며 위헌 결정을 내림으로써, 2008년 1월부터 호적 대신 '가족관계등록부'를 가지는 1인 1적제가 시행된 것이다.[27]

(4) 진보 정권과 여성운동

이상과 같이 진보적 여성운동이 법과 제도로 도입되는 제도화는 문민정부인 김영삼 정부부터 본격화되었다. 1987년 민주항쟁을 계기로 여성단체들이 각 분야에서 다양하게 조직되어 정부부처에 등록함으로써 사단법인화가 개시되었으며, 정부와의 거버넌스 초기 형태인 정부의 지원사업으로 여성운동을 더욱 활성화시킬 수 있었다. 1994년 한국여성민우회와 한국여성의 전화가 선도적인 역할을 하였다.

김대중 정부에 와서 '성주류화' 전략이 제도화로 본격화될 수 있었다. 1995

년 북경 여성대회를 계기로 채택된 '성주류화' 전략을 실현시키기 위해 정부 출범과 동시에 여성전담기구의 제도화가 이뤄진 것도 주목할 만한 발전이었다. 김영삼 정부의 정무2장관실(청소년, 아동, 노인 등과 함께 여성 관련 업무)은 여성정책 전담의 여성특별위원회로 확대 개편하고, 정부 부처(행정자치부, 법무부, 교육부, 보건복지부, 농림부, 노동부)에 여성정책담당관실을 신설하였다. 여성특별위원회가 대통령 직속으로 조직되었음에도 여성정책 관련 제도와 정책을 제정하는 준입법적 기능이 부재했고, 차별사례의 분쟁조정과 처분 등의 준사법적 기능이 미흡했으며, 조직과 인력의 부족으로 정책집행 기능이 취약한 한계가 드러나, 이에 대한 여성계의 요청으로 마침내 2001년 지금의 여성부로의 발전이 실현되었다(강남식 2004: 426). 또 다른 주목할 만한 입법과 제도화로는 여성할당제를 꼽을 수 있다. 2000년에 정당법을 개정해, 여성공천할당제를 신설함으로써 여성의 정계진출의 길이 열렸고, 또 여성계의 정부부처 위원회에 30% 여성 할당제가 신설되었다. 시민단체 대표는 20% 할당제가 추진되었다.

(5) 이명박 정부와 여성운동

그러나 보수정권인 이명박 정부의 출범으로 여성정책이 급속히 퇴보되었다는 비판이 제기되었다. 한국여성단체연합 등 여성단체들은 이명박 정부 들어 여러 분야에서 여성정책이 퇴보하고 있다고 지적한 '비정부기구(NGO) 보고서'를 유엔 여성차별철폐위원회에 제출했다고 밝힌 것이다(한국일보 2011. 7. 11). 이 보고서는 유엔의 한국정부 보고서 심의를 앞두고 참고자료로 쓰이며, 이후 발표될 유엔의 정책 권고문에 영향을 미치게 된다. 보고서는 "현 정부가 들어서면서 한국의 여성정책은 급격히 보수화됐다"며 "국민과 소통하지 않고 통제하는 일방적인 정치 스타일 때문에 여성과 통일분야에서 '거버넌스' 체제가 무너졌다"고 비판했다. 보고서는 한국여성노동자회가 광우병 우려가 있는 미국산 쇠고기의 수입에 반대하는 '광우병대책위원회'에 참여했다는 이유로 정부 지원을

받지 못하는 등 "이명박 정부가 거버넌스 당사자인 여성단체의 활동을 억압, 배제했다"고 지적했다.[28]

03_교육개혁

교육개혁의 하나로 지방자치제의 부활과 함께 지방교육자치법의 제정을 우선 꼽을 수 있다. 1987년 민주항쟁 이후 정권별로 특이한 교육개혁 잇슈들과 관련된 제도적 결과들을 아래와 같이 정리해볼 수 있다.

(1) 노태우 정부

노태우 정부에서 1991년 지방교육자치에 관한 법률이 제정되었다. 법 제정의 배경은 교육의 자주성 및 전문성을 신장시키고 지방교육의 특수성을 살리며 교육의 지역간 균형발전을 도모하기 위하여 교육·학예사무의 관장기관을 광역자치단체인 특별시·직할시 및 도로 하며, 교육법에 규정되어 있는 교육자치에 관한 조항을 떼어서 별도의 법률로 제정함으로써 지방교육자치제를 발전시키려는 것이었다(국가법령정보센터). 또 2000년에는 법개정을 통해 시·도에 교육감을 두고, 교육위원 또는 교육감을 학교운영위원의 전원으로 구성된 선거인단으로 선출하였는데, 이후 2006년 재개정을 통해 오늘날처럼 교육감의 주민직접선거에 의한 선출로 바뀌었다.

(2) 김영삼 정부

김영삼 정부에 와서는 보다 본격적인 교육개혁 조치들이 추진되었다. 교육개혁이 금융실명제 시행 등의 경제개혁과 사회개혁의 일환으로 시작된 것이다. 전교조 결성으로 해직되었던 1,524명의 해직교사중 1,294명을 복직시키는 조치가 있었고, 이어서 지방자치제의 부활과 함께 교육자치제의 시행으로 학교운영위원회가 제도화되면서 본격적인 교육개혁이 추진되었다. 그간 교사와 교육기관 주도의 공급자 중심의 교육에서 학습자 중심의 교육으로의 전환이 진행된 것이다(심성보, 한만중 2004: 136). 1995년 15개 시·도에서 조례 공포가 완료됨에 따라 전국의 초·중·고교에 학교운영위원회가 설립됐다. 그러나 교장, 교사, 학부모, 학생 등 각 교육주체의 의사를 공평히 반영하는 교육자치가 이뤄지는 학교는 몇 안되고, 대부분이 극성 학부모, 교장, 동네유지 등을 위한 거수기관으로 전락했다(한국일보 1996. 6. 29).

(3) 김대중 정부

김대중 정부는 IMF 외환 위기를 최우선적으로 극복해야 하는 경제개혁 조치를 추진하면서 일련의 교육개혁조치를 추진하였다. 전교조는 1989년에 결성된 이래 법외노조로 머물다 김대중 정부 때인 1998년 노사정위원회의 결의에 따라 1999년 합법적 노조의 지위를 획득하였다. 한편 민간 차원에서는 학교운영위원회를 중심으로 지역별 교원, 시민사회단체 대표 등이 참여하는 지역 시민모임이 결성되었는데, 1999년 32개, 2000년 80개로 늘어나며 활성화되었다. 한편 정부에서는 국무총리를 위원장으로 하는 교육개혁지원위원회가 갖춰져 지원 역할을 수행했는데, 지원을 넘어서는 시민사회 활동의 개입이라는 일종의 관변화로 초기부터 한계를 드러내보였다(심성보, 한만중 2004: 144).

또 학교급식과 관련해서는 정부와 시민사회가 대립되는 제도적 충돌도 있었다. 2002년에는 '학교급식전국네트워크'의 결성으로 2003년에는 100개 이상의 시민사회단체들이 연대해 학교급식법 개정과 조례제정운동을 확대해 제주, 경기도에서 우리농산물을 급식재료로 사용하는 조례 제정을 이뤄냈지만 그럼에도 이 조례에 대해 대법원은 무효라는 판결을 내렸다.[29]

2003년에 제정된 유아교육법은 만5세미만초등학교취학반대연대모임이 결성된 1995년부터 시민운동의 결실로 나타났다. 당시 정부는 5세 아동을 초등학교에 조기 입학시키려는 정책을 추진하다 유아교육을 위한 전국교사모임 등 18개 시민사회단체들이 이 모임을 결성해 국회를 방문해 조기입학의 부당성을 알리고 교육부장관까지 나서 정책반대 운동을 하며 압력을 행사한 결과 법 제정이 이뤄졌다.

(4) 노무현 정부

2005년에는 뜨거운 감자로 여겨진 사립학교법이 마침내 개정되는 변화도 있었다. 1990년 사학재단의 권한을 크게 강화하는 쪽으로 법이 개정된 뒤 시민사회 단체와 야당으로부터 강한 저항이 있었지만 정치력 부족으로 결실을 맺지 못하다 노무현 정부의 출범으로 여당인 열린우리당이 원내 과반을 차지하게 되면서 시민사회 단체와 더불어 사학비리 척결과 사학의 공공성과 투명성을 높이는 방향의 관련법 개정 작업에 착수하였다(한겨레신문 2004. 7. 20). 그러나 사학법이 개정된 이후에도 정치권과 교육계의 대립과 갈등은 지속되었다. 새 사학법은 사학재단 이사회 구성원 중 4분의 1 이상을 학교운영위원회가 추천하게 하는 개방형 이사제를 도입했다[30].

2006년에는 지방자치교육법에 전면개정을 통해 지금의 새로운 법으로 자리매김되었다. 교육위원회를 시·도의회 내 상임위원회로 전환하고, 현행법상 교육위원 및 교육감이 학교운영위원들을 선거인단으로 한 간선제로 선출되는 과정에서 여러 문제점들이 발생하여 교육의원 및 교육감을 주민직선으로 선출하도록 하며, 교육감의 임기에 관한 규정을 완화하였다. 이후 일부 부분 개정이 있었지만 지방자치교육법은 2014년까지 주요 내용을 유지해왔다. 그러나 초기의 교육감 직접선거제는 투표율 저하 등 관심 부족으로 어려움을 겪었다. 2007년 2월 14일 전국에서 처음 실시된 부산시 교육감 직접선거의 투표율은 15.3%였으며, 당선자의 득표율은 33.8%에 불과했다.[31] 2007년 제17대 대선과 함께 치러진 울산·경남·충북·제주 등 4개 지역의 첫 직선 교육감 선거에서

공교롭게도 기호 2번 후보가 모두 당선됐다. 교육감 선거의 경우 정당 추천이
아니기 때문에 후보 이름의 가나다 순으로 숫자 기호를 정했다.

(5) 이명박 정부와 박근혜 정부

2010년과 2014년의 지방선거에서는 교육감뿐 아니라 시장, 도지사, 지방
의원의 선거공약 대결로 지방교육자치의 선거경쟁이 치열했다. 무상급식을 포
함한 반값 등록금 등 이른바 보편적 복지를 둘러싼 보수와 진보의 정치적 대결
의 결과, 대부분의 지역에서 진보 성향의 교육감, 시장, 도시자, 지방의원들이 당
선되었다. 이 지방선거 결과로 무상급식이 전국적으로 도입되었다. 2010년 지
방선거에서 16개 시·도 가운데 6개 시·도에서 무상급식을 공약한 진보성향의
교육감들이 당선되었고, 2014년 선거에서는 현직 교육감인 민병희(강원)·장휘
국(광주)·김승환(전북)·장만채(전남) 교육감이 모두 재선에 성공했고, 중도 사퇴
한 곽노현(서울)·김상곤(경기) 교육감을 대신하는 서울과 경기도 교육감도 당선
되었다. 17개 시·도 가운데 13개에서 무상급식 시대가 개막되었다.[32]

2014년 선거에서는 박원순 서울시장 후보와 조희연 교육감 후보가 당선되
었고, 서울시의회도 야당이 다수당이 되면서 무상급식이 실현되었다. 경기도의
경우, 경기도교육청은 2009년과 2010년 3차례에 걸쳐 야당이 무상급식 예산안
을 상정했으나 여당의 다수 의석(전체 116명 가운데 98명)에 부딪혀 무상급식 예
산이 전액 삭감당하는 진통을 겪다가, 2010년 선거 결과 야당(80명)이 압도하면
서 김상곤 교육감의 공약이 추진될 수 있었다(경향신문 2010. 6. 5).

04 _ 환경과 문화

환경과 문화 분야의 대표적인 입법은 2006년에 제정된 '문화유산과 자연환
경자산에 관한 국민신탁법'이다. '국민신탁'이란 법의 규정에 따라 설립된 국민

신탁법인이 국민·기업·단체 등으로부터 기부·증여를 받거나 위탁받은 재산 및 회비 등을 활용하여 보전가치가 있는 문화유산과 자연환경자산을 취득하고 이를 보전·관리함으로써 현세대는 물론 미래세대의 삶의 질을 높이기 위하여 민간차원에서 자발적으로 추진하는 보전 및 관리를 말한다(국가법령정보센터).

또 '문화유산'이란 문화재보호법 규정에 따른 문화재뿐 아니라, 문화재를 보존·보호하기 위한 보호물 및 문화재보호법 규정에 따른 보호구역, 그리고 보호구역에 준하여 보전할 필요가 있는 것이라고 법에 명시되어 있다. 또 '자연환경자산'이란 지역의 토지·습지 또는 그 지역에 서식하는 야생생물 보호 및 관리에 관한 법률에 따른 멸종위기 야생생물을 말한다.

국민신탁운동은 기부, 증여 또는 위탁받은 재산 및 회비 등을 활용하여 보전가치가 높은 문화유산과 자연환경자산을 취득·보전·관리하는 민간차원의 자발적인 활동으로서 국내에서는 1990년대 후반부터 대안적인 시민운동으로 시작되었다. 영국에서는 1895년부터 시작되어 1907년 특별법(National Trust Act) 제정 이후 활성화되었으며, 현재 미국·호주·일본 등 30여 개국에서 시행되고 있다.[33]

국내의 국민신탁운동은 그간 20여개 단체가 활동을 하면서 강화 매화마름 군락지, 동강 제장마을, 서울 우면산 및 광주 무등산 등을 매입·보전하는 성과를 거둔 바 있고, 현재는 국민신탁법에 따라 '문화유산국민신탁'과 '자연환경국민신탁'이 각각 법인으로 설립되어 활동하고 있다. 정부는 그간 환경적으로 가치가 높은 곳을 보호지역 등으로 지정·관리하고 있으나 사유재산권 침해에 대한 지역주민의 반발, 사유지 매입을 위한 예산부족 등으로 새로운 보호지역 지정에 어려움이 상존했었다. 그러다 국민신탁법이 시행되고 자연환경국민신탁 법인이 설립·활동하게 되면서 민간차원에서 자연환경자산을 매입·보전하게 되어 자연환경보전법 등 관련 법령에 따른 보호지역 지정과 상호 보완효과를 낳았다.

국민신탁법의 시행 이전에 한국내셔널트러스트 등 시민사회단체들이 추진해온 국민신탁운동의 대표적인 대상지역과 건물 등은 다음과 같은 세 사례를 비롯해, 여러 사례들이 있다.[34]

① 강화매화마름군락지 보전 (한국내셔널트러스트, '02.5월) : 멸종위기종인 매화마름이 서식하는 강화도 길상면 초지리의 농지 912평(112평 무상기증, 800평은 48백만원으로 매입).

② 최순우 옛집 (재단법인 최순우옛집, '02.12월) : (서울 성북동 소재) 1930년대 전형적인 한옥, 기부금 8억원을 들여 매입·보수(유품 상설전시공간, 기념품 판매, 특별전 개최 등).

③ 동강 제장마을 내 토지 (한국내셔널트러스트, '04.6월) : 동강 생태계보전지역 지정시('02.8월) 지역주민 반대로 지정에서 제외된 사유지 5,202평(대지 76평, 밭 5,126평)을 274백만원에 매입·보전.

국민신탁법 시행 이후의 문화유산신탁법인과 자연환경신탁법인의 주요 활동을 각 법인이 제공하는 자료로 소개한 자연환경 국민신탁 프로그램은 해안선과 백두대간 국민신탁 등 5대 프로그램을 추진중이다.

05 _ 정보와 공익제보

(1) 정보와 표현의 자유

인터넷에서 개인의 표현에 대한 정부의 규제는 1990년대 PC 통신에서부터 시작되었다. 신문에도 게재된 김일성 신년사나 서적으로 출판된 '공산당선언'을 통신망에 게시했다는 이유로 국가보안법 위반으로 구속되거나, 총선과 관련해 토론했다는 이유로 선거법 위반으로 구속되는 사례가 1996년에 발생했다(이원태 2004: 476).

인터넷은 개인들에게 표현의 수단을 제공했고, 국내 인터넷에서는 규제대상이 되는 정보는 불법정보, 불온정보, 그리고 청소년 유해정보로 구분된다. 불법정보는 일반법에 따라 처벌의 대상이 되고, 특히 인터넷상의 불온정보는 전기전자통신사업법 제53조에 의해 처벌 대상이 되었다. 2000년 5월, 정보통신윤리위원회는 사회단체 홈페이지 게시판에 올라있는 '백두청년회' 명의의 게시물에 대해 삭제 요구를 해왔다. 2001년 6월 7일에는 미술교사인 김인규 교사가 자신의 홈페이지에 누드 사진을 올렸다는 이유로 홈페이지 내용의 일부 삭제 요구를 했고, 6월 8일에는 자퇴생들의 온라인 모임인 '아이노스쿨(www.inoschool.net)'에 대해 강제폐쇄 조치를 내렸다. 2002년 5월 27일에는 군대반대운동 홈페이지(http://www.non-serviam.org)에 대해 이용정지 2개월의 시정요구를 통보해왔다. 이와 같은 정부의 검열은 전기통신사업법 53조에 근거한 것이었다.

인터넷 표현의 자유를 쟁취하기 위한 투쟁은 2002년 6월 27일로 큰 전기를 맞았다(진보네트워크 http://act.jinbo.net/drupal/node/52). 헌법재판소에서 전기통신사업법 제53조 불온통신 조항에 대해 위헌결정을 한 것이다. 이는 진보네트워크센터가 1999년에 제기한 것이다. 헌법재판소는 "표현의 자유를 규제하는 입법에 있어서 명확성의 원칙은 특별히 중요한 의미를 가진다"며 "그런데, '공공의 안녕질서 또는 미풍양속을 해하는'이라는 불온통신의 개념은 너무나 불명확하고 애매하다"고 밝혔다.[35]

그러나 정보통신부와 정보통신윤리위원회는 전기통신사업법에 대한 개정안을 제출하면서 '불온'을 '불법'으로 바꿨을 뿐 자신들의 규제 권한은 계속 유지하려고 했기 때문에, 위헌 논란은 여전히 계속되었다. 이에 인터넷국가검열반대 공대위는 '전기통신사업법 53조 개정안 반대와 인터넷 검열기구 정보통신윤리위원회 해체를 위한 500인 선언' 등 개정안에 대한 반대운동을 전개하였으나, 2002년 11월 개정안은 국회를 통과하였다. 해당 조항은 현재 '정보통신망

이용촉진 및 정보보호 등에 관한 법률'에 포함되어 있는데, 이에 대해 2008년 7
월 16일 헌법소원이 제기되었다.

(2) 공익신고자보호법

1990년 이문옥 감사관과 윤석양 이병의 내부고발로 한국에서도 내부고발
(whistle blowing)의 역사가 쓰여지기 시작했다. 이문옥 감사관은 감사원이 대기
업의 비업무용 부동산에 대한 감사를 벌이다 로비 등으로 감사를 갑자기 중단
한 사실을 세상에 알렸다. 이를 계기로 감사원과 정·관계, 재벌기업의 각종 비
리가 잇달아 드러났다. 그러나 그는 구속까지 당했고, 감사원에서 쫓겨나야 했
다. 또 윤석양 이병은 보안사의 서빙고분실에 보관돼 있던 90장중 30장으로 1
장당 15명씩 모두 450명의 사찰기록을 담고 있는 컴퓨터 디스크를 갖고 나와
불법적인 사찰을 고발하였다.[36]

이후에도 내부고발자 또는 공익제보자의 고발은 끊이지 않았다. 1992년 군
부재자 투표의 부정을 고발한 이지문 중위, 1992년 관권 선거를 고발한 한준수
연기군수, 1996년 감사원의 감사중단을 고발한 현준희씨, 2009년 이명박 정부
가 추진한 '4대강 정비사업'이 정부의 발표와 달리 대운하 사업의 전초라고 밝
힌 건설기술연구원의 김이태 박사 등이 있었다(경향신문 2009. 5. 10).

이처럼 내부고발자 보호가 심각한 사회적 이슈로 부각되어 시민사회의 개
혁입법 운동으로 발전하였다. 1994년 참여연대는 구조적 비리에 대한 내부고발
활성화 등을 골자로 하는 내부비리제보자 보호 입법청원을 하였다. 그러나 법
제정은 이뤄지지 않았고, 2011년에 와서야 국민권익위원회의 주요 업무로 공익
신고자 보호를 위한 법이 제정될 수 있었다.

2011년에 제정된 공익신고자 보호법은 그 목적에서 "공익을 침해하는 행
위를 신고한 사람 등을 보호하고 지원함으로써 국민생활의 안정과 투명하고 깨
끗한 사회풍토의 확립에 이바지함을 목적으로 한다"고 밝힌다(국가법령정보센

터). 나아가 "공익신고는 누구든지 공익침해행위가 발생하였거나 발생할 우려가 있다고 인정하는 경우에는 다음에 해당하는 자에게 공익신고를 할 수 있다"고 규정한다.[37]

그런데 공익신고자 보호가 제대로 이뤄지지 못하고 있다는 실태보고를 참고해볼 만하다. 공익 제보자를 지원하는 시민단체 호루라기재단이 지난해 내부고발자 42명을 대상으로 실시한 심층조사 결과 25명이 제보 이후 파면 또는 해임 조치를 받아, 절반 이상이 신분상 불이익을 받은 것이다(동아일보 2014. 9. 1). 또 응답자 28명은 공익 신고 후 생계유지가 어렵거나 배우자의 수입으로 근근이 살아가는 것으로 나타났다. 이들을 위한 정부의 보호조치도 제구실을 못했다. 국민권익위원회가 2013년 공공기관의 공익신고자 보호 실태를 조사한 결과 총 1305개 중 단 13개만이 해임 조치된 신고자를 복직시켰다.

06 _ 보건의료

보건과 복지만큼 시민사회 영역이 성장한 분야는 찾기 어렵다. 국민의 복지 요구와 욕구가 늘면서 복지관련 예산과 법령들 그리고 복지관련 조직들이 동시다발적으로 증대된 것이다. 사회복지 관련 법과 제도의 도입은 경제성장의 과실을 국민 모두에게 고루 나눠주는 방향으로 국민의식이 발전되고 정치 리더십이 뒷받침되면서 급진전되어 왔다. 1980년대 말의 심각한 부동산 투기로 인한 서민생활의 위기, 1990년대 말의 외환위기, 2008~09년의 금융위기 등은 경제위기로 생계 위협에 몰린 서민들의 복지문제 해결에 국정의 역점을 두지 않을 수 없는 시대적 요청을 받았다.

1997년의 국민의료보험법은 여러 과정을 갖춰 사회보장의 기초제도로 입법될 수 있었다. 민주항쟁 이후 1988년에 도입된 농어촌의료보험은 국고지원으로 시행되었지만, 농민들은 과대한 보험료 부과에 항의하며 의료보험증을 불태우고 납부를 거부하는 격렬한 시위로 저항하였다. 이후 농민을 비롯한 의료인, 도시빈민 등의 단체들이 전국의료보험대책위원회를 조직해 2003년까지 의료보험투쟁을 이어갔다(우석균 2004: 69). 공무원, 군인, 사학 등 조합으로 분산된 의료보험제도를 통합된 국민의료보험 제도로 갖추려는 1989년의 법안이 실패한 다음 1997년에 와서야 제정될 수 있었다.[38]

김대중 정부에서 추진된 보건의료 개혁의 성과 가운데 하나는 의약분업이다. 의약분업은 약물 남용 등의 문제를 해결하기 위해 그 도입 원칙이 정해진 지 36년 만인 2000년 7월부터 실시되었다. 시행의 배경에는 '의약분업 실현을 위한 시민대책위원회'의 노력이 있었다. 그러나 시민단체들은 '의료 이용시 국민의 추가부담이 없는 의약분업' 원칙을 제시했지만, 이 원칙은 수용되지 않았고, 환자의 본인 부담이 높아졌고, 또 의료에 대한 접근권이 제한되며 의료 정책에 대해 참여할 권리, 알 권리, 진료의 질을 보장받을 권리, 신택권 등 의료이용자의 권리 전반에 진전은 없는 것으로 평가받았다(우석균 2004: 79).

07 _ 사회복지

1987년 민주항쟁 직후 집권한 노태우 정부는 1986년에 공약한 3대 복지제도(국민연금, 농어촌의료보험, 최저임금제)를 도입해 시행하면서 보편주의적 사회보험제도를 중심으로 하는 복지국가의 초기 단계에 진입할 수 있었다.

(1) 노태우 정부

노태우 정부 기간에 또 다른 복지관련 입법과 법개정도 뒤를 이었다. 1987년 남녀고용평등법, 1991년 영유아보육법 등 여성정책 관련 입법이 이뤄졌지만, 졸속입법으로 입법과 동시에 개정운동에 직면할 수밖에 없었다. 또 88올림픽을 계기로 장애인운동이 본격화되면서 장애인단체의 조직화로 집단행동, 입법활동 등의 시민운동이 활성화되면서 1981년의 형식적인 심신장애자복지법이 1989년 장애인복지법으로 전면 개정되었고, 이어 1990년 장애인고용촉진법이 제정되었다(이영환 2004: 316). 또 1987년 생활보호사업 수행을 위해 사회복지 전문요원들을 별정7급 공무원으로 채용하기 시작했고, 이들이 1989년 전문요원동우회를 조직해 권익옹호, 제도개선 등의 시민운동으로 1992년 사회복지직렬제가 도입되었으며 전담 공무원의 지위도 확보할 수 있었고, 2003년부터는 사회복지사 1급 국가시험의 시행으로 발전하였다(이영환 2004: 317, 322).

(2) 김영삼 정부

김영삼 정부 기간에는 다른 주요 사회복지 법과 제도의 도입이 이뤄졌다. 정치적으로는 형식적인 민주주의의 진전과 더불어 금융실명제와 토지공개념 등 개혁정책의 진전으로 사회복지운동의 정치적 기회가 확장되었다. 1994년에 창설된 참여연대는 창립부터 사회복지위원회를 조직해, 사회복지 개혁운동에 선도적인 역할을 하였다. 참여연대의 운동전략인 입법청원과 공익소송 운동은 사회복지의 제도화에 실질적인 기여를 한 것으로 평가된다. 참여연대는 1997년 노인복지법 개정과 2000년 국민기초생활보장법 도입에 기여하는 입법청원 운동을 추진하였다. 1994년 생활보호 대상자 노인부부의 생활보호 수준이 헌법이 보장하는 인간다운 생활을 할 권리를 침해했는지를 묻는 헌법소원을 냈고, 또 노령수당지급대상자 선정제외처분 취소청구소송에는 대법원의 위법판결로 승소해 지급대상이 65-70세 노인까지 확대되었으며, 1997년 노인복지법 개정으로 노령수당의 폐지와 경로연금 도입의 계기로 작용하였다(이영환 2004: 319).

(3) 김대중 정부

김대중 정부 기간에는 사회보장제도의 전면 시행과 국민기초생활보장법의 도입 등 복지국가의 기본체제가 갖춰지게 되었다. 법 제정의 배경은 "저소득 국민, 영세 도시빈민, 실업자 등을 지원하여 빈곤문제에 대한 사회안전망의 기초를 튼튼히 하는 한편, 빈곤가구별로 자활지원계획을 수립하고 그에 맞는 자활급여를 실시함으로써 빈곤의 장기화를 방지하려는 것"으로 제시되었다(국가법령정보센터). 국민기초생활보장법은 부양의무자가 없거나, 부양의무자가 있어도 부양능력이 없거나 부양을 받을 수 없는 자로서 소득인정액이 최저생계비 이하인 국민은 누구나 국가로부터 지원을 받을 수 있도록 하였고, 수급자를 선정하는데 최저생계비 기준이 도입되어 그 결정은 중앙생활보장위원회의 심의·의결을 거치도록 하였다.

1997년 말 집권과 동시에 닥친 외환위기는 IMF 구제금융을 받은 조건으로 대대적인 구조조정과 사회개혁을 추진할 수 있는 정치적 기회를 제공해주었다. 당장 대량 실업의 극복 예산을 1997년 6천억원에서 10조원으로 대폭 늘려, 대규모 공공근로사업과 직업훈련 등 적극적인 노동시장정책을 추진할 수 있었다. 실업급여는 30인 이상 사업장에 제한되었던 것이 1998년 1월에는 10인 이상, 3월에는 5인 이상, 10월에는 시간제와 임시직까지 전면 확대되었다. 1999년에는 산재보험도 모든 사업장까지 확대 적용되었고, 국민연금은 도시지역 자영업자들에게도 확대 적용되어 보편적 제도를 갖추었고, 의료보험도 직장조합까지 통합되며 국민건강보험법으로 보편화되었다. 또 같은 해 모든 국민의 최저생계를 보장하는 국민기초생활보장법은 참여연대 등 시민사회단체들이 연대회의를 조직해 생활보호법을 대체하는 입법청원 형식으로 제정되어 이듬해에 시행되었다.

노동운동과 시민운동의 복지개혁안에 대한 정부의 수용은 경제위기 극복이라는 국정의 최우선 과제가 있었고, 진보적인 '국민의 정부' 집권이라는 정치적 기회가 제공되었기 때문이다. 노사정위원회는 설립과 동시에 '경제위기 극복을 위한 사회협약'을 체결해 합의사항 대부분을 이행하는 실적을 올렸다. 국민기초생활보장법 제정과 의료보험 통합을 비롯해 재정의 허용범위에서 사회복지 관련 예산의 비중을 단계적 확대, 그리고 4대 보험제도의 관계법령을 개정해 실질적으로 의사결정 및 감사 기능의 확보를 위한 각종 위원회에 노사 및 기타 관계자 대표의 참여 확대 등이 가시적인 제도화 사례들이다.

(4) 노무현 정부

노무현 정부의 '참여 복지'는 저출산고령화에 초점을 맞추었다. 저출산 대책으로 2006년 보육보조금을 연간 3천억원 규모에서 1조원 규모로 늘렸고, 또 고령화 대책으로 2007년 노인장기요양보험제도를 전격 도입했다. 그래서 복지예산이 경제 예산보다 더 많이 증대된 시기가 2004~06년 기간이다. 그럼에도 늘어나는 복지가 경제의 발목을 잡는다는 비판이 끊이지 않았고, 또 복지예산 규모는 늘어났지만 복지정책이 소득 불평등을 완화하는 효과는 저조했다는 것이 전문가들의 분석이다(동아일보 2011. 1. 14). 또 OECD에서도 한국의 사회보장 지출 증가율은 가장 앞서 있다. 한국은 2010년 대비 2014년의 GDP 중 사회보장지출 증가율이 15.6%로, OECD 평균(-0.5%)은 물론, 핀란드(8.0%), 벨기에(6.6%), 네덜란드(4.2%), 미국(-0.5%), 프랑스(0.6%), 이탈리아(2.9%) 등 주요 선진국을 크게 앞섰지만 복지국가 수준은 최하위권에서 이제 하위권으로 진입해가는 추세에 있다.

(5) 이명박 정부

이명박 정부의 '능동적 복지'는 맞춤형 예방형 복지로 알려져 있는데, 의료구제공동모금회 창설과 민간봉사지원 등 민간과 시장을 활용해 복지 재원의 보충에 초점을 맞추었다. 특히 '사회서비스' 예산이 크게 늘면서 바우처(voucher)에 의존하는 기관들과 사업들도 늘고, 더불어 비영리단체들도 늘고 있다. 바우처는 2007년 장애인활동보조, 노인돌봄(종합), 지역사회서비스투자사업에 첫 도입된 후 수십개의 사업에 확대되었고, 2011년에는 '사회서비스 이용 및 이용권에 관한 법률'이 제정되었다. 사업이 도입된 2007년과 2012년 기간에 국가재정은 1,874억원에서 8,796억원으로 증대되었고, 이용자도 36만명에서 66만명으로, 서비스 제공기관은 1,274개에서 4,850개로 폭증해, 사회서비스는 이제 한국 시민사회의 지형을 바꿔놓을 정도로 확고한 입지를 구축했다.

(6) 박근혜 정부

박근혜 정부의 복지정책은 대통령 선거 공약으로는 '보편적 복지'에 근접하는 복지정책들이 적지 않았다. 무상보육을 비롯한 4대 중증질환 치료비지원, 기초노령연금 등이 그것들인데, 집권후 정부는 '보편적 복지'의 재원이 되는 증세를 거부하면서 복지예산 정치 논란에 휩싸였다. 복지예산이 지속적으로 늘었지만 무상보육과 기초노령연금도 당초 계획과는 크게 벗어난 축소판 선별형 복지가 되었다는 평가를 받았다. 4대 중증(암·심장·뇌혈관·희귀난치성 138개) 질환의 치료비는 입원 중인 환자 중에 소득이 최저생계비 200% 이하인 사람에게 정부가 최대 2천만원까지 지원해주는 내용으로, 2013년 보건복지부가 제시한 '중증질환 재난적 의료비 사업'예산 300억원에는 국고뿐 아니라 일반인들이 기부한 사회복지공동모금회의 290억원이 포함된 것으로 알려지며 논란이 일어났다(경향신문 2013. 10. 17).

08 _ 세월호 특별법

세월호 특별법은 2014년 11월 19일 제정됐고, 2015년 1월 1일부터 시행됐다. 특별법은 세월호 참사 진상 규명을 위한 특별조사위 구성·운영 방안과 특별검사 도입과 관련한 절차 등이 주요 내용이다. 조사 전반을 관장하는 '4.16 세월호 참사 특별조사위원회'는 상임위원 5명, 비상임위원 12명 등으로 구성해, 위원회는 산하에 세월호 참사의 진상 규명, 안전사회 건설과 관련된 제도

개선, 피해자 지원대책 점검 소위원회를 두고 관련 업무를 수행했다.[39] 특조위 활동 기간이 2016년 6월 30일에 만료돼 조사는 더 이상 불가능해, 7월 이후 특조위는 조사활동을 위한 예산을 전혀 사용할 수 없는 상태에 빠지게 됐다(시사저널 2016. 11. 30).

그런데 청와대에서는 김기춘 비서실장이 세월호 특별법이 국난을 초래한다며 법의 도입을 방해한 것으로 알려졌다(JTBC 2016. 11. 30). 세월호 참사 후인 2014년 7월 7일 국회운영위원회에서 "(세월호 참사 당일) 박 대통령의 위치를 알지 못한다"고 증언하며 의혹에 불을 댕긴 김기춘 전 청와대 비서실장은 '사라진 7시간'과 관련한 어떠한 얘기도 새어 나오지 못하도록 지시했다(시사저널 2016. 11. 30).[40] 또 여당(새누리당)은 세월호 특별법은 통과시켰지만, 특별조사위원회는 독립적인 수사와 기소권 없이 반쪽 권한만 가진 채 진상규명에 나섰다(JTBC 2017. 1. 9). 청와대와 해경, 해수부 등의 핵심 증거를 확보하지 못 해 진상규명이 불가능했던 상황에서 정부는 2016년 6월 위원회 활동 종료를 통보했고, 11월 위원회 사무실을 폐쇄했다. 이에 유가족과 시민단체 관계자들은 민간이 주도하는 국민조사위원회를 조직해 진상규명을 이어가고 있다.

제 5 장

시민사회와
국제관계

시민사회 관련 법은 앞서 살펴보았던 인권, 양성평등, 환경규제 관련법 등 무수하고 다양하다. 여기에서는 관변단체 육성과 비영리민간단체 지원을 비롯한 다양한 진흥과 지원 관련법을 정리해본다.

01_ 법정단체 특별법

1987년 이전 권위주의체제 하에서 제정된 시민사회 육성·지원 법률은 모두 13건으로 현재까지 유지되고 있는 법률은 8개이다. 한국자유총연맹육성에 관한 법률은 노태우 정부가 박정희 정권 집권 당시에 제정된 한국반공연맹법을 폐지한 후, 그를 대체하기 위해 1989년 제정한 법률이다. 바르게살기운동조직육성법 또한 과거 권위주의 정권에서 제정된 사회정화운동조직육성법의 후신이다. 사회정화위원회는 지역, 직장, 학교 등 사회 각 분야에 반강제적으로 설치된 조직으로, 쿠데타로 집권한 5공화국의 합리화를 위한 조직으로 동원되었다(박영선 2010). 사회정화위원회는 각 단위에서 초법적 월권을 자행하며 정부기관 위에 군림하였다.

한국4H활동 지원법은 참여정부 집권기에 제정되어, 조세감면 및 기부행위에 대한 소득계산의 특례규정을 비롯하여 국가의 직접적인 재정지원 범위의 폭이 상당히 넓었다. 그러나 2000년 '비영리민간단체지원법' 제정 이후 보조금을 지원할 때 사업비 지원을 원칙으로 하는 변화된 상황에 따라 그 폭이 제한되었다. 새로운 법을 제정해야 하는 상황에서 개별법에 근거를 두고 특정한 단체에 대한 정부의 지원보다는 전체 시민사회에 혜택이 미칠 수 있는 법의 제정이 더욱 필요하다는 사회적 요구가 일정하게 반영된 것으로 해석된다.

최근 2011년에는 대한노인회가 이명박 정부에 와서 특별한 대우를 받는 새로운 관변단체가 되었다. 대한노인회를 지원하는 법률이 2011년에 제정되어, 중앙본부뿐 아니라 전국 시도와 시군구 기초 자치단체 차원에까지 안정적인 정부의 재정 지원을 받는다. 또 노인회는 설립과 동시에 법정기부금단체 지위를 인정받아 개인이나 법인의 기부금은 각기 100%와 50% 세금공제 혜택을 받는다. 국가 또는 지방자치단체가 대한노인회의 조직과 활동에 관하여 필요한 편의를 제공하고 협조·지원할 수 있으며, 필요한 때에는 국유·공유재산을 그 용도에 지장을 주지 아니하는 범위에서 무상으로 대부하거나 사용·수익하게 할 수 있도록 규정하고 있다.

02_ 사회복지공동모금회법

공동모금회법은 1997년 제정되어 1998년에 시행되면서 공동모금이 정부 주도에서 민간주도로 바뀌는 개혁이 이뤄졌다. 법 제정의 이유는 "관 주도의 성금모금 및 관리·운영을 지양하고 민간단체가 이웃돕기성금을 직접 모금·배분 및 관리하도록 함으로써 이웃돕기운동의 자율성을 보장하며 민간의 참여를 활성화"하는데 있다(국가법령정보센터).

공동모금회법은 사회복지사업기금법을 폐지하고 신설된 법이었다. 1971년에 한국사회복지공동모금회가 설립됐지만 유명무실해지자 75년부터 정부가 '불우이웃돕기 모금캠페인'으로 이를 대신했다. 그러다 1994년에 기부금품 및 성금모금을 둘러싼 부조리를 없애고 모금 및 사용내역에 대한 투명성을 확보하기 위해 민간주도의 공동모금제도 도입을 추진했다. 감사원의 기부금품 및 성금 유용 부조리 감사에서 드러났듯이 행정기관장들이 기부금품 및 성금을 거둬 개인적으로 유용하는 등 물의를 일으킴에 따라 모금의 주체를 민간에 넘겨 이를 둘러싼 부조리 소지를 차단하기 위한 것이었다(한겨레신문 1994. 5. 30).

1998년 공동모금회법이 시행에 들어가면서 종교계의 반발이 거셌다.[41] 공동모금법 시행이 종교계의 자생적 복지사업을 위축시킬 가능성이 크다고 보았기 때문이다.[42] 1998년부터 사업에 착수한 공동모금회는 사랑의 계좌, 사랑의 자투리 나누기, 방송모금, 자동응답시스템(ARS) 모금, 직장 모금, 이벤트 모금 등 다양한 모금사업을 전개하였다. 대통령 부인 이희호 여사가 명예회장을 맡았고, 김성수 전 성공회 대주교가 회장을 맡았고, 부회장직으로는 이세중 한국시민단체협의회 공동회장, 손병두 전국경제인연합회 상근부회장, 지은희 한국여성단체연합 상임대표가 맡았다. 이후 공동모금회에 답지한 법인들과 개인들의 성금은 1999년 213억원에서 2014년 5,000억원으로 늘었다.

이명박 정부에서 공동모금회에 대한 정책은 새로운 변화를 초래했다. 정부는 2011년 법정기부금단체를 사회복지공동모금회와 적십자사 이외에도 37곳을 새로 지정하면서, 사회복지공동모금회와 같은 법적 지위를 가진 제2의 법정 모금 및 배분기관으로 '바보의 나눔'을 지정하였다. 이 법인에 대해서는 아래에서 상세히 설명한다.

03 _ 기부금품법과 기부금단체 지정

(1) 기부금품모집법

지금의 '기부금품모집 및 사용에 관한 법률'은 그간 여러 차례의 개정을 거쳐왔다. 최초의 1951년 '기부금품모집금지법'은 전쟁 직후 무분별한 기부금품 강요의 폐해를 막기 위하여 도입되어, 시민사회단체의 모금이 엄격하게 금지되었다. 이후 1962년과 1970년에 개정작업을 거치면서 모금 허용범위가 조금씩 확대되었다. 1995년에 개정된 '기부금품모집규제법'은 금지법에서 규제법으로 명칭이 바뀌었다. 주요 내용에서도 모금허가의 기준을 구제·구휼·자선사업 이외의 공익영역으로 넓히고, 시민사회단체의 회비모금에 대한 금지 및 제한규정을 폐지하였다.[43]

2006년부터 변화하게 된 '기부금품모집 및 사용에 관한 법률'은 다시 명칭부터 변경했고 내용에서도 기부금품 모금의 허가요건을 등록요건으로 완화하였다. 이같은 기부금품 규제의 완화로 사후관리를 강화하겠다는 취지인데, 이는 자율적이고 성숙한 기부문화 확산을 위해 긍정적이고 올바른 방향이라고 볼 수 있다. 이전에는 연말 이웃돕기 성금처럼 공동모금회법에 근거한 대규모 모금 외에는 사실상 법대로 모금에 나서는 게 쉽지 않아, 많은 비영리단체들은 후원 행사를 열어 특별회비 방식으로 기부금을 받거나, 그도 어려운 곳들은 사회복지공동모금회의 할당액에 의존할 수밖에 없었다(한겨레신문 2006. 9. 19). 또 모집 허가를 받는 데 몇 주일이 걸리는 바람에 신속한 모금·구호 활동을 펼치는데도 어려움이 적지 않았다.

자율성이 커진 만큼 투명성은 한층 더 강화해야 마땅하다. 개정법은 사용 내역 공개와 감사를 의무화하고, 기부금품 출연을 강요할 수 없도록 규정했다. 하지만 등록제가 되면 모금자 사전 검증이 불가능해서, 불법·편법 모금 행위를 미리 걸러내기 어렵고, 사후 회계 감사는 자칫 뒷북이 될지 모른다는 문제도 제기되었다(한겨레신문 2006. 9. 19). 모집 단체가 스스로 투명성과 신뢰를 지키는 것이 중요한데, 2011년에는 법정기부금단체를 공동모금회와 적십자사 외에 37개를 추가해 나눔문화 확산을 위한 새로운 정책변화를 시도하였다.

(2) 기부금단체 지정

정부는 정기적으로 소득공제를 받을 수 있는 기부금단체를 지정해왔다. 기부금단체의 지정은 기부금모집 규제를 완화시키는 탈규제정책이며 또 세제를 통한 비영리단체 지원정책에 해당된다. 기부금단체들은 법정기부금단체와 지정기부금단체로 구분되는데, 전자의 경우 개인은 소득의 100%, 법인은 50%까지 공제를 받을 수 있고, 후자의 경우 각각 30%와 10%까지만 공제를 받을 수 있어 커다란 차이가 있다. 2015년 초 현재 법정기부금단체는 39개에 불과하지만 지정기부금단체는 15,000개에 달한다.

법정기부금단체로 지정된 비영리단체들은 다음과 같다. 과반수 이상(39개 단체중 21개)이 각 부처 소속 학술 연구단체에 치중되어 있고 그밖에 문화단체 6개, 보훈단체 5개, 사회복지 단체 5개 등이다. 시민사회와 직접적으로 관련되는 단체들은 기부금모집 분야의 '바보의 나눔' 재단, 사회복지 분야, 그리고 문화 분야의 문화유산국민신탁, 자연환경국민신탁인데, 후자 문화분야의 법인들은 아래의 교육문화 분야에서 소개한다. '바보의 나눔'은 2010년 2월 김수환 추기경의 선종 1주기를 맞아 설립된 모금단체로 삶의 마지막 순간에도 안구와 각막을 기증해 가진 것을 아낌없이 나누는 김 추기경의 뜻을 실천하기 위해 만들어졌다. 바보의 나눔은 '사랑의 열매' 사회복지공동모금회에 이어 제2의 법정모금기관에 선정됨으로써 1998년 국내 유일한 법정모금기관으로 출발했던 사회복지공동모금회에 이어 제2의 법정모금기관이 된 것이다.[44) '바보의 나눔'에 기부하면 공동모금회처럼 개인은 기부금의 100%, 법인은 50%에 대해 각각 세제혜택을 받을 수 있다. 현재 일반기부금은 개인은 30%, 법인은 10%까지만 공제 혜택을 받는다.

(3) 지정기부금단체

정부의 지정기부금단체 지정은 비영리단체의 재정확보에 많은 기여를 한다. 지정기부금단체는 법정기부금단체는 아니지만 또 다른 조세감면 혜택을 받을 수 있는 비영리단체이다. 1996년부터 공익성 기부금단체를 지정해왔는데, 2000년에는 조세특례제한법과 소득세법을 개정해 '특정 사회복지 관련 기부금에 대한 전액 소득공제'를 시행하였다.

그간 지정기부금단체는 사단법인이나 재단법인에만 국한되었지만 등록된 비영리단체 전체로 확대되었다. 참여연대, 경실련 등 대규모 시민단체들도 대부분 임의단체여서 기부금을 내는 회원들이 소득공제 혜택을 못받았다. 그러나 소득공제 대상이 될 수 있는 비영리 민간단체 등록을 받으려면, 특정정당 지지를 주된 목적으로 설정해선 안되며, 최근 1년 이상 공익활동 실적을 갖춰야 하고, 총예산 중 법인이 아닌 개인의 회비·후원금 수입비율이 50%를 넘어야 하는 규정을 충족시켜야 한다. 현행 지정기부금단체는 국세청의 기부금의 종류에 따라 소득에 대해 공제가 적용되며, 소득공제 한도는 2010년도에 20%로 전년 대비 5% 증가되었다.

지정기부금단체는 매년 공익의 목적에 부합되고 정치적·종교적 논쟁의 여지가 없는 단체로 지정되는데, 지정기부금단체의 요건은 민법 제32조에 따라 주무관청의 허가를 받아 설립된 비영리법인 중 요건을 충족한 것으로서 주무관청의 추천을 받아 기획재정부장관이 지정한다. 지정기부금단체의 지정은 1996년 59개 단체들이 지정된 이래 계속 늘어 2013년 말 현재 총 10,521개에 달한다.

04 _ 비영리민간단체지원법

시민사회단체에 대한 정부의 재정지원은 법 제정 이전부터 현실화되었다. 1992년에 집권한 김영삼 문민정부부터 시작되었는데, 1994년 공보처가 시민사회 주도의 개혁을 지원한다는 명분에서 13개 단체에 대해 6억 7천만원을 지원한 것이 최초의 공식적인 지원이다. 그간 새마을운동, 바르게살기, 자유총연맹 등 3대 관변단체에 집중된 정부의 재정지원을 다변화시킨 것으로 1987년 민주항쟁의 결실이기도 하다. 여당인 민자당은 관변단체들을 순수 민간단체로의 전환을 촉진하고, 경실련 등 기존 민간시민운동단체의 활동을 제도적으로 지원·육성하기 위해 '민간단체 지원육성법'(가칭)을 제정할 것으로 알려졌지만(한국일보 1994. 5. 26), 법제정은 다음 정권으로 미뤄지고 대신 공보처의 민주공동체 지원사업으로 추진되었다. 1994년 공보처는 13개 단체의 사업을 선정하였다(주성수 2004).[45]

1996년에는 서울시가 공보처에 이어 시민사회단체를 지원하는 시정참여 지원사업을 시행하였다. '시정참여'라는 의미에서 서울시가 당면한 문제들을 시민사회단체들의 참여로 공동 해결하는 거버넌스를 중시하는 정책 시행이었다.

1997년은 대통령선거가 있는 해로, 대통령 후보들의 시민사회단체에 대한 정부지원과 탈규제 공약들이 앞다투어 제시되었다(한겨레신문 1997. 9. 9).[46] 또 시민사회단체들의 활동을 규제하는 기부금품모집규제법에 대해서도 각 후보들은 대체로 개선의 필요성을 제시했다.[47]

1999년은 김대중 정부의 출범으로 시민사회단체에 대한 정부지원이 본격화되었던 해였다. 정부 예산으로 민간단체를 지원하는 민간단체 보조사업이 처음 중앙정부 부처들과 전국 16개 시도 차원에서 일제히 시행된 것이다. 민간단체 지원금 150억원 중 절반은 행자부가 전국단위 시민단체들의 프로젝트를 심사, 직접 집행하고, 다른 절반 75억원은 16개 시·도가 지역 시민단체 사업을 지원하도록 했다.

2000년에 제정되어 바로 시행된 비영리민간단체지원법에서 '비영리민간단체'는 영리가 아닌 공익활동을 수행하는 것을 주된 목적으로 하는 민간단체로서 요건들을 갖춘 단체라고 정의한다.[48] 시민운동단체를 비롯한 비영리민간단체를 지원함으로써 국가의 의무로 시민단체의 활동을 보장하는 것이 법의 취

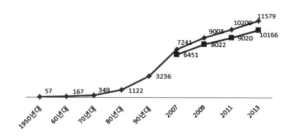

〈그림 2-1〉 한국 비영리단체 등록 추이 : 1950년대~2013

〈자료〉행정자치부 각연도.

지이다(차병직 2002: 117). 시민사회에서 활동하는 다양한 집단의 활동이 민주사회 발전에 기여한다는 사회적 의의와 필요성, 국가의 역할과 책임에 대한 사회적 수용이 이루어진 것이다.

비영리민간단체지원법의 영향으로 등록한 비영리민간단체의 수는 최근까지 급증해 11,579개에 이른다. 이들 대부분은 시도 지자체에 등록된 단체들이고, 10% 미만의 단체들은 중앙정부에 등록되어 있다.

05 _ 자원봉사활동기본법

2006년 자원봉사활동기본법의 제정은 민간 자원봉사운동의 결실이었다. 1994년부터 민간단체들이 앞장서서 법제정의 필요성을 강조하며, 수 차례의 세미나, 워크숍, 토론회 등을 거쳐 1995년부터 여야 양당의 법안이 등장했고, 또 김대중 정부의 출범시 국정100대 과제에 포함되는 등의 진전이 있었다(주성수 2013). 그럼에도 빈번한 여야의 정치충돌로 국회에 상정조차 되지 못했다.

'자원봉사'라는 용어가 한국 사회에 등장한 것은 88올림픽 때의 일이었다. 올림픽 행사에 약 3만여 명의 자원봉사자를 활용했는데, 대부분이 새마을운동 등의 관변단체들과 모범기사회 등 민간단체 중심으로 이뤄졌다.[49] 이후 올림픽 행사, 2002년 월드컵축구대회 등의 국제, 대형행사 때마다 자원봉사자의 참여가 개방되어 왔고, 모집인원에 비해 신청인원이 넘치면서 경쟁률도 높아졌다.

2005년 자원봉사활동기본법에서 '자원봉사활동'은 개인 또는 단체가 지역사회·국가 및 인류사회를 위하여 대가 없이 자발적으로 시간과 노력을 제공하는 행위라 규정한다. 또 '자원봉사자'를 자원봉사활동을 하는 사람으로, '자원봉사단체'를 자원봉사활동을 주된 사업으로 하거나 이를 지원하기 위하여 설립된 비영리 법인 또는 단체라고 정의한다. 또, '자원봉사센터'란 자원봉사활동의 개발·장려·연계·협력 등의 사업을 수행하기 위하여 법령과 조례 등에 따라 설치된 기관·법인·단체 등을 말한다.

자원봉사센터는 1996년부터 자치단체별로 설치되기 시작하여 2003년말까지 248개 자치단체 모두가 설치를 완료하였다. 이 중 68.5%는 자치단체가 조례를 제정하여 자원봉사센터 운영을 제도적으로 뒷받침하였다. 자원봉사 활동을 지원하는 조례의 제정은 1990년대 말부터 송파구, 광진구 등의 서울시 지자체부터 시작되어 2003년 말에 와서는 전국의 광역 및 기초 지자체에서 170개 조례들이 제정되었다. 2014년 말 현재 시도와 시군구의 자원봉사센터는 지자체 직영이 민간위탁보다 더 많은 비중을 차지한다(행정자치부 2014).[50] 그럼에도 자원봉사는 시민사회의 자율적인 활동이므로 민간 자원봉사단체가 자원봉사센터 운영의 주도적인 역할을 하도록 지자체는 개입과 간섭을 자제해야 한다는 요청이 끊이지 않고 있다.

'제2차(2013~17) 자원봉사 진흥을 위한 국가기본계획'에서도 자원봉사센터의 민영화가 주요 아젠다로 채택되어, 바람직한 민관 파트너십을 위해서도 자원봉사센터의 민영화를 요청하였다(주성수 외 2012). 또 한국의 자원봉사는 시민사회가 아니라 정부가 주도적인 역할을 하고 있다는 것이 전문가 76% 이상의 판단이다. 그만큼 정부가 자원봉사 진흥정책에 많은 노력을 하고 있다는 의미도 함축되어 있지만, 그보다는 시민사회의 자율적인 역할에 정부가 지나치게 개입하고 있다는 의미가 더 지배적이다. 그래서 한국 자원봉사의 발전방향은 정부 주도보다는 시민사회 주도가 되어야 한다는 의견이 92%의 절대적인 지지를 받았다.

한국의 자원봉사는 정부의 진흥정책과 민간 자원봉사운동이라는 공급과 수요 양측의 활성화로 원만한 성장세를 이어오다 2010년 경부터 심각한 정체세에 빠져 있다. 자원봉사활동기본법의 제정으로 중앙정부와 지자체 대부분이 자원봉사활동에 소요되는 재정을 지원하는 정책의 영향으로, 그리고 무엇보다도 시민사회단체의 시민참여 활성화와 대학과 기업 등의 단체참여에 기초하는 사회봉사의 활성화 영향이 자원봉사의 성장에 함께 기여한 것으로 볼 수 있다 (주성수 2016). 자원봉사 인구는 20세 이상 성인인구 비율로 추산하면 1999년 457만명에서 2014년 929만명으로 두 배가 늘었다. 또 15세 이상 인구의 참여율은 1999년 13%에서 2013년 18%로 늘었고(통계청 조사), 20세 이상 인구의 참여율로는 1999년 14%에서 2014년 21%로 늘었다(한국갤럽 조사).

06 _ 소비자협동조합법과 협동조합법

(1) 소비자협동조합법

생활협동조합법은 생협을 규제하는 법에 불구했지만, 법적 보장으로 생협은 회원 가입의 폭증 등 안정적인 발전을 할 수 있게 되었다(박상신 2005: 664). 법제정 직후 2000~03년 기간에 단위생협당 조합원 수는 817명에서 2003년 1,869명으로 230% 급증했고, 출자금도 5,300만원에서 9,000만원으로 170% 증가했으며, 매출액도 단위생협당 4억원에서 12억원으로 세 배 폭증하였다(박상신 2005: 665).

1999년에 제정된 소비자협동조합법이 필요했던 당시의 시대적 배경은 다음과 같이 소개되고 있다.[51] 법의 주요 내용은 30인 이상의 소비자가 발기인이 되어 조합을 설립할 수 있고, 조합원은 누구나 1좌 이상을 출자하도록 하고, 1조합원의 출자좌수는 총출자좌수의 5분의 1을 넘을 수 없도록 한다. 또 조합은 농수산물 및 환경물품 등을 구입하여 공급하는 사업과 생활에 필요한 공동이용시설을 설치·운영하는 사업 등을 할 수 있다.

새로 인가된 생활협동조합 수는 1999~2008년 기간에 40개 미만이던 것이 2009년에는 전년에 비해 10배 폭증했고, 이후 2011년까지 지속적으로 늘었다. 대표적인 한살림, iCOOP, 두레생협의 회원수는 2011년 29만명, 10만명, 10만명에 달하며, 2007~11년 4년 새에 각기 2배, 5배, 3배 가량 폭증했고, 총공급액도 각기 2배, 3배, 2배 늘었다(원종욱 외. 2012).

2010년에 개정된 새로운 소비자협동조합법은 먼저 법의 목적을 소비자의 복지 향상뿐 아니라 국민의 복지 및 생활문화 향상으로 확대하고, 조합의 사업 범위를 소비생활에 필요한 물자의 공급 뿐 아니라 교육·문화 및 건강 개선 등 소비자들의 생활상의 요구 전반으로 확대시켰다. 또한 소비자생활협동조합 연합회 및 전국연합회의 설립근거를 마련해서, 국가 및 공공단체가 조합·연합회 또는 전국연합회의 사업에 필요한 자금을 지원할 수 있도록 법적 근거를 마련하였다.

(2) 2012년 협동조합법의 제정

협동조합법 이전에는 생활협동조합을 비롯한 농업, 수산업, 신용, 중소기업, 엽연초생산 등 분야별 협동조합과 산림조합, 새마을금고 등 8개 유형의 협동조합만이 존재하였다. 이들은 대부분 정부의 지원과 규제를 받으며 성장해온 한계가 있어 협동조합의 기본정신인 자립과 자조라는 원칙을 구현하는데는 한계가 있었다. 2012년에 제정된 새로운 협동조합법은 무엇보다도 실업 문제 해결과 일자리 마련 정책의 하나로 협동조합에 대한 법적, 제도적 지원을 확대하기 위해 제정된 특징이 있다.

협동조합법에 따르면, 협동조합은 경제·사회·문화 모든 분야에서 설립 가능하다.

지금의 협동조합은 금융을 제외한 모든 분야에서 설립과 운영이 가능해졌다. 전통적인 사업자 협동조합은 구매와 판매로, 소비자협동조합도 구매와 서비스 이용으로 구분되며, 취약층 고용을 우선하는 사회적 협동조합과 다양한 이해관계자 중심의 다중이해관계자 협동조합으로 크게 구분된다. 협동조합은 법 시행 첫해인 2012년 55개에서 2013년 3,234개, 2014년 2,962개가 설립되어 누계 6,251개에 달한다. 또 사업영역별로는 도·소매(734개, 24.8%), 교육(371개, 12.5%), 농림어업(361개, 12.2%), 예술·여가(236개, 8.0%), 제조(210개, 7.1%) 등이다 (기획재정부 2015).

07 _ 사회적기업육성법

사회적기업이란 "취약계층에게 사회서비스 또는 일자리를 제공하여 지역주민의 삶의 질을 높이는 등의 사회적 목적을 추구하면서 재화 및 서비스의 생산·판매 등 영업활동을 수행하는 기업"이라고 사회적기업육성법에 정의되어 있다.[52]

사회적기업은 전적으로 정부의 지원에 의존하는 기업으로 볼 수 있다. 정부(주무부서 고용노동부)가 사회적기업으로 인증한 후 3년간 인건비 등을 지원하여, 기업으로 성장하는 기반을 구축하도록 지원하기 위해 법을 제정한 것이다. 저소득층, 소수층 등의 생계와 복지 증진에 활동해온 비영리단체들에게는 정부의 재정지원이라는 기회가 찾아온 것이다. 또 사회적기업의 운영에 필요한 인건비·운영경비·자문비용 등 각종 재정적인 지원을 할 수 있도록 하였다. 그밖에도 다양한 직접, 간접 지원들이 이뤄지고 있다. 사회보험료 지원은 기업규모와 지원인원에 제한 없이 유급근로자 전원에 대하여 최대 4년간 지원한다.

정부의 3년 지원 이후 사회적기업에서 발생한 문제들은 여러 가지로 다소 심각했다. 인건비와 사회보험료 지원 중단이 사회적기업에 미친 영향은 절반 이상의 사회적기업에게 위기라는 평가를 받았다.[53] 실제로 사회적기업은 기업으로서 수익을 내는 지속가능성을 보여주지 못하고 있는 실정이다. 평균근로자 수가 2007년 49.8명에서 2009년 38.6명, 2011년 25.3명, 2013년 22.3명으로 사회적기업의 규모가 지속적으로 작아지고 있는 것은 정부의 3년간 지원이 끊기면서 발생한 문제이다. 또한 경영지표인 영업이익을 보더라도 흑자를 기록한 사회적기업은 2007년 전체 업체 중 73%였으나, 2009년 24.6%, 2010년 16.2%, 2011년 14.1% 등 매년 크게 하락해 약 86%의 사회적기업이 적자를 내는 것으로 나타났다(한국사회적기업진흥원 2012).

사회적기업은 2007년 50개를 시작으로 2014년 1,251개로 25배 폭증했고, 예비사회적기업도 1,466개로 크게 늘었다. 사회적기업에서 일하는 근로자도 2007-14년 기간 10배 이상 늘어 3만명에 근접하고 이 중 취약층이 절반 이상 되는 15,815명에 달한다.

08 _ 북한이탈주민지원법

북한주민의 이탈을 지원하는 단체들이 늘면서 시민사회도 북한이탈주민의 보호와 정착지원에 중요한 정책거버넌스 파트너가 되고 있다. 이에 1997년에 북한이탈주민지원법이 제정·시행되었다.[54] 또 2014년에 일부 개정된 법은 다음과 같이 국가의 책무를 제시한다. 북한이탈주민지원재단을 설립해, 통일부장관의 지도·감독을 받으며 재단의 재원은 정부의 출연금 및 보조금을 바탕으로 기부금품, 기타 수익금으로 충당된다. 실제로 2011년 재단은 신규 지정된 37개 법정모금단체 가운데 하나로 포함되어, 개인이나 법인이 기부하면 각기 100%,

50%의 세액공제 혜택을 받는다.[55] 재단의 재원중 2011년부터 정부보조금과 출연금에 절대 의존하고 있다. 2011년 첫해에는 정부 보조금 241억원, 2012, 2013, 2014년에는 정부 출연금이 수입의 대부분이며, 지출로는 수입액의 약 70% 가량이 위에 제시한 사업비에 충당되었다.[56]

09 _ 한국국제협력단법과 국제개발협력법

(1) 한국국제협력단법

한국국제협력단법이 1991년 1월에 제정되어, 한국국제협력단(KOICA)이 공식적인 국제개발협력 사업을 추진하게 되었다.[57] 한국국제협력단은 법인으로 설립되어, 주요 사업으로는 개발도상지역에 대한 기술협력사업, 무상원조사업, 한국청년해외봉사단, 태권도사범 및 의료단파견사업, 무상기술용역사업, 해외 인력진출지원사업, 개발도상지역과의 협력증진을 위한 조사·연구사업, 교육훈련사업, 국내외 각 기관으로부터 요청 받은 국제협력사업, 개발도상지역에 대한 무상협력 및 기술협력사업을 담당하는 국제기구의 활동에 관한 사항 등을 담당한다. 한국국제협력단의 임원으로 총재 및 부총재 각 1인을 포함한 15인 이내의 이사와 감사 1인을 두며, 총재는 외무부장관의 제청으로 대통령이 임명하도록 하고, 협력단의 운영재원은 정부 또는 정부외의 자의 출연금, 차입금 기타 수입금 등으로 한다.

한국국제협력단은 설립 후 매우 가파르게 예산 증대를 기록하였다. 1991년 173억원에서 2000년 513억원으로 세 배가 늘었고, 2013년에는 5,228억원으로 30배 이상 늘었다. 2009년 이후부터는 한국이 원조국의 회의조직인 OECD DAC(개발지원위원회)에 가입함으로써 2015년까지 국민소득(GNI)의 0.25%를 국제사회에 약속했다. 향후에도 지속적인 ODA 증가로 한국국제협력단의 예산 증액이 이뤄질 것이다.

(2) 국제개발협력지원법

2010년에 제정된 국제개발협력기본법은 제1조(목적)에서 "이 법은 국제개발협력에 관한 기본적인 사항을 규정하여 국제개발협력정책의 적정성과 집행의 효율성을 제고하고 국제개발협력의 정책목표를 효과적으로 달성하게 함으로써 국제개발협력을 통한 인류의 공동번영과 세계평화의 증진에 기여함을 목적으로 한다"(국가법령정보센터).

2009년 한국은 OECD 공여국 기구인 DAC에 가입함으로써 원조 체계에 큰 변화를 가져오는 계기가 되었다. DAC 가입으로 한국은 세계역사상 유일하게 최빈국에서 공여국으로 도약한 국가가 되었으며, 이에 따라 국제 원조사회의 규범과 기준에 부합하도록 원조정책 및 사업집행체계를 정비하는 과제를 안게 되었다. 2010년 ODA 정책의 법적 안정성 확보를 위해 '국제개발협력기본법'이 제정되었다.

2010년은 한국이 원조를 주는 국가로 전환하는 해였지만, 한국은 이미 오래 전부터 공여국으로서의 역사를 갖고 있었다. 한국국제협력단(www.koica.go.kr)에 소개된 그 역사를 살펴보면 다음과 같다. 1963년 미국 국제개발청

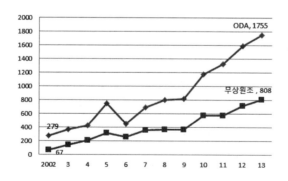

⟨그림 2-2⟩ 한국의 ODA와 무상원조(단위 : 백만불) 추이 : 2002-13

⟨자료⟩ 한국국제협력단, 각연도 연간보고서.

(USAID) 원조자금에 의한 개도국 연수생의 위탁훈련을 시초로, 1965년부터는 우리 정부 자금으로 개도국 훈련생 초청사업을 시작해, 1967년에 전문가 파견이 시작되었다. 1977년 110만 달러 규모의 우리나라 기자재를 개도국에 공여함으로써 물자지원사업이 시작되었다.

이어 1980년대에는 한국경제의 성장에 걸맞는 규모의 정부부처별 해외원조가 늘었다.[58] 1990년대에 들어 한국의 ODA는 본격적으로 확대되어 연평균 22.6%(원화기준)의 빠른 성장을 보였다. 1991년 한국국제협력단(KOICA)의 설립으로 그 동안 건설부, 과학기술처 등 각 부처에서 산발적으로 실시해 오던 기술협력, 인적교류사업 등을 통합하여 관리하였다. 1996년 OECD 가입으로 원조의 필요성은 더욱 높아져 91년에 5,700만 달러였던 원조규모가 1997년 3배가 넘는 1억 8,500달러까지 증대되었다.

2000년대 들어서는 이라크 전쟁, 아프간 내전 등으로 인해 동 지역에 대한 재건복구, 긴급구호 사업이 증가하면서 원조규모는 더욱 급격히 확대되어 2억 불을 초과하였다. 2006년 1월에는 ODA정책과 집행 조정 및 일관성 제고를 위해 국무총리실 산하 국제개발협력위원회가 출범했고, 2009년 OECD DAC 회원국으로 가입하면서 한국은 국제사회에 ODA 규모를 2015년까지 GNI 대비 0.25%까지 확대할 것을 약속했지만, 실제로는 0.15%에 그치고 말았다. 한편 국민들은 정부의 대외원조 제공에 대해 2014년 조사에서 대체로 찬성(86.5%)하고 있으며, 향후 원조규모 확대와 관련하여 약속한 수준을 지켜야 한다는 견해가 47.5%에 달했다(국무조정실 2015).

제 6 장

정책 거버넌스

01 _ 개혁과 규제기관의 조직

(1) 국가인권위원회

"국가인권위원회가 출범하고 활동을 시작하기까지 시민사회를 중심으로 한 각계의 오랜 노력이 있었습니다." 국가인권위원회의 홈페이지는 스스로를 이렇게 소개하고 있다. 그 출발은 1993년 6월 비엔나 유엔세계인권대회에 참여한 한국 민간단체가 정부에 국가인권기구 설치를 요청했고, 1997년 11월 '인권법 제정 및 국민인권위원회 설립'을 대선 공약으로 발표했던 김대중 대통령은 2001년에 공약을 실천하였다. 국가인권위원회는 위원장을 비롯해서 상임위원과 비상임위원 대부분이 시민사회 출신이거나 시민사회 활동 경력자였다. 위원장은 2001년 창립부터 2008년까지 시민사회 인권 전문가들이 맡아오다 2009년부터는 이명박 정부가 인권 전문가가 아닌 법대 교수 출신의 현병철 위원장을 임명해 이에 반대하는 시민사회의 저항이 거셌다.[59]

이같은 국가인권위원장 임명을 둘러싼 일련의 파행은 국가인권위원회에 대한 국제적 신임도 추락으로 현실화되었다. 인권기구 국제연합체인 ICC는 2014년 3월에 이어 11월 재심사에서도 국가인권위원회에 '등급보류' 판정을 내렸다.[60] 또 2015년 상반기 심사에서도 판정이 보류되어 2년 동안 총 세 번이나 판정이 보류된 것이다. 이에 대한 대응방안으로는 "인권위원 선임의 투명성, 다원성, 참여성을 보장하기 위해서는 인권위원을 공개적으로 추천하는 인권위원후보추천위원회 제도와 인권위원 인사청문회 제도의 도입", 그리고 국가인권위원회법에 인권위원 자격기준을 구체적으로 규정하거나 다양한 사회계층의 대표자를 인권위원 선임대상으로 규정하는 방안을 검토할 수 있을 것이다(조규범 2015).

(2) 노사정위원회

노사정위원회는 1998년 외환위기 직후 경제위기 극복을 위해 정권을 인수한 김대중 대통령령으로 설치되었다가 다음 해에 노사정위원회법을 제정해 시행되었다. 법 제정이유는 "경제위기 극복과 국민경제의 균형있는 발전을 위한 노사정협력방안 등을 협의하기 위하여 대통령령으로 설치·운영중인 노사정위원회를 법률상 기구로 위상을 제고함으로써 노사정간 정책협의기능을 강화하려는 것"이다.

노사정위원회는 대통령 소속으로 되어 있고, 위원회는 1998-2006년 기간 위원장과 상임위원 각 1인을 포함하여 근로자·사용자·정부 및 공익을 대표하는 20인 이내의 위원으로 구성하다가, 2007년 개정 이후에는 위원장 및 상임위원 각 1인과 근로자·사용자·정부 및 공익을 대표하는 위원 각 2인으로 구성되었다. 노동단체 중 민주노총이 1999년 구조조정 개혁에 반발해 참여하지 않고 있어 2015년까지 공석으로 남아 있다. 위원회의 회의는 재적위원 과반수의 출석으로 개의하고, 출석위원 3분의 2 이상의 찬성으로 의결하도록 하였다. 시민사회 대표들의 경우 1998~2006년 기간에는 다수가 위원으로 참여했지만, 2007년 법개정으로 전체 공익위원은 2명으로 제한되어, 김정숙 한국여성단체연합회장이 유일하게 2008년부터 2014년 현재까지 참여해왔다.

(3) 규제개혁위원회

규제개혁위원회는 정부의 규제정책을 심의·조정하고 규제의 심사·정비 등에 관한 사항의 종합적 추진을 위하여 1998년 대통령 직속으로 설치되었다. 시민사회의 주요 역할은 기업에 대한 정부의 탈규제 정책을 감시하는데 있기 때문에, 시민사회단체 대표의 위원으로서의 참여는 매우 중요하다. 'OECD 2000 보고서'는 다양한 분야의 시민사회단체들이 활성화되고 있지만 이들이 규제개혁위원회에 실질적으로 참여하지 못하고 있다며 시민사회단체들의 참여 확대를 권고했고, 이에 정부는 규제개혁위원회 위원장을 시민사회단체 대표로 임명하고 시민사회단체들의 참여로 규제개혁을 강화해갔다(국무조정실 2007).

20세기 말 외환위기 직전까지 정부주도형 경제성장 전략은 커다란 성과를 가져왔지만, 과도한 정부규제가 오히려 시장원리의 효율적 자원배분을 저해하고 세계화 시대의 국가경쟁력을 낮추고 있다는 비판이 널리 확산되었다. 특히 정부규제가 무역마찰의 주요 원인으로 등장하여 더욱 신속하고 적극적인 규제개혁이 요구되었다. 이에 1998년 규제개혁위원회는 국무총리를 위원장으로 서울산업대총장(이진설) 공동위원장, 장관급 정부위원 6명, 민간위원 12명(대학교수, 언론인, 기업협회 대표) 등으로, 시민사회를 대표하는 위원은 단 한 명도 없었다 (규제개혁위원회 1998).

그러다 김대중 정부에 와서야 시민사회단체 대표의 규제개혁위원회 참여가 가능해졌다. 2000년 강철규(참여연대 집행위원장) 공동위원장의 활동을 시작으로, 2006년부터 2007년까지 민간위원 17명중 3명의 시민사회대표가 위원으로 참여하였다. 한국여성민우회 상임대표, 자치정보화조합 이사장, 소비자문제를 연구하는 시민의 모임 이사가 그들이다. 이후 이명박 정부에 와서는 2008년부터 자유기업원장 등 기업계 인사로 구성되었고, 2010년에 한국사회복지사협회 사무총장(원명순)이 유일한 시민사회 대표로 참여했고, 이어 2011년 사회복지법인 성애재단, 녹색소비자연대 녹색식품연구소장 2인으로 늘었다가. 2012년 민간위원 15명, 2013년 민간위원 12명, 2015년 민간위원 16명 중 단 한 명도 시민사회를 대표하는 사람은 없었다.[61]

(4) 지속가능발전위원회

지속가능발전위원회는 1991년 남북한이 UN에 동시 가입한 이후 UN의 1992년 리우 환경정상회담이라는 세계화의 산물이라고 볼 수 있다. 1992년 '리우선언' 이후 UN은 의제21 실천계획 수립 및 이행평가를 위하여 각국에 국가지속가능발전위원회 설치를 권고했고, 1999년 4월 시민단체, 언론, 학계, 경제계 등 각계 각층에서 지속가능발전에 관한 국가기구 설치를 정부에 건의해, 김대중 대통령은 2000년 6월 5일 '세계환경의날'에 대통령자문 지속가능발전위원회 설치를 밝혔고, 8월 5일 대통령령으로 지속가능발전위원회 규정이 공포되었다.

지속가능발전위원회는 환경운동 등 시민사회와 밀접히 관련되어, 초대 위원회는 YMCA 활동가인 강문규 위원장 중심으로 구성되었고, 제2기 위원회는 박영숙 위원장, 제3기 위원회는 고철환 위원장, 제4기 위원회는 김상희 위원장 등 시민사회 대표들이 지속가능발전법 등장 이전까지 위원장을 맡았다. 2007년에 제정된 '지속가능발전법'에 따라 2008년부터 지속가능발전위원회는 대통령 직속으로 두다가 2010년 환경부 소속으로 위상이 축소되었다.

(5) 갈등관리위원회

노무현 정부는 2005년 새만금 간척사업, 천성산 터널공사 같은 대형 국책사업을 두고 빚어지는 사회적 갈등을 최소화하기 위해 정부 각 부처에 갈등관리위원회를 설치하도록 추진하였다. 갈등영향 분석을 실시하는 등 정책입안 단계에서부터 갈등을 최소화해 나가고, 사후에 갈등이 발생했을 경우 갈등조정위원회를 설치해 갈등을 관리·조정해 나간다는 정책방향을 제시한 것이다. 이후 2007년 시행된 '공공기관의 갈등 예방과 해결에 관한 규정'은 대통령령으로 시행되었다. 위원회는 특히 시민사회 대표 등의 참여에 개방적이었다. 그런데 이명박 정부에 와서 갈등관리위원회는 제역할을 하지 못하는 것으로 평가되었다. 갈등관리 역할을 맡는 정부기관 중 청와대 시민사회수석실은 대폭 축소됐고,

지속가능위원회와 갈등조정위원회는 이름만 남았다.

(6) 친일반민족행위진상규명위원회

위원회는 일제강점하 반민족행위 진상규명에 관한 특별법이 2004년 3월 22일 공포되면서 이 법률의 시행령에 따라 2005년 5월 31일 대통령 소속으로 발족한 기구이다.[62] 초대 위원장은 강만길이 맡았으며, 2006년 12월 7일 노무현 대통령과 국회에 조사보고서를 제출하면서 친일반민족행위 106인 명단을 확정해 발표했다. 위원회는 2009년 11월 27일, 제3기 친일반민족행위자(1937년 중일 전쟁 ~ 1945년 해방) 704인 명단을 발표한 이후 해단식을 가졌으며, 일제강점하 반민족행위 진상규명에 관한 특별법에 따라 4년간의 임무를 완수하고 2009년 11월 30일 위원회 활동이 종료되었다. 명단에는 박정희 대통령과 장지연 〈황성신문〉 주필, 지휘자 안익태는 제외되었으나, 김성수 〈동아일보〉 창업주와 방응모 전 〈조선일보〉 사장, 김활란 전 이화여대 총장 등은 포함되면서 논란이 있었다.

02 _ 시민사회 관련 조직

시민사회와 밀접히 관련되는 정부 조직들의 신설 또는 확대는 김영삼 정부부터 김대중 정부와 노무현 정부에 이르기까지 지속되었다. 대표적인 기관들로 국가인원원회와 대통령직속 위원회들을 비롯해 여성부, 환경부, 정무장관실과 시민사회수석실 등을 살펴볼 수 있다.

(1) 여성부

여성정책 정부조직의 본격적인 출발은 1987년 민주항쟁 직후 1988년 초에 설치된 정무장관(제2)실부터이다. 정무장관(제2)실은 여성정책 전반에 대하여 총괄·조정하였다. 정무2장관실은 김대중 정부가 출범하면서 1998년에 대통령 소속의 여성특별위원회로 개편되었고, 여성특별위원회는 1999년 '남녀차별금지및구제에관한법률'을 제정해 사회의 모든 영역에서 남녀차별을 금지하고, 피해자의 권익을 구제하는 제도를 마련하였다. 이후 정부 각 부처에 분산된 여성관련 업무를 일괄 관리·집행하기 위해 지금의 여성가족부로 확대하는 조직개편이 이뤄졌다. 신설 여성가족부는 기존의 여성특별위원회 업무와 함께 보건복지부로부터 가정폭력, 성폭력 피해자의 보호, 윤락행위 등의 방지업무 및 일제하 일본군 위안부에 대한 생활안정지원 사무를 이관받고, 노동부에서는 '일하는 여성의 집' 사무를 이관 받아 수행했다.

이후 이명박 정부에 와서는 여성가족부가 수행했던 가족 및 보육정책 기능이 보건복지가족부로 이관되었고, 여성가족부는 여성정책의 조정·종합, 여성의 권익증진 등 지위향상 기능을 수행하는 기구로 개편하였다. 한편, 보건복지가족부의 청소년 및 다문화 가족을 포함한 가족 기능을 여성가족부로 이관하는 내용으로 다시 정부조직법이 개정(2010. 1. 18.)되었다.

(2) 환경부

환경부는 환경운동의 산물로 조직된 정부기구라고 볼 수 있다. 지금의 정부 규제기관으로서의 환경부로 위상을 갖추기 전에 정부조직의 계, 과, 부를 거쳐 환경청, 환경처로 그리고 환경부로 발전하는데 27년이 소요되었다. 지금의 환경부로 조직을 갖춘 것은 1994년 정부의 물관리기능체계 조정에 따라 건설부 및 보건사회부가 관장하던 수질 관련 기능이 환경부로 일원화하는 개혁 때문이었다. 환경부가 대표적인 규제기관이 된 것은 1990년 환경에 대한 국민의식의 발달과 환경단체들의 활발한 환경감시활동이 늘어나면서 가능했다. 특히 노무현 정부에 와서는 전업 환경운동가 출신이 처음으로 환경부 장관에 내정됐다.[63] 또 2006년 환경부는 신년계획에서 "앞으로는 환경단체와 협의 없는 환경

정책을 내놓지 않겠다"고 밝혔다(한겨레신문 2006. 1. 16). 환경부가 부처에서 내놓는 주요 환경정책을 환경단체와 사전 협의해 생산하기 위한 민·관 양자 협의체 구성을 추진한 것이다.

환경단체들도 환경부의 이런 시도에 공감하고 환경부와 협의체 구성을 논의할 운영소위 구성에 합의하였다. 환경부는 민·관 환경정책협의회 규정안을 공개했다.[64] 오늘날 환경부에 등록된 비영리법인들은 450개에 이르고, 비영리민간단체는 180개에 달하는데, 이들 대부분이 2000년대에 등록된 단체들이다.

(3) 정무장관실과 시민사회수석실

정무장관실 직제는 시민사회와 밀접한 관련을 가진 정부조직이다. 시민사회를 총괄하는 정부조직이 행정자치부(민간협력과), 환경부, 보건복지부 등 거의 모든 부처에 관련되어 있어 이를 통합하고 조정하려는 필요성에서 정부장관실에 시민사회 전담조직인 제1실이 김영삼 정부에서 만들어졌다. 그러나 정부장관실의 역사는 1981년 이전의 무임소장관의 명칭이 정무장관으로 개칭된 것에 지나치 않았다.

노무현 정부에 와서 시민사회 관계를 전담하는 정부조직이 신설되었다. 노대통령은 2004년 5월 사회적 갈등 현안을 다루기 위해 청와대 시민사회수석을 신설하고, 그 자리에 최측근인 문재인 변호사를 임명할 정도로 갈등관리에 특별한 관심을 보였다. 참여정부는 '참여적 갈등 예방 기법'을 제시해, 사전에 갈등 사안을 예측한 뒤 정부, 국회, 시민단체, 이해 당사자 등이 참여해 합의 절차와 규칙을 정한 뒤 정책 시행 전에 합의점을 도출하겠다고 발표하였다(한국일보 2005. 1. 1). 그리고 갈등 해결을 위한 기구로 청와대 내 시민사회수석실과 대통령 직속 지속가능발전위원회(위원장·고철환)를 설치하였다.

또 지속가능위원회는 갈등관리 시스템 구축과 연구 활동을 하며, 국무조정실은 갈등관리기본법안을 제출하였다. 정부는 2004년 한탄강댐 이해당사자들을 참여시켜 처음으로 갈등해결을 위한 합의 모델을 만들었다. 한탄강댐 건설 계획을 백지화하고 소규모 홍수조절용 댐을 건설하는 대안을 제시했으나 일부 주민들의 반발이 이어졌다. 또 정부는 사패산 터널 건설 등 상당수의 갈등 현안을 해결했다고 자평하였다(한국일보 2005. 1. 1).

시민사회수석실은 이후 이명박 정부 초기에 폐지되었다가 특임장관실이라는 이름으로 다시 부활하는 우여곡절을 겪었다. 초기에 미국산 쇠고기 수입과 관련해 촛불집회로 정치적 곤경에 처한 이명박 정부는 어떤 형식이든 시민사회와의 관계 개선이 필요했고 그 조직으로 특임장관실의 역할을 기대한 것이었다. 그러나 박근혜 정부는 인수위원회의 정부조직 개편을 통하여 특임장관실을 두지 않았다.

(4) 정부위원회의 시민사회 대표

시민사회단체 임원들이 정부기관의 위원회에 공식적으로 위원 활동을 하게 된 것은 김영삼 정부 때부터였지만, 이는 김대중 정부에 와서 본격화되었다. 1994년 총무처는 정부위원회 운영의 활성화 방안에 대해 "시민운동단체 대표를 비롯한 민간인 및 여성들을 위원으로 적극 위촉하여 국민들의 생생한 여론을 수렴하는 등 위원회 운영의 활성화를 기한다"는 지침을 전했다(총무처 1994).

김대중 정부는 2000년 행정자치부 지침을 통해 보다 명확히 시민사회단체 참여 활성화 방안을 제시하였다. 정부위원회의 여성위원과 시민단체 추천위원의 비율을 30%와 20%로 제시한 것이다. 그런데 행정자치부의 '2001년도 정부위원회내 시민단체 참여확대 실태조사' 결과에 따르면, 2000년 시행 첫해에 시민단체 추천위원 참여 목표인 20%를 달성한 기관은 전체 조사대상 32개 행정기관중 17개 기관에 그쳤다(한국경제 2002. 5. 21). 그리고 전체 203개 위원회 중 129개 위원회(64%)만이 목표율 20%를 채웠다.[65] 시민사회단체들이 참여를 꺼리는 측면도 있었다. 제도면에서 자문기구인 각종 위원회에 민간부문의 역할과 권한이 이전 정부 수준과 달라진 게 없어, 시민단체 사이에선 "구색 맞추기에 불과한 정부 위원회에서 우리는 결국 거수기 역할만 하게 될 것"이라는 불신이 팽배해 있었다(한국일보 2003. 3. 27). 새만금간척사업과 경인운하 건설, 방사성폐기물 매립지 선정 문제 등이 정부 출범 한 달이 지나도록 답보상태인 것도 시민단체들이 논의 과정 참여를 외면하고 있기 때문이었다(한국일보 2003. 3. 27). 경부고속전철 부산구간 노선 변경과 경인운하 건설 지속 여부 등은 대통령의 말 한마디로 정책방향이 결정된 사례였다.

노무현 정부에 와서도 시민사회단체의 정부위원회 참여가 권장되었지만, 참여 실적은 여전히 부진했다. 2005년 행정자치부의 자료를 보면, 여성 36%, 지방인사 30%, 시민단체 추천자 20%를 권고하는 행정자치부의 권고가 지켜지는 부처는 하나도 없는 것으로 드러났다.[66] 정부 부처 중 소속 위원회가 10개 이상인 13개 부처를 분석한 결과, 여성 위촉위원은 23.6%에 불과했고, 지방인사는 19.6%, 시민단체 추천자는 12.9%였다.

이명박 정부와 박근혜 정부에서도 시민사회단체의 정부위원회 참여 실적은 저조한 상태에 머물렀다. 2013년 말까지 시민단체에서 추천하는 위원의 비중이 20% 수준이 되지 못한 실정으로, 각 부처가 정책결정의 책임성과 효율성을 제고하고 시민의 감시기능과 조정기능 강화를 위하여 시민단체에서 추천하는 위원의 비중을 20% 이상으로 할 필요가 있다고 제안한다.[67]

(5) 지방정부 정부위원회

지방정부의 위원회에도 시민사회 대표들의 참여가 확대된 것은 김대중 정부 이후부터였다. 주무부서인 행정안전부는 지방정부 위원회 구성에 대해 운영지침에 따라 몇 가지 규제를 해왔다. 예를 들면 '지방자치단체 2006년도 위원회 정비 및 운영지침'에 따르면 위원회에 대해 중앙정부에서 여성위원은 40%, 시민단체 추천위원은 20%를 권고하고 있는데, 이러한 규제는 위원회가 심사 및 의결과 같이 최종 결정권한을 행사하는 경우에 있어서는 위원 자격을 엄격히 함으로써 위원회의 책임성을 부여하기 위한 조치였다(김귀영 2009). 지방정부의 현황에 관한 분석결과에 따르면 2008년 7월 현재 광역 수준의 자치정부에서 자치법규를 제정하고 이에 따라 운영하고 있는 공식적인 위원회는 모두 770개이며 평균 48개의 위원회를 운영하고 있다(김귀영 2009: 205). 지역별로는 대전과 울산지역이 가장 많은 72개의 위원회를 운영하고 있으며, 부산이 가장 적은 36개의 위원회를 운영하고 있다.[68]

제 7 장

시민사회의
정치참여

시민사회 대표들의 '정치참여' 유형은 다양하다. 국회의원 선거나 지방선거를 통해 선출직으로 진출하거나 장관이나 차관으로, 정부기관이나 공공기관의 임원으로 진출하는 두 가지 유형으로 크게 구분해볼 수 있다. 국회의원, 시도의 광역단체장, 시군구의 기초단체장, 광역의회나 기초의회의 의원, 장차관, 청와대 수석, 비서관, 행정관, 공공기관의 기관장이나 상임이사 등이 대표적인 자리이다. 시민사회의 존재가치가 인정받기 시작한 1987년 민주항쟁 이후에야 시민사회 임원들의 정계 선출직이나 관계 고위직 진출이 시작되었고, 김영삼 정부부터 김대중, 노무현 정부, 이명박 정부, 박근혜 정부까지 시민사회 임원들의 정계와 관계 진출이 지속되었다.

01_87년 민주항쟁 지도자들

1987년 민주항쟁을 이끌었던 재야와 시민사회의 지도자들은 어떤 진로를 선택했는가? 특집 '6월항쟁 20돌'을 기획한 한겨레신문의 기사는 이들의 진로를 다음과 같이 소개한다(한겨레신문 2007. 6. 8). 민주항쟁 당시 사회운동세력과 종교계, 야당의 연대기구였던 민주헌법쟁취 국민운동본부(이하 국본)은 전국적인 규모의 시위를 조직·통제한 항쟁의 구심이었는데, 국본 발기인은 2,191명에 달했다. 그 중 종교계 인사가 683명(31%)으로 가장 많았고, 지역대표 352명 (16%), 재야단체 343명(16%), 정치인 213명(9.7%), 노동 39명(1.7%), 농민 171명 (7.8%), 도시빈민 18명(0.8%), 기타 317명이었다. 1987년 당시 민주화운동 세력 중 학생운동과 정치적 노동운동 조직을 빼곤 대부분 국본에 모인 셈이었다.

임원진은 고문(8명), 공동대표(65명), 상임공동대표(10명), 집행위원(506명), 상임집행위원(29명)으로 구성되었는데, 그 중 상당수가 정치권에 진출하였다. 종교계 및 재야 원로 6명과 함께 고문단을 구성했던 김영삼·김대중씨는 차례로 대통령을 지냈고, 노무현 대통령은 당시 국본 부산본부 상임집행위원이었다. 고 김근태 의원은 당시 민주화청년운동연합(민청련) 사건으로 감옥에 있으면서 국 본 공동대표를 맡았고, 이해찬 전 총리는 민주통일민중운동연합(민통련) 총무국 장으로서 전국 시위를 기획하고 시위 상황을 챙기는 집행위원이었다. 열린우리 당의 임채정(국회의장)·장영달(원내 대표)·김부겸·이미경·김희선 의원 등도 국 본 집행위원으로 활동했고, 인권변호사로 활동하던 이상수 노동부 장관은 국본 민권위원장이었다. 한편 보수정치인으로 변모한 이도 적잖다. 한나라당의 이재 오·박계동·이규택 의원 등이 국본 집행위원이었다. 국본 대변인을 맡았던 인명 진 목사는 한국방송(KBS) 이사를 거쳐, 한나라당 윤리위원장을 맡았다.

한편 시민운동으로 민주항쟁의 열정을 이어간 이들도 있었다. 상임공동대 표 가운데 박형규 목사는 국민의 정부와 참여정부에서 제2의 건국범국민추진 위원회 공동위원장, 민주화운동기념사업회 초대 이사장을 지냈다. 오충일 국본 상임집행위원장은 한국기독교교회협의회(KNCC) 회장, 〈노동일보〉 사장 등을 거 쳐 국정원 '과거사건 진실규명을 통한 발전위원회' 위원장을 맡았다. 김병오 국 본 홍보위원장은 국회의원을 거쳐 6월민주항쟁계승사업회 이사장을 맡았다. 국 본 정책 연구차장으로 일한 황인성은 노무현 정부에서 청와대 시민사회수석을 지냈다. 공동대표였던 고은 시인은 민족예술인총연합 의장과 민족문학작가회 의 회장으로 6·15 남북 정상회담 때 특별수행원 자격으로 방북했다. 각계 원로가 맡았던 고문 가운데 함석헌 선생, 문익환 목사, 홍남순 변호사, 강석주 스님은 타계했다. 상임공동대표 가운데 천주교정의구현사제단을 이끈 김승훈 신부, 재야원로 계훈제 선생, 여성운동가 이우정 선생, 한겨레신문사 초대 사장 송건호 선생, 제정구 전 의원도 타계했다.

02 _ 시민사회 출신 국회의원

1987년 민주항쟁은 시민사회의 시대를 열었고, 이후 시민사회를 대표하는 인물의 정계 진출이 점차 늘었다. 시민사회 활동 경력을 가진 인물들의 국회 진출은 1996년 김영삼 정부의 제15대 국회의원 선거 때부터 본격화되었다. 87년 민주항쟁 10년째 되는 해, 시민사회단체 활동 경력으로 국회의원에 당선된 인물들은 59명에 달했다. 이후 김대중 정부에서는 78명으로 약간 늘었고, 노무현 정부에서는 115명으로 크게 늘었다(선우숙 2005). 국회의원 전체 가운데 차지하는 비중은 1996년 15대 17.6%, 2000년 16대 24.9%, 2004년 17대 38%를 차지할 정도로 증대했다. 2004년부터 정당의 지역구나 비례대표 후보로 공천을 받아 당선되는, 정당과의 정치연대로 국회에 입성한 시민사회단체 출신들도 있었다. 이들이 지속적으로 증가하면서 시민사회단체의 정계진출에 대한 뜨거운 논쟁을 불러 일으켰다. 각 당의 비례대표로 공천을 받아 당선된 시민사회 출신 국회위원들은 제15대에 두 명을 시작으로, 16대 1명, 17대 2명, 18대 1명, 19대 6명에 달했다(동아일보 2014. 10. 30).

(1) 15대 국회

15대 국회에서는 김영삼 문민정부가 민주화 운동가와 시민사회 활동가들에게 정계진출의 길을 열어주었다. 김근태(국민회의), 제정구·이부영(민주당), 이재오·김문수(신한국당) 의원 등은 제도권 진입에 성공한 1980년대의 대표적인 민주화 운동가들이었다. 시민사회 활동가들도 여야의 공천을 받아 정계 진입을 시도했는데, 일부는 성공했지만 적지 않은 인물이 낙선하였다. 경실련 교통광장 대표를 지낸 유재건(국민회의)씨와 집행위원을 지낸 이재선(자민련)씨, 환경련 공동대표인 장을병(무소속)씨 등은 성공했지만, 경실련 사무총장을 지낸 서경석씨, 참여연대 공동대표였던 홍성우씨 등 30여 명은 여·야의 공천으로 정계입문을 시도했지만 대부분 실패했다.

선거에 출마한 시민운동가 대부분이 낙선한 이후 시민단체 내에서는 정치 지향적 시민운동에 대한 자성론이 일기도 했다. 명망있는 시민운동가들의 층이 두텁지 않은 상태에서 이들의 개별적 정계진출마저 실패하는 바람에 시민운동 세력이 약해졌다고 본 것이다. 15대 총선에서 정치권으로부터 출마권유를 받았던 환경련 최열 사무총장은 "정치권은 시민운동가의 상품가치 때문에 정치권으로 끌어들이지만 시민운동가들이 정계로 진출하려면 시민단체가 대중적 기반을 확고히 다진 뒤 정치세력이 되는 형식이 돼야 한다"고 밝혔다(한국일보 1997. 4. 3).

(2) 16대 국회

16대 국회는 2000년 낙천·낙선 운동의 영향으로 시민사회 출신들의 국회의원 진출이 미미했다. 이와는 대조적으로 17대 국회는 시민사회 출신의 대거 진입으로 전성기를 맞았다. 17대 국회는 초선 의원이 188명으로 전체 63%에 달했다. 셋 가운데 둘이 초선인 셈인데, 이 가운데 56명이 비례대표 국회의원들이다. 비례대표 정원이 16대보다 10명이나 늘어나 각 직능단체를 대표하는 다양한 인물들이 원내에 진입했는데, 정당지지율에서 1위를 차지한 열린우리당은 시민사회 대표 다수를 배출했다. 여성계에선 이경숙 전 한국여성단체연합 대표, 손봉숙 한국여성정치연구소장, 세계농업관련NGO협의회 박홍수 회장 등이다. 민주노동당도 심상정 전 금속노조 사무처장을 비롯 단병호 전 민주노총위원장 등 네 명의 비례대표 의원들을 배출했다.

(3) 17대 국회

17대 국회는 과거 한두명씩 개별적으로 '발탁'됐던 '운동권' 인사들이 집단적으로 국회에 진출한 것이 특징이다. 16대 국회에서 오영식·임종석 의원 둘뿐이던 전국대학생대표자협의회(전대협) 출신이 17대에는 현실 정치의 주요 세력으로 떠올랐다. 전대협 출신들의 정치참여가 본격화된 것이다. 전대협은 1987년 6월 항쟁의 산물이다. 유신 정권 시절부터 1980년대 초반까지 대학내 이념 서클과 비밀조직 중심으로 진행됐던 학생운동은 전대협에 이르러 총학생회가 중심이 된 전국적 대학생조직으로 바뀌었다. 전대협 시절에는 일반 학생들의 참여가 어느 때보다 활발했고 정서적 일체감도 높았던 특징이 있다(한겨레신문 2004. 5. 18).

제17대에 당선된 전대협 출신 12인은, 개별 이력은 다양하지만 대학 시절부터 다양한 인연으로 얽혀 있다. 임종석·최재성 당선자는 노무현 대선 선대위 청년특보단장과 부단장을 지낸 사이고, 오영식·복기왕 당선자는 전대협동우회 회장과 부회장으로 함께 일한 사이다. 백원우·복기왕·정청래 당선자 등은 노무현 캠프에서 함께 일한 인연이 있다.[69] 김태년·이기우·이철우 당선자 등은 대학 졸업 뒤 활발한 지역운동을 통해 기반을 다졌다.[70]

또 87년 6월항쟁 이전 민주화운동 세대들도 국회의원에 당선되었다. 서울 강동을의 민주당 심재권 의원은 1971년 서울대생 내란음모 사건, 유신반대 투쟁, 민청학련 사건, 김대중 내란음모사건 등에 연루되면서 83년에 호주로 강제 출국 당했한 후 1994년 귀국할 때까지 10년 이상 망명 생활을 경험했다. 강원 원주의 민주당 이창복 의원 역시 70년대부터 노동·통일·민주화운동을 해온 민주화 인사이며, 경기 군포의 한나라당 김부겸 의원도 민주화운동 출신이었다. 인천 남을의 한나라당 안영근 의원 역시 환경·노동 분야에서 시민운동을 펼쳐

왔으며, 경기 부천 원미을 민주당 배기선 의원도 재야 출신이다. 열린우리당 신계륜 의원은 80년 '서울의 봄' 당시 고려대 총학생회장으로, 한나라당 심재철 의원은 서울대 총학생회장으로 김대중내란음모사건으로 징역 5년을 선고받기도 했다(동아일보 2004. 4. 17). 80년대 전반기에 학생운동을 이끈 리더는 재선에 성공한 김영춘(고려대 총학생회장), 송영길(연세대 총학생회장) 의원과 영등포갑에서 당선된 한나라당 고진화(성균관대 총학생회장) 의원 등이 있다. 또 전남대 총학생회장이었던 열린우리당 강기정(광주 북갑) 의원은 90년대 초까지도 민주화운동에 투신했고, 서울 중랑갑에서 당선된 이화영 의원은 노동운동으로 유명하다. 강원도에서 당선된 이광재 전 청와대 국정상황실장은 연세대 학생회 활동을 하다가 1987년 당시 인권변호사였던 노무현 대통령과 인연을 맺었다.

또 17대 초선 의원들 중에는 민주노동당 대표들이 포함되어 있다. 노동운동 출신 당선자 10명 각자가 한국 노동운동의 역사를 상징한다. 1970년대 여성노동운동에서 80년대 서울노동운동연합과 인천지역민주노동자연맹, 그리고 87년 노동자대투쟁 이후 대규모 사업장을 중심으로 한 민주노총 건설 투쟁과 사무직 노조운동에 이르기까지 모두 어렵고 힘든 길을 걸어왔다. 이들 대다수가 모인 민주노동당의 원내 진입은 한국 노동운동의 주류가 현실정치에 본격 진입했다는 의미를 지닌다.[71] 심상정 당선자는 이른바 '위장취업'으로 노동현장에 투신해, 스스로 노동자의 삶을 선택한 사람이다.[72] 노회찬 당선자도 대학생에서 용접공으로 삶을 바꾼 사람이다. 86년에는 주대환 민노당 경남 마산갑지구당 위원장 등과 함께 인천지역민주노동자연맹 창립을 주도했다. 탄압을 피하기 위해 비밀조직 형태로 운영됐던 이 조직에는 같은 당 조승수 당선자와 열린우리당의 송영길·김영춘 의원 등도 소속돼 있었다.[73] 단병호 당선자는 70년대와 80년대를 거치면서 8년 5개월 동안 민주노총 위원장 등으로 구속과 수배를 되풀이했다. 천영세 당선자도 71년 노동문제연구소 연구원으로 노동운동에 뛰어든 뒤 30여년간 노동운동의 역사와 함께 해왔다.[74] 이영순 당선자도 대한모방에 '위장취업'

한 대학 출신 노동자였다. 또 다른 노동계 출신 의원들로는 김영주, 이목희, 배일도 등을 꼽을 수 있다.[75]

한편 법조계의 시민사회 출신으로는 민변 출신의 국회의원들이 13명이 초선 의원에 포함되어 있다. 17대 국회에는 법조계의 개혁세력인 '민주사회를 위한 변호사모임'(민변) 출신이 대거 진입했다. 판·검사 출신들이 주류를 이뤄 보수성향이 짙었던 과거 국회와는 양상이 달라지게 된 것이다. 민변 출신 당선자로는 재선인 유선호·이종걸·송영길 의원과 3선인 천정배 의원이 있으며, 초선은 김종률·문병호·이상경·이원영·임종인·정성호·조성래·최재천·박승환 당선자 등 9명이다. 한나라당 소속인 박승환 당선자 외에는 모두 열린우리당 소속이다.

시민사회 출신 중에는 여성 대표들의 국회 진입도 큰 주목을 받았다. 17대 국회는 어느 때보다 여성들의 진출이 늘어, 여성 시민사회단체 출신 당선자는 6명에 이른다. 대부분 여성 문제에서 출발해 노인·아동·장애인 등 소수자의 권리 옹호 활동을 펴왔다. 17대 국회에 들어온 여성 활동가들의 상당수는 한국여성단체연합(여성연합)에서 활동한 경력이 있다(한겨레신문 2004. 5. 21). 여성단체 활동가로서 현실 정치권에 진입한 첫 세대로 꼽히는 열린우리당의 이미경·한명숙 당선자는 1993년 함께 여성연합 공동대표를 지냈다. 장향숙 열린우리당 당선자는 99년 한국여성장애인연합 공동대표, 부산여연 부대표를 지냈으며, 이경숙 당선자는 여성연합 공동대표 외에 언론개혁시민연대 공동대표를 맡아 폭넓은 활동을 해왔다. 홍미영 당선자는 84년부터 인천 빈민가를 누비며 빈민 여성운동에 앞장서왔다. 손봉숙 민주당 당선자는 한국여성정치연구소장을 지냈으며, 이계경 한나라당 당선자는 한국여성의전화 창립 총무를 거쳐 여성신문 사장을 지냈다. 강혜숙 열린우리당 당선자는 80년대 민주화운동에서부터 2000년에는 충북 총선시민연대 공동대표를 지내는 등 지역을 기반으로 폭넓게 활동한 시민사회활동가로 꼽힌다.

또 재야 출신 가운데 6명이 새로 입성했다. 주로 1970년대 후반에서 80년대 초반에 대학에 입학한 이들로, 민족통일민중운동연합(민통련)에서 민주주의 민족통일전국연합으로 이어지는 무대를 활동배경으로 하였다.[76]

(4) 18대 국회

18대 국회에는 민주화운동 출신의 진보적 국회의원과 후보자들이 많이 물러났고, 새로운 보수세력의 국회 진입이 늘었다. 경향신문(2008. 4. 10)의 보도를 참고해 주요 인물들의 등장과 퇴장을 정리해볼 수 있다. 서울·수도권의 결전에 나선 1980년대 학생운동 출신들은 줄줄이 패퇴했고, 보수 성향 대통령의 영향으로 신(新)우파 세력의 진출이 늘었다. 그간의 진보 386을 대신하는 보수 386의 등극이다.[77] 한편 보수(여당) 쪽에서는 연세대 총학생회장 출신인 정태근 후보(성북갑)와 고려대 대학원학생회장 출신인 권영진 후보(노원을) 모두 재도전에 성공했고, 신지호 후보(도봉갑)는 90년대 초 '사회주의 노동당 창당준비위' 울산 책임자를 맡았던 좌파였으나 대선 때 뉴라이트로 전향한 '신우파'로 국회에 진출하였다.

(5) 19대 국회

19대 국회는 18대 국회에 비해 재야와 학생운동 출신과는 다른 시민사회 단체 대표들의 국회 진출이라는 새로운 특징을 보여주었다. 2012년 19대 총선에 출마한 예비후보 1,982명을 분석한 결과 시민단체 활동 경력을 가진 인물은 약 20%에 해당하는 415명으로 조사됐으며, 이 중 100여 명이 당선된 것으로 알려졌다(문화일보 2014. 3. 31). 김기식 전 참여연대 사무처장, 박원석 전 참여연대 협동사무처장 등 30명에 이르는 시민사회단체 대표들이 새로 정계에 입문하였다. 남윤인순 의원은 한국여성단체연합 상임대표, 시민사회단체연대회의 공동대표, 민화협 공동상임의장을 지냈다. 이학영 의원은 순천YMCA 사무총장, 한국YMCA 사무총장, 희망제작소 이사 등을 역임했으며, 김기식 의원은 참여연대 정책실장, 참여연대 정책위원장, 시민사회단체연대회의 운영위원장을 맡았었다. 송호창(참여연대)·홍종학(경실련)·박홍근(서울시민포럼)·박원석(참여연대)·김제남(녹색연합) 의원 등도 시민사회단체에서 리더 역할을 해 왔다.

정치적 중립성 논란에도 불구하고 시민단체들이 정치에 뛰어든 것은 2008년 이명박 정부 출범 직후에 있었던 '촛불집회'가 결정적인 계기라고 볼 수 있다. 시민단체들은 정치권과의 연대를 통해 이른바 '연합정치'를 모색했다. 시민단체와 정당 간의 연합정치는 2010년 6월 지방선거, 2011년 10·26 서울시장 보궐선거, 2012년 4·11 총선 등을 거치며 큰 성과를 거뒀다. 2009년 설립된 '희망과 대안'은 시민단체가 정치에 참여하는 본격적인 시발점이 됐다. 당시 박원순 희망제작소 상임이사, 하승창 시민사회단체연대회의 운영위원장, 이학영 한국 YMCA 사무총장, 김민영 참여연대 사무처장 등이 참여하여 6·2 지방선거의 승리라는 목표를 분명히 했다.

시민단체의 정치참여는 정당의 한 축으로까지 발전했다. 시민단체 인사들은 '내가 꿈꾸는 나라', '진보의 합창' 등을 만들어 시민정치의 장을 본격적으로 열었다. '내가 꿈꾸는 나라'에는 남윤인순·김기식 의원 등이 참여했으며, '진보의 합창'에는 박원석 의원 등이 참여했다(주간경향 2012. 7. 24).

시민단체 출신 인사들이 정치에 뛰어든 배경으로는 박원순 서울시장의 당선이 영향을 끼쳤지만, 2008년 촛불집회가 이들의 등장 배경이라는 분석이 있다. 김민영 전 참여연대 사무처장은 참여연대가 발행하는 〈시민과 세계〉 21호에서 "2008년 촛불집회를 거치면서 기존의 정당구조나 시민단체의 활동으로 포괄할 수 없는 행동하는 시민의 거대한 존재를 확인했다"고 말했다. 김 전 처장은 이명박 정부를 "특권세력의 노골적 이익 챙기기와 민주주의의 퇴행, 남북 대결 정책으로 일관했다"고 평가하며, "감시와 정책 제안에 주력하던 기존의 시민운동으로는 집권세력을 도저히 막기 어렵다는 한계를 절감했다"고 말했다.

이명박 정부의 일방적 행정과 반대자들과의 불통이 시민단체들, 특히 진보·개혁적 성향의 시민단체 출신 인사들을 정치권으로 이끈 힘이었다는 것으로 해석된다. 이태호 참여연대 사무처장은 "시민단체는 특정 정당과 조직적인 연관을 갖지 않아야 한다. 노무현 정부 때 이라크 파병, 한·미 FTA 추진 등이 있었을 때 우리는 정권 퇴진까지 주장했다"고 말했다. 사실 시민단체 출신 인사들의 정계 진출은 시민단체 활동이 활발해진 가운데 나타난 현상이 아니라 오히려 시민단체의 역할이 축소된 상황에서 정계 진출만 늘어났다.

(6) 20대 국회

2016년 4.13 총선의 결과를 보면 여당의 참패로 여소야대의 국회가 구성되면서, 시민사회 출신들도 많이 당선되어 19대 국회와 비슷한 수준을 유지하였다. 문화일보의 보도(2016. 4. 15)에 따르면, 제1당이 된 더불어민주당의 20대 총선 당선인 중 운동권 출신 초선 의원이 10명 중 4명에 달하는 등 19대 국회의 운동권 비율과 큰 차이가 없는 것으로 나타났다. 총선에서 당선된 더불어민주당 의원 123명의 출신을 분석(중복허용)한 결과, 민주화운동과 시민운동 등의 경력을 가진 당선자는 57명으로 당내에서 46.3%를 차지해, 19대 국회 새정치민주연합 시절의 비중(63명, 49.6%)에 비교하면 다소 감소하였다.

03 _ 정부 고위직 진출

시민사회단체 대표의 정부 고위직 진출은 김대중 정부부터 시작되었지만 일부에 지나지 않았으며, 개혁성향의 노무현 정부에 와서 급증하면서 이른바 '코드' 논란을 일으키기도 했다. 노무현 대통령은 청와대의 비서진뿐 아니라 내각의 장관들과 정부기관장으로 많은 시민사회 인사들을 임명해 인사개혁부터 개혁추진적인 국정을 운영하였다.

노무현 정부에 와서 부상하는 진보세력의 뿌리는 학계, 법조계, 문화예술계에 걸쳐 광범위하다는 것을 문화일보의 기사(2003. 3. 4)를 통해 살펴볼 수 있다. 먼저 노무현 정부에 참여하는 학자들은 진보 학술단체 출신이 적지 않았다. 김병준 교수는 경실련 지방자치위원장을 지냈고, 인수위에 참여했던 김대환 교수는 학술단체협의회 대표 출신이고, 이종오, 이은영 교수 등은 참여연대에서 활동했다. 이들은 대선 과정에서 노무현 후보를 지지했던 교수들이며, 특히 대구사회연구소(이정우, 권기홍, 이종오)와 부산지역(허성관)을 중심으로 영남권의 개혁 성향 교수들이 대거 발탁됐다. 법조계에서는 민변(민주사회를 위한 변호사모임) 출신의 고위직 진출이 두드러지게 나타났다.[78] 노무현 정부의 초대 법무부장관으로 임명된 강금실 변호사는 민변 부회장, 문재인 민정수석은 부산·경남지부 지부장이다. 민변 창립회원인 박주현 변호사와 이석태 변호사는 국민참여수석, 공직기강 비서관으로, 양인석 변호사는 사정비서관으로, 최은순 변호사는 국민제안 비서관에 각각 임명됐다.

문화예술계는 현기영 민족문학작가회의 이사장의 한국문화예술진흥원장 임명[79]과 이창동 감독의 초대 문광부장관 취임이 파격적이었다. 대선 때에는 명계남, 문성근 등 영화인들이 전면에 나서 노무현 대통령의 당선에 일조했다. 문화계의 대표적인 진보 단체로 꼽히는 민예총은 87년 민주항쟁 직후인 1988년 다양한 분야의 문화예술계 인사 839명이 발기했는데, 시인 고은, 김윤수 교수를 비롯해 작가 황석영이 대변인, 신경림이 사무총장을 맡았으며 영화감독 이장호 등이 참여했다. 또 노문모(노무현을 지지하는 문화예술인 모임)는 2001년 노무현 후보를 지지하는 문화예술인 모임으로, 이창동, 문성근, 명계남, 윤도현, 전인권, 정태춘, 박재동, 안치환 등이 참여했다.

노무현 정부에 참여한 시민사회단체 대표들에 대해 시민사회단체들은 대체로 긍정적인 평가를 내렸다. "개혁의지가 비교적 충분히 담겨 있다"며 환영의 뜻과 함께 여성장관들이 대거 임명된데 대해서도 파격적인 개혁인사라는 평가가 많았다(한국일보 2003. 2.28). 그럼에도 대한변협은 "젊고 개혁적인 인사라는 호평이 있는 반면 검찰에 대한 이해나 조직 장악력이 문제가 될 수 있다"고 지적했다. 또 한명숙 환경부 장관에 대해 녹색연합은 "기대도 우려도 없다"고 밝혔고, 환경운동연합은 "환경보존을 위해 힘있는 목소리를 내기를 기대한다"고 밝혔다.

시민사회단체 중 특히 참여연대 임원들의 노무현 정부 고위직 진출이 적지 않았다. 참여연대의 임원들에 대해서는 동아일보의 기사(2006. 9. 1)를 참고하면, 참여연대에서 활동했던 531명의 임원 가운데 직업 정보가 확인된 416명 중 교수 등 학계 인사가 170명(40.9%)으로 가장 많았고, 법조계 인사(56명, 13.5%), 예술 문화계 인사(29명, 7.0%), 종교계 인사(28명, 6.7%), 기업 경영자(27명, 6.5%), 시민운동가 출신 26명(6.3%) 등이다.

참여연대는 노무현 정부에 와서 정부 위원회 참여가 늘어난 것을 사실이라며, 이에 대해 다음과 같이 설명한다. "노무현 정부 기간 동안 참여행정을 내걸고 다수의 위원회가 신설되었고, 참여연대 역시 연차적으로 활동력과 범위를 확대하게 됨에 따라 비례적으로 확대된 것을 무시할 수 없다. 그러나 더 중요한 요인은 권력감시 단체이자 정책제안 단체로서 재야에서 많은 주장과 의견을 제시해온 참여연대가 "막상 대안경쟁의 멍석을 깔아 놓으니 참여에는 소극적이다"는 지적도 일리가 있다는 자체 판단 때문이었다. 시민단체들이 무책임하게 원론적 주장만을 늘어놓는다는 비판이 적지 않았던 것이 사실이다. 따라서 개혁의 속도와 폭을 놓고 구체적이고 실질적인 정책대안 경쟁을 보다 적극화한 결과, 위원회 참여 빈도도 많아진 것이다."(참여연대 2008).

또 참여연대 20년을 분석한 책 〈감시자를 감시한다〉에는 참여연대 출신의 정치권 진출 현황이 소개된다(참여연대 2014). 1994~2013년 참여연대 임원 718명 중 25명이 지방의회 선거를 제외한 선출직 공직자 선거에 진출했다. 곽노현 전 교육감, 김용익 의원, 박원석 의원, 송호창 의원, 한명숙 전 총리, 김기식 의원 등이 대표적이다. 참여연대는 참여연대 출신이 정계 진출을 선언할 때마다 그들의 정치적 행로가 어떻든지간에 '참여연대 공식 결정과는 무관한 개인적 선택이라는 점'을 밝혔다.

시민사회 대표들의 고위직 진출은 시민사회에서도 열띤 논쟁으로 이어졌다. 사회포럼 2003이 주최한 2003년 2월 7~9일의 포럼에서는 다음과 같이 찬반 논쟁이 있었다(한겨레신문 2003. 2. 15). 정대화 전국교수노조 조직실장(상지대 교수)은 "시민사회가 정치세력화하는 방식으로는 기존 정당과 협력하거나 새로운 정당을 건설하는 것이 모두 가능하다"고 강조했다. 반면에 조희연 학술단체협의회장(성공회대 교수)은 그동안 시민운동이 '대의의 대행' 현상을 보인 것은 기성 제도정치의 문제점에 따른 반사이익 때문이라며, 시민운동이 제도정치의 한계를 넘어서는 '급진민주주의'의 관점을 강화해야 하며, 신자유주의 정책기조를 막아내기 위해 민중운동과의 연대를 강화해야 한다고 주장했다. 김기식 참여연대 사무처장은 "시민단체의 정치세력화를 위해서는 시민운동이 단일화 신화를 깨고 이념적 분화의 길을 가야 한다"고 지적했다.

2008년 이명박 정부의 출범은 진보주의의 쇠퇴와 보수주의의 등극을 알렸다. 2007년 연말 대선에서 당선된 이명박 당선자는 당선 후 가진 첫 기자회견에서 '선진화와 신발전체제'를 강조해, 뉴라이트와 선진화운동세력이 3~4년 전부터 주장해온 아젠다를 국정의 기조로 가져갔다. 이명박 당선자는 안병직 뉴라이트재단 이사장을 한나라당 싱크탱크인 여의도연구소 이사장으로 임명하는 것을 시작으로 뉴라이트계 외부 인사를 대거 영입했다.

사실 10년 만에 보수세력이 정권을 잡으면서, 노무현 정권하에서 정권교체를 목표로 발족된 보수 성향의 시민·사회단체 인사들 중에는 공개적으로 이명박 대통령 및 한나라당의 노선을 지지해왔다.[80] 실제로 이명박 정부는 뉴라이트 인사인 김성이 보건복지부 장관과 이석현 법제처장을 발탁하였다.[81]

박근혜 정부도 뉴라이트 인사 일부를 중용하였다. 2006년 역사 왜곡 논란을 일으킨 뉴라이트 계열의 교과서포럼 공동대표를 지냈고 시민회의의 공동대표인 박효종 서울대 교수가 박근혜 후보의 대선 캠프 정치발전위원회에 합류해 활동했고, 당선후 인수위원회의 정부분과 간사 요직을 맡았다. 또 유민봉 교수는 인수위원회 간사를 맡다가 청와대 국정기획수석을 맡았는데, 그는 2005~06년에 뉴라이트 계열의 '바른사회를 위한 시민회의'의 본부장을 맡았다. 그밖에도 뉴라이트 계열을 주요 인사로는 교과서포럼 출신인 이배용 한국학중앙연구원장, 이인호 KBS 이사장, 그리고 교과서포럼 활동뿐 아니라 '바른사회시민회의' 공동대표를 맡았던 안세영 경제인문연구회 이사장이 있다.

04 _ 지방의원과 단체장

시민사회단체 출신의 지방정계 진출은 국회 진출에 비하면 좋은 성적을 거두지 못했다. 지자체장과 지방의원 진출은 2002년 본격화된 이후 2014년까지 점차 늘고 있지만, 관계나 정치계 출신의 당선에 비하면 매우 미흡했다.

2002년 제3회 전국동시지방선거 때부터 시민사회단체들의 지방선거 참여운동이 본격화되었다. 2001년부터 지역 시민단체와 무소속 지방의원들의 연합체인 '지방자치개혁연대', 환경운동연합이 추진하는 '녹색자치연대', 녹색연합이 주도적으로 준비중인 '녹색당 창당', 70-80년대 민주화운동 세력들이 주축인 '푸른정치연대' 등이 다음 해 선거 참여를 서둘렀다(프레시안 2001. 11. 29). 그러나 2002년 6월 13일의 선거에서 기대만큼의 성적을 거두지 못했다. 대구지역 20여개 시민사회단체로 구성된 '지방선거시민연대'는 기초단체장 2명, 광역의원 3명, 기초의원 3명 등 모두 8명의 후보를 출마시켰으나 전원 낙선했다. 경북에서 유일하게 시민단체들이 연대해 광역의원, 시의원 등 11명의 후보를 낸 포항시민연대는 두 명의 시의원을 당선시키는데 그쳤다.[82]

반면 고양시에서는 비교적 양호한 성적을 거두었다. 고양환경운동연합, 고

양여성민우회 등 고양지역 30여 개 시민사회단체들은 '고양시민행동연대기구'를 구성, 도의원 1명, 시의원 14명 등 16명을 출마시켜 8명이 시의원에 당선되는 선전을 거뒀는데, 이들은 선거운동 기간에 여러 차례 중앙 단체들의 원정 유세 지원을 받았으며, 환경친화적인 아이디어와 공약으로 유권자들에게 다가갔던 것으로 분석되었다.(한겨레 2002. 5. 14, 5. 23, 9. 3. ; 중앙일보 2002. 6. 15).

또 2014년 지방선거에서는 비교적 많은 지방의원들의 당선 소식이 들려왔다. 가장 주목받는 당선자는 박원순 서울시장의 재선이다. 그는 2011년 서울시장 보궐선거에 시민사회의 싱크탱크인 희망제작소 상임이사직으로 출마해 당선되었다. 참여연대 집행위원장, 아름다운 재단과 아름다운 가게, 그리고 희망제작소 창설의 책임을 맡은 대표적인 시민사회단체 출신이 서울시장이 된 것이다. 서울시장 선거와 동시에 치러진 서울시교육감과 서울시의원 선거에서도 시민사회단체 출신들의 당선이 크게 늘었다. 조희연 교육감은 성공회대 사회학과 교수로 전임 곽노현 교육감과 같은 참여연대 임원 출신으로 당선되었다.

이번에도 경기도 고양시가 단연 주목을 받는 모델지역이 되었다. 시민사회단체 '고양시민회'가 당선자를 10명 배출한 것이다. 고양시민회는 고양시의 대표적인 시민단체로 고양시장을 비롯해 시·도의원 등에 16명의 회원이 출마해, 절반이 넘는 10명이 당선된 것이다.[83] 당선자 중 8명이 새정치민주연합 소속이고, 다른 두 명은 정의당으로 출마해 당선됐다. 또 대구에서는 무소속으로 출마한 시민단체 출신 후보 3명이 기초의회에 입성했다. 시장 후보로 나섰던 오거돈·김부겸 후보가 선전했던 부산·대구에서 기초단체장·광역의회는 새누리당 일색인 반면 기초의회에서는 의미 있는 성공을 거둔 것이다. 무소속 시민후보들은 광역 2명, 기초 5명 등 7명이 출마해 3명이 기초의원에 당선됐는데, 이들은 시민단체, 학계, 법조계, 문화계 인사 등 20여명으로 구성된 '무소속 좋은 시민후보 추천위원회'의 검증을 거쳐 시민후보로 출마했다(경향신문 2014. 6. 8).

또한 주목할 만한 것은 관변단체 출신들의 당선이다. 새마을운동, 바르게살

기, 자유총연맹 출신은 2005년 자료에서는 대전광역시의회 및 기초구의회 의원
의 다수를 차지하고, 청주시의회의 경우 의원 26명 전원이 바르게살기 회원으
로 나타났다(금홍섭 2013). 또 2005년 6월 당선인 명부를 분석한 자료(한겨레신문
조사)에 따르면, 수도권의 1,126명의 지방의원 중 37.6%인 422명이 3대 관변단
체 출신인데, 서울시는 497명중 220명으로 44.3%를 차지했고, 그 비중은 인천
시 44%, 경기도 29% 등이다(하승수 2005). 또 2005년 4월 대구시 기초의원 예비
후보 41%가 3대 관변단체 출신이라는 보도(영남일보)도 있다.

제 8 장

정부의
시민사회단체 사업지원

01 _ 중앙 정부기관의 재정지원

(1) 중앙 정부기관의 지원 규모

비영리단체 등의 시민사회단체를 지원하지 않는 정부기관은 거의 없다. 2000년 비영리민간단체지원법의 시행 훨씬 이전부터 정부기관들의 재정지원이 이뤄졌다. 정보공개 요청으로 중앙정부의 각 부처에서 취합한 자료를 살펴보면(조흥식 외 2011), 중앙정부에서 비영리민간단체에 지원하는 지원금은 2011년 총 3,227억원 정도로 나타났다.

또 중앙 부처들이 지원하는 빈도와 금액은 상당한 편차를 보이고 있다. 각 부처가 비영리민간단체에 지원하는 빈도의 평균은 31.9개 단체였는데 1개만을 지원하는 부처들은 법무부, 지식경제부, 특허청 등이 있고, 많게는 100개 이상의 단체를 대상으로 공모사업을 하는 고용노동부, 여성가족부, 행정자치부가 있다. 지원액에서는 부처 평균 124억 정도인데, 적게는 국민권익위원회는 1억 2천만원부터 많게는 교육과학기술부에서는 1,025억원에 이른다. 그런데 각 부처마다 '민간단체에 대한 경상보조'를 포함시킨 부처, 기획재정부에 등록된 공공기관까지 포함시킨 부처, '민간단체와의 협력 사업'이나 '민간 위탁 사업'의 일부만 제한적으로 포함시킨 부처 등 다양한 차이가 존재하므로 해석에는 주의가 필요하다(조흥식 외 2011: 74). 지원액 순위로는 교육과학기술부, 중소기업청, 보건복지부, 고용노동부, 산림청, 문화재청, 기획재정부가 100억원 이상의 지원을 하는 상위 7개 부처이다.[84]

(2) 역대 정부의 시민사회 지원제도

시민사회단체에 대한 정부의 재정지원은 김영삼 문민정부부터 이뤄졌다. 1994년 공보처가 시민사회 주도의 개혁을 지원한다는 명분에서 13개 단체에 6억 7천만원을 지원한 것이 최초의 공식적인 지원정책이다. 그간 새마을운동, 바르게살기, 자유총연맹 등 3대 관변단체에 집중된 정부의 재정지원을 다변화시킨 것으로 1987년 민주항쟁의 결실이기도 하다.

1994년 공보처는 정부기관으로는 최초로 흥사단, YMCA 등 13개 시민사회단체의 사업을 선정하였다(주성수 2004). 1996년에는 서울시가 공보처에 이어 시민사회단체를 지원하는 시정참여지원사업을 시행하였다. '시정참여'라는 의미에서 서울시가 당면한 문제들을 시민사회단체들의 참여로 공동 해결하는 거버넌스(governance)를 중시하는 정책 시행이었다. 1997년은 대통령선거가 있는 해로, 대통령 후보들의 시민사회단체에 대한 정부지원과 탈규제 공약들이 앞다투어 제시되었다(한겨레신문 1997. 9. 9).

1999년은 김대중 정부의 출범으로 시민사회단체에 대한 정부지원이 본격화되었던 해였다. 정부 예산으로 민간단체를 지원하는 '민간단체 보조사업'이 처음 중앙정부 부처들과 전국 16개 시도에서 일제히 시행된 것이다. 그간 정부지원은 관변단체들만 받았으나 이제는 그같은 구분이 없어지게 되었다. 행정자치부가 민간단체 지원금으로 책정한 예산은 150억원으로, 절반은 행정자치부가 전국단위 시민단체들의 프로젝트를 심사, 직접 집행하고, 다른 절반 75억원은 전국 16개 시도에 배분해 지역 시민단체들의 사업을 지원하였다.

중앙의 행정자치부 사업 공모에는 경실련, 녹색연합, YMCA 등 316개 단체가 436건의 프로젝트를 제출했고, 지원금 신청액은 책정예산의 12배가 넘는

916억원에 달했다. 전국 시도에는 인구비율에 따라 자금이 차등 분배되었다.[85] 신청된 사업들은 타당성과 신청한 시민단체의 신뢰도, 재정건전성 등 세 가지를 기준의 심사를 거쳐, 중앙정부 차원에서는 123개 단체의 140개 사업에 75억원을 배정하였다. 그런데 지원 내역을 보면 전체 보조금중 41%가 관변단체에 편중되었다.[86]

공익지원사업은 중앙정부(안전행정부)와 서울시 등 지방정부에서 1999년 첫 시행 이후 두드러진 변화의 추이를 보여준다. 공익지원사업 예산은 김대중 정부와 노무현정부에서 현상유지해오다 2008년 촛불시위를 계기로 이명박정부 기간 2009년과 2010년에 50억 원 규모로 대폭 축소되다가 다시 2011년에 150억 원 규모로 원상 회복되는 급변이 있었다. 이에 따라 안전행정부의 비영리민간단체지원사업의 규모도 큰 폭의 변동이 있었고, 서울시도 약간의 변동이 있었다. 대구시, 전라남도 등 지방정부의 경우는 지난 15년 기간 큰 폭의 변동 없는 현상유지의 추이를 보여준다(주성수, 박영선 2014).

02 _ 비영리민간단체 지원사업

정부의 비영리민간단체 지원사업은 행정자치부를 비롯해, 이전의 국정홍보처와 지방정부를 대표하는 서울시의 시정참여사업을 차례로 살펴볼 수 있다.

(1) 행정자치부의 비영리민간단체지원사업

행정자치부의 공익지원사업은 2000년에 도입된 비영리민간단체지원법에 의해 실시되기 시작했다. 중앙에서 행정자치부가 75억원 지원금을, 지방 시도가 75억 원의 지원금을 지방 NGO들에게 사업 활동비로 배분했다.

공익지원사업의 선정은 국정과 관련되거나 심각한 사회문제 해결 등 필요한 사업을 몇 가지 유형으로 선별해서 사업 공고를 통해 제시하면, NGO들이 공고된 사업 유형에 적합한 사업을 선택해 사업계획서를 제출하고, 정부는 선정위원회를 구성한 후 심사를 거쳐 사업을 선정한다. 선정은 중앙에서 행정자치부와, 지방에서 시도가 각각 시차를 두고 시행하는데, 경쟁률은 지방보다 중앙이 더 높다.[87]

행정자치부가 2000년부터 실시해온 공익지원사업은 그 유형이 크게 변화되지 않았다. 8-10개 유형의 사업으로 구분되어 공모를 받아 추진되었다. 이들 유형이 내부 위원회에서 미리 결정해서 사업을 공고하면 NGO들이 각 유형에 적합한 사업을 선택해서 사업계획서를 제출하는 방식으로 공고와 선정 작업이 진행된다. 또 사업을 선정하는 과정은 사업 유형별로 전체 사업비를 적절히 배분해서 유형별 경쟁으로 최종 사업을 선정하는 과정을 거친다.

(2) 국정홍보처의 민주공동체 실천사업

1994년 가장 먼저 시행된 정부의 공모사업인 민주공동체 실천사업은 민간의 자율성 및 창의성과 정부의 공공성의 조화를 통하여 한국시민사회의 발전과 시민사회단체의 역량강화, 그리고 성숙한 시민의식의 정착을 도모하기 위하여 지속되어온 정부의 대표적인 시민사회단체 지원사업이었다. 1994년 6억 7,000만 원에서 2002년 7억 9,000만 원으로 규모면에서는 큰 변화가 없으나 다년간의 사업시행 경험으로 절차적 체계성이 가장 잘 확립되어 있으며 지원 희망 단체들의 많은 책임성을 강조하고 있다(주성수 2004).

(3) 서울시의 공익지원사업

지방정부를 대표하는 서울시 역시 1996년부터 공모방식으로 민간단체에 대한 지원을 해왔다. 행정자치부가 비영리민간단체지원법에 의해 시행하기에 앞서 서울시는 국정홍보처 다음으로 NGO 지원사업을 시행하였다(주성수 2004). 1996년에 7억 원 규모로 시작해서 1999년 행정자치부의 지원금을 추가로 받아 그 후 17억 원 규모로 100개 넘는 사업을 지원해왔다.

서울시 NPO들의 수적 성장은 전국적으로 가장 빨랐지만, 서울시 공익지원 사업에 참여해 지원을 받은 단체의 수는 극히 제한적이다. 공익지원사업 예산이 지난 14년 기간에 거의 동결된 수준에 머물러 있다(주성수, 박영선 2014). 등록단체들과 신청단체들은 점차 늘었지만, 실제로 지원을 받은 단체의 수는 늘지 않았다. 선정단체들이 늘어나도 사업 예산이 늘지 않아, 평균 지원비는 지난 14년 기간에 오히려 줄어든 추이마저 보인다.

최근 2009~13년의 자료를 살펴보면, 사업 신청단체 수는 점차 늘지만 선정단체 수는 줄고 선정비율도 59.5%에서 38%로 크게 줄면서 경쟁률이 높아졌다. 또 선정단체들이 제시한 신청금액에 비해 선정금액이 크게 삭감되고 있다. 중앙(안전행정부)의 비영리민간단체 지원사업 예산과 서울시 등의 광역 지자체를 비교해보면 거의 유사한 변화의 패턴을 보여준다(주성수, 박영선 2014).

03 _ 재정지원의 정치적 논란

정부의 비영리민간단체 지원사업은 보조금 지원사업과 함께 정치적 논란의 대상이 되어 왔다. 먼저 관변단체에 대한 편중 지원이 가장 오래된 논란이었고, 이어 불법시위단체에 대한 배제 논란도 뒤따랐다.

(1) 관변단체 편중 지원

관변단체에 대한 정부의 재정지원은 오래된 국정 이슈이다. 민주화 이전 시기부터 정부는 특별법 제정으로 관변단체 조직에게 다양한 재정지원을 해왔다. 보조금 제도는 이승만 정권 시절인 1949년 반공을 조직 이념으로 만들어진 자유총연맹에서 비롯되어, 1970~80년대를 거치면서 새마을운동중앙회, 바르게살기운동중앙협의회 등 정권과 밀착하여 각종 특혜를 누렸던 단체들을 위한 제도였다. 그런데 진보적 정부들의 집권 이후에도 관변단체에 대한 편중 지원은 지속되었고, 이명박 정부와 박근혜 정부에 와서는 관변단체 편중 지원이 더욱 심화되었다.

김영삼 정부 집권 이후에도 바르게살기운동협의회, 새마을운동협의회 등 관변단체에 대한 예산지원은 오히려 늘어났다. 행정자치부와 일선 시도가 제출한 국정감사 자료에 따르면, 이들 관변단체의 중앙본부와 시도지부, 시·군·구 지회가 1993년 지원받는 예산은 3백억 여원에 이르는 것으로 나타났다(한겨레신문 1993. 10. 6). 이런 지원규모는 노태우 정부 시절인 1992년보다 오히려 늘어난 것이다.

김대중 정부에 와서도 새로운 법 시행에도 불구하고 관변단체에 대한 편중 지원은 지속되었다. 1999~2000년 기간 지급한 150억원의 보조금은 209개 시민.사회단체에 지원됐으며, 그 중 약 30%는 새마을운동중앙협의회를 비롯한 3개 운동단체가 받은 것이다.

노무현 정부 기간에도 관변단체에 대한 편중 지원은 지속되었다. 새마을중앙회 등 3대 관변단체와 체육회, 대한노인회 등을 포함한 13개 주요 단체에 집중 배정되었는데, 이 단체들은 읍·면·동까지 조직을 갖추고 있어 운영비를 삭감할 경우 반발이 큰데다, 자치단체장이 선거에 이용하려는 생각도 갖고 있었기 때문이다(한겨레신문 2007. 4. 11). 2004년 13개 관변단체가 지원받은 액수는 734억 766만원으로 전체의 60%를 차지했고, 새마을중앙회·자유총연맹·바르게살기협의회 등 세 단체가 받은 액수만 339억 8310만원(27.7%)에 이른다.

관변단체에 대한 편중 지원은 이명박 정부를 거쳐 박근혜 정부까지 지속되었다. 새마을운동중앙회, 바르게살기운동협의회, 자유총연맹에 지원된 사회단체 보조금이 2013년에만 346억 원에 이르는 것으로 집계됐다. 지방의회들은 이들을 지원하는 조례까지 잇달아 만들었는데, 관변단체 지원조례는 이명박 정부 집권 중기인 2010년 6.2 지방선거 이후 크게 늘어난 것으로 확인됐다. 3대 관변단체를 지원하기 위해 제정된 조례는 전국적으로 240개인데, 이 가운데 65%인

158개가 6·2 지방선거 이후 만들어졌다.[88]

(2) 불법시위단체 보조금 중단

정부와 시민사회 사이의 대립과 갈등은 집회와 시위에 초점이 맞춰졌다. 정부는 시민사회단체들의 정부정책에 반대하는 집회나 시위를 불법이라고 규정했고, 시민사회단체들은 정당한 집회와 표현의 자유라고 맞선 것이다. 이에 따라 정부가 지원하는 각종 지원사업에서 이른바 불법시위에 참여한 단체들의 명단을 경찰로부터 넘겨받아 이들을 지원대상에서 제외시키는 일이 벌어진 것이다.

이는 보수적인 이명박 정부에서 크게 쟁점이 되었지만, 사실은 노무현 정부 말기부터 시작된 일이다. 주무부서인 행정자치부는 2006년 11월 1일 "FTA 반대 시민단체 지원금 끊어라"는 공문을 전국 시·도에 전달했고, 전국 시·도 행정부시장 및 부지사 회의에서도 사회단체 보조금, 민간 경상 보조금 등 민간단체에 지원하는 보조금이 국가정책에 반하는 시위 활동 등에 직·간접적으로 사용되는 일이 없도록 지침을 내렸다(한겨레신문 2006. 11. 10).[89] 실제로 행정자치부는 경찰청으로부터 2005년에 일어난 불법 폭력시위 62건에 대한 자료를 전달받았다. 서울시도 단체 153곳을 선정해 18억 3,800만원을 지원하는 과정에서 불법 폭력시위 전력이 있는 단체를 제외하기로 해 일부 시민단체들은 아예 지원을 거부하는 일도 빚어졌다. 경남 창원시의회는 불법시위를 벌인 적이 있는 시민·사회단체에 보조금을 주지 않는다는 조례안을 전국에서 처음으로 통과시켰다(동아일보 2007. 2. 10). 이에 시민단체들은 '반대 목소리 잠재우기'라며 반발하였다. 집회와 시위가 불법·폭력으로 번지는 경우는 대부분 정부와 의견을 달리하는 쟁점을 둘러싸고 벌어지기 때문이었다(한겨레신문 2007. 4. 11).

2008년 이후 이명박 정부 기간 내내 정부는 불법시위에 참여한 시민사회단체들을 보조금 지원 대상에서 제외시켜 논란이 지속되었다. 행정법원과 대법원의 소송까지 이어져 사법적 갈등으로 번졌다. 2008년 행정자치부는 한·미 자유무역협정(FTA) 반대 범국민운동본부, 전국민주노동조합총연맹 등 정부 보조금 지급 대상에서 제외하는 25개 단체의 명단을 작성했다고 밝혔다. 경찰청이 넘겨준 68개 단체의 불법·폭력시위 전력 자료를 근거로 만들었다. 이에 25개 단체는 보조금을 신청하지 않았지만, 불법·폭력시위 전력을 이유로 정부가 보조금 대상에서 제외하자 강한 불만을 나타냈다(동아일보 2008. 5. 2).

　2009년에는 비영리 단체 보조금이 50억으로 절반이 줄었다. 정부는 2000년 1월 '비영리민간단체지원법'이 제정된 뒤 2003년까지 매년 150억 원, 2008년까지는 100억 원을 보조해 왔다. 2008년 미국산 쇠고기 수입 반대 촛불집회를 주도한 '광우병 국민대책회의' 소속 1,842개 단체 모두를 '불법·폭력시위 관련 단체'로 규정하고 해당 정부 부처에 통보한 것이다.[90] 정부 부처들이 2008년 촛불집회에 참여한 시민단체들한테 보조금 지원의 전제조건으로 '불법 시위에 참여하지 않겠다'는 내용의 확인서를 요구한 것으로 드러났다. 이에 시민단체들은 '전례가 없는 시민운동 길들이기'라며 반발하였다.[91] 기획재정부의 '2009년도 예산 및 기금 운용계획 집행지침'은 불법 시위에 적극 참여한 단체 등에 보조금 지원을 제한할 것을 명시하고 있다. 방송통신위원회는 시청자단체 활동을 지원하기 위한 '시청자 권익증진 지원사업' 공모에서, 경찰의 '불법폭력 단체 목록'에 들어 있다는 이유로 오랫동안 시청자 권익보호 활동을 했던 단체들을 대부분 배제한 것으로 나타났다.[92]

　이같은 정부와 시민사회의 대립은 법원의 판결로 판가름났다. 2009년 12월에는 시민사회를 지지하는 판결이, 그리고 2010년 1월에는 정부의 손을 들어주는 판결이 나왔다(동아일보 2010. 1. 11).[93] 그런데 2010년 1월 같은 법원은 한국여성노동자회가 "보조금지급중지 결정을 취소해 달라"며 행정안전부 장관을 상대로 낸 소송에서 한국여성노동자회 측에 패소 판결을 내렸다. 재판부는 "한국여성노동자회는 미국산 쇠고기 수입 반대 집회가 불법 폭력 집회로 변질된 것을 알고서도 적극적으로 집회에 참여했다"고 밝혔다. 이와 달리 2010년 11

월, 촛불집회에 참가한 시민단체에 대해 정부가 일방적으로 보조금 지급을 중단한 것은 부당하다는 대법원의 확정 판결도 나왔다. 대법원은 "국민의 법 감정에 배치되고 비영리민간단체지원법 취지에도 반한다"며 원고패소 판결을 내렸다(한국일보 2010. 11. 27).

(3) 보수단체와 진보단체 비교

이명박 정부의 집권으로 비영리단체들에 대한 지원 방향이 진보에서 보수로 바뀌는 일대 전환이 일어났다. 보수정권의 출범이 보수단체들에게 정치적 기회를 제공해주었고, 2008년 미국산쇠고기수입반대 촛불시위로 정부에 비판적인 진보단체들에게는 불법시위단체라는 낙인으로 보조금 지원을 배제시키는 정책을 추진하였다. 이명박 정부 초기 뉴라이트 단체, 군대와 안보 관련 단체, 반북 단체 등 다양한 단체들이 새로 조직되거나 활성화되었다.

따라서 이명박 정부의 재정지원은 진보단체를 배제하고 보수단체에 편중되는 특징을 보였다. 행정안전부의 비영리민간단체 공익사업 지원 내역을 분석해보면, '국가안보 증진'을 내세운 민간단체와 정부 지원액은 2007~08년 전무했다가 2009년 5곳(1억 6,700만원), 2010년 11곳(4억 400만원), 2011년 23곳(10억 5,100만원), 2012년 27곳(14억 2,600만원)으로 급증했다. 보조금 지원액만 4년 새 8.5배 이상 증가했다. 이 기간 국방부 등록 민간단체들은 집권 초인 2008년 3월엔 1곳뿐이었으나, 2009년 10곳, 2010·11년 19곳, 2012년 25곳으로 크게 늘었다(한겨레신문 2012. 8. 7).[94]

2009년부터 행정안전부의 지원사업 선정에도 보수 성향 단체들이 대거 선정되었다. 반면에 상당수 시민·사회단체들은 '불법·폭력시위 단체'라는 이유로 선정에서 탈락하거나 스스로 지원을 포기했다. 159개 단체 162개 사업에 49억원을 지원했는데, 이들 중 120곳(75%)이 새로 선정되었다.[95] 반면 한국여성노동자회, 한글문화연대, 강살리기네트워크 등은 공익사업 지원을 신청했으나, 촛불집회를 주도한 '광우병국민대책회의'에 참여했다는 이유로 제외됐다. 상당수의 시민·사회단체들은 행안부가 제시한 지원사업의 유형이 크게 달라지자 아예 신청을 포기했다.[96]

전국 16개 시·도에서도 진보단체 배제, 보수단체 편중이 확인되었다. 광역시·도 가운데 사업 시행을 공고하면서 기초 시·군에서 활동하는 시민단체에 신청 자격을 준 지방정부는 인천·대구·대전·전북·제주 등에 불과했다. 나머지 지방정부 대부분은 시위를 주도하거나 시위로 처벌을 받은 경력이 있는 단체에 신청 자격을 주지 않았다. 인천·전북·제주를 뺀 나머지 13개 지방정부는 △시위를 주최·주도하거나 △시위에 적극적으로 참여하거나 △구성원이 시위에 참여해 '집회 및 시위에 관한 법률' 위반으로 처벌받은 단체는 신청 자격이 없다고 사업 시행 공고에 명시했다(한겨레신문 2009. 10. 6). 반면 뉴라이트 계열인 민생정책경제연구소는 설립된지 7개월만에 정부뿐 아니라 기업 등의 소액대출·사회적기업 관련 비영리 공익사업을 세 개나 따내는 정치력을 보였다.

(4) 박근혜 정권의 블랙리스트

박근혜 정권은 많은 문화예술인들과 단체들을 블랙리스트로 억압해온 것으로 확인되었다. 블랙리스트에는 교수나 시인, 안무가 등 예술계 인사 48명과 영화사나 극단 등 43개 단체 91개의 이름이 등장하고, 명단 옆에는 블랙리스트에 오른 이유들이 적혀 있었다(SBS 2016. 12. 26). 문재인, 안철수, 박원순 등 야당 정치인 지지선언을 했거나 이들과 조금이라도 함께 활동한 이력이 있으면 명단에 올랐다. 세월호 참사 등 사회적 이슈에 의견을 표현한 행위도 검증 대상이었다. 비정규직 노동자 시위를 지지한다거나, 쌍용자동차 국정조사 촉구 운동에 참여했다는 사실만으로 블랙리스트에 포함됐다. 서울대와 연세대 교수 등 14명은 용산참사 해결이나 이명박 정부 규탄과 관련한 시국선언에 참여했다는 이유로 명단에 올랐다.

2013년부터 2015년까지 문체부의 민간단체 예산지원에서 블랙리스트에 오른 개인이나 단체 대다수는 지원예산이 삭감되거나 아예 심의에서 탈락했다(SBS 2016. 12. 26). 한국 연극의 대부로 일컬어지는 임영웅 씨가 대표로 있는 극단 산울림, 비판적 지성의 산실 창작과비평 등도 지원을 받지 못했다. 블랙리스트가 지원 대상을 결정하는 결정적 기준이 되었던 것이다. 또 문화체육관광부의 대외비 문건에는 2014년 지원대상에 선정된 극단 10곳 가운데 7곳이 블랙리스트에 들어 있었다. 정부의 입맛에 맞는 극단을 찾기 어려울 정도가 되자 2016년에는 지원사업을 아예 폐지시켰다 SBS(2016. 12. 29). SBS는 "겉으로 문화융성을 기치로 내건 박근혜 정부의 민낯은 문화 생태계 말살"이었다고 보도했다. KBS도 "블랙리스트는 싫은 소리를 억압한다는 점에서 시대착오적이며, 자신들과 다른 생각을 표출한다는 이유로 불이익을 준다는 점에서 야만적"이며, "무엇보다 블랙리스트는 사상과 양심의 자유를 침해하기 때문에 반인간적이다. 그런 점에서 블랙리스트는 민주주의를 갉아먹는 독버섯"이라 보도했다(2017. 1. 15).

(5) 정권·대기업·수구단체의 관제시위

박근혜 정부는 정권초기부터 좌파 척결에 갖은 수단을 동원하였다. 청와대가 2013년부터 추진한 수구단체들에 지원한 70억원의 돈은 전경련이 삼성과 현대차, SK, LG 등에서 거두는 창구역할을 했다(JTBC 2017. 1. 31). 전경련의 사회협력회계 계좌 거래 내역에는 대통령 탄핵반대 집회를 주도한 어버이연합, 국민행동본부에 수억원이 지원되었다(JTBC 2017. 2. 6). 청와대가 전경련에 지원을 요청한 단체는 30곳에 달하는데, 청와대는 각 단체의 활동을 확인한 뒤 1년에 10여 곳 정도로 지원 대상을 추리며 단체들 사이에 충성경쟁을 하도록 했다는 것이다 (JTBC 2017. 2. 6). 청와대와 결탁한 수구단체들은 세월호 특별법 반대 집회, 세월호 특별조사위원회 활동을 저지하는 활동, 국정교과서 지지뿐 아니라, 위안부 합의와 관련해 "할머니들이 희생해달라"는 주장도 폈다(JTBC 2017. 1. 19).

소 결

개혁과 민주화를 위한
국가와
시민사회의 공조

〈한국 시민사회 제도사〉는 정부가 시민사회의 요청이나 공조로 개혁입법을 비롯한 정치개혁, 경제개혁, 사회개혁을 추진했는지에 연구의 초점을 두었다. 개혁의 성과가 있었는지, 개혁의 성과를 일차적으로 법과 제도 측면에 맞춰 분석했다.

한국사회 특유의 근본적인 문제는 시민사회에 대한 국가 또는 정권의 인식에 있다. 정권에 따라 시민사회를 보는 시각과 이념 때문에 국가와 시민사회가 대립하거나 공조하는 극심한 대조를 보였다. 1987년 민주항쟁 직후 김영삼과 김대중의 야권 분열로 민주정권을 바로 수립하지 못한 과도기를 거쳐 김영삼 정부가 출범했다. 이후 김대중 정부와 노무현 정부의 이른바 한국의 '진보주의 시대' 기간에 상당한 개혁 입법과 제도화가 이뤄졌다. 그러나 노무현 정부부터 심각해진 보수 대 진보의 이념 대결이 진영 다툼으로 심화되는 분위기에서 집권한 이명박 정부는 출범 첫 해부터 촛불집회로 맞서는 시민사회와 내내 갈등하며 5년을 보냈다. 2008년 미국산쇠고기 수입반대 촛불집회뿐 아니라 4대강 반대, 대학등록금 인상반대 촛불집회도 시작되어 2012년까지 이어지면서 시민단체들의 연대활동이 지속되었다.

〈시민사회지표 연구〉에서 밝혔듯이 이명박 정부 기간에 조사된 정부와 시민사회의 관계는 거버넌스의 실종에 가까울 정도로 심각했다. 정부와 시민사회 단체(CSO)의 관계는 민주적 거버넌스의 기본적인 척도인 '정부와 CSO 대화', '정부의 CSO 지원'은 물론이며, CSO의 정부비판이나 정치활동의 자유, 정부로부터의 자율에서도 심각한 위기로 나타났다(주성수 2010).

박근혜 정부 또한 보수 정권의 연장으로 시민사회와 내내 대립하는 특성을 보였다. 2014년 4월 세월호 참사로 다음해 말까지 촛불집회와 시위가 지속었고, 세월호 진상규명 촉구와 특별법 제정을 위한 시민사회의 연대활동도 지속되었다. 이 과정에서 정권은 진상규명보다는 보수단체를 동원해 맞불집회로 유가족과 시민사회와 대립하는 그릇된 술책을 추진하였다. 정권에 비판적인 지식인들이나 문화계 인사들에게 불이익을 주는 블랙리스트에 의존한 나약하고 비겁한 정권이었다. 그래서 2016년에는 대통령퇴진 촛불집회라는 시민혁명으로 탄핵의 응징을 받았다.

〈한국 시민사회 제도사〉가 제시하는 역사적 교훈은 분명하다. 우선 정부가 시민사회를 적대시하지 않고 '정책 거버넌스' 파트너로 공조해야 하는 것이다. 시민사회를 정책 파트너로 삼아 국가의 효과성과 정통성 모두를 제고할 수 있는 '제도적 다원주의'를 수용하는 것이 중요하다. 한국 시민사회사에서 김영삼-김대중-노무현 시대가 제도적 다원주의를 수용한 시기였다면, 이명박-박근혜 시대는 이를 거부한 시기라는 명확한 시대적 구분이 있다. 그 결과는 정부 정통성의 훼손과 정부정책의 대립으로 인한 국력의 손실과 개혁의 퇴행으로 나타났다. 민주주의의 퇴보인 것이다.

한국 민주주의가 전환기를 지나 공고화 단계에 진입한 상황에서 시민사회는 오히려 정부의 통치력을 강화시켜주며 국정에 보완적 역할을 한다. 민주화 초기 과정에서 시민사회의 심각한 도전 때문에 정부와 의회에 대한 불신이 가중되었던 것은 사실이다. 그럼에도 이후 문민정부부터 정부-시민사회 관계는 개혁입법의 파트너로 발전해, 김대중 정부와 노무현 정부가 더욱 시민사회와의 파트너십에 의존했던 것을 보면 이것이 정부의 신뢰와 밀접히 관련되어 있는 것을 알 수 있다.

세계 역사에서 시민사회가 국가로부터 구별되는 독립적인 또는 자유로운 영역으로 인정된 것은 근대 민주주의의 태동기였다(Van Til 2000: 14). 당시 존 밀 (John Stuart Mill)과 아담 스미스(Adam Smith)가 관찰했던 시민사회는 국가의 해악으로부터 자유로운 개인과 경제의 자유 영역이었다. 현대에 와서도 거버넌스 차원에서 정부-시민사회의 공조 관계가 강조되고 있다. 학계에서는 정부가 국민의 신뢰를 회복하기 위한 여러 방안들 가운데, 최소한 정부와 공공정책은 시민사회조직을 저해하는 일을 중단하는 정책, 그리고 최대한 가능한 한 시민사회조직을 활용해서 이들의 '자치역량'(empowerment)을 향상할 수 있도록 공공정책이 추진될 것을 중시한다(Berger & Neuhaus 1996: 163). 그럼으로써 정치적 무력감에 빠진 시민들이 시민사회조직을 통해 자신감을 갖고 자발적인 참여자 역할을 할 수 있을 때 정부와 정치를 신뢰할 수 있는 변화를 기대할 수 있다는 것이다.

정부와 시민사회의 파트너십과 거버넌스의 복원은 민주화의 개혁을 추진하는 핵심과제가 된다. OECD(2000)는 '미래의 정부' 보고서에서, 시민사회와의 파트너십을 통해 정부 실패와 정책 실패를 극복할 수 있고, 제도적 대안으로는 거버넌스에 의한 정책형성을 추구할 것을 권고한다. 사실 시민사회의 존재 이유는 우선적으로 국가 권력의 횡포에 대한 감시와 견제에 있기 때문에 국가가 이런 시민사회의 역할에 대해 권력의 횡포로 대응하면 민주주의가 실종되고 만다. 그렇게 되면 국가의 권력 횡포에 맞서 '비판적' 시민들이 저항하게 된다. 1987년의 민주항쟁과 2016년의 시민혁명이 그런 민주주의의 역사를 만들었다.

PART 03

1987-

한국
시민사회
조직사

2017

한 국 시 민 사 회 사

제 1 장

민주화기의
시민사회조직

01_ 한국 시민사회 조직사

2016년 박근혜 대통령 퇴진 시민혁명의 주체는 시민들이었다. 시민들은 시민사회단체들과 함께 주말마다 촛불집회의 광장을 마련해, 자율적인 공론의 집회와 시위로 한국 역사상 최초의 시민혁명을 이뤄냈다. 시민들은 가족과 함께, 연인과 함께, 친구들과 더불어, 아이의 손을 잡고, 유모차를 끌며 삼삼오오 광장에 모여들었고, 정당이나 노조, 시민사회단체, 동호회, 동문회, 카페, 조합 등으로 참여해 촛불을 밝히며 '대통령 퇴진'을 절규하였다. 10월 말부터 주말마다 이어진 촛불집회는 1,550개에 달하는 단체들의 연대조직이 행사 주최자로 나섰지만, 집회와 시위를 평화적으로 유지하였고, 법원도 완전하게 집회의 자유를 허용할 정도로 30년만에 집회의 자유를 되찾은 주인공은 주권자 시민들이었다.

'시민사회'는 다양한 시민들이 참여한 시민사회 조직들로 북새통을 이루는 자율적 영역이다. '시민사회단체'들은 NGO(non-governmental organization) 또는 NPO(non-profit organization)라고도 부른다. 시민사회 조직에는 시민사회단체를 비롯해 무수한 비영리단체, 복지단체, 의료기관, 교육기관, 문화예술기관 등이 있다. 또 스포츠, 레저 단체들도 시민사회의 주요 조직들이다. 전국의 자원봉사 단체들도 시민사회의 주춧돌 역할을 하고 있고, 수천여 개의 복지기관과 단체들도 정부조직에 공식적으로 등록하여 재정지원을 받고 있다.

'시민사회'는 시민사회단체들, 사회복지나 자원봉사 조직, 그외 전문 단체들을 합쳐 거대한 비정부, 비영리 영역을 이룬다(주성수 2009). 시민사회에는 각양각색의 단체들이 어우러지며 일정한 조화와 질서를 만들고 있다. '무통제의 북새통' 속에 민주적 질서가 자리하고 있다. 국가가 권력으로, 시장이 재력으로 횡포를 부리는 것과는 전혀 다른 민주주의 질서이다. 그래서 '시민사회 없는 민주주의'는 존재할 수 없고, '민주주의 없는 시민사회'도 상상할 수 없다. 시민사회단체들은 민주주의와 시민사회가 존재하고 유지되는 데 필요한 영양분을 공급해주는 기본요소들인 것이다.

　〈한국 시민사회 조직사〉에서는 시민사회조직의 역사적 성장에 초점을 맞춰 다양한 조직들의 활동을 소개하면서, ICNPO 분석방법으로 정치, 경제, 사회개혁을 위한 주요 활동들을 서술하는데 목적이 있다.

02 _ 시민사회와 시민사회단체

　2016년의 시민혁명과 1987년 민주항쟁의 주체는 '시민'이었다. 시민들의 자발적 참여로 국가권력에 저항하는 민주항쟁이 가능했고 시민혁명이 이뤄질 수 있었다. 87년의 자발적 시민들의 등장과 성장으로 시민사회는 비로소 국가권력과 시장 재력에 맞서는 제3섹터, 곧 시민사회라는 자율적 공간을 확보하여, 시민의 공론의 장으로 자리매김되는 혁명적인 변화가 일어났다. 87년 민주항쟁은 민주화운동의 중추 역할을 수행한 국민운동본부의 조직에다가 항쟁의 에너지와 동력이 되는 시민의 참여가 성공적으로 결합됨으로써 국가 권력의 항복을 받아낼 수 있었다.

　민주사회에서 '시민사회단체'가 조직되는 데는 어떤 공식 과정을 필요로 하지는 않는다. 법인이나 정부의 재정지원을 받는 단체들은 일정한 요건을 갖춰야 하지만, 다른 단체들은 정부의 간섭을 꺼려 등록하지 않고 자율적으로 시민사회단체로 활동하고 있다. 여러 영역에서 미등록 시민사회단체들이 수를 헤아릴 수 없을 정도로 많다.

정부의 재정지원 등의 혜택을 받기 위해서는 공식적인 등록이 필요하다. 2000년부터 시행된 '비영리민간단체지원법'에 따르면, 등록을 위한 자격 요건은 비정부, 비영리, 비종교이며, 여기에 '공익성'과 '공식성'을 추가하고 있다.[1] 많은 시민사회단체들은 정부기관에 등록을 해야 하는지를 놓고 내부에서 진통을 겪기도 했다. 정부가 공식적으로 시민단체를 지원하기 시작한 것은 김영삼 대통령 시절로 거슬러 올라가는데, 정부 재정 지원의 요건은 정부기관에 등록을 하는 것이었다.

시민사회를 연구하는 학자들은 '시민사회'에 속한 조직들의 규모를 광의적으로 해석한다. UN과 함께 시민사회의 국제NPO 표준화(ICNPO) 연구자들에 따르면, 초중고 및 고등교육을 포함한 일체의 비영리 교육기관, 병원과 각종 의료기관, 심지어는 국가가 설립하거나 운영하지 않는 정치조직들과 기업이 설립하거나 운영하지 않는 재단, 노동조합 등도 '시민사회'에 포함된다(UN 2003). 비정부, 비영리, 공식성, 공익성 기준에서는 정치조직인 정당뿐 아니라 교회와 사찰 등이 모두 '시민사회' 조직들로 포함된다.

또 '시민사회'란 국가도 시장도 아닌 '제3섹터'(third sector)로 통칭되면서, 그 개념은 다양하게 정의되고 있다. "사람들이 공동의 이해를 추구하기 위해 모인 가족, 국가 및 시장 사이에 위치한 제도, 조직 및 개인들의 영역"(Anheier 2004: 22)이라 정의하거나, 민주주의 이론가 바버(Barber 1998: 4)는 "정부도 사적 시장도 주권력이 없는 자유로운 사회생활의 독립적인 영역"이며, "경제적 생산자이자 소비자로서 구체적인 개인성과 주권적 국민의 구성원으로서 추상적인 집단성 사이를 중개하는 제3섹터"라고 정의한다. 시민사회는 국가나 시장으로부터 독립적이어야 하지만, 일부의 경우 국가나 기업이 설립한 것들도 있다. 새마을운동, 바르게살기, 자유총연맹은 국가가 특별법을 제정해 국고의 지원으로 설립되었던 이른바 '관변단체'이다. 또 기업들이 독립적인 복지재단이나 사회적 기업을 설립하는 경우도 흔하다.

시민사회는 우리의 일상생활에 상당 부분을 차지한다고 할 수 있다. 직장에 나가 퇴근할 때까지는 많은 사람들이 기업이나 공공기관에서 일하지만 시민사회를 직장으로 갖고 있는 사람들도 적지 않다. 복지관이나 시민사회단체에서 일하는 사람뿐 아니라 사회적경제 조직이나 각종 교육기관(보육, 유치원, 초중고, 대학, 대학원), 의료기관 등지의 종사자들도 비정부, 비영리 시민사회에서 일하는 것이다. 기업이나 공공기관에서 일하는 직장인들도 퇴근 후 반상회에 참여하거나 친목모임, 자조모임 등으로 시민사회 활동을 하고 있다. 주부들의 경우, 온라인으로 사회교육이나 사이버 대학을 다니거나, 학부모로서 학교 운영위원회에 참여해 활동하고, 아파트부녀회의 봉사활동에 동참해 시민사회를 경험한다. 이제 시민사회는 전통적인 시민사회단체를 통하지 않고서도 온라인에서, 또는 가까운 이웃에서 삼삼오오 시민들의 자유로운 모임으로 이뤄진다. 친목이나 공익을 위해 어디서나 활동하는 '유비쿼터스'(ubiquitous) 시민사회가 되고 있는 것이다(주성수 2008).

03 _ 한국의 비영리부문 : 비영리법인과 비영리단체

시민사회를 국가 및 시장과 구분되는 비영리부문으로 설정해, 비영리부문에 속하는 조직 또는 단체들의 성장을 분석하는 방법으로 ICNPO와 NPI 방식을 활용해볼 수 있다. 먼저 ICNPO 방식에 기초해 한국의 비영리부문의 규모를 추정해보면, 〈그림 3-1〉과 같이 비영리법인과 비영리단체로 구성되는 영역을 제시해볼 수 있다. 국제적으로 비영리부문의 영역과 규모에 관한 합의는 UN의 국민계정(National Account)의 NPI(Nonprofit Institution)로 제시되고 있는데, 한국에서도 이에 근접하는 비영리부문을 A(비영리법인) + C(비영리단체)로 제시해볼 수

〈그림 3-1〉 한국의 비영리부문 = 비영리법인 + 비영리단체

있다.

먼저 법인은 영리법인과 비영리법인으로 구분되는데, 비영리법인이란 "학술, 종교, 자선, 기예, 사교 기타 영리 아닌 사업을 목적으로 하는 사단 또는 재단은 주무관청의 허가를 얻어 이를 법인으로 할 수 있다"(민법 제32조). 공익법인은 법인세법상 비영리법인 중 상속세및증여세법 시행령 제12조 각호에 열거된 공익사업을 영위하는 법인을 말하며, 종교 활동을 영위하는 법인, 학교법인, 의료법인, 사회복지법인, '공익법인의 설립·운영에 관한 법률'을 적용받는 공익법인, 법인세법 시행령의 지정기부금단체 등이 공익법인에 해당된다.

비영리법인과 비영리단체의 현황은 다음 세 가지 자료를 참고해볼 수 있다. 첫째, 통계청이 조사한 '시도 사업체수 조사'에 나타난 비영리법인과 비영리단체의 수와 종사원 수로 한국 비영리부문의 경험적 실체를 추산해보는 방식이다. 여기에서 비영리법인은 '회사외 법인'으로 조사되었고, 비영리단체는 '법인외 단체'로 국제비영리조직 분류(ICNPO)에 제시된 다양한 문화, 종교단체들까지 해당된다.

회사외 법인의 규모는 2013년에 10만개 정도로 조사되었는데, 1993년 7만여개에 비해 40% 가량 증가하였다. 이에 비해 비법인단체의 성장은 2008년에

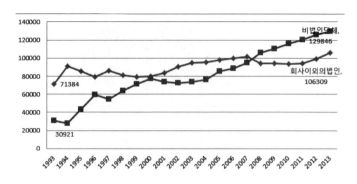

〈그림 3-2〉 비영리법인(회사외 법인)과 비법인단체의 성장 : 1993~2013

비영리법인의 수를 넘어 2013년 13만여 개에 달한다. 한편 종사자 규모로 보면, 2013년에 비영리법인의 경우 287만명, 비법인단체는 52만명으로 전자가 후자의 다섯 배를 넘는다. 비영리법인과 비법인단체는 모두 21년 전에 비해 거의 두 배 가량 많은 종사자들을 고용한 것으로 추산된다. 한국 비영리부문 또는 시민사회의 성장을 보여주는 중요 지표의 하나이다.

둘째, 정부 기관에 등록된 비영리법인들과 비영리단체들을 살펴보아도 통계청의 사업체수 조사 결과와 유사하다. 비영리법인의 수는 10만여개에 달하고 비영리단체 수는 등록한 것만으로는 1만 1,579개에 달한다. 비영리법인의 경우 등록된 법인만이 법인으로 인정되므로 등록된 수가 정확한 비영리법인 수로 볼 수 있고, 비영리단체는 등록을 의무로 하지 않으며 정부의 보조금 지원이나 공모사업을 지원하는 단체들이 필요에 따라 등록한 것으로 앞서 사업체수 조사에서 추산된 비영리단체의 수(13만개)에 비교하면 매우 작은 규모이다. 후자가 이번 연구에서 채택한 넓은 의미의 시민사회 영역에 속한 비영리단체들로 추정해 볼 수 있다.

중앙 정부기관에 등록된 비영리법인과 비영리단체는 2014~15년 자료검색 결과, 문화체육관광부의 비영리법인이 4천개가 넘어 가장 많고, 교육부의 비영

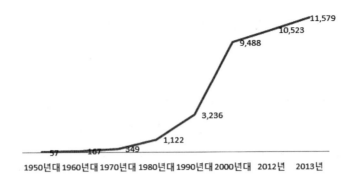

〈그림 3-3〉 한국 비영리민간단체의 등록 추이 : 1950년대~2013

리법인, 특히 공익법인이 3천개에 근접할 정도로 많으며, 국방부는 77개로 가장 적다. 정부부처 전체로 보면, 비영리법인의 수가 비영리단체의 수를 훨씬 능가할 정도로 많은 비중을 차지하고 있다.

비영리민간단체의 경우, 중앙정부와 시도, 시군구 지자체에 등록된 수는 매년 증가해 2013년 말 현재 11,549개에 이른다. 21세기에 들어서며 많은 비영리단체들이 설립되어, 등록한 추이를 주목해볼 만하다(그림 3-3).

마지막으로, 비영리법인의 규모는 법인세를 납부한 등록된 비영리법인 현황을 국세청의 〈국세통계연보〉를 통해 파악해보는 것이 일반적인 방법이다(손원익 2000, 2013, 손원익과 박태규 2013). 1993~2013년 기간에 비영리법인의 수는 두 배 이상 늘었다. 2013년 현재 전체 법인의 4%를 차지한다.

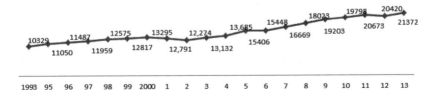

〈그림 3-4〉 법인세 신고 비영리법인의 증가 추이 : 1993~2013

04 _ 비영리부문의 성장요인

마지막으로, 국민계정에서 최종소비지출 자료를 통해 재정 측면에서 비영리부문의 성장 추이를 살펴볼 수 있다.[2] 독립변수들은 비영리부문의 활동과 관련한 수요와 공급 이론들과 그밖에 공동체 환경 요인들이다. 종속변수는 전체 비영리부문의 GDP 대비 최종소비지출의 차분 변수와 의료보건, 문화, 교육, 사회복지, 종교, 정당 및 노동단체 기타의 7가지 하위분류를 포함하였다.

시계열 자료의 다중회귀분석을 실시한 결과를 참고해보면 다음과 같다(김석은, 김유현 2013: 299~305). 첫째, 비영리기관의 전체 소비지출규모는 물론 문화, 교육, 사회복지 등 각 분야에서도 유의미하게 양(+)의 값을 갖는 것으로 나타났다. 이는 정부의 규모 확대로 비영리부문 지원여력의 증가 속도가 빨라질수록 비영리부문의 성장이 더 빠르게 진행된다는 것을 의미한다. 또한 정부의 직접 보조금 및 각종 지원정책이 비영리부문 성장에 결정적인 역할을 해왔다고 볼 수 있다.

둘째, 경제성장에 따른 구매력의 증가가 자선기금의 규모를 확대시키고, 소득과 부가 비영리부문의 활성화와 연계된다는 선행 연구결과들과는 상반되는 결과이다. 경제성장에 따른 비영리부문에 대한 공급확대와 사회적 자본 축적에 의한 비영리부문 성장 촉진효과가 한국에서는 나타나지 않았음이 입증된 것이다.

셋째, 도시 집중화율이 높아질수록 한국의 비영리부문은 더 빠르게 성장하는 것으로 나타났다. 도시 지역의 높은 경제수준은 다수의 고학력자 계층을 유인하였고, 이들의 사회문제에 대한 높은 관심도와 참여, 이에 따른 사회문제의 도시집중화 현상은 비영리부문 성장의 주요한 동력이었을 것으로 볼 수 있다. 참고로 2000년 이후 현재까지 비영리단체의 등록은 도시에 몰리고 특히 인구 집중이 심한 서울시에 몰리는 편중 현상을 참고해볼 수 있다(주성수, 박영선 2014). 서울시에 등록된 NPO는 지난 15년(2000~14) 기간에 726% 급증했다(그림 3-6).

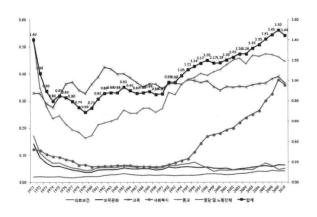

〈그림 3-5〉 비영리부문의 GDP 대비 최종소비지출 : 1971~2010

넷째, 1987년 민주항쟁 이후 GDP 대비 가계에 봉사하는 비영리부문의 목적별 최종소비지출 규모의 증가분은 오히려 유의미하게 감소하는 것으로 나타났다. 비영리부문의 GDP 대비 소비지출 비중 자체가 감소한 것이 아니라 GDP 대비 소비지출 규모의 증가속도가 감소한 것이다. 민주항쟁 이후 사회보장 지출을 중심으로 GDP 대비 전체 비영리부문의 소비지출 규모 자체는 증가하는 것으로 나타나 1987년 민주항쟁이 GDP 대비 비영리부문의 소비지출 수준 자

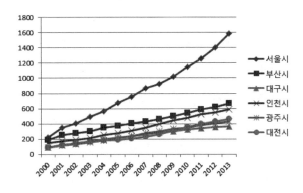

〈그림 3-6〉 등록된 비영리민간단체의 수 : 주요 도시

체를 증가시켰을 가능성은 분명히 존재한다.

〈그림 3-5〉에서 분야별로 살펴보면 사회복지부문에 대한 지출은 1987년 민주항쟁 이후 꾸준히 증가하고 있으나 다른 분야에서는 뚜렷한 증가세를 보이지 못했다. 민주항쟁이 비영리부문 성장속도를 증가시키는 성장효과를 갖지는 않는 것으로 나타났다. 민주항쟁 이후 정부지출이 비영리부문의 성장에 미치는 영향력이 감소하였음을 의미하는 것으로, 시민사회의 성장과 함께 비영리조직들이 점차 정부의 재정 지원보다는 자체 서비스의 개발, 회비의 부과, 개인이나 재단의 기부 및 자원봉사에 점진적으로 의존하고 있음을 반영한다고 볼 수 있다.

05 _ 사회복지와 사회적경제의 성장

사회복지와 사회적경제(social economy)의 성장과 함께 관련 법인과 단체들의 성장을 주목해볼 수 있다. 사회복지에 대한 욕구가 늘면서 정부의 사회복지 예산도 급증했고, 복지 기관단체들의 조직화도 급성장했다. 복지예산은 정부예산에서 차지하는 비중이 1990년 3% 정도에 불과한 것이 이제는 10% 이상을 차지해 세 배 이상 늘었다. 더불어 사회복지 관련 법인과 단체들의 성장을 주목해볼 수 있다.

한국의 사회복지와 사회적경제는 지속적인 급증세를 보여주고 있다. 지난 2000~10년 기간에 자활공동체는 248배, 대안금융기관은 17배, 서비스공급형 시민사회단체는 4배로 늘었다. 또 2007년에 첫 설립된 사회적기업은 2014년 25배로 급성장했으며, 생활협동조합은 2000~14년 기간에 16배, 협동조합은 2012년 법 제정 이후 3년만에 120배로 폭증하였다.

또 시민사회조직 또는 비영리조직 가운데 사회적경제 사업이나 활동을 하는 여러 유형이 있다. 100여년 이상의 역사를 가진 YMCA, 구세군이 대표적이

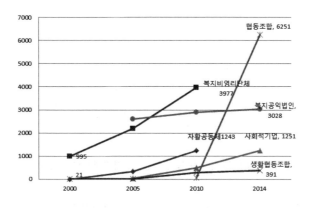

〈그림 3-7〉 사회복지와 사회적경제 법인과 단체의 급증 : 2000~14

며, 그밖에도 적십자사, YWCA도 비영리단체의 대표적인 사회적경제 조직이며, 여기에 기업의 '공익재단'들도 2014년 현재 3천여 개가 넘는다. 또 정부가 정기적으로 지정하는 지정기부금단체는 1996년 59개를 시작으로 2013년 10,521개로 200배 가량 폭증해, 한국 사회적경제 영역의 지형을 확장시켰다. 민간모금기관을 대표하는 '사회복지공동모금회'는 1999년 213억원을 첫 모금한 후 2014년에는 4,714억 원으로 20배 가량 더 많은 민간의 사회적경제 역량을 동원하고 있다.

최근 '사회서비스'의 확대로 사회서비스 관련 기관단체들이 늘어나면서 고용인력도 크게 늘고 있다. 사회서비스 예산이 크게 늘면서 바우처(voucher)에 의존하는 기관들과 사업들도 늘고, 더불어 비영리 기관단체들도 늘고 있다.[3] 사업이 도입된 2007년과 2012년 기간에 국가재정은 1,874억원에서 8,796억원으로 증대되었고, 이용자도 36만명에서 66만명으로, 서비스 제공기관은 1,274개에서 4,850개로, 제공인력은 3만 6천명에서 5만 6천명으로 크게 늘었다.

또 2007년에는 장기요양법이 도입되면서 장기요양 서비스를 제공하는 민간 서비스기관들이 대폭 늘었다. 장기요양기관은 2013년 말 15,704개소를 운영

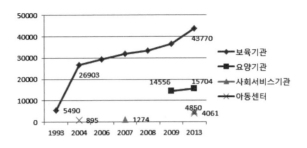

〈그림 3-8〉 한국의 사회서비스 제공 기관의 증대 : 1993~2013

하고 있는데, 재가기관이 11,056개소로 70.4%, 시설기관은 4,648개소로 29.6%를 점유하였다. 보육 서비스는 가장 최대의 이용자와 보육기관의 증대를 가져온 부문이다. 이명박 정부 출범으로 그간의 보육시설과 저소득층 위주의 지원방식에서 공보육 강화와 수요자 중심 체계로 전환하면서 보육 서비스 폭증이 지속되었다. 민간 보육시설도 정부의 재정지원을 받으면서 새로운 기관의 설립과 보육교사 등의 고용이 늘고 있다. 보육시설은 1993년 5,490개에서 2013년 43,770개로 8배 가량 늘었다. 영유아보육료 지원비는 2013년 5조 4,665억원(국비 2조 7천억원과 지방비 2조 7천억원)에 달한다. 2013년 현재 이용 아동수는 148만명에 달한다. 또 2004년부터는 지역아동센터를 지원하는 법이 도입되어 2004년 첫해 895개의 지역아동센터가 설치되었고, 2013년 4,061개로 크게 늘었다.

06 _ 정치/경제/사회 개혁 운동

시민사회 〈조직사〉에서는 시민사회 〈제도사〉와 유사한 분석방법으로 정치, 경제, 사회 분야의 민주화 또는 개혁운동에 초점을 맞춰 서술해볼 수 있다. 1987년 민주항쟁 이후 2016년 기간에는 〈표 3-1〉과 같이 매년 특징적인 시민사회조직들의 활동들이 역사적 사건 또는 운동으로 기록되었거나 이슈로 부각되었다. 한국 시민사회 조직사에서 민주화기의 연도별 특징을 정리해보면 다음과 같다.

첫째, 1987년 민주항쟁으로 개막한 시민사회의 시대는 30년이 지난 2016년말 다시 새로운 시민혁명으로 부활되었다. 87년 민주항쟁이 헌법개정 등 개혁입법을 위한 정치민주화 운동이었다면 2016년의 시민혁명은 무능하고 부패한 대통령을 퇴진시켜 헌정질서를 복귀시키는 정치민주화 운동이었다. 87년 민주화운동 단체들의 화염병 투쟁이 2016년에는 주권자 시민 주도의 촛불 행진으로 진화한 것이 30년의 역사적 변화로 기록되었다.

둘째, 국가보안법과 집시법의 폐지 또는 개정 등 개혁입법 중심의 정치민주화 운동이 지난 30여년간 지속된 특징이 있다. 개혁입법 운동은 정치민주화 운동을 비롯해 경제, 사회 개혁운동으로 점차 확대되는 특징을 보여준다. 시민사회조직을 대표하는 경실련은 1989년 창설과 동시에 정치민주화와 경제민주화를 새로운 시민운동으로 제시하였고, 1994년 창설된 참여연대도 법률적 기회를 활용한 행정소송 등으로 정치, 경제, 사회 전반의 민주화에 초점을 맞춰 활동해왔다. 그런데 개혁입법운동은 김영삼, 김대중, 노무현 정부까지 지속된 이후 이명박, 박근혜 정부에서는 운동의 기회를 갖지 못하다가 2016년 말에 새로운 변화가 있었다. 법원이 대통령 퇴진 촛불집회와 시위를 전향적으로 허용해 실질적으로 87년 민주항쟁으로 찾아낸 집회와 시위의 자유를 2016년 말에 되찾은 변화가 있었다.

셋째, 개혁입법 운동은 김영삼 정부부터 본격화되어 김대중 정부와 노무현 정부에 이르는 15년 기간에 크게 진전되며 시민사회와 거버넌스를 형성하는 '진보주의' 시대를 열었다. 개혁입법 운동은 정치, 경제, 사회 민주화운동으로 초기에 악법의 폐지 또는 개정, 제도의 폐지 또는 도입 등 법과 제도에 초점을 맞추면서도, 이후 시민사회의 기반이 되는 시민사회조직들의 활동 분야의 전문화와 분화로 점차 확장, 심화되는 과정을 거쳤다. 교육, 노동, 환경, 여성, 소비자, 도시빈민, 문화와 예술, 농산물수입, 북한관계, 미국관계, 국제관계 등 시민사회

조직의 활동 영역이 확보되고 정부의 재정지원과 시민참여로 다양한 사업과 프로그램들이 추진되는 변화와 혁신이 일어나는 과정이다.

넷째, 시민사회조직이 추진한 정치, 경제, 사회 민주화 운동의 전성기 또는 역량의 극대화를 맞이한 시기는 1998년 외환위기를 겪으며 빈곤, 실업 등 경제사회적 이슈들이 심각하게 제기되며 시민사회조직들과 정부 사이의 공조가 '거버넌스'로 진전되는 1998-2003년 기간으로 꼽을 수 있다. 〈표 3-1〉에서 확인할 수 있듯이 1998년부터 2003년까지 정치, 경제, 사회 민주화운동은 활동의 넓이와 깊이 모두에서 절정에 달해 한국 시민사회사에 기록될 만한 무수한 민주화운동의 성과와 이정표를 남겼다. 시민사회조직들의 역량이 극대화되고, 거버넌스 진전과 정치적 기회의 확장으로 시민사회의 정치, 경제, 사회적 영향력이 극대화될 수 있었다.

다섯째, 21세기에 들어서며 절정을 이룬 시민사회조직의 민주화운동은 이후 보수성향의 이명박 정부와 박근혜 정부의 출범으로 정권과의 대립과 충돌의 국면으로 급변되었다. 시민사회에도 보수단체들의 활동이 본격화되는 새로운 정치적 기회가 뒷받침되면서 이제 시민사회는 전대미문의 '보수 대 진보'의 대립과 경쟁 구도에서 교육, 노동, 복지, 외교, 북한과 미국 문제 등 많은 이슈들에서 이념적, 정치적 충돌과 마찰로 국론 분열을 초래하였다.

여섯째, 이명박 정부와 박근혜 정부 기간에는 시민사회조직 주도의 민주화운동보다는 일반 시민들의 자발적 참여에 기초하는 시민참여의 확대로 새로운 시민참여형 시민운동이 진행되는 특징을 꼽을 수 있다. 2002년 월드컵 축구대회 응원문화의 확장과 더불어 같은 해 두 여중생의 미군 장갑차 사망으로 촉발된 반미 촛불집회부터 2008년 미국산쇠고기 수입반대 촛불집회, 2014년 세월호참사 촛불집회에 이르기까지 식품, 경제, 비정규직, 복지, 개인정보 등 다양한 이슈들에 대해, 노동자와 학생뿐 아니라 주부와 직장인, 은퇴자 등 각계각층의 폭넓은, 자발적인, 비판적인 시민들의 참여가 새로운 한국 시민사회의 특징으로

〈표 3-1〉 한국 시민사회조직의 대표적인 민주화운동 연표 : 1987∼2016

1987년	1988년	1989년
6·10 민주항쟁 헌법개정운동 대선 공정선거감시단 공해전화 개통 관주도 소비자법 개정운동 도시빈민 운동	국가보안법 폐지운동 사회안전법 폐지운동 양심수 석방운동 관변단체특별법 폐지운동 전국교사협의회 운동 핵발전소반대운동	국가보안법 폐지운동 양심수 석방운동 집시법 개정 경실련 출범, 경제민주화운동 의료보험 거부운동 전농련 출범, 농산물개방저지운동

1990년	1991년	1992년
보안사 민간사찰 저항 내부고발자 보호 입법운동 농산물개방 저지 시민운동 팔당호 골재채취 반대운동	성폭력특별법 제정 입법운동 유엔인권위 반대보고서 제출 두산기업페놀방류 불매운동 첫 지방선거 감시운동 김학순 할머니 위안부폭로	총선 공명선거운동 리우 UN환경개발회의 참석 노원구 아파트공동체운동

1993년	1994년	1995년
금융실명제 실시 5·18 학살 책임자처벌 관변단체특별법 폐지운동 세계인권대회국가보안법철폐지지 한약분쟁 조정 환경운동연합 출범 사회단체신고법 제정	12·12 반란자 기소 참여연대 출범 소액주주운동 참여연대 국민생활최저선운동 주한미군범죄 근절운동 시민단체협의회 출범 자원봉사단체협의회 출범	북경 세계여성회담 참석 삼청피해자 유엔인권위원회 제소 기부금품모집금지법 개정운동 시민운동지원기금 설립

1996년	1997년	1998년
전·노 재산환수 시민운동 정보공개법 제정운동 가정폭력방지법 제정운동 자원봉사조례 제정운동 위안부문제해결 시민연대 북한식량지원운동 우리민족서로돕기 출범	학교폭력예방재단 출범 외환위기 금모으기운동 개시 사회복지공동모금회 출범 기부금법 폐지운동 사회단체신고법 폐지	경제살리기/실업극복국민운동 노사정위원회 사회협약 12·12와 5·18 반란자 처벌 국민기초생활보장법제정운동 참여연대 아파트공동체운동 민족화해협력범국민협의회

1999년	2000년	2001년
실업극복국민운동 국정감사모니터시민연대 동강댐건설 저지운동 의약분업 갈등조정 대구시 담장허물기운동 국제투자자본저지 대구라운드 해외원조단체협의회 출범	총선시민연대 낙선운동 정치개혁 입법활동 수도권 난개발 저지운동 아셈회의 세계화반대운동 호주제 폐지운동 사립학교법 개정운동 국민신탁운동 지방예산환수 납세자소송 주민예산참여 운동 지자체판공비공개운동 녹색마을 의제21 개시	정치개혁 입법활동 언론개혁, 신문개혁 시민운동 새만금사업 반대 3보1배 시민단체 정부의 홍위병 논란 모성모호법 제정운동 인간유전정보 보호운동 주민소환제 도입운동 성미산공동체운동 한·일교과서바로잡기운동 금강산관광 활성화운동 미군기지되찾기운동

2002년	2003년	2004년
월드컵축구시민참여운동 대선/지방선거 정치참여운동 미선·효순 사망 촛불집회 불평등한 SOFA 개정운동 학교급식조례제정운동 인터넷검열제 저지운동 반크 독도/동해지킴이운동 탈북자지원단체 기획망명 좌우 공동 북핵폐기운동 미군기지이전 지지/반대	개정 집시법 불복종운동 분양원가 공개운동 교육정보(NEIS) 저지운동 부안핵폐기장건설 반대운동 교육시장개방 반대 이동전화 소비자운동 인간복제금지 서명운동 고구려역사지키기시민연대 이라크전 파병반대운동	낙천낙선운동/당선운동 노무현대통령 탄핵반대운동 과거청산운동 정보공개법 개정운동 개인정보보호법 제정운동 장애인이동권보장운동

2005년	2006년	2007년
투명사회협약 민주노총 노동법개정운동 우리농산물학교급식 조례 스크린쿼터 사수운동 영화계 표현의 자유운동 보육지원 확대운동 장애인이동권보장법 제정	한·미 FTA 저지운동 한,일,대만 야스쿠니반대 친일반민족행위자 명단발표 포털사이트 감시단 활동 자원봉사활동기본법 제정 동물보호운동	남북정상회담 보수/진보 논쟁 뉴라이트 정치참여운동 시민단체 사회적 책임헌장 선포 자연환경국민신탁 창설 의료법 개정안 반대운동 노인장기요양보험제도 도입 사회적기업육성법 시행

2008년	2009년	2010년
미국산쇠고기 촛불집회 방송장악·네티즌탄압 저지운동 등록금인상 반대투쟁 환경운동연합 회계부정 람사르총회 창원선언문 환자권리선언문 채택	투명사회협약 파기선언 4대강사업 저지운동 의료민영화 반대운동 국가인권위원장 취임반대	지방선거 참여운동 무상급식 지방선거운동 4대강사업 저지운동 국가인권위원장 반대 반값등록금촛불집회

2011년	2012년	2013년
비정규직 없는 희망버스 보수언론의 종편저지 운동 4대강사업 저지운동 복지포퓰리즘 논쟁 반값등록금 연대투쟁 서울시 무상급식주민투표 무효 제주해군기지건설 반대투쟁 가습기살균제 피해자 고발	4대강사업 저지운동 제주해군기지건설 반대투쟁 학생인권조례 제정과 반대 대립 탈북자송환반대 촛불집회 국가인권위원장 재임반대 협동조합기본법 시행 청년유니온 노조인가 가습기살균제피해자대회	역사교과서 보수/진보 대립 복지공약 축소 비판운동 국정원 대선개입규탄 집회 '소녀상' 미국 글렌데일 건립 노년유니온, 알바노조 창설 가습기살균제피해자대회

2014년	2015년	2016년
낙천낙선운동/당선운동 노무현대통령 탄핵반대운동 과거청산운동 정보공개법 개정운동 개인정보보호법 제정운동 장애인이동권보장운동	세월호특별법 시행 세월호특별조사위원회 활동 국정교과서 찬반 집회와 시위 가습기살균제피해자대회 부정청탁금지법 제정	세월호특별조사위원회 활동 가습기살균제제조사 불매운동 아동폭력방지특례법 부정청탁금지법 시행 박근혜 대통령퇴진 촛불집회 박근핵닷컴 청원운동 문화예술계 블랙리스트

자리매김이 되었다.

일곱째, 시민사회의 중심축이 주창(advocacy) 활동 조직들뿐 아니라 서비스 활동 조직들이 균형을 이루는 두드러진 변화를 주목해볼 수 있다. 인권, 노동, 환경 등 전통적인 신사회운동의 활성화 이후, 21세기 중반부터 정부 주도적인 사회복지와 사회적경제의 입법과 정책으로 사회서비스 조직들과 사회적 기업, 협동조합 등이 급증되었고, 동시에 자원봉사, 동물보호 등 전문가와 자원봉사자들이 주도하는 새로운 시민참여형 중소 조직들의 분출이 최근까지 진행되고 있다. 이에 따라 시민운동이 개혁과 정치 주창활동에서 민생과 생활서비스 활동으로 바뀌고 있다고 분석할 수 있다. 일례로 2008년 이명박 정부 출범과 동시에 결성된 '등록금 대책을 위한 시민사회단체 전국네트워크'에는 학생·학부모 단체뿐 아니라 참여연대, 한국YMCA전국연맹 등 520여개의 시민사회단체가 동참했다. 시민사회단체들이 학생들에게 국한됐던 등록금 인상 문제를 사회적인 이슈로 부각시켜, 등록금 이슈는 박근혜 정부에 와서도 주요 사회이슈가 되었다.

마지막으로, 박근혜 대통령의 국정문란을 응징하는 촛불집회 시민혁명이 2016년의 마지막을 장식한 것처럼 시민사회의 민주화운동의 부활을 주목해볼 수 있다. 부패한 대통령의 '사설 정부' 운영과 심각한 정경유착을 처단하는 민주화운동이 일련의 촛불집회와 시위로 추동되었다. 박근핵닷컴 청원운동은 대통령 탄핵을 압박하는 국민들의 탄핵 청원서를 국회의원들에게 요청해, 운동 일주일(2016. 12. 1~8) 만에 90만명 이상이 청원해, 국회의원 234명의 탄핵찬성을 끌어내는데 기여했다.

제 2 장

정치민주화 운동

한국 시민사회 역사에서 민주화기(1987-현재)의 시민사회는 무엇보다도 정치 민주화에 조직과 활동의 역량을 집중시켜 왔다. 1987년 민주항쟁의 시작과 더불어 지금까지 정치민주화를 지속적으로 추진해온 것이다. 정치민주화의 가장 총체적인 결실은 개혁입법이다. 한국 민주주의 공고화를 위한 입법운동으로 먼저 국가보안법 폐지와 집회와 시위에 관한 법률 개정운동을 살펴보자.

01 _ 개혁입법 운동

(1) 87 민주항쟁과 헌법개정

한국 시민사회의 민주화기는 87년 6월 민주항쟁의 역사로부터 개막되었다. 민주항쟁은 박종철의 고문 사망과 전두환의 호헌조치에 저항하는 야당과 재야, 학생들의 민주대연합으로 시작되었다. 6월 10일 서울 잠실체육관에서는 민정당 전당대회 및 대통령 후보지명대회에서 노태우 후보를 선출하는 축하의 박수가 요란했고, 같은 시간 6·10 서울대회장인 성공회 종탑에서는 '독재정치의 종식'을 상징하는 종소리가 울려 퍼지면서 종교계 대표 및 재야인사 등 6명이 '4·13 무효선언'을 낭독하고 있었다(동아일보 1987. 12. 26). 이날부터 시위는 전국에서 동시다발적으로 벌어지기 시작해, 점차 격렬한 양상을 띠면서 19일 동안 밤낮없이 계속돼 6월항쟁의 기폭제가 됐다. '6·10대회'는 이후 명동성당 농성사건으로 이어지면서 6·18 최루탄 추방운동, 6·26 평화대행진으로 전개돼 대도시는 물론 전국의 중소도시·군·읍까지 독재타도, 호헌철폐의 함성이 메아리쳤다.

호헌반대 민주헌법쟁취 국민운동본부는 4·13조치 무효를 선언하며, 현행 헌법 및 집시법, 언론기본법, 형법과 국가보안법의 독소조항, 노동관계법 등 악법의 민주적 개정과 무효화를 위한 범국민 운동을 6·10 민주항쟁 대회로 준비하였다. 마침내 노태우 여당 대통령후보의 6·29선언으로 여야 합의 하의 대통령직선제 개헌을 통한 평화적인 정권 이양, 정치범의 전면적 사면과 복권, 언론의 자유 보장을 위한 제도의 개선, 대학 자율화가 이행되었다. 헌법개정안이 9월 18일 발의되었고, 10월 27일 국민투표로 확정되어, 29일 공포되었다.

개정된 헌법은 시민사회가 요구하는 민주화의 공고화 제도와 정책들을 담았다. 대통령의 비상조치권·국회해산권을 폐지시켰고, 국정감사를 부활시켜 국회의 권한을 강화하였다. 특히 대통령직선제의 채택으로 국민의 직접선거가 보장되어, 국민의 정치적 자유와 시민적 권리가 회복될 수 있었다.[4]

개혁입법 운동은 헌법개정 이후 법률 개폐운동으로 확장되었다. 기존의 법률의 개정 또는 폐지운동을 비롯해, 새로운 법률의 제정으로 민주화를 공고화하기 위한 시민사회의 입법운동이다. 따라서 개혁입법 운동은 일반적으로 권위주의 정권 시절의 반민주적 법률의 개정이나 폐지에 우선 초점이 맞춰졌다. 시민사회가 지속적으로 지목했던 대표적인 비민주 법률은 국가보안법과 집회와 시위에 관한 법률로, 이들은 1987년 민주항쟁 이후 최근까지 지속적인 폐지와 개정의 대상이 되어온 것이다.

(2) 정권별 개혁입법 운동

개혁입법 운동은 1987년 6월항쟁부터 시민사회가 지속적으로 정부와 정치권에 개혁을 압박한 입법청원 운동으로, 정부와 정치권의 호응이 미흡하거나 무시로 일관되었기 때문에 지속적인 요청과 압력이 이뤄진 특징이 있다. 국가보안법과 집시법이 대표적인 사례이다.

1987년 민주항쟁으로 헌법개정이 이뤄졌지만, 노태우의 집권은 군사정권의 연장으로 개혁입법이 무산되거나 미흡한 악순환을 되풀이 하는 가운데, '문민정부'를 내세운 김영삼 정부에 와서 금융실명제 등 전대미문의 개혁입법이 이뤄졌다. 국가보안법과 집시법 등도 시민사회의 끊임없는 개혁입법의 대상이 되었다.

김영삼 정부에서의 개혁입법은 경제정의실천시민연합(경실련)이 주도하는 경제개혁에 초점을 맞추었다. 경실련 등 시민단체를 중심으로 '시민입법운동'이 전개되면서 기존의 재야단체들도 집회 등 집단행동에 호소하기보다 법률개정 운동으로 방향을 바꾸고 있었다. 시민사회단체들은 이를 위해 공청회, 국회 청원, 대정부 건의 등의 요구를 여론화시키는 활동에 집중하였다(경향신문 1993. 3. 14).[5] 문민정부에 많은 기대를 걸었던 시민사회는 문민정부 1년의 실적을 두고 강한 실망을 표했다. 1994년 9월 대한변협(회장 이세중)은 〈93인권보고서〉를 통해 문민정부 1년은 집권 초기의 강력한 개혁의지에도 불구하고 표적사정 및 과거청산 의지결여 등 이전 정권과의 차별성을 찾기 어렵다고 저평가했다(국민일보 1994. 9. 30).[6]

김대중 '국민의 정부'에 와서도 개혁입법 운동은 끊이지 않았다. 참여연대, 환경운동연합, 여성단체연합 등 32개 시민단체들은 2000년 내에 처리돼야 할 개혁입법 과제로 국가보안법, 인권위원회법, 부패방지법 세 가지를 제시하였다. 김영삼 정부부터 3대 개혁입법을 지속적으로 요구해 왔지만 국회와 정치권에서 논란만 거듭된 채 처리되지 않았다. 2001년에도 3대 개혁입법 요구는 지속되며, 정치권의 국가보안법 개정 불가 움직임을 비판하고 인권위원회의 국가기구화, 국가보안법 조속 폐지 등을 기초로 하는 부패방지법의 제정을 촉구했다(한겨레신문 2001. 2. 7). 그런데 개혁입법의 요구와 정치적 압력 행사는 국회에서

묵살되기 일쑤였다. 참여연대는 2001년 10월 기자회견을 통해 "1994년부터 국회에 입법 청원한 77건의 법안 중 해당 상임위원회를 거쳐 본회의에서 통과된 법안은 단 한 건도 없었다"고 밝혔다(한겨레신문 2001. 10. 20).[7]

노무현 '참여정부'에서도 정부의 개혁의지와 정책이 약화되지는 않았지만 개혁입법 운동은 계속 좌절되었다. 시민사회단체들은 국가보안법 폐지를 비롯한 언론개혁, 사립학교법의 민주적 개정, 올바른 과거 청산 등 4대 개혁입법 운동에 나섰지만, 어느 것 하나도 입법화의 성과를 거두지는 못했다.[8]

이명박 정부와 박근혜 정부에 들어와서 시민사회와 정부는 대립과 갈등의 관계로 악화되면서, 개혁입법은 물론 정부와 시민사회의 거버넌스마저 실종되는 일대 위기 기간으로 퇴행되고 말았다. 2008년 이명박 정부의 출범과 동시에 발생했던 미국산 쇠고기 수입반대 촛불집회는 정부와 돌이킬 수 없는 대립 관계로 몰고 갔다. 박근혜 정부 또한 시민사회와 대립하며 실질적으로 국정의 공조를 하지 않았다.

(3) 국가보안법

국가보안법은 1948년에 제정되어, 1991년에 와서야 일부 개정이라는 매우 제한적인 법개정을 한 이후 실질적인 개정은 전혀 이뤄지지 않았다. 민주항쟁 직후부터 국가보안법 철폐운동은 본격화되었다. 1988년 7월 민족문학작가회의, 민주언론운동협의회, 한국방송프로듀서연합회 등이 공동으로 주최한 '언론·출판·문화 악법 개폐를 위한 공청회'에서 알 권리와 알릴 권리를 제약하고 사상의 자유를 억압하는 악법들과 자유로운 문화생산 활동을 가로막는 국가보안법은 개폐되어야 한다는 요지의 공동결의문이 채택되었다(한겨레신문 1988. 7. 20). 10월 23일에는 '양심수 전원석방 및 국가보안법 철폐를 위한 국민대회'가 서울 대학로에서 재야인사, 노동자, 시민, 학생 등 2천여 명이 참석한 가운데 열렸다(한겨레신문 1988. 10. 25).

1989년 법조계, 재야단체, 종교계의 보안법 철폐운동은 계속되었다. 2월에 국회에서의 반민주악법 개폐작업이 지연되고 있는 가운데 변호사 단체들이 국가보안법, 사회안전법의 폐지 등 각종 악법에 대한 개정 또는 폐지를 주장하고 나섰다.[9] 김영삼 정부에 와서도 국가보안법 개정 논의는 지속되었고, 특히 1995년 UN 인권이사회의 국가보안법 폐지 권고는 정부와 정치권과 시민사회 모두에 심각한 논쟁을 일으켰다.[10]

1999년 김대중 정부에 와서 UN 인권이사회는 국가보안법의 부당한 적용을 지적하고, 개정을 권고하였다.[11] 이에 정부는 1999년 유엔인권이사회에 반국가단체의 찬양 및 고무죄의 처벌을 규정한 국가보안법 7조의 적용을 보다 엄격히 하겠다고 회신했다(동아일보 1999. 3. 24). 또 유엔인권이사회는 1991년 대법원이 김근태 부총재를 국보법 7조(찬양·고무 등) 위반으로 처벌한 것은 국제규약(B규약) 19조의 표현의 자유를 침해했다고 결정, 우리 정부에 금전배상을 포함한 구제조치 등을 권고하고 90일내 조치 결과를 알려달라고 요구했다(한국일보 1999. 2. 9).[12]

2000년 참여연대·경실련 등 232개 시민사회단체가 참여하는 '국가보안법 폐지 국민연대'는 양심수 석방과 시국사범 수배해제를 촉구하며, "현재 125명의 양심수가 투옥돼 있을 뿐만 아니라 5백여명의 정치·시국·공안사범이 수배 중인 상태"라고 밝혔다(중앙일보 2000. 8. 8).

2004년 8월 국가인권위원회(위원장 김창국)는 "현행 국가보안법은 법률의 자의적 적용으로 국민의 인권과 존엄성을 침해해 왔고, 법 자체의 인권침해 소지로 끊임없이 논란을 일으켜 온 악법"이라며, "몇 개 조문을 바꾸는 것으로는 문제점이 치유되지 않기 때문에 전면 폐지하는 게 시대적 요구"라고 밝혔다(한겨레신문 2004. 8. 24). 국가인권위원회는 전원위원회를 열어 전면 폐지 8인, 대폭 개정 2인으로 이를 결정했다.

(4) 집회와 시위에 관한 법률

법률 개정운동에서 또 다른 뜨거운 감자는 집회와 시위에 관한 법률(집시법)이다. 1962년에 제정된 집시법은 2014년 말까지 13차례의 개정을 거쳐 왔는데, 가장 중요한 쟁점은 헌법에 보장된 국민의 기본권인 집회 및 시위의 자유를 보장하면서 공공의 안녕질서가 조화될 수 있도록 하는데 있었다.

1987년 민주항쟁 이후 집시법 개정에 대한 논란은 계속되다가 1989년에 일부 개정되었지만 논란은 지속되었다. 국회는 1989년 3월 집회 및 시위에 대한 제한과 벌칙을 대폭 완화하는 내용의 집시법 개정안을 통과시켜 시행에 들어갔는데, 시행 이후 한 달간 전국에서 신고된 각종 집회와 시위는 모두 122건이며 이중 14건이 금지되고 108건은 허용됐다(동아일보 1989. 5. 30). 그럼에도 개정 집시법은 경찰의 금지통고권 남용으로 집회와 시위를 보호하기 위한 법 개정 취지에서 벗어나 사실상 허가제로 운용되고 있다는 비판이 일었다.

김영삼 문민정부 출범 이후 2003년 11월 집시법 개정안이 국회를 통과했다. 그런데 집회를 신고하도록 되어 있는 개정안에 대해, 시민사회대표들은 "국회의 집시법 개정안은 명백한 개악으로, 모든 집회와 시위를 막자는 것이나 다름없다"며 재개정을 요구했다(한겨레 2003. 11. 21). 이어 12월 말에는 민변과 인권운동사랑방 등 27개 시민단체들은 "집시법 개정안이 국회를 통과하면서 헌법 제21조 2항이 금지하고 있는 집회와 시위에 대한 허가제가 구체적으로 현실화됐다"며 강력한 불복종운동을 전개하겠다고 밝혔다.

2009년 집회 및 시위에 관한 법률 중 야간 옥외집회 금지 규정에 헌법불합치 결정이 내려졌고, 2010년 7월부터 야간 옥외집회가 완전히 허용되었다. 정부 여당은 한밤에 집회가 개최되면 불법·폭력시위로 변질될 가능성이 높을 것으로 주장했지만, 2010년 7월부터 2011년 5월까지 전국에서 개최된 2,422건의 야간 집회 중 불법·폭력시위는 단 한 건에 불과했다(한국일보 2011. 7. 4).

이어서 2008년 미국산쇠고기 수입반대 집회, 2014년 세월호 참사 관련 집회, 2016년 대통령 퇴진 촛불집회 등으로 이어졌다. 또 집시법 위반으로 기소된 사람도 계속 늘면서 집시법의 논쟁은 지속되고 있다.[13] 2014년의 세월호 참사 집회의 경우, 경찰이 과잉대응을 했다는 자료가 공개되기도 했다. 경찰은 2014년 5월 17일부터 8월 30일 사이 열린 6차례의 세월호 관련 집회에 연인원 6만여 명의 경력을 투입해, 해당 집회에 참가한 시민의 수(3만6천200여명)에 비하면 경찰관 2명이 집회 참가자 1명씩을 담당한 것으로 추산되었다(연합뉴스 2015. 2. 17).[14] 시민사회단체들은 집회의 자유 보장을 요구하며 지속적인 집회와 시위를 이어갔다.[15]

2016년 11월 5일 대통령 퇴진 촛불시위 정국에서 국제앰네스티는 한국의 집회·시위 현실이 국제인권법 기준에 어긋난다며 개정을 촉구했다. 미신고 집회 주최와 신고범위 일탈 행위에 대한 형사처벌과 특정 장소와 시간대의 일괄적 집회금지, 교통소통의 사유로 행진 제한·금지 사례를 예로 들었다(서울신문 2016. 11. 16). 또 집회 현장에서의 차벽 사용, 대규모 경력 배치, 물대포 운용방식 등 경찰의 집회 관리 문제점을 지적했다. 그런데 10월 29일부터 매주 토요일에 개최된 대통령퇴진 촛불집회는 경찰이 제한한 집회와 시위 장소, 시간 제약이 법원의 판결로 풀리면서 오히려 평화 시위가 정착되는 일대 변화가 있었다.

(5) 12·12와 5·18 반란자 처벌과 민주화운동법

1987년 민주항쟁 이후 전두환 정권에 대한 단죄운동이 본격화되었다. 1988년 전두환 부부 구속 처벌 1백만인 서명운동이 민통련, 민청련 등 13개 단체로 구성된 '광주학살·5공비리 주범 전두환·이순자 구속 처벌을 위한 투쟁본부(공동대표 문익환·계훈제)' 주도로 시작되었다. 문익환, 계훈제, 최장학 등 재야 인사 1백여 명이 참가해 서명운동을 펼쳤다.[16] 또 광주민중항쟁 8주년을 맞아 전국 58개 대학에서 광주항쟁 계승 선포식과 책임자 처벌을 요구하는 실천결의 대회가 열렸고, 전국 주요도시 62개소에서 시민과 학생들이 시위를 벌였다.[17]

김영삼 대통령은 1987년 대통령선거 때는 12·12사태를 '군사반란'으로 규정했으면서도 1993년 5월 10일에는 "평가는 역사가 내리게 될 것"이라는 모호한 태도로 후퇴했다. 그러나 김영삼 대통령은 군사정권의 핵심이었던 하나회 등의 군수뇌부를 전격 개편하는 등 군사문화 청산에 박차를 가했다. 5월 13일 김대통령은 특별담화를 통해 5·18 관련 단체들이 요구해온 15개항 중 진상규명만 역사에 맡기고, 나머지는 대폭 받아들여 5·18의 깊은 상처를 치유하려는 적극적인 의지를 보였다.

그럼에도 12·12와 5·18 반란자 처벌에 대한 요구와 압력은 끊이지 않았고, 김대통령도 이런 시대적 요청을 거부할 수밖에 없는 역사적 선택을 하였다. 집권과 동시에 광주민주화운동 및 삼청교육 피해자 등이 전두환 전대통령을 살인, 직권남용 등의 혐의로 고소 고발한 사건(13건)이 1992년에 있었고, 검찰은 모두 불기소처리하자 일부 고소 고발인이 이에 불복해 재정신청 및 항고장을 냈다(동아일보 1993. 2. 16).

1993년 5월 전노협, 전교조, 한총련 등 27개 재야단체로 구성된 '민주주의민족통일전국연합'은 전국 10개 도시에서 대규모 집회를 갖고 5·18민주화운동에 대한 진상규명과 책임자 처벌 등을 촉구하는 집회를 가졌다. 또 5월 29일에는 한국대학총학생회연합 대학생 4만여명이 '광주 학살 진상규명'을 요구하며 가두행진을 벌였다. 대학생 1만여명은 서울 서대문구 연희동 전두환·노태우 전대통령 사저 근처로 몰려가 광주민주화운동 진상규명 및 책임자 처벌을 요구하는 격렬한 시위를 벌였다. 또 민주당 12·12쿠데타 진상조사위는 전두환, 노태우에 대해 쿠데타 진상조사를 위한 면담요청을 하며 공개설문서를 발표하였다(동아일보 1993. 6. 10).

1994년 민주주의민족통일전국연합, 경실련 등 23개 시민사회단체로 구성된 '12·12 반란자 기소촉구 시민단체연석회의'는 12·12 반란자 즉각기소를 촉구하고 나섰다(한겨레신문 1994. 11. 17). 그러나 1995년 7월 검찰은 12·12 및

5·18 사건 관련자를 불기소처분했다. 5·18 특별법이 제정될 즈음 신군부 인사들의 새로운 범죄 혐의가 발견되자, 11월 검찰은 12·12 및 5·18 사건 재수사에 나섰다. 검찰은 5·18 특별법 제정과 헌법재판소의 성공한 내란 처벌 결정 등으로 신군부 인사들의 기소 가능하다고 판단, 5·18 사건 공소시효 만료 하루 전인 1996년 1월 23일 전격적으로 전두환 등 신군부 인사를 내란죄 및 반란죄 혐의로 기소했다. 그리고 2월에 검찰은 12·12 사건, 전두환 전 대통령 비자금 사건, 노태우 전 대통령 비자금 사건 등의 관련자들을 기소했다.

이후 12·12 반란자 치벌에 따른 전·노 부정재산 환수 범시민운동도 1996년 초부터 추진되었다. 참여민주사회시민연대, 5·18 피해자와 5·6공 인권 피해자, 법조계, 사회운동단체 등이 참여하는 '범국민 부정재산 환수단'을 구성, 은닉재산을 환수하는 시민운동에 돌입하였다. 또 민주화운동관련명예회복및보상법은 김대중 정부의 출범과 동시에 2000년 1월에 도입되었다.[18] 동시에 의문사진상규명특별법도 제정되었다.

(6) 의문사법과 군의문사특별법 제정

김대중 정부에 와서 의문사법이 2000년 1월 15일 제정과 동시에 6월에 시행되었다. '의문사'는 "민주화운동과 관련한 의문의 죽음으로서 그 사인이 밝혀지지 아니하고 위법한 공권력의 직·간접적인 행사로 인하여 사망하였다고 의심할 만한 상당한 사유가 있는 죽음을 말한다"(국가법령정보센터).

2000년 대통령 직속 의문사진상규명위원회는, 의문사에 대한 진정서를 접수하며 접수 후 30일 이내에 의문사 여부를 판단해 진상조사 개시 또는 각하 결정을 내리게 된다고 밝혔다. 시민단체들이 주장하고 있는 의문사 피해자는 ① 1975년 8월 경기 포천군 약사봉에서 하산 중 숨진 채 발견된 장준하 선생, ② 1973년 10월 간첩단 사건과 관련해 중앙정보부(국정원 전신)에서 조사받던 중 숨진 당시 서울대 법대 최종길 교수 등 44명이다(동아일보 2000. 10. 16). 2년 후

참여연대, 민변 등 134개 시민사회단체는 의문사법 개정을 촉구했다. 이들은 "의문사위원회의 조사권한 한계와 조사기간 부족으로 억울한 진실을 밝히지 못하고 의혹만 키운 채 조사가 중단됐다"며, 의문사위원회에 특별검사 임명을 통한 강제수사권 부여, 조사기간 연장 등 의문사법 개정을 요구했다.[19]

또 다른 의문사법이 국회에 제출된 것은 노무현 정부 집권 초기였다. 군의문사에 대해 지속적인 문제를 제기해 왔던 천주교인권위원회와 민변이 토론회 등을 통해 특별법 제정 운동을 벌여온 데 따른 것이다. '군의문사'는 '군복무 중 사망한 자의 사망원인이 명확하지 않다고 의심할 만한 상당한 사유가 있는 죽음'으로 정의하였다(한겨레신문 2003. 9. 19). 이후 국회에서 여야 협의를 거쳐 2005년 7월에 제정되어 2006년 6월에 시행되었다.

(7) 과거사 진상규명

국가 공권력에 의한 인권 침해의 진상을 규명하는 과거사 진상규명 운동 또한 시민사회의 개혁입법 과제 중 하나가 되었다. 정부와 정치권에 대한 시민사회의 지속적인 요청과 압력은 2004년 집권한 노무현 정부의 화답으로 법제정의 결실을 보게 되었다.[20] 2004년 대통령의 지시에 따라 국가 공권력을 대표하는 국정원과 국방부 또한 민간위원을 포함하는 과거사 진상규명 위원회를 조직해, 진상규명 작업에 착수하였다.[21] 2004년 전국의 인권·시민사회단체, 학술단체, 과거청산 관련 피해자 단체들이 총망라된 과거청산운동 민간기구는 9월 초 발족식을 열고 "포괄적인 과거청산을 위한 통합적인 국가기구의 설치가 필요하다"고 주장하였다(한겨레신문 2004. 9. 4).[22] 시민사회의 과거사 청산 법안 마련을 위한 공청회를 거쳐 법안을 확정해 입법 청원하는 과정으로 진전하였다.

2005년 5월에 과거사법이 제정되었는데, 여야 합의와는 달리 민주노동당과 재야 출신 의원, 시민사회단체들은 과거사법이 국가공권력에 의한 인권침해를 밝히고 피해자 명예를 회복하기 위해 제정논의가 시작됐지만, 진실규명 범위에 대한민국의 정통성을 부정하거나 적대적 세력에 의한 테러, 인권유린, 폭력 등까지 포함해 당초 취지가 무색해졌다고 비판하였다.

(8) 사회보호법 폐지와 국가인권위원회법 제정

사회보호법의 폐지는 시민사회가 한국의 대표적인 인권침해 법으로 지목해 지속적인 폐지 운동으로 성사된 사례가 된다. 사회보호법은 동종의 범죄로 2회 이상 실형을 선고받고 합계 3년 이상의 형기를 받은 자가 다시 재범을 저지를 때 형벌 이외에 감호처분을 더 부과하기 위한 법률로, 명백히 이중 처벌을 하는 법이다. 사회보호법은 1980년 전두환 등의 신군부가 저지른 '삼청교육대'의 야만을 법적으로 제도화한 것에 지나지 않았다. 2003년 인권운동 사랑방 등 26개 시민사회단체로 구성된 '사회보호법 폐지를 위한 공동대책위원회'는 헌법소원을 냈지만, 헌법재판소는 1991년과 2002년 두 차례나 '합헌' 결정을 내린 전력이 있었다. 그래서 헌법재판소 판결보다는 사회보호법 폐지 입법이 현실적 대안으로 추진되어, 마침내 2005년 6월 사회보호법이 폐지되었다.

그런데 사회보호법이 폐지되어도 당시 청송감호소에 수용된 200여 명의 피보호감호자들과 청송교도소에서 형 집행중인 600여명의 재소자들은 감호집행이 계속된다고 명시하였다. 반인권성을 인정하며 법을 폐지하면서도 사회질서를 유지하기 위해 '길게는 10년 이상 감호소를 유지하며 자유를 박탈하고 인권침해 할 텐데, 대충 참아주세요.' 하는 셈이다(고근예 2005).

사회보호법 폐지와 동시에 국가인권위원회법의 제정이 시민사회의 끈질긴 개혁입법운동이 되었다. 국가인권위원회법은 시민사회의 지속적인 요청을 국민의 정부가 출범하면서 실천한 개혁입법이다. 1993년 6월 비엔나 유엔세계인권대회에 참여한 한국의 인권단체가 정부에 국가인권기구 설치를 요청했고, 1997년 11월 '인권법 제정 및 국민인권위원회 설립'을 대선 공약으로 발표했던 김대중 대통령이 2001년에 공약을 실천한 것이다.

(9) 관변단체특별법 폐지와 비영리민간단체지원법 제정

1988년 4월 악명높은 사회정화위원회가 해체되면서 그 후속단체로 '바르게살기운동'이 조직되었다. 이 단체에 서울시 등 지방자치단체가 20억 9천만원을 지원했고, 국고에서도 11억 5천 9백만원을 보조했다(동아일보 1989. 9. 21). 김영삼 정부의 출범으로 특별법에 의해 독점적인 지위를 누렸던 관변단체들에 대한 비판이 강해지며, 관변단체특별법 폐지운동이 본격화되었다. 그런데 정부와 여야는 관변단체특별법 폐지에 동의하면서도, 입법화로 성사되지는 못한 채 김대중 정부에 와서 2000년 새로운 입법으로 구체화되었다. 관변단체들을 포함한 모든 '비영리민간단체'들이 경쟁적 공모를 통해 사업비를 지원받도록 하는 법률이 제정되어 시행된 것이다.

'비영리민간단체지원법'에 의해 시행 첫해에 151개 민간단체가 사업비로 정부보조금 75억원을 지원받았다. 전체 340개 단체가 제출한 432건의 사업계획서를 심사해, 그 중 151개 단체 195건의 사업에 75억원을 배분하였다.[23] 그런데 참여연대는 1998년부터, 경실련은 2000년 총선시민연대 활동을 계기로 정부의 예산지원을 받지 않겠다고 선언하였다. 또 녹색연합, 정치개혁시민연대, 함께 하는 시민행동 등 일부 단체들도 2000년도 정부 지원사업에 참여하지 않았다.

(10) 정치관계법과 부패방지법과 투명사회협약

한국 YMCA와 참여연대 등 38개 시민단체로 구성된 부패방지입법시민연대는 2001년 11월 공직자윤리법 개정안을 입법청원했다. 시민연대는 개정안 중 떡값수수 금지 및 처벌조항을 통해 국내 직무 관련자로부터 금품, 향응 수수를 금지토록 하고, 부득이한 경우 공직자윤리위에 수수사실을 보고토록 했으며 이를 위반할 경우에는 징역 1년 이하의 형사처벌이 가능하도록 했다.[24] 2001년 12월 참여연대, 경실련 등 290여 시민사회단체들의 연대기구인 '시민사회단체연대회의'는 공직선거 및 선거부정방지법, 정치자금에 관한 법률, 정당법 등 3대 정치관계법 개정안을 최종 확정했다고 밝혔다.

부패방지법 관련 입법청원 운동도 진행되었다. 참여연대는 1996년 부패방지법 제정 청원을 국회에 냈지만 당시 김영삼 정부는 이 법안에 반대 입장을 분명히 했다. 부패방지법 제정에 찬성 서명을 하고 이를 10대 공약에 담은 김대중 정부 들어서도 논의는 공전만 거듭했다(세계일보 2011. 1. 5). 그런데 2000년 총선 낙천·낙선 운동에서 대상자 86명 중 59명이 낙선하면서 분위기가 반전돼 2001년 6월 청원안과 여야 발의 법안을 합쳐 '부패방지법'이 통과되었다. 2000년 참여연대, 경실련, 행정개혁시민연대 등 12개 시민단체로 구성된 '부패방지 제도 입법 시민연대'는 공직자 부패에 특별검사제를 도입하고 공직자에 대한 식사대접 등은 금품수수로 간주한다는 등 여야의 안보다 강력한 대안을 제시했다. 부정공직자에 대한 가석방금지 조항도 명시했다. 또 내부 고발자의 신분보장과 신변보호를 명시했으며, 공익제보로 인한 예산 절감액의 15%는 제보자에게 보상토록 제안했다. 부패방지법은 2002년에 제정되었고, 지금의 국민권익위원회 설치를 위한 법개정이 2008년에 이뤄졌다.

2005년 부패방지와 관련한 새로운 사회운동으로 투명사회협약이 추진되었다. 투명사회협약 체결식은 3월 9일 노무현 대통령을 비롯한 정부와 재계, 정치권과 시민·사회단체 등 38명이 투명사회협약에 서명했다(동아일보 2005. 3. 10).[25] 정치부문에서는 국회의원들의 윤리 강화, 깨끗한 정치자금, 청탁과 로비 근절을 제시하며, 불법 정치자금의 국고 환수를 해결책으로 내세웠다. 그런데 이명박 정부에 와서 2009년 초 한국투명성기구, 한국YMCA전국연맹, 흥사단 투명사회운동본부 등은 "정부가 협약 집행기구인 투명사회협약실천협의회에 내기로 한 분담금과 지원금을 일방적으로 중단해 협약을 파기했다"고 밝혔다(경향신문 2009. 1. 1). 2008년 미국산쇠고기수입반대 촛불집회로 정부와 시민사회 관계가 극도의 대립관계로 변한 시대상황을 보여주는 사례였다.

(11) 정보공개법

정보공개법 제정은 시민사회의 지속적인 개혁입법으로, 1996년 김영삼 정부 말기에 제정되었고, 이후 시민사회의 법개정 요구에 따라 노무현 정부에 와서 전면 개정되었다. 법 개정을 추진한 시민단체들은 모호한 규정을 내세워 국민의 알권리를 제한한다며 집단 반발하였다. 정부의 개정안에는 '주요정책 결정에 있어서 공개될 경우 의사결정의 중립성이 부당하게 손상될 우려가 있는 정보', '공개될 경우 국민에게 혼란을 일으킬 상당한 우려가 있는 정보' 등을 비공개대상에 포함시키는 조항이 신설됐다. 정보공개법 개정은 계속 미뤄지다가 2004년 노무현 정부에 와서 개정을 통해 정보공개제도를 종전보다 개선하고, 그 동안 정보공개제도의 운영상 나타난 일부 미비점을 개선·보완하였다.

02_ 정치개혁 운동

정치개혁 운동은 선거감시 활동부터 국정감사 모니터링 등 다양한 운동으로 전개되는 특징을 보였다.

(1) 선거감시 운동

1987년 민주항쟁의 해부터 선거부정을 감시하기 위한 시민사회단체의 활동이 본격화되었다. 1987년 12월 대통령 선거를 앞두고, 11월 17일 '민주쟁취천주교공동위원회' 주관으로 공정선거감시단 발대식을 가진 것을 시발로 기독교, 재야단체, 국민운동본부, 전국대학생 대표자 협의회(전대협) 등에서도 잇따라 발대식을 갖고 본격 활동에 들어갔다(동아일보 1987. 11. 18). 또 유일한 전국단위 조직인 '민족쟁취국민운동공정선거감시본부'에는 YMCA, 흥사단, 대학교수단체, 대학생단체 등이 다수 참여했다. 한편 공정선거감시전국본부 산하에는 서울, 부산 등 각 시도 본부와 기독교, 천주교, 불교, YMCA 본부 및 학생 본부가 설치돼 각 지역 및 부문 본부가 중심이 돼 활동했다(동아일보 1987. 12. 9).

2013년에는 국정원의 대통령선거 개입이 밝혀지면서 시민사회의 강한 저항이 있었다.[26] 8월에도 야권과 시민사회의 국정원 개입 진상규명 촛불집회가 참여연대 등 284개 시민사회단체로 이뤄진 '국정원 정치공작 대선개입 시국회의' 주도로 서울 광장에서 진행되었다(한겨레신문 2013. 8. 15).

(2) 정치개혁 시민연대

2000년 총선연대 활동을 통해 '선거혁명'을 이끌었던 시민단체들은 16대 국회 개원과 함께 각종 법안의 제·개정을 통한 제도개혁에 나섰다. 시민단체들은 법안 제·개정 작업의 실효성을 높이기 위해 개혁적 성향의 국회의원들이 함께 참여하는 기구 구성을 추진하는 한편 15대 국회 때 입법청원했으나 자동폐기된 법안들을 다시 상정하는 노력을 기울였다. 참여연대와 경실련은 국회법, 선거법, 정당법, 정치자금법 개정을 요구하였다. 또 반부패국민연대는 15대 국회 때 입법청원했으나 회기종료로 자동폐기된 부패방지법의 제정을 요구했고, 소비자단체들은 집단소송법안의 입법청원에 나섰다(한겨레신문 2000. 6. 12).

2003년 다시 시민사회단체들이 연대해 '정치개혁 시민연대'를 발족시키며 다시 정치개혁 입법을 강력하게 요구하고 나섰다. 한편 정치권에서도 정치개혁에 대한 호응이 뒤따랐다. 여야의 개혁파 의원과 시민단체 연합체인 정치개혁연대가 '정치개혁추진 범국민협의회'(가칭)을 설립한 것인데, 한나라당의 '국민속으로'와 민주당의 '열린개혁포럼'에 속해 있는 개혁성향 의원 70여명이 참여하였다(한국일보 2003. 1. 30). 노무현 정부에 와서도 시민사회의 정치개혁안 요구는 거세게 추진되었다. 355개 시민사회 단체들로 전국조직을 갖춘 시민사회단체연대회의는 신년하례회에서 '정치개혁 촉구 시국선언'을 발표했다. 실제로 2004년 총선에서 정치개혁에 비협조적인 의원들에 대한 낙선운동으로 발전되었다.

(3) 국정감사와 의정 모니터링

1987년 민주항쟁으로 헌법이 개정되면서 국정감사가 부활되었다. 행정기관에 대한 국회의 감사로, 여기에 시민사회단체들이 국정감사 모니터링으로 실질적인 국정감사를 통한 정부와 정책개혁의 감시견(watchdog) 역할을 강화해갔다.

1999년 9월 말에 시작된 정기국회 국정감사에 참여연대, 경실련 등 40개 시민사회단체로 구성된 '국정감사모니터 시민연대'가 출범해, 국정감사 한 달 동안 의원들의 활동을 모니터링하였다. 시민사회단체들이 연대활동으로 최초의 국정감사 모니터링을 시작한 것이다. 2000년에도 참여연대, 경실련 등 41개 시민단체로 구성된 시민연대가 각 상임위별로 우수 의정활동을 펼친 의원을 발표하는 등 국감 전반을 평가했다.[27] 한편 국회의원들은 '낙천·낙선운동'을 2000년 가장 큰 성과를 거둔 시민운동이자, 가장 문제가 있었던 시민운동으로 평가하였다. 또한 국정감사 모니터에 대해서는 '시민운동의 성과'라고 답한 의원들보다 '문제가 있는 시민운동'이라는 의원들이 두 배 이상 많았다.[28]

03 _ 시민참여 집회와 시위

법과 제도를 통한 정치민주화 운동에 이어, 시민권리로 보장된 집회와 시위를 통한 정치참여운동이 21세기에 들어서며 일상적 시민운동으로 정착되어 갔다. 2002년의 효순, 미선 여학생의 미군 장갑차에 의한 사망 사건을 비롯해 2008년 미국산쇠고기 수입반대 촛불집회, 2009~10년 서울 광장의 집회 개방과 2011년 비정규직 없는 세상으로 달리는 '희망 버스', 2014년 세월호 참사 관련 촛불시위, 2016년 대통령 퇴진 촛불집회는 한국 시민사회 역사에서 대표적인 집회와 시위로 기록되었다. 또 정치참여운동의 효시가 되었던 2000년의 낙선운동을 비롯한 2004년의 낙선운동, 그리고 이후 시민사회 대표들의 국회와 정부 내각 참여 정치운동은 한국의 현대 시민사회사에서 새로운 기록을 남겼다.

(1) 2002년 미선·효순 촛불집회

2002년 6월 13일 경기도 양주군에서 발생한 미군 장갑차에 의한 여중생 사망사고가 발생하자 조직된 범국민대책위원회는 '미군장갑차 여중생 살인사건 진상규명 및 책임자 처벌을 위한 범국민 서명운동'을 실시했다. 7월 3일 민변은 "미군측의 조사 결과를 믿을 수 없다"며 "법무부는 미군측의 형사재판관할권 포기를 요청하라"고 촉구했다. 11월에는 미군 장갑차의 관제병 페르난도 니노 병장에 대한 무죄 평결에 항의하는 시민단체 등의 반발이 확산되었다.[29] 무죄 평결을 받은 미군 2명이 27일 오후 미국으로 출국한 가운데 130여 개 시민단체 대표들은 "이번 재판은 미군에게 면죄부를 주기 위한 요식행위에 불과했다"면서 규탄집회를 가졌다(중앙일보 2002. 11. 28).

2003년 두 여중생을 추모하고 불평등한 한·미 주둔군지위협정(SOFA)을 개정하기 위한 촛불시위가 100일째를 맞았는데, 가해 미군에 대한 처벌과 부시 미국 대통령의 직접 사과, SOFA 개정 등 시위 첫날부터 내건 목표가 여전히 숙제로 남았다. 매일 오후 6시면 서울 광화문 주한미국대사관 옆에는 촛불을 든 남녀노소가 모여드는 등 우리 사회의 새로운 힘을 보여주는 상징으로 자리잡았다. 촛불시위는 '반전평화'에 무게를 둬야 한다는 쪽과 기존의 불평등한 SOFA 개정, 가해미군 처벌을 관철해야 한다는 쪽의 입장 차이로 결국 2003년 1월 4일에는 두 개의 촛불시위가 열렸다(경향신문 2003. 3. 5). 국내 보수세력과 미국 언론들이 촛불시위가 한국의 반미감정을 부추긴다고 주장했고, 일부 보수단체들은 대규모 반미 반대시위를 열면서 논란이 되기도 했다.

(2) 2008년 미국산쇠고기수입반대 촛불집회

2008년 4월 18일 한·미 정상회담을 불과 하루 앞두고 사실상 미국산 쇠고기를 전면 개방하는 내용의 양국간 쇠고기 협상이 전격 타결되면서, 광우병 파동으로 미국산 쇠고기 수입이 전면 금지된 2003년 12월 이후 4년 6개월만에 다시 미국산 쇠고기들이 들어온다는 소식이 전해졌다. 이에 농민단체와 시민단체들은 '굴욕적인 협상 결과'라며 격렬히 반발했다(한국일보 2008. 4. 19). 5월 2일과 3일 서울 청계광장 등 전국에서 열린 '미국산쇠고기 수입반대' 촛불시위가 시민단체들이 주도하며 온라인과 오프라인에서 수입반대 여론을 확산시켰다(동아일보 2008. 5. 5).[30]

참여연대 등 1,500여개 시민사회단체와 인터넷모임으로 구성된 '광우병위험 미국 쇠고기 전면수입을 반대하는 국민긴급대책회의'는 5월 13일부터 17일까지 서울 청계광장에서 대규모 촛불문화제를 5일 연속 개최했다. 5월 24일 청계광장에서 열린 촛불문화제는 여러 단체들이 가세하면서[31] 미국산 쇠고기 수입 반대 외에 초중등교육 자율화 조치, 한반도 대운하 건설 등 현 정부의 정책을 집중적으로 비판하는 무대로 바뀌게 됐다. 5월 말에는 전국 100여 곳서 중소도시·군 지역까지 촛불 시위가 번졌다. 6월 3일 '내각 총사퇴. 재협상'을 요청하는 사회원로 114명의 시국선언이 있었고, 같은 날 정부는 마침내 미국 측에 월령 30개월 이상 쇠고기 수출을 중단해 줄 것을 요청, 미국 측의 답신이 올 때까지 수입위생조건 고시 및 검역을 전면 유보하기로 했다. 이명박 대통령은 이날 국무회의에서 "쇠고기 문제로 정부에 대한 국민의 신뢰가 많이 떨어졌다"며 잘못을 시인하였다(한국일보 2008. 6. 4). 6월 10일 민주항쟁 21주년 기념일에는 진보 및 보수진영의 행사가 잇따라 열리며 최대 규모의 시위가 있었는데, 보수단체들은 촛불시위에 반대하고 한·미 자유무역협정(FTA)의 조속한 비준을 촉구했다(동아일보 2008. 6. 11).

7월부터 미국산 쇠고기의 판매가 재개됐고, 11월에는 3개 대형 마트에서도 판매가 시작됐다. 1,500여 시민단체가 연대한 '광우병국민대책회의'의 활동은 지도부가 100일이 넘는 조계사 농성 끝에 경찰에 검거되면서 사실상 소멸되었다.

(3) 2009~10년 서울광장 집회

2009년 5월 '민주주의 수호, 공안탄압 저지를 위한 시민사회단체 네트워크' 회원들은 경찰의 집회 원천봉쇄를 비판하는 기자회견을 가졌다. 정부가 서울 도심 집회를 원천적으로 불허하자, 시민사회는 헌법 21조(모든 국민은 집회의 자유를 가진다)를 수호하는 대응으로 맞선 것이다. 같은 5월에 참여연대, 환경운동연합 등 25개 시민사회단체는 서울 대한문 앞 노무현 대통령 서거 '시민 분향소'를 경찰이 차벽으로 에워싸는 상황에서 "노무현 전 대통령 시민추모제를 27일 저녁 서울광상에서 열겠다"며 광장 사용신청서를 서울시에 제출했다(한거레신문 2009. 5. 27). 또 6·10 범국민대회가 열린 서울광장에는 경찰이 원천봉쇄를 하지는 않았지만 일부 집회 참가자들이 차로를 점거하면서 크고 작은 충돌이 벌어졌다(한국일보 2009. 6. 11).

한편 서울시는 폐쇄적 운영으로 비판받아온 서울광장과 새로 문을 여는 광화문광장의 사용을 더욱 제한하는 조례안을 내놨다. 이에 조례개정 청원운동을 벌이고 있는 참여연대 등 시민단체들은 강하게 반발했다(한겨레신문 2009. 6. 23). 2010년 마침내 서울광장이 열렸다. 서울광장을 이용하려는 시민·단체들이 서울시에 신고만 하고 광장을 이용할 수 있도록 한 조례가 서울시의회를 통과한 것이다. 서울시의회는 서울광장의 사용을 허가제에서 신고제로 바꾸는 '서울광장의 사용 및 관리에 관한 조례' 개정안을 통과시켰다(한겨레신문 2010. 8. 14). 하지만 서울시는 여전히 강한 반대 방침을 고수하고 있었다. 2010년 보궐선거에서 박원순 서울시장이 당선되고, 2010년 지방선거에서 야당이 다수당이 되면서 정권교체의 효과가 있었다.

(4) 2011년 비정규직 철폐 희망버스

'비정규직 없는 세상으로' 달리는 희망버스 투쟁이 2011년 수차례에 걸쳐 진행되었다. 6월 11일, 1천여 명의 시민과 노동자들이 전국 각지에서 '희망버스'를 타고 한진중공업 영도 조선소를 찾았다. 부산 영도조선소 85호 크레인에서 다섯 달 넘게 고공시위 중인 김진숙 민주노총 부산본부 지도위원을 응원하고 나선 것이다.

'정리해고·비정규직 없는 세상을 위한 2차 희망 버스'에 참가한 7천여 명이 전국 곳곳에서 모였다. 7월 1일 평택시를 출발해 쌍용자동차 해고노동자들, 울산에서 자전거로 합류한 현대자동차 비정규직 해고자들, '반값 등록금' 실현을 요구한 대학생들, 아이들 손을 잡고 온 40~50대 등이 한자리에서 모였다(한겨레신문 2011. 7. 11). 또 3차 희망버스가 7월 30일 다시 부산으로 달렸다. 경찰과 보수단체의 저지에도 희망버스 참가자 4천여 명은 31일 새벽 1시쯤 김 지도위원이 농성중인 세일중공업 앞 도로에 집결해 밤샘 문화마당을 열며 '정리해고 철회' 등을 촉구했다(한겨레신문 2011. 8. 1). 새벽 1시 30분께는 휴대전화를 연결한 스피커로 김진숙 지도위원이 "머지않아 여러분과 함께 얼싸안을 날이 반드시올 것이니 그날까지 웃으면서 끝까지 함께 투쟁하자"고 답했다. 이에 참가자들은 "김진숙님! 힘내세요"를 외쳤고, 문화제와 집회가 열렸던 곳을 청소하고 영도조선소 앞을 떠났다.

4차 희망버스는 서울에서 8월 28일 진행되었다. '희망 버스 기획단'을 비롯한 시민 1천여 명은 서울 용산구 한진중공업 본사 인근에서 집회를 열었다. 한편 9월 20일 부산참여자치시민연대와 야 4당 등 부산의 50여 시민·사회·노동단체와 정당 등은 "희망버스에 대한 음해와 폭력, 강경대응으로 일관하는 경찰에 대해 단호하게 맞서겠다"고 밝혔다(경향신문 2011. 8. 29). 10월 5일 고은 시인, 황석영 소설가, 백기완 통일문제연구소장, 김정헌 전 한국문화예술위원회 위원장, 장회익 서울대 명예교수 등 사회원로 96명은 '5차 희망버스' 행사를 지지하며, "국회는 한진중공업 조남호 회장에 대한 4대 의혹 조사와 처벌을 위한 국정조사위원회를 구성하라"고 촉구했다(한국일보 2011. 10. 6).

마침내 11월 9일 정리해고 문제를 놓고 11개월 가까이 진통을 겪어온 한진중공업 사태가 해결의 전기를 맞았다. 한진중 노사 대표는 협상을 벌여 해고자 94명의 1년 내 재고용 등을 뼈대로 한 잠정합의안을 마련했다. 부산 영도조선소의 85호 타워크레인에서 고공농성을 벌여온 김진숙 지도위원이 땅을 밟을 수 있는 길이 열리게 됐다(한겨레신문 2011. 11. 10). 희망버스 참가자들은 개별적 네트워크를 통해 자발적으로 참가했고, 성소수자, 장애인, 직장인, 비정규직 노동자, 해고 노동자, 시민사회단체 회원 등이 광범위하게 결합했다(경향신문 2011. 7. 26). 촛불집회 당시에는 온라인 커뮤니티가 공론의 장 역할을 했다면, 희망버스에서는 트위터와 페이스북 등 SNS가 그 역할을 대신하면서 여론 형성의 신속성과 확산성이 높아졌다.

(5) 2014년 세월호참사 촛불집회

2014년 4월 16일 발생한 세월호 참사는 사고 직후 인명을 제대로 구하지 못한 정부에 대한 불만이 다양한 직접행동의 참여로 발전했다. 시민들은 자원봉사와 기부뿐 아니라, 생환염원 촛불집회 참여, 이후 희생자를 위한 추모회와 분향소 방문, 노란 리본달기, 진상규명과 특별법 제정을 촉구하는 서명이나 집회와 시위, 단식농성 참여로 이어졌다.

사고 직후부터 시민사회단체들의 촛불이 밝혀지기 시작했고,[32] 참사 3주가 지나면서 추모 분위기는 정부에 대한 분노와 저항으로 발전하였다. 시민사회단체들의 활동은 사고발생 한 달 가량 지난 후에 본격화되었다. 단체들의 연대활동 조직(세월호 국민대책회의)은 참여연대와 천주교인권위 등 전국 618개 시민단체가 모여 시민사회 차원에서 세월호 참사의 원인을 규명하고 대책 등을 논의하는 기구로, 실종자 수색 구조 촉구 및 진도 팽목항에서 방문자 안내, 세월호 참사 진상조사 및 이를 위한 특별법 제정 1천만명 서명운동 등을 추진하는 활동에 들어갔다(KBS TV 2014. 5. 22). 국민대책회의는 거의 매주 주말 집회를 개최하며 정부의 진상규명과 특별법 도입을 촉구하였다. 국민대책회의 활동 이전에 유가족 대책위원회가 먼저 조직되어, 정부에 진상규명 요구에 앞장섰다.

'세월호 특별법 제정' 요구는 국민대책회의가 조직되면서부터 본격적인 서명운동으로 확대되었다.[33] 세월호 희생자 유가족들은 진실규명을 위한 특별법 제정을 촉구하는 단식에 돌입했다. 7월 14일부터 유가족들은 광화문광장과 청와대 인근 청운동에서 단식을 이어갔고, 이는 국민대책회의와 시민사회단체의 동참과 시민들의 단식 참여로 발전하였다. 세월호 특별법 제정 협상이 마무리되었지만, 유가족들과 국민대책회의의 진실규명 요구는 지속되었다.

(6) 박근혜 대통령 퇴진 촛불시위

2016년 12월 31일까지 매주 토요일 10차에 걸친 박근혜 대통령퇴진 촛불집회는 2017년 헌법재판소의 판결이 나올 때까지 끊이지 않았다. 10월 29일부터 시작된 토요 촛불집회는 11월 5일, 12일로 이어지며 1,550개 시민사회단체들이 연대한 '박근혜 정권퇴진 비상국민행동'이 주도했다. 노조뿐 아니라 경실련과 참여연대 등의 시민사회단체, 농민단체, 대학학생회, 각종 직능단체들도 대거 참여했다. 한국 시민사회 전체가 총궐기한 집회와 시위가 되었고, 여기에 중고생, 주부 등 비조직적인 시민모임들의 다양한 시민들이 참여하였다. 11월 19일 주말에 다시 100만의 시민들이 다시 모여 촛불을 밝혔다. 이후 11월 19일에는 전국 70여 도시에서 100만명, 26일에는 190만명이 넘는 시민들이 전국 방방곳곳에서 대통령 퇴진의 함성으로 주권자 국민의, 국민에 의한 민주주의의 건재를 알렸다.

12월 3일 촛불집회는 230만명이 참여한 사상 최대의 기록을 세우며 절정에 달했다. 12월 9일 국회가 대통령 탄핵을 의결했지만, 시민들의 촛불시위는 멈추지 않았다. 10일 토요 촛불집회는 '촛불의 승리'를 축하하면서 헌법재판소의 탄핵 판결을 압박하는 집회와 시위가 되었다. 서울 광화문광장과 전국 80여곳에서 모여들며 100만명의 함성으로 7주차 집회와 시위를 이어갔다. 그리고 성탄절 이브와 연말을 겨울 광장에 나와 촛불을 밝히는 시민들은 전국적으로 백만명에 달했다. 2017년 3월 10일 마침내 헌법재판관 전원일치로 박근혜 대통령 파면이 선고됨으로써 다음날 3월 11일까지 20주에 걸쳐 연인원 1,600만명이 참여한 촛불집회가 마무리될 수 있었다.

04 _ 선거참여 운동

1987년 민주항쟁으로 쟁취한 대통령 직접선거를 계기로 공명선거운동이 시작되어 2000년과 2004년에는 낙선운동, 2008년부터는 매니페스토 운동이 있었다. 특히 2004년 총선부터는 시민사회 대표들이 국회의원 선거에 출마하는 새로운 정치참여운동으로 이어졌다.

(1) 2000년 낙선운동

2000년, 새 천년 한국 시민사회는 전대미문의 격동적인 한 해를 보냈다. 한국 역사에서 시민사회단체 활동이 가장 왕성했고, 또 그래서 가장 많은 논란을 불러 일으켰던 해로 기록되었다(주성수, 남정일 2001). 연초부터 총선시민연대 활동이 시작되면서 4·13 총선에 개입해 결정적인 영향력을 행사한 것이다.

총선시민연대와 경실련은 각기 4.13 총선에서 낙천 대상자를 경쟁적으로 발표했다. 뒤이어 부패하고 무능한 후보들에 대한 낙선운동이 전개되었고, 선거결과 지역감정에 따른 대결구도가 약한 지역들에서는 낙선 후보들이 실제로 많이 낙선되었다. 총선시민연대는 낙천 대상자 선정기준으로 ① 부패 행위, ② 선거법 위반 행위, ③ 반민주 반인권 전력, ④ 의정활동의 성실성, ⑤ 법안 및 정책에 대한 태도(반환경, 반여성, 반교육, 반복지, 반인권, 반정치행정개혁, 반경제개혁 등), ⑥ 정치인의 기본자질을 의심할만한 반의회적, 반유권자적 행위를 꼽았다. 김대중 대통령은 시민단체의 선거개입을 막는 현행 선거법을 '5·16 이후 권위주의의 산물'

이라고 규정하면서 "법으로 규제할 수 없다"고 강조했다(중앙일보 2000. 1. 20).[34]

16대 총선은 시민단체의 낙선운동이 실질적인 영향력을 미쳐 유권자 혁명을 이룩한 역사적 사건으로 기록되었다. 낙선 대상으로 지목됐던 5선 이상의 여야 중진의원들 대부분이 줄줄이 낙선되며 정치판의 물갈이가 일어났다. 수도권에서 20명중 19명이, 충청권에서 7명중 6명이 탈락하는 예상 밖의 결과였다. 전국 낙선율과 집중 낙선운동 성공률도 예상보다 훨씬 높은 68.6%로 나타났다.[35]

그러나 시민단체의 낙선운동은 유죄 판결을 받았다. 대법원은 2001년 1월 26일 "개인적인 이해 관계를 벗어나 정치개혁의 명분이 있었다는 점을 인정하지만 법 테두리를 벗어난 선거운동은 용납될 수 없다"며 유죄 판결을 내렸다. 검찰은 낙천·낙선운동 관련자 처벌을 하면서 집회와 가두행진 등 선거법상 금지된 행위에 대해서만 기소하는 '타협'을 했다.[36] 언론들은 일제히 낙선운동의 혁명을 좋게 평가했는데, KBS(2000. 4. 14)는 "사상 처음으로 시도된 낙선운동은 시민에 의한 정치개혁의 가능성을 높여줬다"며, "시민혁명이 성공했다"고 보도했다.

(2) 2004년 낙선운동과 대통령탄핵 반대운동

2004년 총선에도 낙선운동이 다시 등장하였다. 시민단체들이 4·15총선에 대비해 발족식을 갖는 등 당선 및 낙선 운동, 정보공개 운동에 나섰다. '2004 총선물갈이 국민연대'는 후보 평가의 기준과 절차를 제시하는 등 당선 운동 준비작업에 들어갔고, 또 참여연대 등 300여 단체가 참여한 '2004 총선시민연대' 또한 조직과 활동방향을 발표한 뒤 낙천 리스트를 공개하였다.

또 이라크 전쟁 추가 파병안이 국회에서 통과되자, 시민사회단체들은 미국의 이라크 침공을 '명분 없는 전쟁'으로 규정하고, 파병 동의안에 찬성한 의원들에 대한 낙천·낙선 운동으로 강력히 저항하였다. 또 3월 12일 국회가 노무현 대통령에 대한 탄핵소추안을 가결하자, 전국에서 수만명의 시민들이 거리로 나서 이를 규탄했고, 전국 223개 시민사회단체들은 대통령 탄핵을 '총칼 없는 쿠데타'로 규정하고 연대투쟁을 결의했다(한겨레신문 2004. 3. 15). 5월 15일 헌법재판소는 탄핵안을 기각했고, 이에 참여연대 등 972개 시민사회단체로 구성된 탄핵무효 범국민행동은 환영의 성명을 발표했다(한국일보 2004. 5. 15).

한편 '2004 총선시민연대'는 4월 6일 탄핵찬성 의원 전원을 포함한 216명의 '낙선대상자' 명단을 발표했다. 부패·비리와 선거법 위반, 도덕성 등을 근거로 108명, '대통령 탄핵소추안 찬성' 후보 100명, 비례대표 부적격 후보 8명을 선정했다(동아일보 2004. 5. 7). 낙선운동은 2000년 총선에 이어 상당한 성과를 거둔 것으로 나타났다. 그러니 선거과정에서 시민단체별로 낙선 리스트를 쏟아내 유권자들에게 혼란을 주기도 했다. 2004 총선시민연대는 17대 총선 낙선 대상자로 선정한 206명 중 129명이 떨어져 낙선율 62.6%를 기록했다고 밝혔다(한국일보 2004. 4. 17).

한편 총선에서 당선운동을 펼친 2004 물갈이국민연대는 지지후보로 선정한 54명의 후보 가운데 23명이 당선됐다고 밝혔다. 대통령 탄핵소추로 낙선 대상에 오른 100명 가운데서는 51명이 고배를 마셨고, 나머지 대상자 106명 가운데서 낙선된 확률은 73.6%로 16대보다 5%포인트 높았다.

(3) 당선운동과 국회진출

시민사회 대표들의 정계 진출은 1996년 제15대 국회의원 선거 때부터 본격화되었다. 시민사회 경력으로 국회의원에 당선된 인물은 59명에 달했는데, 김영삼 문민정부가 민주화 운동가와 시민사회 활동가들에게 정계진출의 길을 열어주었다. 김근태(국민회의), 제정구·이부영(민주당), 이재오·김문수(신한국당) 의원 등은 제도권 진입에 성공한 1980년대의 대표적인 민주화 운동가들이었다. 이후 김대중 정부에서는 78명으로 약간 늘었고, 노무현 정부에서는 115명으로 크게 늘었다.

2000년에는 낙선운동으로 시민사회 대표들이 직접 총선에 나서는 경우는 적었지만, 2004년부터는 당선운동으로 적극적인 정계진출이 봇물을 이루었다. 2004년부터 시민사회단체 대표들이 정당의 지역구나 비례대표 후보로 공천을 받아 당선되는, 정당과의 정치연대로 국회에 입성하는 방식은 2008년(제18대 113명)과 2012년에도 지속적으로 이어졌다.

2004년 총선을 살펴보면, 집권여당인 열린우리당의 1차 공천신청자 515명 중 시민운동가는 76명으로 15%에 달했고, 민주당도 1차 공천신청자 421명 중 시민단체 출신이 32명(7.6%)으로 나타났다(동아일보 2004. 1. 29). 2000년 16대 총선 당시 각 당의 시민단체 출신 공천신청자는 평균 2%대 미만에 불과했다. 시민단체의 인기가 급상승하자 시민단체 인사를 표방하는 '유사(類似)시민운동가'도 급증하는 세태가 있었다. 후보자들은 '○○ 사랑 모임 간사', '신○○포럼 원장' 등 직함을 사용하거나, 자신을 '환경운동가', '시민운동가'로 홍보하는 사례들도 적지 않았다.

또 17대 국회는 과거 한 두명씩 개별적으로 발탁됐던 '운동권' 인사들이 집단적으로 국회에 진출한 것이 특징이다. 16대 국회에서 오영식·임종석 의원 둘뿐이던 전국대학생대표자협의회(전대협) 출신이 17대에는 현실 정치의 주요 세력으로 떠올랐다. 전대협 출신들의 정치참여가 본격화된 것이다.

그러나 2008년 18대 국회에서는 민주화운동 출신의 국회의원과 후보자들이 많이 물러났고, 보수세력의 국회 진입이 늘었다. 서울·수도권의 결전에 나선 1980년대 학생운동 출신들은 줄줄이 패퇴했고, 보수 성향 대통령의 영향으로 신(新)우파 세력의 국회 진출이 늘었다. 뉴라이트 단체들은 2006년 4월 뉴라이트재단을 설립해 정권 교체를 위한 기반을 다졌고, 11월 김진홍 뉴라이트전국연합 상임의장은 정권교체를 위해 대통령 선거 과정에 적극적으로 참여하겠다는 뜻을 밝혔다(한겨레신문 2006. 11. 8).

19대 국회에는 특히 시민사회 대표들이 대거 진출했다. 17대와 18대의 재야와 학생운동 출신과는 다른 시민사회단체 대표들의 국회 진출이라는 새로운 특징이 있다. 2012년 19대 총선에 출마한 예비후보 1,982명 중 약 20%가 시민사회 경력자로, 이 중 100여 명이 당선된 것이다.[37]

2012년 총선에서도 낙선운동이 있었는데, 참여연대를 비롯해 천여개 시민단체들이 '총선유권자네트워크'를 출범시켜 SNS를 통한 선거운동에 나섰다. 네트워크는 반값 등록금, 부자세, 무상의료 등을 선정해, 정당들에 4·11 총선 공약으로 채택하도록 압박했고, '리멤버뎀'(Remember Them) 사이트를 통해 예산안 강행 처리에 참여한 여당 의원 명단을 게시한 데 이어 친이계 의원 등 4대강 사업에 적극적으로 찬성한 30명을 낙친 대상자로 공개했다(한국일보 2012. 2. 15).

2016년 총선에서도 낙선운동이 있었다. 34개 연대기구와 전국 1천여개 단체가 모인 '2016 총선시민네트워크'가 활동한 결과, "수도권에서 낙선운동 대상자 16명 중 11명이 낙선해 낙선율 68.8%를 기록했다고 밝혔다(경향신문 2016. 4. 14). 그런데 낙선운동을 주도한 총선넷 대표들이 공명선거 위반혐의로 검찰의 수사를 받게 되었고, 이에 총선넷 대표 단체들은 정치보복이라면 강력히 반발하였다.

제 3 장

경제민주화 운동

01_ 경제개혁 입법

1989년에 창립한 경실련은 창립취지문에서 "부동산투기, 정경유착, 불로소득과 탈세를 공인하는 금융가명제, 극심한 소득차, 불공정한 노사관계, 농촌과 중소기업의 피폐 및 이 모든 것들의 결과인 부와 소득의 불공정한 분배, 그리고 재벌로의 경제적 집중, 사치와 향락, 공해 등, 이 사회에 범람하고 있는 경제적 불의를 척결하고 경제정의를 실천함은 이 시대 우리 사회의 역사적 과제"라 선언하였다.

(1) 금융실명제

1980년대 말 지가 상승으로 인한 전세, 월세의 폭등으로 서민의 삶이 크게 악화되자, 경실련은 토지공개념 입법운동으로 추진하였다. 종합토지세와 양도소득세 과표의 현실화, 금융자산 소득에 대한 종합과세 실시 등 조세법 개정의 개혁과제를 국회에 제시했지만 노태우 정부 기간에는 전혀 성과가 없었다.

김영삼 정부는 집권과 동시에 금융실명제를 전격 실시하는 경제개혁을 추진하였다. 1993년 금융실명제와 부동산실명제 개혁은 한편으로는 군부 권위주의에 재정적 자원을 제공해 온 정경유착의 고리를 끊고 정치와 경제의 관계를 투명하게 하며, 다른 한편으로는 재벌기업과 정치엘리트의 연합이 정치를 독점하는 현상을 타파하고자 했다(김도종 2005: 13). 금융실명제는 김영삼 정부 말기인 1997년 국회가 대통령 선거를 앞두고 여야 합의로 경제위기가 금융실명제의 미흡함 때문이라는 인식에서 금융개혁 법안을 통과시켰다.

(2) 재벌개혁

경실련은 경제개혁 중 재벌개혁을 위한 입법운동을 추진하였다. 경실련은 1992년 11월 대통령선거를 앞두고, ① 금융실명제 조기실시, ② 투기근절을 위한 토지세제 강화, ③ 한국은행 독립과 금융자율화, ④ 재벌의 경제력집중 억제 등 14개 정책과제를 확정, 대선후보들의 정책평가 기준으로 삼기로 했다(경향신문 1992. 11. 7). 경실련은 재벌의 경제력집중 문제에 대해, ① 소유와 경영의 분리, ② 재벌의 금융지배 방지, ③ 우리사주 비율의 확대, ④ 상속·증여세 강화 등 개혁대안을 제시하였다.

김영삼 정부는 집권과 동시에 금융실명제를 통한 재벌개혁 조치를 강력히 추진하였다. 대통령선거 공약 이행 차원에서 김영삼 정부는 집권과 동시에 금융실명제를 시행했지만,[38] 실질적인 재벌개혁은 실패하였다.

김대중 정부는 정권 인수 이전에 닥친 외환위기 극복에 재벌개혁을 추진하지 않을 수 없었다. 김대중 후보는 "재벌경제는 큰 폐단이다. 이것을 시정하지 않으면 나라의 장래가 없다"며, "문어발식 기업확장은 기업 금융대출을 제한해 막겠다"고 공약하는 등(한국일보 1997. 12. 2), 당선과 동시에 재벌개혁의 의지를 강하게 피력하였다. 국제통화기금(IMF)도 재벌 개혁을 위기 극복의 과제로 제시하였다.[39] 그러나 1998년 5월 재벌개혁은 공정거래위원회를 통해 재벌그룹의 부당 내부거래를 조사하는 수준에서 그치고 말았다.

노무현 정부는 집권과 동시에 재벌개혁 3대 과제를 출자총액 규제, 상속·증여세 완전포괄주의, 증권 관련 집단소송제로 설정해 추진하였다. 집단소송제에 대해서는 다음에 서술한다.

(3) 노동법과 노사정위원회

1991년 노동법 개정에 유리한 기회가 조성되었다. 남북한 UN 동시 가입과 그에 따른 국제노동기구(ILO) 가입으로 밖으로부터의 압력에 의한 노동법 개정 논의가 본격화될 수 있었다. 1992년에는 ILO에 한국 정부의 단결권 침해를 제소해 노동법 개정에 대한 국내외적 관심과 국제노동단체의 국제연대를 이끌어 낼 수 있었다(김유선 2004: 236). 1995년 UN사회권위원회는 한국은 파업의 자유가 지나치게 제한돼 있으며, 산업현장에서 벌어지는 노동자의 행동이 합법적인지 여부를 판단하는 권한이 일방적으로 정부가 갖고있다고 주장했다(한겨레신문 1995. 5. 21).[40]

한편 노사정위원회로 대표되는 사회적 대화 체제가 김대중 정부 노동정책의 근간이 되면서 정부주도의 노동정책 시대가 막을 내리는 계기가 되었다.[41] 노사정위원회는 정리해고 도입, 근로자파견제 시행, 공무원·교원 노조 결성권 허용, 사회보장제도 확충 등에 합의했다. 고용의 유연성과 공무원노조 합법화를 주고받은 것이다. 민주노총은 물론 한국노총도 노사정위원회에서 등을 돌렸지만, 이로써 비로소 노동계가 재계의 동등한 파트너로 인정받았다는 데에는 역사적 의미가 있다. 또 전교조가 합법화됐고, 공무원직장협의회도 허용돼 이후 공무원노조로 발전했다.

2003년 ILO는 민주노조 진영의 제소를 수용해 '복수노조 금지, 공무원과 교사의 단결 금지, 제3자 개입금지' 등 노동법 개정을 한국 정부에 권고했고, 이에 정부는 '정기국회 때 노동법 개정'을 약속하였다(김유선 2004: 237).[42] 노무현 정부는 대통령 직속 노사관계개혁위원회를 발족시키고, 민주노총의 노동법 개정안을 무시하고 정부 개정안을 통과시켰지만, 민주노총의 총파업 투쟁에 부딪혀 다음해 여야 합의의 노동법개정안을 수용할 수밖에 없었다.

(4) 최저임금제와 최저생계비와 고용보험

시민사회에서 최저임금제와 최저생계비를 경제개혁의 이슈로 제기하고 나선 것은 2001년부터였다. 전국여성노동조합, 여성단체연합 등은 '최저임금 인상을 촉구하는 전국 캠페인'을 시작해, "공공근로 일당에도 못미치는 현재의 최저임금 월 42만 1,490원은 저임금 노동자 보호기능을 제대로 못하고 있다"며 50만원 이상의 최저임금 보장을 촉구하였다(한겨레신문 2001. 1. 22). 또 참여연대 등은 5년마다 측정하는 최저생계비 문제를 매년 합리적 실사에 기초해 인상해야 한다고 주장하였다. 최저생계비와 직접 연관된 기초생활보장제는 2000년 참여연대 등 시민사회단체들이 연대해서 입법청원으로 도입된 새로운 국민기초생활보장법에 기초한 제도이다.

2010년 고용안전망 구축을 위한 연대조직이 출범했다. 민주노총·한국노총 등과 전국실업극복단체연대, 한국여성단체연합 등 50여개 단체들은 연대조직을 통해, 실업자가 400만명에 육박하고 있지만, 실업급여를 받는 사람은 공식 실업자의 절반에도 못 미친다며 이들의 생계보장을 촉구하고 나섰다(한겨레신문 2010. 3. 4). 영세자영업자, 신규실업자, 장기실업자 등 고용보험 사각지대에 있는 사람들이 1천만명이 넘는 것으로 추정되는 주장도 제기되었다.

(5) 청년유니온과 노년유니온과 알바노조

2010년대에는 노동권의 사각지대에 몰린 아르바이트 노동자의 권리 증진을 도모하는 노동조합들의 결성이 활성화되었다. 시민사회의 한 축을 구성하는 노동과 경제 중심의 시민사회조직의 활성화는 세계와 한국의 경제위기 또는 침체라는 시대적 상황에서 불가피한 동향이 되었다. 2012년 청년유니온이 노조로 법적 지위를 획득했고, 이어 2013년 노년유니온과 2014년 알바노조가 차례로 결성되었다.

'청년유니온'은 2010년 구성원 2명의 비영리단체로 출발했지만 노조로 인정받는데 3년의 시간이 걸렸다. 만 15~39세 직장인과 구직자를 구성원으로 한 청년유니온은 이후 1년 만에 광주, 인천, 충북, 대전, 대구 등 6개 지자체에서 노조 설립신고 필증을 받았고, 2013년 4월 30일 전국 단위 노조로 인정받았다.

2013년 55세 이상의 일하는 노인들 중심의 '노년유니온'도 두 번의 시도 끝에 전국 단위 노동조합으로 인정됐다. 노년유니온은 2012년 7월 150여명이 모여 창립 대회를 열고 그해 10월 처음 신고서를 냈지만 반려됐다. 노조원 중에 '구직자'가 있다는 이유에서였다. 결국 노년유니온은 실제 일하고 있는 13명의 노조원만으로 이뤄진 노조 설립 신고서를 다시 제출해 신고필증을 받게 됐다.

같은 해 2013년 최저임금조차 보장받지 못하는 '초단기 비정규직' 노동자로 조직된 단체가 공식 노조로 출범하였다. 아르바이트노동조합(알바노조)은 20~30대 아르바이트 조합원 10여명으로 조직되어, 2013년 1월 2일 '알바연대'라는 이름의 비영리단체로 출범한 뒤 공식 노조로 활동하게 됐다(한겨레신문 2013. 8. 8). 알바연대는 최저임금 인상 캠페인과 아르바이트 최다 고용 5대 대기업의 노동권 보장운동을 펼쳤다. 청년유니온이 35살로 조합원 자격을 제한하지만, 알바노조는 나이, 성별, 사업장의 제한이 없는 노조이다.

02 _ 기업과 시민사회 관계

기업과 시민사회의 관계는 김영삼, 김대중 정부에서는 재벌개혁과 관련해 다분히 대립과 갈등의 특성을 유지하였다. 소액주주운동과 집단소송, 집중투표제 등은 재벌기업들에게는 심각한 개혁운동으로 간주되었다.

(1) 소액주주 권리찾기운동

참여연대가 창설과 동시에 추진해온 소액주주 권리찾기운동이 2000년에 와서 첫 결실을 맺었다. LG그룹 산하 데이콤은 3월 7일 증권거래소에서 참여연대와 공동 기자회견을 갖고 참여연대의 개정안을 대폭 수용한 '데이콤 경영투명성 및 기업지배구조 개선안'을 발표했다.

재계는 2001년부터 소액주주운동에 대해 정면 공격하고 나섰다. 재계 의견을 대변하는 자유기업원장은 "소액주주운동은 투명성 부분에서 어느 정도 성과를 거두었으나 시장경제와는 거리가 멀어 더 이상 지속하는 것은 바람직하지 않다"고 주장했다(한겨레신문 2001. 3. 3). 이에 참여연대는 "소액주주운동에 대한 평가는 시장에서 이해 당사자인 주주들이 판단할 문제"라고 응수했다.

또 2001년에는 재계가 정부의 새빌개혁징책을 잇따라 강도 높게 비판하며, 기업규제 철폐를 요구하는 양상을 보였다. 박용성 대한상공회의소 회장, 좌승희 한국경제연구원장 등은 정부의 재벌개혁에 대해 "정부가 재벌개혁을 목적으로 획일적인 목표비율을 설정해 정책 악순환을 낳고 경영활동을 위축시키고 있다"고 비판했다(한겨레신문 2001. 9. 5). 2002년 참여연대는 주총에서 직접 주주제안을 하거나 회사측과 의결권 대결을 하지 않는 대신, 소액투자자들의 돈을 모아 주주가 된 기관투자가들이 주총에서 기업감시 의무를 잘 수행하는지 감시하겠다고 밝혔다(동아일보 2002. 6. 2).

(2) 집단소송제와 집중투표제

집단소송제는 주주 한 명이 기업을 상대로 손해배상을 청구해 이겼을 경우 다른 주주들도 별도의 소송 없이 똑같은 배상을 받도록 하는 제도이며, 집중투표제는 군소 주주들이 표를 몰아줘 자신들을 대변할 이사를 뽑을 수 있게 하는 제도로 그 동안 의무화 여부를 논의해 왔다.

2000년 정부는 집중투표제 의무화를 유보하는 한편, 집단소송제는 단계적으로 시행하기로 결정했다. 이에 시민단체들은 '개혁의지의 후퇴'라고 강력히 비판하고 나섰다. 정부는 집중투표제가 기업 경영의 효율성을 저해할 수 있다며 의무화를 반대한 것이다. 이에 참여연대는 "재벌개혁과 기업 지배구조개선을 포기한 것"이라고 비판하였다(중앙일보 2000. 10. 27). 참여연대는 2000년 10월부터 국회의원, 관계전문가, 네티즌 등을 상대로 온·오프라인을 모두 동원해 집단소송제 서명운동을 벌였다(동아일보 2000. 10. 27). 이후 2003년에도 여야는 정치적 합의를 통해 집단소송제를 연기하기로 합의하면서, 참여연대 등 시민단체들로부터 '재벌개혁 후퇴'라는 반발을 샀다(한겨레신문 2003. 6. 3).

(3) 환경운동과 기업관계

기업과 시민사회단체의 관계는 경제개혁 이외에도 환경 분야에서도 상당한 갈등의 관계를 보이다가 점차 환경보호 차원의 협력관계로 진전하는 변화를 보여주었다. 먼저 글로벌 차원의 지구온난화 이슈는 국내 대기업들에게도 환경보호와 지속가능성의 중요성을 일깨워주는 계기가 되었다. 1992년 6월 브라질의 리우데자네이루에서 열린 유엔환경개발회의(UNCED) NGO회의에 참가할 국내 환경단체들의 모임인 'UNCED 한국위원회'가 주요 대기업들을 상대로 현지회의 참관, 국내행사 후원 등 연대·지원을 촉구하였다(한겨레신문 1994. 4. 30).

1993년 김영삼 정부에서 민관의 환경 거버넌스가 개시되기도 했다. 정부의 환경처장, 환경운동연합·경실련 등 4개 환경단체, 소비자단체협의회·여성단체협의회 등 18개 시민단체, 상공회의소 등 7개 경제단체, 현대·삼성·대우 등 10대 기업 대표자들이 간담회를 열어 납품 거부운동과 불매운동을 벌이기 위한 추진방법을 논의했다(한겨레신문 1993. 10. 28). 또 소비자문제를 연구하는 시민의 모임을 중심으로 소비자·농민·환경단체 등 34개 시민단체가 연합해 '발암농약 검출 수입밀 사용저지 시민연대모임'을 결성했다. 연대모임은 국수·빵·과자 등 밀가공식품에서도 농약이 검출됐다는 조사결과를 발표해 수입밀의 안전성에 의문을 제기했다. 또 분유·이유식을 비롯해 과자·빵·냉동식품 가운데 상당수가 유통기한을 최고 524일이나 넘긴 채 유통되고 있어 식품의 유통기한뿐 아니라 제조날짜도 표시해야 한다는 여론을 불러모았다(한겨레신문 1993. 12. 23).

그런데 1994년 경실련, 환경운동연합 등의 단체들이 개최한 환경행사에 공해기업들의 협찬이 이뤄진 사실이 알려지면서 시민단체들이 비난을 받는 일이 발생했다. 이에 경실련과 환경운동연합은 앞으로 환경행사에 기업협찬을 받지 않겠다고 밝혔다(한국일보 1994. 5. 5).[43]

(4) 분양원가 공개

치솟는 아파트 분양가 상승을 막기 위한 시민운동이 분양원가 공개 요청으로 출발한 것은 2003년의 일이었다. 경실련이 주도적인 역할을 해온 분양원가 공개는 정부의 규제 정책의 하나로 뒷받침되었다.[44] 한편 정부는 공공택지내 25.7평 이하 민영아파트부터 분양원가를 2005년부터 일부 공개하도록 추진하였다.[45] 2006년에는 아파트 분양원가 공개 확대 방안을 논의할 '분양가제도 개선위원회'가 공식 출범하는 등 진전이 있었다. 2007년에는 분양원가 내역공시와 분양가 상한제가 도입되는 등 새로운 변화가 이어졌다. 건설업체들이 반발하였지만, 경실련 등 시민단체는 이 개정안이 미흡하다며 보완대책을 촉구하였다.

03 _ 경제살리기 운동

1997년 11월 외환위기가 발생하자 시민단체들은 전국적인 연대조직을 구성, 외환위기극복 국민운동을 추진하였다. 금모으기운동부터 경제살리기운동, 실업극복국민운동, 사회안전망 구축운동 등 시민사회는 지속적인 국민운동으로 위기극복의 주도적 역할을 하면서 정부와 기업과 파트너가 되었고, 또 보수단체와 진보단체가 연대하는 변화도 선보였다.

(1) 금모으기운동

1997년 11월 말 경실련, 환경운동연합 등 시민사회단체들이 연대해 외환

모으기, 과소비 자제를 중심으로 '신국채 보상운동'에 돌입했다. 이에 정부도 공조해 '나라사랑 금 모으기 운동'과 '고철모으기 운동'을 국민운동으로 전개해 나가기로 했다. 같은 시기 '외채상환금모으기범국민운동'에 연대한 경실련, YMCA, 소비자보호단체협의회, 전국농민단체협의회 등 70여개 시민사회단체들은 전국 농협 2천 210개 지점을 통해 금모으기 범국민운동을 벌여 나가기로 했다(국민일보 1998. 1. 8). 시민단체 주도로 모인 금은 수출이 아닌 내수산업용으로 쓰여 금수입에 지출되는 달러를 절약하는 효과를 냈다. 1998년 초부터 시행된 금모으기는 10일만에 2억달러어치 20톤이 모였다(한국일보 1998. 1. 23).

(2) 경제살리기운동

금모으기운동으로 위기극복의 단초가 되었던 시민운동은 경제살리기 범국민운동으로 확대, 발전되었다. 1998년 경실련, 환경운동연합, 기독교청년회 등 43개 시민사회단체들은 한 해 8조원에 이르는 음식물 찌꺼기를 사료로 활용하는 운동에 나섰다(한겨레신문 1998. 3. 26). 소비자단체들은 경제위기를 계기로 소비자의 의식과 행동의 수준을 끌어올리며 경제위기를 극복하는 금모으기 운동과 물가감시단 결성, 아나바다 운동 등을 추진하였다.[46]

(3) 실업극복국민운동

대량실업을 극복하기 위한 국민운동도 시민사회단체들이 주도적으로 조직하여, 국민성금을 모아 정부의 실업대책을 보완하는 민간사회안전망 역할을 했다. 보수단체들과 진보단체들, 그리고 직능단체들이 참여해 결연사업에 앞장서는 등 시민단체들이 총망라되어 전국을 그물망으로 엮는 민간사회안전망으로 만들어갔다(한겨레신문 1998. 12. 8). 실직가정돕기범국민캠페인은 전국 236개 시군구에서 실직가정돕기를 위한 지역본부 결성 선포식을 열고 활동에 들어갔다.[47]

실업극복국민운동이 전개하는 '10만 저소득실직가정돕기 범국민결연운동' 은 민간 차원의 사회안전망 구축사업이라는 데 큰 의의가 있다. 구호 차원의 일 회성 행사가 아니라 주는 사람과 받는 사람이 유기적인 관계를 맺는 운동이다. 1 단체 단위에서 1가구 이상 실직가정을 지원하는 것이다. 교회, 성당, 사찰, 기업, 공공기관, 학교 등이 실직가정들에 일정 금액을 일정 기간 이상 지원하도록 하자 는 것이다. 국민운동은 정부지원의 사각지대에 놓인 실직가정에 생존에 필요한 최소한의 물품을 3개월 이상 지원하는 것을 기본개념으로 하였다.

민간의 역량을 힌데 모을 때 실업대란에 효과적으로 대처할 수 있다는 인 식이 확산됨에 따라 전국에 '지역협의체'들이 잇달아 결성되었다(한겨레신문 1998. 11. 24). 지역협의체는 특정지역의 여러 민간단체들이 실업자 및 실직가정 을 돕기 위해 구성한 연합기구로, 지역단위 실직자돕기 민간네트워크의 구심체 라고 할 수 있었다.[48]

실업극복국민운동(공동위원장 김수환 송월주 강원용)은 1998년 9월에 공모를 통해 비영리민간단체들이 제안한 23건의 실업극복사업을 선정, 26억여원을 지 원하였다(한겨레신문 1998. 9. 16). 민간이 낸 성금을, 민간이 주도하는 국민운동체 의 책임 하에 민간을 위해 쓰는 이 시도는 한국에서는 처음 있는 일이었다. 종 교계 빈민구호단체, 자선단체, 시민단체, 노동단체, 복지관, 환경단체, 장애인단 체 등 저마다 특장점을 지닌 비영리민간단체들이 실업자를 위해 일하겠다며 실 업성금 지원을 요청했다.[49]

실업극복국민운동은 11월 2차 지원대상으로 시민사회단체 18개, 종교단체 9개, 복지단체 9개 등과, 실업 당사자인 노동자를 대변하는 노동단체 5개, 장애 인단체 3개를 선정하였다. 2차 선정사업 63건의 지역별 분포는 서울·인천·경기 등 수도권이 절반 이상을 차지해, 대도시의 실업난이 중소도시와 농촌지역에 비 해 심각한 사실을 반영했다. 실업극복국민운동위원회는 2003년 4월 1일에 공식 해산했다. 대신 실업극복 활동은 새 민간 공익법인인 고용지원재단(가칭)을 통해 새롭게 시작되었다. 국민운동은 1998년 6월 출범한 이후 5년 동안 실업자와 실직가정 긴급구호, 자활지원 등을 이끌어왔다.[50]

(4) 사회안전망 구축운동

참여연대와 경실련은 외환위기로 인한 실업극복국민운동을 거울삼아 정부와 기업과 시민사회가 협력해 장기실직자 등 취약층의 복지를 위한 사회안전망을 구축할 것을 제안하였다. 주요 대안은 국민연금, 의료보험, 산재보험, 고용보험 등 4대 사회보험 적용 대상 확대, 생활보호 예산 확충을 통해 대상을 장기실직자까지 확대, 사회복지비 지출의 향후 5년간 국내총생산의 10%까지 확대 등이다(한겨레신문 1998. 10. 2). 이런 제안들은 2000년 국민기초생활보장법의 입법과 시행으로 결실을 맺었다.

04 _ 자유무역협정

세계무역기구(WTO)의 다자간 협상이 본격화하고 자유무역협정(FTA) 체결이 보편화되는 상황에서 정부와 시민사회는 FTA를 두고 대립과 갈등에 들어섰다. 정부는 경제자유구역법 시행에 나서는 한편, 경제현안으로 떠오른 한·칠레 FTA 국회 비준과 한·미 투자협정(BIT) 체결을 서둘렀다. 이에 노동계와 농민단체 중심의 시민사회단체들은 "WTO 개방과 각종 투자협정이 국민 대다수의 생존을 악화시킬 것"이라며 강경한 대응에 나섰다(한국일보 2003. 6. 12).

(1) 한·칠레 FTA

2003년 2월에 서명된 한·칠레 FTA는 공산품 전 품목에 대한 관세 철폐와 함께 양모, 밀, 배합사료 등 농산물 224개 품목에 대한 관세를 10년 안에 없애도록 했다. 이에 농민단체는 "농업 최강국 칠레와 FTA를 맺는 것은 우리 농업을 파산의 구렁텅이로 몰아넣을 것"이라고 주장했다.[51] 노동계는 경제자유구역이 신자유주의 경제정책의 결정체로, 월차휴가 폐지, 생리휴가 무급화, 전문업종 파견근로 확대 등은 노동기본권을 정면으로 부정하는 위헌조항이라고 지적했다(한국일보 2003. 6. 12).

(2) 한·미 투자협정과 스크린쿼터

한·미 투자협정은 스크린쿼터 문제에 막혀 진전을 보지 못했다. 경제부처는 "한·미 투자협정이 성사되면 40억 달러의 투자유치와 함께 미군 몇 개 사단이 한국에 주둔하는 정도의 경제·안보 효과가 있다"고 주장했지만, 문화부와 영화계는 "스크린쿼터 같은 문화분야는 WTO 협상에서도 제외하는 추세인데다, 외국인 투자유치를 위해 한국의 미래산업인 영상산업을 내줄 수는 없다"며 완강히 반대했다(한국일보 2003. 6. 12). 시민단체도 "선진국 중에 미국과 투자협정을 맺은 나라가 없고 노동권, 환경권을 침해하는 독소조항이 많다"며 반발하였다. 개방저지 투쟁에 나선 시민사회단체는 민주노총, 전국농민회총연맹 등 노동계와 농민단체를 비롯, 전교조, 교수노조, 민주노동당, 진보네트워크센터, 스크린쿼터 문화연대, 영화인회의, 함께 하는 학부모시민연대 등 50여개에 달했다.

(3) 한·미 FTA

2006년부터 한·미 FTA 협상이 본격화되면서 시민사회의 저지운동도 거세졌다. 미국에 간 한·미 FTA 저지 범국민운동본부 회원들은 미국의 시민단체 회원들과 함께 백악관과 국제통화기금(IMF) 본부 등 워싱턴DC 중심부에서 FTA 협상 중단을 요구하는 거리집회를 열었다(한국일보 2006. 6. 6). 한편 범국민운동본부의 '협상 저지를 위한 대표자 시국선언'에는 한국YMCA 전국연맹과 녹색소비자연대 등 수십 개 시민사회단체들이 합류했다(한국일보 2006. 7. 10).

시민사회의 지속적인 저지운동에도 불구하고, 한·미 FTA는 2007년 4월 2

일 타결되었다. 한·미 FTA 반대 또는 지지운동을 놓고 진보와 보수 단체들이 대립하며 시민사회 운동의 심각한 분열을 낳았다. 바른사회시민회의와 자유주의연대 등 13개 보수단체는 '한·미 FAT비준 시민연대'를 출범시키고 조속한 국회 비준을 촉구했다(한국일보 2007. 4. 6). 반면 참여연대, 환경운동연합 등 범국본에 참여한 진보 성향의 시민단체들은 촛불문화제를 여는 등 한·미 FTA 저지 결의를 다졌다.

제 4 장

사회민주화 운동

시민사회의 민주화운동은 정치, 경제 분야와 동시에 사회 전분야에 걸쳐 지속적으로 추진되었다. 인권보호와 양성평등을 비롯해 교육, 환경, 소비자, 언론, 보건의료, 정보와 문화, 과학기술, 사회복지, 서회적경제, 기부와 자원봉사 등 광범위한 분야에 걸쳐 사회민주화와 혁신 운동이 진행되어 왔다.

01 _ 인권보호

(1) UN 인권이사회 제소

1991년 한국의 UN 가입은 국내 정치, 경제, 사회 개혁에 상당한 영향을 미치며, 시민사회의 개혁입법 운동에 든든한 추진력이 되었다. 시민사회가 국내의 인권 등의 이슈들을 국제기관에 내부고발(whistle-blowing) 하는 운동을 진행하며, UN 등 국제기관의 호응과 지지를 적극 활용한 특징이 있었다. 1990년 4월 정부가 국제인권규약에 가입하면서 그에 따른 의무조항으로 1991년 7월 UN에 제출한 '시민적 및 정치적 권리에 관한 국제규약 제40조에 따른 최초 보고서'에 대해 인권단체들이 국내의 인권상황을 제대로 담아내지 못했다고 주장하며 UN 인권이사회에 반대보고서를 냈다.[52] 인권단체들이 공동으로 작성한 보고서는, "정부가 국가안보를 이유로 인권을 탄압하는 억압적 법률"을 만든다고 주장했다(동아일보 1992. 4. 29). 반대보고서는 국가안전기획부, 경찰 대공분실에 의한 고문 및 가혹행위, 안기부, 기무사 등의 인신구속, 불공정한 장기구금 실례를 들어 신체의 자유가 침해되고 있다고 지적했다.

한편 1992년 7월 UN 인권이사회는 한국 정부가 제출한 국제인권규약에 관한 최초의 보고서 검토에서 국가보안법의 운용, 국제인권 관련 규약규정의 실천문제 등 일부 분야에서 개선의 여지가 많다고 지적하고, 이에 대한 근본적 개선책이 강구되어야 한다고 강조했다(한겨레신문 1992. 7. 16).[53]

1993년 6월 10일 오스트리아 빈에서 개최된 세계인권대회에서 민주화를 위한 변호사모임(민변) 등 9개 단체로 구성된 '민간단체공동대책위원회'는 20여 개 참가국 NGO 대표들과 공동으로 국가보안법 철폐 등을 요구하는 공동결의 문을 채택했다(한겨레신문 1993. 6. 19). 1994년 9월 대한변협(회장 이세중)은 〈93 인권보고서〉를 통해 문민정부 1년은 집권 초기의 강력한 개혁의지에도 불구하고 표적사정 및 과거청산 의지결여 등 전 정권과의 차별성을 찾기 어렵다고 평했다(국민일보 1994. 9. 30).

1995년 삼청교육피해자동지회가 UN 인권이사회에 제소하고 나섰다. 삼청교육피해자동지회의 회장 이택승씨는, "1980년 7월 인삼경작지에서 밭일을 하다 무장군인들에 의해 삼청교육대에 끌려가 1년여 동안 하루 12시간의 강제노동을 하며 폭행을 당했으나, 한국정부로부터 이에 따른 법적 경제적 구제를 받지 못했다"는 내용의 제소장을 접수시켰다(한겨레신문 1995. 5. 30).[54]

1999년 UN 인권이사회는 유죄확정 판결이 내려진 국민회의 김근태 부총재의 국가보안법 위반 사건에 대해 UN 인권규약을 위반했다며 우리 정부에 구제조치를 권고했다(한국일보 1999. 2. 8).[55] 김 부총재는 1989년 전민련 출범식장에서 결의문을 낭독 배포했다가 국보법 위반 혐의로 구속기소돼 1991년 4월 대법원에서 징역 2년이 확정되자 93년 10월 인권이사회에 구제신청을 냈다.

2000년에 와서 인권문제 만큼 지대한 관심을 끌었던 사안도 없었다. 인권단체들은 정부의 인권위원회 설치 등의 노력이 매우 부진한 것으로 판단, 서명운동 등을 통해 정부에 대한 압력을 지속적으로 행사했다.[56] 양심수 석방, 의문사 조사, 외국인노동자 인권개선 등에서는 새로운 진전이 이뤄지기도 했다.

2001년 인권운동사랑방 등 17개 시민단체들은 '사회권규약 제2차 반박보고서 연대회의'를 조직해, UN 경제·사회·문화적권리위원회가 "한국정부는 공권력 남용을 자제하라"고 권고한 데 대해 즉각 이를 이행할 것을 정부에 촉구했다(한겨레신문 2001. 5. 13). UN 사회권리위원회는 5월 11일 한국 정부가 제출한 제2차 보고서를 심의한 뒤 "한국 정부는 시위진압에 있어 공공질서 유지를 위해 절대적으로 필요한 범위 이상의 공권력은 자제하라"는 등 13개 사항을 권고했다.

(2) UN의 '표현의 자유' 실태보고

2010년 UN은 한국의 표현의 자유 점검을 위해 특별보고관을 파견했다. 그는 "정부 입장과 일치하지 않는 견해를 밝힌 개인들을 국제법에 부합하지 않는 국내 법규에 근거해 사법조치하면서 개인의 의사표현의 자유를 제약하는 일이 증가하고 있다"고 평가했다. "온라인상의 정부비판 내용을 삭제하는 사실상 검열기구를 운영하고 있다"는 지적도 했다(경향신문 2011. 2. 24).

이명박 정부 출범 이후 3년간 표현의 자유는 심각하게 훼손되고 인권은 외면당했다. 특히 정부 정책에 반대하거나 의문을 제기하는 인사에 대해선 검·경이 주도적으로 압박했다. 외환관리 정책을 비판한 인터넷 논객 '미네르바' 박대성씨는 허위사실을 인터넷에 게재, 국내외 외환시장에 심각한 영향을 미쳤다며 구속됐다. 미국산 쇠고기의 위험성을 지적한 방송 제작진도 "오역과 왜곡보도를 함으로써 혹세무민했다"는 이유로 기소됐다. 박원순 변호사는 국정원의 민간인 사찰 의혹을 제기했다가 명예훼손 소송을 당했다. 그런데 정부는 패자가 되었다. 박대성씨는 1심에서 무죄가 선고된 뒤, 기소의 근거가 된 전기통신기본법 47조 1항이 헌법재판소에서 위헌결정이 나면서 무죄가 확정됐다. 제작진도 '언론 보도의 영역에 있는 비판'이라는 이유로 1·2심에서 무죄를 선고받았다. 박원순 변호사도 승소했다.

(3) 국가인권위원회

2001년 국가인권위원회법이 국회를 통과함에 따라 국가인권위원회가 출범했다. 그런데 시민단체들은 재판이나 수사가 진행중이거나 종결된 사안에 대해서도 인권위가 다시 조사할 수 있도록 해야 한다고 주장하며, 또 피진정인에 대해 서면조사를 우선한다는 조항 삭제, 증인신문권 인정, 출석요구 불응 때 동행명령권 인정 및 형사처벌 등을 요구하였다.[57]

이명박 정부의 출범으로 국가인권위원회는 정부를 감시·비판하고 시민의 인권을 보호해야 하는데 방관하거나 침묵했다는 비판을 자주 받았다. 2011년 박원순 변호사 사건에 대해 인권위의 입장 표명을 요구하는 목소리가 높았지만 아무런 입장도 내놓지 않았다. 총리실 공직윤리지원관실의 민간인 불법사찰, 집시법의 야간집회 제한, 용산참사 등 정권에 부담되는 사안들에 대해서도 마찬가지였다(경향신문 2011. 2. 24). 취임할 때부터 '인권 비전문가'로 비난받았던 현병철 위원장은 시민의 인권에 대해선 외면하면서, 북한 인권 문제에만 집중하는 등 정부 편향적 하수인 역할을 했다. 결국 2010년 유남영·문경란 상임위원이 동반 사퇴했고, 이어 조국 비상임위원과 전문·자문·상담위원들이 나란히 사퇴하며 위원장 퇴진을 촉구했다.

(4) 교포와 외국인노동자 인권

1999년 외국인노동자를 돕는 단체는 전국에 30여개 정도로, 이중 22개 단체가 외국인노동자문제대책협의회를 구성해 연대활동을 했다(동아일보 1999. 4. 27). 성남외국인노동자의 집은 1980년대부터 노동자들을 위해 목회활동을 해온 김해성 목사가 1994년 4월에 문을 열었다.[58] 또 1997년 1월 문을 연 외국인노동자법률구조센터는 외국인노동자의 법률구조활동을 전문으로 하며,[59] 1998년 말부터 외국인 노동자의 기본 인권과 근로조건을 보장하기 위한 '이주노동자를 위한 국제협약'에 정부가 가입하도록 하는 캠페인도 벌였다.

2000년에 범정부 차원의 외국인노동자 인권대책기구가 구성되었다.[60] 시민단체의 역할이 특히 중요했는데 불법체류 외국인노동자는 신분상의 약점으로 인해 당국에 피해신고를 못하고 민간단체를 찾는 사례가 많은 점을 고려한 것이다. 또 정부는 국내 불법체류 재중동포(조선족)들의 자유왕래를 점진적으로 확대하고 송출비리 근절과 조선족 입국범위 확대를 위해 시민단체와 충분한 협의를 거쳐 제도개선을 추진해 나가기로 했다.[61]

(5) 사형제 폐지

사형제 폐지 시민운동은 김대중 정부부터 지금까지 지속되어 왔다. 인권단체들과 종교계는 사형집행을 중단한 김대중 정부에 이어 사형제도 폐지에 긍정적인 입장을 갖고 있는 노무현 정부의 출범을 맞아, '2003년을 사형제도 폐지의 원년'으로 만드는 시민운동에 들어갔다(국민일보 2003. 1. 29). 2013년에도 천주교인권위원회와 국제앰네스티 한국지부 등 16개 종교·시민사회단체들은 사형집행 중단 16년이 되었다며, 사형제 폐지의 입법화를 촉구하였다(한겨레신문 2013. 12. 31).

2010년 2월 25일 헌법재판소가 13년만에 다시 사형제도에 대해 합헌 결정을 내렸다. 이에 대해 사형제 폐지를 주장해온 종교계와 시민단체들은 헌재 결정이 시대착오적이라고 비판하면서 국회가 나서 사형제를 폐지해야 한다고 주장했다.[62] 반면 사형제를 지지해온 보수 단체들은 강력범죄가 끊이지 않는 상황에서 사형제를 폐지하는 것은 시기상조라며 헌재 결정을 환영했다(한국일보 2010. 2. 26).[63]

(6) 교통약자이동권 보장

2004년 '장애인도 버스를 탑시다' 행사가 33번째 열렸다. 행사를 주관한 '장애인이동권 쟁취를 위한 연대회의'는 2002년 지하철 발산역에서 휠체어 리프트를 이용하다 추락해 숨진 지체장애인 윤재봉씨의 2주기를 맞아 여당인 열린우리당사까지 '휠체어 버스타기 시위'를 벌였다(한겨레신문 2004. 5. 20). 그러다 마침내 2005년 1월 '교통약자의 이동편의증진법'이 제정, 2007년 1월부터 시행되었다. 이동권과 관련해 추상적인 규정뿐이었던 '장애인복지법'에서 진일보한 '장애인·노인·임산부 등의 편의증진에 관한 법률'의 한계를 보완한 법이다.

(7) 도가니 : 장애여학생 성폭력

2011년 11월 광주지역 31개 장애인·시민단체로 꾸려진 인화학교 성폭력대책위원회는 광주시 서구 버스터미널 앞에서 펼치던 천막농성을 48일 만에 해산했다. 대책위는 "지금껏 불가능한 것처럼 보였던 법인인가 취소를 이뤄냈다"며 "이로써 도가니 카르텔은 깨지고, 청각장애인 학생과 인화원 생활인들은 인권유린의 도가니에서 벗어났다"고 밝혔다(한겨레신문 2011. 11. 22).

대책위는 2005년 7월 26개 시민단체로 출범한 뒤 7년 동안 인화학교 성폭력 사건 은폐와 방치에 맞서 242일의 천막농성과 국가인권위원회 진정으로 성폭력 가해자 처벌, 우석법인 인가 취소, 공립 특수학교 설립 등을 촉구했다. 대책위는 9월 22일 영화 〈도가니〉가 개봉되자 10월 5일 천막농성에 들어갔다가 광주시가 우석법인에 인가 취소를 통보하자 농성을 풀었다. 한편 〈도가니〉의 영향으로 교육과학기술부는 장애 학생에 대한 성폭력을 예방하고, 발생한 범죄는 조기 발견해 피해 학생을 지원할 수 있도록 전국 시·도 교육청 산하 특수교육지원센터에 '상설 감시단'의 설치를 밝혔다.

(8) 군대 구타사망

2014년 4월, 윤일병의 사망 원인이 구타에 의한 것이라는 사실이 군인권센터의 고발로 밝혀지면서 군대 구타사망이 사회적 이슈가 되었다. 군인권센터는 육군 28사단에서 선임병 4명에게 폭행을 당해 숨진 윤모 일병 사건을 전면 재수사하고 수사 책임자들을 처벌해야 한다고 주장했다(동아일보 2014. 8. 8). 윤 일병의 사망 원인은 부검 결과로 나온 '기도 폐쇄에 의한 뇌손상'이 아니라 가해자들에게 심한 구타를 당해 의식을 잃으면서 뇌진탕에 가까웠다는 것이다.[64] 군인권센터의 2012년 연례보고서(http://www.mhrk.org/areport/)에 의하면 2012년 동안 군인권센터에 접수된 상담은 총 122건이었다. 초기 상담은 주로 인터넷 게시판 및 전화 등 간접적인 창구를 통해 진행되거나, 또는 군의 폐쇄적 특성상 피해자 본인 외에 가족을 통해 진행되었다. 2012년 온라인으로 접수된 상담은 64건으로 2011년 41건에 비해 1.5배 이상 증가했는데, 접수된 상담에서 가장 많은 침해 사례는 '생명권/안전권/신체의 자유(31%)'이며, 대부분의 피해유형은 '구타 가혹(21%)'이었다.

02 _ 양성 평등

(1) 정권별 개혁입법 운동

1987년 민주항쟁 이후 여성운동은 초기에는 성폭력문제에 역량을 집중시켜 성폭력특별법의 제정을 성사시켰다. 1986년 권인숙 사건을 비롯해, 1988년 강정순 사건을 계기로 한국여성의전화, 한국성폭력상담소 주도의 전국적인 성폭력추방운동이 일어났다. 이후 1992년에는 여성연합이 입법을 추진하였지만 무산되었다.

김영삼 정부에 와서 마침내 성폭력특별법이 1993년 12월에 입법화되었다. 연이은 성폭력사건들로 입법을 서둘지 않을 수 없었다.[65] 그럼에도 '정조에 관한 죄'를 적용한 1993년의 성폭력특별법은 1995년에는 '강간과 추행의 죄'로 개정되고, 이후에도 성폭력특별법은 2003년까지 4차례 개정을 거듭하였다(강남식 2004 : 414-8).

김대중 정부에 와서도 개혁입법 운동은 지속되었다. 1999년 남녀차별금지 및구제에관한법이 제정되었고, 2000년에는 정당법을 개정해 여성공천할당제를 신설했으며, 2001년에는 지금의 여성부의 체제를 갖추는 개혁이 이뤄졌다. 이어 남녀고용평등법의 개정과 근로기준법에서 모성보호제도를 강화하는 개정이 이뤄졌다. 그러나 1999년부터 추진된 호주제 폐지운동은 가족법 내의 동성동본 불혼제의 무효 판결 이외에는 별 성과가 없었다.

노무현 정부에 와서는 2004년 성매매금지법이 제정되었는데, 성매매 특별법은 성매매 강요 행위에 대한 처벌 규정을 크게 강화해 성매매 업주들의 불법적 착취 구조를 근절하는 한편 성매매 여성의 '피해'를 보호하는 데 초점이 맞춰졌다. 2005년 2월 호주제의 폐지로, 2008년 1월부터 호적 대신 '가족관계등록부'를 가지는 1인1적제가 시행되었다.

이상과 같이 여성운동은 진보 정권들에서 상당한 개혁입법을 이뤄낸 성과를 갖게 되었지만, 이후 보수 정권의 출범으로 여성정책은 급속히 퇴보되었다는 평가를 받았다. 2011년 한국여성단체연합 등 여성단체들은 이명박 정부 들어 여러 분야에서 여성정책이 퇴보하고 있다고 지적한 '비정부기구(NGO) 보고서'를 UN여성차별철폐위원회에 제출했다(한국일보 2011. 7. 11). 보고서에는 "현 정부 들어서면서 한국의 여성정책은 급격히 보수화됐다"며 "국민과 소통하지 않고 통제하는 일방적인 정치스타일 때문에 여성과 통일분야에서 '거버넌스' 체제가 무너졌다"고 비판했다.[66]

(2) 가정폭력과 성폭력

한국 최초로 '여성해방'을 목표로 내건 여성평우회는 1987년 한국여성단체연합·한국여성민우회·한국여성노동자회로 분화하는 등 진보여성운동의 모태 역할을 했다. 여성평우회[67]가 창설되기 닷새 전인 1983년 6월 13일 서울 중구 애플다방 건물 4층 세 평짜리 사무실에서 두 대의 전화가 하루종일 울려댔다. '매 맞는 여자'들의 전화였다. '한국여성의 전화'는 처음으로 아내구타를 심각한 사회문제로 이슈화시켰다.

1991년 1월 남원에서 31세 주부가 9세 때 자신을 성폭행한 50대 남성을 살해하는 사건이 발생했다. "나는 사람을 죽인 것이 아니라 짐승을 죽였다"는 신술로 유명한 김부남 사건이다. 10월 30일 '성폭력특별법 제정' 청원을 국회에 내고 본격적인 입법운동에 나섰다. 성폭력특별법 제정 청원은 13대 국회 임기 만료로 자동폐기됐지만, 여성단체들은 다시 14대 국회에 입법청원을 냈고, 1993년 말 '성폭력범죄의 처벌 및 피해자보호 등에 관한 법률'이 통과되는 결실을 얻었다(세계일보 2011. 1. 5). 1996년 한해 동안 여성계는 가정폭력·성폭력 피해로부터 여성을 보호하기 위한 다양한 활동을 펼쳤다.[68] 성폭력사건도 빈발해지면서, 여성민우회는 성폭력예방을 위한 지침을 제시하는가 하면 성폭력상담소에 '24시간 상담실'을 신설했고, 여성의전화는 여중생에게 성교육을 위한 '딸들을 위한 캠프'를 열었다(경향신문 1996. 12. 18).

(3) 호주제 폐지운동

2000년 12개 단체로 결성된 한국여성단체협의회가 37회 전국여성대회를 열면서 "호주제 폐지와 강력한 여성부 신설을 촉구한다"고 주장했다. 이들은 "남녀차별과 성비 불균형, 불평등한 가족관계를 재생산하는 호주제의 폐단을 알리고 이를 폐지하는 운동에 앞장설 것"을 결의하며, 여성부를 신설할 것을 촉구하였다(한겨레신문 2000. 10. 2). 또 같은 시기에 한국가정법률상담소, 참여연대, 민주사회를 위한 변호사 모임, 천주교정의구현전국연합 등 22개 시민단체들도 '호주제 폐지를 위한 시민연대'를 발족해, 민법 개정청원운동, 호주제 위헌소송, 범국민 서명운동을 통해 호주제 폐지를 위해 노력해 나가겠다고 밝혔다(중앙일보 2000. 9. 28). '호주제폐지를 위한 시민연대'는 11월 28일 호주제 위헌소송을 냈다.

2005년 2월 호주제가 마침내 폐지된 것은 지속적인 여성운동의 성과로 평가된다. 헌법재판소는 아버지 중심의 가족 제도를 규정하는 호주제가 "개인의 존엄성과 양성 평등에 위반된다"며 위헌 결정을 내림으로써, 2008년 1월부터 호적 대신 '가족관계등록부'를 가지는 1인1적제가 시행되었다.

(4) 여성할당제

2000년 한국여성단체연합과 한국여성단체협의회 등은 서울지법에 공천효력정지 가처분 신청을 냈다. 여성연대는 "지난 2월 초 여야가 정치개혁의 일환으로 비례대표 전국구 국회의원 선거후보자의 30% 이상을 여성에게 할당하도록 정당법을 개정했다"며 "그러나 실제 공천 결과 한나라당의 여성할당율은 24%(45명중 11명), 자민련은 19.3%(31명중 6명)에 불과했다"고 밝혔다.

여성의 정치적 대표성을 높이기 위한 '여성할당제'는 16대 총선 때 비례대표에 여성할당제 30%가 반영됐고, 17대 총선부터 비례대표 50% 할당과 교호순번제 적용, 지역구에 여성후보 공천 30% 할당이 권고조항으로 들어갔다(경향신문 2015. 8. 18). 지역구와 비례대표 후보의 일정 비율을 여성으로 공천하도록 하는 '여성할당제'를 반영한 결과, 여성 국회의원 비율은 5.9%(16대 국회)에서 13%(17대 국회)로 2배 이상 증가했으며, 19대 여성 국회의원은 47명(지역구 19명, 비례대표 28명)으로 전체 국회의원 중 15.7%를 차지했다. 여성계의 30% 여성할당제 운동의 성과로 여당이 전국구 후보의 30% 가량에 여성을 공천한 결과였다(한겨레신문 2000. 12. 25).

(5) 모성보호법 시행

2001년 재계와 여성단체는 모성보호법을 둘러싸고 정면 충돌하였다. 재계는 여성근로자의 휴가 확대가 기업들의 여성고용을 위축시킨다며 모성보호법 통과를 반대하는 입장을 펴다 여성단체들로부터 거센 반발을 산 것이다.[69] 6월 여성노동법개정연대회의는 선언문에서 "여성의 임신과 출산은 미래의 노동력을 재생산하는 사회적 기능이며, 당연히 사회 전체가 책임지고 비용을 분담해야 하는 고귀한 노동"이라 주창하였다. 모성보호법은 국회에서 6개월 이상 진통을 겪은 후 7월에 제정되었다. 근로기준법, 남녀고용평등법, 고용보험법 등 모성보호 3법이 전면 시행된 것이다. 산전·후 휴가 90일 확대, 육아휴직 급여지급 등 육아휴직제도 개선, 남녀고용평등법 1인 이상 사업장 전면확대 등이 주요 골자이다.

(6) 군가산점

2000년은 군가산점 위헌 판결을 둘러싼 남녀간의 치열한 논쟁과 함께 시작됐다. 1999년 12월 23일 헌법재판소는 공무원 채용시험의 군가산점 제도는 여성과 장애인에 대한 평등권을 침해한다는 판결을 내렸고, 이후 남성들과 군 관련 단체의 반발이 이어졌다. 병역비리 등 군 문제의 본질을 외면한 남성 네티즌들의 반응은 사이버 성폭력으로 치닫기도 했다.

(7) 여성능력개발기금 모금

2000년 한국여성단체협의회, 한국여성단체연합, 대한YWCA연합회 등 123개 여성단체들이 참여하는 한국여성기금추진위원회가 발족되었다. 위원회는 "평생에 한 번 자신을 위해, 딸을 위해 1만원을 여성기금으로"라는 캐치프레이즈로 소외계층 여성 등을 돕는 데 1만원권 기금 증서를 발행, 1백만 회원을 모집하고, 브로우치(5천원)를 판매해 기금으로 운영할 계획을 밝혔다(시민의 신문 2000. 5. 2). 조성된 기금은 여성의 능력개발 지원, 국제사회에서의 여성활동지원, 소외계층 여성을 위한 활동지원, 여성단체 활동지원, 여성의 전당(가칭) 건립 등에 활용될 계획이었다.

2001년에는 한국여성재단과 길의료재단이 여성기금 조성을 위한 공동 캠페인 '새생명새희망나눔운동'을 전개했다(한겨레신문 2001. 5. 22). 1999년 12월 '딸들에게 희망을'이란 구호를 내걸고 창립된 민간모금단체인 '한국여성기금'도 기부금을 모아 여성전문인력 양성과 소외계층 여성돕기, 여성운동 지원활동에 보탬을 주었다. 한국여성민우회는 서울 남산에서 '웃어라 여성' 걷기대회를 열면서 참가자들의 후원금을 받고 원하는 구호를 써주는 행사를 벌였다. 여성신문사도 서울 잠실에서 열린 '아줌마 마라톤 대회'의 수익금을 주부들의 새로운 도전을 위한 장학금으로 사용하였다.

03 _ 교육개혁

(1) 교육개혁 연대

교육개혁 운동은 1987년 민주항쟁 직후부터 교원단체들을 중심으로 진행되다 김대중 정부에 와서는 교사와 학부모가 함께하는 교육개혁 연대활동으로 발전되었다.[70] 교사들의 교육운동이 대중화된 교육운동으로 발전된 것이다. 민주항쟁 이후 사회전반의 민주화 추세에 발맞춰 교사들의 권리에 대한 의식이 확산되며 전국적으로 단위학교의 평교사회 결성 움직임이 초등학교에까지 확산되었다. 또 서울, 광주, 대구 등지에서 지역교사협의회, 평교사회연합회 등의 지역교사 단체가 속속 구성돼 교육운동에 일선 교사들이 대거 참여, '교육운동의 대중운동화'란 새로운 전기를 맞이하였다.

2000년 교육개혁시민운동연대는 공교육 살리기운동에 나섰다. 시민운동연대는 "학교를 희망의 교육공동체로 만들기 위해 학생·교사·학부모가 앞장서서 교육변화를 주도하고, 실천과 실험 중심의 학교혁신운동을 추진하려 한다"고 밝혔다(한겨레신문 2000. 5. 16).

(2) 사립학교법 개정

1990년 사학재단의 권한을 크게 강화하는 쪽으로 법이 개정된 뒤 시민사회
단체와 옛 민주당 등은 이를 되돌리려는 노력을 해 왔으나, 국회에서의 수적 열
세 탓에 번번이 좌절을 겪었다. 진보적인 김대중 정부와 노무현 정부에 이르는
기간에도 사학법 개정 논의는 지속되다, 2005년에 마침내 사학법이 개정되었다.

2000년 참교육학부모회, 전교조, 참여연대 등 28개 시민·사회단체는 국민
운동본부를 발족하고 법개정을 위한 서명 및 입법청원 운동을 시작했다(동아일보
2000. 9.21). 2001년에는 사립학교 관세법 개정문제를 둘러싸고 찬반 대립이 첨예
했다. 개정안은 교원과 학교직원 임명권을 학교장에 넘기며, 비리임원 이사 재취
임 금지기간을 2년에서 5년으로 연장하는 것 등을 담았다. 또 재단이사는 학사
업무에 관여하지 못하도록 하고, 이를 어길 경우 임원 승인을 취소할 수 있도록
돼 있다. 전교조와 한국교총 등 교원단체들은 찬성했지만, 한국사학법인연합회
를 비롯한 사학단체들은 법개정 자체를 반대하고 나섰다(동아일보 2001. 6. 19).

2004년 선거로 여당이 원내 과반을 차지하게 되면서 시민사회단체와 열린
우리당이 사학비리 척결과 사학의 공공성·투명성을 높이는 방향의 관련법 개
정 작업에 착수했다. 새 사립학교법은 사학재단 이사회 구성원 중 4분의 1 이상
을 학교운영위원회가 추천하게 하는 개방형 이사제를 도입했다. 그런데 2011년
에는 여당 의원들이 사립학교 운영의 투명성을 높이기 위해 마련된 개방형 이
사제 등 각종 제도들을 모두 폐지하는 내용의 사립학교법 개정안을 발의해 야
당과 시민단체들이 반발하였다(한겨레신문 2011. 2. 28).

(3) 대안학교

2003년 대안교육 프로그램에 대한 정부의 학력 인정이 확대되면서 대안학
교 설립이 잇달았다. 성남시 분당, 용인시, 안산시, 과천시, 천안시 등지에 대안
학교들이 개교된 것이다(경향신문 2003. 1. 20). 2003년 9월 성남시 분당구에 개교

한 이우중고등학교는 인간·생명·환경을 중시하는 공동체교육을 지향하며 토론과 체험 위주 수업을 통해 중고교 6년 통합교육을 실시했다.[71]

또 용인시와 안산시, 과천시에도 대안학교들이 문을 열었다. 용인시 원삼면의 헌산중학교는 정규교과와 함께 마음일기, 생활요가, 산악등반, 생활원예 등 특성화 교과과정을 운영했다.[72] 또 탈북 청소년을 위한 '하늘꿈 학교'는 충남 천안 고신대학교 캠퍼스에 개교되었는데, 탈북 청소년들이 사회에 적응할 수 있도록 국어, 영어, 한자 등 정규교과와 함께 자본주의 사회에 대한 교육을 실시했다.

(4) 교육정보화와 인권

2003년 전국교직원노동조합, 참여연대 등 24개 교육 관련 시민단체들은 교육인적자원부가 시행중인 '교육행정정보시스템'(NEIS)을 국가인권위원회에 제소했다(한겨레신문 2003. 2. 19). 이 시스템은 "학생과 학부모의 정보인권을 크게 침해할 우려가 있는 정책"이라며, 국가인권위원회를 찾아 시스템 관련 진정서를 제출했다. 이에 대해 국가인권위원회가 전국교직원노동조합 등의 요구사항을 상당 부분 수용하는 결정을 내리자 한국교원단체총연합회와 교장협의회, 비전교조 교사들이 즉각 반발하고 나섰다. 반면 전교조와 교육시민단체는 '정보인권에 대한 큰 진전'이라며 환영하였다(동아일보 2003. 5. 13).

한편 교육인적자원부는 "국가인권위원회 권고를 존중하지만 결정은 유감"이라는 자료를 배포했다. 이후 교육부의 한시 중단결정은 "우리 사회가 학생들의 정보 인권을 처음으로 인정했다"는 평가를 받았고, 국가인권위원회는 "인권이라는 기준이 교육행정의 큰 물줄기를 돌려 세웠다"고 평가하였다(한겨레신문 2003. 5. 27)

(5) 학교급식과 무상급식

2002년 11월 '학교급식법개정과 조례제정을 위한 시민사회단체 연대회의'

를 중심으로 전국적인 급식운동이 시작되자 주민들도 조례제정운동에 나섰다.[73] 한편 서울, 경기, 전북 등 7개 광역단체는 2003년 말부터 시민단체들과 함께 국산농산물 사용을 의무화하는 조례를 제정하거나 추진하였다. 하지만 정부는 세계무역기구(WTO) 협정 위배로 인한 통상 마찰, 법체계의 안정성이 흔들릴 수 있다는 이유로 대법원에 제소하는 등 팽팽하게 대립하였다. 시민단체와 지자체들은 국산농산물 사용이야말로 학생들의 건강을 지키고 지역 농업경제를 살릴 수 있는 수단이라는 입장이었다.[74] 외교부는 "학교 급식에 국산 농산물을 사용하는 것은 문제가 없다"면서도 이를 의무화하거나 이를 조건으로 자치단체가 현물 또는 예산을 지원하는 것은 WTO 협정의 부속협정인 관세 및 무역에 관한 일반협정(GATT)의 제3조 내국인우대조항을 위배하는 것이라고 주장하였다(한국일보 2005. 9. 10).

2011년 무상급식을 둘러싼 복지 논쟁이 가열되었다. 오세훈 서울시장은 서울시의회와 시정 협의를 거부하는 직무유기를 계속하다 '주민투표'로 친환경 무상급식을 다시 결정하자고 제안했다. 이에 시민단체들은 반대서명운동과 지지운동으로 맞서며 대립하였다. 8월 24일 무상급식 주민투표율이 유효 투표율 33.3%에 미치지 못해 무효가 되자 오시장은 사퇴했고, 10월 보선에서 승리한 박원순 시장의 시대가 개막되었다.

2010년과 2014년의 지방선거에서는 학교 무상급식을 둘러싸고 지방교육자치의 선거경쟁이 치열했다. 대부분의 지역에서 진보 성향의 교육감, 시장, 도지사, 지방의원들의 당선으로 무상급식이 시행된 것이다.[75] 2016년 3월 현재 전국 1만 1천 630개 초·중·고등학교 중에서 8천 639곳(74.3%)이 무상급식을 시행하는 것으로 나타났다(연합뉴스 2016. 3. 15).

(7) 역사교과서 논쟁

2013년 역사왜곡과 오류 논란을 빚고 있는 교학사의 한국사 교과서 검정

무효화를 위해 교육·학술·사회·과거사피해자 단체 465개가 뭉친 대규모 국민운동이 시작됐다.[76] 실제로 박근혜 정부 출범으로 '뉴라이트 계열' 인사가 국가 역사기관 기관장으로 임명되면서 박근혜 정부의 역사 전쟁은 본격화되었다.[77]

2013년 12월 교육부는 고교 한국사 교과서 수정명령을 내렸고, 이에 대해 교학사를 뺀 6종, 교과서 저자들이 강력히 거부하고 나섰다. 교육·역사 분야 476개 단체가 모인 '친일·독재미화 뉴라이트 교과서 검정무효화 국민네트워크'는 "교육부의 수정명령은 교육의 자주성, 전문성, 정치적 중립성을 완전히 무시한 폭거이며 교과서 검정제도에 대한 명백한 부정행위"라고 밝혔다. 2014년 1월 뉴라이트 등 보수 학자들이 만든 교학사 한국사 교과서의 채택률이 0%대에 머무는 것으로 결론이 나왔다. 2003년 금성출판사의 한국 근현대사 교과서를 두고 '좌편향' 딱지를 붙인 것으로 시작된 보수세력의 10여 년의 '역사 전쟁'이 참패한 것이다(한겨레신문 2014. 1. 8).

그런데 2015년 정부는 교과서 국정화라는 또 다른 대안을 들고 나왔고, 이에 대한 역사교사 2천 255명의 반대 선언, 서울대, 부산대, 덕성여대 등 대학 교수들의 잇단 반대 성명이 이어졌다. 또 전국 466개 시민·사회단체로 구성된 '한국사 교과서 국정화 저지 네트워크'도 기자회견을 열고 "한국사 교과서 국정화를 즉각 중단하라"고 촉구했다(한국일보 2015. 10. 8). 이들 단체는 정부가 국정화를 강행할 경우 집필 거부, 채택 및 사용 거부 등 '불복종' 운동에 돌입한다고 밝혔다.

2016년 11월 말에 박근혜 대통령 퇴진 민주항쟁은 국정화를 폐지하는 운동을 이어갔다. 국내 최대 보수성향 교원단체인 한국교원단체총연합회(교총)가 국정 역사교과서에 대해 찬성에서 반대로 입장을 사실상 선회했다. 교총은 대의원회의 후 채택한 결의문에서 "친일·독재 미화, 건국절 제정 등 교육현장의 여론과 배치되는 방향으로 제작될 경우 이를 수용할 수 없음을 분명히 밝힌다"고 했다(헤럴드경제 2016. 11. 15). 교총은 그간 박근혜 정부의 국정 역사교과서 추진을 지지하다가 대통령 퇴진 정국이 무르익은 상황에서 태도를 바꾼 것이라는 지적도 나왔다.

2016년 12월 26일 정부는 2017년부터 모든 중·고교에서 국정 역사교과서를 사용토록 하려던 계획을 철회했다. 적용 시점을 2018년으로 1년 유예하고 이때부터 각 학교가 국정·검정교과서 중에서 선택하게 한다는 것인데, 이는 교과서의 운명을 차기 정부로 넘긴 셈이다(중앙일보 2016. 12. 27).

(8) 반값 등록금 투쟁

2011년 등록금 문제 해결을 위해 머리를 맞댄 대학생과 야4당 및 시민사회단체가 6월 임시국회에서 반값 등록금이 현실화되도록 공동행동에 나서기로 했다. 또 고려대·서강대·숙명여대·이화여대 등 전국 42개 대학 총학생회는 10일 하루 동맹휴업을 추진해 반값 등록금 실현 의지를 모으기로 했고, 민주당·민주노동당 등 야4당과 민주노총·전교조 등 10여개 시민사회단체는 "반값 등록금 실현과 교육복지 확대 운동에 동참하겠다"고 밝히고, 반값 등록금 법안과 예산이 통과되도록 공동행동을 강화한다는 방침도 공표했다(한겨레신문 2001. 6. 8). 대학생들이 거리로 나섰고, 부모 세대도, 직장인도, 정당과 시민사회단체도 합류해 촛불을 밝히며 반값 등록금 촛불시위는 전국으로 확대되었다. 반값등록금 투쟁은 2012년과 2013년에도 지속되었다.

(9) 학생인권조례운동

2011년 학생인권조례가 제정되었다. 2012년 한국교원단체총연합회 등 64개 단체들은 "학생인권조례에는 학생의 과도한 권리만 있고 의무와 책임이 없다. 교사가 폭력으로 괴로워하는 학생을 보호하고 문제 학생을 지도하기 어렵게 한다"며 재의를 요구했다. 하지만 전국교직원노동조합 등은 "학생인권이 존중돼야 학교폭력 등의 인권침해를 스스로 해결할 수 있고, 학교문화를 평화적으로 바꾸기 위해서라도 학생인권조례는 필요하다"는 입장을 고수했다(동아일보 2012. 1. 6). 인권조례를 둘러싼 갈등은 보수와 진보의 힘겨루기 양상으로 번졌고, 교육부의 저지와 마찰로 악화되었다. 학생인권조례는 2010년 10월 경기도 교육청을 시작으로 2011년 10월 광주광역시, 2012년 1월 서울특별시, 2013년 7월 전라북도교육청이 공포해 시행 중이다.[78]

04 _ 환경 운동

(1) 정권별 환경운동

환경운동은 1987년 민주항쟁 이전부터 반공해운동으로 활동하였다. 1987년 한국공해문제연구소, 공해반대시민운동협의회, 반공해운동협의회 등은 "행정당국이 전국적으로 심화되고 있는 환경오염의 실정을 제대로 파악하지 않거나 알고도 숨기고 있다"며 피해지역 주민들의 조직화를 통한 실력행사와 공해 실태의 사회문제화 등으로 행정당국을 압박하였다(동아일보 1987. 6. 5).[79]

1987년 공해에 대한 문의와 고발을 받는 '공해전화'(738-4436)가 공해반대 운동시민협의회(회장 서진옥)에 개통되었다.[80] 이밖에 반공해운동협의회(1985년 9월 설립), 공해반대시민운동협의회(1986년 9월 설립) 등이 재야인사 등 1천여 명이 참여하는 공해문제연구소와 연계를 맺고 공해현장 자체조사, 공해고발 전화 개설, 공해 피해지역 주민활동 지원 등의 활동을 본격화하였다(동아일보 1987. 6. 5).

1990년 4월 22일 '1990 지구의 날' 행사가 서울 남산에서 열리며, 5천여 명의 시민들은 '하나뿐인 지구, 하나뿐인 국토, 하나뿐인 생명'을 힘차게 외쳤다. 주관단체인 공해추방운동연합(공동의장 최열·서진옥)은 1982년 한국공해문제연구소가 설립된 뒤 시작된 여러 갈래의 공해추방·환경보전운동이 1988년 9월 하나로 합쳐진 '환경파수꾼'들의 모임이었다.[81] 1990년 수도권의 팔당호 골재채취, 낙동강 페놀오염 등으로 식수오염 사태가 번지면서 환경운동단체들의 활동이 본격화된 계기가 되었고, 1991년 마침내 '환경범죄의 처벌에 관한 특별조치법'이 제정되었다.

2000년 김대중 정부의 출범과 함께 정부와의 공조뿐 아니라 대립과 갈등도 심각하게 제기되는 사태들도 벌어졌다. 동강댐 건설 백지화 성공이 있었지만, 수도권 난개발 저지와 의제21 운동이 개시되었고, 또 같은 해 내셔날트러스트 국민신탁운동, 새만금 살리기 등 환경운동이 본격화되었다. 반면 새만금사업 강행 결성으로 정부와 환경단체의 관계가 최아의 대결 국면으로 치달았다. 3개 정부위원회에서 민간위원들이 대거 탈퇴한 것은 단순한 항의 차원을 넘어 김대중 정권 출범 이후 여러 분야에서 구축된 정부와 시민단체 사이의 '거버넌스'가 깨졌음을 보여주었다.[82] 김 대통령은 2000년 6월 5일 동강댐 계획 백지화와 함께 지속가능위원회 설치를 발표하면서 "시민단체들의 환경운동을 적극 지원하고 동반자 관계를 구축하겠다"고 말했다. 쓰레기종량제, 지방의제 21, 사전환경성 평가 등은 민관 협력의 거버넌스가 필수적인 사업들이었다.

2003년 노무현 정부에 와서는 정부와의 공조보다는 대립과 갈등이 고조되는 사태들이 이어졌다. 거의 1년 가까이 끌었던 부안 핵폐기장건설 반대운동이 결실을 맺는 성과도 있었지만, 북한산 사패산 터널 공사와 부산 금정산 터널 강행 등에서 환경운동은 정부의 불도저식 강행에 밀려나는 시련을 겪기도 했다. 2008년 이명박 정부가 추진한 4대강 사업은 심각한 환경운동의 저항을 받았다.

(2) 반핵운동과 핵폐기장 건설반대

핵발전소 문제로 야기된 반핵운동과 핵폐기장 건설 반대운동은 1987년 민주항쟁 이후 지금까지 지속되고 있는 중요한 환경이슈이다. 1988년 12월 '핵발전소 반대를 위한 평화 시민대회'에서 공해추방운동연합 등 17개 단체들은 핵발전소 주변 주민들에 대한 피해보상, 안전대책 실시, 핵발전소 건설 계획 즉각

중단 등을 결의하고 나섰다(한겨레신문 1988. 12. 15). 또 핵발전소 반대 평화시민
대회도 열렸다.[83] 1989년에도 반핵운동은 확대되었다.[84]

2003년 7월 정부가 전북 부안군 위도에 핵폐기장 설치를 확정하자 시민사
회단체 들은 핵폐기장건설반대운동을 조직해 1만여 명 반대시위를 벌이는 등
본격적인 투쟁에 나섰다(한겨레신문 2003. 7. 26). 방폐장 건설 이슈의 경우, 1989
년 안면도 사태부터 2003년 부안 사태에 이르기까지 환경단체 등 시민사회단
체들은 문제해결의 방안으로 주민투표 실시를 일관되게 주장해왔다. 정부의 방
폐장건설 정책은 그간 주민참여나 동의 없는 일방적인 부지선정 → 이에 대한
주민 반발 → 정부의 강경 대응 → 주민시위 및 여론 악화 → 계획 철회로 이어
지는 악순환을 거듭해왔다(주성수 2004: 125). 초기에는 과학기술부가 1986년부
터 1996년까지 충남 안면도 등에 다섯 차례나 부지 확보를 추진했지만 실패를
거듭했다.[85] 결국 정부는 2004년 3월 중저준위 방사성폐기물 유치지역 지원
특별법을 공포, 부안이 아닌 다른 4개 지역에서 주민투표를 실시해, 경주시를
최종후보지로 선정하였다.[86]

2011년 3월 일본 후쿠시마 제1원자력발전소 폭발 사고를 계기로 '원자력
대안론'에 대한 논란이 또 일었다. 2024년까지 원전 14기를 추가로 건설하겠다
는 이명박 정부의 원전 확대 정책도 재고돼야 한다는 의견이 제기되었다.[87]

(3) 식수오염 : 팔당호 골재채취와 낙동강 페놀 사태

식수오염에 대한 시민들의 불안이 커지면서 시민단체들의 활동이 활성화
되었다. 1990년 수도권의 안전한 식수 확보를 위해 팔당호 골재채취 계획 취소
를 요구하는 소비자 문제를 연구하는 시민의 모임, 공해추방운동연합, 경실련
등의 연대활동이 진행되었다(한겨레신문 1990. 12. 23). 팔당호 골재채취 반대운동
은 2000년에도 지속되었다.

1991년 대구와 왜관에서 두산기업의 페놀 오염 사태가 발생했다. 대구

YMCA 등 시민단체들은 규탄대회를 갖고, 두산제품 불매운동을 포함해 상수도 요금 납부거부운동, 피해보상대책 강구, 낙동강 감시기구 구성을 결의했다(경향 신문 1991. 3. 22).[88] 이 사태에 대한 국민적 저항으로 1991년 '환경범죄처벌 특별법'이 제정되어 오늘에 이르고 있다.

페놀 사태 이후 1992년 6월 전국적인 설문조사에서는 환경오염으로 인하여 응답자의 33%가 세탁물 피해를 보았다고 답했으며, 16.4%가 신체피해, 14.8%가 건물·가구피해, 11.2%가 농작물피해 경험이 있다고 대답했다(한겨레신문 1992. 6. 5).

(4) 동강댐건설 백지화

2000년 6월 5일 김대중 대통령은 "오랫동안 논란이 되었던 영월댐은 세계 최초의 신종으로 추정되는 7종의 동식물과 20여 종의 멸종위기 동식물을 보호하고 생태계를 보전하기 위해 건설 계획을 백지화하겠다"고 선언했다. 김 대통령은 또 "환경문제를 기업이나 시민단체와 함께 협의하기 위해 대통령 자문기구로 '지속가능발전위원회'를 설치하고, 각종 경제정책과 환경정책의 사전 조율과 상호협력 기능을 강화하겠다"고 밝혔다(한겨레신문 2000. 6. 5).

(5) 난개발과 낙선운동

전국적으로 난개발 문제가 심화되면서 일부 지역에서는 개발지구 내의 야산을 살리는 내셔날 트러스트 운동이 전개되었다. 수도권의 난개발, 지리산 개발, 제주도 개발에 대해 시민연대가 구성되면서 저지활동이 본격화되었고, '지속가능한 개발'을 위한 '녹색마을 의제21' 사업도 출발하였다.

2000년 경실련 도시개혁센터 등 7개 시민단체는 친환경적 도시계획조례 제정을 촉구하는 집회를 열고, "고밀도 개발에 앞장서는 구청장·시의원·구의원과 지방선거 후보자들을 시민의 힘으로 심판하겠다"고 선언했다(중앙일보

2000. 5. 26). 또 수도권지역 시민단체들은 '수도권 살리기 시민네트워크 출범식'을 갖고 본격적인 활동에 들어갔다. 고양시민회, 경기환경운동연합, 경실련 도시개혁센터 등 수도권지역 14개 시민사회단체로 구성된 '수도권살리기시민네트워크'는 "신도시 주민들은 건교부의 허황된 선전에 속아 신도시에 입주했지만 자족기능도 없이 러브호텔만 무성해진 교육환경, 미비한 기반시설 등으로 아직도 고통받고 있다"고 규탄했다(동아일보 2000. 10. 18). 특히 "수도권 신도시는 수도권 과밀현상을 재촉하고 투기와 신도시 주변의 난개발만 야기한다"고 주장했다.

(6) 새만금 살리기

2000년 시민단체들은 새만금사업 중단을 촉구하는 26일간의 밤샘농성에 돌입했다. 환경운동연합과 녹색연합, 새만금간척사업 즉각중단을 위한 전북사람들 등 전국 200여개 환경·사회·종교단체는 조계사에 설치된 천막에서 새만금 간척사업 반대 집회, 100만인 서명운동 등을 추진하였다. 2002년에는 새만금 간척사업을 반대하는 삼보일배 행사를 가짐으로써 이목을 집중시켰다.[89] 2003년에도 삼보일배 운동이 있었다. 민주사회를 위한 변호사모임(민변), 환경운동연합, 녹색연합 등은 방조제 공사가 막바지 단계에 이른 새만금 간척사업을 중단해 달라는 내용의 가처분신청을 서울행정법원에 냈고, 한달 후 법원은 환경오염을 우려, 새만금사업의 집행정지 결정을 내렸다(한국일보 2003. 7. 16).

(7) 내셔널 트러스트 국민신탁운동

2000년 경기도 용인 죽전택지 개발지구 내의 대지산을 살리기 위해 국내에서 처음 시도된 '내셔널 트러스트 운동'(시민단체가 땅을 매입한 뒤 개발하지 않고 보존하는 운동)이 첫 결실을 맺었다.[90] 9월부터 대지산 '땅 한평 사기 운동'을 전개해 1차 모금기간 동안 시민 229명이 참여해 거둔 1천여 만원의 성금으로 대지산 100평을 매입한 것이다.

2002년에는 강화 매화마름 군락지 내셔널트러스트가 성사되었다. 2년간 시민회원 50여 명의 성금으로 모은 2천만 원으로 매매계약을 체결한 것이다(조선일보 2002. 5. 15). 2004년에는 환경보전 운동을 활성화하기 위해 '문화유산과 자연환경 자산에 관한 국민신탁법' 제정안이 마련되었다(한국일보 2004. 10. 28). 정부는 민관 합동의 비영리 특수법인인 '자연환경자산 국민신탁'과 '문화유산 국민신탁'을 각각 설립해, 시민성금 등으로 보전가치가 높은 자연 및 문화유산을 집중 매입해 관리하게 되었다(한국일보 2004. 1. 15).

2007년에는 특수법인 자연환경국민신탁이 창설되었다. 시민들의 자발적인 모금이나 기부·증여를 통해 보존가치가 있는 자연자원과 문화자산을 확보, 영구 보전·관리하려는 운동이 전국적으로 벌어졌다. '한국내셔널트러스트'는 2004년 동강이 가로지르는 강원 정선군 신동읍 제장마을 5,200여 평을 매입했다. 국내 내셔널트러스트운동은 '특수법인 자연환경국민신탁'을 통해, 시민들의 자발적인 기부와 모금으로 2050년까지 국토 면적의 3%를 자연환경자산으로 확보, 보전한다는 목표를 세웠다(한국일보 2007. 3. 22).

(8) 4대강 사업 저지운동

이명박 정부 시기 미국산 쇠고기수입반대 촛불집회에 이어 가장 심각했던 것은 4대강 사업 저지운동이라 할 수 있다. 2010년 4대강 사업이 본격화되는 것을 저지하는 시민운동이 시작되었다.[91] 또 정부의 4대강 사업 취소를 요구하는 국민소송을 벌이고 있는 종교계와 시민·사회단체가 다시 4대강 사업 철회를 위한 국민서명운동에 들어갔으며, 시민단체와 시민 1만여명으로 구성된 국민소송단은 영산강 저지운동을 본격화하였다(한겨레신문 2010. 1. 22, 1. 25).

2011년 정부·여당은 9조 5,000억원에 달하는 4대강 예산을 세웠다. 시민단체에서는 4대강 예산을 민생복지 분야로 돌린다면 반값 등록금, 무상급식, 아동

수당·노령연금 확대, 기초생활보장 사각지대 해소, 전 국민 고용안전망 구축 등이 가능하다고 주장했다. 2012년 4대강저지대책위원회는 '4대강 사업을 추진했거나 찬성한' 정치권 인사 30명의 낙선대상 명단을 공개했다(동아일보 2012. 2. 15). 2013년 4대강 사업에 대한 감사원의 감사결과가 발표되자 4대강 사업 반대운동을 해온 시민사회단체들은 이명박 대통령의 대국민 사죄를 요청하였다.[92]

(9) 제주 해군기지 반대운동

2011년 참여연대 등 시민단체들이 결성한 '제주해군기지 건설 저지를 위한 전국대책회의'가 평화의 배를 타고 서귀포시 강정마을로 갔다. '100명이 띄우는 평화크루즈'에 승선한 시민사회단체 활동가들은 해군기지 저지 투쟁을 벌이고 있는 서귀포시 강정마을을 방문하고 지지활동을 벌였다(한겨레신문 2011. 7. 2). 8월에는 강정마을에 시위대를 진압하기 위해 경찰이 투입되어, 대표들이 연행되었으며, 9월에는 해군기지 공사가 재개되었다. 2012년 정부가 제주 해군기지(민군복합형 관광미항) 건설계획을 예정대로 추진하기로 결정하자 강정마을회와 시민사회단체, 정치권 등이 '제주도민에 대한 선전포고'라며 거세게 반발했다(한국일보 2012. 3. 1). 이런 반발 속에 해군기지는 2014년 건설에 착수되었다.

05 _ 소비자운동

(1) 소비자보호

소비자단체는 1987년 민주항쟁 이전부터 활성화되어 있다. 그러나 1987년 소비자보호원의 출범으로 시민사회 자율의 소비자 보호운동이 관주도로 위축되며 심각한 논란이 일었다. 7월 1일 소비자보호원이 개원함으로써 정부가 소비자보호의 적극적인 주체로 나선데 대해 소비자단체협의회 산하 소비자 단체들은 법개정을 요구하였다. 현행법에서 소비자 단체의 업무 중 공표권, 조사·연구·검사활동, 상담처리 기능을 제한한 것을 원상 복구시켜야 한다는 주장이었다(동아일보 1987. 12. 3). 1988년과 1989년에도 소비자보호법 개정운동은 계속되었다.[93] 1987년 7월 1일에 시행된 개정 소비자보호법은 상품검사, 소비자불만처리 등 소비자 보호 활동을 하는 단체들의 등록을 의무화함으로써 YMCA, YWCA 한국부인회 등 13개 단체가 등록을 마쳤다.

1994년 소비자보호는 공공서비스 등 6개 분야가 피해구제 대상이 되며 새로운 변화가 일어났다. 1994년은 소비자의 권익을 실질적으로 보호할 수 있는 제도적 틀 마련을 위해 소비자단체들이 성과를 냈던 해였다(한겨레신문 1994. 12. 20). 소비자보호법 상의 피해구제대상에서 제외됐던 공공서비스·의료·법률·금융·보험·증권 등 6개 분야를 포함시킨 것이다. 소비자들이 개별 분쟁조정기구나 소송을 거치지 않더라도 소비자보호원이나 소비자단체에 고발해 손쉽게 피해구제를 받을 수 있는 길이 열렸다. 개선안에는 제조물책임제, 집단소송제, 소송지원제 도입 등도 포함되었다.

(2) 소비자협동조합 운동

소비자협동조합 운동은 1987년 민주항쟁 직후부터 활성화되었다. 단순한 회원제로 운영되는 소비자운동 단체와는 달리, 조합원이 출자자이자 이용자인 동시에 운영자가 되는 운동이다. 1983년 6월 전남 목포시 용당동에 한국 최초의 소비자협동조합이 생긴 뒤, 그 수가 계속 늘어나 1988년에는 전국 80개 조합 11만 3천 3백여 명의 조합원을 갖는 조직으로 성장했다(한겨레신문 1988. 6. 23).

1987년 6월에 만들어진 성남 소비자협동조합 경우, '하늘어린이집' '재룡동이 애기방' 등 5개 탁아소에 자녀를 맡겼던 어머니들이 공동으로 생필품을 사 쓰는데서부터 시작됐다. 1989년에는 한국여성민우회가 '함께 가는 생활소비자협동조합'을 설립, 새로이 소비자운동에 나섰는데, 이 조합은 3~10가구를 한 단위로 묶어 운영하는 비영리단체로 무공해 생활물자를 일주일에 한번 공동주문하는 방식을 도입하였다.

대학 안에도 소비자협동조합을 만들기 위한 준비가 활발하게 진행되었다. 1988년 6월 서울 지역 26개 대학의 '서울지역 학생복지위원회연합 발족식'이 있었다. 대학 안의 서점, 매점 등 수익사업의 직영화, 소비자협동조합 조직, 교과목 조정, 교수·학생협의회 구성을 계획했는데, 연세대는 매점과 식당을, 홍익대는 서점과 매점을, 서강대·국민대는 커피 자판기를 직접 운영하였다(한겨레신문 1988. 6. 23). 대학 안에 소비자협동조합이을 조직하여 학생들 스스로 대학의 주인이 되는 새로운 차원의 민주화 운동을 펼쳐나가겠다는 것이다.

(3) 불매운동과 이동전화 소비자운동

1989년 1월 11일 '소비자 문제를 연구하는 시민의 모임'이 백화점의 불공정 바겐세일을 사기죄로 고발한 후, 다른 소비자단체들도 가두캠페인, 불매운동, 성명서 발표 등 강력한 대처에 나섰다(한겨레신문 1989. 1. 15). 시민의 모임은 서울의 3개 백화점에 대해 소비자를 대신해 손해배상청구소송을 제기, 한국 소비자운동 20년사에서 소비자와 기업간 분쟁의 해결방안을 법원의 판단으로 구하고자 하는 첫 시도로 주목을 받았다(동아일보 1989. 3. 22).

2003년 이동전화 가입자 수가 3,200만 명을 넘어서며 엄청난 수익을 내는 이동전화 사업자들에 대한 소비자운동이 본격화되었다. 막대한 이익을 안겨준 소비자들에 대한 사업자들의 태도가 싸늘했기 때문이었다. 정보통신부 또한 소비자 편에 서기보다는 사업자 편에서 정책을 편다는 비판을 들었다(한겨레신문 2003. 1. 29). 이동전화 소비자들의 권익찾기 행동은 1인시위와 거리 캠페인을 통한 이동전화 요금 인하와 원가공개 요구, 소비자 개인정보를 부당하게 이용하거나 소홀히 다뤄 노출시킨 것에 대한 집단소송, 사업자들의 출연금 내역과 정책 관련 각종 회의록 공개 요구 등으로 전개되었다.

(4) 납세자 권리찾기

2003년 한국납세자연맹의 납세자 권리찾기가 본격화되었다. 연맹은 "정부가 소득 파악률이 다른 근로소득자와 자영업자의 연금 재정을 통합해 '역진적인 소득재분배'를 초래했다"며, 국민연금관리공단에 첫 정보공개 청구를 한 뒤 공단의 책임자를 직권남용 혐의로 검찰에 고발했다(동아일보 2004. 11. 29). 이밖에 근로소득세 환급운동을 통해 2,432명이 16억원의 부당 세금을 돌려받았다. 연맹장은 "창립 이후 정부는 물론 정부 관련기관에서 1원도 받은 적이 없으며 앞으로도 받지 않겠다"고 밝혔다. 납세자연맹의 재원은 355명이 내는 정기 후원금과 연맹을 통해 세금을 환급받은 사람들이 자발적으로 내는 성금 등으로 운영되었다. 박근혜 정부에 대해서도 한국납세자연맹은 2016년 7월 정부가 발표한 세법 개정안에 대해 성명을 내고 "정부의 빈곤한 조세 철학을 고스란히 드러냈다"며, "더 가진 사람, 더 버는 사람으로부터 더 많은 세금을 걷는 것이 '공정한 세금'을 구현하는 세제의 최우선 과제가 돼야 한다"고 지적했다(연합뉴스 2016. 7. 28).

(5) 가습기살균제 피해자 불매운동

2011년 환경보건시민센터는 가습기살균제 사용으로 인한 피해사례가 9월 8건과 11월 50건이라며, 11월 9일까지 28명이 가습기 살균제가 원인으로 추정되는 폐질환으로 숨졌다고 밝혔다(한국일보 2011. 11. 10). 2013년 환경보건시민센터는 4월 21일 7건(사망 3건)의 피해사례가 새로 접수됐고, 기존에 신고된 피해자 가족 중에 8건(사망 1건)의 피해사례가 더 발견됐다고 밝혔다(경향신문 2013. 4. 21).

2016년 5월 19일 피해자와가족모임과 환경보건시민센터는 기자회견을 열고 2016년에만 사망자 41명을 포함한 566명의 추가 접수를 받았다고 밝혔다(경향신문 2016. 5. 19). 2015년 8월 31일 환경보건시민센터는 "가습기 살균제로 인해 국민이 피해를 입었다는 정부 역학조사가 발표된 지 4년이 흘렀지만 가해기업은 사과 한마디 없다"며, 가해기업에 대한 불매운동을 호소했다(경향신문 2015. 8. 31). 이후 전국적으로 가장 많은 피해자를 낸 옥시제품에 대한 불매운동이 진행되었다.

2016년 11월 마침내 법원이 배상 판결을 내렸다. 서울중앙지법 민사10부는 가습기 살균제 피해자 13명이 세퓨와 국가를 상대로 낸 손해배상 청구 소송에서 "세퓨는 피해자들에게 각 1천만~1억원씩 총 5억 4천만원을 배상하라"고 판결했다. 재판부는 "가습기 살균제 사용과 피해자들의 사망 또는 상해 사이에 인과관계가 있는 것으로 보인다"며 청구한 위자료 전액을 인정했다.[94]

06 _ 도시빈민과 농민 운동

(1) 도시빈민 운동

도시빈민층 주도의 시민운동도 1987년 민주항쟁 이후 기회를 갖게 되었다. 1988년부터 도시빈민층은 연대 또는 협의기구를 만들어 조직을 확대시켜 나가는 한편, 공청회나 결의대회 등 집회를 열어갔다. 특히 생계와 주거문제에서 직접적인 위협을 받고 있는 노점상과 재개발지역 주민들의 움직임이 두드러져 각각 철거민협의회와 노점상연합회를 만들어 조직적인 활동을 벌였다(한겨레신문 1988. 6. 23).[95] 88올림픽과 관련해 가장 큰 피해를 보게 될 노점상들은 연대조직인 전국도시노점상연합회를 통해 4월 18일 '도시노점상 생존권과 88올림픽'에 관한 공청회를 개최한 데 이어 55개 지부에 소속된 1천여 명 이상의 노점상이 참가해 '노점상 생존권 수호 결의대회'를 갖고 자기들의 주장과 요구를 여론화했다.

(2) 농민 권익운동

농축산물 수입개방과 관련, 농민들의 생존권을 사수하기 위한 권익활동이

1987년 민주항쟁 이후부터 활성화되었다.[96] 1988년 5월 농축산물 수입개방 문제에 관한 토론회에서 수입개방이 장기적으로 국내 농업기반을 파괴함은 물론 산업화 과정에서 정책적으로 소외되어 온 농민을 또 다시 희생시키는 것이라고 비판했다(한겨레신문 1988. 5. 27). 그간 재야인사나 농촌활동가 위주로 조직돼 선교와 농민운동을 함께해 온 가톨릭농민회나 기독교농민회와는 달리 농민회는 농민들이 '우리 문제는 우리 스스로 해결하자'며 모인 조직으로, 회원은 읍·면은 30~50여 명, 넓은 지역은 5백~7백명에 이른다. 이들은 수세 거부, 농촌의료보험, 농협판매사업 개선, 농축산물 수입저지 운동, 소작농 문제 등을 조직된 힘으로 해결하겠다는 목표로 활동을 개시하였다.

또 그간 개별적, 분산적으로 활동해 왔던 농민단체들이 전국적인 협의 기구를 결성, 본격적인 연대활동에 나섰다. 정부가 미국의 압력에 굴복, 쇠고기 수입방침을 세워 놓고 구체적 방안을 마련 중인 가운데 농축산물 수입반대 전국 농민 결의대회를 열었다.[97] 1989년 3월 가톨릭농민회와 기독교농민회 등 2개의 전국 규모 농민운동단체를 주축으로 전국농민운동연합이 출범했다. 10월 전국농민운동연합은 미국 USTR(무역대표부) 대표의 방한에 대해, 미국은 대한 농축산물 개방 압력을 즉각 중단하고 유해물질로 오염된 수출농축산물의 유해여부 조사결과를 밝힐 것을 촉구했다(동아일보 1989. 10. 9).

07 _ 언론 개혁

(1) 언론개혁시민연대

2000년 낙선운동을 성사시켰던 시민단체들은 '이제는 언론개혁!'을 외쳤다. 시민단체들은 일부 언론의 왜곡·편파보도가 족벌적 소유구조와 세습제 등 구조적 문제에 기인하고 있는 것으로 보았다.[98] 2001년 김대중 대통령 또한 언론개혁에 힘을 실어주었다. 대통령은 신년 기자회견에서 "언론의 개혁을 요구하는 여론이 상당히 높다는 것을 우리는 알고 있다"고 말했다(중앙일보 2001. 1. 12). 대통령의 언론개혁 발언에 대해 주요 언론사들은 '언론 길들이기 의도'라며 일제히 공세에 나섰다.[99]

166개 시민단체로 구성된 신문개혁국민행동은 2001년 6월 5일 국회의사당 맞은편에서 '정기간행물법 민주적 개정 촉구를 위한 1인 릴레이시위 선포식'을 열었다. 이들은 성명서를 통해 "6월 임시국회에서 하루빨리 정간법을 개정해 신문사 지배구조 개선, 편집권 독립 제도화, 신문사 경영 투명성 확보, 독자주권 확립 등을 이뤄내야 한다"고 주장했다(한겨레신문 2001. 6. 6).

2001년 6월 20일 국세청의 23개 중앙 언론사 세무조사 결과 발표에 대해 시민사회 및 언론 단체들은 일제히 성명을 내어 "언론탄압이라는 비난을 불식시키기 위해서라도 세무조사 결과를 전면 공개하라"고 촉구했다(한겨레신문 2001. 6. 21).[100] 2002년에도 언론개혁 운동은 1월에 '언론보도피해자인권센터(이하 언론인권센터)'를 출범시키며 활성화되었다. 언론인권센터는 언론권력의 횡포를 향해 시민들이 스스로 '조직적 대응'을 하는 것을 목표로 하였는데, 발기인들은 주로 언론에 의해 피해를 보았던 인사들이다.[101]

2004년에는 언론사의 소유제한 개혁입법 청원이 진행되었다. 224개 시민사회 단체가 모인 언론개혁 국민행동은 입법청원서에서 일간 신문을 발행하는 사업자 가운데 1개 사업자의 시장 점유율이 30%를 넘거나, 3개 사업자의 시장점유율이 60%를 넘을 경우 시장 지배적 사업자로 지정하고 신문발전기금 지원 대상에서 제외하도록 했다(한겨레신문 2004. 9. 22). 그런데 여당은 이같은 신문 지분제한을 반대했다.

2006년에는 '견제 받지 않는 언론권력'이란 비판을 받고 있는 인터넷 포털사이트에 대해 다양한 시민단체가 적절한 감시와 규제 필요성을 주장하고 나섰다. 이들 시민단체는 언론사로부터 제공받은 기사 제목의 편집 금지, '많이 본 기사' 항목에 올라온 기사의 조회건수 공개 등을 요구하며 포털사이트의 횡포를 막는 법 제정을 추진하겠다는 다짐했다(동아일보 2006. 6. 21). '함께하는 시민행동'은 시민들이 참여하는 포털사이트 감시단을 구성해 활동에 나서겠다고 밝혔다.

2008년에는 보수 성향의 이명박 정권이 출범하면서 새로운 언론개혁 운동이 전개되었다. 이명박 정부의 방송 장악과 인터넷 통제에 맞서 야당과 언론, 교육, 종교, 노동, 여성계 등 530여개 시민사회단체가 참여하는 '방송장악·네티즌 탄압 저지 범국민행동'이 출범해, 정부의 언론 장악 시도에 정면 대응하기로 결의했다(한겨레신문 2008. 7. 25).

(2) 보수언론의 종편저지 운동

2011년 초부터 보수언론(조선, 중앙, 동아일보)의 종편 진출을 저지하는 시민운동이 본격화되었다. 미디어행동, 보건의료단체연합, 전국사무금융노동조합 등 시민사회단체들은 2010년 말 기자회견을 열고 "이들이 공공성과 공익성을 생명으로 하는 방송사업자로 나선다면 우리 사회의 공론장은 소수의 수구 족벌 세력과 자본가들이 판치는 사태가 벌어질 것"이라고 주장했다(한국일보 2011. 1. 1). 12월 1일 종합편성(종편) 채널 4사가 일제히 개국하자 '미디어 생태계 망치는 종편 퇴출'을 외치는 시위와 집회가 잇따라 열렸다(한국일보 2011. 12. 2).

(3) 방송통신위원회의 관변화

2011년 방송통신심의위원회(최시중 위원장)가 KBS〈추적 60분〉'천안함 편'에 제재 결정을 내리면서 방통위의 정치성 시비가 다시 일어났다. 언론단체들은 방통위가 이명박 정부를 위해 '청부 심의'를 한다며 반발했다(경향신문 2011. 1. 12). 민주언론시민연합과 전국언론노조, 참여연대, 한국PD연합회, 한국기자협회, 한국진보연대는 기자회견을 열고 "방통위는 정권에 비판적인 보도와 시사 프로그램을 심의라는 이름으로 탄압하고 국민의 알권리를 틀어막고 있다"고 비판했다. 방송통신심의위원회는 대통령과 여당, 야당이 심의위원을 각각 3명씩 추천하다보니 광우병이나 천안함 보도 등 정치적 견해가 엇갈리는 사안을 심의할 때마다 표결이 6 대 3으로 정권 편향적이었다. 이에 시민단체들은 이명박 정부 3년간 방송통신위원회를 전횡하여 방송 중립성을 망친 최시중의 연임을 반대하는 운동을 펴기도 했다(한겨레신문 2011. 2. 25). 그러나 최 위원장은 연임되었으나 중도 사퇴했고, 2013년에 비리로 구속되었지만, 이명박 대통령 퇴임 직전에 특별 사면을 받았다.

08 _ 보건의료

(1) 의료보험

의료보험제도에 대한 불만이 거부운동으로 확산되는 사태가 1988년부터 발생하였다. 전국 40여 개 군단위 농민단체와 가톨릭농민회, 기독교농민회, 전국농민협회, 교회빈민의료협의회, 건강사회실천 약사협의회 등 48개 농민.의료단체는 대전 가톨릭농민회관에서 '전국 의료보험대책위원회'를 결성, 조합주의로 운영되고 있는 의료보험을 통합일원화 하기 위한 투쟁을 전개하면서 보험료 납부 거부운동에 들어갔다(한겨레 1988. 6. 30).

1989년에는 보험증을 반납하는 사태로 발전하였다. 고추수매, 수세 거부운동에 밀려 다소 주춤거렸던 농어촌지역 의료보험 거부운동은 1월 1일부터 각 조합별로 의료보험료를 최고 68.4%를 올리자 보험증 반납, 보험료납부 거부운동을 개시하였다(한겨레신문 1989. 2. 9).

(2) 한약분쟁과 의약분업

1993년 한약 분쟁을 해결하기 위해 시민단체가 조정에 나섰고 분쟁의 당사자들이 한 자리에 앉았다. 경실련과 소비자연맹 등이 중재하여 대한약사회와 대한한의사협회 회장단의 협상테이블이 마련되어, 7개월째 계속돼온 한약조제권 분쟁이 해결의 돌파구를 찾았다(동아일보 1993. 9. 21).

1999년 5월 초 의사협회와 약사회가 시민단체의 의약분업 실시모형을 수용함에 따라 이익단체간의 로비에 휘말려 난산을 거듭해 온 의약분업이 가닥을 잡았다. 그러나 이 합의는 의사협회의 반발로 무효화되면서 다시 혼란을 거듭하였고, 2000년에 이르러 병원과 약국의 집단 휴업사태가 일어난 가운데 의약분업의 실시를 촉구하는 시민운동이 전개되었다. 의사 파업이라는 집단행동으로 확대되면서 시민운동의 한계가 드러나기도 했다. 2000년 동네의사들의 집단 휴진이 4월 4일 시작돼 환자들이 큰 불편을 겪었다. 시민단체들은 "99년 5월에 한 시민단체와의 의약분업 실천 합의를 깨고, 대통령과 한 휴진철회까지 며칠 만에 뒤엎는 의사들의 행태"를 비판했다(조선일보 2000. 4. 3).

시민운동본부는 참여연대·경실련·서울YMCA·녹색소비자연대 등이 참여해 4월 18일 발족했다. 시민단체들은 3월 의약분업과 관련, 의료계가 집단 진료 거부에 돌입하자 의료계의 명분없는 진료 거부에 분명한 반대 입장을 밝혔다. 2000년 6월 말 병·의원 폐업으로 시작된 의료계의 파행은 전공의·전임의 파업과 병·의원 전면 재폐업 결의, 그리고 2000년 8월 서울대 의대 교수들의 진료 거부로 이어지면서 극에 달했다.[102] 시민단체들은 "병원 폐업과 파행적 의약분업으로 국민들의 고통이 극심한 형편인데 국민적 합의 없이 수가 인상까지 한다는 건 결국 부담을 국민이 모두 감수하라는 무책임한 얘기"라며 정부를 비난했다(중앙일보 2000. 8. 11).

(3) 의료법 개정

2007년 34년만에 마련한 정부의 개정안에 시민단체들은 국민의 입장을 무시한 일방적으로 것으로 반대하고 나섰다.[103] "개정안 중 환자 권리를 강화하는 내용은 그간 판례상 인정된 내용의 수준에 머무르는 반면, 병원간 인수·

합병을 허용하고 의료광고의 규제를 대폭 완화하는 등 병원을 돈벌이 수단으로 만드는 내용이 많이 포함돼 있다"며 개정안 반대 이유를 밝혔다. 의료연대회의는 의료법 개정 반대투쟁에 나선 대한의사협회에 대해서도 "의협이 요구하는 '투약' 명시, '간호진단' 삭제 등은 의사들의 집단이기주의에 불과하다"며 비판하였다.

4월에 와서는 정부의 의료법 개정안에 대해 시민단체들이 비판하고 나섰다. 의료법이 당초 입법 예고안보다 크게 후퇴해 보건복지부가 대한의사협회 등 의사단체의 압력에 사실상 '백기투항'한 것이라는 비판이 나왔다(한국일보 2007. 4. 12). 개정안에는 의사들이 "진료권을 침해하고 무분별한 의료행위를 조장한다"며 강력 반대해온 의료행위 개념과 임상진료 지침, 유사의료행위 근거 조항 등이 삭제됐다. 반면 의사단체들이 "의사의 진단권을 침해한다"며 반대했던 간호진단과 의사의 환자에 대한 설명의무 조항은 유지됐다. 경실련 등 시민단체들은 "이번 조정으로 환자의 권익과 편익은 오히려 후퇴하게 됐다"고 비판했다.

(4) 의료생협

2003년 안성의료생협, 인천평화의료생협, 안산의료생협, 원주의료생협, 대전의료생협, 서울의료생협 등 전국에 6개 의료생협이 운영될 정도로 의료생협은 의료계의 새로운 변화를 보여주었다(서울신문 2003. 1. 21). 기존 병원의 대안병원으로 떠오른 의료생활협동조합은, 조합원들이 건강·의료문제를 스스로 해결하기 위해 자금을 투자하여 조합을 만들어 병원·한의원·치과병원 등 의료기관을 공동으로 소유하고 운영하는 것을 말한다. 서울의 함께걸음 의료생협이 개원했고, 오산, 청주, 전주 등에서도 추가 개원작업이 진행되었다.[104] 의료생협은 2008년 61개에 불과했으나 2013년 340여 개로 급증했다. 2012년 12월 협동조합기본법이 시행되면서 의료생협들은 사회적협동조합으로 전환하기 시작했다. 조합원과 출자금이 모자란 의료생협들은 출자금을 추가로 걷고 조합원을 늘리는 작업을 해야 했다.

(5) 의료민영화 반대

2009년 초부터 제주도가 연내에 영리의료법인 병원의 설립을 허용하는 등 의료산업 육성을 위한 제도개선을 추진한다고 밝히자, 의료민영화를 반대하는 시민사회단체들은 지난해에 이어 반대운동을 계속하겠다고 했다(경향신문 2009. 1. 5). 2014년 초에도 정부의 보건·의료 분야 규제의 대폭 완화 방침을 두고 시민사회는 '의료민영화를 추진하겠다는 선전포고'라며 거세게 반발했다. 보건의료노조와 단체들은 '의료민영화 저지 100만명 서명운동'에 나서겠다고 했고(한겨레신문 2014. 1. 8), 뒤이어 대한의사협회·치의사협·간호사협·대한약사회·전국보건의료산업노동조합 등 6개 보건의료단체들도 일제히 반대 목소리를 제기하고 나섰다.

09 _ 정보문화운동

(1) 정보 공개

1994년 7월부터 시행중인 행정정보공개 청구 현황을 집계한 결과, 시행 첫해인 1994년 월평균 2천 10여 건, 1995년 월평균 1천 790여 건이 접수돼 공개 신청이 이뤄졌다. 민간환경단체가 환경부에 신청한 골프장농약사용실태 등 시민사회단체가 신청한 정보공개청구 수가 405건으로, 시민사회단체들이 행정정보공개제도를 행정감시용으로 적극 활용하고 있는 것으로 나타났다(동아일보 1996. 4. 15).

2001년에는 정부의 정보공개법 개정안에 대해 시민단체들은 정부가 "모호한 규정을 내세워 국민의 알권리를 제한한다"며 반발하였다(한겨레신문 2001.

11. 22). 참여연대는 "1998년 정보공개법 시행 뒤 주무부처와 공공기관의 무관심과 제도적 한계로 국민의 알권리가 제한되고 있어 법 개정을 요구해왔다"고 주장했다.

2001년 법원은 업무추진비 정보공개 판결을 내렸다. 성남시민모임과 평택참여자치시민연대가 시장 등을 상대로 낸 행정정보 비공개처분 취소소송에서 재판부는 "업무추진비는 지출용도가 공적 목적에 제한돼 있어 기밀성을 띤 것이라고 볼 수 없다"며, "따라서 국민의 알권리 보장과 공익 실현, 행정의 투명성 제고 등의 측면에서도 일반 국민에게 공개할 필요가 있다"고 판결했다(조선일보 2001. 7. 26). 2003년에는 시민단체가 정부를 상대로 한 정보공개 청구소송에서 잇달아 패소했지만, 국정원을 비롯한 정부기관을 대상으로 한 시민단체의 정보공개운동은 계속되었다(한국일보 2003. 9. 15).

(2) 정보화 운동

1996년 인터넷 보급이 확대되면서 일반시민들이 활용할 수 있는 열린 정부센터가 운영되기 시작했다. 정보통신부의 지원으로 초고속정보통신망으로 연결될 공공기관 및 사회단체 20여 곳과 한국통신 및 한국정보문화센터의 지역정보센터, 통신업체의 인터넷 활용공간이 무료 열린 정보센터가 되었다. 전국적으로 한국정보문화센터의 지역정보센터 30곳, 한국통신의 공공 이용시설 17곳, 데이콤의 인터넷 플라자 3곳 등 50곳이 무료 열린 정보센터에 참여했다(한국일보 1996. 7. 25).

1997년 학교에 PC 보급 등 정보화를 지원하는 민간주도 학교정보화 운동도 활성화되기 시작했다. 한국대학교육협의회, 대학사회봉사협의회 등 교육계와 한국시민단체협의회, 경실련 등 시민사회단체들의 공조로 교육정보공동체 운동본부가 출범하였다(한국일보 1997. 6. 20). 1998년에는 40여 시민사회단체들의 공조하는 한국정보문화운동협의회가 발족되면서 '1인 1PC 1ID' 운동 등 민간 주도의 '10대 정보화 실천운동'을 추진하고 나섰다(동아일보 1998. 6. 12).

(3) 인터넷 검열제

2000년 정부의 인터넷 검열제에 반대하는 시민사회단체들과 네티즌들이 사이버 시위에 돌입했다. 정통부가 "인터넷에서 불법이 난무하고 특정인을 비난하는 '사이버 훌리건'이 판치는 등 무질서가 극에 달했다"고 그 이유를 들자, 진보네트워크센터, 민주언론운동시민연합 등은 "사실상의 인터넷 검열제도인 법률 개정안을 즉시 철회하라"고 주장하였다(중앙일보 2000. 12. 9). 국회에서는 정보통신부가 개정발의한 '정보통신망 이용촉진 등에 관한 법률개정안' 중 '인터넷 내용등급제'를 전면 삭제한 뒤 통과시켰다. 통과된 법안에는 도메인을 비롯한 인터넷 주소관리 조항과 온라인 시위 조항은 그대로 남았다.

2001년 정보통신검열반대공동행동은 사이트 파업을 실시했다. 인터넷 내용등급제 시행과 온라인 시위 금지 조항을 담아 7월 1일부터 시행된 정보통신망 이용촉진 및 정보보호 등에 관한 법률을 반대하는 시위인 것이다. 파업에 참여한 사이트 회원들은 파업기간 동안 정보통신부와 정보통신윤리위원회 홈페이지에서 가상 연좌시위를 열었다(한겨레신문 2001. 6. 14).

2002년에는 인권운동사랑방 등 50여 개 시민사회단체가 '인터넷국가검열반대를위한공동대책위원회' 발족식을 가졌다(동아일보 2002. 3. 14). 위원회는 발족 선언문에서 "정부가 인터넷 내용등급제를 무리하게 추진하고 있다"며 "이는 표현의 자유에 대한 심각한 위협"으로, 앞으로 인터넷 내용등급제 폐지를 위해 온라인과 오프라인에서 시위를 전개하고 사회적 소수자의 권리를 보장하기 위한 대안적 인터넷 이용 환경을 모색할 방침이라고 밝혔다.

2002년 헌법재판소가 인터넷 등 온라인 매체상의 표현물을 규제해온 전기통신사업법 제53조에 대해 위헌결정을 내렸다. 시민단체는 헌재 결정이 정부에 의한 인터넷 검열을 사실상 금지한 것이라며 환영한 반면, 정부는 범죄행위나 반국가활동까지 용인할 수는 없다며 규제입장을 고수했다(한국일보 2002. 5. 18). 2003년에도 인터넷에 대한 정부의 규제에 저항하는 네티즌들과 시민사회단체들의 운동이 거셌다. 경찰이 대선운동 기간 일부 사회단체들의 홈페이지에 특정후보 지지 및 비방 내용을 담은 글을 올린 네티즌들을 상대로 IP추적 작업을 벌이고 있는데 대해 관련 단체들은 정치참여의 자유를 침해하고 있다며 반발하였다(국민일보 2003. 1. 6).[105]

(4) 유해 사이트와의 투쟁

2001년 사이버 음란·폭력을 막기 위한 시민단체들의 운동이 본격화되었다. 기독교윤리실천운동, 여성민우회, 학부모정보감시단 등 22개 시민단체들은 인터넷의 유해사이트에 대해 공동 대처키로 한 것이다(중앙일보 2001. 2. 14). 이 모임은 실현가능한 모든 방법을 동원해 인터넷상의 불건전 사이트에 대한 감시활동을 전개하였다. 2002년에는 음란 및 광고성 e-메일을 불특정 다수에게 대량으로 보내는 스팸메일을 막기 위한 민간협의체가 네티즌 및 시민단체, e-메일 서비스업체, 인터넷 사업자 등이 참여해 발족되었다(동아일보 2002. 1. 5). 협의체는 상습적인 스팸메일 발송을 추적, 차단하고 스팸메일 발송자를 사법당국에 신고하였다.

(5) 인터넷 시민운동

2003년 인터넷시민운동이 새로운 대안 운동으로 나타났다. 이 운동은 관심분야가 같은 사람들끼리 모여 관심사를 공유하고 실천하는 것이 특징으로, '자발적 네트워크' 형태로 결성된 것이다. 한달에 1만원씩 모아 시민운동을 하는 '만원계'는 인터넷을 매개로 모여 해외 민주화 운동가 및 노동운동 활동가를 도왔다(동아일보 2003. 6. 23). 참여자들은 정보기술(IT)기업 근무자부터 전화교환원, 인쇄소 사장까지 직업도 다양했다.[106]

자발적 네트워크는 386 또는 P세대의 특징이기도 하지만 동호회와 각종 안티집단을 포함하는 포용력도 갖고 있다는 지적이다. 특히 경직화 또는 제도화되고 폐쇄적인 기존의 큰 시민단체와는 다른 새로운 형태의 대중적 시민운동으로 관심을 끌었다. 시민단체 '나와우리'는 회원 100여 명이 자발적으로 이주노동자, 장애인, 극빈가정 자녀, 일본군 위안부 할머니들과의 만남을 갖고 있으며, 베트남전 당시 한국군에 의해 피해를 본 민간인을 돕는 사업도 펼쳤다. 또 '동해' 표기 등 한국에 대한 오류를 회원들의 'e메일 보내기 운동'을 통해 시정하고 있는 '반크'(VANK)도 이러한 '자발적 네트워크'를 대표하는 시민사회단체이다.

(6) 개인정보 보호

2003년 시민사회단체들은 개인정보 보호를 위한 '빅브라더 주간' 행사를 열었다. 조지 오웰 탄생 100돌을 맞아 진보네트워크센터와 함께하는 시민행동 등 52개 시민사회단체들은 23~29일을 '빅브러더 주간'으로 정해 프라이버시에 대한 사회적 인식을 넓히는 활동을 벌였다(한겨레신문 2003. 6. 23).

2004년 개인정보보호 기본법 제정운동을 펴온 시민사회단체들은 법제정을 기다리다 못해 직접 법 제정안을 제시했다. 진보네트워크센터와 함께하는 시민행동 등 정보인권 보호 운동을 펴온 시민사회단체들과 민주노동당은 국회에서 공청회를 열고 '개인정보보호 기본법제정안'을 공개했다(한겨레신문 2004. 9. 25). 제정안은 정부·기업으로부터 독립된 개인정보보호위원회를 만들어 개인정보 침해에 대한 조사와 분쟁조정권을 갖게 하고, NEIS 구축과 같은 대규모 정보화 사업을 추진할 때는 미리 개인정보에 미치는 영향평가를 받게 하는 내용 등을 담았다.

2011년에는 3,500만여 명의 개인정보가 유출된 네이트·싸이월드 해킹 사건이 발생해, 피해자들이 정부에 주민등록번호 변경을 공식 요구하고 나섰다. 진보네트워크는 "주민등록번호가 유출되면 그밖의 거의 모든 개인정보가 언제

든지 유출될 수 있는 위험성이 있다"며, 또 "정보 유출로 인한 피해를 구제할 별다른 방법이 없어 피해자들로부터 주민번호 변경청구서를 취합해 행안부에 제출하는 중"이라고 밝혔다(경향신문 2011. 8. 9).

(7) 표현의 자유

2005년에는 10·26 사건을 다룬 영화 〈그때 그 사람들〉에 대해 법원이 일부 삭제 판결을 내리자 영화단체와 언론단체들이 일제히 이를 반대하는 성명을 발표했다.[107] 이들은 다른 시민사회단체들과 함께 '표현의 자유 지키기 시민대책위원회'를 구성, 영화가 온전한 형태로 상영될 수 있도록 공동 대응에 나섰다. 언론노조와 민언련도 성명을 내고 "예술성이든 정치성이든 영화에 대한 최종 판단은 관객의 지성과 감성에 맡겨야 하고, 그에 대한 최종 책임은 감독이 져야 한다"고 주장했다. 법원 판결과 영화 개봉으로 국민들의 관심도가 높아지자 MBC '100분 토론'에서는 창작 및 표현의 자유가 허용될 수 있는 한계 등 핵심 쟁점들에 대한 토론 마당이 펼쳐졌다.

2015년에도 '표현의 자유 사수' 운동이 있었다. 한국영화제작가협회·한국영화감독조합 등 70여 영화계 단체와 영화제 등으로 구성된 '표현의 자유 사수를 위한 범영화인 대책위원회'는 "표현의 자유와 독립성, 그리고 자율성이라는 소중한 가치를 훼손하고자 하는 모든 시도가 잦아들지 않을 시 더 이상 좌시하지 않을 것"이라는 성명을 발표했다(한국일보 2015. 2. 13). 부산시의 이용관 부산국제영화제 집행위원장 사퇴 종용 논란, 영화진흥위원회의 영화제 사전 심의 움직임 등에 대한 반발이었다. 대책위는 "최근 일로 영화예술발전의 근본인 표현의 자유가 위축될 것이 분명하다"며 상황이 개선되지 않는다면 "범영화계에 그치지 않고 범문화계, 나아가 범시민 연대를 조직해 헌법에 보장된 가치인 표현의 자유를 지켜내기 위해 사력을 다할 것"이라고 주장했다.

10 _ 과학기술

(1) 유전정보 보호

2001년 녹색연합, 환경운동연합, 참여연대 시민과학센터는 공동으로 '인간유전정보 이용에 관한 시민배심원 회의'를 열었다. 참가자들은 "유전정보의 사용 및 처리에 대한 사회적 안전장치를 마련하라"고 정부에 촉구했다(한겨레신문 2001. 2. 8).[108] 같은 해 보건복지부가 대검찰청, 한국복지재단, 바이오그랜드와 함께 유전자 정보를 활용한 미아찾기 사업을 추진하겠다고 발표하자, 시민사회단체들은 인간 유전정보 보호를 위한 인간유전정보보호법 제정을 촉구하였다. 시민사회단체들의 주장의 핵심은 유전정보를 지킬 법과 제도를 마련한 뒤 유아찾기에 나서야 하고, 따라서 시민사회와 학계의 의견을 수렴한 뒤로 미뤄야 한다는 것이었다. 참여연대 시민과학센터는 온라인과 오프라인에서 동시에 인간유전정보보호법 제정을 촉구하는 캠페인과 서명운동을 벌였다(한겨레 2001. 2. 20).

(2) 배아복제와 생명윤리법 제정

2001년 11월 과학기술부의 생명윤리기본법 시안은 생명공학이 초래할 미지의 변화를 규율할 수 있는 틀을 제공했다는 점에서 주목받았다. 알츠하이머, 심장질환, 각종 장기의 기능부전 등 난치병을 완치할 수 있는 길이 열린다고 하지만, 이런 연구가 생명의 존엄성에 대한 고려보다는 주로 이윤추구 동기에 따라 진행되고 있어 우려와 비판이 끊이지 않았다. 이러한 갈등을 해결하기 위해 2000년 11월 인문사회학자, 종교·시민단체 대표들까지 참여한 생명윤리자문위원회가 구성되어, 인간배아 복제는 금지하되 배아 연구는 엄격한 관리 아래 제한적으로 허용하였다(한겨레 2001. 5. 21).

2001년 과학기술부가 생명윤리 논란의 중심인 줄기세포 등 세포 응용연구에 향후 10년간 1,000억 원을 지원하는 21세기 프런티어 사업을 추진하자, 시민단체들이 생명윤리법 제정을 촉구하고 나섰다(한겨레신문 2002. 2. 7). 2001년 7월 생명윤리기본법 제정을 위한 69개 시민사회단체들이 연대해 거리서명과 인터넷 서명을 시작했다. 복제인간 출현이 현실화되면서 국민들의 관심과 참여가 크게 늘어났다.

11 _ 사회복지

(1) 국민기초생활 보장

한국은 선진국 진입을 눈앞에 두고 있지만, 국민복지는 중진국 수준에도 못 미치는 사회 현실을 시민의 힘으로 개선하자는 시민운동이 펼쳐졌다. 1994년 참여연대는 창설과 동시에 국민연금기금운용 손실액에 대한 손해배상 소송을 내는 한편 '국민생활 최저선 확보운동'을 본격화한다고 선언했다(한겨레신문 1994. 12. 12). 참여연대는 전국민에게 보건·의료, 주거공간, 여가 수준 등 모든 생활영역에서 '최저한의 생활수준'이 확보돼야 한다고 주장하였다. 생활보호대상자에게 최저생계비 수준의 공적 부조가 이루어지도록 하는 것을 비롯해 적절한 의료서비스 제공, 무상교육 확대, 주거 및 고용 보장, 여성·영유아·아동·노인·장애인들에 대한 복지서비스 확대 등 사회복지 전반에 대해 '국민생활 최저선'을 제시하였다.

2000년 참여연대가 주도한 시민사회단체 연대조직은 국민기초생활보장법 청원 등 법제정에 결정적인 역할을 했다. 민주노총과 참여연대 등 45개 단체들은 1998년 '국민기초생활보장법 제정 추진 연대회의'를 만들어 국민기초생활보장제의 도입을 줄곧 요구해왔다. 1999년 김대중 대통령이 기초생활보장법 제정 방침을 밝히며 제도도입의 계기가 도래했다(한겨레신문 2009. 8. 24). 2000년 기초생활보장법 도입으로, 1997년 이전 37만 명이던 생계비 지급 대상자가

2001년 155만 명으로 네 배 이상 확대되었다.

(2) UN사회권 보장

2003년 아동권에 대한 UN아동권리위원회의 평가가 나왔다. UN아동권리협약은 18살 미만의 어린이·청소년의 인권을 규정한 국제인권조약으로, 한국은 1990년 가입한 뒤 1994년 1차 보고서에 이어 2000년에 2차 보고서를 제출했다. 인권운동사랑방·전교조·대한변협 등 13개 단체들이 만든 민간보고서도 따로 제출됐다(한국일보 2003. 1. 27). UN아동권리위원회는 민간보고서를 토대로 한국 정부에 입시 위주의 경쟁적 교육체제가 아동권을 침해하는 것이 아닌지를 묻고, 또 한국에서 부모의 이혼이나 별거 때 자녀가 부모를 볼 수 있는 권리가 법적으로 보장되지 않는 것, 입양을 국가허가제로 운영하지 않는 것, 비상계엄 때 재판이 단심제로 어린이 권리를 보호하기 힘들다는 것 등을 지적하고 이의 시정을 권고했다. 이는 1차 보고 때부터 지적받은 사항이지만, 정부는 '고려중' 또는 '관련 법이 없다' 등 같은 답변을 되풀이하였다. 정부는 "국가인권위원회와 아동학대예방센터가 설치되는 등 어린이 권리보호 상황이 전반적으로 나아지고 있다"고 해명했다.

(3) 노령연금제

1996년 저소득 노인에게 노령연금을 지급하자는 논의가 시작되었다. 당시 생활보호대상자 가운데 65살 이상 노인은 22.4%이며, 이는 전체 노인인구의 17.4%를 차지했다. 절대 빈곤층이라 할 수 있는 거택보호대상자는 58.3%가 노인이다. 이런 상황에서 노인 생계보장 대책으로 제기되는 유력한 방안이 무갹출 노령연금제다. 연금을 적립하지 않은 노인들을 수급대상자로 한다는 뜻이다. 1988년 국민연금 도입 당시부터 제도적으로 연금에 가입할 수 없었던 60살 이상 노인 대부분이 이에 해당한다. 2014년 기초연금법이 도입되면서 65세 이상

소득 분위 70%에 해당되는 노인들에게 연금이 지급되는 제도가 마련되었다.

(4) 보육시설과 보육비

2005년 육아문제를 사회가 떠맡아야 한다는 요구가 높아지기 시작했다. 참여연대·성남시민모임 등 17개 시민단체로 구성된 참여자치지역운동연대는 아동보육의 공공성 확대를 위해 정부가 보육시설을 대폭 확대해야 한다는 목소리를 높였다(한겨레신문 2005. 4. 12). 마침 정부는 저출산 대책으로 보육지원 확대방안을 제시하고 나섰다. 정부의 '둘둘 플랜'은 저소득층에 쏠려 있던 보육료·교육비 지원을 도시근로자가구 평균소득 이상의 가구로까지 확대하고, 일하는 여성을 위한 출산과 육아 지원에 초점을 맞추었다. 수 차례의 영유아보육법 개정으로 국가와 지자체가 영유아에 대한 보육료로 지급하는 보편적 복지가 전국적으로 시행되고 있다.

(5) 복지 포퓰리즘 논쟁

2011년 이명박 대통령은 신년연설에서 "복지 포퓰리즘은 문제의 해결책이 아니다"라며 직접 '포퓰리즘' 화두를 던졌고, "망국적 무상 쓰나미"(오세훈 서울시장), "공산주의보다도 위험하다"(김문수 경기도지사) 같은 자극적 표현이 이어졌다. "경제가 파탄난 중남미 꼴 될 거냐"는 '복지망국론'도 제기되었다(경향신문 2011. 1. 12). 보수성향의 165개 시민사회단체들은 '복지 포퓰리즘 추방 국민운동본부'를 조직해 무상급식 반대운동을 본격화하였다. 하지만 보편적 복지를 포퓰리즘이나 망국론으로 묶는 주장은 현실과 괴리된 과잉 정치 공세라는 비판으로부터 벗어날 수 없었다.[109] 실제로 이명박 정권을 이어받은 박근혜 정부는 야당과 같은 수준의 진보적인 복지공약을 내세워 이명박 정부와 차별화된 전략으로 선거에서 승리하였다.

(7) 복지공약과 복지증세

2014년 박근혜 정부의 첫 작품이 되는 새해 예산부터 '증세 없는 복지'의 허구가 드러났다. 기초연금, 4대 중증질환, 무상보육 등 국민에게 약속한 핵심 공약 이행을 위한 예산도 태부족한 상태였다. 4대 중증질환 진료비 전액 국가 부담은 1000억원만 추가했고, 고교 무상교육, 반값등록금, 국공립 어린이집 확충 등 여러 복지공약도 생색내기 예산편성에 그쳤다(한겨레신문 2014. 9. 27). 2015년 김무성 새누리당 대표도 '증세 없는 복지'라는 정책기조를 비판하며 증세의 불가피성을 지적했다(한국일보 2015. 2. 3).

공약한 복지정책이 축소, 취소되면서 이에 대한 시민사회단체들의 반발과 비판이 거세졌다. 먼저 4대 중증질환 급여 공약은 건강보험의 3대 비급여 부분을 뺀 급여로 축소되었다. 4대 중증질환 관련 건강보험 급여 대상을 크게 늘려 환자의 진료비 부담을 낮추기는 했지만, 3대 비급여(선택진료비·상급병실료·간병비) 문제 해결이 없었고, 새로 도입된 '선별급여' 제도의 경우 되레 환자 부담만 늘릴 수 있다는 지적이 나왔다.[110] 또 65살 이상 노인과 중증장애인에게 기존 2배의 기초연금을 지급하겠다는 공약은 대상자를 전체 노인에서 '하위소득 노인 70%' 선으로 축소시켰다.[111] 월 130만원 미만 비정규직의 사회보험료를 100% 지원하겠다던 약속은 50%로 줄여 공약 후퇴 논란을 낳았다(한겨레신문 2013. 8. 13). 반값 등록금은 등록금의 절반만큼 국가장학금으로 보전해주겠다던 정책이 오히려 대학생과 졸업생들의 빚을 늘렸다(한국일보 2016. 11. 9). 박근혜 대통령은 '무증세 복지'라는 모순된 가이드라인을 고집하며, 결국 약속한 복지공약 후퇴로 이어졌다.

내가 만드는 복지국가, 노년유니온, 세상을 바꾸는 사회복지사, 복지국가소사이어티 등 4개 복지·시민단체는 2013년 9월 정부의 기초연금안 철회를 촉구했다. 이들은 복지국가 실현을 위해서는 복지에만 쓰기 위해 따로 걷는 부자증세가 불가피하다고 강조했다. 또 10월에는 전국민주노동조합총연맹, 참여연대 등 100곳이 넘는 시민사회단체들이, "4대 중증질환의 국가 책임, 의료비 본인 부담 상한선 인하, 노인 기초연금 20만원 지급 등 파기된 공약 대부분은 평범한 국민과 노동자, 청년, 노인 등 사회적 약자들에 대한 약속이었다"고 비판했다(한 겨레신문 2013. 10. 17).

12_ 사회적경제

2000년대에 들어와 사회적경제(social economy)를 중심으로 무수하고 다양한 조직들이 만들어지면서 여기에 종사하는 임직원들의 일자리가 확대되었다. 또한 함께 활동하는 시민 조합원과 자원봉사자들의 활동도 급성장하였다.

(1) 협동조합

생활협동조합은 협동조합 중 가장 늦게 제도적 보장을 받게 되었다. 민주화 이전 시기에는 정부가 주도한 농협과 수협이 있었다. 민간 주도의 신협이 법적 지위를 갖춘 것은 1972년이었다. 1980년대 정치민주화 운동에서 1990년대 사회경제적 대안운동이 확산되면서, 생협운동은 시민사회에서 가장 주목받는 운동이 되었고, 환경운동도 생협을 실천적 운동으로 인식하면서 시민사회단체들이 동참하는 생협의 설립이 본격화되었다(박상신 2004: 666). 생협운동의 주체는 30-40대의 주부 조합원들로, 이들은 1980년대 민주화운동을 거치면서 생협을 통한 풀뿌리 시민운동에서 주도적인 역할을 하였다.

2008년에는 미국산 쇠고기 광우병 파동이 여성 주도의 촛불집회로 확산되면서 먹거리 안전 문제가 이슈화되었다. 더불어 생협에 대한 인식 제고와 함께 조합원수, 출자금, 매출액이 다시 폭증하는 제2의 성장기에 들어섰다. 생활협동조합 수는 1999-2008년 기간 40개 미만이던 것이 2009년에는 전년에 비해 10배 증가했고, 이후 지속적으로 늘었다. 한살림, iCOOP, 두레생협의 경우 2011

년 현재 각기 회원수가 29만명, 10만명, 10만명에 달했다.

2012년에 제정된 협동조합법에 따라 이제 협동조합은 금융을 제외한 모든 분야에서 설립과 운영이 가능해졌다. 전통적인 사업자협동조합은 구매와 판매로, 소비자협동조합도 구매와 서비스 이용으로 구분되며, 취약층 고용을 우선하는 사회적 협동조합과 다양한 이해관계자 중심의 다중이해관계자 협동조합으로 구분된다. 협동조합의 설립은 법시행 첫해인 2012년에 55개에서 2013년 3,234개, 2016년에는 전체 1만개가 넘으며 급증하였다. 그런데 정부의 설립인가 현황 자료만 있지 설립인가 취소 자료는 없다. 일자리 창출 자료도 제시하지 않아 정부가 업적만 과시하고 있다는 지적을 받고 있다(오마이뉴스 2016. 12. 29).

(2) 사회적기업

사회적기업의 등장은 정부의 실업대책과 복지정책의 종합이라고 볼 수 있다(주성수 2010). 1997년 말 외환위기로 대량실업 사태에 직면한 정부는 대규모 공공근로 사업을 실시하였는데, 일시적으로 최소한의 급여 수준만 보장되는 생계형 일자리를 만드는데 그쳤다. 이후 취약계층에게 안정적인 일자리를 제공하면서 사회서비스를 보충하기 위한 방안으로 유럽에서 통용되었던 '사회적기업'에 대한 관심과 정책적 요구가 증가했다. 사회적기업 등장 이전에 2003년 노동부는 '사회적 일자리 창출사업'을 시범적으로 실시했고, 이는 2004년 범정부 차원으로 확대되었다. 그런데 사회적 일자리가 단기·임시직의 저임금 일자리만을 만드는데 그치므로 지속가능한 양질의 일자리와 사회서비스 공급 모델로서 사회적기업의 필요성이 제기되었다(국회입법조사처 2014: 6).

사회적기업은 2007년 시행 첫해에 50개에 불과했지만 2016년 1,672개로 30배 폭증했고 전국 시도의 예비적 사회적기업도 수천여개 생겼다. 사회적기업에서 일하는 근로자도 2007~14년 기간 10배 이상 늘어 3만명에 근접하고 이중 취약층이 절반 이상이 되는 15,815명에 달했다.

(3) 소액대출

2003년 2월 '사회연대은행'이 출범하였다. 자활 의지와 능력은 있지만, 도움을 필요로 하는 취약층에게 무담보 소액대출을 해주는 '마이크로 크레딧 은행'으로 불리기도 한다. 창업자금을 시혜적으로 부조하는 것이 아니라, 자금을 대출해주고 상환토록 하는 상업적 대출을 한다. 사회연대은행은 기업으로부터 지원을 받아 혼자 창업하는 '기업'이나 두 명 이상의 '공동체'에 1인당 2천만원의 창업자금을 지원해준다. 정부도 창업 준비금을 지원하며 저소득층 창업을 돕지만, 사후관리가 없기 때문에 경쟁력이 뒤쳐진 이들은 얼마가지 않아 사업을 거두게 되면 사회연대은행을 찾아온다. 사회연대은행은 전문가 집단의 사후관리 프로그램을 통해 다양한 사업 아이디어나 노하우 자문을 해준다. 대학 교수, 기업 출신, 자활관리자 등 전문 자원봉사자들이 3년에 걸쳐 창업의 성공을 책임진다.

민간이 중심이 돼 출범한 사회연대은행에는 그 동안 빈곤층 자활사업을 활발히 벌여온 부스러기사랑나눔회 신나는 조합,[112] 자활후견기관협회, 한국여성노동자회, 한국기독교청년회(YMCA)전국연맹 등 200여 단체가 참여했다.

13_ 기부와 자원봉사

최근까지 나눔문화가 활성화되고 있는 것은 1990년대 중반부터 본격화된 시민사회와 복지단체들이 주도한 기부와 자원봉사 운동에서 그 원동력을 찾아볼 수 있다. 정부 주도의 모금, 정부 주도의 관변단체 중심의 봉사활동은 민주화와 시민사회 시대에서는 민간 주도의 기부와 자원봉사 시민운동으로 자리매김될 수 있었다(주성수 2016).

(1) 기부금품 모집

1990년대까지 준조세적인 성격의 기부금품 모집의 남발을 막자는 취지에서 기부금품모집금지법이 마련되었다. 법으로 모금 자체를 허가사항으로 묶어 둔 것이었다. 그런데 1995년 백혈병 어린이를 돕는 '어린이에게 새 생명을'이라는 행사가 내무부의 불허로 취소된 사례도 발생해, 시민사회단체들은 모금 자체를 허가사항으로 묶어 제재하기보다는 제대로 사용하는지 철저히 감사할 수 있도록 하자는 요청을 해왔다(한겨레신문 1996. 12. 27). 2006년에 개정된 '기부금품모집 및 사용에 관한 법률'은 기부금품 모집의 허가요건을 등록요건으로 완화하였다. 개정된 법은 사용내역 공개와 감사를 의무화하고, 기부금품 출연을 강요할 수 없도록 규정했다.

(2) 공동모금회와 기부금단체

1997년 사회복지공동모금회가 출범하였다. 복지단체들이 이웃돕기 성금 등 국민성금이 정부기관의 복지예산 등으로 전용되는 문제를 제기하면서 민간 공동모금회의 필요성이 모아져 공동모금회법이 제정되었다. 공동모금이 정부 주도에서 민간 주도로 바뀌는 개혁이 이뤄진 것이다. 2011년 8월 주무기관인 기획재정부는 대한적십자사와 사회복지공동모금회 외 37개 기관을 법정기부금단체에 새롭게 포함시켰다. 2010년 세제 개편에서 기부문화 활성화를 위해 전문모금기관과 공공기관 중 공공성 등 일정 요건을 충족하는 기관을 법정기부금단체로 규정하기로 한 것이다.[113]

(3) 자원봉사기본법과 자원봉사센터

2006년 자원봉사활동기본법의 제정은 민간 자원봉사운동의 결실이었다. 1994년부터 민간단체들이 앞장서서 법제정의 필요성을 강조하며, 여러 차례의 세미나, 워크숍, 토론회 등을 거쳐 1995년부터 여야의 법안이 등장했다. 그러나 이는 김대중 정부의 국정 100대 과제에 포함되는 등의 진전이 있었지만, 빈번한 여야의 충돌로 국회에 상정조차 되지 못했다(주성수 2013). 자원봉사센터는 법 제정 당시 이미 전국의 시군구에 거의 다 설치되어 있었다. 1996년 송파구가 최초로 조례를 통해 자원봉사센터를 설치, 예산지원을 했고, 이어 지자체마다 조례제정이 활성화되었다. 대학 사회봉사센터를 비롯해 기업의 사회봉사센터, 시민사회단체들의 자원봉사 부서 확충, 그리고 일부 지자체에서는 자원봉사과 또는 자원봉사계 개설이 뒤따랐다. 이어 전국 대학들과 중고교의 자원봉사 활동이 활성화되었다. 자원봉사 참여율이 1999년 20세 이상 인구의 14%로 늘었고, 2014년에는 21%에 달했다(한국갤럽 조사; 주성수 2016).

제 5 장

지방화와 **시민사회**

01_정치개혁 운동

(1) 선거감시운동

1991년 지방자치법 제정으로 지자제 선거를 앞두고 시민사회단체 활동이 활발해졌다. 경실련과 YWCA 등은 선거감시단 구성을 추진하였고, 시민사회단체들은 독자 후보를 내거나 공명선거감시기구를 구성하였다(동아일보 1991. 1. 8). 그런데 공명선거감시단은 기초의회 선거가 중반전에 들어섰는데도 애초의 목표와 달리 활발한 활동을 하지 못했다. 무더기 무투표 당선이 잇따랐고, 친여 일색의 인사들이 대거 출마하고, 선거분위기를 극도로 위축시키는 선거법 등으로 인해 주민들의 무관심이 팽배해 감시기능의 의미를 살릴 수 없었다(한겨레신문 1991. 3. 20).

1991년 기초의회 의원 선거는 풀뿌리민주주의의 가능성을 보여주었다는 긍정적인 평가와 함께 낮은 투표율로 정치활동을 제한시킨 선거였다는 부정적 평가가 동시에 나왔다. 역대 선거중 금권타락이 줄었고, 정당개입이 배제되었으며, 각종 시민단체 및 지역주민들의 공명선거 캠페인도 높은 평가를 받았다(동아일보 1991. 3. 27). 반면 경실련 등 시민사회단체들은 기초의회 선거 결과와 관련해 "국민의 자유로운 정치활동을 막고 있는 현행 선거법을 개정할 것"을 촉구하였다(한겨레신문 1991. 3. 28).

(2) 주민소환제

2000년 일산 신도시 주민·시민단체들이 연대해 자치단체장에게 행정 책임을 묻는 '주민소환제' 도입을 위한 헌법소원을 냈다. 일산 신도시 7개 시민단체와 주민들로 구성된 '러브호텔 난립저지 공동대책위'는 "러브호텔 난립, 부당 용도변경 등 단체장의 행정 잘못으로 교육 및 주거환경이 악화돼 주민피해가 크지만 현행 지방자치법상 그 책임을 물을 수 있는 법적 장치가 없어 헌법소원을 내기로 했다"고 주장했다(중앙일보 2000. 10. 25).

2001년에는 주민소환제 도입 운동이 본격화되었다. 부실덩어리였던 하남시 환경박람회, 애물단지로 전락한 익산 보석전시장 건설계획, 러브호텔 난립을 초래한 경기 고양시 등은 주민감시 없는 지방자치의 실상을 적나라하게 보여주었다. 경실련은 지방자치단체장들의 잇단 민·형사 사건 연루사태와 관련하여 지방자치단체장에 대한 '주민소환제' 도입 운동을 본격화하였다. 참여연대, 함께하는시민행동, 민우회, 한국기독청년회, 충남아산시민모임 등 7개 단체들은 비리·무책임 단체장을 주민들이 투표로 해임할 수 있도록 하는 주민소환제와 자치단체의 중요한 사안을 주민들의 직접 투표로 결정하는 주민투표제도 도입을 주창하였다(중앙일보 2001. 6. 2).

02 _ 지방의회와 지자체 감시

(1) 지방의정 감시

지방자치의 시행과 함께 지방의정에 대한 감시 또한 시민사회단체 활동 영역이 되었다. 1991년 경실련, 서울YMCA 등 시민사회단체들은 의정활동을 감시하기 위해 의원들의 비리, 공약이행 등을 모니터링 하는 활동에 들어갔다. 풀뿌리 시민단체들의 역할도 크게 활성화되었다. 단체들은 주민생활과 직결된 지역현안을 놓고 일선 시·군과 상대하여 예산·정책 감시활동, 환경·지역개발에 대해 문제를 제기, 그 대안을 찾으려는 토론과 연대가 전국 각지에서 이어졌다(한겨레신문 1999. 7. 20).

2000년 시민사회단체 활동은 주로 수도권 중심에서 벗어나 지방에서도 크게 활성화되었다. 결정적인 계기가 된 것은 총선시민연대의 활동이었다. 특히 전국의 이목을 집중시켰던 고양시의 러브호텔 파동은 풀뿌리 운동의 중요성을 일깨워 주었다. 또 지방의회에 대한 감시 모니터링이 활성화되었고, 지방자치단체의 예산낭비에 대한 납세자 환수소송이 진행되었으며, 자치단체장의 판공비 공개와 책임추궁, 주민소환제, 주민의 지방행정 참여를 위한 지방자치법의 개정 추진이 잇따랐다.[114] 광주YMCA를 비롯한 20개 시민단체는 총선 직후 '광주·전남 행·의정 모니터 연대'를 결성해, 광역과 기초 자치단체에 대한 의회 행정 사무감사 활동을 평가하였다(중앙일보 2000. 10. 22). 모니터 연대는 의원들의 정책 과제에 대한 전문성·공익성·성실성 등을 평가해 공개하였다.

(2) 세금과 예산 감시활동

각종 세금 횡령사건들이 발생해, 1994년 부천시 7개 시민단체들이 당국의 감사를 못믿겠다며 자체 감사단을 결성해 활동에 나서 마찰을 빚은 일도 있었다(한겨레신문 1994. 11. 26). 2000년 지방의회가 자치단체의 익년도 예산안을 심의 중인 가운데 시민단체들은 불필요한 예산의 삭감을 요구하는 등 의회의 예산심의에 대해 감시활동에 적극 나섰다(중앙일보 2000. 11. 12).[115] 또 지방자치단체가 낭비한 예산의 환수를 요구하는 납세자 소송이 국내 처음으로 제기되었다.[116] 하남민주연대, 참여연대, 함께하는 시민행동은 예산낭비 지적을 받았던 하남국제환경박람회와 관련, 하남시장을 상대로 보조금 지급결정 무효확인 청구소송을 수원지법에 냈다(중앙일보 2000. 12.10).

(3) 주민참여예산제

2000년에는 시민사회단체가 자치단체 예산편성 과정에 직접 참여할 수 있도록 '시민위원회'를 설치하자는 조례제정 청구운동이 있었다. 전남 순천시 '좋은마을만들기시민모임'은 2001년 12월 13일 기자회견을 열어 "자치단체가 주민들에게 예산 운용과정을 투명하게 공개하도록 '예산참여 시민위원회 설치 및 운영에 관한 조례(안)' 제정을 발의하겠다"고 밝혔다. 주민참여 예산제도는 2005년 8월 지방재정법에 시행근거가 마련된 후, 시행하는 지자체가 매년 증가하여 2010년 9월 현재 102개 자치단체에서 실시하고 있었다. 이후 2015년까지 주민참여예산제는 서울시를 비롯해 경기도, 울산광역시 등 광역 지자체뿐 아니라 수원시, 부천시, 울산 북구청 등 기초단체에서도 실시되고 있다.

(4) 지자체장 판공비 공개

시민단체들이 자치단체나 의회의 업무추진비, 해외연수경비 사용내역에 대해 정보공개를 잇따라 청구하며 새로운 행정 이슈로 부각되었다. 2000년 춘천시민연대는 8월에 춘천시의회의 업무추진비, 해외연수내역, 의정활동비 지급내역 등을 공개할 것을 요구하는 정보공개청구서를 시의회에 접수시켰다(동아일보 2000. 10. 27). 한편 참여연대 등 34개 시민단체가 참여하고 있는 '판공비 공개운동 전국네트워크'는 '전국 지방자치단체의 정보공개 성실도 평가결과'를 발표했다. 판공비 사본을 공개한 곳은 대구시와 전라북도 2곳에 불과했고, 서울시를 비롯한 8개 광역지자체는 사본 공개를 거부하고 열람만을 허용했다. 제주도와 전라남도, 경기도, 광주시는 전면 비공개로 일관했다. 기초지자체 중에서는 판공비를 사본으로 공개한 곳이 17곳에 불과했고 서울시 25개 구청을 포함한 63%의 지자체가 일체 공개하지 않았다(동아일보 2000. 8. 27).

(5) 주민감사청구제

2002년 시민들이 서울시나 자치구의 위법 또는 부당한 행정처분 등에 대해 감사를 청구할 수 있는 '주민감사청구제' 청구요건이 대폭 완화됐다.[117) 개정조례는 이와 함께 시가 1996년부터 독자 운영하고 있는 시민감사제 청구인 자격을 '공익활동 수행을 주목적으로 하는 비영리 민간단체로, 상시 구성원수 100명 이상인 단체 대표자'로 구체화했다. 1999년 8월 주민감사청구제가 도입된 이후 서울시에 대한 주민감사 청구는 단 1건도 없었으며, 시 자치구에 대해서는 모두 3건이 신청됐다(한국일보 2002. 7. 16).

03 _ 풀뿌리 주민자치 운동

(1) 지방자치 시대의 시민운동

지방자치제의 본격 시행과 함께 지역 시민 중심의 다양한 모임들이 지방시민운동의 구심체로 부각되었다. 1995년의 지방선거를 앞두고 활동중인 지방시민운동 모임들은 전국적으로 수백 개에 이를 정도였다. 모임들은 환경·교육문제 등 지역현안 해결과 지방의회와 자치단체 감시활동 등을 지향하며, '풀뿌리 민주주의'정착에 구심적인 역할을 할 것으로 기대되었다(한국일보 1994. 12. 25).

1994년 성남지역의 교수, 변호사, 회사원, 자영업자, 주부 등 3백여 명은 발기인 대회를 가졌고, 과천주민들도 자치단체 및 의회감시를 위한 과천시민참여모임을 결성했다. 또 크리스찬아카데미가 주최한 전북지역 주민자치운동을 위한 대화모임에 참석했던 주민들은 각자 자신의 지역에서 10여개의 군단위 모임을 결성했다. 또 1991년 4백여 명으로 구성된 과천시민모임은 3년여 동안 과천시를 설득해, 충치예방을 위한 상수도 불소화사업을 성사시켰다. 그밖에 전국적으로 지역시민모임이 활성화되었다.[118)

환경운동연합, 경제정의실천시민연합(경실련) 등 전국 단위의 시민단체들도 지역조직 강화에 박차를 가했다. 환경운동연합은 1994년 지역조직 5개를 추가 결성해 17개로 늘렸으며, 경실련도 6개를 추가해 전국에 27개 지역지부를 갖췄다.

(2) 러브호텔 난립 저지운동

2000년 경기도 고양시는 건축 허가를 받고 미착공 상태인 러브호텔 5곳에 대해 건축허가를 취소했다. 시민단체들이 연대해 러브호텔 난립에 대한 대책을 요구한 지 6개월 여 만에 가시적인 성과가 이뤄진 것이다. 고양시는 도심지 러브호텔이 헌법이 보장한 국민의 기본권을 침해한다는 여론이 높고, 교육청 심의도 잘못된 것으로 국정감사 과정에서 드러나 숙박업소 5곳의 건축허가를 취소하게 됐다고 밝혔다(중앙일보 2000. 10. 19). 지역대책위원회와 한국YMCA연맹 등 14개 시민사회단체는 '러브호텔 난립반대 전국 공동대책위원회'를 조직해 정부에 대책 마련을 촉구했다. 경기도 고양, 성남, 부천시와 인천, 대전, 대구 등 전국에서 모인 1백여 주민과 시민단체 관계자들은 기자회견을 열고 "교육환경과 주거환경을 파괴하는 러브호텔은 추방돼야 한다"고 주장했다.

2002년 나이트클럽 건립 계획으로 '유흥의 거리' 논란을 빚었던 경기 고양시 일산 호수공원 앞 '문화의 거리'에 러브호텔에 이어 나이트클럽도 들어서지 못하게 되었다. '문화의 거리' 시행업체인 청원건설은 "주민과 시민단체 요구를 받아들여 나이트클럽 건립 계획을 백지화한다"고 밝혔다(한겨레 2002. 2. 3).

(3) 지방의제 21

2000년 지속가능개발네트워크 한국본부는 녹색소비자연대, 아산 YMCA, 대전의제21 등 20여개 지역단체들과 함께 '녹색마을 의제21'을 추진하였다. '녹색마을 의제21'은 지속가능한 생활환경 건설과 지역공동체 복원을 목표로 하였다. 녹색마을 만들기는 먼저 마을에 대한 현장조사를 통해 지역의 미래 청사진을 제시한 뒤 추진주체를 구성해 지역특성에 맞는 사업을 추진하는 방식으로 진행되었다. 서울, 경기도 고양, 충남 천안 등에서 지속가능개발네트워크가 중심이 되어 '녹색아파트 만들기'가 진행되었다(한겨레신문 2000. 11. 1).[119]

(4) 주민자치센터 활성화

주민자치센터 또한 민관공조로 조직되었다. 2000년 전국의 1,655개 동사무소가 연말부터 주민자치센터로 기능이 전환되면서, 주민자치센터가 풀뿌리 단체들의 참여에 의한 풀뿌리공동체 운동의 장으로 개방되었다. 전국 70 여개 지역 단위 시민사회단체들이 '주민자치센터 활성화를 위한 풀뿌리 네트워크'를 결성했다.[120] 주민자치센터 활성화를 위한 전국 주민자치박람회가 2001년 열린사회시민연합 주도로 행정자치부와 공조해 개최된 이후 매년 전국을 순회하며 열리고 있다. 제1회 서울 한양대에서 시작해, 제2회 성남시, 제3회 청주시, 제4회 제주시, 제5회 진주시를 거쳐, 2015년에는 제14회 박람회가 대구광역시로 열렸다.

제 **6** 장

———

세|계|화|와
국제관계

01 _ 한·일과 한·중 역사 문제

(1) 위안부 문제

17살 꽃다운 나이에 5개월여 동안 일본군 종군위안부를 지낸 김학순 할머니는 1991년 8월 14일 한국여성단체연합 사무실에서 종군 위안부 생활을 강요받았던 자신의 참담한 과거를 증언했다. 할머니는 "텔리비전이나 신문에서 요즘도 일본이 종군 위안부를 끌어간 사실이 없다고 하는 이야기를 들을 때면 억장이 무너집니다. 일본을 상대로 재판이라도 하고 싶은 심정입니다"고 분노하며, "거의 날마다 4~5명의 일본 군인들을 상대하는 것이 전부였습니다"고 폭로했다(한겨레신문 1991. 8. 15).[121] 할머니는 "정부가 일본에 종군위안부 문제에 대해 공식 사과와 배상 등을 요구해야 한다"고 힘주어 말했다. 정신대대책협의회는 김학순 할머니의 증언을 시작으로 생존자, 유가족들의 증언을 통해 정신대의 실상을 밝힐 것을 약속했다.

1992년 한·일 민간단체들이 '태평양 전쟁희생자 증언을 듣는 모임'을 갖고 정신대를 포함한 징용군인, 군속 문제 등 전후처리를 마무리짓기 위한 실태조사 작업을 폈다(한겨레신문 1992. 6. 10). 또 8월에는 정신대 문제가 UN인권위원회에 정식 제기되었고, 이어 서울에서는 한국 등 아시아 6개국 여성대표들이 정신대문제 해결을 위한 연대기구를 만드는 등 정신대 문제가 국제적 관심사로 확대되었다(한겨레신문 1992. 8. 12).

1996년 2월 5일 종군위안부 피해자에 대한 일본의 국제법적 배상책임을 명백히 지적한 유엔인권위원회의 보고서가 나왔다. 보고서는 종군위안부 문제에 관해 처음으로 UN 차원의 진상조사를 실시해 법적 책임문제를 제기했다(동아일보 1996. 2.8). 보고서는 우선 '종군위안부'라는 용어 자체를 거부하고, '군사 목적에 의한 제도적 성폭행 피해자'란 용어를 썼다.[122] 3월 1일 국제노동기구 (ILO) 전문위원회는 일본군위안부가 일본군의 '성적 노예'로 강제노동을 금지한 ILO규약을 위반한 것이기 때문에 임금 등을 받을 권리가 있다고 지적하고, 일본 정부가 신속하게 대응책을 마련할 것을 촉구했다(한국일보 1996. 3.2). 한국에서는 한국정신대문제대책협의회, 한국교회여성연합회, 흥사단 등 39개 시민사회단체가 '일본군 위안부 문제의 올바른 해결을 위한 시민연대' 발대식을 갖고 위안부 피해자의 인권회복을 위한 활동에 나서기로 결의했다(한겨레신문 1996. 10. 19).

2000년 '일본군 성노예전범 국제법정'이 열렸다. 한국, 북한, 중국, 대만, 필리핀, 인도네시아, 말레이시아, 네덜란드, 동티모르 등 9개국 피해자 관련단체와 일본 시민단체 바우넷재팬이 함께 개최한 것이다(한겨레신문 2000. 11.22). 한국의 공동주최자는 한겨레신문사, 한국정신대문제대책협의회, 문화방송이었다. 일본 군 위안부 강제 동원 등의 전쟁 범죄 행위를 여성의 손으로 단죄하는 첫 국제 민간 법정으로 주목을 끌었던 도쿄 여성 법정은 가해자의 형사 처벌과 위안부 강제 동원 등을 둘러싼 일본의 국가 책임을 규명하는데 초점을 맞췄다(한겨레신문 2000. 12. 12).

2011년 8월 정기 수요집회는 '해방 66주년, 2011 일본군 위안부 문제 해결을 위한 세계연대집회'로서, 마닐라, 대만 타이베이 등 4개국 9개 도시에서도 현지 시민단체와 한인단체를 중심으로 동시에 열렸다(동아일보 2011. 8. 11). 12월 도쿄에서는 1000번째 수요시위에 맞춰 일본 전국에서 모인 시민들이 손에 손을 맞잡아 만든 인간 띠가 외무성을 에워쌌다. 시민들은 외무성을 향해 "피해자 할머니들에게 정의를!"이라는 구호를 한 시간 동안 힘껏 외쳤다. 이 날 일본 272개 시민단체 모임인 '일본군 위안부 문제해결 전국행동 2010'이 추산한 시위 참가 인원은 1,300명으로 예상보다 두 배 이상 많았다(동아일보 2011. 12. 15).

2015년 박근혜 정부는 위안부 문제를 일본 정부와 타협했고, 양국 합의에 따라 일본이 내놓은 거출금(10억엔)이 2016년 11월 대통령 퇴진운동이 한창인 시기에 피해 할머니 23명에게 1억원씩 현금으로 지급되었다(연합뉴스 2016. 11. 15). 일본 정부 기금으로 설립된 화해·치유재단은, 나머지 6명도 수용 의사를 확인했다고 한다. 생존한 피해자 46명 가운데 29명이 수용하겠다는 것이다. 당사자인 할머니들은 일본의 더러운 돈을 받을 수 없다고 저항했고, 한국정신대문제대책협의회 등 400여 단체들도 추악한 타협을 비판하며, 대안으로 '일본군 위안부 할머니와 손잡는 정의기억재단'를 설치해, 2016년 초부터 출연금 모금을 전개해 보름만에 1천 33명의 1억 200여만원을 기부받았다(연합뉴스 2016. 1. 28).

2016년 12월 말 위안부 합의 1년이 되던 날 할머니들과 정대협 등 시민사회단체들은 수요집회에서 합의 파기를 다시 선언하며, 정부의 일방적인 결정에 저항하는 집회를 가졌다.

(2) 역사교과서 왜곡

2001년 한·일 시민단체들이 연대한 아태지역 NGO들은 3월 24일을 '일본 역사교과서 개악규탄 아시아 행동의 날'로 정하고 공동연대행동을 벌였다. 4월에는 상설 NGO 연대기구인 '한·일교과서바로잡기운동본부'가 발족되었고, 5월에는 일본 우익단체 '새역사교과서를만드는모임'이 집필한 역사왜곡 교과서에 반대하는 일본 내 100여 개 시민·학술 단체들이 '교과서전국네트워크'를 결성해 채택 반대운동을 국제적으로 전개하였다.[123] 연대 활동은 성공적으로 전개되어, 우익 성향의 '새역사교과서를만드는모임'의 교과서는 거의 채택되지 않았다(동아일보 2001. 5. 25).

2005년 일본의 역사왜곡 교과서 문제에 앞장서 대처하고 있는 '아시아 평화와 역사교육연대'는 한·중·일 시민사회가 역사왜곡 교과서 불채택운동에 힘을 모아야 한다고 선언했다(한겨레신문 2005. 4. 6). 2005년 일본의 중학교 역사교과서 채택전은 왜곡 교과서 저지운동을 펴온 시민세력의 압도적 승리로 막을 내렸다. 4년 전에 비해 훨씬 불리한 여건에서 극우세력의 드센 공세에 맞서 왜곡 교과서의 채택을 최소한으로 묶은 것이다(한겨레신문 2005. 8. 31). 2009년 11월 한국의 '아시아평화와 역사교육연대'를 비롯한 한·중·일 시민단체가 해마다 세 나라를 돌아가며 여는 '역사인식과 동아시아의 평화 포럼'이 도쿄에서 열렸다. 2002년 일본에서 극우성향 단체 '새 역사교과서를 만드는 모임'이 편찬한 역사 왜곡 교과서가 출현한 것을 계기로, 중국 난징에서 첫 회의를 연 뒤 8회째였다.

(3) 반크(VANK)의 역사왜곡 바로잡기

2002년 청년들의 NGO '반크'(VANK)는 동해와 독도에 대한 일본의 역사왜곡에 저항하는 활동을 개시하였다. 국제수로기구(IHO)가 세계 표준 해도인 '해양의 경계' 제4차 개정판에 '일본해(Sea of Japan)' 표기를 삭제하기로 결정했다가 갑자기 철회 방침을 밝히자 중고교 네티즌 9,000여 명으로 구성된 사이버 외교사절단 '반크'가 저항하고 나섰다. 반크는 IHO 69개 회원국의 정부와 시민사회단체, 언론사 등의 홈페이지에 동해를 일본해로 표기하는 것에 대한 부당성을 지적하는 2,000여 통의 항의 서한을 보냈다(동아일보 2002. 9. 24).

'반크'는 1999년부터 세계 지도제작사, 여행사, 지리웹사이트를 대상으로 동해를 병기토록 편지와 e메일 보내기 캠페인을 시작했다. 또 2003년 반크는 뉴스채널 CNN이 인터넷 사이트에 한국역사를 왜곡한 일본 역사교과서 내용을 게재했다며 항의하였다(한국일보 2003. 2. 8). 반크는 1년간 외국 대학이나 백과사전의 인터넷에 수록된 한국 관련 내용 중 1,060건의 오류를 찾아내 항의 이메일과 함께 바로잡은 정보를 보냈으며, 이 중 888건이 동해 표기 문제였다고 밝혔다.[124]

(4) 약탈 문화제 환수

2006년 조선왕조실록 오대산 사고본 47책이 일제에 강탈당한 지 93년 만에 돌아왔다. 소장자인 일본 도쿄대가 서울대에 기증하는 형식이었지만, 일본 우익의 반발을 고려해 두 나라 국립대학 사이 학술 교류와 협력 형식을 갖추었다(한겨레신문 2006. 6. 1).[125] 2004년에 설립된 민간단체 '조선왕조실록환수위원회'는 2006년 도쿄대가 조선왕조실록 오대산 사고본 47권을 서울대에 기증하는 데 산파 역할을 했다. 환수위가 반환을 요구하는 의궤는 오대산, 태백산 사고 등에 보관되었던 72종으로 2002년에야 존재가 확인된 것들이다.[126]

2011년 4월 외규장각 도서 1차분 75권이 145년 만에 한국으로 돌아왔다. 1975년. 프랑스 국립도서관에서 촉탁 직원으로 일하던 역사학자 박병선씨가 외규장각 도서의 존재를 처음 확인하여 한국에 알렸다. 프랑스 국립박물관 측이 이 일을 문제 삼아 해고했지만 연구·조사를 계속한 박씨의 노력은 국내 학계의 관심을 불러일으켰고, 1990년대 초 약탈의 불법성이 제기되면서 반환운동의 물꼬가 터졌지만 이후 협상 진전이 없었다. 그러다 2007년 시민단체인 문화연대가 약탈문화재의 소유권을 인정하는 프랑스 국내법을 문제 삼아 프랑스 행정법원에 반환소송을 내면서 다시 국민적 관심사로 떠올랐다. 2010년 G20 서울회의에서 한국·프랑스 정상 간 합의문 발표로 외규장각 도서가 마침내 귀환하게 됐다.

(5) 아스쿠니 참배 반대

2006년 한국·대만·일본 등 세 나라 시민단체의 모임인 '아스쿠니반대 공동행동'이 8월 11일 일본 도쿄 메이지공원에서 고이즈미 총리 등 일본 정치인들이 국제적인 비난 여론에도 불구하고 신사 참배를 그만두지 않는데 대해 비판 성명을 발표하고 저지운동을 벌렸다(한겨레신문 2006. 8. 14). 최근까지도 아베 총리 등 일본 정치지도자들의 야스쿠니 참배를 반대하는 한국과 일본 시민사회단체의 평화운동이 계속되고 있다.

(6) 고구려사 왜곡 저지운동

2003년부터 중국정부는 지린성의 광개토왕비, 국내성 등 고구려 유적들을 대대적으로 정비했다. 이런 작업은 고구려사를 중국 변방의 역사로 왜곡하려는 목적이어서 역사학자들과 시민단체들이 크게 반발하였다(한국일보 2003. 10. 20). 역사단체들은 고구려는 수(隋)·당(唐)과 당당히 맞서 싸운 고대의 강대국이며, 고구려사는 고려·조선으로 이어지는 우리의 자랑스런 역사라고 강조했다. 이런 중국의 행태에 반발해 흥사단, 3·1운동기념사업회, 광복회 등 10여개 사회단체가 참여한 '고구려역사 지키기 범민족 시민연대'를 발족했다. 시민연대는 이를 "우리 민족의 근본을 부정하는 중대한 역사적 침략"이라고 비판했다(한국일보 2003. 12. 30).

2004년 8월 24일 한·중 양국 정부가 개정 역사교과서에 왜곡된 고구려사를 신지 않는 등 구두양해 사항에 합의했다. 이 소식을 접한 고구려역사연대는 "고구려사 문제가 더 이상 양국간의 정치 갈등으로 비화하는 것을 막자는 근본 취지에는 찬성한다"면서도 "이번 합의로 중국이 고구려사 왜곡을 중단할 것이라고 믿기는 힘들다"고 피력했다(한국일보 2004. 8. 25).

02 _ 국제연대와 개발협력

(1) UN NGO 등록

1996년 한국이웃사랑회(지금의 굿네이버스)는 국내 최초로 UN ECOSOC의 포괄적 협의지위(General Consultative Status)를 획득하였다. 포괄적 협의지위란 유엔의 각 산하 위원회 회의에 참석해 의제를 제안할 수 있는 지위를 말하는데, 이웃사랑회는 1994년 르완다 난민사태 당시 한국인의료자원봉사단을 구성해 르완다 국경의 난민촌에 파견하였다(동아일보 1999. 4. 20). 뒤이어 세계평화여성연합이 ECOSOC로부터 '포괄적'(general) 협의지위를 획득했고, 한국환경운동연합, 경실련 등 5개 단체도 '특정분야'(special) 협의지위를 받았다. 2002년에는 보수단체인 자유총연맹과 새마을중앙회도 특정 분야 협의지위를 획득하는 등, 한국 시민사회단체들의 UN NGO 등록은 보편적인 동향으로 발전하였다.

(2) 국제 NGO 활동

1999년 종교계에도 국제 NGO 설립 바람이 불고 있었다. NGO의 역할이 늘어나면서 소규모 봉사활동 위주로 운영돼온 각종 모임들을 시민운동단체로 키우기 위해 박차를 가하고 나섰다(경향신문 1999. 8. 14). 대한불교 진각종은 사회복지법인 진각복지회를 한국국제협력단(KOICA) 민간원조단체로 등록했다. 국제구호 및 협력사업을 추진하기 위해서인데, 스리랑카, 네팔 등에서 구호사업을 진행할 것이라고 밝혔다. 조계종은 종단 차원에서 본격적인 시민운동을 펼치기 위해 42개 불교계 시민사회단체를 대상으로 회원수 및 예산 파악에 나섰다. 또 10월 서울에서 열린 세계 NGO대회에 참여하는 불교계 단체에 재정을 지원키로 하는 등 참여를 적극 유도하였다.

(3) 인도적 구호와 개발협력

1993년 한국기독교총연합회의 '사랑의 쌀 나누기' 운동은 지구촌 빈곤층을 돕는 사랑의 쌀나누기 운동으로 발전되었다(한국일보 1993. 7. 23). 1996년에는 경실련이 베트남에 기술학교를 세웠다. 국내 시민사회단체로는 처음으로 개발협력 사업을 추진한 것으로, 경실련은 한국이 베트남전에 참전해 진 빚을 민간차원에서 갚는 계기도 될 것이라고 밝혔다(동아일보 1996. 6. 18).

1999년에는 해외원조를 펼치고 있는 민간단체들이 정보를 나누고 정부와의 협의를 효율적으로 하자는 뜻에서 해외원조단체협의회가 결성되었다. 협의회는 유니세프 한국위원회, 한국복지재단 등 35개 단체로 구성되었으며, 이 단체들은 방글라데시 등 40여 개국에서 활동하고 있다. 2004년 말에 발생한 남아시아의 쓰나미 재앙 구호활동에 인도적 구호단체들이 앞장섰다. 재난 발생 열흘 만에 현지에 구호단을 보낸 단체만 16여 곳 210여 명에 이르고, 성금이나 구호물품 등 민간에서 지원된 지원금도 180만 달러(약 19억원)에 달했다(한겨레신문 2005. 1. 4). 외국구호 민간단체들의 연합체인 해외원조단체협의회는 남아시아 구호를 위한 계좌를 열고 시민들의 성금을 모았다.

(4) 아시아 개발협력

2001년 동아시아의 사막화를 막기 위한 한·일·몽골 3국 NGO들의 연대활동이 시작되었다. 한국휴먼네트워크는 일본, 몽골의 시민단체와 함께 '평화로운 하나의 아시아'를 내걸고 몽골과 중국의 사막화 방지사업을 시작하고, 몽골과 중국의 황사로 인한 한국과 일본 등 주변 나라의 환경오염원 차단을 위한 운동을 전개하였다(한겨레신문 2001. 1. 9). 사막화 방지운동의 재원을 마련하기 위한 캠페인도 시작되었다. 2001년 함께하는시민행동과 시민운동지원기금은 복지법인 '아이들과 미래'의 도움을 받아 아시아 시민사회단체 네트워크 구축의 일환으로 2001년 2월부터 '컴퓨터 보내기 사업'을 추진하였다.

(5) 반부패국제회의

2003년 5월 서울에서 열린 '제11차 반부패 국제회의(IACC)' 준비를 위한 반부패국제회의조직위원회가 정부 부처, 시민단체, 학계 등 각계인사 15명으로 구성되어, 법무차관과 반부패국민연대 이남주 부회장이 공동위원장을 맡았다.

반부패세계회의는 100여개 국가의 정부 및 국제기구 근무자와 비정부기구, 시민단체, 학계 관계자 등이 참석해 2003년 5월에 개최되었다. 이 회의는 '다른 문화, 공통의 가치', '기업경영의 투명성', '국가와 시민사회와의 관계' 등을 주제로 부패척결 및 투명성 증진 방안을 제시하였다(동아일보 2003. 5. 26).

(6) 1%에 맞서는 99%의 광장점령

2011년 국내 시민단체들은 미국에서 확산되는 반(反) 월가 시위에 발맞춰 10월 15일 동시다발적인 집회를 열었다. 여의도 금융감독원 앞에서 투기자본감시센터, 금융소비자협회 등 금융 관련 단체가 금융규제와 금융범죄 엄단, 금융피해자 보상 등을 촉구하였고, 서울역광장에서는 노동·빈민·철거민단체의 연대체인 빈곤사회연대가 금융자본의 탐욕을 규탄하는 집회를 가졌다(한국일보 2011. 10. 16). 99%의 함성 시위는 10월 15일 가장 먼저 아침을 맞은 뉴질랜드 오클랜드를 시작으로 서울과 도쿄 등 아시아 도시를 비롯해 런던, 베를린, 마드리드 등 유럽 도시, 뉴욕 월가와 맨해튼 등 아메리카 대륙에서도 '보통사람들'이 거리로 쏟아져 나왔다.

03 _ 반전 평화운동

(1) 대인지뢰금지 국제운동

1997년 국제사회의 지뢰 금지운동(ICBL)에 발맞춰 국내에서도 대인지뢰 금지를 위한 시민운동이 첫발을 디뎠다. 경실련, 참여연대 등 16개 시민사회단체는 서울 종로5가 기독교회관에서 "한국 대인지뢰 대책회협약 가입은 한반도 평화와 통일의 중요한 전기가 될 것"이라며 정부의 대인지뢰금지협약 가입을 촉구했다(경향신문 1997. 11. 7). 1999년 참여연대 등 27개 시민·사회단체로 구성된 한국대인지뢰대책회의는 '대인지뢰 민간인 피해자 지원을 위한 특별법'(가칭)

청원을 위한 서명운동에 들어갔다(한겨레신문 1999. 7. 29). 2016년 말 현재 대인 지뢰금지협약에 160여 개국이 가입했지만, 남북한과 미국, 러시아, 중국 등은 가입을 거부한 상태다.

(2) 베트남 전쟁 학살 진상규명

참여연대, 국제민주연대, 민주사회를 위한 변호사모임, 천주교인권위원회 등 10여개 시민단체로 구성된 '베트남전 한국군양민학살 진상규명위원회'는 베트남전 때 한국군의 민간인 학살에 대한 진상 규명 운동에 나섰다(한겨레신문 2000. 4. 21). 1999년부터 베트남전 양민학살 진상규명위원회, 베트남 진실위원회, 평화박물관 건립추진위원회 등이 평화운동으로 발전시켰다. 군대 위안부 출신 고 문명금 할머니의 성금을 종잣돈으로 설립된 평화박물관은 2000년대 초반부터 베트남에서 어린이도서관 건립, 장학금 지원 등의 사업을 벌였다. 치과의사와 한의사들로 구성된 베트남평화의료연대는 매년 베트남을 방문해 진료활동을 벌이고 있으며, 인터넷 페이스북에서 자발적으로 결성된 '베트남과 한국을 생각하는 시민모임'은 피해 마을의 학생들을 위한 장학금을 모금하였다(한겨레신문 2013. 7. 7).

(3) 한국전 미군 학살 규명

2003년 한국전에서 미군의 양민학살 문제가 유엔에서 제기되었다. '미군학살 진상규명을 위한 전민족 특별위원회'는 제네바의 UN 유럽본부에서 한국전 중 미군에 의한 양민학살 문제를 공식 제기하고 진상규명과 미국측의 사과 재발 방지책을 촉구했다(한국일보 2003. 8. 6). 위원회는 UN 및 각국의 인권관계자를 상대로 2명의 한국인 피해자 증언을 진행했다. 또 미군에 의한 양민학살 관련 자료를 담은 다큐멘터리 필름을 상영하는 한편 UN인권소위에서의 구두진술을 통해 국제적 관심을 촉구했다. 한편 위원회를 지원하는 국제민주변호사회는 인권소위에 제출한 서면 진술서를 통해 미군의 인권침해를 규탄하는 결의안 채택과 자체 진상조사 착수 등을 주문했다.

(4) 9·11 테러와 이라크전쟁 반대운동

2001년 9·11 테러에 대한 미국의 보복전쟁을 계기로 '반전 평화 운동'이 시민사회운동계를 하나로 묶는 새로운 화두로 떠올랐다. 2001년 10월 8일 열린 '보복전쟁반대민주시민사회단체연대집회'를 비롯해 생명·환경 파괴 중단 촉구 평화집회, 한반도 평화를 위한 반전평화 시국선언 등 전국에서 반전평화를 주제로 한 집회와 시위가 열렸다(한겨레신문 2001. 10. 17).[127]

2003년 국내 700여개 시민사회단체들의 연대기구인 '전쟁반대 평화실현 공동실천'과 '여중생사건범국민대책위'는 마로니에 공원에서 '이라크 공격 반대, 한반도 전쟁 위협 반대를 위한 국제 공동 반전 평화대행진'을 개최했다. 노무현 대통령은 미국 지원을 결정했지만, 이에 대해서도 '국익에 도움이 되는지'를 놓고 시민단체간에 논란이 가열되었다. 보수단체인 바른사회를 위한 시민회의는 "참전을 통해 미국에 대한 한국의 입지를 강화해 국가생존을 둘러싼 위험과 불확실한 요인을 극복하는 기회로 삼아야 한다"고 주장했다(동아일보 2003. 3. 23). 반면 경제정의실천시민연합과 기독교윤리실천운동 등은 "무고한 인명을 살상하는 명분없는 전쟁은 중단되어야 한다"는 의견을 제시했다. 현행법상 '독립기관'인 국가인권위원회(위원장 김창국)가 정부 입장과 배치되는 '이라크전 반대 의견서'를 채택한 것에 대해 인권운동사랑방, 민주노총 등 대부분의 시민단체들은 "인권위의 용기에 박수를 보낸다"며 인권위를 지지했다(문화일보 2003. 3. 27).

마침내 이라크전 파병 동의안이 국회를 통과하자, 참여연대와 '민주사회를 위한 변호사 모임'은 4월 3일 파병결정 철회를 촉구한 뒤 파병결정 취소를 위한 헌법소원과 효력정지 가처분 신청을 헌법재판소에 제출했다(한국일보 2003. 4. 4).

04 _ 신자유주의 세계화 반대

(1) 우리농산물먹기와 시장개방반대 운동

1990년 수입개방 압력을 저지하기 위한 시민운동이 시작되었다. 한국기독교교회협의회, 기독교청년회, 여성민우회 등 20여개 종교·사회단체들은 연초에 '우리 농산물 먹기 국민운동본부 결성을 위한 모임'을 갖고 농수산물 수입개방 압력을 저지하기 위해 결의하였다(한겨레신문 1990. 1. 9). 연말에는 소비자시민모임, 소비자연맹, YMCA 등 10개 시민단체가 연대한 소비자보호단체협의회는 '신국제경제 질서와 소비자운동'을 제안, 국내산업을 지키자며 우루과이 라운드(UR) 자구운동을 선언하고 나섰다(동아일보 1990. 12. 4).

2003년에는 교육시장 개방을 앞두고 시민사회단체들의 반발이 거세졌다. 참교육을 위한 전국학부모회는 '교육개방을 반대하는 학부모 1,000인 선언'을 통해 "세계무역기구(WTO) 교육개방 양허안 제출 계획을 철회하라"고 정부에 요구하며, "국제경쟁력이 취약한 우리 교육기관이 개방 정책으로 심각한 피해를 입게 됐다"고 주장했다(한국일보 2003. 3. 15). 전교조 등으로 구성된 'WTO 교육개방 음모 분쇄를 위한 공동투쟁본부' 또한 교육개방 반대 거리서명에 나섰다.

(2) 아셈(ASEM) 서울 회의

2000년 신자유주의에 바탕한 세계화에 반대하는 NGO들이 10월 18일부터 서울에서 열리는 아시아·유럽정상회의(ASEM)를 반세계화 운동의 계기로 삼겠다고 나섰다. 이 아셈회의가 1999년 시애틀 세계무역기구 각료회의 때 추진하려다 세계에서 몰려든 엔지오 활동가들의 시위로 무산된 '뉴라운드'를 다시 추진하기 위한 목적 아래 열리는 것으로 규정하고 대대적인 반대운동에 나선 것이다(주성수 2004). ASEM 개막일인 10월 20일 시민·사회단체들이 아셈 행사장

주변 곳곳에서 신자유주의와 세계화에 반대하는 '반 아셈'시위를 강행해 경찰과 충돌했다. 민노총과 한총련 등 160여개 단체가 참여한 '아셈2000 민간포럼'(공동대표 최열)은 이날 올림픽공원 평화의 문 앞에서 1만여 명이 모인 가운데 '아셈2000 신자유주의 반대 서울 행동의 날'을 개최했다.[128]

ASEM 2000 서울회의가 공식 행사를 마치면서 참가 정상들뿐 아니라 NGO 대표들도 '성공적인' 행사였다고 자축하는 분위기였다. NGO 활동은 1999년 12월 미국 시애틀 세계무역기구(WTO) 각료회의와 2000년 9월 체코 프라하의 국제통화기금(IMF) 총회에서 세계 NGO들이 벌여온 '반세계화 국제연대투쟁'의 연장선상에 놓여 있다는 점에서 높은 관심을 끌었다. ASEM 서울회의 반대투쟁은 무엇보다도 평화시위로 진행되었다는 데 성과가 있었다(한국일보 2000. 10. 21).

2000년 10월 ASEM 반대투쟁 이후 신자유주의 반대운동 중에서 50여 개 시민·노동 단체로 이뤄진 '투자협정·WTO반대국민행동'은 2001년 4월 9일부터 21일까지 열린 '투자협정·자유무역협정 반대주간' 활동을 전개하여, 주한미국상공회의소 앞 집회, 토론회, 영화제, 국제공동행동의 날 등의 행사를 벌였다(한겨레신문 2001. 5. 15). 또 '신자유주의 반대운동'의 싱크탱크인 대안연대회의에는 2000년 8월 참여사회연구소의 교수·연구자 50여 명과 노동운동가, 진보정치인, 언론인 50여 명 등이 참여하였다.

(3) 세계사회포럼

2003년 브라질 포르투 알레그레에서 열린 세계사회포럼(WSF)에 녹색연합과 환경운동연합, 민주노총 등 시민·노동단체가 참가했다. 참가단은 미군부대 환경오염 실태 고발, 한국내 반전평화운동과 불평등한 한·미관계의 실상을 세계에 알렸다(서울신문 2003. 1. 18). 다보스 세계경제포럼에 맞서 2001년 처음 개최된 WSF에 2만 5천여개 NGO 회원 10만여 명이 참여했다. 이들은 민주적이고 지속가능한 발전, 인권·다양성·평등, 정치권력·시민사회·민주주의, 반군사주의 투쟁과 평화촉진 등의 의제를 두고 토론회와 원탁회의, 컨퍼런스, 집담회 등 다양한 행사를 열었다.

(4) 세계무역기구 각료회의

2003년 멕시코 칸쿤에서 열린 세계무역기구(WTO) 5차 각료회의에 참석한 한국 대표단은 이경해 한국농업경영인 중앙연합회 전회장이 9월 10일 시위 도중 자결한 장소에서 한국 농민단체들과 각국 비정부기구 활동가들이 대거 참여해 날마다 촛불시위를 벌이는 등 '반세계화' 시위가 격화되었다(한겨레신문 2003. 9. 14).[129] 각료회의가 결렬되자 회의장 주변에서 연일 격렬 시위를 펼쳐온 반세계화 활동가들은 '승리'를 자축했다. 국제 구호단체인 옥스팜(Oxfam)은 성명을 통해 "부국들은 그들의 힘을 과용했으며 공정한 교역 요구와 전세계의 번영에 이해를 갖고 있는 개발도상국들의 단결력을 오판했다"고 비난했다(한겨레신문 2003. 9. 16).

(5) 스크린쿼터 사수운동

2002년 상반기 한·미투자협정 체결을 앞두고 재정경제부가 스크린쿼터를 축소할 움직임을 보이자 영화인 150여 명이 스크린쿼터 축소 반대 기자회견을 갖는 등 스크린쿼터 논란이 재연되었다. 정부는 "한국영화시장 점유율이 40%를 넘어선 만큼 이제 축소할 때가 됐다"고 주장했지만, 영화인들은 "한국영화가 이제 막 부흥하는 시점에서 스크린쿼터 축소는 찬물을 끼얹는 것"이라며 반발하였다. 결국 스크린쿼터 축소는 없던 일이 되었다(한국일보 2002. 2. 1, 2. 2).

2005년 초부터 스크린쿼터 문제로 한·미 FTA협상이 난항을 겪었다. 미국이 스크린쿼터 등 한·미 간 주요 통상문제가 해결점을 보이기 전까지는 한·미 FTA 협상을 추진할 수 없다는 입장을 통보해 왔기 때문이다. 6월 미국 무역대표부 대표는 스크린쿼터의 '폐지' 주장에서 한발 물러나 '축소'를 공개적으로 언급하였다(한국일보 2005. 6. 3). 10월에는 유네스코(UNESCO) 문화다양성 협약이 채택되면서 스크린쿼터 보호의 국제법적 근거가 마련되었다는 희소식이 전해졌다.[130]

2006년 초부터 정부의 스크린쿼터 절반축소 방침이 알려지면서, 영화단체들은 일제히 '경제부총리 퇴진' 운동에 들어갔다.[131] 영화계는 철야농성에 들어가며 대정부 투쟁의 수위를 높였다. 정부는 반대투쟁을 무시하고 2월 2일 본격적으로 한·미 FTA 협상 준비에 착수하였다. 한·미 FTA 협상은 그 동안 걸림돌이던 미국산 쇠고기 수입재개와 스크린쿼터 축소 문제가 양국 정부 차원에서 합의되면서 급진전되었다. 2016년 현재 국내 스크린쿼터는 1년의 5분의 1인 73일로, 해당 기간 동안은 한국영화를 의무적으로 상영하도록 규정돼 있다.

05_미군기지와 SOFA 개정

(1) 미군기지 반환과 이전

2001년 한·미 양국이 연례안보협의회에서 합의한 미군 공여지의 단계적 반환 계획에 대해 해당 지역 주민들과 시민단체들의 반대 운동이 가열되었다. '불평등한 SOFA개정 국민행동' 등 12개 단체는 11월 16일 미8군사령부 앞에서 집회를 열고 "한·미 양국이 합의한 주한미군 기지 반환과 미군 주둔비 분담금 증액, 아프간 파병 등은 국민의 요구와 정면으로 배치된다"고 주장했다. 2002년 용산기지 이전과 기지 내 미군 아파트 건립문제로 논란이 일고 있는 가운데, 주한미군 지지 집회와 반대 집회가 용산 미8군기지 앞에서 동시에 열렸다.

2006년 평택 미군기지 이전이 구체화되면서 주민들과 시민사회단체들의 저항이 거세졌다. 이들은 미군기지의 용도와 목적, 비용 등에 대한 정부의 분명한 답변 및 국회 청문회, 각계 의견 수렴을 위한 중립적 협의기구 구성, 강제집행 중단 등을 긴급 제안했다(한겨레신문 2006. 5. 11).

(2) SOFA 개정 촉구

1994년 한국기독교교회연합회, 한국여성단체연합 등 23개 종교·여성·시민단체로 구성된 '주한미군범죄 근절을 위한 운동본부'는 미군이 주둔하는 전국 11개 지역에 4월부터 미군범죄신고센터를 개설한다고 밝혔다(한국일보 1994. 3. 25). 2001년 민변은 11명의 변호사를 중심으로 주한미군과 관련한 소송을 전담해 맡고 주한 미군 문제를 법률적으로 집중 조명할 '미군문제연구위원회'를 창립했다(한겨레신문 2001. 6. 8). 미군 문제를 조직적이고도 체계적으로 대응해나가 궁극적으로 SOFA를 개정하자는 게 위원회의 창립 취지였다.

2002년 미군 궤도차량 여중생 사망사건으로 기소된 미군 2명에 대한 무죄평결에 항의하며 SOFA의 전면적인 재개정을 요구하는 시위가 확산되었다. 참여연대와 녹색연합, 평화를 만드는 여성회, 민변 등 14개 시민단체들은 11월 25일 기자회견을 열어 불평등한 SOFA를 재개정하고 부시 미국 대통령이 사과할 것을 요구했다(한겨레신문 2002. 11. 26). 2003년 5월 한·미 양국은 한·미주둔군지위협정(SOFA) 합동위원회를 열어 훈련 안전조치 합의서, 미군 반환·공여지 환경오염 조사·치유 절차 합의서 등 SOFA 운용개선책을 발표했다(한국일보 2003. 5. 31).

(3) 미군부대 기름오염

2001년 원주환경운동연합 등 15개 시민운동단체들로 구성된 '우리땅 미군기지 되찾기 원주시민모임'은 5월 28일부터 미군기지 캠프 롱 정문 앞에서 항의시위를 갖고 천막농성에 들어갔다.[132] 같은 해 8월, '불평등한 SOFA개정 국민행동'과 고려대, 중앙대 총학생회 등 시민단체와 학생들은 용산 미8군기지 정문 앞에서 집회를 갖고 "최근 발생한 녹사평역 기름 유출이 용산 미군기지에서 흘러나온 것임에도 주한미군은 사과조차 하지 않고 있다"며 주한미군의 사과와 용산기지의 즉각적인 반환을 요구했다(세계일보 2001. 8. 6). 2002년 녹색연합은 주한 미군기지에 의한 환경파괴 문제를 조사해 줄 것을 유엔환경계획(UNEP) 아시아태평양사무소에 공식 요청하였다(조선일보 2002. 12. 16).

제 7 장

남북관계와
시민사회

01 _ 민족화해 교류

(1) 통일학교와 민족화해 범국민협의회

1988년 민주쟁취 국민운동 서울본부를 비롯 민청련, 기독청년협의회, 대불연 등 7개 사회단체는 '6·10남북 학생회담 성사를 위한 시민지지대회'를 열고 정국 당국과 한미연합사에 보내는 공개서한을 채택했다(한겨레신문 1988. 6. 9). 이들 6개 단체와 전국대학원생연합회는 이 날 각각 성명을 발표, 자유로운 통일 논의의 보장과 6·10 남북학생회담에 대한 탄압 중단 등을 촉구했다. 서울 민주통일민중운동연합은 '제1기 민주·통일 시민학교'를 열었다. 학교는 '자주·민주·통일'의 이념을 확산시키기 위해 정치·노동·역사·언론 등 16개 강좌를 마련했다. 문익환(민통련 의장), 김병걸(시민학교교장), 송건호(한겨레신문 대표), 이영희(한양대 교수) 등 19명이 강의를 맡았다(한겨레신문 1988. 8. 26).

1998년 민간통일운동의 구심체 역할을 할 '민족화해협력 범국민협의회(민화협)'가 9월 3일 출범했다. 결성식에는 국민회의, 자민련, 경제정의실천시민운동연합 등 모두 170개 정당 사회단체 대표들이 참석했다(동아일보 1998. 9. 4). 2000년에는 남북한 당국이 정상회담을 개최하기로 합의한데 대해 시민단체들이 성명서를 내고 환영의 뜻을 표시했다.

(2) 남북정상회담

2000년 여야는 영수회담을 갖고 6·12 남북정상회담을 초당적으로 협조하기로 합의했다. 흥사단, 민화협 등 시민단체들도 정상회담이 남북화해 무드의 시발점이라고 인식, 당국간 진지한 대화가 이루어지도록 적극 협조하기로 했다. 흥사단이 조사한 국민의식 설문조사 결과를 보면, 국민들은 6월 남북정상회담이 한반도 평화협정에 기여할 것(73.2%)이라고 응답했다.[133]

2007년 노무현 정부는 10월 4일 남북정상회담을 개최해 남북정상이 '남북 관계 발전과 평화번영을 위한 선언'에 합의하였다. 진보단체들은 "한반도 평화체제 정착과 남북관계 발전을 위한 의미있는 선언"이었다고 평가한 반면 보수단체들은 "원론적 선언에 불과한 정치 이벤트"라고 혹평했다(문화일보 2007. 10. 5).

(3) 남북 민간단체 교류

'6.15남북공동선언'을 계기로 시민사회의 대북교류 계획이 활발해졌다. 2000년 YMCA와 경실련 등 시민단체들은 북한에 대한 왜곡된 시각을 바로잡고 민족의 동질성을 회복한다는 차원에서 북한군 묘지를 참배하거나 학생들을 대상으로 '북한 바로알기 캠페인'을 전개하는 한편 '북한지역 문화재 답사'나 '북한 YMCA 재건' 운동에 나섰다(조선일보 2000. 6. 16).

2001년에는 위기에 빠진 금강산 관광 활성화를 위해 시민단체들이 나섰다. 이들은 금강산 관광이 북한 당국의 약속 불이행, 남한 정부의 방관, 일부 언론과 보수세력의 방해 등으로 역사적 의미를 잃어가고 있다고 보고, 남북한 당국이 적극적인 대책 마련에 나설 것을 촉구하였다(한겨레신문 2001. 9. 12). 연말에는 남북 민간단체 합동 설맞이 잔치가 금강산에서 벌어졌는가 하면, 서울에서 8·15 통일 축전행사가 개최되었다. 전국에서 통일쌀 보내기 운동이 시·군 농민회에서 자발적으로 조직되었으며, 아시안 게임 때 북한을 응원하는 서포터스가 조직되기도 했다.

(4) 월드컵축구와 남북축구대회

2002년 9월 7일 열린 남북축구대회를 앞두고 대학생, 시민단체 등에서는 대대적인 응원전을 펼쳐 월드컵의 열기를 통일 열기로 이어가려는 움직임을 보였다. 통일연대 등 시민단체들은 서울시가 시청 앞 길거리 응원을 불허함에 따라 월드컵공원 내 평화의 공원에서 대대적인 국민 축제를 벌였다.[134] 7월 20일 북한 서포터스가 구성되었다. 이들은 공무원, 직장인, 70대 실향민, 10대 학생 및 이북5도연합회, 아시아드지원협의회, 통일아시아드시민연대 회원 등이었다. 한복 차림의 여성들과 응원복 차림의 남성들로 구성된 '북한 서포터스'들은 입국장에 북한 선수단이 모습을 비추자, 남북단일기를 흔들며 "반갑습니다"를 외쳤다. 북한 서포터스 응원단은 부산시가 구성한 400여 명의 공식응원단, 통일단체들이 중심이 된 '아리랑통일응원단' 등과 함께 합동응원전을 펼쳤다(한겨레 2002. 9. 24).

02 _ 인도적 지원

(1) 식량지원

1996년 대북 식량지원을 하는 민간 사업들도 본격화되었다. 6개 종단 대표들이 대북지원 방안을 협의하여 종교·사회단체의 북한 수재민 돕기운동이 본격화되었다. 종교계는 1995년 말 종단별로 성금을 모아 대한적십자사에 전달한 데 이어, 범종단 차원의 활동 방안 마련과 함께 정부에 적극적인 대북 식량지원을 촉구하고 나섰다(한겨레신문 1996. 1. 8). 한편 정부가 북한수재민돕기 등 인도적 지원조차 외면하면서 종교계와 노동·시민사회단체로 모금운동이 확산되었다. 정부는 지원창구 일원화 및 쌀과 현금 지원 불가방침을 고수했고, 시민사회단체들은 '쌀·현금 전달 허용'을 요구하고 나섰다(한겨레신문 1996. 5. 27).

1997년 6월에는 6개 종단과 20개 시민사회단체가 통일된 대북지원조직인 '북한동포돕기 민간단체 전국회의'를 만들었고, 이어 정부도 대북 민간 쌀지원을 허용하였다. 그간 북한에 쌀과 현금을 지원할 수 없다는 정부의 방침이 바뀐 것은 4자회담과 황장엽 망명사건, 그리고 국내외 대북 지원 여론 등이 복합적으로 작용했기 때문이었다(한국일보 1997. 4. 1).

2002년 '통일쌀보내기광주·전남운동본부'는 전국의 농민과 시민들이 참여해 모은 쌀 100여톤을 북한에 보냈다. 전농 광주·전남연맹은 "쌀 재고를 줄이고 남북교류를 확대하자"는 취지로 시·군 농민회를 중심으로 이 운동을 시작한 뒤, 60여 개 시민단체 및 농협이 가세해 쌀 2,000여 섬을 모았다(한겨레신문 2002. 5. 2). 이 운동은 경남·경북·강원·전북 등지의 농민회와 시민단체 및 일부 시·군교육청까지 참여하면서 전국적으로 확산되었다.

(2) 북한동포돕기 모금

2000년에는 우리민족서로돕기운동은 창립 4주년을 맞아 북한동포 돕기 위한 모금 행사를 가졌다.[135] 2001년에도 북한동포돕기 운동이 활발히 전개되었다. 연말에는 대한YWCA, 우리민족서로돕기운동 등 시민단체와 종교계가 나서만든 '북녘동포 겨울나기 사랑의 내의보내기 범국민운동본부'가 모금활동을 본격화하였다. 2006년 새해 아침 통일부는 "세계보건기구(WHO)에 올해 1천만 달러 규모의 대북 신탁기금을 설치해 북한의 영유아를 지원하기로 했다"고 밝혔다. 세계보건기구와 사업을 통해 신생아에 대한 결핵, 소아마비 등 5대 백신 접종을 돕고, 북한의 지역별 모자 건강관리시설 운영을 지원하는 프로그램을 추진한 것이다(한겨레신문 2006. 1. 3).

03 _ 북한이탈 동포 지원

(1) 탈북지원 NGO 활동

1994년 시베리아 벌목공과 중국으로 탈출한 북한동포들을 돕기 위한 시민단체 '북한탈출 동포돕기운동본부'가 조직되었다. 국제 NGO 활동의 결과로 탈북자들이 집단적으로 한국으로 들어올 수 있었다. 2002년 3월 15일 제3국행에 성공한 탈북자 25명은 한국과 일본, 유럽의 탈북자 지원단체들의 '공동작전'으로 가능하였다(한국일보 2002. 2. 16).[136] 2002년 4월 중국 주재 스페인 대사관에 탈북자들이 진입한 사건 이후 '기획망명'이라는 말이 생겨났다. 또 중국이 6월 13일 베이징 한국영사관에 들어온 탈북자들을 강제로 끌어내기 위해 영사관에 무단 침입한 것과 관련, 국내 탈북자단체 등이 항의 시위와 성명 발표를 했다(동아일보 2002. 6. 15).

2003년 중국에서 선박을 이용한 탈북자들의 한국·일본 수송계획을 주도한 비정부조직(NGO) 대표들은 "탈북자들이 현재 어떤 상태인지 정확한 정보는 없으나 북한으로 강제 송환돼 정치범수용소에 보내질 것"이라며 신속한 구출의 필요성을 호소했다(문화일보 2003. 1. 22). 한국의 두리하나선교회, 프랑스의 국경없는 의사회(MSF), 일본의 북조선난민구호기금, 미국의 한반도평화계획 대표 등이 참가했다.

2004년 8월 15일 정동영 통일부 장관은 시민단체(NGO)가 북한 주민의 탈북을 돕는 이른바 '기획 탈북'이 정부의 대북화해 협력정책에 부합하지 않는다며 NGO의 활동 자제를 당부해 논란이 되었다. 이에 대해 탈북자 지원단체들은 "북한 당국이 최근 탈북자 468명의 국내 입국을 '남한 당국의 계획적 유인 납치'라고 비난하자 정 장관이 이를 해명하려고 엉뚱하게 NGO 탓을 하고 있다"며 반발했다(동아일보 2004. 8. 16).

(2) 탈북자 관련 단체

2012년 2월 유엔난민기구(UNHCR)가 중국에서 체포된 탈북자들의 송환을 중단할 것을 중국 정부에 촉구하는 성명을 발표하자, 국내의 탈북자와 관련 단체들이 촛불 시위에 나섰다(동아일보 2012. 2. 25). 탈북자는 한 해에만 2천명을 넘어섰고, 통일부에 등록된 탈북자 관련 단체는 2012년 61개로 증가했다. 2004년 미국에서 북한인권법이 통과되면서 북한 민주화 및 인권단체들에 대한 자금 지원이 가능해진 것도 단체의 증가와 관련이 있다.[137] 2010년 통일부도 산하에 북한이탈주민지원재단을 설립, 탈북자 단체를 간접적으로 도왔다. 북한이탈주민지원재단은 탈북자 단체의 사업을 선정해 건당 최대 400만원까지 지원하는데, 민간단체 협력 예산은 7억 2,000만원이었다.

04 _ 반전, 반핵, 통일 운동

(1) 한반도 평화 정착 촉구

2002년 2월 평화를만드는여성회, 민우회 등 여성단체들은 기자회견을 열어 "한·미 정상회담은 미국의 전쟁전략과 일방주의를 관철시키는 불공평한 회담이 아니라 한반도의 평화노력을 성숙시키고 남북대화의 길을 여는 획기적 회담이 돼야 할 것"이라고 촉구했다(한겨레 2002. 2. 16). 600여 사회단체로 구성된 '전쟁반대평화실현공동실천위원회'는 대북 적대정책과 무기강매 반대 등의 내용을 담은 평화선언을 발표했다. 불교·개신교·천주교·원불교 등으로 구성된 '민족의화해와통일을위한종교인협의회'도 부시 대통령이 방한한 2월 19일 "미국 정부의 대북 강경정책으로 한반도는 물론 동북아의 평화가 위협받고 있다"며 미국의 대북 강경정책 철회를 촉구했다.

(2) 북한핵 폐기 촉구

2002년 보수단체와 진보단체 모두가 북핵 폐기를 촉구하고 나섰다. 납북자가족협의회, 자유시민연대 등 보수단체들로 구성된 북핵저지시민연대는 "정부가 무리한 햇볕정책을 펴 한반도를 위기로 몰아넣었다"며, 대북정책의 전면 재검토를 요구했다(동아일보 2002. 10. 24). 자유시민연대는 "정부는 북한의 핵개발 폐기와 IAEA의 사찰이 완료될 때까지 대북 지원을 중단할 것을 촉구한다"고 밝혔다.

한편 참여연대와 녹색연합, 여연 등 진보 성향의 시민사회단체들은 11월 기자회견을 열어 "어떤 일이 있어도 한반도에서 핵무기를 사용하거나 핵무기를 개발해선 안 된다"고 지적했다(한겨레신문 2001. 11. 14). 또 시민사회단체들은 12월 13일 "미국과 북한 양쪽은 중유 공급 일방 중단과 핵시설 재가동 선언 등 서로를 자극하는 공격적 태도를 즉각 철회하고 포괄적인 해법을 찾는 대화를 시작하라"고 촉구했다(한겨레신문 2002. 12. 14).

(3) 대북전단 살포

2011년 자유북한운동연합과 납북자가족모임, 대한민국어버이연합 등 탈북자 및 보수단체 회원들이 대북전단 살포 계획을 밝히자, 이에 반대하는 진보단체 및 파주지역 주민과의 충돌이 우려되었다(한국일보 2011. 3. 12). 최근까지 전단 살포는 수시로 이뤄졌고, 이때마다 전단 살포를 주도한 단체들과 이를 반대하는 단체들 사이에 논쟁이 오고갔다.

제 8 장

시민사회의
성장과 혁신

1987년 민주항쟁 이후 민주화는 정치, 경제, 사회 전반에 걸쳐 확장되었다. 이 과정은 시민들의 자발적 참여에 기초하는 정치, 경제, 사회 단체들의 결성과 활동이라는 특징이 있다. 시민들이 자발적으로 단체의 회원으로, 자원봉사자로 참여해 시민사회단체의 원동력이 되면서, 불의와 부정과 불합리를 극복하는 제도와 정책 등 민주주의의 공고화와 함께 강력한 시민사회의 건설을 지향하게 된 것이다. 새로 등장한 시민사회단체들은 온건·합리적인 시민운동을 통해 삶의 질 개선을 지향한다는 점에서 과거의 학생운동이나 노동운동 등과는 구분해되는 '신사회운동'(new social movement)이라는 별칭을 갖게 되었다.

01 _ 1987~90년대의 시민사회단체

민주항쟁 이전에 활동해온 전국적 단체로는 YMCA, YWCA, 흥사단, 구세군, 적십자사, 소비자문제를 연구하는 시민의 모임 등이 있었고, 의료단체로는 인도주의실천의사협의회, 건강사회를 위한 약사회·치과의사회, 환경단체로는 환경과 공해연구회, 보건과 사회연구회 등 전문 직업인들의 단체들이 있었다.

1987년 민주항쟁은 새로운 시민사회단체들의 등장을 촉발시켰다. 새로이 발족한 시민사회단체는 공해추방운동연합, 사회정의연구실천모임, 자연과 환경을 위한 공동회의, 인간교육실현 학부모연대 등이다. 1988년 9월 발족된 공해추방운동연합은 교수 등 환경전문가를 위촉, 공해추방운동의 전문성을 높여 환경감시기구 역할을 했다.

1987년 민주항쟁 직후의 한국 사회는 민주화와 함께 시민사회 조직화가 한창 무르익고 있었다. 한겨레신문(1988. 9. 9) 특집에 따르면, 노동자들은 7, 8월 투쟁 이후 새로이 민주노조를 결성했고, 1988년 직종별·지역별 노조협의체를 만들어 연대투쟁을 벌였으며, 전문직·연구직 노조에서 지역노조에 이르기까지 각급 노조를 결성하였다. 서민들은 서울시철거민협의회, 전국노점상연합회 등을 만들어 주창활동에 나섰고, 농민들도 농민회를 조직, 수세, 농촌의료보험 개선을 펼쳤다. 의사와 약사들은 기존의 이익단체가 아닌 시민운동단체로 인도주의실천 의사협의회, 청년치과의사회, 건강사회실현 약사협의회 등을 만들었다. 변호사들도 민주사회를 위한 변호사 모임을 결성했으며, 과학자, 건축가, 기술자, 교수, 교원들도 소속 조직에서 노조활동을 하면서 보건, 공해, 노동단체에 참여해 자신들의 전문 역량으로 시민운동에 기여하였다.

1989년 7월 경제비리의 척결을 목표로 발족된 경실련은 7백여 명이던 창립회원이 3년만에 5천여 명으로 늘었고, 비폭력평화운동과 합리적 정책대안 제시로 시민들의 호응을 얻었다. 경실련의 정책연구분과위원회의 교수, 법률가 1백여 명은 부조리문제 등에 대한 실질적 해결방안을 제시하는 활동을 했다(한국일보 1991. 4. 10).

한편 1989년에는 관변단체를 지원하기 위한 두 개의 특별법이 제정되어 오늘에 이르고 있다. 자유총연맹육성법과 바르게살기운동육성법으로, 민주항쟁 이전인 1981년에 제정된 새마을운동육성법과 함께 3대 관변단체 육성법으로 정착되었다. 정부가 개별 단체를 특별법으로 지원하고 육성하는 정책이 시행된 것이다.

1990년대에는 시민사회에도 새로운 변화가 일어났다. 김영삼 문민정부와 김대중 국민의 정부가 들어서면서 한국 최초로 '진보시대' 상황이 온 것이다. 시민사회단체들은 정부의 정책 파트너 역할을 하면서 다른 한편으로는 개혁입법과 정책을 압박하는 역동적인 '강한 시민사회'를 지향해갔다.

1990년 자연과 환경을 위한 공동회의가 자연·환경전문가 25명으로 창립되어, 환경보전을 위한 공동선언문을 채택하고 '지방자치와 자연'을 주제로 세미나를 갖는 등 자연·환경보전을 위해 나섰다. 1990년 사회정의연구실천모임을 서울대 교수 130여명이 발족시켜, 과학기술·분배정의·통일 등 4개 분야별로 집담회와 공개토론회를 열었다.

1993년 사회단체의 신고에 관한 법률이 제정되어 시행되었지만, 시민사회단체들의 강한 저항을 받아 1997년에 폐지되었다. 이후에는 사회단체가 등록이나 신고 없이 활동할 수 있게 되었다.

1993년 국내 최대의 환경단체인 환경운동연합이 창립되었다. 공해추방운동연합과 지방의 7개 반공해단체가 통합하여 거대 조직으로 재탄생한 것이다. 최열 전 공추연 의장이 사무총장으로 선임되었다. 환경운동연합은 창립 선언문에서 "새로운 환경의식과 실천으로 삶터를 건강하게 가꾸어 나가는 시민운동을 펼쳐 나가겠다"고 밝혔다.

1993년 5월 27일 경실련, 한국노총, 흥사단 등 39개 단체로 구성된 '정의로운 사회를 위한 시민운동협의회'(상임공동대표 서영훈 송월주 박종근 이세중)가 창립대회를 가졌다.

1994년 9월 12일 국내 주요 시민단체의 연대기구인 시민단체협의회가 발족했다. 경실련, 흥사단, 환경운동연합, 주부클럽연합회 등의 시민단체들이 연대해 활동할 계획으로, 협의회는 사무국을 경실련에 두고 서경석 경실련 사무총장이 대표 역할을 맡았다.

1994년 '참여 민주사회와 인권을 위한 연대회의'(참여연대)가 국가권력에 대한 감시와 정책대안 제시를 통해 실천적 사회운동을 펼쳐갈 새로운 시민운동단체로 창설되었다. 참여연대는 의정감시센터, 사법감시센터, 내부비리 고발자 지원센터 등 5개 전문 센터를 두었다.

1994년 도시빈민연구소와 한국공간환경연구회가 통합되어 한국도시연구소로 새로이 출발했다. "도시가 안고 있는 다양한 문제를 과학적으로 분석하고 합리적 정책대안을 제시하며 시민 주체의 사회운동 방향을 모색한다"는 취지를 내세웠다.

1994년 자원봉사 진흥을 위한 전국적인 조직으로 한국자원봉사단체협의회가 출범했다. 36개 자원봉사단체들이 회원단체로 가입하여 자원봉사활동법 제정을 위한 준비에 착수하였다. 이 조직은 2003년 한국자원봉사협의회로 개칭하고 서영훈 전 적십자사 총재를 상임 공동대표로 하는 6인 공동대표를 두었다. 한국자원봉사협의회는 2006년 제정된 자원봉사활동기본법에 명시된 법정기관으로 활동해왔다.

1996년 우리민족서로돕기가 출범했다. 북한의 극심한 식량난이 외부세계에 알려지고 북한에 대한 긴급지원을 호소하는 활동에 들어갔다. 우리민족서로돕기는 천주교, 기독교, 불교계 등 6대종단과 주요 시민사회단체가 함께 참여하는 국민운동조직으로, 인도적 대북지원과 남북간 교류사업을 통해 남북간의 반목과 대립을 깨고 한반도의 평화정착과 민족의 화해와 공존을 이루어가는 데 기여하겠다는 목표를 설정하였다.

1996년에는 1990년 윤석양 이병이 폭로한 보안사 민간인 사찰 명부에 올랐던 인사들이 국가로부터 받게 될 배상금으로 인권센터를 만들어 인권유린 사례조사, 시민운동, 일반인 상담 등 계획을 밝혔다(한겨레신문 1996. 5. 1). 또 학부모들은 '학교폭력근절을 위한 시민들의 모임'을 만들고 이를 학교폭력예방재단으로 발전시켰다. 이사장 김종기씨는 1년 전 학교폭력으로 아들이 자살하는 고통을 이겨내고 학교폭력에 맞서 직접 나섰다.

1997년 사회복지공동모금회가 출범하였다. 이웃돕기 성금 등 국민성금이 정부기관의 복지예산 등으로 전용되는 문제를 해결하기 위해 공동모금회법이 제정된 것이다. 모금이 정부 주도에서 민간 주도로 바뀌는 개혁이 이뤄진 것이다. 1998년부터 사업에 착수한 공동모금회는 사랑의 계좌, 사랑의 자투리 나누기, 방송모금, 자동응답시스템(ARS) 모금, 직장 모금, 이벤트 모금 등 다양한 모금사업을 전개하였다.[138]

1999년에는 한국여성재단이 창설되었다. '딸들에게 희망을'이라는 기치를 내걸고, "시장의 과잉도 정부의 과잉도 경계하는 제3섹터 공익재단으로 투명하고 공정한 모금과 배분, 현장에 기반한 사업을 지원하여 여성이 답이라는 21세기의 해법"을 견인 할 것이라고 목표를 세웠다.

1999년 해외원조단체협의회가 창설되었다. 굿네이버스, 기아대책기구 등이 회원단체로 참여한 협의회는 해외원조사업이 효과적으로 수행되도록 회원단체 간의 정보공유와 협력관계 구축을 위해 노력하고, 해외원조사업에 대한 국민의 참여를 촉진시킴으로써 국제협력사업의 발전에 기여하기 위해 설립되었다. 2015년 말 현재 132개 단체들이 회원으로 참여하고 있다.

1999년에 조직된 '동물자유연대'는 동물 학대를 고발하고 생명에 대한 인식을 높이려는 목적으로 만들어진 동물보호단체로, 인터넷(animals.or.kr)을 이용해 반려동물(애완동물)의 구호·입양도 하고 있다. 야생동물 식용유통 반대, 동물실험 중단, 개고기를 반대하는 누렁이 살리기 운동 등이 주요 활동이다.

02 _ 2000년대의 새로운 시민사회단체

2000년 비영리민간단체지원법 시행 이후 2016년까지 시민사회 관련 법 제정과 정책 도입으로 사회복지와 서비스 단체, 사회적기업과 협동조합 등 사회적경제 관련 조직들이 설립되었다.[139] 2000~15년 기간에는 시민사회단체 활동을 지원하는 재단들과 사회적경제를 대표하는 사회적기업, 협동조합의 설립이 새로운 변화로 나타났다.

2000년 아름다운재단이 시민사회를 지원하기 위한 공익재단으로 설립되어 창단과 동시에 '아름다운 1% 나눔운동'을 추진하였다[140]

2002년 '생명을지키는환경재단'이 창립되었다. 환경재단은 기업이나 정부와 대립하는 기존의 현장참여형 시민단체들과는 달리, 조성된 기금을 이용해 환경보호 활동을 지원하는 것을 목표로 3년 내에 300억 원의 재원을 조성, 풀뿌리 민간환경단체 지원, 환경운동 활동가 해외유학, 폐기물처리기술 개발, 환경기술산업 지원 등의 사업을 벌이기로 했다.

2002년 아름다운가게가 창립식을 갖고 제1호 안국점을 개점하였다.[141] 참여연대 전 사무처장 박원순 변호사가 영국, 미국, 일본 등지의 시민사회 기행을 통해 시민들이 생활 속에서 참여하고 실천할 수 있는 새로운 나눔과 환경운동을 모색하게 되었고, 2001년 5월에는 참여연대 알뜰시장을 통한 실험을 거쳐, 2002년 4월 '아름다운가게' 안국점이 개점된 것이다.

2002년에는 한국사회포럼이 창립되었다. 1990년대 이후 분화된 민중·시민운동 진영이 한데 모여 연대틀을 모색하는 자리가 마련된 것으로, 환경운동연합·문화개혁시민연대·민족화해자주통일협의회·민언련·전국연합·민교협·보건의료단체연합·전국교수노조·전국농민회총연맹·전국빈민운동연합·참여연대·한국비정규노동센터·여성단체연합 등 30여 단체들이 망라됐다. 포럼은 2003년에도 '연대와 전진 : 사회포럼 2003'으로 이어져, 대선·북한 핵위기 국면에서 한국사회의 변화를 이끌 새로운 과제를 구상·준비하였다. 그밖에도 아시아반전평화운동·언론개혁·한반도 위기 해법 등 부문·쟁점별 토론도 이어졌다 (한겨레신문 2003. 2. 15).

2002~04년 기간에는 뉴라이트 단체들이 출범하였다. 2002년 중도·온건 보수를 지향하는 '바른사회를 위한 시민회의'가 창립총회를 갖고, '평등주의와 집단주의 배격, 자유경제와 민주주의 체제를 수호·발전시키기 위한 범국민적

운동 전개'를 목표로 내걸었다. 김석준(이화여대), 송복(연세대), 신용하(서울대), 유재천(한림대) 교수 등이 공동대표를 맡았다(동아일보 2002. 3. 13).

2004년에는 중도통합을 표방하는 개신교 초교파 비정부기구(NGO)인 '기독교사회책임' 준비위원회가 서울 YWCA에서 출범식을 가졌다. 또 자유주의와 시장경제 이념을 추구하는 386세대 모임인 '자유주의연대'가 창립했다(문화일보 2004. 11. 23). 김진홍 두레교회 목사, 손봉호 동덕여대 총장 등 5명의 고문과 서경석 서울 조선족교회 목사 등 공동대표 10명으로 집행부를 구성했다.

2006년 3월 뉴라이트 계열의 싱크탱크를 자임하는 '바른정책포럼'이 창립대회를 가졌다. 뉴라이트전국연합(상임의장 김진홍) 산하로 출범한 포럼은 "'올바른 보수'의 재정립을 목표로 토론을 선도하고 합리적인 실용주의 정책을 생산하겠다"고 선언했다(한국경제 2006. 3. 20). 4월 자유주의연대 교과서포럼 등 뉴라이트를 표방해온 단체들이 연합해 '뉴라이트재단'을 설립했다.[142]

2007년 9월 뉴라이트전국연합, 선진화국민회의 등 보수적 시민단체들이 17대 대선에서 영향력을 행사하기 위한 운동기구를 구성하기로 했다. 김진홍 뉴라이트전국연합 상임의장 등 뉴라이트 대표자들은 '2007 국민승리를 위한 시민사회단체 대표자 회의'를 열고 선거 연대기구인 '2007 국민승리연합' 결성을 선언했다(문화일보 2007. 9. 10).

2005년 권력 감시와 소외계층의 권리 구제를 표방하는 제3의 변호사단체가 출범했다. 이석연 변호사는 30, 40대 변호사를 주축으로 하는 '시민과 함께하는 변호사들'의 창립대회를 갖고 임시대표로 선출되었다.[143]

2006년 인터넷 동호인 커뮤니티 '아름품'이 동물구호단체 '카라(Korea Animal Rights Advocates)'라는 사단법인으로 재탄생했다. 카라는 2011년 '아름다운 재단'이 지원하는 7천만원의 유기동물보호기금으로 유기동물의 중성화수술, 피부치료 등 본격적인 활동에 나섰다.[144]

2007년 3월 한국내셔널트러스트가 '특수법인 자연환경국민신탁'으로 새롭게 개편되어, 시민들의 자발적인 기부와 모금을 통해 2050년까지 국토 면적의 3%(2,985㎢)를 자연환경자산으로 확보, 보전한다는 목표를 발표했다.[145]

2007년 사회적기업법과 2012년 협동조합법의 시행으로 시민사회 영역에서도 사회적경제 관련 조직들이 다수를 차지하게 되었다. 시민사회 조직 가운데 변화와 혁신으로 사회적기업 또는 협동조합을 주요 사업으로 갖춘 경우도 적지 않았고, 사회적기업이나 협동조합으로 조직을 변모시킨 경우도 있었다. 그럼에도 시민사회에 비즈니스 목표를 갖고 빈곤과 실업 등 사회적 목표를 실현하는 조직들이 대거 시민사회 영역에 진출한 것이다.

2009~13년 기간 시민사회단체들을 지원하는 지역 NGO센터가 전국 7개 지역에서 설립되었다. NGO센터 건립을 위한 중앙 및 지역의 논의는 2006년부터 부각되기 시작했다. 2009년 이후 부산, 광주, 대구, 대전, 강릉에 지역시민센터가 건립되어 운영되었다. 2012년 시민사회단체연대회의는 자체 제안을 논의하기 위한 간담회를 마련하였고, 충청북도는 2012년 조례를 통해 광역 지자체가 설립과 운영비를 지원하는 NGO센터 건립과 운영에 착수하였다. 2013년 서울시NPO지원센터가 창설되어, 활동가들을 위한 정보와 교육, NPO 사업과 회계 등 전문역량 강화와 활동 공간 임대 등의 사업을 추진하였다.

2011년 새로운 모금기관으로 '바보의 나눔'이 설립되었다. 정부는 법정기부금단체를 사회복지공동모금회와 적십자사 이외에도 37곳을 새로 지정하면서, 사회복지공동모금회와 같은 법적 지위를 가진 제2의 법정 모금 및 배분기관으로 '바보의 나눔'을 지정한 것이다.

2011년 대한노인회가 새로운 관변단체의 지위를 획득하였다. 대한노인회를 지원하는 법률이 2011년에 제정되어, 중앙 본부뿐 아니라 전국 시도와 시군구 기초 자치단체 차원까지 정부의 재정 지원을 받게 되었다. 또 2011년 설립과 동시에 법정기부금단체의 지위를 인정받아 개인이나 법인의 기부금은 각기 100%와 50% 세금공제 혜택도 받게 되었다.

2012년과 2013년에는 경제가 어려워지면서 청년과 노년 세대별 노동조합이 창설되었다. 청년유니온은 청년 노동자의 경제·사회적 지위 향상을 위해 2010년 구성원 2명의 비영리단체로 출발, 2012년 마침내 서울시로부터 노동조합 인가를 획득했고, 2013년에는 광주, 인천, 충북, 대전, 대구 등 6개 지자체에서 노조 설립신고 인가를 받았다. 2013년 4월 30일 전국 단위 노조로 발전하였다. 2013년 55세 이상의 일하는 노인들 중심의 '노년유니온'도 전국 단위 노동조합으로 창립되었다. 같은 해 최저임금조차 보장받지 못하는 '초단기 비정규직' 노동자들의 노조인 아르바이트노동조합(알바노조)도 창립되어, 나이, 성별, 사업장의 제한이 없는 노조를 대표하였다.

03_ 시민사회단체의 회원

시민사회단체의 기반은 시민들이 회원으로 참여하여 단체를 위해 자원봉사 등의 활동에 동참해주는 것이다. 1987년 민주항쟁 이후 시민사회단체들은 회원과 재정 확보에 어려움이 있음에도 소수 정예의 인력으로 단체를 이끌어갔다. 그러나 조직의 전문화와 전문 인력의 활용, 그리고 치솟는 임대료 등으로 인건비와 운영비조차 감당하기 어려운 현실에 직면해 재정수입의 다변화를 추구하지 않을 수 없었다. 회원들의 회비 수입만으로 단체 경상비를 뒷받침할 만한 시민사회단체는 소수에 불과했다. 회비수입 이외의 일차적인 재정수입은 정부용역과 기업후원이며, 일부 단체들은 약간의 수익사업으로 어려운 재정을 꾸려가는 실정이었다.

그러나 정부보조금 사업이나 기업후원 행사 등을 확장하는 추세는 결국 시민사회단체들이 추구하는 정부나 기업에 대한 감시와 견제 기능의 상실이라는 딜레마에 처할 수밖에 없었다. 게다가 정부 사업을 보조하는 활동을 하며 정당하게 지원금을 받는 것에 대해 정부의 '홍위병'이라는 식의 색깔론에 시달리는 상황이 김대중 정부와 노무현 정부 기간 내내 불거졌다.

시민운동을 대표하는 경실련은 초기 10년간 안정적인 회원과 재정으로 급성장했으나 21세기에 들어서며 회원과 재정 모두에서 심각한 문제를 안고 새로운 변화와 혁신을 추구하지 않으면 안되는 상황에 직면하였다. 1989년에 출범한 경실련의 1993년 상황은 80여 명의 실무간사와 연구원, 전국 14개지부 1만여 명의 회원을 거느린 시민운동단체로 성장해 밝은 전망을 보여주었다(동아일보 1993. 7. 8). 그런데 10년이 지난 2004년에는 회원과 후원금 모두가 급감하는 시련기를 맞이하였다. 환경운동연합 등 다른 시민사회단체들도 회원수 감소로 위축을 넘어서 위기라는 논의가 일어났다. 1994년 창립한 참여연대는 2004년부터 후원금 증가세가 꺾였다.[146] 환경운동연합도 회원이 8천명 가량에서 2004년 1천여 명으로 줄면서, 월 7천만원 하던 후원금 규모가 6천만원으로 떨어졌다. 경기 불황의 영향도 있었지만, 시민운동의 거품이 거둬지는게 아닌가 하는 분석도 나왔다.

내부 자료를 보면, 시민운동과 시민사회단체의 지지열기가 지속가능성을 상실해가는 듯한 동향마저 보여준다. 참여연대의 회원 수는 창립된 1994년 245명 → 2001년 14,500명으로 최대 인원이 되다 2005년 9,519명으로 감소한 이후 2006년부터 점진적인 상승으로 2014년 15,029명에 달했다. 재정의 경우, 2014년 결상 수입이 총 22억 3,400만원으로, 이중 회비수입은 72.3%로 비교적 높은 비중을 차지했다. 그밖에 후원금 19.8%, 사업수입 7.9%으로 나타났다(http://www.peoplepower21.org/).

'함께하는 시민행동'은 1999년 100여 명의 회원으로 출발해 2009년에는 1,000명으로 늘면서 성장해왔지만 이후 회원과 재정이 모두 감소되었다(http://action.or.kr/members.). 창립 당시부터 회원/후원자에 의한 재정자립을 원칙으로 한 시민행동의 최소 목표가 2,000명인 것을 감안하면 절반의 성공에 머물러 있는 상태였다. 특히 2008년부터는 사수실 이전과 조직 개편 등 변화가 거듭되어 회원 증가율이 더욱 침체되었다.

04 _ 시민사회단체의 재정

시민사회단체를 지원하는 회원들이 줄어드는 문제는 시민사회를 뒷받침해 주는 재정 기반의 부실로 나타난다. 재정적 지속가능성 이슈는 1987년 민주항쟁 이후 시민사회의 중요 이슈가 되었다. 시민들의 자발적인 참여에 의한 회비 납부, 후원금 지원이 핵심적이지만, 회원 증가 없이 정부나 기업의 지원금에 의존하는, 선진사회 시민운동단체의 행로와 비슷한 변화를 겪고 있다. 정부나 기업에 대한 견제와 감시 등의 주창활동을 하는 경실련, 참여연대 등은 회비 중심의 독자적인 재정적 지속가능성을 갖춰야 하는 상황에 처했다. 21세기 초 들어 참여연대와 경실련, 함께하는 시민행동 등 일부 주창단체들은 정부나 기업의 지원금에서 완전히 벗어나는 선언을 하였다.

경실련은 창립 초기부터 재원 마련에 적지 않은 어려움을 겪었다. 1994년 창립 4년을 맞아 경실련은 '환경보존 콘서트'를 개최하면서 기업들의 협찬을 받아 "공해기업들의 돈을 받아 환경운동을 제대로 할 수 있겠느냐"는 비판을 받았다(한국일보 1994. 5. 9). 이에 경실련은 "순수시민단체로서 도덕성 유지가 우선"이라는 의견을 모으고 환경운동기금 마련을 위한 콘서트를 취소했다. 당시 경실련의 활동재원은 매우 미흡한 것으로 알려졌다.[147]

1997년에 제시된 자료에서도 시민사회단체들의 재정 상태는 심각한 위기라는 것을 알 수 있다. 경실련의 전체 경상비 중 30% 정도만 회비로 충당했는데, 다른 시민단체들은 회비가 전체 수입의 30%에도 못미쳤다(한국일보 1997. 4. 3). 환경운동연합의 경우, 회원 2만 7,000여 명으로 비교적 조직화가 잘 되어 있어 70%를 웃도는 회비 납부율을 보였지만, 1996년 총지출 13억원중 회비 충당 부분은 40%에 지나지 않았다. 환경운동연합이 환경센터 건립을 위해 대기업

협찬을 받은 것을 두고 시민단체 사이에서 "환경오염의 주범인 재벌로부터 협찬을 받는 것은 납득할 수 없다"는 비판도 일었다.

1997년 대통령선거를 앞두고 재정 문제를 해결하기 위해 정부의 시민사회단체 재정지원 방식의 변화가 요구되었다. 한국시민단체협의회는 성명을 내고 "정부가 정치적으로 편향된 이들 단체를 위해 예산을 사용함으로써 납세자인 시민의 권리를 훼손하고 우리 사회의 민주적 발전을 저해하고 있다"며, 정부 예산증액의 철회를 요구했다(한국일보 1997. 10. 29). 시민단체들은 새마을운동조직육성법, 바르게살기운동조직육성법 등 관변단체 지원 특별법을 폐지하고 모든 민간단체가 정부의 투명하고 공정한 지원을 받을 수 있도록 해야 한다고 주장했다. 공명선거실천시민협의회가 정부에 재정 지원을 요청한 사실이 드러난 뒤, 참여연대와 한국여성단체연합 등이 공선협 탈퇴와 활동중단을 선언한 일도 발생했다(한국일보 1997. 10. 28).

2000년 김대중 정부의 출범으로 새로운 '비영리민간단체지원법'이 제정, 시행되면서 모든 시민사회단체들이 정부에 사업을 신청해 공모하는 방식이 채택되었다. 그럼으로써 관변단체에 대한 일방적인 지원 문제와 시민사회단체의 재정난 해소 문제 또한 일부 해소되어, 새로운 거버넌스 시대의 개막을 알렸다. 또 시민사회단체 회비 등의 기부금이 소득공제가 되는 제도 덕분에, 시민들이 지원하는 시민사회단체 재정 안정화의 시대가 도래했다(주성수 2016).

21세기에 넘어와 대형 악재도 터졌다. 2000년 11월 29일 경실련은 후원의 밤 행사를 하면서 일부 정부투자기관에 지원금을 적시한 후원금 요청 공문을 보낸 사실이 밝혀졌다.[148] 경실련은 이에 앞서 두 차례에 걸쳐 13개 정부투자기관에 기관장 판공비 사용내역, 현직 사외이사의 인적사항 등의 정보공개를 요청했고, 이들 13개 공기업 기관장의 판공비 내역을 언론에 공개하면서 판공비가 지나치게 많고 낭비되고 있다고 지적했었다.

2008년 이명박 정부 출범과 함께 환경운동연합이 대표적으로 정치적 시련을 겪기도 했다. 미국산 쇠고기 수입반대 촛불집회로 촉발된 정부와 시민사회 사이의 대립과 반목 관계가 환경운동연합에 대한 회계감사와 법적 처벌로 이어졌다는 평가를 받았다. 전직 간부의 후원금 횡령 사건으로 물의를 빚고 있는 환경운동연합이 대국민 사과와 함께 쇄신 계획을 내놓았지만, 다른 시민단체들의 반응은 냉담했다(한겨레신문 2008. 11. 4). 1983년 설립 후 32년째 활동해온 소비자시민모임이 2014년 10월 '30주년 기념행사'에 기업 후원금을 받아 논란이 일었다. 후원금 1억 2,000여만원 중, 법인회사나 법인회사 대표, 이익단체 협회에서 받은 금액이 6,200여만원였다(경향신문 2015. 1. 13).[149]

그런데 2013년부터 재정수입 5억원 이상의 비영리법인과 재단 등은 수입과 지출 등 확계정보와 기관 정보를 국세청의 공익법인공시등록시스템에 공개하도록 되어 있다. 여기에 공시된 자료들을 한국가이드스타 사이트(www.guidestar.or.kr)에서 확인해보면, 시민사회단체들의 수입원은 단체에 따라 복합적이다. 정부보조금이 많은 단체들은 일부에 지나지 않고, 대부분 기부금이나 기타 사업수익에 의존하는 것으로 알 수 있다(표 3-2 참조).

05 _ 시민운동기금과 재단

시민사회단체의 회원감소와 재정 문제로 야기된 재정적 지속가능성 이슈는 중장기적으로 시민운동을 지원하는 기금을 설치하고 재단을 설립하는 방안으로 전개되었다. 1995년 시민운동기금, 1999년 한국여성재단, 2000년 아름다운 재단, 2002년 환경재단 등이 그것들이다.

1995년 시민사회단체들을 재정적으로 지원하기 위한 순수 민간 차원의 후원조직이 설립되었다. 박영식 전 연세대 총장 등 각계 인사 12명이 공보처에 '사단법인 시민운동지원기금' 설치를 요청했고, 시민운동지원기금은 1996년 정부로부터 '지정기부단체'로 인정받아 이 기금을 통한 지원은 법인세를 면제받았다(한국일보 1997. 6. 3). 이 기금을 통한 지원은 특정 기업과 시민단체가 협찬의 형태로 유착되는 것을 막고, 시민의 자발적 후원을 한 곳에 모아 공정배분함으로써 시민단체 사업의 투명성과 객관성, 도덕성을 확보해 줄 수 있다는 것이다. 또 어느 단체를 도와야 할 지 모르는 일반시민과 도움받을 '자격있는' 단체를 연결하는 가교역할을 하였다.[150]

2015년 현재 주요 모금단체와 재단들의 수입원을 살펴보면 〈표 3-2〉와 같다. 사회복지공동모금회와 월드비전 등 국제구호단체들이 가장 많은 모금을 하였으며, 다른 상위 모금기관들도 대부분 국제구호와 사회복지 법인들이었다. 단체들 사이에 모금 경쟁도 심화되면서 언론 광고, 길거리 홍보활동도 부쩍 늘었다. 글로벌 환경단체 그린피스, 엠네스티, 옥스팜, 국경 없는 의사회, 유엔난민기구 등 국제비영리단체(INGO)들이 길거리 회원모집에 열중하는 문제가 이슈가 되었다. 이들이 후원회원 모집에 마케팅 업체를 동원한다는 것이다(경향신문 2016. 8. 3). 한 마케팅 업체의 전직 직원은 다음과 같이 증언했다. "후원회원 1명을 모집하면 그 회원이 약정한 1회 후원금인 '단위 후원금'(2만5천원~10만원)의 4배 가량을 회사가 가져가고, 직원들은 2배 가량을 급여로 가져간다. 직원 1명이 일주일에 10명의 후원을 따내면 한 달 200만원 이상 벌 수 있다. 이것을 잘 모르는 시민들은 이들을 그냥 자원봉사자로만 생각할 것이다."

06 _ 지정기부금단체

시민사회의 사업과 활동에 필요한 재원을 시민들의 기부를 직접 받는 방안에 대한 새로운 정부정책도 추진되었다. 1999년, 정부가 시민단체 기부금에 대해 증여세를 부과하고 기부자에 세제혜택을 안주는 등 자율적인 재정자립을 가로막고 있어 비판이 일었다. 시민단체는 기부금을 마음대로 걷지도 못하고, 걷더라도 증여세를 내야하는 데다가 시민들 역시 기부액에 대한 소득공제 등 혜

〈표 3-2〉 모금기관/재단과 시민사회단체 수입원, 2015년 : 기부금, 정부보조, 사업수익

모금기관/복지재단				대표적 시민사회단체				
기관명	공익사업 수입 (억원)	기부금 (%)	정부 보조금 (%)	사업 수익금 (%)	단체명	공익사업 수입 (억원)	기부금 (%)	정부 보조금 (%)	사업 수익금 (%)
공동 모금회	5,688	90.4	5.1	2.9	아름다운 가게	66.8	19.2	0.3	기타 76.9
대한 적십자사	5,133	4.7	4.0	58.1 기타 32	아름다운 재단	66.5	64.0	0	0.2
월드비전	2,185	89.1	6.3	3.6	흥사단	55.3	8.9	0	75.5
어린이 재단	1,572	76.5	18.8	2.6	함께일하는 재단	49.8	71.8	0	기타 25
유니세프	1,395	94.5	0	4.6	환경재단	48.7	77.7	7.5	4.9
굿네이버스	1,337	90.6	5.9	2.1	녹색 소비자연대	34.5	10.7	74.2	15.1
홀트아동 복지	920	14.6	30.3	32.3	한국 소비자연합	33.5	18	51.7	17.6
한국 컴패션	720	99.1	0	0	YWCA	31.1	4.7	20.2	70.6
성심 사회복지	610	0.8	1.6	97.3	참여연대	21.5	90.9	0	0.2
사회복지 협의회	597	75.5	18.7	1.0	한국여성 재단	20.4	86.1	0	0.8
세이브 디칠드런	551	89.8	5.0	1.8	희망 제작소	14.9	54.9	0	기타 44.5
국제 기아대책	548	94.0	0.6	4.5	환경 운동연합	14.7	92.3	0	0
밀알 복지재단	340	66.5	3.2	4.7 기타 25	한국여성 민우회	13.4	47	15.2	36.8
삼성 복지재단	335	73.3	0	11.4	한국여성의 전화	7	40.4	36	23.3
동방 사회복지	310	19.5	62.3	13.0	녹색교통 운동	5.3	99.8	0	0
(재) 홍익회	281	99.1	0	0.3	여성환경 연대	4.9	98.8	0	0
구세군 복지	254	18.6	43.0	38.3	열린사회 시민연합	4.6	59.3	0	40.7
대한 사회복지	223	16.4	64.1	17.8	한국여성 단체연합	3.6	55.1	16.5	5.6

자료: 한국가이드스타 http://www.guidestar.or.kr/npo/search/npo_search.asp# 검색(2016. 12.22)

택이 없어 자유로운 기부문화를 막았다. 기부금품모집금지법에 따르면 시민단체가 벌이는 모금행사는 자치단체장이나 관할기관의 허가를 받아야 한다. 기부금이나 회비 등을 내는 시민이나 법인에 대해 해당 액수에 대한 소득공제와 손비처리 등 세제혜택이 없어 기부 유인동기를 막았다.

정부의 지정기부금단체 지정은 비영리단체의 재정확보에 많은 기여를 했다. 지정기부금단체는 조세감면 혜택을 받을 수 있는 비영리단체이다. 1996년부터 공익성 기부금단체를 지정해왔는데, 2000년에는 조세특례제한법과 소득세법을 개정해, '특정 사회복지 관련 기부금에 대한 전액 소득공제'를 시행하였다. 그간 지정기부금단체는 사단법인이나 재단법인에만 국한되었지만, 등록된 비영리단체 전체로 확대되었다. 참여연대, 경실련 등 대규모 시민단체들도 대부분 임의단체로 기부금을 내는 회원들이 소득공제 혜택을 못받았다.[151]

지정기부금단체가 지속적으로 늘면서, 단체들이 시민들로부터 직접 기부금을 받아 사업과 활동을 수행할 수 있는 기회가 확장되었다. 사업과 활동이 뛰어난 단체들이 시민들의 높은 지지를 받으며 회원 확대와 재정적 안정을 갖추게 되었고, 그럼으로써 시민사회는 지속적으로 변화와 혁신을 추구해야 하는 과제를 안게 되었다.

소 결

개혁과 민주화를 이끄는
'강한' 시민사회

　'세월호 진실을 인양하라'는 시민들의 함성은 2016년 말 박근혜 대통령퇴진 촛불집회의 중앙 무대에 울려퍼졌다. 세월호 참사의 진실마저 은폐했던 정권의 말로는 대통령 탄핵으로 종결되었지만, 참사의 진실 규명은 2017년에도 국가와 시민사회의 핵심 과제로 남아 있다. 세월호 참사 사례처럼 지난 30년의 시민사회 운동사 대부분은 역사의 '진실 규명'에 일차적인 초점을 맞춰왔다. 시민사회단체들은 2016년 촛불집회로 시민혁명을 주도했던 것처럼, 지난 30년을 '진실을 향한 촛불'을 밝히는데 게을리 하지도 서슴치도 않았다. 그랬기에 시민들이 시민사회를 신뢰하고 시민사회와 더불어 '진실 규명'을 요구하며 정권에 저항하는 시위도 주저하지 않는 '비판적' 시민으로 성장할 수 있었다. 5공화국 군사정권의 광주학살과 고문부터 시작된 무수한 과거사 규명, 군의문사, 불법사찰, 박근혜 정권의 국정원 대선 개입, 최순실 국정농단 등 이루 헤아릴 수 없는 무수한 역사적 사건들의 진실이 그것들이다. 이런 역사 진실 규명이 되지 않아 박근혜-최순실의 국정농단이라는 국가 위기를 겪은 것이 아닌지 반성해볼 만하다.

　시민사회는 '진실 규명' 운동에서 더 나아가 정치민주화, 경제민주화, 사회민주화에 의미있는 운동과 활동을 했는지 결론적으로 정리해볼 수 있다. 시민사회의 개혁입법 운동은 87 민주항쟁 이후 노무현 정부까지는 비교적 강한 리더십과 비판적 시민의 확고한 지지를 받으며 진전되었다. 개혁과 민주화는 김영삼 정부부터 본격화되어 김대중 정부와 노무현 정부에 이르는 기간에 가장 진전된 '진보주의 시대'를 열었다. 20세기 말 외환위기를 겪으며 빈곤, 실업 등 경제사회적 이슈들이 심화되면서 시민사회와 정부 사이에 공조적 '거버넌스'로 진전되는 시대적 변화가 있었다. 이 기간 정치, 경제, 사회 민주화운동은 넓이와 깊이 모두에서 절정에 달해 한국 시민사회사에 기록될 만한 민주화운동의 성과를 남겼다. 시민사회 조직들의 역량이 확대되고, 거버넌스 진전과 정치적 기회의 확장으로 시민사회의 정치, 경제, 사회적 영향력이 더불어 확대될 수 있었다.

그럼에도 시민사회의 개혁입법 운동은 절반의 성공에 머물렀다. 정치, 경제, 사회 민주화운동은 초기에 악법의 폐지 또는 개정, 제도의 폐지 또는 도입 등 법과 제도에 초점을 맞추면서도, 이후 시민사회의 기반이 되는 시민사회조직들의 활동 분야의 전문화와 분화로 점차 확장, 심화되는 과정을 거쳤다. 그러나 시민사회 개혁입법의 핵심이었던 국가보안법 폐지, 집시법 개정 등의 정치민주화와 재벌개혁, 노동법 개정, 세제개혁 등의 경제민주화는 큰 진전이 없는 한계를 보였다. 다만 지방자치, 정보공개, 호주제 폐지 등 행정개혁과 사회개혁이 일부 진전되었고, 시민사회 관련 법과 거버넌스 제도의 확대가 이뤄진 변혁도 있었다. 개혁의 환경이 가장 유리했던 '진보주의 시대'에도 개혁지향적인 강한 리더십조차 오랜 정경유착의 관행, 계파 중심이나 보혁 구도의 정당정치에 묶여 시민사회가 압박하는 개혁입법과 제도를 수용하지 못한 한계를 보였다.

특히 보수 정권들의 연이은 집권은 민주화와 개혁입법 시대의 중단으로 이어졌다. 정치개혁과 경제개혁 입법은 물론이며, 사회개혁 입법도 거의 찾아볼 수 없었다. 김영란법으로 일컬어지는 부정청탁금지법이 시행된 것이 거의 유일한 변화였다. 반면에 4대강 사업이나 교과서 국정화로 국정 기반마저 뒤

흔드는 강경 정책들로 국정혼란을 야기시켰다. 복지와 관련해서도 같은 보수의 이명박 정부와 박근혜 정부의 인식과 국정 기조는 판이했다. 이명박 정부는 2011년 "복지 포퓰리즘은 문제의 해결책이 아니다"며 직접 '복지 포퓰리즘' 화두를 던졌고, 이어 "망국적 무상 쓰나미"(오세훈 서울시장) 등 자극적 표현으로 이른바 '복지망국론'까지 제기했다. 이명박 정권을 이어받은 박근혜 정부는 진보적인 복지공약을 내세워 선거에서 승리했지만, 같은 당의 유승민 원내대표가 지적한 대로 '증세 없는 복지의 허구'를 드러냈다. 기초연금, 4대 중증질환, 무상보육 등 공약한 복지정책이 축소, 취소되면서 시민들과 시민사회로부터 거센 반발을 샀다.

시민사회의 민주화와 개혁의 추진에서 리더십의 공조와 거버넌스가 보수 정권들에서 붕괴된 것과는 대조적으로 비판적 시민들의 지지는 확고했다. '비판적' 시민들의 성장이 있었기에 2016년 말 시민과 시민사회가 공조해 대통령의 국정문란에 저항해 탄핵을 이끌어낼 수 있었다. 시민사회가 대통령퇴진 촛불집회의 장을 마련했고, 여기에 자발적으로 참여한 '비판적' 시민들이 집회와 시위를 주도하는 주권행사자로 나선 것이다. 그간 시민사회는 줄기차게 집시법 개정을 요구했으나 별 성과를 거두지 못했다. 그러나 주권자 시민들은 평화집회와 시위로 집시법 존재 자체를 무력하게 만들었다. '비판적' 시민들은 경찰과 충돌 상황에서도 평화를 외치며 끝까지 법원과의 신뢰를 지키며 평화적 시위를 주도하였다. 주말마다 이어지는 촛불집회에 법원도 집회 장소와 시간을 전향적으로 허용해 실질적으로 87년 민주항쟁으로 찾아낸 집회와 시위의 자유가 30년 만에 시민의 품으로 돌아온 것 같았다.

평화 집회, 평화 시위를 이끈 시민들이 참여하는 시민사회도 점차 변화했고 또 앞으로도 많이 변화될 것으로 기대된다. 시민사회조직 주도의 민주화 운동보다는 시민들의 자발적인 참여에 기초하는 시민참여의 확대로 새로운 시민참여형 시민운동이 진행되는 특징이 촛불집회에서 발견되었다. 2002년 월드컵 축구대회 응원문화의 확장과 더불어 같은 해 두 여중생의 미군장갑차 사망으로 촉발된 촛불집회부터 2008년 미국산쇠고기 수입반대 촛불집회, 2014년 세월호참사와 2016년 대통령퇴진 촛불집회에 이르기까지 식품, 경제, 비정규직, 복지, 국정 등 다양한 이슈들에 대해, 노동자와 학생, 주부와 직장인, 은퇴자 등 각계각층의 폭넓은, 자발적인, 비판적 시민들의 참여가 정착되고 있는 것이다. 집회 현장이나 광장으로 나서지 않고서 온라인에서 시민들이 참여하는 공론의 장은 이미 오래 전에 활성화되었고, 또 앞으로는 다양한 정치, 주창 활동에 시민 주도의 온라인 시민사회 활동도 주목할 만한 시민참여운동이 될 것 같다.

또한 시민사회의 활동도 주창(advocacy) 활동과 함께 복지 등의 서비스 활동들이 크게 활성화된 최근의 변화를 주목해볼 수 있다. 노동계와 학생운동이 주축이었던 민주항쟁의 구사회운동이 87년 이후 인권, 노동, 환경 등 시민참여의 신사회운동으로 패러다임 이동이 있었고, 21세기 들어서서는 사회서비스 조직들과 사회적기업, 협동조합 등의 사회적경제 활동, 자원봉사, 동물보호 등 전문가와 자원봉사자들이 주도하는 새로운 시민참여형 활동들이 또 다른 패러다임 전환을 알리고 있다.

지난 30년 간의 〈한국 시민사회사〉에서 볼 수 있듯이, 시민사회의 활동 또한 예측하기 어려운, 기대하지 않은 변화를 포함한 다양한 정치, 경제, 사회 변화에 직면하게 될 것이다. 외환위기와 같은 경제위기 상황에서는 정부가 시민들과 함께 위기극복의 공조자가 되면서도 다른 한편으로는 글로벌 경제 침체의 확장으로 일자리를 잃은 노동층의 생계와 권익을 위한 대변자 역할도 하고, 또 노동보다 자본의 이해를 중시하는 정부정책에 대해서도 비판자 역할을 지속할 수밖에 없을 것이다. 그런데 민주화와 개혁의 원동력을 갖춘 '강한' 시민사회가 되려면 한편으로는 '효과적 국가'의 리더십과, 다른 한편으로는 '비판적' 시민들의 확고한 지지에 의존할 수밖에 없다. 강한 시민사회뿐 아니라 효과적인 국가와 비판적 시민들까지 공조할 때 한국 민주주의는 '강한' 민주주의로 큰 걸음을 내디딜 수 있다.

PART 04

1987~

한국
시민사회
생활사

2017

한 국 시 민 사 회 사

제 1 장

시민생활과
시민참여

01 _ 한국 시민사회 생활사

〈한국 시민사회 생활사〉는 정부나 시민사회단체가 아닌 시민들이 역사의 중심에 있는, 시민들의 시민사회 생활사이다. 시민사회생활사는 시민참여 중심의 시민생활에 초점을 맞춰 자발적인 시민들이 어떻게 한국 시민사회를 만들어 왔는지를 살펴본다. 자발적인 시민들의 참여가 이뤄지지 않으면 시민운동의 원동력이 발동되지 않고 사회적, 경제적 성과가 기대될 수 없다. 시민사회는 정부의 제도적 환경 등 생태계 지원과 시민사회단체의 운동역량, 자발적인 시민들의 참여에 의존해 존속되며 성장한다.

한국 시민사회 역사에서 자발적인 시민들은 시민사회단체보다 더 중요한 역할을 해왔고, 그 비중을 점차 높여 정치에서도 보다 비판적이며 적극적인 참여자로 나서고 있다. 특히 촛불 집회와 시위는 시민참여 운동의 핵심으로 정착되고 있는 것도, 한국 시민사회의 독특한 특징이다. 2016년 말 박근혜 대통령 탄핵을 이끌던 촛불집회 시위는 1987년 6·10 민주항쟁 시기 광장으로 쏟아져 나온 시민들의 수준을 뛰어넘어, 새 역사의 기록을 남긴 '시민혁명'이었다.

'비판적' 시민들이 주도하는 촛불집회는 '촛불 민주주의'라고 논의될 정도로 한국 민주주의에서 차지하는 비중이 높아진 것이다. 돌이켜보면, 시민들은 2002년부터 저항의 촛불을 켜들기 시작했다. 미군장갑차에 치어 사망한 두 여중생 사건에 무기력했던 정부와 미국에 저항했고, 2004년에는 노무현 대통령 탄핵에 저항했으며, 2008년에는 먹거리 안전을 위협하는 미국산 쇠고기 수입에 반대하는 장기간의 촛불집회로 맞섰다. 박근혜 정부 기간에는 2014년 세월호 참사를 방치한 정권의 무능과 직무유기에 절규했고, 2016년에는 국정농단을 일으킨 대통령에 탄핵의 촛불로 맞서 민주주의 수호에 앞장섰다. 시민 주도의 촛불집회와 시위는 준법, 평화 시위로 정착되었고, 노조나 시민사회단체 주도 활동에 치우치지 않고 각계각층으로 대표되는 자발적 시민들이 이슈별로 '시민 전문가'로 나서는 새로운 시민 주도의 무대가 되었다. 인터넷, SNS 등으로 지식과 정보와 식견을 갖춘 '비판적' 시민들의 자발적 참여가 온라인과 오프라인에서 신속하게 움직였고, 시민들은 카페, 자조모임, 학부모모임 등 소규모 생활공동체에서 지식과 정보를 공유했다. 이들은 학습을 통해 사회, 경제, 정치적 이슈들을 이해하고 공감하며 참여함으로써 '비판적' 시민으로 성장했다.

지난 30년(1987~2017) 민주화기의 시민참여 운동은 1987년 민주항쟁으로 개막해서 2016년 대통령퇴진 시민혁명으로 대폭발하는 역사를 기록에 남겼다. 화염병에서 촛불로 시민참여 운동이 진화한 것이다. 아날로그 참여가 디지털 참여로 혁명을 이룬 것이다. 불복종, 불법, 경찰과의 충돌은 이제 먼 과거의 일로 묻혔고, 유모차의 유아, 부모 손을 잡고 나온 아동, 교복을 입고 나선 중고교생, 동맹휴업으로 강의실을 뛰쳐나온 대학생, 직장인, 주부, 은퇴자 등 각계각층이 광장에서 촛불을 들고 나서며 평화 시위의 주권자가 되었다. 1년 전 2015년 11월 14일 박근혜 정부는 '쌀값 21만원 대선공약 이행'을 외쳤던 백남기 씨를 경찰의 물대포로 사망에 이르게 할 정도로 공권력의 폭력성에 의존했지만, 2016년말의 촛불시위에는 공권력을 사용할 수는 없었다. 그래서 법원이나 경찰도 더 이상 집회와 시위의 자유를 제한할 만한 근거를 찾지 못하게 되었다. 시민들이 참여했기에 촛불집회는 무너져버린 대의민주주의를 대신해 국민들의 주권이 직접 행사되는 실질적인 직접민주주의를 실천해 보였다.

민주화기 30년 기간에는 집회와 시위 이외에도 주목할 만한 시민참여운동들이 역사에 기록되어 있다. 1990년대에는 절약운동, 계몽운동, 경제위기 극복운동, 생활환경 개선운동으로, 이후 21세기에 와서는 시민과 소비자의 권리를 확장하는 주창활동과 '삶의 질' 추구적인 생활공동체운동, 기부와 자원봉사 등의 나눔활동이 점차 늘어나는 특징으로 구별될 수 있다. 이후 2000년대 중반부터 현재까지는 다양한 자조모임, 협동조합, 착한 소비 등 사회적경제 분야에서 각계각층의 시민참여가 크게 확장되는 '시민참여기'로 특징지울 수 있다. 사회적경제 관련 법과 제도의 시행이 있었고, 사회적경제와 사회복지 서비스 관련 조직들과 종사자들이 급증하며 여기에 시민들의 자조와 유대 활동도 더불어 늘어나는 추세도 주목해볼 수 있다. 이와 함께 취약층 보호나 동물보호 활동뿐 아니라 시민들의 적극적인 주창활동이 병행되며, 여기에 남녀노소 구분없는 각계각층의 자발적인 참여, '비판적' 시민의 참여라는 새로운 변화가 있었다.

02_ 시민과 시민참여

'시민'은 누구인가? '시민사회단체'가 등장해 '시민사회' 영역에서 '시민'들이 활기차게 활동하던 시기, 1987년 6월 민주항쟁 이후부터 시민의 등장을 얘기해왔다. 그간 한국인이 저술한 저서나 정기간행물 또는 학위논문의 제목에 '시민'이 언제부터 나왔는지를 검색해보니, 1987년 이후에는 수천 개가 검색되지만 그 전에는 수십 개 정도에 지나지 않는다(주성수 2008).[1] 시민사회단체 중에는 서울YMCA가 1973년 『시민논단』을 발간하기 시작하면서 가장 먼저 '시민'을 시민사회단체의 주역으로 알리기 시작했다. YMCA는 1844년 영국에서 결성된 세계 최초의 국제 시민사회단체이며, 한국의 YMCA는 2003년에 창설 100주년을 맞은 한국 최초의 시민사회단체이다.

민주항쟁 이후인 1989년 7월 8일, 한국 시민운동의 중심이 되었던 경실련의 창립 발기인들은 '행동하는 시민'의 시대를 열겠다는 포부를 밝혔다. "우리의 깊은 관심의 대상은 87년 6월 민주화 대항쟁 때 길거리에 쏟아져 나왔던 시민들입니다. 우리가 소망하는 바는 바로 이 시민들이, 바로 이 보통 시민들이 다시금 경제정의를 위한 행동에 참여함으로써 이번에는 분배의 기적을 만들어 내는 일입니다." 한편 한국여성민우회는 경실련보다 2년 앞선 1987년에 출범하며 "우리들은 일상적 삶을 매일매일 살아가고 있는 여성대중들이 함께 인식의 지평을 넓히고 함께 실천하면서 여성해방의 길에 동참하는 공간을 지향할 것이다"고 창립선언문에서 밝혔다.

이처럼 1980년대 말 시민운동이 본격화되면서 '시민'은 '민중'뿐 아니라 '대중'의 자리도 대신하게 되었다. 원자화된 무력한 군중과도 같은 '대중'과 달리 '시민'은 사려 깊은 자발적 행동을 하는 주체로 상징되어 왔다. 민주주의 이론가 바버(Barber 1984: 154-5)는 '대중'은 소란을 일으키지만 '시민'은 심사숙고하고, 대중은 충돌하고 대립하지만 시민은 관여하고 공유하며 기여한다면서 시민을 대중과 엄밀히 구분한다. 따라서 대중이 관여하고 공유하며 기여하게 되면 시민이 되고, 그럼으로써 '참여한다'는 것이다. '참여하는' 시민들이 있기 때문에 '시민단체'들이 존재하고, '시민사회'가 지속가능성을 갖게 된다. 한국 사회에서 '가장 영향력 있는 시민단체'로 여러 번 조사되었던 참여연대는 1994년 9월 10일 창립선언문에서, "우리 '참여민주사회와 인권을 위한 시민연대'는 여러 시민들이 함께 모여, 다같이 만들어 가는 공동체의 조그만 밑거름이 되기를 바라마지 않습니다"고 밝혔다.

1989년 경실련이 창설되었던 해는 세계 역사가 뒤바뀌는 '민주화 혁명'의 해였다. 11월 9일 동서독 자유 왕래가 허용되면서 베를린 장벽이 마침내 붕괴되었다. 사회주의 붕괴 과정을 지켜봤던 독일의 사회학자 다렌도르프(Dahrendorf 1997)는 저서 『1989년 이후』에서 동구의 민주화 혁명이 "제약받지 않는 토론, 평등 및 근본적인 민주주의의 새로운 세계"를 갖다주는 희망인지 아직 확신할 수는 없지만, 확실한 것은 "시민권과 시민사회가 선거나 시장보다 더 중대한 진전을 보여준다"고 강조하였다. 같은 시기에 샐러먼(Salamon 1994) 교수는 지구적으로 '결사체 혁명'이 일어나고 있다는 논문을 발표했고, 코피 아난 UN 사무총장도 지구적 'NGO 혁명'을 얘기했다. 글로벌 차원에서 시민사회의 시대가 성큼 닥아오고 있었다. 1999년 미국 시애틀에서 열린 WTO 회담이 NGO들의 저항으로 무산되던 사태를 지켜보았던 UN 사무총장은 "NGO 혁명의 파워, 새로운 지구촌 시민의 파워 또는 지구적 차원의 시민 관심의 폭발에 관한 어떤 표현이든, 그것은 과거 장기간 UN에서 일어난 일 가운데 최상의 일"이라고 평가하였다.

사회주의 붕괴 이후 UN은 사실 정부뿐 아니라 NGO 등 새로운 이해관계자들과의 거버넌스 시대의 개막을 서둘렀다. 그간 UN은 정부들의 협의를 중심으로 운영되어 왔지만 1980년대 말 동구권의 붕괴 이후 불안한 세계질서의 극복을 위해 NGO들과 더불어 빈곤, 노동, 인권, 여성, 환경 등 거의 모든 지구적 이슈들의 해결에 공조해 왔다. 미·소 양국의 냉전 체제가 붕괴되면서 동구 등지에서 민족분쟁이 끊이지 않았던 불안한 정세에서 UN은 세계질서의 정립을 위해 NGO들을 든든한 파트너로 삼아 온 것이다(주성수 2000).

'NGO 시대', '시민의 시대'는 이처럼 UN 등의 국제기구들의 큰 행보로 개막되었던 바, 그 역사적 전환점은 1992년의 브라질 리우 환경개발회담이었다. UN이 최초로 정부 대표들뿐 아니라 시민사회단체 대표들도 초청해 지구 온난화 등의 환경위기를 논의하는 지구촌 공론의 장을 마련하였다. 'NGO'란 말이 언론을 통해 한국에 처음 소개된 것도 이 회담에 참여한 환경단체들을 지칭한 데서 비롯된 것이다(주성수 외 2003: 37). 리우 회담에 참석했던 환경운동연합은 창립선언문에서 이 회담을 계기로 "한층 시야가 깊어지고 넓어진 한국의 환경운동은 새로운 변화를 추구하게" 되었고, 특히 "피해자 중심의 반공해운동에서 시민으로 폭을 넓힌 환경운동으로, 지역에 국한된 활동에서 전국적 연대 나아가 지구환경 보전을 추구하기 위한 연합체를 결성"하였다며 그 역사적 의미를 소개한다(www.kfem.or.kr). 환경운동연합은 1988년에 출범한 공해추방운동연합을 모태로 1993년 4월에 지금의 전국 조직으로 발전하였다.

1992년 리우 회담으로 '지구 시민사회' 논의가 한창 익어가는 그 즈음 지구 시민사회 연대조직인 시비쿠스(CIVICUS 1994)도 "주제와 관심사는 장소에 따라 또 시간에 따라 다양하게 다르지만 시민운동이 이제는 지속적인 지구적 현상"이라고 관찰하며 '시민의 시대'를 내다보았다. 사실 '시민'은 20세기 말보다 훨씬 앞서 탄생한 역사적 인물이다. 다렌도르프(1974: 674)는 "현대 역사에서 시민만큼 역동적인 사회적 인물은 없다"며, "시민은 지난 수 세기 동안 새로 등장한 사회집단, 봉건사회에서의 도시 유산계급, 18·19세기 새로운 산업계급, 의존과 박탈에서 자신을 해방시켰던 농노와 신민, 식민지 국민, 여러 소수민족, 여성 등 집단에 속했던 구성원이자 시민사회를 건설한 원동력이었다"고 설명한다.

동구 사회주의의 몰락은 사회주의 지향을 두고 사회운동을 하던 한국의 사회집단에 큰 충격을 주었고, 이에 자극받은 새로운 방식의 운동이 모색되었다. 실질적으로 정치운동의 성격을 지녔던 학생운동, 노동운동이 급변한 것은 아니지만, 시민 중심의 '신사회운동'으로의 변화가 1990년대의 시대상황이 되었다. 사회문제에 관심있는 자발적인 시민들과 소그룹 모임들 역시 지역, 환경, 복지, 장애인 등 일상 생활의 문제들을 사회적으로 해결해나갈 수 있는 자발적 단체들의 결성이 주류를 이루었다(조성미 2008).

지금의 한국 사회를 보더라도 각종 부정이나 불의, 불편, 불쾌를 일으키며 시민들의 공공생활에 피해를 주는 집단이나 세력들은 어디나 존재한다. 사회적 약자들의 인권을 침해하는 행위, 대통령 등 공직자들이 부정부패로 국가질서를 어지럽히며 시민의 권익이나 생계를 챙기지 않는 위헌적 행위, 위해식품을 생산해 시민들에게 피해를 입히거나 공기나 물을 오염시키는 비윤리적 행위들이 끊이지 않고 있다. 그럼에도 이에 맞서 행동하는 '시민들'이 있고, 이런 행동하는 시민들이 '시민사회'를 확고하게 뒷받침하고 있다.

03 _ 지표로 보는 시민참여

이상의 시민참여의 스펙트럼에서 한국 시민참여의 현황을 경험적 자료로써 정리해볼 만하다. 먼저 시민들의 시민사회단체 회원 참여 활동부터 시민사회단체를 위한 자원봉사활동, 그리고 다양한 직접행동 가운데 집회와 시위 참여부터 불매운동과 파업 참여, 그리고 자선적 기부와 자원봉사활동에 초점을 맞춰볼 수 있다.

(1) 시민사회단체의 회원활동

한국인의 시민사회단체 회원 활동 추이를 살펴보면 자료로 유용한 세계가치관조사(World Values Survey)의 1982~2012년 자료가 있다. 〈표 4-1〉과 같이 시민사회단체 활동을 통한 '비판적' 시민들의 성장이 지속된 동향을 엿볼 수 있다. 종교단체부터 교육문화, 노조, 정당 등 12개 단체들로 구분되어 있는데, 종교단체와 교육문화단체 회원활동이 최근까지 가장 많이 늘었고, 뒤이어 자선구호단체와 환경단체, 소비자단체 회원활동이 다소 늘었다. 2012년 현재 회원활동 수준에서도 종교단체와 교육문화단체, 자선구호단체가 가장 높은 순위에 있고, 정당과 노조와 소비자단체는 비교적 낮은 순위에 있다.

한국인의 시민사회단체 활동을 다른 국가들과 비교해 보더라도 '비판적 시민'의 성장의 바탕이 되는 단체 회원 활동이 지속적으로 늘었다는 것을 알 수 있다. 타국들과 비교하고 동시에 1982~2012년 기간 시대적 변화를 비교해보면 〈표 4-2〉와 같다. 자료가 유용한 3개의 시민사회단체에서 한국인의 회원활동은 크게 증가해 일본의 두 배가 넘는 높은 참여 수준을 보여준다. 또 교육문화예술단체와 환경단체 활동은 미국이나 호주에는 다소 뒤지지만, 핀란드와 스웨덴

수준에 올라 있고, 자선복지단체 활동은 일본을 제외한 미국과 유럽 국가들에
크게 뒤져 있다.

〈표 4-1〉 한국인의 시민사회단체 회원활동 : 1982~2012

	1982	1990	2001	2012
종교단체	24.4%	38.6%	42.1%	41.5%
교육문화단체	4.3	11.0	19.1	22.4
노조	5.3	7.4	5.6	6.7
정당	2.5	4.6	2.7	5.5
지역사회단체		12.5	6.9	
직능단체	6.9	12.5	8.8	9.2
자선구호단체	4.4	6.1	9.4	9.8
환경단체	2.7	2.9	6.2	8.4
인권/평화단체		5.4	4.1	
여성단체		2.4	3.7	
청소년단체		6.7	4.3	
소비자단체			6.2 (2005)	6.4

참고: 연도(사례수) = 1982(970), 1990(1,251), 2001(1,200), 2012(1,200).
자료: World Values Survey 각연도.

〈표 4-2〉 시민사회단체 회원 : 한국과 OECD 5개국 비교, 1982, 1995, 2012

	교육문화예술단체			환경단체			자선복지단체		
	1982	1995	2012	1982	1995	2012	1982	1995	2012
한국	4.2%	22.6%	22.4%	2.7%	7.5%	8.4%	4.4%	9.1%	9.8%
일본	4.2	6.0	12.0	0.6	1.1	3.3	2.7	9.4*	3.1
미국	14.7	40.0	23.6	6.0	25.6	17.5	12.7	41.8	29.8
호주	13.9	37.8	30.2	3.4	17.6	14.4	13.1	30.6	31.6
핀란드	4.4	21.0	18.6	0.7	7.7	9.3	4.6	14.6	20.8
스웨덴	14.7	22.1	21.9	6.5	12.7	10.9	8.2	22.0	28.8

참고 : 한국(1982), 다른 5개국(1981); 미국, 호주(1995), 한국, 핀란드, 스웨덴 (1996), *일본(2000); 한국, 일본
(2010), 미국, 스웨덴(2011), 호주(2012), 핀란드(2005).
자료: World Values Survey 각연도.

(2) 시민사회단체를 위한 자원봉사활동

시민사회단체 회원 활동과 자원봉사 활동을 다른 OECD 5개국과 비교해 보면, 2000~10년 기간에 회원 활동은 늘었지만 자원봉사활동은 오히려 줄어든 추세를 보여준다. 시민사회단체를 위한 자원봉사활동이 일본과 스페인보다는 다소 높지만 미국과 캐나다에 비교하면 절반 수준도 안되는 저조한 참여율을 보여준다.

〈표 4-3〉 시민사회단체 회원과 자원봉사 : OECD 6개국, 2000~10 비교

2000	자선단체		종교단체		문화단체		환경단체		지역단체		여성단체	
	회원	봉사	회원	봉사	회원	봉사	회원	봉사	회원	봉사	회원	봉사
한국	9.4	9.1	42.1	26.9	19.1	8.5	6.2	4.5	6.9	6.9	3.7	3.7
일본	9.4	5.4	10.6	3.2	11.0	3.9	3.2	1.2	1.2	0.4	3.8	1.2
스페인	2.7	2.0	7.3	4.4	6.1	2.8	1.7	1.2	2.0	1.5	1.7	0.7
스웨덴	20.8	9.1	71.4	23.4	26.3	11.3	11.3	3.8	9.4	5.5	3.5	2.1
미국	16.8	14.0	57.1	38.0	37.3	19.8	15.6	8.5	12.9	7.2	14.3	8.2
캐나다	13.2	9.6	29.5	18.4	21.4	11.2	9.1	4.4	8.0	5.1	8.1	4.5
2010	회원	봉사	회원	봉사	회원	봉사	회원	봉사				
한국	9.8	1.8	41.5	22.5	22.4	5.7	8.4	2.6				
일본	3.1	1.5	11.8	3.7	12.0	7.3	3.3	1.0				
스페인	7.4	3.9	17.2	6.6	7.6	3.5	2.0	0.3				
스웨덴	28.8	10.8	42.3	5.6	21.9	12.1	10.9	1.5				
미국	29.8	15.5	62.8	34.5	23.6	13.0	17.5	4.7				

참고 : 한국(2001), 일본, 캐나다, 스페인(2000), 미국, 스웨덴(1999); 한국, 일본(2010), 미국, 스웨덴, 스페인(2011).
자료: World Values Survey 각연도 .

(3) 직접행동 : 서명, 불매, 시위 참여

직접행동은 서명, 불매운동, 합법적 시위, 파업에 참여하는 시민참여 형태로, 다시 세계가치관조사 자료를 살펴볼 만하다. 자료에는 지난 1년간 참여했음, 그리고 참여하지 않았지만 참여의향 있음 또는 없음으로 구분되어 있는데,

〈표 4-4〉 한국인의 직접행동 참여 : 1982~2012

	1982			1990			2002			2012		
	참여 했음	의향 있음	의향 없음	참여 했음	의향 있음	의향 없음	참여 했음	의향 있음	의향 없음	참여 했음	의향 있음	의향 없음
서명	15.7	39.9	23.1	40.6	40.3	15.7	47.2	33.5	9.6	26.4	42.3	30.3
불매운동	1.8	36.6	38.2	10.5	46.1	36.2	7.3	44.7	20.3	5.4	46.0	46.4
평화시위	5.4	27.5	42.7	18.9	31.5	44.8	18.7	36.7	27.0	9.5	56.3	32.6
파업	1.1	10.6	61.0				7.6	43.8	28.7	5.3	37.4	55.2

참고: 연도(사례수) = 1982(970), 1990(1,251), 2001(1,200), 2012(1,200).
자료: World Values Survey 각연도 .

〈표 4-5〉 한국인의 직접행동 참여 : OECD 5개국과 비교, 1982~2010

	서명		불매운동		평화시위	
	1982	2010	1982	2010	1982	2010
한국	15.7%	26.4%	1.8%	5.4%	5.4%	9.5%
일본	42.4	28.0	2.4	1.4	7.0	3.6
미국	65.5	60.1	14.8	15.5	12.0	13.7
호주	68.6	70.1	4.7	14.6	12.0	17.5
핀란드	29.0	49.0	8.2	15.3	14.2	9.9
스웨덴	53.4	68.0	7.8	21.9	15.1	20.8

참고 : 한국(1982), 다른 5개국(1981); 한국, 일본(2010), 미국, 스웨덴, 스페인(2011), 핀란드(2005), 호주(2012).
자료: World Values Survey 각연도 .

참여했음 자료를 살펴보면 네 가지 직접행동 모두 2002년까지 증가되다가 2012년에는 모두 감소된 추이를 보여준다. 또 2012년 참여의향이 있다는 응답보다 참여의향이 없다는 응답이 훨씬 더 많이 늘어, 직접행동 참여의사의 위축을 엿볼 수 있다.

한국인의 직접행동 참여율은 다른 5개국에 비교하면 일본 다음으로 낮은 수준이다. 그럼에도 1982~2010년 30년 기간의 추이는 가장 빠른 속도의 증가세를 보여준다. 서명, 불매운동, 평화적 시위 참여 모두가 1.5배 이상 증가하였다.

(4) 정치참여 유형 : 단체소속 유형별 참여 유형

정치참여 유형 중에서 가장 일반적인 직접행동의 유형은 온라인이나 언론에 의견 제시, 서명운동, 탄원서/진정서 제출, 집회와 시위 참여, 불매운동 참여등이다. 한국행정연구원이 조사한 데이터 파일을 분석해보면, 이상의 6개 유형의 정치참여에서 2013년에는 노조나 직장단체 소속 회원들이, 2015년에는 지역공공모임 회원들이 가장 적극적인 참여자로 나타났다. 다음으로 동호회와 시민운동단체 회원들도 2013년과 2015에 적극적인 참여자들이며, 종교단체 회원들이 가장 저조한 참여자로 나타나 있다. 종교단체 회원들도 2013년에는 탄원

〈표 4-6〉 한국인의 사회단체 소속 유형별 정치참여 : 2013, 2015

2013	노조 직장단체	종교단체	동호회	시민운동 단체	지역 공공모임	전체
정치·사회 현안에 온라인 의견 피력	23.2	12.9	20.6	16.1	10.4	13.1
정부나 언론에 의견 제시 경험	15.3	8.6	10.1	13.1	8.9	8.1
서명운동 참여 경험	32.2	22.6	29.3	25.8	16.6	17.8
탄원서·진정서·청원서 제출 경험	15.2	7.9	10.1	9.2	8.1	7.4
시위·집회 참여 경험	15.6	7.3	9.6	13.7	8.2	7.3
불매운동 참여 경험	16.1	10.9	13.2	14.3	9.3	9.6

2015	노조 직장단체	종교단체	동호회	시민운동 단체	지역 공공모임	전체
정치·사회 현안에 온라인 의견 피력	18.7	14.3	17.8	13.8	15.2	14.6
정부나 언론에 의견 제시 경험	11.1	7.6	10.8	8.3	14.3	8.8
서명운동 참여 경험	26.8	21.9	21.6	22.5	25.4	17.5
탄원서·진정서·청원서 제출 경험	10.1	5.9	7.7	8.8	12.6	7.9
시위·집회 참여 경험	13.2	6.1	8.2	12.6	11.5	7.6
불매운동 참여 경험	16.7	8.1	10.1	23.2	15.2	9.2

참고: 지난 1년간 단체에 소속되어 적극 또는 가끔 활동한 응답자 비율.
자료: 한국행정연구원 "사회통합조사" 데이터 파일. 2013, 2015.

서/진정서 제출을 제외한 5개 유형에서 평균 이상의 참여도를 보였다.

(5) 집회와 시위 참여

지난 30년 민주화기의 집회와 시위 참여는 줄지 않고 지속되어 왔다. 집회와 시위 신고건수와 발생건수가 계속 증가해 이명박 정부 기간인 2009년과 2010년에 피크를 이루었다(경찰통계연보 2015). 미국산쇠고기 수입반대 촛불시위가 6개월 이상 길어지면서 발생한 현상이었다. 그런데 그 후 2012-13-14-15-16년 박근혜 정부에서도 집회와 시위가 끊이지 않았다는 것을 알 수 있다. 노무현 정부까지는 일반적으로 노조와 진보성향의 시민사회단체들의 집회와 시위가 많았지만, 이명박 정부 이후에는 보수단체들도 많이 생겨나 이들의 정치적 기회 확대로 반대시위 형식의 집회와 시위도 빈발했다. 박근혜 정부가 대기업들과 모의해 친정부단체들의 관제 집회와 시위를 사주했다는 것이 국정농단을 수사한 특별검사에 의해 밝혀졌다.

집회와 시위에 참여한 인원을 살펴보면(경찰통계연보 2015), 김대중-노무현 정부에서 참여인원이 가장 많았다는 것을 확인할 수 있다. 연간 400만명 안팎의 인원이 전국적으로 참여했는데, 2010~14년 기간에는 거의 절반인 200만명 안팎의 수준으로 줄어든 추이를 주목해볼 수 있다. 일반 시민의 참여보다는 노조 등 조직 단위 참여가 감소된 변화로 보여진다. 그런데 2016년은 10월 말~12월 말의 촛불집회 참여 연인원이 천만명으로 역사적 기록을 갱신했다. 11월 12일, 19일, 26일 주말집회만도 각기 100만명을 상회하다 12월 3일에는 230만명을 넘어 최고의 기록을 남겼다.

제 2 장

1987년과
2016년의
시민들

01 _ IT 혁명과 참여 혁명

2016년 시민혁명의 뒤에는 IT 혁명이 있었다. 연인원 천만 명이 전국적으로 일제히 '대통령 퇴진'의 함성을 외칠 수 있었던 배경에는 광속의 인터넷과 SNS의 정보와 네트워크가 있었다. 인터넷과 SNS 등을 통한 사회적 네트워크가 시민들로 하여금 쉽게 필요한 정보를 입수해 학습하고 공유하며 '비판적' 식견을 갖추고 촛불집회와 시위에 나서도록 지원한 것이다. 돌이켜보면, 2002년부터 인터넷 등을 통해 정보를 접한 시민들은 광장에 나와 촛불을 켜들기 시작해, 2004년 노무현 대통령 탄핵반대, 2008년 미국산쇠고기 수입반대, 2014년 세월호 참사, 2016년 대통령퇴진 촛불집회까지 줄곧 비판적 시민으로 성장해왔다. 그간의 IT와 SNS 기술혁명의 급성장이 촛불 시민들의 참여혁명을 뒷받침해준 혁신적 도구가 되었던 것이다.

2016년 시민혁명은 1987년 민주항쟁과 비교해 인터넷과 SNS의 위력을 확인할 수 있는 사례이다. 화염병이 촛불로, 아날로그 시대가 디지털 시대로 이동한 격세지감이라 볼 수 있다. 1987년 1월 14일 치안본부 대공분실에서 조사를 받던 서울대생 박종철이 고문으로 숨지는 사건이 있었다. 다음날 중앙일보에 '경찰 조사받던 대학생 쇼크사'라는 2단 짜리 기사에는, "책상을 탁하고 치니 억하고 쓰러져 병원으로 옮겼으나 숨졌다"는 경찰의 변명이 실렸는데, 이는 국민의 분노를 키우는 도화선이 되었다. 시민사회는 곧바로 고문치사를 규탄하는 성명서를 발표했고, 2월 7일 '고 박종철 추모대회'와 3월 3일 '고문추방 민주화 대행진'를 이어갔다. 이후 군사정권의 4·13 호헌조치가 있었고, 야권과 시민사회는 5월 27일 '민주헌법쟁취 국민운동본부'를 결성해 6·10 대회를 준비했다. 6월 10일 서울 잠실체육관에서는 민정당 대통령 후보로 노태우를 선출하는 축하의 박수가 요란했고, 같은 시간 6·10 서울대회장인 대한성공회 종탑에서는 '독재정치의 종식'을 상징하는 종소리가 울려 퍼지면서 종교계 대표 및 재야인사 등 6명이 '4·13조치 무효선언'을 했다. 민주항쟁 하루 전인 6월 9일 연세대생 이한열 군이 시위중 최루탄에 맞아 사망하자, 직장인을 포함한 일반 시민들 수십만 명이 거리로 쏟아져 나오면서 대대적인 항쟁으로 발전했다.

〈표 4-7〉에서 볼 수 있듯이 1987년 민주항쟁과 2016년 시민혁명은 시민사회와 시민참여에서 두드러진 차이가 있었다. 87 민주항쟁이 군사정권의 폭압 속에 시민사회의 활동의 더딘 저항이 수개월 지속되다 뒤늦게 시민들이 참여해 항쟁의 마무리를 했던 것과는 달리, 2016년 시민혁명은 10월 29일 촛불집회부터 시민사회 활동과 시민참여가 거의 동시에 개시되어 끝까지 지속된 특징이 있었다.

87년 민주항쟁은 1월 박종철 고문치사 사건 이후 수개월이 걸려 6·10 민주항쟁으로 발전해, 6·29 항복 선언을 받아내고 10월에는 헌법이 개정되는 국정수습 수순으로 이어졌다. 이와는 달리 2016년의 시민혁명은 IT 혁명의 지원으로 거미망처럼 얽힌 시민들의 관계망이 신속하면서도 최대한의 참여로 촛불집회를 시민혁명으로 완성해간 역사적 기록을 남겼다. 10월 24일 JBTC가 최순실의 태블릿 PC에 담긴 국정농단 자료를 공개하자 다음날 대통령의 대국민 사과가 있었고, 그 주의 주말인 10월 29일 민중총괄기투쟁본부가 촛불집회를 열었고, 11월 9일 1,550개 시민사회단체들이 연대해 박근혜 대통령퇴진 비상국민행동으로

	1987 민주항쟁	2016 시민혁명
발단	1.14 박종철 고문 사망 1.15 '대학생 쇼크사' 보도	10.24 JTBC 최순실 국정농단 폭로 10.25 대통령 사과
시민사회 저항	2.7 고 박종철 추모대회 3.3 고문추방 민주화대행진 4.13 군사정부의 호헌조치 5.18 기념식에서 고문치사 폭로 5.27 민주헌법쟁취 국민운동본부 결성	10.29 민중총궐기투쟁본부 주최 　　　 대통령퇴진 촛불집회 11.9 비상국민행동으로 확대 　　 (1,550개 단체) 11.12 집회부터 국민행동 주최 **2017.3 헌법재판소 판결까지 지속**
시민참여	6.9 이한열 최루탄 피격 6.10 민주항쟁 6.18 최루탄 추방대회	10.29 촛불집회부터 매주 토요일 12.31 촛불집회까지 연인원 1,000만 2017.3 헌법재판소 판결까지 지속
국정수습	6.29 노태우 대표 선언 9.18 헌법개정안 국회통과 10.27 헌법개정 국민투표	12.8 국회의 대통령 탄핵 가결 **2017.3. 헌법재판소 탄핵 인용**

조직이 확대, 재편되어 국민행동 주최로 토요일마다 대규모 촛불집회가 이어졌다. 시민들은 10월 29일 1차부터 12월 31일 10차까지 연인원 1천만 명, 그리고 2017년 3월 11일 집회까지 1,600만 명이 참여하는 대기록을 남겼다. 1987년 민주항쟁은 연인원 300만~500만 명으로 추산된다(연합뉴스 2017. 1. 1).

촛불집회 현장에서 시민들은 SNS나 채팅 웹, 1인방송 등을 통해 촛불시민의 여론 형성 등 직접민주제를 실천하는 주권자 역할을 했다. 촛불집회의 참여를 독려하고 현장 참여가 어려운 시민들의 온라인 참여자 역할을 지원했다. 집회와 시위 참여뿐 아니라 국회에 대한 대통령 탄핵 압박 등도 시민들의 IT와 SNS를 활용한 직접민주주의 행동으로 이어졌다. 박근핵닷컴 청원운동은 국민들의 탄핵청원서를 국회의원들에게 요청해, 운동 일주일(2016. 12. 1~8) 만에 90만명 이상이 청원해, 국회의원 234명의 탄핵찬성을 이끌어내는데 기여했다.

2016년 촛불집회는 1987년 민주항쟁과 달리 주최자는 단순한 행사 진행기관에 지나지 않았고, 집회의 자유발언, 구호, 깃발, 풍자와 해학의 설치물 등 콘텐츠는 시민들의 자발적인 참여로 채워지면서 시민들의 '주권행사' 축제가 되었다.

촛불광장 참여에 앞서 이미 온라인에서 다양한 아이디어들과 주장들이 공유되고 다양한 모임들의 온라인 촛불집회도 활성화되었다. 그래서 87년 민주항쟁 이후의 시민사회는 초기 시민사회단체 주도에서 촛불집회 시민들의 주도로 넘어가는 혁명적 변화가 있었고, 이를 가능하게 했던 것이 IT와 SNS라고 볼 수 있다.

2002년 두 여중생 사망 촛불집회의 경우, 6월 13일에 발생한 사망사고는 마침 6.13 지방선거 보도와 월드컵 축구대회의 열기 때문에 대회가 끝날 때까지 언론의 관심을 받지 못하다 인터넷 사이트에서 관심을 갖기 시작하면서 바로 촛불집회로 발전하는 폭발력을 가졌다. 그러다 11월 27일, '앙마'라는 아이디의 한 네티즌이 '인터넷 한겨레' 자유토론방에 광화문 앞 촛불시위를 제안하는 글을 올려, 하루 만에 이 글은 인터넷의 퍼나르기를 통해 확산되었다. 11월 30일 광화문에서 처음으로 기존 시위대와 일반 네티즌 등 10만 명이 모여 촛불시위를 하였다. 오마이뉴스는 촛불시위의 전 과정을 10신에 걸쳐 리포팅하면서 촛불시위를 네티즌들에게 알렸고, 이후 촛불시위가 매일 계속되며 SOFA 개정 문제가 대통령 선거뿐만 아니라 해외 언론에서도 중요 이슈로 부각되었다(조화순 외 2013: 22).

02 _ '비판적' 시민의 성장

2016년 말 대통령퇴진 촛불집회를 바라보았던 87년 민주항쟁의 참여자 시민들은 어떤 감회를 가졌을까? 30년 전 그 날의 기억을 살려 지금의 한국 민주주의를 돌아보는 민주항쟁 참여자들을 주간경향(2016. 12. 28)이 만났다. 1987년은 '절반의 성공'이면서 동시에 '절반의 실패'였다고 평가하는 시민들이 있었다. 차준원 민주화운동정신계승국민연대 이사(50)는 "1987년 6월, 광장이 순식간에 열렸는데, 수십만의 대열들이 일제히 '호헌철폐 독재타도'라는 단일구호를 외치는 현실은 사실상 견디기 힘들었다. 광장은 직선제가 쟁취되고 난 후 완전히 사그라졌다. 1987년 6월 항쟁이 7·8·9월 노동자대투쟁으로 이어지지 못했다. 삶의 문제, 공장에서 민주노조를 만드는 투쟁을 광장의 시민들은 엄호하거나 지원해주지 못했다. 그 결과가 계속되는 민중의 고통으로 이어졌던 것 같다." 김성주씨(가명·여·52)에게 30년 전이나 지금이나 불평등의 문제는 여전히 삶을 괴롭히는 문제다. "민주화 이후의 우리의 삶이 나아졌는지를 본다면 물론 나아진 부분은 있지만, 불평등이라든지 복지 문제를 봤을 때는 30년 전보다 더했으면 더했지 덜하지는 않은 것 같다"고 말했다.

그럼에도 지난 30년간 가장 주목해볼 만한 변화는 '비판적' 시민의 성장이라 볼 수 있다. 1987년은 막 대학을 졸업했을 때라는 김미동씨(53·여)는 "일반 시민들이 학생들을 지지하기 시작했다. 직장인들이 시위대에 합류하는 것을 보고 깜짝 놀랐다"면서, 대통령 직선제가 되면서 '그래도 그들이 국민들의 눈치를 보는구나'라는 생각이 들어 조금씩 우리 사회가 민주화되겠구나 하는 작은 기대가 생겼다"고 회상했다. 김씨는 그때의 경험이 삶에서 일상의 변화를 추동하는 동력이 되어, "생활현장 속에서 내가 맞닥뜨리게 되는 문제에 대해서 계속해서 목소리를 내야 한다고 생각했다." 그래서 그녀는 "소각장 건설 반대운동을 했고, 생활협동조합에서 소비자운동도 했다"며, "내가 내 목소리를 내지 않으면 기득권자들은 우리의 목소리를 듣지 않는다는 것을 알았기 때문이다"고 말한다.

민주항쟁 20년 후 2007년에 필자 등(주성수 외 2008)의 인터뷰에 등장하는 시민활동가들이 경험한 '비판적' 시민의 탄생을 소개하면 다음과 같다. 아름다운재단의 윤정숙 이사는 "개인이 자기의 일상에서 '되게 부정의하다', 그리고 '이건 누가 봐도 내 삶을 억압하는 거다'라고 자각했을 때, 그래서 그것이 사회적으로 개인이 자기 문제를 사회적 아젠다로 만드는 그 순간 많은 변화가 일어난다고 생각을 하게 되었음"을 때라고 본다. 그녀가 사례로 얘기하는 강의석씨의 학내 종교자유 문제는 누구나 다 알고 있는 문제였지만 그가 자신이 겪은 고통을 이야기하면서 많은 공감을 불러일으켜 사회적인 이슈화가 되었다. 강의석씨처럼 자기의 문제를 사회의 문제로 제기하며 많은 사람들에게 공감을 갖게 하고 공동의 행동을 취할 수 있도록 하는 행동하는 인물이 '시민'의 전형적인 모습이 아닌가 싶다.

우석균씨(보건의료단체연합 정책실장)는 중학생 때부터 '시민'의 눈으로 세상을 보는 시각을 가질 수 있었다고 말한다. 서울 토박이인 그는 당시 70년대 초 학번의 선생님들이 수업 시간에 툭툭 던지는 몇 마디에 그런 세상이 있구나 하며 호기심을 키웠고, 그래서 중학교 때 〈뿌리깊은나무〉가 처음 나왔는데 왠지 모르게 그걸 창간호부터 사서 봤단다. 그러면서 〈씨알의 소리〉니 뭐 그런 쪽 세계를 자연스럽게 접하게 되었다고 한다. 또 고등학교 때는 주변의 교회에서 있었던 함석헌 선생님의 씨알의 소리 강연에 친구들을 데리고 갈 정도의 열성도 있었다고 한다. 80학번인 우석균은 의대에서 노동야학을 하며 수차례 경찰서를 오가며 91년에 겨우 졸업해 인턴, 레지던트가 될 수 있었다.

김지훈씨(인터넷뉴스 바이러스 기자)는 여성이지만 비교적 자유로운 가정에서 성장한 덕분에 초등학교부터 부모님과 시사 TV 프로그램도 보며 사회문제에 관심을 갖기 시작했고, 중학교 때는 '희망'이라는 청소년 학교의 프로그램에도 참여하며 사회활동을 시작했다고 한다. 미군문제가 심각했던 1990년대, 자신의 운명을 바꿔놓았던 미선이 효순이 사건을 고교시절에 겪으면서 대학입시를 뒤로 하고 시민운동에 뛰어들어 열성 활동가가 되었다. 미선이와 효순이는 평소처럼 길을 걷던 중 미군 장갑차가 뒤에서 덮치는 바람에 안타깝게 희생되었던 꽃다운 나이의 중학생이었다. 그녀는 그 때의 일을 생생하게 기억했다.

"두 학생이 제 또래였잖아요. 아무런 잘못도 없는 사람이 죽었다는 것이 너무 억울하고 그랬어요. 그래서 청소년 대책위 활동을 했어요. 7월 17일에 의정부역 광장에서 청소년 행동의 날이라는 것을 진행했어요. 5,6백 명이 모여 발언도 하고 거리행진을 미군기지까지 하면서 빨간색 종이비행기도 날리고 그랬어요. 그 이후로 사건을 알리기 위해 지하철 선전전, 버튼달기 캠페인도 하고 학교에서는 온라인 서명을 건의하기도 하고 그랬어요. 그 운동을 그해 겨울까지 계속했습니다. 12월에 시청에서 10만 명이 모였던 날 위에서 발언도 하고 그랬습니다. 그게 제일 저한테 기억이 남구요. 우스갯소리로 그게 제 발목을 잡았다고 얘기도 하고 그렇습니다."

03_ 시민활동가가 된 시민들

87 민주항쟁이 민주화 시대를 열어갔지만 시민사회의 조직력이 여전히 취약한 상태에서 항쟁 참여자들도 시민사회 활동을 이어가는데 상당한 어려움을 겪을 수밖에 없었다. 20년 후 필자 등과 인터뷰를 했던 시민운동가들의 얘기는 다음과 같다(주성수 외 2008). 1980년대 "학생운동 열심히 하다가, 학생운동하면 코스가 있지 않습니까? 한번 감옥 갔다 오고." 그 다음에 어떻게 복학했지만, "군대도 잘못해가지고 끌려가게"된 신세가 되어 85학번이 95년에 졸업하게 되었다. 경실련의 고계현 사무처장의 프로필이다. 그런 그가 경실련에 동참하게 된 상황은 90년대 중반 이미 사회주의권이 붕괴되고 시민운동이 민주화운동의 바통을 이어받아 한창 성장하는 시기였다. 고계현씨는 운동권에 한계를 느끼며, "더 실용적이고 좀 더 중도적인, 그리고 또 합리적인 운동이 필요한 것 아니냐"고 생각했다고 한다.

좀 더 앞선 80학번들은 광주항쟁과 끊을 수 없는 고통을 안고 살다가 결국 시민사회에 몸을 의탁한 사람들이 적지 않다. 80학번인 원기준 광산지역사회연구소 소장은 광산촌에 '광활'로 학생운동의 새로운 활로를 찾다가 태백 골짜기에 정착했다. 또 외국인노동자의 집 대표인 김해성 목사는 절친한 친구들이 광주에서 죽어갔던 끔찍한 기억을 지우려 경기도 성남 공장에 노동운동으로 몸을 의탁하다 그만 거기서 지금껏 외국인노동자를 돌보는 활동가로 정착했다. 또 민주사회를 위한 변호사모임의 김남근씨는 82학번으로 학생운동하다 구속되고 해서 뒤늦은 89년에 졸업하였다. 그는 전두환의 군사통치에서 대통령 선거를 직선제가 아닌 간선제로 하겠다던 전두환 군사통치에 맞서 '독재헌법을 철폐하고 국민의 직선제에 의해 대통령을 뽑자'는 운동을 하다 이적행위를 한 죄목의 국가보안법 위반으로 잠깐 옥살이를 했다고 한다.

여성환경연대의 이미영 사무총장도 학생운동에서 노동운동을 거쳐 시민운동으로 정착한 80년대 전형적인 운동권 출신이다. 86학번인 그녀는 당시 학생운동의 핵심인 한총련 운동권에 있다가 졸업 전에 제적을 당해 노동현장에 위장 취업했던 열성 노동운동가였다. 처음 영등포의 한 봉제공장에서 일하다 대기업인 현대 엘리베이터의 노조간사로 활동하기도 했으나 노동현장 일에 만족하지 못했다고 한다. 이미영씨의 말대로, 1990년대 초의 시대상황은 많은 운동권 출신들에게 자기 고민을 안게 만든 힘겨운 시기였다.

이상과 같이 초창기에 출범한 시민사회단체들이 주로 운동권 중심의 인물들이 조직하고 운영한 특징이 있다면, 1990년대 중반 이후에는 대부분이 비운동권의 배경을 갖고 있다. 지역에서 부녀회 모임을 통해, 동아리 활동을 하다가 시민사회단체로 성장한 경우도 있고, 전국 조직을 가진 중앙 시민사회단체에서 독립해 지역 조직으로 옮겨간 경우 등 실로 다양하다.

제 3 장

시민의
정치활동 참여

시민의 '정치참여'에는 관례적인 투표, 탄원서나 청원서 제출뿐 아니라 정부나 정부정책을 비판하는 집회와 시위 등의 활동도 포함된다. 시민들은 시민사회단체의 집회나 시위 등의 정치참여 활동에 동참하는 경우가 일반적인데, 개인차원에서는 내부고발이나 공익제보도 중요한 정치참여 활동이다.

01_ 내부고발과 공익제보

시민들의 정치참여 활동은 민주항쟁 직후부터 내부고발과 공익제보로 끊임없이 이어져온 특징이 있다. 국가기관들의 불법사찰과 검열 등 인권 침해에 대한 내부고발부터 대통령의 국정농단 내부고발까지 다양한 유형의 공익제보를 참고해볼 만하다.

(1) 국가정보기관의 민간인 불법사찰

1990년 윤석양 이병은 보안사의 불법적인 민간인 사찰을 고발하였다. 보안사 서빙고 분실에 보관돼 있던 90장중 30장으로 1장당 15명씩 모두 450명의 사찰기록을 담고 있는 컴퓨터 디스크를 갖고 나왔다. 디스켓에는 보안사가 정치인, 종교인, 언론인, 재야인사, 운동권학생들의 일거수 일투족을 세세히 감시해온 내용들로, 보안사는 주어진 임무에서 크게 벗어나 국민들의 언행을 추적 감시하는 '비밀경찰' 역할을 해온 것을 입증했다(동아일보 1990. 10. 8)[2] 이에 야 당인 평민당 등과 국민연합, 전대협 등 9개 단체들은 여의도광장에서 보안사의 불법적인 민간인 사찰을 규탄하는 대규모 집회를 열고 정권퇴진을 외쳤다. 김 대중 평민당 총재는 단식에 돌입했으며, 전국 곳곳에서 집회와 시위가 끊이지 않았다. 사태가 심각해지자 국방부는 보안사 서빙고 분실을 폐쇄하고, 관련 기 구과 인원을 대폭 축소해 보안사 요원의 정부기관과 민간단체 출입도 필요한 경우로 제한키로 했지만, 사찰 잘못을 인정하지 않고 '군 보호차원'을 중시해 시 민사회의 강한 반발을 샀다(동아일보 1990. 10. 23).

2009년에도 국군기무사령부의 민간인 사찰이 드러났다. 수사관 신모 대위 가 평택시에서 열린 쌍용자동차 파업 집회현장을 촬영하다 일부 시위대에게 폭 행을 당하고 캠코더와 수첩을 빼앗겼다. 당시 빼앗긴 캠코더 안에는 시민단체 관계자 등 민간인들의 일상생활이 담긴 것으로 드러났다. 사찰 대상자들은 국 가를 상대로 위자료를 요구하는 소송을 냈고, 재판부는 1인당 800만~1,500만 원의 위자료를 인정했다.[3]

2012년에는 총리실이 민간인을 불법 사찰한 것이 밝혀졌다. KBS 새 노조가 총리실 공직윤리지원관실이 3년간 공직, 민간인을 가리지 않고 사찰한 2,600여 건의 문건을 공개했다.[4] 시민사회단체 대표 등 각계 인사 300여 명이 비상시국 회의를 열고 이명박 대통령의 대국민 사과와 법무부장관 즉각 사퇴를 촉구했다.

(2) 문화예술계 블랙리스트

박근혜 정부는 검열과 블랙리스트로 정권에 비판적인 문화예술인들의 표현 의 자유를 억압한 것으로 드러났다. 2016년 12월 대통령탄핵 심판을 앞둔 시점 에서 유진룡 전 문체부 장관이 블랙리스트의 존재를 확인하고 대통령에게도 문 제를 제기했다고 밝혔다(노컷뉴스 2016. 12. 26). 그 시기는 세월호 참사 직후인

2014년 6월로, 청와대 정무수석실에서 명단을 작성해 이들에 대한 지원을 끊으라는 지시가 문체부로 내려왔다는 것이다. 명단은 점차 확대되어 만 명에 가까이된 것이 특별검사의 조사로 밝혀졌다. 당시 압력에 의해 작품을 포기해야 했던 예술인들이 적지 않았다. JTBC(2016. 12. 27)는 "박근혜 정부의 문화 검열을 한마디로 요약한다면 막무가내식"이었다고 보도했다. 블랙리스트에 포함되어 있는 예술인이 선정되면 다른 선정자들까지 지원금을 못 받게 석달이 넘도록 지원을 중단, 사업이 중단되기도 했고, 문체부 공무원들은 선정위원들에게 "이 특정인 때문에 이 사업을 중단해야 된다"며 노골적으로 발언하기도 했다는 것이다.

(3) 내부고발자(공익신고자) 보호

공익신고자는 공익신고자보호법의 보호를 받는데, 그간 내부고발자 또는 공익제보자로도 통용되었다. 앞에서 서술한 윤석양 이병과 같은 해인 1990년, 이문옥 감사관의 내부고발로, 감사원이 대기업의 비업무용 부동산에 대한 감사를 벌이다 로비 등으로 감사를 갑자기 중단한 사실이 세상에 알려지게 되었다. 이를 계기로 감사원과 정·관계, 재벌기업의 각종 비리가 잇달아 드러났다. 그러나 그는 구속까지 당했고, 감사원에서 쫓겨나야 했다.

윤석양 이병과 이문옥 감사관 외에도 공익의 호루라기를 불었던(whistle blowing) 사람들이 적지 않았다. 1992년 군 부재자 투표의 부정을 고발한 이지문 중위, 1992년 관권 선거를 고발한 한준수 연기군수, 1996년 감사원의 감사중단을 고발한 현준희씨를 비롯해, 2009년 이명박 정부가 추진한 '4대강 정비사업'이 정부의 발표와 달리 대운하 사업의 전초라고 밝힌 건설기술연구원의 김이태 박사 등이다. 이들은 모두 각계의 청렴도를 높이는데 기여했는데, 공익제보자 9명의 이야기를 담은 〈불감사회〉에 따르면 내부고발자들은 큰 대가를 치르는 고통을 겪어야 했다(경향신문 2009. 5. 10). 아홉 명 가운데 한 명은 자살했고, 다섯 명은 다니던 직장을 쫓겨나야 했다. 여섯 명도 자살유혹까지 느꼈다. 또 정신적 충격과 불면증 등 갖가지 육체적 고통까지 겪었다.

그래서 공익제보자 보호가 심각한 사회적 이슈로 부각되어 시민사회의 개혁입법 운동으로 발전하였다. 1994년 참여연대는 구조적 비리에 대한 내부고발 활성화 등을 골자로 하는 내부비리제보자 보호 입법청원을 하였다. 이 법률안은 그 적용대상으로 공직사회뿐만 아니라 민간기업체, 사회단체도 포함하도록 했다. 뒤늦은 2011년 공익신고자보호법이 제정되어 시행되었지만, 공익신고자 보호가 유명무실한 것으로 드러나고 있다. 국민권익위원회에 따르면 2013년 내부고발에 따라 수사를 벌인 결과 55건 가운데 40건의 부정부패가 사실로 드러났다(동아일보 2014. 9. 1). 또 공익제보자를 지원하는 시민단체 호루라기재단이 내부고발자 42명을 대상으로 실시한 심층조사 결과, 25명이 제보 이후 파면 또는 해임 조치를 당했다. 절반 이상이 신분상 불이익을 받은 것이다. 또 응답자 28명은 공익신고 후 생계유지가 어렵거나 배우자의 수입으로 근근이 살아가는 것으로 나타났다. 이들을 위한 정부의 보호조치도 제구실을 못했다. 국민권익위원회가 공공기관의 공익신고자 보호 실태를 조사한 결과, 총 1,305개 중 단 13개만이 신고자를 복직시켰다.

(4) 청와대 조리실장의 공익제보

전국적으로 232만 명이 촛불을 들고 거리에 나왔던 2016년 12월 3일. 광화문을 지나던 한상훈 전 청와대 조리장은 '박근혜 퇴진'을 외치는 시민들을 보며, "정말 대단하더라고요. 저 사람들이 이 추운데 왜 나왔을까. 자기 시간 뺏겨가며 나온 이유가 뭘까. 내가 무슨 일을 한 건가." 자문했다고 한다(채널A 2016. 12. 10). 그는 "최순실씨가 박근혜 대통령 임기 초기에 매주 일요일마다 청와대 관저에 들어와 '문고리 3인방'과 저녁까지 회의를 했다"며, 이영선 행정관이 최씨를 픽업해 프리패스로 청와대 관저까지 들어왔다"고 밝혔다. 최씨는 매주 일요일 오후 3~4시 관저에 들어왔는데, 그때마다 정호성·안봉근·이재만 등 청와대 비서관 3인이 관저에서 최씨를 기다렸다. 최씨는 이들과 저녁 늦게까지 회의를 한 후 관저에서 식사를 했다. 이 증언이 12월 9일 국회에서 대통령 탄핵소추안 표결이 이뤄지기 전에 알려지면서 탄핵결정에도 중요한 영향을 미친 것으로 추정되었다. 또 그간 대통령-최순실-문고리 3인방의 '사설 정부' 운영의 비밀도 하나씩 확인되는 소중한 공익제보였다.

02 _ 2002년 미선·효순사망 촛불집회

촛불집회는 2002년부터 시작되었다. 2002년 6월 13일 길을 걷던 두 여중생이 미군 장갑차에 치여 숨진 사건이 발생했다. 미군 처벌과 사과가 이뤄지지 않은 데 대한 시민들의 저항은 6개월간의 촛불집회와 시위로 번졌다.[5] '약속의 날'인 2002년 11월 30일 1만 명이 촛불을 들고 광화문 교보생명 앞에 나왔고, 주말을 거듭할수록 숫자는 급격히 불어, 12월 7일에는 5만명, 12월 14일에는 최대 인파인 10만명이 한파에도 촛불을 들고 거리에 섰다(한국일보 2014. 12. 12). 2002년 겨울, 광화문 일대 상점 중엔 양초를 팔지 않는 곳이 없을 정도가 되었고, 노점까지 등장했다. 12월 1일과 2일에는 중고등생과 대학생 400여 명이 서울 종로구 동아미디어센터, 종로구 교보문고 앞에서 촛불시위를 벌였다. 네티즌들의 사이버 시위도 계속되어, 미국 백악관과 국방부 홈페이지에 항의 e-메일을 보내는 공격을 시도했다.[6] '여중생사망사건범국민대책위원회'는 방미투쟁단을 조직해 미국으로 보냈다.

사고발생 다음날부터 시작된 촛불시위는 100일을 넘어 다음 해까지 계속되면서 수십만명의 시민들이 전국 각지의 집회와 시위에 참여하였다. 두 여중생을 추모하는 촛불시위가 100일째를 맞았는데, 가해 미군에 대한 처벌과 부시 미국 대통령의 직접 사과, SOFA 개정 등 시위 첫날부터 내건 목표가 해결되지 않은 채 남았다. 매일 오후 6시 광화문 주한미국대사관 옆에는 촛불을 든 남녀노소가 모여들며 시민의 힘을 보여주는 상징으로 자리잡았다. 부시 대통령이 두 여중생 사망사건에 대해 사과의 뜻을 밝혔지만, 네티즌들은 그의 직접 사과와 SOFA 개정을 요구하며 거세게 반발하였다. 마침내 부시 대통령은 12월 13일 여중생 사망사건에 대해 유감표명을 했다. 부시 대통령의 유감표명은 사고 발생 6개월만으로, 12월 14일 예정된 대규모 반미 추모집회를 앞두고 이뤄졌다 (한국일보 2002. 12. 14).

03 _ 2008년 미국산쇠고기 수입반대 촛불집회

2008년 미국산쇠고기 수입반대 촛불집회는 시민사회단체보다 새로운 시민 모임들의 활동과 영향력이 더 부각되었던 사례였다. 시민들은 인터넷 사이트인 다음 '아고라' 등을 통해 의견을 모으고 결집했는데, 특히 정치에 무관심했던 여중고생들과 주부들이 대거 참여했다. 당시 시민단체들로 구성된 '국민대책위원회'에는 온라인·오프라인을 망라해 1,500여개 단체들이 참여했다. 그런데 시민들은 정치적 구호를 먼저 내세우는 시민사회단체의 주도를 거부하는 일도 있었다. 인터넷을 통해 다양한 커뮤니티가 생기고 시위현장을 인터넷으로 생중계하는 등 새로운 활동방식이 나타났다.

2008년 4월 18일 한·미 정상회담을 불과 하루 앞두고 미국산 쇠고기를 전면 개방하는 내용의 양국간 협상이 전격 타결됐다. 미국이 자유무역협정(FTA) 비준의 전제로 내걸었던 쇠고기 협상이 타결된 것인데, 이에 농민단체와 시민단체들은 '국민 먹거리 안전성 국치일', '굴욕적인 협상 결과'라며 격렬히 반발했다. 시민들이 촛불시위에 참여하기 시작한 것은 5월 초였다. 5월 2일 서울 청계광장의 '미국산 쇠고기 반대 촛불집회'에 참여한 시민들은 제각각 크기가 다른 촛불들을 밝혔다. 색도화지, 종이박스에 매직펜으로 아무렇게나 흘려 쓴 구호도 제각각이었고, 정치단체나 시민단체의 깃발은 볼 수 없었으며, 대신 흥겨운 놀이와 노래, 자유로운 신상 발언이 가득했다. 촛불집회에 참여한 이들 가운데 절반 가량은 10대 청소년들로, 교복 차림의 여학생이 많았다.[7]

특히 시민사회단체의 주도적 역할에 대한 경계도 있었다. 일부 참가자들은 주최 쪽이 중앙 무대를 만든 것에 대해 "자발적인 집회인데 앞에서 너무 주도한다"고 불만을 표시하기도 했다(한겨레신문 2008. 5. 5). 아이를 목말 태우고 촛불을 든 30대 부부, 초등학생 아이 손을 잡고 나온 40대 남성들이 적지 않았다. 3대가 함께 촛불집회에 참여한 가정은 광우병·쇠고기 문제는 어느 한 세대·계층이 아닌 '온 가족 미래의 문제'라고 입을 모았다. 동호회 이름이 적힌 팻말을 들고 회원들을 모았고, 회원 수 50만 명인 '쭉빵' 카페 회원들은 손등에 별 표시를 하고 십여명씩 모여 앉아 '쇠고기 반대'를 외쳤다.

5월 둘째 주부터 10대들이 불붙인 '촛불의 물결'은 점차 30·40대로 확산되었다. 서울 청계광장 앞 주말 집회에는 30·40대의 비중이 크게 늘었다. 또 집회에서 분출되는 목소리도 '쇠고기'를 넘어, '0교시', '대운하', '청년실업' 등으로 발전되었다(한겨레신문 2008. 5. 12). 한국생협연합회 소속 주부회원들이 미국산 쇠고기의 위험성을 꼬집을 때는 '옳소!'라는 구호가 튀어나왔다. 참여연대 등 1,500여개 시민사회단체와 인터넷모임으로 구성된 '국민긴급대책회의'는 5월 13일부터 17일까지 청계광장에서 대규모 촛불문화제를 5일 연속 개최하였다. 한양대 등 전국 30개 대학 총학생회를 비롯한 대학생 단체들도 미국산 쇠고기 수입 반대운동에 나섰다. 5월 말에 가서는 촛불문화제가 거리시위로 번졌다. 서울 시내에서는 5월 한 달 17차례의 촛불문화제가 열렸지만 도로를 점거하는 거리시위가 벌어진 것은 처음이었다. 경찰이 거리시위 참가자들을 연행해 '평화적인' 촛불문화제가 다시 거리시위로 이어졌다. 여러 단체들이 가세하면서 촛불문화제는 미국산 쇠고기 수입 반대 외에 초중등교육 자율화 조치, 한반도 대운하 건설 등 현 정부의 정책을 집중적으로 비판하는 무대로 바뀌게 됐다

6월 10일 민주항쟁 21주년 기념일에 서울 세종로와 태평로 일대에서는 진

보 및 보수진영의 행사가 잇따라 열렸다. 진보진영은 미국산 쇠고기 수입을 반대하는 촛불집회를 열었고, 보수진영은 촛불시위에 반대하고 한·미 자유무역협정(FTA)의 조속한 비준을 촉구했다.[8] 한편 종교계가 시국의 전면에 나서면서 종교의 현실 참여에 대한 보수쪽의 반론이 거셌다. 천주교정의구현전국사제단은 6월 30일부터 서울광장에서 매일 시국미사를 열었고, 7월 4일엔 불교계가 시국법회를, 또 8일엔 원불교도 가세하였다(한겨레신문 2008. 7. 4). 한국 근현대사에서 종교계는 종종 현실 참여 정도를 넘어 새 역사를 만들어가는 주역을 맡아왔다. 1970년대 이후 독재정권의 인권 탄압에 맞서 민주화를 이루는 데 주도적인 역할을 했다는 평가를 받았다. 7월에 와서 평화적인 촛불집회와 거리행진을 이끌어온 천주교정의구현전국사제단 등 종교단체들이 시청앞 광장에 설치했던 천막들을 모두 자진 철거했다(한국일보 2008. 7. 7).

촛불집회에 대한 경찰의 강경 진압이 표현의 자유 침해로 제기되었다. 경찰청 인권위원회 소속 14명 위원 전원이 촛불시위에 대한 경찰의 강경 진압에 유감을 표명하며 사퇴를 결의했다.[9] 또 국제앰네스티에 이어 촛불집회 진압 과정에 인권침해가 있었는지를 조사해 온 '포럼아시아'와 '아시아인권위원회'는 7월 25일 "한국 정부는 촛불집회에서의 인권침해에 대한 조사를 벌여 책임자를 처벌하고, 표현의 자유를 침해하는 관련 법규를 개정하라"고 권고했다.[10]

04 _ 등록금 투쟁 집회와 시위

치솟는 등록금 인상에 대한 대학생들의 투쟁은 2006년부터 2014년까지 8년에 이르는 시기에 이르는 지난한 투쟁이었다. 그렇다고 투쟁의 결실이 맺어진 것도 아니었다. 정당들과 대통령후보들은 공약만 앞세워 기대만 부풀렸고, 이를 지키지 않아 공약을 지키라는 끊임없는 집회와 시위로 이어갔다. 정치적 이슈였지만 대학생들에게는 민생복지 현안이었다.

'반값 등록금'은 2006년 지방선거를 앞두고 한나라당이 이를 발표하면서 처음 등장했다.[11] 반값 등록금은 2007년 대선에서도 주요 공약으로 제시됐다.[12] 그런데 선거가 끝나자 반값 등록금 이야기는 쑥 들어갔다. 2007년 초에는 한나라당이 반값 등록금 관련 법안을 국회에 제출하자, 열린우리당과 민주노동당이 뒤를 이어 7개 등록금 인하 관련 법안을 상정해 대학가에서 큰 주목을 받았다(세계일보 2007. 5.17). 당시의 소비자물가 상승률은 2.5%였지만, 교육물가 상승률은 6.0%로 1997년 이래 가장 높았다. 등록금이 연간 1천만원 시대를 눈앞에 두었다.

(1) 반값 등록금 요구 집회와 시위

2008년 이명박 정부 출범과 동시에 전국적으로 반값 등록금 공약 실천을 압박하는 집회와 시위가 시작되었다.[13] 참여연대 등 전국 540여개 시민사회단체들이 3월 28일 서울시청 앞 광장에서 새 정부 출범 이후 최대 규모의 집회를 열었고 "등록금 상한제, 후불제 등을 통해 돈이 없어 학업을 포기하는 일이 없도록 해야 한다"고 촉구했다(경향신문 2008. 3. 29). 2008년 4월 총선을 앞둔 시기에, 이명박 대통령은 대학 등록금 문제와 관련 "정부가 본격적으로 검토해 학생들의 어려움을 덜어주는 데 적극 나서겠다"고 밝혔다(경향신문 2008. 4. 3). 10월에는 비싼 대학 등록금을 참다못한 학생들이 2주 동안 5백명이 서명한 헌법 소원을 추진했다. 등록금이 너무 비싸다보니 교육받을 헌법상 기본권을 침해받고 있다는 이유를 제시하였다(KBS 2008. 10. 13). 11월에는 전교조 등 전국 550여개 시민·학생 단체들의 모임인 '등록금넷'이 서울 청계광장에 모여 "이명박 대통령은 후불제 등을 도입해 등록금 문제를 해결하라"고 주장했다(MBC 2008. 11. 1).

2009년에도 등록금 집회와 시위는 끊이지 않았다. 3월에는 대학생 단체, 청년실업과 등록금 문제해결 촉구 대학생 다함께와 전국학생행진 등이 세종로 정부청사 앞에서 "정부가 추경 예산 등을 투입해 이명박 대통령의 등록금 반값 공약을 실천하라"고 요구했다(MBC 2009. 3. 18). 한편 기자회견 중 경찰에 연행된 사건이 발생하자, 대학생들은 서울 종로경찰서장과 연행을 현장에서 지휘한 경찰관을 국가인권위원회에 제소했다(KBS 2009. 4. 22). 2011년에 들어와 반값 등록금 이슈는 더욱 가열되어 촛불시위로 번졌다. 등록금 투쟁이 이제 학생총회 등을 통해 수업거부 등 구체적인 방식으로 나타났다.[14] 한편 한국대학생연합과 전국등록금네트워크는 대학생 1,000여 명이 모인 가운데 집회를 열고, "이명박 대통령이 반값 등록금을 공약으로 내걸고 당선된 지 4년이 지났지만 이행하려는 의지가 없다"고 비판했다(한국일보 2011. 4. 4).

(2) 6·10 민주항쟁일의 촛불집회

6·10 민주항쟁 24주년을 맞아 반값 등록금 실현을 촉구하는 촛불집회가 열렸다. 한국대학생연합과 등록금넷, 정치권 인사 등 2만여 명은 서울 청계광장에서 '6·10 국민촛불대회'를 열고 "정부와 여당은 조건 없는 반값 등록금 공약을 신속하게 현실화하라"고 촉구했다(한국일보 2011. 6. 11). 집회에는 대학생뿐 아니라 중고등학생과 40~50대 학부모들의 모습도 눈에 많이 띄었다. 학부모단체와 여성계의 참여도 이어졌다.[15] 당시 국민 네 명 중 세 명은 국가재정을 투입해 대학 등록금 부담을 낮춰야 한다는 주장에 찬성하는 것으로 나타났다(한겨레신문 2011. 6. 27). 사립대학의 재단 적립금을 사용해 등록금을 낮추자는 데도 절대다수가 공감했다.

(3) 박근혜 정부의 반값 등록금

2013년 2월에 조사한 대학생 설문조사에서 현 등록금 액수에 대해 '너무 비싸다'와 '비싼 편이다'고 답변한 학생이 각각 45.1%, 49.2%로 집계됐다(한국일보 2013. 3. 25). 응답자 중 박근혜 대통령의 반값 등록금 정책에 대해 제대로 알고 있는 학생은 전체의 24.7%에 불과했다. 서울지역 대학생 77%가 '고지서상

진짜 반값 등록금 실현하라'로 요구했다. 2013년 박근혜 정부는 대학생 반값 등록금 공약 시행시기를 늦췄다. 반값 등록금 실현을 위해서는 연간 1조원의 예산이 필요하지만 2014년에는 절반 수준을 책정했다.

그런데 등록금 수준을 반값으로 낮추는 대신, 등록금 총액의 절반만큼을 국가장학금으로 보전해주겠다던 정부의 무늬만 반값등록금 정책이 오히려 대학생과 졸업생들의 빚을 늘리고 있다(한국일보 2016. 11. 9). 반값등록금의 대안이라며 2012년 이명박 정부가 도입하고 박근혜 정부가 승계한 소득연계형 국가상학금 정책의 실효성이 기대에 못 미친 것으로, 실제 학자금 대출은 규모가 커지는 반면 국가장학금 수혜자 수는 신청대상자의 절반에도 못 미쳤다.

05 _ 2014년 세월호참사 촛불집회

2014년 4월 16일 세월호 참사는 침몰 사고에 대해 시민들은 애도와 구호의 참여에 그친 게 아니라 사고 직후 인명을 제대로 구하지 못한 정부에 대한 불만과 비판이 다양한 직접행동의 참여로 발발했다는 특징을 보여준다(주성수 2015). 사고 수습을 위한 기부, 자원봉사, 사망자 애도를 위한 분향소 방문과 노랑리본 달기, 진상규명을 위한 집회와 시위까지 복합적인 활동에 시민들의 자발적인 참여가 이어졌다.

생존자에 대한 기대를 잃지 않았던 가족들은 사고 발생 닷새날, 인내심의 한계를 느낀 나머지 집단행동에 나섰다. 새벽 2시 300여 명의 가족들은 대통령을 만나러 청와대를 향했지만 경찰 100여 명이 가족들 앞을 가로막자, 가족들은 울분을 토로했다.[16] 대통령은 인명구조의 최종 책임자로 참사 당일 오전 10시 반부터 오후 5시 10분 사이 7시간 가량 상황실에 나타나지 않고 관저에만 머물렀다고 한다. 이 소중한 시간을 직무유기한 대통령을 국회는 탄핵으로 응징했다. 단원고 유가족들은 5월 15일 성명에서 "세월호 참사로 우리는 소중한 가족을, 수많은 생명을 잃었습니다. 그리고 그 과정에서 국가에 대한 믿음과 사회에 대한 신뢰를 잃었습니다"고 호소했다. 뒤늦게 대통령이 현장에 달려갔지만 단 한 명의 인명도 구조하지 못한데 대해 실종자 가족들의 원성이 높아만 갔다. 세월호 참사에 대한 정부의 대응이 미흡해 정부에 대한 불신이 높아진 것은 각종 여론조사에서도 드러났다.[17)]

(1) 생환염원과 희생자 추모 촛불 행사

세월호 관련 시민참여 중 가장 활발한 분야는 각종 행사 참여였다. 사고 직후 생존자의 무사귀환을 염원하는 추모 촛불행사부터 정부의 무능을 비판하는 집회에 이르기까지 다양한 행사들이 2014년 말을 넘어 2015년 초까지 지속되었다. 사고 이틀 후 시민단체와 단원고 재학생, 학부모들은 안산 화랑유원지에서 실종자들의 무사귀환을 염원하는 촛불기도회를 열었다. 여기에는 시민 2천여 명도 참석했다(한겨레신문 4. 23). 4월 21일에는 사망자를 추모하고 실종자의 무사귀환을 바라는 촛불 기도회가 전국 각지에서 열렸다. 4월 20일 광화문 청계광장에서 촛불 행사를 시작한 전국여성연대는 "오늘부터 매일 서울을 비롯한 전국 각지에서 촛불을 들겠다"며 성명을 발표했고, 부산여성회와 부산학부모연대는 21일부터 촛불집회를 시작하며 "실종자의 신속한 구조와 올바른 대응을 촉구하며 매일 이곳에서 촛불을 들겠다"고 밝혔다(한국일보 4. 22). 온라인에서도 미리 공지한 날짜와 장소에 모이는 소규모 촛불 모임이 기획되었고, 육아·주부 커뮤니티에서도 촛불 행사를 연다는 글이 속속 올라왔다.

노랑리본 달기도 전국적인 시민참여로 확대되었다.[18)] 시민참여가 가장 활발한 것은 희생자 추모를 위한 분향소 방문이었다. 침몰사고 발생 열흘째인 4월 25일에는 전국 곳곳에 분향소가 설치되었고, 여기에 시민들의 추모 행렬이 이어졌다. 시민사회단체들도 분향소를 설치하고 촛불기도회를 열었다(한겨레신문 4. 26). 온라인 공간의 추모 열기도 뜨거웠다. 정치권과 언론의 책임있는 행동을 촉구하는 인디 음악가들도 '세월호를 지켜보는 작은 음악가들의 선언'이라는 이름의 공연으로 동참했다(한국일보 5. 11). 친구들을 잃은 고교생들의 참여도 이어졌다.[19] 스승의 날에는 전국의 교수와 교사들이 정부의 무능을 비판하는 성명을 발표했다. 또 교사 1만 5천명은 "국민의 생명을 지킬 의지도 능력도 없는 대통령은 더는 존재할 이유가 없다"는 비판을 내냈다(한겨레신문 5. 16). 전국의 대학 교수들의 성명발표도 지속되었다.

(2) 진상규명 촉구 집회와 시위

세월호 침몰 참사 3주가 지나면서 추모 분위기는 정부에 대한 분노와 저항으로 발전하였다. 참교육을 위한 전국 학부모회와 인터넷 카페 '엄마의 노란 손수건' 회원 등 200여 명은 5월 8일 광화문광장에서 진상규명을 위한 특별검사제 실시를 촉구했고, 또 정부종합청사 앞에서는 시민 1,107명이 제안한 '5·8 청와대 만민공동회'가 "시민들이 매단 노란 리본의 글귀를 보면 많은 사람들이 이 참사의 실제 책임자인 정부기관이나 대통령의 해결 노력이 부족한 것에 분노하고 있다"고 비판했다(한국일보 5. 8).

시민사회단체들의 활동은 사고발생 한 달 가량 지나 본격화되었다. 그간 추모행사에 집중하다가 정부의 무능과 무책임에 대한 비판에 나서기 위해 연대활동 조직(세월호 국민대책회의)을 갖춘 다음 본격적인 활동에 들어간 것이다. 국민대책회의 활동 이전에 유가족대책위원회가 먼저 조직되어, 정부에 진상규명 요구에 앞장섰다.[20] 희생자 유가족들은 진실규명을 위한 특별법 제정을 촉구하는 단식에 돌입했다. 7월 14일에 시작한 단식 농성은 11월 초까지 지속되었다. 유가족들은 광화문광장과 청와대 인근 청운동에서 단식을 이어갔고, 이는 국민대책회의와 시민사회단체의 동참과 시민들의 단식 참여로 발전하였다. 9월 20일에는 '유가족 뜻 반영한 세월호 특별법'을 촉구하는 전국 촛불문화제가 열려, "수사권과 기소권이 보장된 특별법을 제정하라"는 시민들의 함성이 울렸고(SBS

9. 20), 9월 말에는 세월호 특별법 협상이 타결되었다. 세월호 특별법 제정 협상이 마무리되었지만, 유가족들과 국민대책회의의 진실규명 요구는 계속되었다.[21] 2015년 새해에도 희생자 가족들은 "온전한 선체 인양으로 침몰 사고의 진상을 규명하라"며 또 다시 거리행진에 나섰다(한겨레신문 2015. 1. 27).

(3) 시민참여 유형별 개인적 특성

세월호 참사 희생자들을 위한 시민참여활동을 현장지원 봉사활동 등 일곱 가지로 구분해 조사한 결과, 한 가지 이상의 활동에 참여한 시민이 26.4%에 이른다. 20세 이상 성인 1,090만 명이 참여한 것으로 추산된다.[22] 추도식, 분향소 방문이 13.8%로 가장 많았고, 현장지원 봉사활동, 현장방문 봉사활동은 각기 2.2%와 0.9%로, 20세 이상 성인 중 128만 명이 세월호 참사 관련 봉사활동에 참여한 것으로 추산된다.

시민참여 유형별 특성을 살펴보면, 여성보다 남성이, 청년층이 장년층보다 더 많이 참여했고, 저학력층과 저소득층보다는 고학력층과 고소득층의 참여가 많아, 연령과 학력과 소득이 참여의 주요 요인들이라는 가설이 뒷받침되고 있다(주성수 2015). 또 '관계망' 차원에서는 단체활동이 많은 사람들이 더 많이 참여한다는 가설을 지지해준다. 또 단체 소속 유형 중에서는 친목이나 사교단체 소속보다는 자선복지단체, 시민사회단체, 학교모임 등 공익 단체 소속 활동자가 더 많이 참여할 것이라는 가설도 지지받고 있다. 직장과 노조, 인터넷 카페 활동자가 높은 참여도를 보여주는 것도 의외의 결과이다. 재난 발생시 직장인들의 사회공헌 활동으로 기여하는 것이 일반적인 추세이며, 네티즌들의 인터넷과 SNS 활동은 2008년 광우병 촛불집회 이후 활성화되었다.

06 _ 박근혜 대통령퇴진 촛불 시민혁명

(1) 진실을 향한 촛불 행진

2016년의 10월 말부터 발발한 대통령 퇴진을 외치는 시민들의 촛불시위가 한 해를 넘기고 2017년까지 이어지고 있다. 아직 국정농단에 대한 진실, 세월호 7시간의 진실이 밝혀지지 않았기 때문이다. 박근혜 대통령이 세 차례나 사과했지만, 국회의 탄핵으로 헌법재판소의 탄핵 판결을 기다리는 2017년초까지 촛불 민심의 분노는 가라앉지 않았다. 최순실의 국정농단이 언론에 최초로 알려져, 대통령의 첫 대국민 사과가 있었던 10월 25일 토요일부터 시민사회는 "이게 나라냐" 외치며 촛불집회로 대통령 퇴진을 압박했다. 이후 11월 5일 25만명, 11월 12일 100만명, 19일에는 전국 70여 도시에서 100만 명, 26일에는 190만명이 넘는 시민들이 대통령 퇴진의 함성으로 주권자 국민의, 국민에 의한 민주주의의 부활을 외쳤다. 1987년의 '독재 타도' 민주항쟁의 함성보다 더 우렁찼고, 1919년 3·1운동의 '대한독립 만세' 함성에 버금가는 절규였다. 매주 촛불을 살리는 집회와 시위가 이어졌지만, 모두 평화시위를 유지하여 성숙한 시민의식과 시위문화가 빛났다며 국내외 언론들이 보도하였다.

11월 5일 "박근혜는 퇴진하라!"는 함성은 거셌지만, 집회 참가자들은 광장에 경찰 저지선을 넘지 않은 채 평화시위를 이어갔다. 11월 12일 주말 촛불집회에는 100만 명의 시민들이 몰려 들었다. 남북으로는 광화문 광장에서 숭례문까지, 동서로는 서울역사박물관에서 종각까지 인파가 넘쳤다(연합뉴스 2016. 11. 12). 전국에서 많은 국민들이 전세버스나 열차로 상경해 집회에 참가했다. 대학생, 청소년, 어린 자녀와 함께 나온 부모 등 면면도 다양했다. 12일이 서울 집중집회였다면, 19일은 전국 동시다발 집회였다. 전국의 촛불집회에는 시민사회단체들을 비롯해 민주노총과 철도노조, 대학 총학생회, 진보정당 등 단체로 참여한 사람들도 많았지만, 3대가 함께 나온 가족, 초등학생 자녀의 손을 잡고 나온 학부모, 유모차를 끌고 나온 가족과 팔짱을 끼고 나온 연인들, 삼삼오오 모인 이웃 주민들도 많았다. 집회 무대나 방송차량에 올라 자유발언을 하는 시민들은 진보적 활동가부터 자신을 보수인사라고 주장하는 사람들까지 하나가 되어 일제히 대통령 퇴진 구호를 외쳤다(연합뉴스 2016. 11. 19).

11월 26일 집회때는 '전봉준 투쟁단'의 트랙터 행진이 장관을 이루었다. 11월 15일 전남 해남에서 출발한 '서군' 트랙터들과 16일 경남 진주에서 출발한 '동군' 트랙터들은 시속 20km로 매일 8시간 상경길에 올랐다(한겨레신문 2016. 11. 25). 이들은 25일 경기도 안성 종합운동장에 모였다. 경찰은 교통 장애를 일으킨다는 이유로 트랙터 통과를 저지시켰으나 농민들은 트랙터를 두고 거리행진으로 서울 집회에 참석했다.

12월 3일 촛불집회는 230만 명의 시민들로 역사적 기록을 남겼다. 나흘 전에 대통령이 사퇴를 언급하는 3차 대국민사과를 했지만, 사죄는 없었고 사심·사욕 없이 공익을 위해 한 일이라는 변명이 시민들을 더 분노케 해 더 많은 시민을 광장에 나오게 만들었다. 또 국회에서 합의하면 물러나겠다는 대통령의 제안에 새누리당이 동조해 4월 말 대통령 퇴진을 당론을 채택한 것도 시민들을 격분시켰다. 시민들은, '즉각 퇴진'과 '대통령 구속' 등의 주장으로 대응하고 나섰다. 외신들도 시민들이 분노와 퇴진 요구의 강도를 높였다고 전했다.[23]

12월 9일 국회가 대통령을 탄핵해 대통령직을 정지시켰지만, 시민들의 촛불시위는 멈추지 않았다. 10일 촛불집회는 '촛불의 승리'를 축하하면서 헌법재판소의 탄핵 결정을 압박하기 위해 광화문광장과 전국 80여 곳에서 다시 100만의 함성으로 7주차 집회와 시위를 이어갔다. 광화문광장에서는 세월호 희생자들을 기리는 묵념과 함께 가수 이은미 등의 공연이 있었고, 시민들은 다시 청와대 앞 100미터까지 행진하며 '즉각 퇴진'을 외쳤다.

(2) '비판적' 시민들의 촛불 축제

11월 3일부터 촛불집회는 집회라기보다는 남녀노소 구분 없는 시민들의 축제장이 되었다. 김제동 등 유명인들의 진행으로 시민들의 자유 발언이 이어졌다. 이승환, 전인권, 안치환, 양희은, 노브레인은 가사를 '퇴진'과 '하야'로 개사해 열창했다. 동참한 차인표는 "비정상에 지면 안된다"고 주장했고, 청룡상 남우주연상을 수상한 이병헌은 '희망의 촛불'이 되길 기원하는 수상소감을 밝혔다. 박근혜 대통령의 퇴진의 외침은 더욱 커졌지만, 집회는 사물놀이패 공연, 수능을 마친 수험생들의 발언, 퍼포먼스 등으로 축제의 마당이 되었다. 자유로운 시민발언의 아고라 광장에 축제의 콘서트가 결합된 시민 민주주의 행사였다.

시민사회단체와 노조 등 1,500여 단체가 주체자였지만, 집회의 흐름은 시민들이 주도해갔다. 식전 행사나 집회 행사 모두가 준비된 행사로 진행되면서도 시민들의 자발성이 이끌었다. 음료, '촛불' 스티커 등을 나눠주는 시민들은 자발적으로 참여한 개인들이었고, 참석자 대부분이 개성을 살려 준비한 퍼포먼스 작품들이 시위 현장을 빛냈다. 풍자와 해학으로 유쾌하면서도 개념있는 문화예술 축제로 바꾼 것은 문화예술 게이트에 분노한 문화예술인들뿐 아니라 촛불 신세대로 등장한 '비판적 시민'들이었다. 중앙 무대에서 강성 노조나 운동권, 시민사회단체들이 퇴장하고 그 자리에 학생, 주부, 직장인, 은퇴자 등 일반 시민들이 차지했다. 정치인들의 발언도 잠깐의 외침으로 밀려났고, 노조나 시민사회단체보다는 느슨한 시민들의 온라인 동호회, 카페, 동문회, 클럽, 자조모임 등이 대거 광장에 몰려왔다.

(3) 청와대 앞 100m까지 평화 행진

경찰은 청와대 부근까지의 거리행진을 금지하고 나섰지만 법원은 집회 주최측의 요청을 받아들여 자유로운 시위를 보장해주었다. 청와대까지의 시위 거리가 800미터(10월 29일) → 400미터(11월 19일) → 200미터(11월 26일) → 100미터(12월3일 이후)로 점차 좁혀지며 청와대에 외치는 함성도 더 우렁찼다. 진실을 감춘 청와대를 향해 촛불은 100미터 앞까지 진격했다. '진실을 인양하라'는 촛불 행진은 유모차를 끄는, 아이 손을 잡고 걷는 부모의 모습을 보이는 평화 그 자체였다. 폭력적인 모습이 보일 때 이를 자제시킨 것도 시민들이었다. 시민들은 차벽 위로 오른 일부 시위대를 제지하고 경찰을 보호하는 모습을 보이기도 했다. 시민들은 "우리 의경 동생들, 아들들 자게 이제 집으로 갑시다"라며 먼저 집회를 해산하는 모습도 보였다. 경찰뿐 아니라 응급에 대비하는 소방대원과 구급대, 지하철과 화장실 등 안전과 편의를 제공하는 공무원들과 시민 자원봉사자들이 시위를 멋지게 마무리하였다.

제 4 장

시민의
경제활동 참여

1997년 말, 외환위기가 발생하자 시민들은 금모으기운동, 경제살리기 운동에 적극 동참하고 나섰다. 2008~09년에도 글로벌 금융위기로 경제침체가 계속되면서 서민층, 특히 취약층의 생계유지가 심각한 사회문제로 제기되었다. 법정 최저임금도 지켜지지 않아 알바생 등 시간제 임금자의 직접행동, 노조결성 등의 저항이 줄을 이었다. 시민들의 경제활동 참여는 착한 소비, 공역무역, 공정여행에, 그리고 공유경제와 크라우드 펀딩의 주체자가 되면서 새로운 시민사회 문화로 정착해가고 있다.

01_ 아나바다 운동

1997년 말 외환위기 시기 시민들은 아나바다(아껴쓰고 나눠쓰고 바꿔쓰고 다시쓰면서) 운동으로 절제하는 생활운동을 확산시켰다. 외환위기 이전의 아나바다 운동은 절약과 과소비추방 운동이 주축이었다.

(1) 외환위기, 경제를 살립시다

외환위기로 경제를 살리자는 국민운동이 경실련 등의 시민사회단체 주도로 진행되는 가운데, 지역사회에서는 주부, 학생 등이 직접 아나바다 장터의 주인으로 나섰다. 알뜰장터의 아나바다를 소개한 MBC 보도(1998. 1. 3)에 따르면, 주부들 사이에 아나바다 운동이 널리 퍼지고 있어, 실제로 서초구민회관의 녹색가게를 찾는 시민이 종전보다 40% 가량 더 늘었다. 또 사용중이던 가전제품이나 자동차를 바꾸지 않고 더 쓰겠다는 응답자가 80%를 넘었으며, 9할 정도의 가정이 외식 횟수를 줄였다고 응답했다. 또 PC통신도 '아나바다' 장터를 개설, 장터 매매가 급증하기도 했다. 1998년 1월초 PC통신의 중고품 매매 및 무상기증 코너인 알뜰장터 게시판의 이용시간 및 접속횟수는 경제위기가 깊어진 1997년 11월부터 급증하였다(문화일보 1998. 1. 12).[24]

(2) 아나바다 시민문화

외환위기를 겪으면서 시민들은 가족, 이웃, 학교, 직장 등 자기의 삶이 뿌리 내린 곳에서 함께 고통을 헤쳐나가는 모습을 보였다. 한겨레신문(1998. 3. 4)은 학생들의 교복과 책 물려주기 아나바다 미담을 소개했다. 일흔살이 넘은 할머니를 모시고 사는 소녀가장 지희는 동생 승희의 여름교복·체육복을 공짜로 마련해 큰 부담을 덜었다. 학교의 '교복 물려주기 알뜰시장' 덕분에 동복 한 벌만도 17만원이나 되지만 선배가 물려준 헌옷을 물려받은 것이다.

외환위기는 한국경제만이 아니라 시민생활문화를 뒤바꾸어 놓았다는 한국경제의 보도(1998. 5. 25)가 있었다. 품위를 생각하고 남의 눈을 의식해 고급브랜드를 선호하던 중산층 소비자들이 양질의 싼 상품에 눈을 돌려 프리미엄급 위스키는 자취를 감췄고, 돌풍을 일으켰던 프리미엄 소주도 보통 소주에 자리를 내주었다.

(3) 자원재활용 녹색가게

아나바다 운동이 시민참여로 활성화되면서 시민사회단체들도 아나바다 가게를 차려 자원봉사자가 운영하는 새로운 모델을 제시하였다. '아름다운 가게'

는 참여연대가 마련한 회원 알뜰시장을 본격적인 소비자운동으로 바꾸었다(서울신문 2002. 10. 22). '녹색가게'는 1997년 YMCA 서초지부가 선보인 '아나바다 운동'에서 시작됐다.[25] 환경운동연합이 운영하는 '에코생협'은 유기농산물과 친환경적 생활용품 판매에 주력하는데, 협동조합 형태로 이용자 대부분 환경운동연합 회원이다. 지자체들도 아나바다 운동을 지원하고 나섰다. 구로구의 녹색가게는 민관 합동으로 운영되어, 구에서 200여만 원의 운영자금을 지원하였고 각 동의 부녀회가 운영 책임을 맡았다.

02_ 최저임금 투쟁

청년과 노인의 생계문제와 관련한 이슈는 최저임금제로 부각되었다. 또 부당 노동을 강요하는 악덕기업에 대처하는 '블랙기업' 운동도 시간제 근로자들의 생존투쟁으로 부각되었다.

(1) 시간제 알바생의 임금실태

2013년 11월 대구청년유니온은 "시간제 근무를 하는 대구 지역 대학생 1천여 명을 상대로 조사한 결과 49.4%가 최저임금도 보장받지 못하는 것으로 나타났다"고 밝혔다(한겨레신문 2013. 11. 21).[26] 47%는 야간수당과 연장수당도 받지 못했고, 46%는 아르바이트를 하면서 다양한 인권침해를 당했다고 밝혔다. 24%는 식사시간이나 휴식시간을 보장받지 못했고, 11%는 폭언이나 인격적 모욕을 당했다고 답했다. 손님이 없다며 예정보다 일찍 퇴근시키거나 강제로 쉬게 해 시간당 급여를 주지 않는 이른바 '꺾기'를 당한 대학생도 13%에 이르렀다.

(2) 최저임금 위반 단속

2013년 고용노동부가 최저임금 준수에 대한 지도감독을 절반으로 줄인 사이 신고는 전년보다 두 배 가량 늘어난 사실이 드러났다(한국일보 2014. 3. 5). 최저임금 이하의 임금 지불 1,408건, 최저임금 고지의무 위반 11건 등 총 1,423건이 적발됐다. 신고된 건수보다 최저임금 위반 적발 건수가 많은 것은 한 사업장에서 여러 건의 위반 사항이 적발됐기 때문이다. 반면 고용부가 지도·감독한 업체 수는 2012년 2만 1,719곳에서 2013년 9,943곳으로 절반 이하로 줄었다.

(3) 부당한 근로조건

2013년 12월 청년유니온이 아르바이트 정보 누리집 '알바천국'과 함께 조사를 벌인 결과, "2,053명 가운데 누리집에 나온 근무조건과 실제 조건이 달랐다는 응답자가 55.8%"임이 확인되었다(한겨레신문 2013. 12. 23). 바뀐 근무조건은 급여(35.5%), 근무시간(25.9%), 근무내용(22.7%) 순이었다. 아르바이트생 10명 가운데 4명가량은 부당한 조건들을 참고 일한 것으로 나타났다. 응답자의 45.4%는 "바뀐 근무조건에서 참고 일했다"고 답했다. "사업주와 상의하여 바로잡았다"는 이들은 19.3%에 그쳤다. 나이가 어릴수록 바뀐 근무조건에서 참고 일했다는 비율이 높았다.

(4) 블랙기업 운동

법령에 어긋나는 조건의 노동을 젊은 직원에게 의도적·자의적으로 강요하는 기업을 일본에서는 '블랙기업'이라고 부른다. 청년층의 취업난을 악용해 인턴·수습·계약직으로 대거 채용한 뒤 혹사시키거나 과도한 매출 부담을 지우는 등 소모품으로 써먹다가 버리는 식이었다.[27]

한국에서도 2014년 11월 청년유니온과 민주노총이 '한국판 블랙기업 운동'의 시작을 선포하였다. 청년유니온은 "중소기업중앙회에서 일하던 20대 계약직 청년 노동자가 정규직 전환의 희망이 사라진 순간 스스로 목숨을 끊었고, 통신 대기업의 고객센터에서 일하던 30세 청년노동자가 '노동청에 알려달라'는 유서를 남기고 목숨을 끊었다”면서, “청년의 노동을 일회용품처럼 취급하고, 청년의 삶을 무참히 파괴하는 데 맞서 ‘한국판 블랙기업 운동’을 시작한다”고 선언했다(경향신문 2014. 11. 10).

03 _ 청년의 경제활동 참여

청년실업 문제가 심각해지고, 청년들이 알바에 시달리며 먹고사는 문제를 해결해야 되는 현실에서 부당 임금, 열악한 노동 등 인권침해 사례들이 줄지 않고 있다. 이에 맞서 청년유니온 등에 청년들이 참여해 권리를 지키는 운동을 벌이고 있다.

(1) 청년 알바생의 사망

2011년 2월 대학 입학을 앞둔 피자 배달 아르바이트생이 신호위반을 한 버스에 치여 숨지는 사고가 발생했다. 2010년 12월에도 피자 배달을 하던 대학생이 교통사고로 숨지는 등 젊은이들이 안타까운 사고를 당했다. 청년유니온의 김영경 위원장은 “30분 배달제 등은 전면 폐지돼야 하며, 업체들은 배달원에 대한 안전교육을 상시화하는 등 적극적인 사고 예방대책이 나와야 한다”고 말했다(한국일보 2011. 2. 15).

(2) 최저임금과 초과근무 수당

웨딩홀 등에서 일하는 서울·인천 등 수도권의 만 15~21세 청소년 120명 가운데 근무시간 외 추가 근무한 71명(67%) 중 절반 이상(56.8%)이 추가 근로에 대한 시급을 못 받았다고 답했다(한국일보 2014. 10. 9). 또 법정근로시간을 초과해 일한 76명(56%) 중 연장근로수당을 받지 못한 비율도 88%(67명)에 달했으며, 주 15시간 넘게 일한 경우 유급휴일수당을 받아야 하지만 청소년 83명 중 90%(74

명)가 이를 받지 못했다.[28] 또 청소년의 74%는 근로계약서조차 쓰지 못했으며, 17.6%는 최저임금(시간당 5,210원)도 못 받은 것으로 조사됐다.

(3) 현장실습의 노동착취

2014년 9월 청년유니온이 호텔, 관광, 조리, 외식, 식품 관련 학과의 현장실습을 담당하는 81개 업체 중 59개 업체의 2011~2014년 산학협력제도 운영 자료를 분석한 결과, 기업이 지급한 실습비는 월 평균 35만 1,993원, 시급 1,684원으로, 법정 최저임금(시급 5,210원)의 32.3%에 불과했다.[29] 현장교육이라는 취지와 달리 실습생들은 사업장에서 객실관리, 주방업무, 상품판매, 업무보조 등 단순노무를 수행하고 있는 것으로 조사됐다. 업무가 아르바이트와 다를 게 없는데도 전혀 법적 보호를 받지 못하는 것이다. 산업 실습생은 근로자로 인정되지 않아 장시간 노동이나 최저임금 위반에도 보호를 받지 못한다.

(4) 감정노동 알바생

아르바이트 청년들은 매우 높은 수준의 감정노동을 하며 스트레스를 받고 있다. 청년유니온이 감정노동전국네트워크와 함께 전국의 15~29살 아르바이트생 225명의 실태조사 결과, 최근 1년 사이에 손님한테 무리한 요구를 받았다는 이들이 53.8%에 달했다. 이들 중 50.7%는 인격 무시 발언을 들었고, 39.6%는 욕설이나 폭언을 들었다. 성희롱이나 신체접촉 15.1%, 신체적 위협 15.6%, 폭행 4% 등으로 나타났다.[30]

(5) 청년주거 공동체

청년들의 안정적인 주거공간 문제는 서울시와 같은 대도시에서 심각한 이슈로 부각된지 오래다. 청년주거 문제해결에 앞장선 민달팽이 유니온은 조합원들이 자발적으로 출연한 8천 200만원의 출자금을 시작으로 서대문구에 주택 2

세대를 임대한 민달팽이 1호와 1인 가구 4명이 거주할 수 있는 공유주택 2채, 신혼부부, 비혼 커플 2인 가구가 거주할 수 있는 복층형 주택 2채를 마련했다.[31]

또 '함께 주택'은 1인 독립 생활자를 위한 임대 셰어하우스로, 조합이 땅값과 공사비 등 종잣돈을 만들고, 부족한 돈은 서울시 사회투자기금인 '소셜 하우징'을 통해 대출받았다. 매달 받는 월세로 대출이자와 원금을 갚는다. 서울시 마포구에 있는 함께 주택 1호에는 10명의 싱글들이 보증금 100만원에 월 30만원 임대료를 내며 살고 있다. 각자 개인 방을 소유할 수 있고, 부엌과 욕실 등은 함께 사용한다.

04 _ 노후생계와 예술인의 생존권

노후준비를 하지 못해 퇴직 후에도 계속 일을 해야 하는 노인들에게 양질의 일자리는 하늘에 별따기와 같고, 기껏해야 시간제 노동일 뿐이다. 이런 취약한 노동 현실과 불합리한 노동환경에 대응하기 위해 노인들도 노년유니온, 시니어노조 등을 만들었다. 문화예술 창작 활동을 하는 예술인들의 생계문제도 심각한 사회 이슈가 된지 오래다.

(1) 노년 유니온

노인(65세 이상) 가구의 59.6%는 연 1천만원도 벌지 못하는 저소득층이다. 이들은 젊었을 때의 경험이 존중받지 못한 채 아파트 관리나 미화직 같은 일을 하는 게 고작이다. 은퇴 세대의 최대 고민은 소득절벽이다. 유일한 밑천인 아파트를 저당잡혀 주택연금이라도 받고 싶지만 앞가림에 힘들어하는 자식들이 눈에 밟혀 이러지도 저러지도 못한다(경향신문 2014. 11. 17). 직장인들은 평균 53살에 퇴직을 하지만 실제 일을 그만두는 나이는 70살로, 정년 뒤에도 생계를 위해 17년 이상은 일하고 있다. 하지만 임시직이 대다수인 노인들은 고용불안과 낮은 임금, 장시간 근로에 시달린다. 이런 문제를 해결하기 위해 50살 이상 노인들이 노조를 만들었다(KBS 2014. 5. 13). 교섭권을 갖는 합법 단체라는 점에서 노년층 권익에 실제 도움이 된다는 장점이 있다. 2016년 11월 노년유니온은 "기초연금 공약 파기로 노인을 우롱하고, 국민이 부여한 대통령직에 대한 의무를 저버린 박근혜 대통령은 이제 대통령이 아니다"며 촛불시위에 동참했다.[32]

(2) 복지의존에서 자주적 노인으로

광주광역시의 '노년유니온 광주지역본부 준비위원회' 임인택 위원장은 "복지 대상자에 그치지 않고 자주적 노인이 되자는 것"이라고 노년유니온의 목표를 한마디로 요약했다. 그는 2013년 4월 고용노동부에서 전국단위노조 설립을 인가받은 노년유니온의 광주지역본부 결성에 나섰다(한겨레신문 2013. 10. 25). 노년유니온은 세대별 노동조합으로서 노후소득 보장, 노인 일자리 확충, 의료보장 같은 노인복지 기반 확대에 힘쓸 계획이다.[33]

(3) 기초연금 권리보장

2014년 6월 10일 노년유니온·세상을바꾸는사회복지사모임·빈곤사회연대·내가만드는복지국가 등은 서울 종묘공원에서 '기초연금 권리보장 노인대회'를 열고, 개정된 기초연금법에 대한 비판을 제기했다(경향신문 2014. 6. 11). 개정법에 따르면 만 65세 이상 소득과 재산을 환산해 하위 70%에 해당하는 노인들에게 지급되는 연금은 현행 월 약 10만원에서 10만~20만원으로 확대되는데, 기초생활수급자는 연금을 더 받는 만큼 수급비를 덜 받도록 돼 있어 빈곤 노인들에겐 혜택이 그대로다.[34]

(4) 예술인 복지

문화예술인들이 창작만으로 먹고살기 힘든 위기에 몰려 있다. 예술인복지법 시행 1년이 되었지만, 예술인의 복지는 전혀 개선되지 않았다고 경향신문이 보도(2013. 10. 16)했다. 2011년 6월 장기투쟁 농성장, 집회현장에서 전업 영상활동가로 일하던 이상현씨가 스스로 목숨을 끊었다. 당시 이씨는 월세 35만원이 밀려 있었다. 죽기 얼마 전 "당장 먹을 쌀이 없다"는 글을 블로그에 올렸다. 2011년 6월에는 작가 최고은씨가 생활고 끝에 월세방에서 숨진 채로 발견됐다. 최씨의 죽음은 2011년 11월 일명 '최고은법'으로 불리는 예술인복지법 제정, 시행으로 이어졌다. 나도원 예술인소셜유니온 공동준비위원장은 "예술인복지법엔 고용보험이나 복지기금 활용 등 실질적인 지원 내용은 빠진 채 산재보험 적용만 있다"고 말했다. 문화체육관광부의 '2012 문화예술인실태조사' 결과를 보면, 월평균 수입 201만원 이상 비율은 2009년 20.2%에서 지난해 16.7%로 오히려 낮아졌다. 또 조사 대상자의 66.5%가 월 수입 100만원 이하로 나타났으며 50만원 이하도 25%나 됐다.[35]

05 _ 소액대출(마이크로 파이낸스)

〈한국 시민사회 조직사〉에서는 사회적경제의 일부인 사회연대은행, 신나는 조합 등의 소액대출 기관들의 창설과 성장에 대해 살펴보았다. 여기 〈한국 시민사회 생활사〉에서는 청년, 출소자 등 취약층의 창업 등 자조적 활동을 지원하는 사례들에 초점을 맞춰 본다.

(1) 사회연대은행의 선순환

서울 강남구 일원동에서 10평 남짓한 '행복을 파는 과일가게'를 운영하는 이준용(52)씨는 "실직과 사업 실패로 막노동을 하던 때였다. 사회연대은행에서 창업자금을 빌려준다는 광고를 본 것이 오늘의 터를 잡는 계기가 됐다"고 말했다(한겨레신문 2013. 6. 21). 강남구의 기부위탁을 받은 사회연대은행에서 대출을 받은 이씨는 2008년 11월 과일가게를 냈고, 지금은 하루 매출 300만~400만원, 연간 10억원에 이른다. 그는 개업한 지 1년 뒤부터는 날마다 첫 손님에게서 받은 판매금은 사회연대은행 쪽에 기부해 소액 자금의 선순환 구조를 창출하는데 기여한다.

(2) 청년은행 '토닥토닥조합'

2013년 2월 고용 불안과 학자금 대출 등에 허덕이는 청년들을 위한 품앗이 금융기관인 '토닥토닥협동조합'(토토협)이 출범했다. 토토협은 '워킹푸어'(일을 해도 계속 가난할 수밖에 없는 계층)로 전락한 청년들이 긴급한 생활비를 필요로 할 때 50만원 미만의 소액대출을 해주는 협동조합 형태의 대안 금융기관으로, '청년유니온' 출신 활동가들이 주도해 창립했다(한겨레신문 2013. 2. 25). 토토협은 다양한 활동을 통해 쌓은 신뢰를 담보로, 누구나 함께하는 상호부조 기구를 만들자는 모임이다. 금융부조는 일반대출과 긴급대출로 나뉘고, 다른 조합원들에게 교육·나눔 등 생활부조를 베풀어 일종의 마일리지인 '씨앗'을 일정 규모 이상 확보하면, 50만원 규모의 일반대출을 받을 수 있다.

(3) 출소자 지원 소액대출

세계적으로 소액대출이 유행하면서 국내에서도 사회연대은행, 신나는 조합 등 소액대출기관들이 설립되어 취약층 지원 사업을 하는데, 출소자들의 사회정착을 지원하는 소액대출은행에 주목해볼 만하다. 한겨레신문(2013. 8. 26)에 소개된 '강씨'는 세 차례의 전과가 있는데, 가난한 농부의 아들로 태어나 중학교 졸업 뒤 가죽 기술을 익혀 20대 중반부터 사업을 했지만 1997년 외환위기로 거래처가 줄도산, 어음 10억원을 막지 못해 처음 구치소 문턱을 넘었다. 2010년엔 5천만원 부도로 채권자 두 명에게 고소 당해 두 차례 더 감옥 신세를 졌다. 강씨는 구치소에서 '기쁨과희망은행'을 만나며 재기를 꿈꾸게 되었다. 강씨가 현재 서울 광진구에서 가방 제조업체를 운영할 수 있게 해준 기쁨과희망은행은 천주교 서울대교구가 2008년 설립한 마이크로크레디트(무담보 소액 대출) 기관이다.[36] 강씨처럼 지난 5년 동안 기쁨과희망은행에서 대출받은 출소자는 139명이다. 총 대출금 23억원, 1인당 평균 1,400만원꼴이다. 작은 액수지만, 사회로 돌아온 출소자들이 빈곤이란 또다른 감옥에서 벗어날 수 있는 종잣돈이 됐다. 특히 출소자란 낙인과 나이가 겹쳐 재취업이 어려운 중년층이 많은 도움을 받았다.

06 _ 공유경제와 크라우드펀딩

공유경제는 참여자들이 공동으로 경제적 이해를 추구하는 활동이지만, 시민사회의 시각에서는 경제적 이해보다 시민들 사이의 유대와 나눔과 신뢰 등 사회적 자본(social capital)의 가치를 생산하는 시민참여 활동이라는 점을 주목해 볼 만하다.

(1) 공유경제의 성장과 전망

위즈돔과 카셰어링 서비스 쏘카, 크라우드펀딩 플랫폼 텀블벅 등 국내 공유경제 기업에 투자한 소셜벤처 투자사 에스오피오오엔지의 임준우 이사는 "사회의 지속가능성과 공동체 활성화에 기여할 기업에 투자하는 것이 원칙"이라고 말했다. 그는 "공유경제 자체가 IT 기술 기반이기 때문에 젊은 세대가 주도하고 나이 든 세대의 참여율은 낮은데 최근에는 세대간 격차와 기술장벽을 줄일 수 있는 사업 아이디어도 나온다"며, "이들 아이디어가 실현되면 부모 세대의 풍부한 경험이 다음 세대의 기술적 플랫폼을 통해 사회에 공유될 것"이라고 전망했다(한국일보 2013. 6. 14).

(2) 카 세어링(나눔카)

카 세어링 쏘카는 제주에서 사업을 시작한 후 서울시 나눔카(카셰어링) 서비스 사업자로 선정돼 서울에서도 서비스를 개시하였다. 쏘카의 김지만 대표는 서울시는 대중교통 시스템이 잘 갖춰져 시민들이 반드시 자동차를 소유하지 않아도 되기 때문에 유사시에만 사용하는 공유 자동차에 대한 잠재 수요가 많다고 설명한다(한국일보 2013. 6. 14). 쏘카는 카셰어링을 통한 합리적 소비와 환경 문제 해결에 초점을 맞추고 있다. 서울에는 쏘카의 타깃인, 개인적 필요와 사회의 이득을 동시에 고려하는 젊고 현명한 소비자들이 많다는 점도 성공 전망 이유다. 사회적 가치를 내세우면서도 수익을 올리는 기업이 등장해야 공유경제가 반짝 유행으로 그치지 않고 규모가 지속가능한 수준에 이를 수 있다.

(3) 크라우드 펀딩

크라우드 펀딩(crowd funding)은 낯모르는 시민들이 십시일반으로 자금을 모아 빈곤퇴치, 병약자 의료사업 등 사회적·경제적 가치를 추구하기 위한 것이다. 한겨레신문(2013. 6. 21)에 실린 '희움 더 클래식'의 윤홍조 대표의 스토리를 통해 크라우드 펀딩의 영향력을 살펴볼 만하다. 그는 일본군 위안부 피해를 알리는 대구·경북지역 위안부 역사관 건립기금 모금을 위한 '데코레이션 페이퍼 북' 제작 기금 모으기가 300만원 목표에 1,083만원이 모인 결과에 놀랐다. 그는 "할머니들이 만든 압화로 포장지 책을 제작하려고 했는데, 시드머니(종잣돈)가 없어 소셜 펀딩을 하게 됐다. 제작비를 빼고 순이익금은 '정신대할머니와 함께하는 시민모임'에 보냈다"고 말했다. 재능교육 해고 노동자와 대학로 연극인들이 함께 만드는 단막극 페스티벌 '아름다운 동행' 프로젝트의 기금 모으기도 성공적으로 마쳤다.

이런 모금을 이끈 것은 크라우드펀딩 업체 오마이컴퍼니(ohmycompany. com)다. 오마이컴퍼니는 사회적기업이나 협동조합 등이 사회적 가치를 키울 수 있게 재원 조달을 뒷받침하자는 취지에서 2012년 9월 출범했다. 크라우드펀딩은 자금이 부족한 개인이나 벤처기업, 문화예술인이나 사회활동가 등이 자신의 프로젝트나 사업을 인터넷에 공개하고 대중으로부터 자금을 마련하는 방식이다.[37]

07 _ 착한 소비, 공정무역, 공정여행

시민들은 소비자로서 윤리적 소비행동을 통해 공정무역 제품을 구매하며, 또는 공정여행을 통해 다른 사람들과 도우며 나누는 유대의 관계를 맺는다. 시민사회단체 중심의 공정무역이 하나 둘 늘면서 전문 단체들이 출범하였고, 2008년 광우병 촛불집회를 계기로 생협 등을 통한 착한 소비가 크게 늘었다. 2007년 사회적기업법 시행, 2012년 협동조합법 시행 등 사회적경제의 지형이 크게 확장되면서 착한 소비, 공정무역, 공정여행에도 시민들의 자발적 참여가 늘고 있다. 시민들의 참여로 사회적경제가 시민사회에서 지평을 확장해가며, 시민사회의 새로운 패러다임을 제시하고 있는 것이다(주성수 2008, 2010, 2016).

(1) 착한 소비

생산자와 소비자의 직거래를 통해 안전하고 친환경적인 먹거리의 유통을 지향하는 생협은 소비자들의 자발적인 공동체이자, 윤리적 소비의 풀뿌리 현장으로 볼 수 있다. 조금 비싸고 번거롭더라도 환경과 건강을 해치지 않는 믿을 만한 제품을 사겠다는 생협 조합원들은 윤리적 소비자 그룹이라 할 수 있다. '광우병 위험 쇠고기'나 쌀 시장 개방, 한·미 자유무역협정(FTA) 등 사회적 이슈들에 대해 활발하게 목소리를 내고 있는 것이 그 예다.

'착한 소비'는 일상에서 다양하게 실천할 수 있다. 여성환경연대와 icoop생협연합회의 윤리적 소비 수칙들은 다양하다(경향신문 2008. 9. 8). 유전자변형식품

(GMO)을 먹지 않고, 생산자를 배려하는 공정무역 제품을 골라 쓴다. 공장식 축산시스템에서 대량의 곡물 사료로 사육된 소, 돼지, 닭고기를 먹는 것도 자제한다. 또 새 옷을 자꾸 사들이기보다 리폼 등 스타일 변형 서비스를 받고, 대형 할인점보다 가까운 동네 가게를 이용해 에너지 소비를 줄이고 불필요한 충동구매도 막다. 해외 여행도 대형 리조트·음식점 체인보다 현지인이 운영하는 숙소나 식당을 이용해 현지 주민에게 도움을 주는 '착한 여행자'가 될 수 있다. 윤리적 제품의 생산을 요구하고, 식품 안전과 관련된 각종 캠페인이나 학교 급식 감시단 등의 활동에 직접 참여한다. 생산자와 소비자의 직거래를 통해 친환경적이고 검증된 국내 농산물을 공급하는 생협에 참여하는 것도 소비자의 힘을 보여줄 수 있는 방법이다.

'윤리적 소비'로 명절 선물을 준비하는 이들이 늘고 있다. 실직 여성가장의 취업을 목적으로 간병사업을 하는 다솜이재단은 명절이면 사회적기업의 제품을 선물로 보낸다(한겨레신문 2010. 9. 7). 2007년 재단 출범 때부터 그 원칙을 지키고 있다. 공정무역 커피나 장애인의 자활을 위해 만들어진 사회적기업 위캔의 쿠키, 상주자활후견기관의 곶감 등이 다솜이재단의 선물 목록이다.[38]

(2) 공정 무역

2003년 한국에서 처음으로 공정무역을 시작한 '아름다운가게'는 네팔 공정무역 커피 '히말라야의 선물' 등을 판매하고, YMCA는 동티모르 공정무역 커피를 파는 커피숍 '카페 티모르'를 운영하고 있다. 두레생협은 2004년 필리핀 네그로스 섬에서 생산된 공정무역 설탕을 출시했고, icoop 생협은 콜롬비아 생산자로부터 사들인 커피와 초콜릿 등을 팔고 있다. 아름다운가게는 네팔에서 커피 1kg을 3.5달러에 구입, 여기에 농부 임금, 유기농 인증비, 물류비 등을 매출액의 일부를 떼어 지원한다는 것이다(동아일보 2008. 5. 7). 현지 농가들이 자생력을 가질 때까지 지원을 해준다는 설명이다.

공정무역을 추진하는 시민사회단체뿐 아니라 공정무역 전문기관들도 출범했다. 페어트레이드코리아는 의류, 장신구, 도자기, 차 등 120여 종의 공정무역 제품을 온라인에서 판매하기 시작한 데 이어 서울 안국동에 공정무역 전문 오프라인 매장 '그루'를 열었다. 공정무역에 대한 인지도가 높아지면서 거래 품목은 초기에는 커피, 설탕 정도에 머물렀지만, 이후 올리브유, 초코렛, 의류, 수공예품, 신발, 축구공 등 수십여 품목으로 늘어났다,

(3) 공정 여행

공정여행은 현지인의 삶과 문화를 존중하고, 내가 쓴 돈이 현지인들의 삶에 보탬이 되게 하고, 그곳의 환경과 자연을 지키는 여행으로, 착한 소비이자 '착한 여행'이다. 그러나 이를 여행지에서 지키는 건 쉬운 일이 아니다. 새로운 공정여행 비영리단체들이 많이 생겼고, 기존의 여행사들도 공정여행을 상품으로 내세울 정도로 붐을 이루고 있다. 청년벤처 '공감만세'는 대표적인 공정여행 전문 사회적기업이다. 공감만세는 매출의 90%를 지역사회에 환원하고, 이익의 10%를 환경단체에 기부하며, 원주민 10명을 직간접으로 고용하는 것을 원칙으로 한다(한겨레신문 2013. 4. 12). 이를 통해 10명이 함께 공정여행을 하면 소외계층 아이 1명에게 교육과 여행 기회를 주는데, 사업개시 3년 동안 공정여행에 동참한 이들은 3천여명, 이들의 여행 나눔과 교육 혜택을 본 현지 아이들은 300명에 이른다.[39]

08 _ 가습기살균제 피해

2011년 4월에 원인 모를 폐질환 환자가 급증한다는 사실이 처음 알려졌다. 가습기살균제를 사용한 피해자들의 고발로 원인이 밝혀졌음에도 정부는 소극적으로 대응해 2016년에 와서야 진상조사가 이루어져 살균제 제조사들에 대한

구속 등의 조치가 취해졌다.

(1) 가습기살균제로 인한 폐렴 발생

2011년 4월 원인 모를 폐질환 환자가 급증해, 서울아산병원은 질병본부에 조사를 의뢰한다. 8월 질병본부는 "가습기 살균제가 폐손상 유발 위험요인으로 추정된다"고 발표했고, 환경보건시민센터는 9월 13일 보고서를 통해 "원인 미상의 간질성 폐렴 등으로 사망한 영·유아가 수백여 명에 이르는데 상당수가 가습기 살균제를 쓴 것으로 파악된다"며 "정부는 영·유아 사망을 포함한 광범위한 피해 조사를 실시해야 한다"고 촉구하였다(경향신문 2011. 9. 13).

환경보건시민센터는 9월과 11월의 피해사례 8건과 50건을 공개하며, 11월 9일까지 영유아 17명과 소아 4명, 태아 1명, 산모 3명, 성인 3명 등 모두 28명이 가습기 살균제가 요인으로 추정되는 폐질환으로 숨졌다고 밝혔다(한국일보 2011. 11. 10). 2013년 4월에 피해사례가 15건 더 확인됐다.[40] 이로써 접수된 총 피해 신고는 374건(사망 116건)으로 늘어났다.

2016년 5월 19일, 피해자와가족모임, 환경보건시민센터는 2016년에만 사망자 41명을 포함한 566명의 추가 접수를 받았다고 밝혔다(경향신문 2016. 5. 19). 이들은 환경부가 2015년 12월 3차 피해자 신고를 마감한 뒤부터 민간 신고센터를 설치해 2016년 1월부터 피해 신고를 받았다.

(2) 가습시살균제 피해자 고발

2013년 8월 31일 가습기 살균제 피해자와 환경단체들이 8월 31일을 '가습기 살균제 피해자대회의 날'로 정해 행사를 열었다. 2014년 8월 31일에도 살균제 제조사들에 대해 재차 처벌을 촉구했다. 환경보건시민센터와 피해자·가족모임은 전국 대회를 열어, 가습기살균제를 제조·유통한 15개 업체를 고발했다.[41] 2015년 8월 31일 환경보건시민센터는 "가습기 살균제로 인해 국민이 피해를 입었다는 정부 역학조사가 발표된 지 4년이 흘렀지만 가해기업은 사과 한마디 없다"며, 가해기업에 대한 불매운동을 호소했다(경향신문 2015. 8. 31). 환경보건시민센터는 "530명의 폐 질환 환자와 142명의 사망자가 나왔는데도 아직 사과 한마디 없는 제조기업에 대해 사법당국은 형사처벌 해야 한다"고 주장했다. 전국적으로 가장 많은 피해자를 낸 옥시제품에 대한 불매운동이 진행되었다.

(3) 가습기살균제 피해, 정부책임

2012년 9월에 와서야 검찰이 수사에 본격 착수했다. 그 동안 정부는 가습기 살균제가 심각한 피해의 원인이라는 점을 인정하면서도 피해자에 대해서는 '나 몰라라' 하는 태도를 보여왔다(경향신문 2012. 9. 12). 피해 보상은 피해자와 제조사 간의 법적 소송을 통해 해결하라며 공을 검찰로 넘긴 것이다. 2012년 9월 환경보건시민센터와 피해자 모임이 확인한 가습기 살균제 피해 규모는 174건에 이른다. 안타까운 것은 피해가 20·30대 가정에 몰려 있고, 막대한 치료비 때문에 고통을 겪으며, 이로 인해 가정이 파탄지경에 처했다는 점이다.[42]

정부는 초동 조처부터 실패했다. 2006년 첫 어린이 사망자가 보고된 뒤 2007년 여러 대학병원 의료진이 관심을 촉구하는 등 비슷한 사례가 잇따랐지만 질병관리본부는 소관 탓만 하며 손을 놓고 있었다(한겨레신문 2016. 5. 16).[43] 2015년 5월 14일 서울중앙지검은 가습기제조업체 옥시레킷벤키저의 본사·연구소, 유통업체인 롯데마트 등 6곳을 압수수색했다. 검찰 압수수색은 가습기살균제 피해자 유족 등 110여명의 살균제 제조업체 고발 3년여 만이었다(국민일보 2015. 10. 17).

(4) 옥시 대표 구속

환경부에 따르면, 영국 회사 제품인 '옥시싹싹' 피해자가 사망 100명, 생존환자 303명으로 전체의 76%였다. 이러한 사실을 알고 피해자 유족들은 옥시싹싹 본사가 있는 런던 항의방문단을 꾸렸다. 2015년과 2016년 영국방문단은 옥시제품의 피해를 시위로 알리는 직접행동을 벌였다. 2017년 1월 6일 서울중앙지법은 구속기소된 신현우 전 옥시 대표에게 징역 7년을 선고했다. 신 전 대표 등은 가습기살균제 '옥시싹싹 뉴가습기 당번'을 제조·판매해 73명을 숨지게 하는 등 모두 181명의 피해자를 낸 혐의로 2016년 6월 재판에 넘겨졌다(한겨레신문 2017. 1. 6).

제 5 장

시민의
사회활동 참여

시민들은 시민사회단체를 통해 사회적 관계망을 구축해, 자발적으로 사회활동에 참여하며 이웃과 소통하고 유대하며 사회적 자본을 생산하는 참여자 역할을 한다. 자신이 거주하는 풀뿌리 생활공동체에서 이웃들과 더불어 나누며 공동체를 만들어가고, 또 어려운 형편에 처한 사람들은 서로 의지할 수 있는 자조모임을 통해 용기를 내고 희망을 찾아간다. 일본군 위안부 할머니들을 위로하고 일본의 역사왜곡에 저항하기 위한 '평화의 소녀상' 건립에도 시민들의 성금이 쓰여졌고, 또 다른 사례가 되는 동물보호운동도 시민들이 적극적인 참여자로 나섬으로써 가능해졌다. 2013년 대학생들의 '안녕들 하십니까?' 대자보 운동은 고교생, 주부, 직장인 등 각계각층이 참여하는 새로운 시민참여로 발전하면서 한국사회에도 많은 '비판적 시민'들이 사회문제들에 의식을 공유하며 행동하고 있다는 것을 발견할 수 있었다.

01 _ 단체참여와 관계망

(1) 단체참여 유형

한국인의 시민사회단체 활동은 친목사교단체가 80% 수준으로 높은 편이다. 다음으로 취미레저단체 참여는 최근까지 꾸준한 증가세를 보여주며 두 번

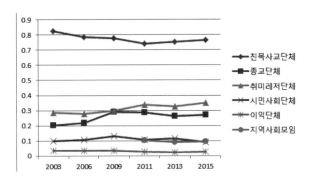

〈그림 4-1〉 한국인의 단체참여 활동 : 2004~2015

자료: 통계청 사회조사, 각 연도.

째로 높은 참여도를 보여준다. 시민사회단체 참여는 이익단체 참여보다는 높은 수준을 유지하지만, 2004~15년 기간에 10% 정도로 정체 상태를 보여준다.

(2) 이웃돕기

시민생활에서 이웃돕기는 사회 관계망에서 가장 많이 이뤄지는 활동이다. 조직을 통하지 않고도 사적으로 가까운 사람 사이에서 일상생활의 일부로 이뤄지는 활동이다. 세계 153국의 평균을 보면, 2014년 이웃돕기 참여율은 49%로 기부 32%, 자원봉사 21%를 크게 능가한다(주성수 2016). 개발도상국에서는 단체를 통한 공식적인 기부나 자원봉사가 발달되지 않았지만, 비공식적인 기부와 자원봉사에 해당되는 이웃돕기는 어느 사회, 문화권에서도 볼 수 있는 전통이다.

이웃돕기는 1999~2008년 기간의 조사 결과를 보면 점차 줄어드는 추세가 뚜렷하다. 사적 친분관계나 사회 관계망에 의존하는 이웃돕기 활동이 줄어들고, 기관이나 단체를 통해 이뤄지는 기부나 자원봉사 활동이 늘고 있는 동향을 엿볼 수 있다. 젊은층이 인터넷이나 SNS에 더 많은 시간을 보내며 가까운 사람들과의 직접 만남의 시간이 줄어드는 추세를 반영하는 것 같다. 이웃과의 서로 돕는 이웃사촌 정신도 점차 쇠퇴하고 있는 단면도 보여준다.

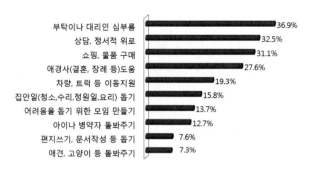

〈그림 4-2〉 한국인 이웃돕기 10가지 유형별 참여율

2014년 한국갤럽과 한국자원봉사문화가 공동조사한 전국조사 결과를 보면(주성수 2016), 한국인의 가장 일상적인 이웃돕기는 '부탁이나 심부름'이다. 지난 1년간 부탁이나 심부름으로 이웃돕기를 한 사람은 36.9%이다. 그 다음으로 '상담이나 정서적 위로', '쇼핑이나 물품구매' 돕기, '애경사 도움' 등이 이어졌다. 이웃돕기 10개 항목 모두가 비교적 저조한 성적을 보여주며, 이웃사촌이라는 말을 무색하게 만든다.

(3) 사회 관계망

사회 관계망은 이웃과의 소통, 친교, 상부상조 등의 나눔활동으로 볼 수 있다. 좁은 의미의 이웃돕기가 도움을 필요로 하는 이웃돕기에 해당된다면, 넓은 의미의 이웃돕기인 이웃끼리 서로 돕는 친교나 자조활동(self-help)이 늘고 있다는 것을 주목해볼 만하다. 가까운 이웃과의 나눔활동은 나눔문화의 일차적인 관계망을 형성하기 때문에 나눔문화의 기초 인프라가 된다.

한국인의 사회 관계망은 통계청의 2015년 자료를 보면, '사정으로 집안일을 부탁할 사람이 있다' 76.8%, '급히 많은 돈을 빌려줄 사람이 있다' 50%, '낙심이나 우울증으로 얘기할 상대가 있다' 82% 등으로 나타났는데, 2009년과 2011년 조사에서도 비슷한 결과를 보여준다. 연령이 적(많)을수록 사회 관계망이 강(약)

하고, 또 학력과 소득수준이 낮(높)을수록 사회적 관계망이 약(강)하게 나타났다. 집안일 부탁이나 얘기해줄 상대 측면에서는 연령, 학력과 소득 수준별 차이는 비교적 적지만, 특히 돈을 빌려줄 사람에서는 학력수준별 차이가 심하다.

02 _ 풀뿌리 생활공동체

시민들은 생활거주지를 중심으로 공동체운동을 주도하는 역할을 한다. 담장을 허무는 공동체운동부터 아파트 단지에도 주민들이 나누고 베푸는 공동체를 만들고, 서울시 등 전국의 시도, 시군구 지자체들도 마을공동체 지원사업에 적극 나서며 이제 민관 공조의 사업으로 발전되고 있다.

(1) 담장허물기 공동체운동

2000년 대구에서는 담장을 허물어 이웃과의 단절을 허무는 공동체운동이 있었다. 대구사랑운동시민회의는 담장 허물기사업 신청을 받았는데, 총 59곳 중 민간이 36곳을 신청해, 동사무소·경찰서·학교 등 공공부문을 앞질렀다. 민간부문에서 담장을 허물고 대신 작은 공원으로 꾸미겠다고 나선 곳은 주택과 아파트 8곳, 기업체·병원·가게 7곳, 유치원 8곳 등이다. 시예산 3백만원이 지원되고 담장 철거에 따른 폐기물을 처리해 주고 조경전문가들의 자문 등이 있었다.[44] 2016년까지도 전국적으로 담장허물기 운동은 계속되었다. 골목길 주차공간 확보 등에 소요되는 비용을 구청에서 지원하며 민관 공조의 공동체운동으로 발전하고 있다.

(2) 아파트공동체운동

1992년 10월 서울 노원구 노원구민회관에서는 노원구와 도봉구 일대 아파트 주민들이 결성한 '아파트 주거생활을 연구하고 개선하는 시민모임' 창립대회가 열렸다. 이 모임은 아파트 관리와 하자 보수 등을 둘러싸고 갈등도 적지 않아 주민들이 생활문제를 함께 해결해보자는 뜻에서 결성됐다(한겨레신문 1992. 11. 1).

1993년 광주YMCA가 처음으로 개설한 '아파트학교'가 이듬해에는 YMCA 일부 지회들로 확대되어, 의정부Y와 안산Y에서도 '시민아파트학교' 강좌를 진행하였다(동아일보 1994. 11. 11). 아파트학교에서 강의를 받은 주민들은 자연스럽게 조직을 만들어 입주자들의 공동체운동을 펴게 된 것이다.

1994년 최초의 지자제 선거 등 지방정치의 활성화로 주민운동이 발전했다. 이로써 주민들의 활발한 참여와 다양하고 자생적인 주민조직의 구성 및 활성화로 지역 공동체운동은 새로운 원동력을 얻었다.[45] 중앙이나 지방정부의 정책 홍보공간이던 반상회의 체질을 발전적으로 바꿔 마을 조경문제, 쓰레기 줄이기, 어린이 보호운동, 아파트 부실공사 바로잡기 등 쾌적한 주거환경을 조성해가는 주민조직으로 만든 마을도 곳곳에서 나타났다.

1995년 고양시민회는 서명운동을 통한 입석버스 증차, 택시요금 미터제 정착의 성과를 거둔 후, 1996년부터는 밭을 마련해 주말농장을 운영해왔다(한국일보 1997. 2. 26). 1997년 일산, 분당, 평촌, 산본, 중동 등 신도시촌은 서울의 베드타운에서 벗어나 새로운 아파트공동체 운동으로 변모하였다.

1998년 참여연대도 아파트공동체운동에 착수해, 아파트 주민들이 주체적으로 주민회를 꾸려 관리비 문제, 일조권 문제 등 생활 속의 작은 권리를 지키는데 자발적으로 참여하는 운동을 지원하고 나섰다(한겨레신문 1998. 2. 25). 2016년까지 아파트공동체운동이 확산되면서 마을공동체 운동의 하나로 지자체와 시민사회단체들이 공조하는 전국적 운동으로 발전하였다.

(3) 성미산 생활공동체와 서울시 마을공동체

서울시 마포구 성산동 성미산에 서울시가 배수지 건설을 추진하자 주민들이 산을 지켜내는 과정에서 성미산마을을 만들었다. 2001년 산 아래 성미길에서 산지키기에 자발적으로 참여한 사람들이 모여 마을축제를 열고, 협력의 가치를 아는 주민들의 참여와 출자로 형성된 생활공동체가 생겼다(한국일보 2009. 5. 6). 마을 생활공동체의 중심에 있는 마포두레생협은 친환경 생활재를 공급하는데, 3천여 명의 조합원이 가입되어 2008년부터 이익을 내기 시작했다. 학부모들이 직접 나서 대안학교인 성미산학교를 세워, 147명의 학생이 자연친화적 삶을 배우고 있다. 또 성미산어린이집은 4-7세 대상의 공동육아기관으로, 27가구의 부모가 출자금을 내어 운영하고 있다. 또 주부들이 출자해 만든 반찬가게 '동네부엌'은 먹거리 안전을 지키며, 명절과 집들이에 필요한 음식을 주문받는다. 안입는 옷 등을 '되살림가게'에 내놓으면 판매 액의 반은 기증하고 반은 지역화폐인 '두루'로 받는다. 성미산공동체는 지난 20년간 공동육아→대안학교→마을기업으로 확장해왔다. 공동체 가치관을 공유하는 주민들이 능동적으로 참여하는 새로운 형태의 '도시 마을'을 만들어낸 것이다(경향신문 2014. 9. 5).[46]

마을만들기 운동은 민간 주도에서 민관의 공조형으로 발전하였다. 2012년 서울시는 성미산 마을공동체를 모델로 하여 서울시 마을공동체 사업을 추진하였다. 풀뿌리 지역단체들은 임대아파트 단지, 저층 주택지 등에서 주민 네트워크를 만드는 데 중점을 두고 마을만들기 사업에 나섰다(한겨레신문 2012. 1. 21). 실제로 마을만들기는 전국적인 운동이 되었다. 농촌에서는 특산물과 경관, 체험을 곁들여 도시민들을 끌어들이는 관광형 마을만들기가 유행했다.

(4) 품앗이 육아공동체

2001년 3월 서울 동대문구 답십리동에 사는 한 주부가 육아에 어려움을 느끼는 어머니들에게 '품앗이 육아팀'을 만들자는 제안을 인터넷에 올렸다. 2살, 4살아이를 기르면서 느낀 주부의 제안에 같은 처지의 어머니들이 호응하며 2년여 만에 품앗이팀은 6개로 늘었다(한겨레신문 2007. 3. 24). 2004년에는 어린이도서관인 '꿈틀도서관'을 만드는 등 아이들의 교육 환경을 바꾸는 사업도 시작했고, 2005년 9월부터는 초등학교 교과서를 연구하는 모임까지 꾸렸다. 2007년 회원 40여 명에 이르는 '동대문구 품앗이 공동체'도 풀뿌리 시민운동의 대표적인 사례이다. 품앗이 육아, 공동육아 등은 이제 전국적으로 수백개에 이르는 조직으로 발전해 주부들이 직접 보육과 육아에 참여하는 자치형 육아 공동체가 되었다.

(5) 취약층의 협동조합

2012년 12월 1일 협동조합기본법이 시행되면서 5명 이상이면 협동조합을 설립할 수 있게 되었다. 전국 광역자치단체에 한 달간 접수된 협동조합 설립 신고 중에는 사회적 약자들이 자신의 권익 보호를 위해 만들겠다는 협동조합이 적지 않았다(한겨레신문 2013. 1. 1). '대리운전협동조합'은 업체 쪽이 지나친 콜수수료, 부당한 벌금을 물리고 보험료를 떠넘기는 등의 문제를 해결하겠다며 대리운전기사들이 만들었다. '지구촌협동조합'은 서울 구로지역 이주노동자들이 식당과 인력중개소를 운영하여, 단돈 1,000원으로 아침 식사를 해결해 주고, 직업교육과 인력파견 사업을 펼친다. 광주 광산구 청소대행업체에서 일하는 이들이 만든 '클린광산', 광주 서구 청소자활기업에서 근무하는 이들의 '청소박사'도 스스로의 힘으로 일어서려는 협동조합이었다. 다문화 가정의 이주자들과 자녀들을 위한 '다문화협동조합'이 대전, 충남 금산·논산, 전북 남원, 전남 목포 등지에서 출범했다. 금산군 다문화협동조합은 아빠들의 다문화 자조모임이 모태인데, 이들은 봉사대도 만들고, 텃밭을 지어 수익을 내는 사업도 시도했다.

(6) 걷고 싶은 서울 거리

서울의 걷고 싶은 거리가 시민단체들과 시민들의 참여로 가능해졌다. 서울시NPO지원센터의 임팩트 스토리 중 '걷고 싶은 도시'편을 참고해볼 만하다.[47]

빠른 도시화는 사람보다 자동차를 우선했다. 인도도 없는 이면도로가 많았고, 계단이 많아 이동하기 힘들었던 육교도 많았다. 이런 문제의 해결에 나선 것은 시민들과 시민단체들이었다. 경복궁을 시작으로 광화문광장, 덕수궁, 시청광장을 지나 숭례문까지 이어지는 서울의 역사 길을 잇는 광화문 거리에 횡단보도를 설치한 것은 시민과 단체들의 공익활동의 결과였다. 시민들의 온·오프라인 캠페인, 언론 보도 활동, 서울시청·서울지방경찰청 등과의 거버넌스, 서울시 보행조례 제정 운동 등으로 1999년 마침내 광화문 거리에 횡단보도가 설치되었다. 이어 예술의 전당 앞 사거리에도 횡단보도가 설치되었으며, 2004년 시청 광장은 시민들의 품으로 돌아왔다.

03 _ 자조모임

시민들의 일상생활에서 이뤄지는 소규모의 자발적 모임이 자조모임(self-help group)이다. 희귀 난치병을 갖고 있는 환자들이나 가족들이 만든 환자자조모임같이 어려움에 처한 사람들이 서로 나누면서 그 어려움을 이겨가는 다짐과 희망의 모임이 만들어지고 있다. 또 다문화가정의 자조모임처럼 새로운 삶에 적응하기 위해 서로 배우며 가르쳐주고 의지하기 위한 목적의 자조모임도 점차 활성화되고 있다.

(1) 환자자조모임

환자자조모임은 자조모임 가운데 가장 활발한, 가장 오래된 유형이다. 치료가 어려운 암과 희귀 난치성 질환을 갖고 있는 환자들과 가족들이 서로 정보를 공유하고 고민을 나누며 유대하는 자조모임이 늘고 있다. 2001년 6월에 결성된 '한국 희귀 난치성 질병연합회'에 가입돼 있는 모임은 2006년 현재 '한국작은키모임', '다발성근육염환우회', '크론사랑가족회' 등 총 57개에 이른다(국민일보

2006. 3. 27). 희귀 난치성 질환자들이나 가족들은 병에 대한 정보가 크게 부족해 진단과 치료에 어려움을 겪고 있는 동시에 일부 희귀 난치성 질환은 의료보험 적용대상에서 제외돼는 경우가 많아 비싼 병원비와 약값 등으로 경제적으로도 곤란을 겪고 있는 형편이다.

기스트 환우 모임(cafe.daum.net/GIST), 루푸스를 이기는 사람들, 한국혈액암 협회 등 희귀난치성 질환 모임들도 다양하다.[48] 우리나라 여성 암 중에서 수위 를 차지하는 유방암 환우회 모임도 활발하다. 국립암센터 자조모임은 영화감독 의 재능기부로 환우 멜로영화의 한 장면을 만들어 환우들에게 스스로를 응원하 고 삶의 반경을 넓히는 기회를 갖기도 했다(국민일보 2013. 10. 7). 또 한국유방암 환우회 합창단 대표(이병림)는 암을 가슴에 품고 히말라야를 올랐던 용기와 희 망을 전해주었다(동아일보 2013. 9. 26).[49]

(2) 자살방지와 심리치료 자조모임

보건복지부의 2011년 정신질환실태 역학조사에 따르면, 우리나라 성인의 15.6%는 평생 한 번 이상 자살을 심각하게 생각했다고 한다. 자살자가 발생하 면 그 가족 등 평균 6명 정도가 우울증이나 외상 후 스트레스 장애(PTSD)를 겪 으며 그 고통받게 되면서 자살 가능성이 높은 위험군으로 자살자 가족들의 자 조모임이 필요한 이유이다. 2010년부터 가족의 자살을 경험한 사람들을 위한 인터넷 카페('미안하다 고맙다 사랑한다')가 활동을 시작했다. 2013년 회원 990명 으로 성장한 카페의 대표는 "온라인이든 오프라인이든 같은 경험을 한 이들의 '자조모임'에 참여하는 것만으로도 약물치료와 동등한 효과를 얻을 수 있다"고 강조했다(국민일보 2013. 9. 10).

한편 세월호 참사와 같은 사회공포증을 경험한 사람들에게 가장 문제가 되 는 것이 고립감과 소외감이다. 심리상담가 박대령씨는 그나마 국민들이 같이 공감하고 분노하는 목소리를 내주었기 때문에 세월호 유가족들에게 적지 않은 치유의 도움이었을 것이라고 설명한다(경향신문 2015. 4. 21). 박씨는 2007년부터 사회공포증, 회피성 성격장애로 고통받는 사람들을 위한 자조모임 〈이미 아름다운 당신〉을 다음(daum)에 개설했다.

(3) 다문화 자조모임

이주자 다문화 가정이 늘면서 자신들 사이의 유대와 사회활동을 위한 관계망으로 자조모임들이 활성화되고 있다. 2012년 여성가족부 주관으로 통계청이 실시한 결혼이민자와 귀화자 28만 3,224명을 대상으로 조사한 결과를 보면, 모국인끼리의 자조모임에 참여한 경험이 있는 사람들이 52.7%로 나타났다.[50]

자조모임은 한국 사회 적응에 필요한 언어, 음식, 건강, 자녀 보육과 교육 등 다양한 문제에 걸쳐 정보와 지식을 주고받으며 나누고 베푸는 활동이 주된 활동이 된다. 서울시의 경우, 결혼이민자의 조기 사회적응을 돕도록 연간 100만 원의 활동비를 지원하는데, 최소 8명 이상의 결혼이민자로 구성된 모임으로 월 2회 활동을 하면 지원대상이 된다(아시아투데이 2015. 1. 25). 2014년에는 서울시에 25개의 자조모임이 자기역량개발, 가족관계 향상, 봉사활동, 정보교류 등의 분야에서 활동하고 있다.

이주자들이 능동적인 참여자 또는 기부자로 나서는 자조모임들도 활성화되고 있다. 8개국 출신 이민자와 가족 500여 명이 활동하는 이주자 자조모임 '다우회'는 2007년부터 매년 바자회와 일일찻집을 열어 수익금을 기부한다(동아일보 2013. 10. 21). 초창기 회원들은 남편으로부터 "한국말도 잘 못하면서 왜 나가서 돌아다니느냐"는 핀잔을 들었다는데, 바자회가 정성껏 운영되는 것을 지켜본 남편들도 동참해 이제는 매달 특수학교에 가서 김밥을 만드는 봉사활동도 한다.

또 협동조합운동이 활성화되면서 다문화 자조모임들이 협동조합으로 발전되는 변화가 일어나고 있다. 2013년에 설립된 경기다문화협동조합은 2010년 경기 부천시에 사는 다문화가정 남편들의 모임인 '부천다모'라는 자조모임에서 출발하여, 회원들은 가정에 어려움이 있을 때마다 서로 멘티와 멘토를 지정해 상담을 했다(동아일보 2013. 10. 21). 2012년 베트남·필리핀·중국·일본 등에서 배우자를 맞이한 남편들이 모여 '금산군 다문화 협동조합'을 꾸렸다. 이 조합은 조합원 14명, 자본금 1천만원으로 깻잎 농사와 인삼 가공·유통 사업을 개시하였다.[51]

남성 이민자의 아내들도 활발히 활동하고 있다. 파키스탄 출신 남편을 둔 정혜실 씨는 '국경을 넘는 아시아 여성들의 모임'이라는 뜻의 '터(TAW) 네트워크'의 대표를 맡고 있다. 이들은 정책을 제안하거나 파키스탄 공용어 등 외국어를 배운다. 정 씨는 "자조모임이 고민을 나누고 축제에만 참여하는 거라면 발전이 없다. 차별금지법을 제정하는 등 정책을 바꾸는 일에 더 활발하게 참여하겠다"고 말했다.

(4) 보육과 부모 자조모임

아동 보육을 위한 부모 자조모임 또한 다양한 형태로 활성화되고 있다. 정부의 보육지원 정책이 자조모임 조직에 상당한 도움을 주었다. 2013년 서울시는 '우리동네 보육반장' 사업을 통해 2년 만에 250개의 부모자조모임을 결성하는 등 초보 엄마들의 보육지원에 후원자 역할을 한다. 또 좋은 부모 자격증반 교육은 매년 9주 과정으로, 상·하반기로 나눠 올바른 부모의 역할에 대한 교육을 실시한다. 부모들은 교육수료 후에도 자기계발과 육아정보 교류를 위해 자발적으로 월 2회 자조모임을 이어간다. 육아사랑방 모임은 책읽기 모임 등 7개 소모임으로 구성돼 자율적으로 운영되며, 육아부모 사이의 정보공유와 책읽기, 육아용품 만들기를 위한 수시모임을 갖는다.

(5) 취약여성 자조모임

미혼모, 성매매여성 등 취약여성들도 자조모임을 만들었다. 2009년 미혼모들의 자조모임인 미혼모가족협회가 만들어졌다. 미혼모 정책을 제안하고 인식을 개선하기 위한 활동을 벌여왔다(한겨레신문 2013. 12. 10). 대한사회복지회는 미혼모들의 아이 양육에 도움을 주기 위해 유리드믹스(음악놀이), 언어발달 프로그램을 진행하고 있다. 한부모센터는 한 달에 한 번씩 미혼모들의 자조모임을 열고 있고, 애란원 알뜰장터에서는 기증받은 장난감과 양육용 물품을 싸게 구입할 수 있다

사별, 이혼, 별거, 미혼모 등 남편 없이 자녀를 양육하는 싱글맘들의 자조모임 다비다자매회도 설립되었다. 1994년에 창립된 이 모임은 싱글맘들을 위한 자조모임 공동체다(국민일보 2013. 1. 18). 싱글맘들은 친구들을 만나 세상으로 나와 홀로서기를 할 수 있는 힘을 얻을 수 있다고 한다. 성매매 피해자 지원, 상담 치유 등 다양한 활동을 펼쳐 온 국내 최초의 성매매 여성들의 쉼터 '막달레나공동체'는 2015년 설립 30주년을 맞았다. 막달레나공동체는 1985년 서울 용산 성매매 집결지 근처에 '막달레나의 집'을 열면서 시작됐다(세계일보 2015. 7. 21).[52]

04 _ 문화예술인의 참여

연예인 등 문화예술인들이 시민사회 활동에 참여하는 것은 오래되었다. 민감한 정치 이슈 등에 대해 자신들의 의견을 서슴없이 피력하거나 동참해 호흡을 같이 하고 비판의 목소리를 내는 인물들도 있고, 영화인과 연예인들은 동물보호운동에도 참여하고 있다.

(1) 총선시민연대와 소설가 이문열

소설가 이문열 씨는 2000년 총선시민연대의 낙선운동을 두고 '홍위병식 운동'이라 비판하고 나섰다. 독자들이 책을 불태우고 반납하겠다며 비판하자, 이씨는 2001년 7월 동아일보에 기고한 '홍위병을 떠올리는 이유'라는 시론에서

자신의 책을 반납하겠다는 독자들을 가리켜 중국 문화혁명을 주도했던 홍위병을 섬뜩하게 떠올리게 한다고 하여 또 한 차례 논쟁을 일으켰다(한겨레신문 2001. 7. 10). 이씨는 2003년 문화일보 인터뷰에서 "작가로서 나의 본령은 소설을 쓰는 것이지만 '공인'으로서의 대사회적 발언도 멈추지 않을 것"이라 밝혔다(문화일보 2003. 2. 4).

(2) 소파(SOFA) 개정 작은 촛불 김미화와 남희석

개그맨 김미화와 남희석은 한·미 주둔군지위협정(SOFA) 개정 목소리에 힘을 보탰다. 김미화는 녹색연합 등의 시민단체 홍보대사로 활동하며 거리에서, 남희석은 전투경찰의 과잉진압 부당성을 호소하는 글을 팬클럽 홈페이지에 올리면서 잔잔한 화제를 불러 일으켰다(한겨레신문 2003. 1. 1). 김미화씨는 2002년 미선과 효순의 미군 장갑차 사망 촛불시위 당시 129명에 달하는 연예인의 지지성명을 받아내고 문화예술인 집회를 따로 조직해내는 준운동가적 면모를 보였다(문화일보 2003. 3. 3). 참여연대 회원으로 가입했고, 녹색연합에서는 홍보대사로 활동했다. 총선연대에도 참여했고, 2016년 대통령퇴진 광화문 촛불집회에서 사회를 맡기도 했다.

(3) 최민식, 박경림, 윤도현 밴드, 김장훈, 김진표

문화일보(2003. 3. 3)는 시민운동에 가장 열성적인 연예인으로는 개그우먼 김미화·박경림, 영화배우 최민식, 가수 윤도현 등을 꼽았다. 최민식씨는 환경운동연합 회원으로 활동하면서 1999~2000년 '동강살리기' 운동을 펼쳤고, 회원가입 홍보광고에도 무료로 출연했으며, 반핵운동에 높은 관심을 보였다. 환경운동연합에는 탤런트 유인촌, 박순천, MC 정은아, 축구선수 홍명보가 홍보대사 및 회원으로 활동했다. 윤도현 밴드는 '노래하는 골수 시민운동가'로 알려졌는데, 사회비판적 발언에 적극 나섰고, 월드컵 거리응원, 2002년 촛불시위의 열기를 끌어낸 주역이기도 했다. 박경림씨는 '아름다운 재단' 홍보대사로, 박씨와 함께 동덕여대 방송연예과에 재학중인 탤런트 박진희·이의정씨 등으로 구성된 '디타스'도 단체로 '아름다운 재단'을 돕고 있다. 개그맨 남희석, 컬트3형제, 영화배우 정찬, 권해효, 가수 권진원, 이은미, 이정렬, 김윤아(자우림), 양희은씨도 시민운동단체의 후원군으로 알려져 있다. '노사모'의 문성근, 명계남씨의 시민운동권과의 인연은 아주 오래다. 또 한국여성단체연합 후원회장인 패티김과 이상은, 페미니스트가수 지현 등이 활동하고 있으며, 참여연대의 '연예인과 시민운동' 장기기획에는 10대의 우상이던 HOT 등이 표지모델로 나섰다.

김장훈만큼 사회활동에 열심인 가수도 없다. 그는 그 동안 독도지킴이 활동, 태안 기름유출 사건 당시 기름때 제거작업, 중국 사막화방지 사업, 보육시설 후원 등 각종 봉사활동에 앞장 서 왔다. 정부는 김장훈씨의 활동을 인정해 2013년 국민훈장 동백장을 수여했다(세계일보 2013. 2. 15).

영화계에서도 임순례 감독처럼 동물보호단체(카라) 대표를 맡거나 김진표 감독처럼 사회운동을 불지피며 상업영화의 힘을 보여주는 인물들도 적지 않다. 한국 상업영화들은 논란 속에 있는 사회 문제를 과감하게 스크린 속에 끌어들이면서 여론을 주도했다. 2007년 박진표 감독의 〈그놈 목소리〉를 만든 영화사 '집'은 영화 홍보 단계에서부터 '전국 미아·실종가족 찾기 시민의 모임' 등과 함께 반인륜적 범죄에 대한 공소시효 폐지와 그 소급 적용을 위한 서명운동을 벌였다.[53]

(4) 대학등록금 투쟁의 김제동, 정혜신, 김여진

2011년 대학등록금 투쟁에 대해 '개념 발언'으로 연예인 김제동, 정혜신 등은 '대학생 지지'로 호응하자 등록금 투쟁의 열기가 가열되었다. 경향신문의 보도(2011. 6. 9)에 따르면, 방송인 김제동씨는 "반값 등록금 투쟁, 연애하듯이 하세요", 정신과 전문의 정혜신씨는 "경찰의 폭력 행사 안됩니다. 폭력에 노출된 사람은 심리적으로 방사능에 피폭된 사람과 같아요", 배우 김여진씨는 "대학에 묻겠습니다. 기업입니까, 대학입니까, 사채업자입니까. 등록금 받아 부동산 투기하고 있습니까"라며 비판하였다.

(5) 2016년 대통령 퇴진 촛불집회

2016년 11월 12일 촛불집회에서 방송인 김제동은 만민공동회를 진행하면서 '정치는 삼류, 국민은 일류'라 말했다. 크라잉넛도 '모이자! 분노하자! # 내려와라 박근혜 3차 범국민행동' 문화제 무대에 올라 자신들도 이번 사태의 '피해자'라고 밝혔다. 또 같은 무대에 오른 가수 이승환은 자신을 '문화계 블랙리스트'라고 소개하며, 자신의 히트곡인 〈덩크슛〉가사 일부를 '하야하라 박근혜'라고 바꿔 불러 열띤 호응을 얻었다. 이승환은 앞서 전인권, 이효리와 함께 부른 '길가에 버려지다'란 곡을 인터넷을 통해 무료 배포하기도 했다.

11월 19일 광화문 촛불집회에 나선 전인권은 '행진', '걱정 말아요 그대', '상록수' 등과 애국가를 부르며 국민들을 응원했고, "세계에서 가장 폼나는 촛불시위가 되게 하자"라고 외쳤다. 소셜테이너로 유명한 '천만 배우' 유아인도 마스크를 쓰고 참석했고, 개그맨 김대범은 집회 참가자들에게 전자촛불과 핫팩을 제공했고, 배우 이준은 자신의 인스타그램에 '4차 범국민행동 촛불집회' 참여 인증사진을 올렸다. 가수 김장훈은 12월 3일 집회에 참여해 시민들과 함께 청와대로 행진하며, "대통령 스스로가 질서를 다 어그러뜨렸는데, 어떻게 질서 있는 퇴진이 가능하겠는가"라며 즉각 퇴진을 외쳤다.

그러나 소설가 이문열은 남달랐다. 그는 신문 컬럼을 통해 "100만이 나왔다고, 4,500만 중에 3%가 한군데 모여 있다고, 추운 겨울밤에 밤새 몰려다녔다고 바로 탄핵이나 하야가 '국민의 뜻'이라고 대치할 수 있느냐"며, "심하게는 그 촛불 시위의 정연한 질서와 일사불란한 통제 상태에서 '아리랑 축전'에서와 같은 거대한 집단 체조의 분위기까지 느껴지더라는 사람도 있었다"고 비꼬았다(조선일보 2016. 12. 2).

05 _ 동물보호와 동물복지

개와 고양이 등 애완동물을 키우는 사람들이 늘어나면서 동물보호단체들도 점차 늘었다. 여기에 참여하는 시민들은 동물학대 반대 주창활동, 길고양이 밥주기 등의 다양한 활동에 자발적으로 참여하고 있다.

(1) 동물보호단체 참여

동물연대, 한국동물보호연합, 카라, 생명체학대방지연합, 동물학대방지포럼, 지구사랑 VEGA 등이 그들이다. 동물의 권리, 보편적 생명의 권리가 무참하게 짓밟히는 사회에서 동물권을 옹호하는 시민들의 단체가 늘고 있는 것은 자연스러운 일이다. 영화 〈와이키키 브라더스〉, 〈우리 생애 최고의 순간(우생순)〉 등의 영화를 연출한 임순례 감독이 동물보호단체 카라와 인연을 맺게 된 것은 우연이었다(경향신문 2011. 5. 24). 그는 2004년 백구 한 마리를 잃고, 동네방네 벽보를 붙이고, 인터넷에도 광고를 띄웠다. 어느 날 한 네티즌이 비슷한 개를 본 것 같다는 얘기를 듣고 만나, 두 사람이 단합해 찾았는데도 결국 백구는 찾지 못했다. 네티즌은 인터넷 동호인 커뮤니티 '아름품'의 열렬 회원이었고, 임순례는 그의 권유의 따라 그 단체의 명예이사가 됐다. '아름품'은 2006년 사단법인 '카라'(Korea Animal Rights Advocates)가 됐다.

2006년 경기도 남양주시 수동면 운수리 마석 동물보호소에서는 유기동물을 위한 뜻깊은 행사가 열렸다. '카라'가 의료봉사대·미용봉사대 발대식을 갖고 유기동물의 중성화수술, 피부치료, 미용 등 본격적이고 체계적인 활동에 첫발을 내디었다. 이 날 행사에는 평소 유기동물 보호에 관심을 보여온 배우 채시라·가수 김태욱 부부 등 유명인들이 참가해 회원들과 함께 봉사활동을 펼쳤다.

2009년 말 카라는 만화가 박재동 화백의 판화전을 가졌다. 박 화백이 직접 작품 구매자들에게 캐리커쳐를 그려주었고, 영화배우 문소리, 엄태웅, 노회찬 진보신당 대표 등이 반려견 또는 입양이 필요한 강아지와 함께 '일일 큐레이터'로 활동하였다(한겨레신문 2009. 12. 21). 2011년에는 배우 안성기와 가수 김완선, 이현우가 동물보호 기금 마련을 위한 전시회에 화가로 참여했다. 이효리와 이상순은 이미 알고 지낸 사이였지만 유기동물을 돕기 위한 노래를 작업하면서 연인으로 발전한 것으로 알려졌다. 소속사는 "두 사람 모두 동물보호 단체인 '카라'의 회원이기도 하다"고 밝혔다(한국일보 2011. 11. 29).

2015년 반려동물을 키우는 사람들이 서울 마포구 성산동 2층 주택 건물에 '우리동물병원생명협동조합'을 열었다. 협동조합 형태로 만든 최초의 동물병원으로, 조합원 960명과 이들이 키우는 '동물 조합원' 1,700마리가 주인이라고 했다(한겨레신문 2015. 6. 17).

(2) 돌고래 제돌이, 삼팔이, 춘삼이, 복순이, 태산이

제주 앞바다에서 불법 포획돼 공연에 동원됐던 서울대공원 동물원의 남방큰돌고래 '제돌이'가 2013년 5월 11일 제주 바다로 돌아갔다. 제돌이의 수송 비용 3,200만원은 '동물자유연대'와 동물보호단체 '카라' 등이 시민성금으로 모금한 것이다. 또 2015년 5월 14일에는 제돌이·삼팔이·춘삼이에 이어 서울대공원에 있던 돌고래 복순이와 태산이도 추가로 제주 앞바다로 돌아갔다(한겨레신문 2015. 5. 12).

(3) 동물공원의 동물학대

2013년 8월 동물보호단체 '동물을 위한 행동'이 서울대공원, 어린이대공원, 에버랜드 동물원, 테마동물원 쥬쥬 등을 현장조사한 결과, 동물들이 신체적·정신적으로 정상적인 행동을 할 수 있도록 충분한 공간과 환경을 동물원에서 제공하지 않고 있다고 지적했다(한겨레신문 2013. 8. 3). 어린이대공원 동물원에는 사자나 벵골호랑이, 반달가슴곰이 몸을 숨길 공간을 찾지 못해 뱅뱅 돈다. 서울 대공원 동물원에서 홍학 쇼를 하는 홍학들은 날개가 잘려 날지 못한다. 경기도 고양의 사설 테마동물원 쥬쥬의 원숭이 사육장 면적은 2평도 채 되지 않고, 무리를 이뤄 사는 영장류인 오랑우탄에겐 가족이 없다.[54]

(4) 길고양이와 캣맘

2012년 개정된 동물보호법 시행규칙에는 길고양이를 "도심지나 주택가에서 자연적으로 번식해 자생적으로 살아가는 고양이"이자, "개체 수 조절을 위해 중성화하여 포획 장소에 방사하는 조치 대상"으로 규정했다(한겨레신문 2013. 6. 15).[55]

정부 담당자와 전문가들은 서울시 강동구의 '길고양이 급식소' 실험을 하나의 대안으로 본다. 캣맘이 정기적으로 먹이를 주면 몇 가지 이점이 있다. 200명 안팎이 활동하는 고양시캣맘협의회는 동네에서 밥을 주며, 중성화 대상 고양이 선정과 방사 등에 관여한다. 강동구 캣맘들도 모여 '길고양이 급식소'를 만들었다. 10년째 길고양이에게 밥을 줘온 것으로 알려진 만화가 강풀은 밥그릇 제작비용 1,000만원을 기부하고 길고양이 급식소에 관한 만화도 그리며 '캣대디'를 자처했다(한국일보 2013. 5. 18).

그런데 서울시 전역에서 길고양이 수가 늘어나자 혐오 민원과 애호 민원이 번갈아 구청에 쏟아졌다. 고양이가 무리지어 다니며 밤마다 싸우는 소리에 시달리다 민원을 제기하거나 몰래 밥을 주는 캣맘을 신고했다. 반면 길고양이 잡는 포획자를 신고하거나 급식소 설치를 요구하는 캣맘들의 민원도 적지 않았다.

06 _ 평화의 소녀상 건립

일본군 종군 위안부를 지낸 김학순 할머니가 1991년 8월 14일 한국여성단체연합 사무실에서 종군 위안부 생활을 강요받았던 자신의 참담한 과거를 폭로하면서 위반부 진실규명운동이 수요집회를 비롯한 시민사회운동으로 전개되었다. 2011년 일본 대사관 앞에 '평화의 소녀상'이 세워졌고, 2013년에는 미국과 캐나다에서도 소녀상을 볼 수 있었다. 2015년 70주년 광복절을 맞아 전국 시도에 시민들의 성금으로 다양한 모습의 소녀상이 세워지면서 일본 아베 정권의 역사 왜곡에 저항하는 시민참여 운동이 지속되었다.

'평화의 소녀상'이 일본대사관 앞에 세워진 것은 2011년 12월이다. 일본군 위안부 문제 해결을 위한 수요집회가 시작된 것이 1992년 1월 8일, 이 날은 수요집회가 1천회를 맞는 날이었다. 부부조각가 김운성·김서경씨가 제작해 기증한 소녀상은 열서너 살 꽃다운 나이에 일본군에 강제로 끌려가 위안부로 살아야했던 소녀의 슬픈 사연을 형상화하였다. 이들 부부는 1991년, 일제강점기 위안부로 끌려가 고통의 삶을 살아야했던 김학순 할머니의 증언을 대하며 큰 충격을 받아, 한국정신대문제대책협의회를 찾아갔다. 관계자들은 수요집회 1천회되는 날에 평화의 비석을 세우고 싶다고 들려줬다. 위안부 할머니의 꿈 많던 소녀시절을 돌려주자는 의미를 담은 소녀상은 그렇게 세상과 만났다.

2015년 70주년 광복절에는 일본 아베 정권의 역사 왜곡이 극심해진 가운데 일본군 위안부 피해자들의 명예와 인권 회복을 기원하는 '평화의 소녀상'이 전국 각지에 세워졌다. 연합뉴스(2015. 8. 15)는 대구, 창원, 원주, 청주 등지에서 시민들의 성금으로 소녀상이 세워졌다고 보도했다.[56]

'평화의 소녀상'이 국외 최초로 2013년 미국 캘리포니아주 글렌데일 시립공원에 똑같은 모습을 드러냈다. 건립을 추진해온 가주한미포럼은 시립공원에 김운성·김서경씨 부부 작가가 똑같이 만든 소녀상이 제막된 것이다(경향신문

2013. 8. 1). 공원에 소녀상이 건립되자 재미일본인들이 반발하며 '소녀상을 철거해달라'는 10만명 청원을 받아 백악관에 전달하고 소송을 제기했지만, 결과는 소녀상의 승리로 돌아왔다. 2014년 8월에는 국외 제2호 소녀상이 미국 미시간 사우스필드에서 제막되었다. 미시간 위안부 소녀상 건립 계획은 2011년에 시작됐으나 기금 모금과 설치 장소 확보 등에 어려움을 겪으면서 2년 반이라는 긴 준비과정이 소요됐다(중앙일보 2014. 8. 14). 2015년 11월에는 국외 제3호 소녀상이 캐나다 토론토에 세워졌다. 화성시와 화성시 평화의 소녀상 추진위원회는 캐나다 토론토 한인회관 앞에서 '평화의 소녀상' 제막식을 열었다. 토론토 평화의 소녀상도 김운성·김서경 부부가 제작했다.

그런데 2015년 말 정부는 일본정부와 위안부 합의를 일방적으로 발표, 일본 대사관 앞 소녀상의 철거를 일본측이 주장하게 만들었다. 합의발표 이틀 후 대학생들이 소녀상을 지키기 위한 노숙 농성에 들어갔다. 이들은 2016년 말까지 꼬박 365일 동안 소녀상을 지켰다. 이에 동참해온 배화여대 최혜련씨는 "대한민국 국민으로서 소녀상 철거를 몸으로 막겠다는 생각으로 농성을 시작했다. 소녀상이 안전하다는 확신이 들 때까지 농성을 계속할 계획"이라고 힘줘 말했다(연합뉴스 2016. 12. 27).

07 _ '안녕들 하십니까?' 대자보 운동

'청년'은 꾸준한 인기상품으로, 청년들이 고달플수록 '청년'은 잘 팔렸다고 경향신문 기사(2016. 1. 16)는 꼬집었다. 정치인들은 여야 가리지 않고 청년을 찾아 "청년실업 해소하겠다"고 공언했고, 대기업도 "청년고용에 앞장서겠다"고 나섰지만, 정작 청년들의 삶은 나아지지 않았다. 한국언론진흥재단은 2015년 9월 "청년실업을 가장 많이 언급한 주체는 청와대와 박 대통령"이라고 밝혔다.

청년은 드라마·영화·웹툰 등 문화 콘텐츠에서 낭만·사랑·우정의 주인공으로 많이 등장한다. 무역회사에서 열정 인턴 2년을 보내고 잘린 비정규직 장그래의 이야기를 다룬 tvN 〈미생〉이나 KBS 〈직장의 신〉이 대표적이다. 출판에서는 2007년 〈88만원 세대〉(우석훈·박권일 저)가 발간된 뒤 청년실업을 중심으로 한 담론이 시작됐고, 2010년 김난도의 〈아프니까 청춘이다〉를 필두로 청년들의 멘토를 자처하는 기성세대가 등장했다.

2013년 12월 10일 고려대 경영학과 주현우씨는 '안녕들 하십니까?'라는 대자보를 고대 후문 게시판에서 내걸어, "철도 민영화에 반대했다며 수천 명이 직위해제되고, 불법 대선개입, 밀양 주민이 음독자살하는 하 수상한 시절에 어찌 모두들 안녕하신지 모르겠다. 안녕들 하십니까?"라고 적었다(경향신문 2013. 12. 13). 주씨의 대자보 옆에는 화답 게시물 40여 건이 연달아 붙었다. 바로 다음날 이런 사회 모순에 무관심한 청년들에게 한 대학생이 던진 '안녕들 하십니까?'라는 '질문'은 전국 대학가로 확산되었다.[57] 연말에는 대전·창원·부산 등 전국으로 '안녕들' 시민행사가 이어졌다. 부산에서는 대자보를 처음 쓴 주현우씨 등의 진행으로 안녕하지 못한 사람들의 성토대회가 열렸다. 광주에서 시작된 전국나들이는 12월 28일 서울광장에서 '2013년 뜨거운 안녕을 고한다'며 막을 내렸다(경향신문 2013. 12. 28).[58]

2014년에도 '안녕들 하십니까' 시민운동이 이어졌다. 대학마다 지부 형태의 모임이 생겨 다양한 오프라인 모임과 연대 선언 등 행사가 이어지는 가운데 성소수자들도 '안녕들' 바람에 가세했다(한겨레신문 2014. 1. 7).[59]

주부, 직장인, 고교생들도 '안녕들 하십니까' 대자보 운동에 동참하였다. 육아나 살림에 대해 정보를 공유하는 온라인 커뮤니티 '레몬테라스'와 '세이베베' 등에는 '안녕들 하십니까' 대자보 릴레이를 지지하는 글이 수십 건 올라왔다(서울신문 2013. 12. 16).[60] 소셜네트워크서비스(SNS)인 페이스북에 개설된 '안녕들 하십니까' 페이지에는 이 날까지 23만여 명이 '좋아요'를 클릭하며 호응했다.

한편 일간베스트 저장소(일베)와 자유대학생연합 등 보수 성향의 온라인 커뮤니티에서는 '안녕들 하십니까' 열풍에 반대하며 반박 대자보를 대신 붙여 줄 대학생을 공개 모집해 논란을 빚었다. 일간베스트저장소에는 "빨갱이들이 학교 망신 다 시키고 다니는 꼴 보기 싫어서 1차로 찢었는데 밥 먹고 오니 다시 붙여 놨노? 질 수 없어서 다시 찢어버렸다"는 글과 함께 대자보를 세 동강 내 찢은 사진 2장을 올렸다(동아일보 2013. 12. 16).

또 KBS의 보도(2013. 12. 17)는 전국 대학의 찬반 논쟁 분위기를 알렸다. 온라인 게시판과 SNS를 통해 강원대·울산대·인제대·계명대·영남대·경북대·안동대·포스텍·동국대 경주캠퍼스 등에도 '안녕하지 못한 반성문', '저는 안녕하지 못합니다. 이 시국에서는요', '사회 현안을 내 스스로의 안녕을 위해 침묵해 왔다' 등의 동조 벽보가 나붙었다. 반면 수원·고양지역 고교 3곳과 문산역에 '안녕들 하십니까'란 벽보를 붙였다가 떼거나 학교 측의 제지로 붙이지 못하는 일도 발생했다. 경남대 정문과 법정대학 건물에도 '안녕들 하십니까'란 대자보가 붙었지만 아침에 훼손된 채 발견됐다. 한편 고등학교까지 확산된 '안녕들 하십니까' 대자보와 관련해 진보성향 교육감들은 '표현의 자유' 차원에서 규제하지 않기로 했다.

08 _ 추모의 포스트잇

2016년 강남역 인근 공용화장실에서 벌어진 여대생 살인사건 때부터 구의역 스크린도어 사고까지 '포스트잇 추모'가 젊은 층의 문화현상으로 번지고 있다. 인터넷 댓글이나 SNS 울타리를 벗어난 현실 공간에서 자발적 참여로 이뤄지는 시민문화다(중앙일보 2016. 6. 1). 포스트잇 추모는 여성, 비정규직 근로자 등 사회적 약자가 희생된 사건·사고에서 비롯됐다. 그래서인지 추모 행렬에 참여한 시민은 대부분 여성이나 20~30대 젊은 층이었다. 강남역 10번출구 추모 쪽지들은 서울시가 보존하기로 결정했고, 서울 뿐 아니라 대전, 대구, 부산, 전주 등 전국에 나붙었던 쪽지들도 함께 보존될 예정이다. 구의역 포스트잇도 서울 시청사로 옮겨 전시되며, 구의역 9-4 승강장에는 사고 개요와 추모글 등이 담긴 위령표를 설치할 예정이다.

5월 17일 새벽 강남역 인근 주점 화장실에서 23세 여성이 일면식도 없는 남성에게 살해되자 강남역 10번 출구에 피해자를 추모하는 포스트잇이 붙기 시작했고, 쪽지 물결은 전국으로 확산되었다(연합뉴스 2016. 5. 23). 강남역 살인 사건이 일어난 다음 날 아침, 누군가 강남역 10번 출구에 포스트잇과 펜을 가져다 놓았다. 언론이 사건을 보도한 후, 하나둘 붙던 포스트잇은 이내 거대 물결을 이뤄 강남역 10번 출구를 뒤덮었다. 특히 여성들이 추모에 발 벗고 나섰다. '나에게도 닥칠 수 있는 일'이라는 생각에 그 동안 겪었던 끔찍했던 기억을 털어놓는 일도 많았다.

5월 31일 서울지하철 2호선 구의역 스크린도어와 역무실 옆 추모 공간엔 형형색색의 포스트잇 400여 장이 다닥다닥 붙어 있었다. 5월 28일 스크린도어를 정비하다가 숨진 정비용역업체 직원 김모(19)씨를 추모하는 글귀들이었다. '같은 비정규직 근로자로서 가슴 아픕니다', '불의의 사고가 아니다. 죽도록 노력해도 청년들이 죽음으로 몰리는 사회' 등(중앙일보 2016. 6. 1), 비정규직 문제에 대한 청년들의 울분이 담긴 100여 장, 사회적 약자에 대한 관심을 촉구하는 글귀가 적힌 100여 장이 나머지 벽면을 채우고 있었다. 김씨의 어머니는 "아들이 끼니를 거르고 내색도 못하며 직장을 다녔는데 규정을 어겼다고 책임을 돌리는 게 말이 되느냐"고 항의하며, 또 "사고가 난 다음 날이 우리 아이 생일이다"고 오열했다. 김씨가 용역업체로부터 받은 월급은 144만원 수준으로, 용역업체는 서울메트로에서 지난 5년간 300억원대의 용역비를 받았다고 한다.

제 6 장

시민의
나눔활동 참여

　시민들은 자발적인 나눔활동에 참여한다. 나눔활동은 대가를 바라지 않는 이타적이며 공익적 활동으로, 나눔은 사람들 사이에 주고받는 일상생활이다. 나눔은 도움이 필요한 사람들에게 직접, 현금이나 현물을 모금하는 기관들을 통해 제공하는 기부(giving)와 타인을 돕는 이웃돕기(helping) 활동이다. 또 소중한 시간으로 자원봉사(volunteering)하거나 지역사회나 단체의 공공선을 위하거나 다른 사람과의 나눔과 유대를 위해 참여(participating)하는 활동이다. 나눔은 물질기부, 시간 봉사, 이웃돕기, 시민참여 활동이라 간단히 말할 수 있다(주성수 2016).

　나눔은 기부, 자원봉사, 이웃돕기 이상의 사회문화적 의미를 가진 개념이다. 나눔은 사람들 사이의 호혜적이며 친사회적인(pro-social) '관계적' 개념으로(OECD 2014), 사람들 사이의 가벼운 대화와 만남의 친교부터 서로에 대한 이해와 관심의 나눔, 정서적 지지를 위한 신뢰와 협력의 나눔, 생활의 지혜와 재능의 나눔, 공동의 목적을 달성하기 위한 연대의 나눔, 사회적 불의나 불평등에 맞서 행동하는 참여, 재해나 테러와 같은 위기에 대응하는 공조활동, 그리고 자원 절약을 공유하며 실천하는 공동체문화의 밑거름이라 볼 수 있다(주성수 2016).

01 _ 나눔문화의 성장

한국인의 기부는 꾸준히 늘고 있지만, 자원봉사활동은 최근들어 정체 상태에 있다. 어려운 이웃에게 베풀고 나누는 이웃돕기도 줄고 있다. 사람들을 직접 상대로 하는 사적 이웃돕기보다는 간편한 기부활동으로 참여하는 새로운 동향이다. 또 시간으로 봉사하는 자원봉사보다 물품으로 대신하는 기부활동을 선호하는 사람들이 더 늘고 있기 때문에 자원봉사가 활성화되지 않고 있다.

(1) 기부, 자원봉사, 이웃돕기

기부와 시민참여 활동은 상승하다가 최근 정체세를 보여주고 있고, 기부와 자원봉사는 심각한 하락세를 보여준다. 글로벌 차원의 경제침체가 주요 요인이라 볼 수 있다. 한편 2014년 한국갤럽의 조사결과를 보면, 한국인의 자원봉사, 기부, 이웃돕기를 특성별로 보면 다음과 같다(주성수 2016).
- 남성보다 여성이 더 많이 참여하고, 기혼자가 훨씬 더 많이 참여한다.
- 40대는 자원봉사와 이웃돕기, 50대는 기부에 가장 많이 참여한다.
- 성·연령 조합에서는 여성 50대가 세 가지 모두에서 가장 활동적이다.
- 고학력층과 고소득층 참여가 가장 높고, 저학력층 참여가 가장 낮다.

(2) 물질자본, 인적자본, 사회자본

인간의 기본생계를 유지하기 위한 물질자본이 갖춰지지 않으면 인적자본이나 사회자본도 갖춰지기 어렵다. 그러나 경제적으로 넉넉하지는 않지만 시민들 사이의 신뢰와 유대가 강한 사회는 경제성장에 더 유리한 조건을 갖고 물질자본을 더 많이 축적하고, 더불어 인적자본에 더 많이 투자할 수 있다.

나눔문화는 사회자본을 생산하는 공장과도 같다. 나눔활동을 통해 사람들은 자발적으로 이웃과 소통하고 이해를 나누며, 도움을 주고받는 우호적 관계를 형성하고, 공동체가 당면한 문제해결에 동참해 물질로 기부하고 시간으로 봉사하며, 도움이 필요한 사람들에게 도움을 주는 참여자가 된다. OECD(2011, 2014)와 갤럽 인터내셔날(Gallup International 2011, 2014)은 나눔활동을 친사회적 사회통합 지수로 삼아, 기부, 자원봉사, 이웃돕기를 조사해 국가간 삶의 질, 웰빙

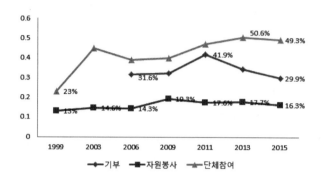

〈그림 4-3〉 한국인의 기부, 자원봉사, 단체참여: 1999-2015

자료: 통계청, 사회조사 각연도.

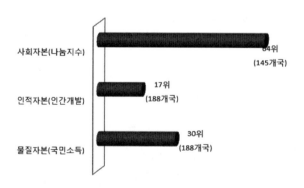

〈그림 4-4〉 한국인의 물질, 인적, 사회자본의 세계적 위상 : 2015

참고: 국민소득(일인당 GNI, 2011년 PPP);
인간개발지수(GNI, 기대여명, 수학연령 복합지수: 1점 최고);
나눔지수(기부, 자원봉사, 이웃돕기 비율: 100% 최고)
자료: UNDP 2015; CAF 2015.

비교분석에 활용한다.

한국은 국민소득 3만 달러를 넘어서는, 경제력으로 풍부한 인적자본을 누리는 사회로 성장하고 있다. 국제적으로 인적자본의 지표로 활용되는 UNDP의 인간개발지수(HDI: Human Development Index)에서 한국은 세계 15위에 올라선 선진사회로 성장해 있다. 그런데도 국내외적으로 한국사회를 삶의 질이 높은, 웰빙의 사회라 생각하는 사람들은 그리 많지 않다. 경제적 풍요와 사람들의 학력과 기술 수준이 높고, 오랜 기대여명을 누리는 사회로 발전해 있지만, 아직 사람들 사이의 친화적 관계로 만들어지는 사회자본이 넉넉지 않은 사회에 머물러 있기 때문이다.

02 _ 기부 문화의 확대

(1) 자선적 기부의 성장

개인 기부는 15세 이상 인구의 기부 참여율로, 조사를 시작한 2006년 31.6% → 2011년 36%로 지속적인 증가를 보이다가 2013년 34.6%, 2015년 29.9%로 다소 하향되는 국면에 있다(통계청 2015). 기부참여율은 조사시점으로부터 1년간 현금 또는 물품 기부에 참여한 비율로, 기부는 가족 이외의 사람이나 단체에 대가없이 자발적으로 현금이나 물품을 제공하는 행위이다. 종교단체에서 모금하는 특별·구제헌금, 적십자회비는 포함하나 종교적 헌금(십일조, 보시), 정치적 후원금은 제외된다.

기부자 수가 뚜렷한 증가세를 보여주는 것은 아니지만, 근로소득공제 기부자의 수는 분명히 급증하고 있다. 기부에서 가장 높은 비중을 차지하는 소득공제 기부금의 경우, 1999년 2.9조원에서 2012년 11.8조원으로 크게 늘어, 연평균 30% 증가율을 보여준다(국세청 2014).

(2) 모금기관의 모금 실적

연말정산 소득공제를 받기 위해 개인과 기업이 낸 기부금은 2013년도 총 12조 4,800억 원으로, 개인이 7조 8,300억 원을, 기업(법인)이 4조 6,500억 원을 기부한 것으로 신고했다(동아일보 2015. 10. 26). 따라서 국내 기부금 규모는 연간 12조 원으로 추정되었는데, 여기에 포함되지 않은 70% 비중의 9조 원은 종교 단체 기부금이다.

주요 모금기관들의 모금 실적에서도 뚜렷한 증가세를 보여준다. 사회복지 공동모금회(사랑의 열매)의 경우 모금액이 2004~09년 사이에 두 배 가량 늘어, 연평균 32%에 달하는 증가율을 보여준다. 공동모금회의 모금액은 개인보다 기업의 기여가 더 높지만 증가세에서는 개인기부가 기업기부를 훨씬 능가한다. 기업의 사회공헌도 꾸준히 늘고 있지만, 개인들의 기부참여가 폭증하고 있는 것이다. 다른 모금기관들도 공동모금회에 비해 모금액은 비교적 적지만, 증가율에서는 유니세프(UNICEF)와 굿네이버스가 연평균 50% 이상의 증가율로 높은 모금실적을 올리고 있다.

(3) 장기기증, 현물기부, 유산기부

장기기증 등 생명나눔도 꾸준히 늘고 있다. 생명나눔의 기증자는 2001년 2,191명 → 2005년 77,166명 → 2008년 185,046명으로 크게 늘었다(보건복지부 2011). 장기기증 운동이 확산되면서 지난 10년 사이 장기기증 희망자도 크게 늘었다.[61] 공동모금회에 접수된 현물 기부에도 다양한 현물들이 기증되고 있다. 전체 현물기부액은 2010년 539억원으로, 전체모금에서 16%를 차지한다. 기부 건수로 볼 때도 2009년 48,781건에서 2010년 57,618건으로 15% 늘었다.[62]

유산기부의 경우, 미국 등 서구에서는 많이 일반화되어 있지만, 한국에서는 아직 활성화되어 있지 않다. 미국의 경우, 유산기부가 전체 기부의 12%로 재단

기부(5%)나 기업기부(8%)를 크게 앞선다. 한국인 가운데 향후 '유산을 기부할 의향이 있다'고 생각하는 사람은 37.3%로 나타나, 기부문화에 새로운 변화가 있을 것으로 내다보인다.[63]

(4) 온라인 기부

온라인 기부 등 간편한 기부방법이 개발되면서 기부자들이 부쩍 늘고 있다. 온라인을 대표하는 해피빈 기부활동에는 초기(2005~07년)부터 매년 50만명의 네티즌들이 기부자로 참여했고, 2010년에 221만 명으로 정점에 달한 후 2014년 153만 명이 76억원을 기부했다. 해피빈을 통해 기부자들을 직접 만나려는 시민사회단체들의 호응도 높다. 국내 시민사회단체는 1만 5천여개에 이르지만, 온라인에서 단체를 알리거나 직접 기부금을 모을 수 있는 단체는 극소수였다.[64]

(5) 기업 사회공헌 활동

한국 기업의 사회봉사활동은 최근 몇 년 사이에 제도화되고 있는 특징을 보여준다. 전경련의 2014년 사회공헌백서에 따르면, 기업 사회공헌 담당자 10명 중 8명은 기업 사회공헌활동을 "경제적 활동을 포함해 기업이 속한 사회가 당면한 문제 해결을 위한 활동 일체"라 인식하고 있다.[65] 반면, 경영활동과 무관한 사회복지적 자선활동(9.7%), 사회발전을 위한 순수 공익사업(6.5%)으로 응답한 경우는 소수 의견이었다. 기업들의 사회공헌 활동은 21세기에 와서야 다양한 제도를 도입하며 활성화된 것으로 볼 수 있다. 사회공헌 관련 위원회 설치, 전담자의 전문성 제고, 지역사회 촉진제도, 내부 모니터링 등이 주요 제도로 꼽을 수 있다. 2014년 사회공헌 제도화 현황을 살펴보면, 사회공헌 예산제도가 90% 이상 갖춰져 있고, 경영방침에 사회공헌 명문화 사례도 83%에 달한다(전경련 2015). 지난 10년 간의 제도화 수준을 살펴보면, 2005년 이후 급진전된 것으로 보여진다.[66]

03 _ 기부문화 정책의 과제

한국 기부문화의 정착과제로 기부의 준조세성 또는 강제성 논란부터 기부금의 투명성 논란을 거쳐 기부금 세제 혜택에 관한 이슈들이 제기되었다.

(1) 준조세성 기부금

1994년 기부금의 부당 모금 실태가 알려지면서 법제도의 개선과제가 제기되었다. 감사원은 그 동안 사회악의 하나로 거론돼온 준조세의 실상을 적나라하게 보여주었다.[67] 또 기부금품 모집기관으로 지정할 수 없는 지방자치단체에 성금모금을 허용해주면서, 일부 지방자치단체들은 조례나 훈령 등을 멋대로 제정해 성금을 접수하는 등 탈법을 저질렀다. 불우이웃 성금을 수억원씩 기관장의 판공비로 전용하거나 사용처가 불분명하게 써버린 경우도 많았다.

1995년에는 기업들이 민간단체들에게도 상당한 금액의 준조세성 성금요청에 시달리고 있는 것으로 드러났다. 김영삼 정부 출범 이후 정부기관들이 뜯어가던 준조세는 크게 줄었지만, 민간단체들이 요구하는 액수는 더 늘었다는 것이다.[68] 특히 지방에 사업장이 많은 기업들은 지역사회의 기부금 요구를 거절할 경우 의도적인 헐뜯기와 중상 등으로 영업이 어려워질 수밖에 없어 울며 겨자먹기로 돈을 내는 사례가 많았다. 심지어 지역사회 사업에 협조하지 않으면 제품불매운동을 벌이겠다고 협박하는 사례도 있다는 것이다.[69]

(2) 기부 활성화 세제혜택

또 다른 기부문화의 정착과제는 기부금 세제혜택으로 지금의 세제 도입 이전에는 상당한 문제점을 야기하였다. 한국일보의 보도(1998. 5. 20)에 의하면 사업가 A씨는 재산 60억원을 사회에 기부하라는 유언을 남겼는데, A씨의 부인은 남편 이름으로 장학재단을 설립하려고 보니 법규정이 하도 까다로와 도저히 엄두가 나지 않았다 한다. 가까운 친지가 개인적으로 운영하는 자선단체가 있었지만, 여기에 기부할 경우 35%에 가까운 22억 9,000만원의 증여 및 상속세를 고스란히 물어야 했다. A씨의 부인은 결국 5년만에 어렵사리 재단을 만들었다.[70] 1997년까지는 연말연시 이웃돕기 성금을 사회복지사업기금법에 의해 민간단체들이 모금하되 관리 및 배분은 한 푼도 출연하지 않은 정부에 의해 일방적으로 이루어졌다. 이 때문에 1998년 사회복지공동모금법이 시행되면서 비영리조직인 공동모금회가 기부금의 모집부터 배분과 관리에 대한 전적인 책임을 맡고 있다.

(3) 기부금 모집과 사용 투명성

이웃돕기 성금 등 국민성금이 정부기관의 복지예산 등으로 전용되는 실태도 심각한 문제로 제기되면서 민간공동모금회의 필요성이 떠올랐다. 공동모금회법 제정 직전인 1996년 복지부는 국민 성금으로 모아진 271억 3천만원을 집행했다며 내역을 공개했는데, 모두가 복지부의 예산으로 집행해야 할 것들이었다.[71] 담당 복지자원과장은 "복지예산 자체가 워낙 적게 책정돼 성금이 복지예산과 같은 형태로 쓰일 수밖에 없는게 현실"이라고 설명했다.[72]

이같은 현실에 대한 복지계와 전문가들의 반발은 거셌다. "국민성금은 국가 예산으로 해야 할 일을 대신하는 일에 쓰여져서는 안된다"며, "기본적인 사회보장은 복지예산이 책임지고, 그 이상의 삶의 질을 높이는 사업에 국민성금은 사용돼야 한다"는 것이다(한겨레신문 1996. 12. 27). 민간단체도 기탁자의 취지와 다르게 성금을 쓴 경우가 적지 않다. 기부금품모집규제법은 성금을 집행한 후 그 지역 일간신문에 사용내용을 공개하도록 되어 있지만, 다수 단체가 공개 의무를 무시하고 있는데도 처벌받은 경우는 한 건도 없었다(동아일보 1999. 3. 10).[73]

04 _ 위기극복의 나눔활동

1997년 말 외환위기로 촉발된 경제위기는 빈곤인구를 양산하고 각종 사회병리현상과 사회양극화를 초래하는 계기가 되었다. 경제위기 이후 빈곤율, 빈곤갭, 센지수 등 빈곤 관련 지표들은 1999년에 최악의 수준에 도달한 후 점차 개선되다가, 2003년부터 다시 악화되어 2009년에 정점에 도달했다. 2013년 현재 인구 100명 중 8명은 '절대빈곤' 인구로 추산된다(김미곤 2014: 8). 만 65세 이상 노인 2명 중 1명은 '상대빈곤'에 시달리고 있으며, 근로자 3명 중 1명은 비정규직이다. 이런 상황은 1990년대 후반 외환위기 당시와 비슷하거나 일부는 더 나빠졌다.

(1) 외환위기극복 민간모금

1990년대 말의 경제위기를 극복하는데 정부 정책뿐 아니라 민간의 나눔운동도 큰 몫을 하였다. 자발적인 금모으기 운동뿐 아니라 각종 기부와 자원봉사, 이웃돕기 등의 나눔활동, 그리고 민간 차원의 사회안전망 운영을 대표적인 사례로 꼽을 수 있다. 1997년 말과 1998년 초까지 모금된 이웃돕기 성금은 경제위기 속에서도 1996년보다 8% 늘어났다(한국일보 2008. 1. 12). 모금액중 93%는 일반시민들이 낸 푼돈으로, 이 때부터 개인 기부액이 기업 등의 법인 기부액을 앞서갔다. 또 이때부터 사회복지공동모금법이 공포되면서 1998년 7월부터는 이웃돕기모금이 연중 모금체제로 바뀌었다. 정부가 주도해 온 모금활동은 민간단체에 넘겨져 민간의 사회복지 참여가 제도화되었다.

당시 국민들이 내는 성금은 크게 불우이웃돕기와 재해의연금, 적십자회비, 구세군자선냄비, 실업성금 등이었다. 5천만원 이상의 성금을 모금하기 위해서는 '기부금품 모집 규제법'에 의해 행정자치부에서 허가를 받아야 하고, 모금실적을 정부에 보고하도록 돼 있다. 모금도 국제적인 구제사업이나 대규모 재난이 발생해 구호가 필요한 때, 불우이웃돕기 등 자선사업, 공익을 목적으로 국민의 참여가 필요한 사업을 할 때만 가능했다.

(2) 실업극복국민운동

외환위기를 극복하는데 크게 기여했던 '실업극복 국민운동본부'의 역할을 살펴볼 만하다. 실업성금은 문화방송과 실업극복 국민운동 계좌를 통해 모금되며 노동부 산하 근로복지공단에서 성금을 관리했다. 1998년 6월 23일부터 1999년 1월 말까지 950억원이 걷혔는데, 한국전력공사, 포항제철, 한국담배인삼공사 등 공기업이 많은 돈을 냈다. 모금액 가운데 사용된 액수는 144억원. 주로 비영리 사회복지사업을 하는 곳이나 사회복지관, 여성단체, 노숙자 쉼터 등 80개 단체가 실업성금을 받아 실직가정을 돕는 사업을 벌였다. 새마을중앙회 등이 주축이 된 '실직가정 돕기 범국민 캠페인본부'는 국민운동본부에서 44억원을 받아 전국 실직가정들에게 쌀과 김장을 지원했다.

실업극복국민운동이 추진했던 '10만 실직저소득가정돕기 범국민 결연운동'에는 보수성향의 단체들과 진보성향의 단체들, 그리고 각 직능단체들이 주도적으로 참가해 민간사회안전망을 만들었다. 전국 236개 시군구에서 '실직가정돕기를 위한 지역본부'를 결성, 29개 지역 민간네트워크와 함께 결연사업 확산의 한 축을 구성하는 본부에는 89개 시민단체들이 동참하였다(한겨레신문 1998. 12. 8).[74] 또 실업극복 사업비에 모금된 성금 388억원을 지급하였는데, 1차적으로 실업가정 지원에 우선순위를 두고, 실업자숙식의료지원, 재취업교육, 일자리만들기, 실업극복 캠페인, 실업대책 프로그램 등의 사업을 선정해 지원하였다. 한국여성단체연합이 제안한 '실직여성 겨울나기'에 14억 6천여원 등을 지원했다.[75]

(3) 삼풍백화점붕괴 구호

1995년 6월 29일 삼풍백화점이 붕괴했다. 사고 현장의 구조·발굴장비는 물론 구조반원 및 실종자 가족들에게 제공되는 음식까지 민간기업과 자원봉사자 등 외부 지원이 컸다. 서울시는 크레인, 포클레인 등 중장비 126대를 동원해 붕괴된 A동 지하와 지상 등에서 생존자 확인 및 잔해제거 작업을 벌였다. 그러나 서울시 소유 장비는 덤프트럭 11대에 불과했다(경향신문 1995. 7. 15). 전체 장비의 90%가 넘는 115대는 삼성, 현대 등 7개 기업체와 군에서 제공받은 것이다.[76]

(4) 수해복구 지원금

2002년 수해 피해가 극심했던 강원도 강릉, 충북 영동, 경북 김천 지역에 구호품이 밀물 듯 몰려와 이재민들의 재활 의지를 북돋우었다. 서울 강남구청은 1억 9,000만 원 상당의 생필품, 양수기·트럭 등 장비 53대, 방역차량과 의무대 23명을 현지에 파견해 복구가 끝날 때까지 상주시키기로 했다(조선일보 2002. 9. 4).

1996년과 99년 큰 수해를 당한 강원도 철원군과 지역 사회단체들도 강릉시에 방역차량 1대와 직원 4명을 파견하고 4,000kg의 쌀도 보냈다. 대한항공은 3일 수송기 1대를 강릉에 긴급 배정, 생수 700상자를 강릉지역 수재민에게 전달했다. 쌍용양회는 영월, 구미, 포항공장에서 모은 쌀·김치 등 생필품 1억 원어치를 동해시 삼화·삼흥동 일대 수재민들에게 전달했다.

(5) 세월호참사 기부금

2014년 4월 세월호 사고가 발생하자 자원봉사단체, 기업, 시민들이 자원봉사로 나섰고, 위기극복을 위한 모금활동에 나섰다. 시민들은 온라인을 통해서도 십시일반 정성을 모았다. 안산시 페이스북 커뮤니티 '안산소식'에는 후원금 모금 계획이 올라오자마자 1천여명의 시민이 모금에 동참했고(동아일보 2014. 4. 19), 구호단체 희망브리지 전국재해구호협회는 '네이버 해피빈'과 '다음 희망해'

누리집을 통해 하루만에 성금 2억원을 넘게 모았다(한겨레신문 2014. 4. 21). 대학가도 봄축제를 취소하고 기부와 자원봉사에 나섰다. 사고 다음날인 4월 17일 인터넷 포털 다음과 네이버에서는 한 누리꾼이 "세월호 생존자 무사귀환과 희생자를 위한 응원 댓글을 달고 모금을 하자"는 청원을 시작했고, 18일부터 '희망브리지 전국재해구호협회'를 집행기관으로 지정해 모금에 나섰다(한겨레신문 2014. 4. 22).

05 _ 자원봉사

자원봉사 참여율은 15세 이상 인구 중 1999년 13.0%에서 2009년 19.3%로 피크를 이루다가 2013년 17.7%, 2015년 16.3%로 다소 하락 추세에 있다(통계청 2015). 세계적인 금융위기 여파로 자원봉사활동이 위축된 것으로 보여진다(주성수 2016).

(1) 88 올림픽과 2002 월드컵축구 자원봉사

국제대회가 자원봉사자 없이 이뤄지는 경우는 거의 없다. 88 서울올림픽 대회부터 3만명에 이르는 자원봉사자가 참여해 올림픽을 성공적으로 개최한 것이다. 앞선 84 LA올림픽은 올림픽 역사에서 최초로 자원봉사자를 조직적으로 활용한 성공한 올림픽이라는 평가를 받았다. 이는 다음 개최지인 서울이 벤치마킹해서 자원봉사가 한국에 처음 소개되는 계기가 되었다. 88올림픽에는 새마을운동, 모범운전자회 등이 조직 단위로 자원봉사자를 활용한 대회였다. 2002년 월드컵 축구대회는 한·일 공동 개최로, 한국에서 10개 지역에 분산 개최되어 지역마다 자원봉사자를 활용하게 되었다. 자원봉사자에게는 일체의 물질적 보상 없이 유니폼 제공 등 인센티브만으로도 많은 신청자가 몰려 이때부터 자원봉사에도 경쟁률이 높다는 얘기가 나올 정도가 되었다.

(2) 2001 세계 자원봉사자의 해

2001년 유엔은 이 해를 '세계 자원봉사자의 해'(IYV)로 선포했다. 자원봉사
가 단순히 온정주의의 산물이 아니라 경제적 가치를 지니는 것은 물론 사회통
합을 위한 힘을 발휘한다고 보기 때문이다. 개인주의의 확산으로 개인과 가족
에 함몰되기 쉬운 현대인은 자원봉사를 통해 사회적으로 의미있는 활동을 하면
서, 자연스레 지역 공동체와 연대의식을 갖게 된다. 2001년 160여 나라 자원봉
사단체들의 연합체인 세계자원봉사협회(IAVE)가 11월 11일 세계자원봉사대회
를 개최했다. 90여 개국 1,200여 명이 참가한 이 대회의 주제는 테러와 분쟁 등
으로 얼룩진 지구촌의 문제를 자원봉사의 힘으로 해결하자는 뜻으로 '자원봉
사, 화해와 평화를 이루는 힘'로 정했다(중앙일보 2002. 11. 9). 그러나 한국의 자원
봉사 참여율은 2001년 당시에는 한참 낮은 수준이었다.[77]

(3) 삼풍백화점 붕괴 자원봉사

1995년 6월 29일 서울 서초구 삼풍백화점 붕괴 소식이 전해지자 인근 서
초·반포동 주민과 학생, 해병전우회 회원, 군장병 등은 저마다 한 명이라도 더
살리기 위해 팔을 걷어 붙였다(세계일보 1995. 6. 29). 반포동 주민 1천여 명은 사
고가 난 지 1시간만인 오후 7시부터 강남성모병원 정문에 마련된 헌혈차에 모
여들기 시작해, 밤늦게까지 속속 헌혈 대열에 참여해 장사진을 이뤘다. 오후 8
시 30분쯤에는 반포고교생 10여 명이 헌혈대열에 참가해 주민들로부터 박수를
받기도 했다.

시민들은 한 사람이라도 더 살려내기 위해 발벗고 나섰다. 언제 닥칠지 모
를 2차 붕괴의 위험 속에서도 구조에 나선 시민과 구조대는 지하 3층 콘크리트
더미를 조금씩 파헤쳐 가며 생존자를 찾아냈고, 이들을 살려내는데 온 힘을 다
했다. 사고복구에도 119구조대, 한국응급구조단, 해병전우회의 활약이 돋보였
다(한국일보 1995. 7. 1). 삼풍아파트 부녀회원들은 집집마다 떡, 김밥, 음료수를 갖

고 현장에 나와 구조대원들의 먹거리를 챙겼고, 음식점 이남장에서는 설렁탕 2천 그릇을, 신라호텔은 7백명분의 음식을 사고 현장에 가져왔다.

(4) 수해복구 자원봉사

2002년 악몽 같던 수해를 경험한 바 있는 서울시 중랑구와 경기 파주시 문산읍 주민들이 영남과 호남의 침수지역 주민을 돕기 위해 수해복구에 나섰다. 두 차례나 읍 전체가 물에 잠겼던 파주시 문산읍 주민 대표 8명은 김해시를 방문해 주민 모금으로 마련한 생수, 김치, 라면 등을 전달했다(한국일보 2002. 8. 15). 최악의 폭우가 도시를 송두리째 할퀴고 지나간 강원도 영동지역에도 재난의 아픔을 함께하려는 자원봉사자들의 손길이 끊이지 않았다. 한국기독교연합봉사단 자원봉사자 50명은 8월 31일부터 9월 2일까지 강원도 강릉시 수해현장에서 사흘째 봉사활동을 벌였다.

전국의 대학생, 고교생, 직장인, 공무원들도 수재민 돕기에 나섰다. 고려대 총학생회, 연세대 20여 명, 경희대 150여 명도 강원도와 경북 일대로 봉사활동에 나섰다. 한양대와 전남대 총학생회는 전북 무주와 전남 강진 일대의 수해 복구 작업에 참여했으며, 중앙대와 한국외국어대 등 전국의 모든 대학이 봉사활동에 나섰다. 올림픽 금메달리스트인 마라톤의 황영조, 쇼트트랙의 전이경 선수 등 스포츠 스타 40명으로 구성된 '함께하는사람들'의 자원봉사단도 황간면 수재민들에게 자장면을 제공했다(중앙일보 2002. 9. 7).

(5) 태안 기름유출 자원봉사

2007년 12월 7일 태안반도에서 유조선 사고로 인한 대규모 기름유출 사고가 발생했다. 이에 전국적으로 123만 명에 달하는 자원봉사자들이 현장으로 달려가 기름때를 수거하고 청소하는 봉사활동에 참여했다. 이와 관련된 전국적인 조사가 2008년 볼런티어21에서 진행되었다. 조사는 2007년 말부터 2008년 9

월 말까지의 자원봉사자를 대상으로 하였는데, 그 기간 자원봉사자 중 태안자 원봉사에 참여한 비율이 19.3%로 나타나 5명의 자원봉사자 중 1명은 태안 자원봉사에 참여한 것이다(볼런티어21, 2008).[78]

태안 자원봉사자의 개인적 프로필을 보면, 먼저 교육 수준이 높은 계층이 더 많이 참여해 노블리스 오블리주의 실천을 확인할 수 있지만, 소득에서는 중간소득이 가장 많이 참여한 것으로 나타났다. 저소득층부터 중소득층까지의 참여율이 15% → 14% → 27%로 높아지다가 중상소득층 18%, 고소득층 19.6%으로 낮아진다. 태안 자원봉사자들은 참여 동기는 '친구 또는 동료의 요청' 43%, '많이 가진 자의 의무' 40%, '의미있는 여가' 36%였다.

(6) 세월호 참사 자원봉사

세월호 참사 관련 시민참여 활동은 사고 발생 직후부터 활발했다. 자원봉사단체 등을 통해 자원봉사자들이 팽목항과 안산시 현장으로 달려가 봉사활동을 했고, 기업, 단체 등지에서 구호품과 기부금이 줄을 이었다. 시민사회단체들은 초기에는 정부의 대응을 지켜보며 희생자 추모에 집중하다 몇 주가 지나 정부의 대책이 미흡한데 대한 비판과 진상규명과 특별법 제정에 초점을 맞춰 집회와 시위, 단식농성으로 활동을 이어갔다. 시민들의 참여유형도 자원봉사와 기부, 생환염원 촛불집회 참여부터, 이후 희생자를 위한 추모회와 분향소 방문, 노란리본달기, 그리고 진상규명과 특별법 제정을 촉구하는 서명이나 집회와 시위와 단식농성 참여로 이어졌다.

진도 팽목항 현장을 찾은 자원봉사자는 사고 직후인 4월 18일에 이미 2천명을 넘었다(동아일보 4. 19). 자원봉사자들은 실종자 가족들이 있는 진도실내체육관과 팽목항 등에서 급식과 지원물품 배급 등을 도우며 가족들을 지키는 위로자가 되었다. 자원봉사자들은 적십자사 등 구호단체와 종교단체를 통해 참여했고, 안산시에서 단체를 통해 팽목항에 달려온 봉사자들도 적지 않았다(한겨레신문 4. 22). 세월호 참사 관련 자원봉사자는 연말까지 연인원 5만 5035명에 달했고, 학생, 주부, 자영업자, 회사원, 은퇴자 등 다양한 계층들이 참여한 것으로 알려졌다(중앙일보 12. 24). 2008년 20세 이상 성인 가운데 3.8%가 태안반도에서 기름제거 봉사활동에 참여했고, 2014년에는 성인 3.1%가 세월호 참사 관련 자원봉사활동에 참여했다.[79)

(7) 기업 사회봉사활동

한국 기업들은 삼성그룹 등이 1990년대 말부터 사회봉사단을 갖추고 활동을 시작했지만, 대부분은 2000년대에 와서야 임직원의 봉사활동에 대한 관심과 노력을 보였다. 2008~09년 기간에 임직원 참여율이 피크에 달한 다음 최근에는 쇠퇴하는 추이를 보여준다. 2013년 임직원 사회봉사활동 참여율을 살펴보면, 전체 직원의 76% 이상이 참여하고 있다고 응답한 기업이 32.7%, 직원의 50% 이상이 봉사활동에 참여하고 있는 기업은 55.8%로 조사되었다. 기업의 사회봉사활동을 촉진시키는 주요 제도로 '전사 차원의 사회봉사조직 운영'은 조사 응답 기업의 대부분(89%)에서 시행되는 것으로 조사되었다(전경련 2014).[80) 2004~13년 기간의 추이를 보면, 대부분의 기업들에서 사회봉사활동을 지원하는 다양한 제도들이 갖춰진 것을 알 수 있다.

06 _ 해외봉사

국내 자원봉사의 성장에 못지 않게 해외봉사도 최근 몇 년 새에 급증하고 있다. 한국국제협력단(KOICA) 해외봉사단은 2년 기간의 해외봉사 활동 이외에 시니어봉사단, 중장기 자문단, 드림봉사단, IT 봉사단 등 다양한 전문 영역별, 연령별 해외봉사단이 조직되어 해외봉사 활성화를 유도해 왔다. 정부 부처마다 ODA 사업의 하나로 해외봉사가 포함되며, 대학들도 대부분 해외봉사 활동을

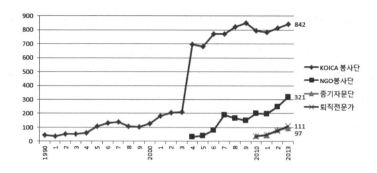

〈그림 4-5〉 KOICA 봉사단, NGO봉사단, 중기자문단, 퇴직전문가 파견

지원하고, 많은 기업들도 임직원뿐 아니라 대학생 해외봉사 지원 프로그램을 갖추고 있다. 시도 등 광역지자체나 공사, 공기업들도 해외봉사 대열에 적극 참여하고 있다. 전국 각계에서 해외봉사의 붐이 일면서 비용이 많이 드는 해외봉사 과잉이라는 지적도 일고 있다.

(1) 국제개발협력 해외봉사

2013년 3월 한국 정부가 파견하는 해외봉사단이 1만 명을 돌파했다. 정부 공적개발원조(ODA)의 전담기관인 한국국제협력단은 1990년 44명의 봉사단원을 네팔, 스리랑카, 인도네시아, 필리핀에 처음 파견한 이래 이제 1만명을 기록한 것이다.[81] KOICA 해외봉사원은 초기에는 20~30대가 많았지만 2000년대 들어 50~60대 '시니어 봉사단원'이 점차 늘었다. 50대 이상 '시니어 단원'들은 경험이 풍부해 호응도가 높다는 것이다. 2000년 이후 여성의 참여가 급증하면서 전체의 57.6%를 차지하는 것도 변화이며, 실업난으로 많은 청년들이 해외봉사에 나서고 있는 것도 특징이다. 2004년에는 NGO 해외봉사단 사업을 신규 시행해, 해외봉사자가 2003년 120명에서 2004년 610명으로 증가했고 2010년에는 중장기 자문단 사업시행으로 해외봉사 활성화에 전기를 마련하였다. 2009년에는 다른 정부기관들의 6개 해외봉사단이 WFK로 통합되었고, WFK는 2013년에는 4,465명의 해외봉사자를 파견하였다.

한국국제협력단은 '월드 프렌즈 코리아(World Friends Korea)'로 통합된 해외봉사 사업을 추진한다. 전통적인 코이카 해외봉사단의 활동기간은 2년이며, 한국국제협력단 사업 현장이 있는 개도국에 주로 파견된다. 군복무 대체 해외봉사 제도는 2012년 스리랑카에서 낙뢰 사고로 한 명의 군복무 대체요원이 숨진 뒤 폐지되었다. 한국국제협력단은 2014년 일반 봉사단원 8회, 군복무 대체 협력요원 6회 등 모두 14회에 걸쳐 1062명을 선발했는데, 4대 1의 높은 경쟁률을 기록했다. 2013년에는 실업계 고등학생도 해외봉사에 참여하는 드림봉사단에 활동을 개시하였다.[82]

(2) 대학생 해외봉사

대학은 해외봉사 활동에서도 선도적 역할을 해왔다. 국내와 해외 자원봉사 활동에 참여하지 않은 대학들이 없을 정도로 활성화되었고, 대학생들의 참여 또한 취업 등을 위한 스펙 이상의 의미를 갖는 세계시민문화 차원으로 성장해 가는 추세이다. 그럼에도 대학생 해외봉사활동은 여름이나 겨울방학을 이용하는 특성 때문에 활동비는 많이 들지만 허술한 활동 프로그램 등으로 개발협력의 효과성은 미약하다는 비판적 평가도 받고 있다.

대학생들은 주로 방학을 이용해 대학 자체의 프로그램이나 기업, 공공기관의 공모 프로그램에 참여해 해외봉사를 수행한다. 대학 자체 프로그램으로는 한양대와 서울여대가 대표적이다. 한양대는 1995년부터 여름과 겨울방학에 연변과학기술대, 캄보디아 등지에 정기적으로 재학생을 선발해 파견해왔다. 서울여대는 봉사학습(service learning)의 효과를 높이기 위해 세계문화체험 프로그램의 실시해왔다.

대학생 해외봉사단을 운영하는 기업들과 공공기관의 사례는 매년 증가해 백여 곳에 달하는 것으로 추산된다. 현대자동차의 '해피무브 글로벌 청년봉사단'은 글로벌 청년 리더 양성을 위해 창설, 2008~12년 기간에 500명이 참여하면서 총 인원 5,000명에 이르렀으며, 중국, 인도, 터키, 브라질, 가나 등 17개국에서 봉사활동이 이뤄졌다. KB국민은행은 2007년부터 한국YMCA 전국연맹과 손잡고 '라온아띠' 사업을 벌이고 있다. 현재 30명으로 구성된 '라온아띠' 단원들은 5개월 일정으로 아시아 각 지역 현장에서 취약계층 아동의 언어교육, 장애아동 직업훈련 지원 활동을 한다. 그밖에도 적지 않은 기업들과 기관들이 대학생 해외봉사활동을 지원하고 있다(전경련 2015).

(3) 공공기관과 공사의 해외봉사

2006년 자원봉사활동기본법이 시행된 이후 만들어진 2008~12년 1차 기본계획 때 투입된 정부 예산은 4,327억원으로, 이중 76%인 3,289억원이 외교통상부의 해외봉사단 파견 사업에 사용됐다. 중앙정부뿐 아니라 광역지자체도 해외봉사에 앞다투어 나섰다. 공기업의 해외 봉사활동은 공기관의 사회적 책임 이행뿐만 아니라 국제사회에 대한민국의 대외신인도를 높이고, 새로운 성장동력을 창출하는 엔진이 되고 있다. 단순한 기부와 물질적인 도움을 넘어 우리나라의 발전 경험을 전수, 개발도상국의 성장을 돕는 것은 물론 해외 일자리 창출 역할도 한다. 'K-water 해외봉사단'은 2013년 4차례 해외봉사활동을 벌였다.

(4) 기업과 재단의 해외봉사

한국 기업과 기업재단들도 지구촌 봉사활동에 적극적으로 나서고 있다. 최근 몇 년 사이 해외의 사회공헌 형식도 해외봉사단 파견 등 '현지화' 형태로 바뀌고 있는 추세다. 사회공헌 현지화를 통해 글로벌 기업으로서의 이미지를 창출하며 시장개척도 하는 추세이다. 기업들은 임직원뿐 아니라 대학생 해외봉사단을 파견하는 경우가 일반적이다.

07 _ 노블리스 오블리주

더 많이 배우고, 더 많이 가진 자가 더 많은 나눔을 실천하고 있는가? 개인의 기부활동에서 교육 수준이 높고, 소득 수준이 높은 사람들이 더 많이 참여해 나누며, 또 사회적으로 많은 보수를 받으며 지위가 높은 직업을 가진 사람들의 자원봉사 참여가 비교적 높다는 것이 통계자료에서 검증되고 있다.

(1) 교육수준별 기부 참여

한국인의 노블리스 오블리주는 잘 실천되고 있는가? 통계청의 2006-11년 기간의 자료를 살펴보면, 답은 긍정적이다. 저학력부터 고학력으로 교육수준이 높아질수록 기부 참여율은 크게 차이가 난다. 대졸 이상 고학력자의 기부 참여율이 초졸 이하의 저학력자의 참여율보다 두 배 이상 높다.

(2) 소득수준별 기부 참여

한국에서도 최근 정치인, 스포츠맨, 연예인 등 유명인사들이 기부에 동참하는 새로운 변화를 목격할 수 있다. 이명박 대통령의 청계재단, 안철수 교수의 재단, 최경주 재단 등 유명 인사들의 거액기부 행렬은 멈추지 않고 있다. 한국인 고소득층 개인 기부자의 노블리스 오블리주는 어떠한가? 설문에 기초한 통계청의 2006~2015년 기간 자료를 보면(그림 4-6), 저소득층에서 고소득층으로 갈수록 참여율이 비례적으로 높아진다는 것을 알 수 있다. 2015년 월소득 600만원 이상의 고소득층이 100만원 미만의 저소득층에 비해 세 배 이상 높은 기부 참여율을 보여준다. 그런데 이 차이는 2006년에 비해 점차 벌어지는 추세이다. 경제침체로 기부 참여가 크게 위축되고 있는 것이다.

그러나 이상의 설문자료와 다른 실제 기부율과 기부액을 중심으로 살펴보면, 고소득층의 노블리스 오블리주는 확인되지 않고 있다.[83]

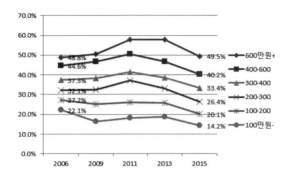

〈그림 4-6〉 한국인의 소득수준별 기부율 : 2006~15

〈자료〉 통계청, 사회조사, 각연도.

(3) 교육수준별 자원봉사 참여

20세 이상을 대상으로 하는 한국자원봉사문화 자료에서는 최근 고학력자의 자원봉사 참여가 높아지는 추세를 발견할 수 있다(주성수 2016). 2002년에는 중졸자의 참여가 가장 높았지만, 2005년 이후부터는 대재 이상 학력자가 가장 높은 참여율을 보여준다. 1990년대 말부터 전국적으로 확대된 대학생 봉사활동의 제도화 효과로 추정해볼 수 있다. 2005년 이후 2014년 기간에는 뚜렷한 교육수준별 차이를 보여주며 이제는 차이가 점차 더 벌어지고 있다. 대재 이상의 고학력층 참여가 높고, 중졸 이하 저학력층의 자원봉사 참여가 크게 위축되고 있다.

(4) 소득수준별 자원봉사 참여

통계청의 자료를 보면, 저소득-저참여, 고소득-고참여 가설이 사실인 것으로 확인할 수 있다. 월소득 100만원 이하 저소득층의 자원봉사 참여율은 다른 소득층에 비해 지난 10여년간 거의 늘지 않은 채 10% 수준에 머물러 있다.

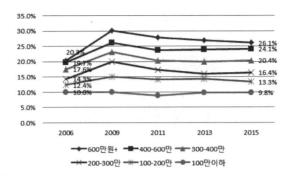

〈그림 4-7〉한국인의 소득수준별 자원봉사 참여율: 2006~15

〈자료〉통계청, 사회조사, 각연도.

소 결

'비판적' 시민들이
만드는
'강한' 민주주의

2016년 대학교수들은 올해의 사자성어로 '군주민수(君舟民水)'를 선정했다. 제안자 육영수 중앙대 교수는, "최순실 게이트에 분노한 국민이 박근혜 선장이 지휘하는 배를 흔들고 침몰시키려 한다"며 유신정권을 계승하려 했던 욕심의 결말이라 설명했다(MBN 2016. 12. 24). 2016년 시민혁명을 이뤄낸 위대한 시민들은 이제 '강한' 민주주의의 시대로 이끄는 희망을 제시해주는가? 진정한 시민혁명은 촛불시위로 대통령 탄핵을 이끌어낸 것에 그치지 않고, '비판적' 시민의 역할을 지속해야 할 것이다. 여기에서 시민들의 역할은 무엇인지에 초점을 맞춰보면, 민주항쟁 이후 30년간 시민들이 '비판적' 시민으로 성장한 역사적 흐름을 정리해볼 수 있다.

1987년 민주항쟁은 민주화운동단체 주도에 시민들이 동참해 군사정권을 무너뜨려 민주화 시대를 활짝 열어주었다. 30년이 지난 2016년 말에 와서 다시 연인원 천만명의 시민들이 대통령 퇴진 시민혁명의 역사를 만들었다. 민주항쟁 이후 30년이 지난 지금, 한국은 경제성장과 인간개발 모두에서 괄목할 만한 성장을 이룩했지만, 민주주의와 정부 신뢰에서, 삶의 질과 웰빙의 만족도에서는 정체 또는 쇠퇴 동향이 뚜렷하다. 프리덤하우스 조사의 민주주의 측면에서는 선진국들과 어깨를 나란히 하는 '자유국가' 대열에 올라섰지만, 여전히 언론의 자유에서는 '부분 자유' 국가로 머물러 있다. 정치적 권리와 시민적 자유에서도 완전한 '실질적' 민주주의의 진전을 이뤄내지 못하고 있다. 또 세계가치관 조사에서는 한국인의 민주주의에 대한 평가와 의식수준 모두 선진사회의 민주주의 지위에 합류하는 데는 여전히 미흡한 수준에 머물러 있다. 정부신뢰 측면에서도 중앙정부, 국회 등 정부기관에 대한 국민의 신뢰는 개선되지 않고 있어, 정통성 기반의 취약성을 보여준다.

정부에 대한 불신과 국가 취약성이 지속된 가운데 법과 제도를 통한 정치 민주화 운동에 이어, 시민권리로 보장된 집회와 시위를 통한 '비관례적' 정치참여운동이 21세기에 들어서며 일상적 시민참여운동으로 정착되었다. 돌이켜보면 촛불시위는 2002년 길을 가던 두 여학생이 미군 장갑차에 치어 사망하는 사고가 발생하면서 시작되었다. 2002년에 전국적으로 100일간 시민사회단체와 시민들의 자발적인 참여로 '촛불시위'가 계속되었다. 자발적이고 비판적인 시민의 등장이며 시민참여의 민주화로 점차 발전되고 있었다. 2004년에는 노무현 대통령에 대한 국회의 탄핵에 반발하는 대규모 촛불시위가 헌법재판소의 대통령 탄핵 기각을 이끌어냈다. 2008년 광우병 우려가 있는 미국산 쇠고기 수입을 반대하는 대규모 집회와 시위 또한 6개월 이상 전국 중소도시에까지 촛불시위로 확대되었다. 같은 시기에 대학생들의 등록금인상반대 촛불시위는 2011년까지 이어졌다. 2014년 4월부터 2015년까지 지속되었던 세월호참사 진상규명 촛불집회와 시위, 그리고 2016년 박근혜 대통령퇴진 촛불집회는 한국 역사상 최초의 '시민혁명'으로 기록되었다.

'시민혁명', '촛불 민주주의', '스마트 민주주의'가 자주 얘기되는 시대 상황에서 주권자 시민들의 역할은 민주주의를 지키는 권리와 함께 의무도 갖게 된다. 2016년 말 시민혁명에서 '비판적' 시민들은 내가 나서지 않으면 안 된다는 비상한 각오로 촛불집회의 광장에 나갔다. 그래서 국민소환과 같은 형식적 직접민주주의는 아니었지만, 시민혁명이라는 주권행사로 실질적 직접민주주의를 행사하였다. 대통령과 여야 정당, 정치인들이 주권자의 민심과 요구를 수시로 호도했다. 그러나 그 비판적 시민들의 눈에 한국 대의민주주의의 민낯으로 그대로 드러났던 것이다. 대통령의 권위뿐 아니라 국무총리와 국회의원, 장차관과 수석비서관 등 국가 고위층뿐 아니라 재벌총수와 사장, 대학총장과 교수, 의사, 검사, 변호사 등 사회지도층의 품위도 그야말로 땅에 떨어지는 '신뢰의 위기' 교훈도 남겼다.

'비판적' 시민들은 시민사회와의 공조로 대의민주주의를 대신하는 직접민주주의 시민혁명을 완수할 수 있었다. 그렇다고 시민사회가 주도하는 집회나 시위를 따르거나, 시민사회가 주창하는 대안이나 정책을 일방적으로 지지한 것은 아니었다. 비판적 시민들은 위로부터의 리더십의 지시에 따라 움직이지도 않으며, 오로지 시민들 절대 다수의 의지에 기반하여 직접행동에 나서는 '자주적' 시민들이다. 시민들은 집회와 시위의 법조차 필요 없게 만들 정도로 시종일관 평화 집회를 지키며 경찰과 법원과도 신뢰관계를 유지할 수 있었다.

시민참여는 시민사회를 통하지 않고 인터넷 등의 네트워크를 통해 촛불집회와 시위로 발전하고 있다. 동호회, 카페, 동문회 등의 비조직적이고 느슨한 시민모임들이 자유롭게 자율적인 참여방식으로 촛불의 공론을 모으고 평화행진으로 한국 민주주의의 수호자 역할을 해냈다. 2016년 말 대통령의 국정농단에 맞선 비판적 시민들의 촛불 행진은 대통령의 국정지지도를 사상 최저 4% 아래로 끌어내리며, 주권자의 권력을 행사하였다. 비판적이고 자발적인 시민들 스스

로가 시민참여의 시대를 활짝 열어가며 정부가 시민을 통치한다는 '거버먼트'
(government) 사고방식을 주권은 시민들이 행사한다는 시민참여의 '거버넌스'
(governance) 사고방식으로 전환시키고 있다. 이제 시민참여의 거버넌스 정착으
로 한국 민주주의의 공고화를 수행해야 하는 시대적 요청이 한국 사회와 정치
권에 제시되어 있다.

1987~

한국
시민사회
이념사

2017

한 국 시 민 사 회 사

제 1 장

이념 :
보수 대 진보의 대립

한국 시민사회 역사에서 '보수 대 진보'의 대립은 여러 이슈들에서 다양한 형태로 나타났다. 2016년 대통령 퇴진 촛불집회에서도 보수 대 진보의 대립이 정당들 사이에서뿐 아니라 일반 시민들과 사회단체들 사이에서도 첨예했다. 30년 전 1987년 민주항쟁 이후의 경제, 노동, 여성, 환경 등 거의 모든 이슈들에서 보수 대 진보의 대립과 갈등은 현재진행형이 된 것이었다.

〈한국 시민사회 제도사〉와 〈한국 시민사회 조직사〉에서 살펴보았듯이 시민사회는 87년 민주항쟁 이후 줄곧 인권보호를 중시하는 개혁입법과 제도개선을 위해 정부와 국회에 압력을 행사해, 상당한 실적을 이뤄냈다. 그럼에도 지금까지 국가보안법과 집시법 등 국민의 기본적인 권리와 시민적 권리 측면에서의 인권 보호를 놓고 정부와 정치권, 시민사회도 보수와 진보로 갈려 대립하고 갈등하는 악순환이 되풀이 되고 있다.

01 _ 보수단체와 진보단체

보수와 진보의 철학적 기초에 대해 정치학에서는, 보수는 권위와 질서와 재산권을 중시하고, 진보는 자유와 평등과 개혁을 중시하는 차이가 있다고 밝힌다.[1) 보수는 재산권 보호와 안전을 중시해서 국방과 경찰과 법질서 유지를, 진보는 인권보호와 복지와 균등정책을 우선하는 차이가 있다고 볼 수 있다. 이같은 '보수 대 진보'의 이념적 논의를 한국사회에 적용해보면, 한국의 보수는 재산권 보호에 가장 중요한 국방과 경찰과 법질서를 중시해 반공의 이념으로 북한과 미국의 문제를 바라보고 행동해왔다. 이에 반해 한국의 진보는 반공 논리에 맞서 남북협력을 위한 개혁을 주창하며, 인권을 침해하거나 시민의 정치적 권리를 억압하거나 자유를 침해하는 법과 정책에 저항해 민주적 개혁을 주창해왔다.

한국 사회의 보수 대 진보의 대립은, 학계의 연구들에 따르면, 역사적으로 남북관계와 미국관계에서 두드러지게 나타난다(이나미 2004; 윤민재 2004). 해방 직후부터 발전한 반공 이데올로기에 대한 정치적 대립에서 비롯된 것으로, 보수주의는 반공 이념에 뿌리를 두고, 북한의 군사적 도발을 지키는 미국에 대해 우호적인 입장에 선다. 반면 진보주의는 북한과 화해와 협력을 중시하고 미국에 대해서도 일방적인 지지보다는 이슈에 따라 지지와 반대를 분명히 하는 입장에 선다. 이처럼 북한과 미국 문제에서 만큼은 보수 대 진보의 대립이 지속되는 뚜렷한 동향이 있다.

김대중 정부의 남북정상회담을 비롯해 북한에 대한 인도적 지원까지도 '퍼주기' 논쟁이 확대되면서 이후 남북협력의 상징이 되었던 금강산관광과 개성공단이 폐쇄되며 남북관계는 단절되었다. 미국 문제의 경우, 2002년 길을 걷던 두 여학생이 미군장갑차에 사망한 일에서 한·미 SOFA 협정 때문에 범죄자 처벌조차 하지 못한 현실을 비판하며 불평등한 협정의 개정을 요구하는 촛불집회가 지속되면서 이를 반대하는 보수단체들의 맞불시위가 등장했다. 그밖에도 미군범죄와 미군기지 이전, 미군기지의 환경오염, 사드 배치 등 미국 관련 이슈들에서 보수와 진보 단체들의 충돌은 계속되었다.

북한과 미국 문제들뿐 아니라 인권, 교육, 경제, 복지 등 무수한 정책 이슈들에서 보수 대 진보의 대립과 충돌은 김대중 정부 이후 박근혜 정부에 이르는 기간 내내 계속되었다. 〈한국 시민사회 이념사〉에서는 먼저 인권 이슈에서 제기되었던 사형제, 교육정보 인권, 성소수자, 양심적 병역거부 등에 초점을 맞춰 양측의 시각을 비교해본다. 나아가 반전평화운동, 북한인권, 한·미 SOFA 개정, 역사교과서, 정권의 보수단체 활동 지원 등에서의 보수 대 진보의 대립에도 초점을 맞춘다.

이상과 같은 다양한 이슈들에서 보수단체 모두가, 또 진보단체 모두가 찬반으로 대립하고 갈등하는 것은 아니다. 이슈에 따라 찬성하거나 반대하는 단체들이 다르고, 이들의 주도로 '보수 대 진보'의 이념적 대립으로 나타나는 것이다. 따라서 관심의 초점은 구체적으로 어떤 이슈에 어떤 단체들이 보수 대 진보의 대립에 표출되는지를 분석하는 일이 중요하다.

아래에 이슈별로 기술되어 있듯이, 참여 단체들의 일반적인 특징을 시기별로 보면 다음과 같이 요약될 수 있다. 첫째는 진보단체의 분열, 둘째는 보수단체의 확장으로 인한 시민사회의 양극화, 셋째는 보수단체들의 분열이 그것들이다. 첫째, 지난 30년의 역사에서 진보단체와 보수단체 모두가 분열의 과정을 거쳐온 것은 사실이다. 먼저 진보단체의 분열은 2002년 촛불집회 시기라 볼 수 있다. 미군 장갑차에 의해 사망한 두 여중생의 사망에 책임이 있는 미군을 처벌할 수 없는 불평등한 한·미 SOFA 협정에 저항하는 촛불시위가 4개월간 지속되면서, 미국에 대한 비판이 전대미문의 수준으로 고조되었다. 이에 맞서는 반공과 군관계 보수단체들의 조직화된 반대 집회는 한국 시민사회 최초의 대규모 보수단체의 집단행동으로 기록되었다. 이 시기를 거치면서 경제민주화에 앞장서며 진보적 시민사회단체의 위상을 지켜온 경실련의 경우, 서경석, 이석연 사무총장 등 시민사회단체 리더들이 새로운 중도 또는 보수단체의 대표로 변신하는 변화도 있었다.[2] 2000년 총선에서의 낙선운동도 경실련 따로, 참여연대 등의 총선시민연대 따로 진행되며 진보적 시민사회단체들의 분열이 시작되었다.

둘째는 보수단체의 확장으로 인한 시민사회의 양극화이다. 보수단체들의 활동이 본격화된 것은 김대중 정부 출범 이후였다. 김대중 정부의 북한 유화정책이었던 '햇볕 정책'에 반감을 가진 일부 보수세력들이 단체를 조직해 시민사회의 영역으로 진입해 활동을 개시한 것이다. 보수단체들은 진보적 정권이나 민주화에 대항하기 위해 역설적이게도 진보단체를 모방해 단체를 조직해 집회와 시위 등의 직접행동에 나섰고, 특히 북핵 문제가 대두되면서 더욱 활성화되었다(이나미 2004: 150). 또 다른 흐름은 김대중 정권에 대한 보수 언론의 저항이 있었고, 이들의 보수단체에 대한 우호적 보도와 보수적 공론의 장이 확장된 배경도 있었다.[3] 보수단체들의 집단행동은 2003년 3·1절, 6·25 행사와 8·15 행사 등 세 차례 집회로 확장되었고, 보수 언론이 이를 집중적으로 보도하면서 보수단체들은 반핵·반김, 한·미동맹 강화의 목소리를 높였다.

셋째는 보수의 분열로, 화형식 등의 과격한 집회와 시위 행동에 나서는 단체들과 이들을 경계하는 단체들 사이의 구분이다. 전자를 수구 또는 극우단체로, 후자를 보수단체로 구분하기도 한다. 전자에는 헌법을 생각하는 변호사모임 등이 있고,[4] 후자에는 전통적인 관변단체(자유총연맹, 새마을운동, 바르게살기), 바른사회를 위한 시민회의, 한국기독교총연맹, 보수주의학생연대 등이 있다. 그럼에도 극우단체나 보수단체들이 공통적으로 공유하는 이슈들은 반핵반김과 한·미동맹, 이라크파병 환영, 북한인권문제 강조, 북핵반대, 국가보안법폐지 반대, 고교평준화 반대, 기업옹호, 사립학교법 개정반대, 행정수도이전 반대 등이다(이나미 2004: 171). 보수의 분열은 2016년 박근혜 대통령퇴진 반대운동에서 극명하게 나타났다. 대부분의 보수단체들이 퇴진을 지지하거나 유보하는 입장을 취한 반면 박사모, 어버이연합 등 일부 수구단체들만이 퇴진반대 집회와 시위에 나섰다.

02 _ 보수 대 진보 여론

(1) 역대 정권별 보수 대 진보

한국인의 의식이나 행태에서 자신을 보수 또는 진보로 밝히는 여론조사는 다양하다. 이 가운데 민주화 30년 기간을 살펴볼 수 있는 자료로 세계가치관조사(World Values Survey)를 참고해볼 만하다. 1982~2010년 기간의 자료를 보면, 1990년대 초 노태우 정부까지는 한국인 가운데 보수가 진보를 두 배 이상 압도하는 상황이 지속되었다.

그러나 김영삼 정부의 등장으로 진보가 보수를 압도하는 반전이 이뤄졌고, 이는 김대중 정부의 출범까지 유지되었다. 그러나 김대중 정권 말기 반공·반북 보수단체들의 등장과 2002년 반미 촛불집회에 대한 반대집회 등의 보수화는 노무현 정부의 출범에도 불구하고 계속 이어졌다. 그래서 노무현 정부 기간인 2005년에는 다시 보수가 진보를 크게 앞서는 여론의 반전이 이뤄지며 이명박 보수정부의 집권을 가능하게 만들었다. 그런데 이명박 정부의 출범부터 발생한 2008년 미국산쇠고기수입반대 촛불집회, 4대강 사업반대 등 진보의 저항 등으로 다시 진보가 다소 앞선 듯한 추세가 있었지만, 박근혜 정부의 등장으로 보수 정권이 연장되면서 보수의 시대가 지속되었다.

(2) 박근혜 대통령 퇴진과 보수의 분열

2016년 10월 말부터 박근혜 대통령퇴진 촛불집회로 보수의 분열이 가속화되었다. 보수정당을 자임해온 새누리당부터 분당되었고, 대통령 퇴진을 지지하거나 유보적인 보수단체들이 퇴진을 반대하며 시위에 나선 수구단체들을 크게 압도하였다. 실제로 촛불집회에도 그간 참여를 꺼렸던 보수적 시민들도 대거 참여했고, 촛불집회를 지지하고 나섰다. 2016년 11월 26일 KBS 여론조사에서, '촛불집회를 통해 박근혜 대통령 퇴진 등을 주장하고 있는 것'에 대해 국민 83.5%가 '공감한다'고 응답했는데, 보수층 2/3 이상도 이를 지지하거나 반대하지 않았다. 또 박근혜 대통령 탄핵을 찬성하는 국민은 79%(반대 15%)로 나타났는데, 이 중 자신을 보수라고 밝힌 시민 중 63%도 찬성했다(한국갤럽 2017. 2. 10).

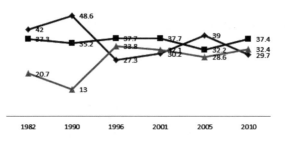

〈그림 5-1〉 한국인의 보수-중도-진보 정치성향: 1982~2010

자료: World Values Survey 각연도 data file 분석.

2016년 말에 와서 보수 대 진보의 역전이 일어났다. 2016년 한 해 동안의 이념적 지형의 변화를 살펴보면(한국갤럽 2016), 1월부터 10월까지 보수의 우위가 지속되다 10월 말 대통령 퇴진 정국부터 11월과 12월에 보수의 심각한 쇠퇴와 진보의 약진으로 역전이 일어났다. 이에 대해 중앙일보(2016. 12. 1)는 박근혜-최순실 게이트로 촉발된 보수 세력의 위기가 보수의 이념마저 뿌리째 흔들

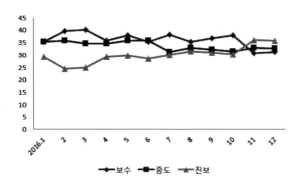

〈그림 5-2〉 한국인 보수와 진보 이념 성향의 반전

자료: 한국갤럽 데일리 오피니언, 2016년 월별 갤럽 리포트.

고 있다며, "집권층의 와해와 동시에 보수성을 기치로 내걸었던 각종 정책·법안도 전면 후퇴하고 있다. 역사 국정교과서는 시작부터 식물 교과서로 전락했고, 국회에선 법인세 인상 등 '경제민주화' 법안이 대기 중이다. 개성공단 폐쇄, 사드체계 배치 등도 원점 재검토가 힘을 얻고 있다"고 지적했다.

제 2 장

인권과 정치 이념

01 _ 인권과 표현의 자유

1987년 민주항쟁 이후 지속된 '보수 대 진보'의 대립 이슈가 되었던 국가보안법은 앞의 제도사와 조직사에서 서술했다. 여기에서는 2003년부터 지금까지 보수와 진보가 대립해온 인권과 소수자 권익 이슈들에 초점을 맞춰 보았다. 학생의 교육정보 인권, 양심적 병역 거부, 사형제, 의문사진상규명, 국가인권위원회의 인권보호 역할을 차례로 살펴본다.

(1) 교육정보 인권

2003년 노무현 정부가 학생들의 생활과 신상 정보를 수집해 교육행정 정보 시스템(NEIS)으로 개발, 운영하려는 계획이 시민사회단체들의 거센 반대로 무산되었다. 국가인권위원회가 전국교직원노동조합(전교조)의 요구사항을 상당 부분 수용하는 결정을 내리자, 한국교원단체총연합회와 교장협의회가 반발하고 나섰다. 반면 전교조와 교육시민단체는 '정보인권에 대한 큰 진전'이라며 환영하였다. 교육부는 기본 신상관리, 특수교육 이수내역 등 인권 관련 8개 세부 업무에 한해 국가인권위원회 결정을 존중하겠다는 방침을 정했다(한국일보 2003. 5. 13). 전교조는 이에 따라 NEIS 반대투쟁 계획을 중단했다. 반면 학교를 사랑하는 학부모 모임은 이번 결정에 대해 "학부모의 교사에 대한 알 권리를 근본적으로 차단했다"며 반대 입장을 분명히 했다.

한편 전교조 집행부가 NEIS에 대한 국가인권위원회 권고안 수용을 촉구하며 무기한 단식농성에 들어가자, 노무현 대통령은 전교조에 대해 '온당하지 못한 처사'라며 강하게 비판하고 나섰다(한겨레신문 2003. 5. 21). 결국 교육부가 NEIS 시행 방침을 번복하자 교원단체가 반발하고 일선 정보 담당 교사들이 업무 거부운동 움직임을 보였다. 학부모단체인 '학교를 사랑하는 학부모 모임', '바른 사회를 위한 시민회의'도 교육부총리의 퇴진을 요구했다(동아일보 2003. 5. 27).

(2) 양심적 병역 거부

2004년 양심적 병역거부에 대해 법원이 무죄를 선고한 다음, 다시 대법원이 유죄를 선고하며 혼선이 빚어졌다. 이에 따라 보수단체와 진보단체의 이념적 대립은 격화되었다. 5월 21일 법원은 양심적 병역 거부자에 대해 첫 무죄 판결을 내렸다. 이는 안보상황을 우선시한 기존 판례를 깨고 헌법이 보장한 '양심의 자유' 및 국제규약을 적극적으로 해석한 결과로 평가받았다(한국일보 2004. 5. 22). 그간 법원은 양심의 자유보다는 '국가안전 보장과 국민의 병역 의무, 평등한 공적 부담의 원칙' 등을 규정한 헌법 11조를 우선시해 양심적 병역거부를 받아들이지 않았다. 그러나 이번 재판부는 헌법상 '양심의 자유'의 의미를 "개인의 가치판단에 국가가 간섭해서는 안된다는 것"이라고 폭넓게 해석했다. 또 우리나라가 1993년 이후 5차례 위원국으로 연임된 유엔 인권위원회에서 채택한 '양심에 따른 병역거부권 결의안'도 무죄 판단의 근거로 받아들였다. 재판부는 국가안보 우려에 대해 "양심적 병역거부자가 연간 징병인원의 0.2%에 불과해 국가 방위력에 미치는 정도가 미미하고, 첨단 무기가 주도하는 현대전의 양상을 고려할 때 위협적 요소가 될 수 없다"며 "안보를 이유로 양심적 병역거부를 처벌할 수 없다"고 밝혔다.

그런데 두 달도 채 지나지 않은 7월 15일, 대법원은 '양심적 병역거부자'에게 유죄 확정 판결을 내렸다. 그러나 대법관 가운데 최초로 양심적 병역 거부에 대해 무죄 취지의 의견이 나오고, 6명의 대법관이 대체복무 인정의 필요성을 공식 언급한 것은 주목할 만한 일이었다(동아일보 2004. 7. 16).[5]

대법원의 판결에 대해 재향군인회, 한국전쟁참전동우회 등 군관련 단체들과 바른사회를 위한 시민회의 등 보수단체들은, 병역의무는 체제 수호에 가장 기본적 의무라며 환영하였다. 반면 참여연대 등 36개 진보단체로 이뤄진 연대회의는 "한국 사회의 인권신장을 후퇴시킨 사건으로 기억될 것"이라며 "이에 굴하지 않고 입법부와 헌재에 법 개정 등을 계속 촉구하겠다"고 밝혔다.

2008년에도 진보단체들은 종교와 신념으로 매년 500~800명의 양심적 병역거부자가 수감되어 있다며, 이들의 양심보호를 위한 국가적 해결책이 필요하다는 문제를 제기하였다(한겨레신문 2008. 7. 5). 또 2011년에는 강의석씨의 병역거부 사건이 발생해 양심적 병역거부가 국가적 이슈로 부각되었다. 입영 거부로 기소된 강의석씨는 평소 신념대로 군대 대신 감옥을 택했다.[6] 서울대 법대에 재학 중이던 그는 대학을 그만두었고, 2010년 논산 육군훈련소에 입영하라는 '공익근무요원소집 입영통지서'를 받고도 입대를 거부한 혐의로 기소된 것이다.

이처럼 양심적 병역 거부자 문제는 여전히 중요한 인권 이슈로 남아 있다. 오태양(평화재단 교육국장)씨의 경우, 2001년 12월 병역거부로 수감(2004년 10월~2005년 12월) 중에도 구치소 세 군데를 거치는 동안 대법원까지 법정 다툼을 벌였고, 유엔 인권위원회에 제소했으며, 국회 공청회에 참석해 대체복무제의 필요성을 역설했다(한겨레신문 2011. 5. 9). 오씨처럼 수감생활을 마친 병역거부자들은 예비군훈련 거부에 따른 벌금과 실형, 전과자 딱지와 취업 제한으로 이어지며, 출소한 뒤에도 취업이 어려워 시민사회단체에서 일했다. 어느 초등학교 교사 출신 병역거부자는 공무원 신분이 박탈돼 대안학교 교사로 옮겨갔고, 또 다른 교사는 형기를 마친 뒤 택배 일을 하며 생활했다.

(3) 사형제

2007년 1월 법원은 '사법살인'으로 거론됐던 인민혁명당 사건의 재심에서 무죄를 선고했다. 인혁당 사건은 우홍선 씨 등 8명이 1974년 북한의 지령을 받아 유신체제에 반대하는 '민청학련'을 조종해 국가를 뒤엎으려 했다는 혐의로 사형이 집행됐던 사건이다. 2007년 12월 30일은 국내에서 사형이 집행되지 않은 지 10년째 된 날로 한국은 '실질적 사형 폐지국' 반열에 올라서게 됐다.

2007년 2월 국가인권정책 로드맵인 국가인권정책기본계획 초안이 확정됐다. 2006년 1월 발표된 국가인권위원회의 권고안에 담겼던 사형제와 국가보안법, 보안관찰제 폐지, 공무원과 교사의 정치참여 확대 등은 정부안에서 제외됐다(한국일보 2007. 2. 14). 그후 사형제 폐지 논란이 끊이지 않은 가운데 2010년 헌법재판소가 13년만에 다시 사형제도에 합헌 결정을 내린 데 대해 시민단체와 종교계의 반응은 크게 엇갈렸다(한국일보 2010. 2. 26). 사형제폐지범종교연합, 국제앰네스티 한국지부, 민주사회를 위한 변호사모임 등은 "국회에 사형제폐지특별법안이 계류돼 있는 만큼 국회가 나서 해결해야 한다"고 주장했다. 대한변호사회도 "사실상의 사형폐지국으로 분류된 우리나라의 국격에 걸맞게 사형제도는 마땅히 폐지돼야 한다"고 주장했다.

반면 보수단체들은 헌재의 합헌 결정을 환영하면서 사형제가 올바르게 자리잡을 수 있는 기회로 삼아야 한다고 주장했다. 뉴라이트전국연합은 "흉악범죄를 막기 위해서도 모든 국민들이 용납할 수 없는 범죄에 대해서는 사형을 집행해야 한다"고 주장했고, 바른사회시민회의는 "사형제 폐지에 앞서 피해자 인권 보호 문제가 먼저 해결돼야한다"고 주장했다(한국일보 2010. 2. 26).

(4) 의문사 진상규명

의문사 진상규명에도 보수단체와 진보단체 사이에 대립이 이어졌다. 의문사 진상규명에 앞장서온 민족문제연구소, 민변, 민주언론운동 시민연합, 민주화를 위한 전국교수협의회, 인권운동 사랑방, 천주교정의구현전국사제단 등 150여 시민사회단체는 2004년 7월 기자회견을 열고 "최근의 의문사 진상규명위원회에 대한 색깔론 공세를 즉각 중단하고, 국회는 3기 의문사위 구성을 위한 특별법 개정안을 즉각 통과시키라"고 주장했다(한겨레신문 2004. 7. 17). 이들은 의문사위원회가 사상전향 공작에 의해 숨진 비전향 장기수 3명을 민주화 운동과 관련한 의문사로 인정한 것을 두고, "일부 언론과 극우세력들이 이를 계기로 사상 공세를 펼치며 의문사위원회 폐지를 거론하는 행태에 심각한 우려를 갖지 않을 수 없다"고 비판했다. 한편 북핵저지시민연대, 국민행동본부 등 보수단체들은 의문사위원회 앞에서 기자회견을 열고 "간첩과 빨치산을 민주화 인사로 인정하고, 간첩과 사노맹 출신 조사관을 이용해 남한 적화야욕을 기도하는 의문사위를 규탄한다"며 인공기를 찢는 등 시위를 벌였다.

(5) 국가인권위원회의 역할

인권에 대한 보수단체와 진보단체들의 대립은 국가인원위원회의 정책결정과 시행에 대한 지지나 반대로 표출되었다. 따라서 국가인권위원회가 특정 사안이나 이슈에 어떤 결정을 내리고 시행하는지에 논란의 초점이 모아지고 집회와 시위와 농성 등 직접행동의 빌미가 되곤 하였다. 국가인권위원회가 출범한지 2년도 되지 않은 2003년 6월, 한국 사회에서 첨예하게 입장이 대립되는 병역 문제, 전자정부 시스템, 동성애 등에 대해 인권위원회의 결정이 알려지면서 각종 이해관계와 이념의 틀에 따라 찬사와 비난이 쏟아졌다(한국일보 2003. 6. 16).

2002년 3월 인권위원회 차원에서 발표한 이라크 전쟁 관련 반전(反戰) 성명과 교육행정정보시스템(NEIS) 인권침해 결정도 보수 대 진보의 논란을 야기했다. 2004년 8월에는 국가인권위원회가 국가보안법의 전면 폐지를 권고하면서 국가보안법 개폐에 관한 이념 논쟁이 불붙었다. 인권위원회가 국가보안법을

'헌법상 기본권인 사상과 양심의 자유를 침해하는 반인권적 악법'으로 규정한 것은 더 이상 남북 분단이라는 특수 상황을 이유로 인권침해가 자행되는 것을 용납해서는 안 된다는 인권의식을 반영했다(한국일보 2004. 8. 25). 또 2010년 11월 인권위원회가 "군 동성애 처벌에 인권침해 요소가 있다"고 밝힌 데 대해, 보수단체 회원들이 인권위원회에 들어가 농성 항의하는 일도 있었다(동아일보 2010. 11. 5).

02 _ 반전 평화 운동

전쟁에 대한 반대, 그리고 그 반대에 대한 반대집회와 시위 등 보수 대 진보 단체들의 이념 갈등은 반전 평화운동에도 표출되었다. 2002년 미국의 이라크 공격을 둘러싸고 반전과 참전 여론이 각계각층에서 다양하게 분출되었고, 이에 대해 국가기관인 국가인권위원회는 노무현 대통령의 결정에 맞서 참전 반대 의견을 제출하는 등 대립과 갈등이 이어졌다.

(1) 2002 촛불시위와 반전 운동

2002년 6월 미군장갑차에 치여 숨진 두 여중생을 추모하고 불평등한 한·미 주둔군지위협정(SOFA)을 개정하기 위한 촛불시위가 열렸다. 2002년 11월 26일 서울 종로 YMCA회관 앞에서 100여 명이 모인 가운데 시작된 촛불시위는 네티즌들이 대규모로 참여하면서 전국적 시위로 바뀌었다. 매일 오후 6시면 서울 광화문 주한미국대사관 옆에는 촛불을 든 남녀노소가 자발적으로 모였다. 촛불시위는 연말을 기점으로 '반전평화'에 무게를 둬야 한다는 쪽과 기존의 불평등한 SOFA 개정, 가해미군 처벌을 관철해야 한다는 쪽의 입장 차이로 정체성에 대한 논란이 벌어진 끝에 2003년 초에는 두 개의 촛불시위가 열렸다(경향신문 2003. 3. 5). 국내 보수세력과 미국 언론들은 "촛불시위가 한국의 반미감정을 부추긴다"고 주장하고 나서는가 하면, 일부 보수단체들이 대규모 반미 반대시위를 열면서 논란이 되기도 했다.

(2) 이라크 전쟁 참전

2003년 미국의 이라크 공격을 둘러싸고 반전과 참전여론이 각계각층에서 다양하게 분출되었다. 노무현 대통령이 미국 지원을 결정한데 대해 이념적 논란이 가열되었다. 경실련 등 4개 시민단체 대표는 "무고한 인명을 살상하는 명분없는 전쟁은 중단되어야 한다"는 의견을 제시했다. 반면 바른사회를 위한 시민회의는 "참전을 통해 미국에 대한 한국의 입지를 강화하여 국가생존을 둘러싼 위험과 불확실한 요인을 극복하는 기회로 삼아야 한다"고 주장했다.

이라크 전쟁 반대 목소리가 높아지면서 반전 서명운동이나 모금운동 등 생활속 반전운동 열기도 뜨거워지며 이색 반전운동도 나타났다(문화일보 2003. 3. 25). 학생과 직장인 사이에는 메신저 대화명 앞에 'No War', '반전', '반미' 등 구호붙이기나 비둘기 모양과 파란 리본 달기가 유행이었다. 또 미의회를 타깃으로 한 반전 서명사이트와 인터넷 카페 '내가 이라크전에 반대하는 이유' 등에는 반전 필요성을 역설하는 릴레이 글쓰기가 이어졌으며, 언론사·정부기관 홈페이지와 인터넷 포털사이트 게시판 등에도 계속 반전 메시지가 올라왔다.

반전시위와 파병저지운동은 3월 25일 국회의 이라크전 파병 동의안 처리 유보를 이끌어냈다. 이라크전 발발 이후 첫 주말부터 국회의사당 앞 등 전국 각지에서 본격적으로 시작된 반전·파병저지운동은 시민단체들은 물론 노동계, 문화·예술인, 종교계를 망라한 범국민운동으로 확산되었다(한국일보 2003. 3. 27). 반면 해병전우회는 해병대 예비역 500여 명이 참가한 가운데 '이라크전 파병 지지 및 법안 국회통과 촉구 궐기대회'를 열었고(문화일보 2003. 3. 28), 반전시위에 맞불을 놓은 반핵·반김(김정일 국방위원장) 시위는 친미 경향을 보였다.

(3) 국가인권위원회의 반전 의견

2003년 3월 27일 국가인권위원회는 "UN의 합법적 승인을 거치지 않은 전쟁에 반대한다"며, "한국의 700개 시민사회단체 연대기구도 전쟁반대 입장을 밝혔고 평화운동의 흐름이 국민의 공감대를 얻고 있다"고 밝혔다(한국일보 2003. 3. 2.7). 인권위원회의 '이라크전 반대 의견서'에 대해, 인권운동사랑방, 민주노총 등 대부분의 시민단체들은 "인권위의 용기에 박수를 보낸다"며 인권위를 압도적으로 지지한 반면, 일부에서는 "대통령의 뜻에 어긋나는 국가기강 문란 행위"라고 비난하기도 했다(문화일보 2003. 3. 27).

제 **3** 장

_____

경제와
복지 이념

01_ 성장 대 분배

시민사회는 민주항쟁 이전부터 성장보다는 분배를, 개발보다는 환경을 더 중시하는 시민운동을 펼쳐왔다. 이는 정부의 경제정책 및 기업의 성장전략과 자주 충돌하며 한국 사회의 경제적 이념의 대립과 갈등의 핵심으로 자리했다. 보수적인 이명박 정부와 박근혜 정부의 집권으로 보수단체들이 성장하면서 이런 이념적 갈등은 자주 언론에 노출되었다.

2003년 노무현 정부의 출범과 동시에 법인세율 인하 논란 등 조세정책 방향을 놓고 '성장'과 '분배', '효율'과 '형평' 논리가 정면으로 충돌하였다. 노무현 대통령은 당초 "성장이 돼야 분배 제고가 가능하고, 분배구조가 바로 잡혀야 제대로 된 성장이 이뤄진다"며 양자간의 조화를 역설했지만, 현실 정책에서는 우선순위를 놓고 상충이 빚어지고 있었다(한국일보 2003. 3. 7).

2004년에 와서도 성장 대 분배 이념 논쟁은 지속되었다. 대표적인 성장주의자인 남덕우 전 국무총리와 분배론자인 변형윤 전 서울대 교수가 국회에서 '성장이냐 분배냐'라는 주제를 놓고 치열한 논쟁을 벌였다(동아일보 2004. 12. 18). 남 전 총리는 "성장 없이는 분배 상태를 개선할 수 없으며, 지금은 성장을 통해 실업자를 줄이는 것이 분배 개선의 최우선 과제"라고 강조했다. 반면 변 전 교수는 "지나친 시장경제 체제 때문에 사회에서 소외된 '없는 사람들'이 더 큰 고통을 받고 있다"고 역설했다. 그는 "소외층의 고통은 갈수록 심해지지만 우리 사회의 경제적 약자는 아무런 말도 하지 못하고 있는 게 현실"이라며 "국회에서 이런 문제를 갖고 계속 싸워 달라"고 당부하기도 했다.

02 _ 재벌개혁 이념 갈등

노무현 정부의 집권으로 재벌개혁에 대한 논쟁이 가열되었다. 김대중 정부에서도 재벌개혁 논의가 있었지만 정부의 정책시행의 한계로 이념논쟁으로까지는 확대되지 않았지만, 노무현 정부에 와서는 보수단체의 성장과 재계의 반발로 재벌개혁은 심각한 논쟁의 대상이 되었다.

노무현 정부는 집권과 동시에 재벌개혁을 추진할 공정거래위원회의 위원장에 강철규 부패방지원원장을 임명했다. 강철규 공정거래위원장, 이근식(서울시립대 교수), 김태동(금융통화위원회 위원) 등은 경실련에 참여해 활동했고, 노무현 대통령 비서실장을 지낸 김병준 국민대 교수는 경실련 지방자치위원장을 맡았었는데, 이들은 금융실명제, 토지공개념제 도입, 한국은행 독립 등에 초점을 맞춰 활동해왔다(동아일보 2003. 3. 11). 또 참여연대에 참여한 경제학자들은 장하성, 김균 고려대 교수 등이 주도한 소액주주운동과 재벌개혁에 초점을 맞춰 시민운동에 참여하였다.

2003년 이찬근 인천대 교수, 장하준 영국 캠브리지대 교수 등 진보적 경제학자들이 2002년 설립한 '대안연대'는 재벌의 경영투명성은 강화해야겠지만, 새로운 사업과 기술개척을 통해 성장잠재력을 확충하고, 고용을 창출할 수 있는 데는 재벌밖에 없다는 현실 인식을 제시하였다. 장하준 교수는 "현대 자본주의의 핵심이 사업 다각화라고 볼 때, 현행 피라미드식 재벌구조는 세계적으로 경쟁력이 있다"며 "국민의 피땀으로 일군 기업을 외국자본에 넘기는 것은 순진한 발상"이라고 주장했다(한국일보 2003. 5. 2).

그러나 김상조 참여연대 경제개혁센터 소장은 "지주회사 요건 완화는 왜곡된 재벌체제를 제도화하는 것"이라며 "중요한 것은 기업의 투명성과 책임성"이라고 주장했다. SK(주) 사태와 관련, 재계뿐 아니라 대안연대의 집중 공격을 받은 장하성 고려대 교수는 "갑자기 국수주의가 좌우에서 판치고 있다"며 대안연대를 정면 공격했다. 한편 강철규 공정거래위원장 등 경실련 출신 개혁학자 그룹은 참여연대의 문제의식에 동의하면서도 포스트 재벌의 대안으로 '독립경영'을 분명히 하였다.

2012년에 와서도 재벌개혁인가, 재벌활용인가를 두고 논쟁이 계속되었다. 장하준 교수와 정승일 복지국가소사이어티 정책 및 운영위원, 이종태 기자가 함께 쓴 〈무엇을 선택할 것인가〉에는 "좌파 신자유주의는 자유시장의 합리성과 투명성, 효율성에 방점을 찍으면서 국가의 시장 통제와 개입에 반대하고 있다"고 지적하며, 진보·개혁 진영의 소액주주운동이 신자유주의적 주주자본주의의 한계를 넘지 못했다고 비판했다(한겨레신문 2012. 5. 30).

03 _ 재계의 저항과 정치참여

노무현 정부의 집권은 대기업에게는 위기의식을 갖게 해 다음 정권에 대한 개입으로 정치화되었고, 또 뉴라이트 등 보수단체들의 성장에 상당한 영향을 미쳤다.

2005년 노무현 정부의 8·31 부동산 대책에 대한 재계의 반발은 반기업정서 때문에 한국경제의 발목을 잡을 수 있다는 경고로 제기됐다. 정문건 삼성경제연구소 전무는 전경련의 최고경영자 월례 조찬회에서 시민단체를 중심으로 각종 진보단체가 연합해 기업의 지배구조뿐만 아니라 노사관계 등 모든 사안에 대해 시비를 제기하고, 정치권 일각에서도 대기업집단 자체를 근본적으로 재검토하는 움직임이 일어날 수도 있다고 주장했다(한국일보 2005. 11. 19).

2007년 노무현 정부 말기에 재계는 12월에 있을 대통령 선거 과정에 적극 개입한다는 방침을 세웠다. 전국경제인연합회 등 경제단체는 친기업적이고 시장친화적인 성향의 후보 당선은 물론 당선자의 정책 공약에 친기업적 정책이 다수 포함되도록 적극 노력할 것이라고 선언했다. 이는 1997년과 2002년 대선 국면에서 재계가 '부당한 정치자금 제공 거부' 등 수세적인 입장을 보였던 것과는 크게 대비되는 것이었다. 전경련은 친기업적인 공약의 적극 개발과 후보간 공약을 비교·분석하는 한편 대 국민 홍보를 강화하기 위해 2007년 각종 사업비 예산을 전년보다 19% 증액했다(한국일보 2007. 3. 2). 연말의 대선 결과는 친기업적인 이명박 보수정권의 승리로 나타나, 이후 5년간 대기업과의 밀월관계가 지속될 수 있었다.

04 _ 보편적 복지 논쟁

복지에 대한 이념 논쟁은 이명박 정부에서 제기되어 박근혜 정부까지 이어지는 논쟁으로 번졌다. 먼저 이명박 정부의 보수 진영이 복지에 대해 '포퓰리즘'이라는 딱지를 붙이면서 정책 논쟁이 정치·이념 논쟁으로 확대되었다.

(1) 이명박 정부의 복지 '포퓰리즘' 논쟁

2011년 이명박 대통령은 신년 연설에서 "복지 포퓰리즘은 문제의 해결책이 아니다"며 직접 '포퓰리즘' 화두를 던졌고, 이어 "망국적 무상 쓰나미"(오세훈 서울시장), "공산주의보다도 위험하다"(김문수 경기도지사)는 등 자극적 표현이 이어졌고, "경제가 파탄난 중남미 꼴 될 거냐"는 '복지망국론'도 빠지지 않고 따라붙었다(경향신문 2011. 1. 12). 하지만 보편적 복지를 포퓰리즘이나 망국론으로 묶는 주장은 현실과 괴리된 과잉 정치공세라는 비판에 직면했다. 실제 한국의 국내총생산(GDP) 대비 복지지출은 2007년 OECD 평균치(19. 3%)의 절반도 안되는 7.5%로, OECD 30개국 가운데 29번째다. 최근에는 보편적 복지가 시장과 상충하는 게 아니라, 가계의 가처분소득을 높여 시장을 활성화할 수 있다는 반론도 나오는 상황이다.

2011년 학계, 시민단체, 정부부처 복지 전문가 61명을 대상으로 설문조사를 실시한 결과, 정치권의 쟁점인 보편적·선별적 복지가 '선택의 문제인가'라는 질문에 '전혀 아니다(-5)'와 '매우 그렇다(5)'를 기준으로 대다수 전문가가 '양자택일할 사안이 아니다(평균 2.0)'라고 답변했다(한국일보 2011. 1. 25).[7]

(2) 박근혜 정부의 복지공약 논란

이명박 정부와 같은 당의 박근혜 후보는 복지공약으로 대통령에 당선된 것이나 마찬가지가 되면서, 복지 논쟁에서 포퓰리즘 논쟁은 사라졌다. 대신 복지공약을 지키기 위해 필요한 복지재원을 어떻게 마련해야 하는지에 대한 2차 논란으로 정치권과 사회 전체가 일대 복지 회오리에 휩쓸렸다.

2013년 10월 참여연대 등 100여 시민사회단체들은 서울광장에서 '박근혜 정부 공약파기 규탄 및 공약이행 촉구 투쟁계획'을 발표했다. 이들은 "4대 중증질환의 국가 책임, 의료비 본인 부담 상한선 인하, 노인 기초연금 20만원 지급 등 파기된 공약 대부분은 평범한 국민과 노동자, 청년, 노인 등 사회적 약자들에 대한 약속이었다"며 "국민과 약속한 공약을 이행하지 않으면 범국민적 저항에 직면하게 될 것"이라고 규탄했다(한겨레신문 2013. 10. 17).

이들 단체는 박근혜 대통령과 새누리당이 의료·복지·교육·경제민주화 분야 등에서 파기한 대표적인 대선 공약 18가지를 꼽았다. 의료 분야에선 4대 중증질환의 100% 국가 책임, 지역 간 의료 격차 해소, 의료비 본인 부담 상한선 인하 공약이 꼽혔다. 박근혜 대통령은 2012년 말 대선후보 토론회에서 4대 중증질환과 간병비·상급병실료·특진비 등 이른바 3대 비급여에 건강보험을 적용할 것이냐고 묻자 "다 커버해서 100% 책임지겠다"고 답했다. 하지만 2013년

6월 정부는 '4대 중증질환 보장 강화계획'을 내놓을 때 3대 비급여 적용 여부를 빼 사실상 본인 부담의 20%만 경감하게 됐다는 게 이들 단체의 주장이다.

새누리당의 유승민 원내대표는 2015년 국회연설에서 "증세 없는 복지는 허구라는 것이 밝혀졌다"며 박대통령의 복지정책에 정면 반박했고, 이에 대통령은 '배신의 정치'라 비판하면서 2016년 4월 총선 공천에서 배제시켰다. 그럼에도 유승민 의원은 무소속으로 출마해 당선되었다.

(3) 보편적 급식에 대한 지지

보편적 복지 논쟁의 한 가운데 있었던 무상급식에 대한 국민적 판단이 되는 지방선거 결과는 보편적 복지에 대한 지지로 나타났다. 2014년 지방선거에서는 박원순 서울시장 후보와 조희연 교육감 후보가 당선되고, 서울시의회도 야당이 다수당이 되면서 무상급식이 실현된 것이다. 경기도의 경우, 2010년 선거에서 야당(80명)이 압도하면서 김상곤 교육감의 공약이 추진될 수 있었다(경향신문 2010. 6. 5). 2015년 초 현재 무상급식은 전국 17개 시도 가운데 14개 시도에서 초등학생을 대상으로 시행중이다.

제 4 장

역사와 **교과서**

    역사에 대한 해석이 보수 대 진보의 이념 대립으로 표출된 것은 보수성향의 뉴라이트 교수들이 주축이 된 교과서포럼이 출범하면서였다. 노무현 정부 기간에 본격적인 활동에 들어간 교과서포럼 등 뉴라이트 단체들은 해방전후사 등 현대사에 대한 재인식이라는 새로운 역사 인식을 제기, 이후 이명박 정부와 박근혜 정부에 이르는 기간 내내 보수 대 진보의 역사에 대한 이념적 갈등을 야기시켰다.

01_ 뉴라이트의 역사관

(1) 근현대사 교과서

    2005년 1월 보수 성향의 뉴라이트 교수들이 주축이 된 '교과서포럼'이 출범하면서 교과서 논쟁이 시작되었다. 교과서포럼(공동대표 박효종·이영훈 서울대 교수, 차상철 충남대 교수)은 '고등학교 한국 근·현대사 교과서 이대로 좋은가'를 주제로 열린 창립 기념 심포지엄에서, 국사학계가 집필한 고등학교 한국근·현대사 교과서가 한쪽으로 편향돼 청소년들의 역사인식을 오도하고 있다고 주장하고 나섰다(문화일보 2005. 1. 22). 모임에는 기존 한국사 연구자들은 거의 참여하지 않거나 배제된 대신, 사회과학 전공 교수들과 북한민주화포럼·자유주의연대 등 뉴라이트운동 단체들이 주도하였다. 발표자들은 2004년 〈월간조선〉과 한나라당의 문제제기로 화제가 됐던 금성출판사의 교과서를 비롯, 2001년 이후 교육인적자원부의 검정을 통과한 두산동아·천재교육·법문사·중앙교육·대한교과서 등에서 나온 6종의 한국근·현대사 교과서를 모두 검토의 대상으로 했다. 그 결과 이들 교과서가 예외없이 민족주의의 과잉, 반한·친북적이라는 공통된 평가를 내렸다.

(2) 해방전후사의 재인식

2006년 2월 〈해방전후사의 재인식〉이라는 책이 발간되었다. 책에 실릴 논문을 선정한 편집위원 4명 중 김일영 교수는 '뉴라이트싱크넷'이라는 모임에, 이영훈 교수는 '교과서포럼'에 참여하였다. 책에 실린 '왜 다시 해방전후사인가'에서 이영훈 교수는 〈해전사〉를 좌익민족주의를 대변하는 책으로 몰아세웠다 (한국일보 2006. 2. 9). 홍석률 성신여대 교수는 "한·미방위조약 체결은 긴 교섭기간 전체를 놓고 공과를 평가해야 하며, 경제에 무관심했던 이승만의 수입대체 산업화를 업적으로 보는 것은 무리"라며, "그 동안 이승만의 부정적인 측면이 부각된 건 사실이나 이런 식의 종합적이지 못한 평가가 균형 잡힌 역사 서술에 무슨 도움이 될지 의문이다"고 덧붙였다. 〈해방전후사의 인식〉은 27년 전에 출간되어 50만 부 이상이 팔렸는데, 〈재인식〉 필진들은 선배 역사학자들의 업적을 '좌파적 편향'으로 치부해 버렸다. 그런데 발간 직후 주요 신문의 반응은 '우파의 교과서가 출간되었다'는 식의 정치적 해석이 주류를 이루었다(한국일보 2006. 2. 16).

(3) 뉴라이트의 역사교과서 개정운동

2006년 3월 뉴라이트의 '교과서포럼'과 중도개혁을 표방하는 '좋은정책 포럼'이 역사 논쟁에 돌입했다. '한국 사회 어디로 가야 하나'를 주제로 선진화포럼(이사장 남덕우 전 총리)이 주최한 대토론회에서 '교과서포럼' 소속 학자들은 박정희식 산업화를 높게 평가하면서 자유주의의 중요성을 설파했다(한겨레신문 2006. 3. 30). 박효종 서울대 교수는 "386 진보주의자들은 민주화가 건국 및 산업화의 열매라는 점을 의도적으로 외면하고 있다는 비난에서 자유로울 수 없다"고 주장했다. '좋은정책 포럼' 소속 학자들은 개발독재 모델을 비판하면서, 사회협약을 통한 성장·분배의 선순환 구조 등 유럽 모델의 가치를 역설했다. 2006년 5월에는 뉴라이트 단체들이 연대해 역사교과서 개정운동에 나섰다. 자유교육포럼과 뉴라이트교사연합, 북한민주화포럼 등은 현행 교과서가 김일성주의 사관에 맞춰 한국의 역사적 정통성과 업적을 부정하고 있다고 비판하며, 역사교과서 개정운동을 펼쳐 나가겠다고 밝혔다(문화일보 2006. 5. 11).

(4) 뉴라이트 근현대사 교과서 시안

2006년 11월 기존 교과서에 군사정변으로 나와 있는 5·16쿠데타가 '5·16혁명'으로 표현되고, 4·19혁명이 '4·19학생운동'으로 기술된 뉴라이트 계열의 한국근현대사 교과서 시안이 공개되었다. 뉴라이트 단체인 교과서포럼은 5·16쿠데타를 '5·16혁명'으로 표현해, "경제 발전의 획기적 계기가 된 혁명적 사건"으로 정의했다(동아일보 2006. 11. 30). 반면 고등학생용 한국근현대사 교과서로 대부분 채택된 금성교과서 발행의 교과서에는 "박정희 정부는 정권의 정당성을 확보하기 위해 경제개발을 위해 노력했다"고 나와 있다.

뉴라이트가 제시한 시안에는 특히 유신체제에 대해 "영도적 권한을 지닌 대통령의 종신 집권을 보장하는 체제"인 동시에 "국가적 과제 달성을 위한 국가의 자원 동원과 집행 능력을 크게 제고하는 체제"라고 평가했다. 이는 "헌법 위에 존재하는 대통령제로서 한국식 민주주의란 구호를 내세운 독재체제"라고 기술한 기존 교과서와 크게 다른 것이다. 또 5·18광주민주화운동도 '5·18광주민주화항쟁'으로 표현했다.[8]

(5) 뉴라이트의 대안 교과서

2008년 3월 교과서포럼은 3년여 만에 '대안교과서 한국근·현대사'를 출간했다. 2005년 1월 출범한 교과서포럼은 "현행 고교 검인정 근현대사 교과서(현행 교과서)들이 대한민국의 정통성을 부정하고 좌파 편향적 역사인식을 심어준다"며 '대안교과서'를 집필해 왔다. 현행 교과서에 맞서는 대안 교과서의 주요 내용은 아래와 같다(동아일보 2008. 3. 24).

먼저 현행 교과서는 대한민국 단독정부 수립이 분단을 초래했다고 기술했다. 남한만의 단독정부 수립을 두고 이승만 초대 대통령 등 우익이 찬성한 반면 좌익은 남한 정부 수립을 반대하기 위한 투쟁을 벌였다고 서술했다. 하지만 대안교과서는 이승만 대통령이 공산세력의 도전을 물리치며 자유민주주의와 시장경제 체제로 나라의 기틀을 잡았다고 평가했다. 또 대안교과서는 일제강점기를 수탈과 저항의 역사로 보는 현행 교과서와 달리 "이 시기 근대문명을 학습하고 실천함으로써 근대 국민국가를 세울 수 있는 '사회적 경험'이 축적됐다"고 설명해, '식민지 근대화론' 논쟁을 재연시켰다.[9]

대안교과서는 "(5·16쿠데타는) 근대화라는 국민적 과제를 수행할 능력이 결여된 옛 정치세력과 그에 도전한 급진이념의 정치세력을 모두 대체할 새로운 세력이 국가권력의 중심부를 장악한 일대 변혁"이라 평가했다. 이어 5·16쿠데타가 "1987년까지 이뤄진 근대화 혁명의 출발점"이라고 평가했다. 또 "박정희는 행정국가의 역량을 총동원해 자주국방과 중화학공업화를 강력하게 추진했다"고 미화시켰다. 이는 "'한국적 민주주의'라는 이름 아래 민주주의가 아닌 독재 체제로 나아간 것이 유신체제"라는 현행 교과서와 크게 다른 평가다. 또 김대중 정부의 햇볕정책에 대해서도 "통일국가의 이념적 토대를 명확히 하지 않아 남한 내에서 심각한 체제논쟁을 유발했다"고 서술했다.

02_ 정부, 정치권, 재계의 개입

이상과 같은 교과서포럼을 비롯한 뉴라이트 단체들의 대안교과서 발간은 새로 집권한 이명박·박근혜 정부의 전폭적인 지지를 받으며, 보수 대 진보의 이념 대립을 강화시켰다. 여기에 상공회의소 등 재계의 입장도 실리면서, 이후 야당과 진보단체들의 거센 저항을 불러일으켰다.

(1) 재계의 역사교과서 수정 건의

재계를 대표하는 대한상공회의소가 교육과학기술부에 현행 교과서 수정을 건의하였다. 대한상의의 역사교과서 수정안을 보면, 고교 국사 교과서 331쪽에 기술된 "1990년대에 들어 영화산업은 미국 할리우드 대자본의 물량 공세에 맞서 한국적 특성이 담긴 영화를 제작하여 … "라는 부분에 대해 "할리우드 대자본의 물량공세 운운은 반미적 언급"이라며 삭제를 요구했다(한겨레신문 2008. 5. 21). 또 금성출판사의 고교 근현대사 321쪽의 "정부는 한·미 경제협정을 체결해 미국의 경제 원조를 받았다"는 내용에 대해선 "미국 원조는 국민들에게 일종의 생명줄 같은 역할을 수행했다"는 내용을 추가할 것을 요구했다.

(2) 교육과학기술부의 수정권고

2008년 10월 교육과학기술부는 고교 근현대사 교과서 수정 권고안을 제시하였다. 그 동안 금성출판사 등이 발행한 현행 교과서의 좌편향성을 꾸준히 제기해온 한국교원단체총연합회는 이 날 논평을 내고 "국가적으로나 교육적으로 진작에 이뤄졌어야 할 조치"라고 환영했다(한국일보 2008. 10. 31). 교총은 "현행 근현대사 교과서가 헌법을 부정하고 60년 가까이 대치해온 북한의 시각에서 기술돼 학생들로 하여금 민족적 자부심마저 흔드는 결과를 초래했다"고 주장했다. 반면 전국교직원노동조합(전교조)을 비롯한 진보단체들은 교과부의 수정안

저지를 위해 공동대응을 모색하기로 하는 등 강력 반발했다. 전교조는 "역사적 사실과 전문적 학자의 양식에 기초해야 할 교과서를 정권의 이념 편 가르기 도구로 이용했다"며 "권력을 이용해 검인정 교과서 체제를 무력화해 역사마저 마음대로 바꾸겠다는 의도"라고 규탄했다.

(3) 국사편찬위원회의 교과서 수정 가이드라인

2008년 10월 국사편찬위원회는 교육과학기술부에 제언한 고교 2, 3학년용 한국근·현대사 교과서 '수정 가이드라인' 49개항을 제시하였다(한국일보 2008. 10. 17). 금성출판사 한국근·현대사 253쪽 "연합군이 승리한 결과로 광복이 이루어진 것은 우리 민족 스스로 원하는 방향으로 새로운 국가를 건설하는 데 장애가 되었다"는 표현에 대해 교과서포럼은 이 부분이 "가장 이념적으로 편향된 서술"이라며 수정을 교과부에 요청한 바 있는데, 국사편찬위측에서 이를 수용한 것이다.

대한민국의 정통성 부분도 언급됐다. "대한민국 정부는 대한제국 및 대한민국 임시정부를 계승한 정통성 있는 국가임을 설명한다"고 명시했다. 교과서포럼은 대한민국 현대사 서술이 시작되는 현대사회의 발전 도입부에 시가 소개된 데 대해 "대한민국의 정통성을 부정하는, 매우 선동성이 강한 시를 게재할 근거가 없다"며 반발했다. 한국전쟁과 관련해서는 "북한의 남침으로 시작됐다는 사실을 명확히 하고, 유엔군 참전과 중국군 개입 등 국제적인 전쟁으로 확산되면서 3년 동안 이어져 심각한 인적 물적 피해가 있었음을 설명하라"고 제시했다. 또 이승만과 박정희 정권 기술의 경우 "독재정치와 민주화 운동을 서술하면서 그 배경에 대해 함께 설명한다"고 규정했다.

(4) 대법원의 국사편찬위원회 수정명령 부당 판결

2008년 금성출판사 교과서에 대해 교육과학기술부 장관이 교과용도서심의회의 심의에 준하는 절차도 거치지 않고 수정명령을 한 것은 잘못이라는 대법원 판결이 나왔다. 교과부는 2008년 10월 금성출판사 근현대사 교과서에 좌 편향이 짙다는 뉴라이트 단체 등의 주장을 받아들여 이 교과서 내용 38곳의 수 정을 명령했다. 김 교수 등 저자들은 다음해 2월 수정명령 취소 소송을 내어 1 심에서 승소했으나, 2심에선 패소했었다.

(5) 2012년 여당 대선후보 캠프

뉴라이트 교과서를 편찬했던 박효종 서울대 교수가 새누리당 대선후보 경 선 캠프의 정치발전위원으로 임명되었다. 박근혜 대표는 2008년 교과서포럼이 발간한 역사교과서 출판기념회에서 축사한 바 있었다. 박 교수는 '교과서포럼' 의 공동대표로, "당시 한국 사회의 가장 중요한 국가적 과제인 산업화를 성공적 으로 주도할 새로운 대안적 통치집단 등장의 계기가 된 사건으로 군사정부는 강한 추진력으로 경제발전을 성공적으로 주도했다"며, 5·16을 긍정적으로 평 가했다(한겨레신문 2012. 7. 6). 박 교수는 자유총연맹, 복지포퓰리즘추방 국민운동 본부 등 보수성향 단체들이 꾸린 '자유민주국민연합' 상임대표를 맡았다.

03 _ 뉴라이트 역사교과서 반대운동

(1) 뉴라이트 한국사 교과서 검정 최종 통과

'5·16쿠데타'를 미화하는 내용이 포함된 뉴라이트 학자들의 한국사 교과서 가 2013년 8월 검정심의를 최종 통과했다. 역사교과서 검정작업을 교육부로부 터 위탁 받아 검정심의를 벌인 국사편찬위원회는 보수학자인 권희영 한국학중 앙연구원 교수와 뉴라이트 학자인 이명희 공주대 교수(한국현대사학회 회장)가 주 요 집필자로 참여한 교학사의 한국사 교과서 등 8종이 검정에 최종 합격한 것 이다(한국일보 2013. 8. 31). 뉴라이트 한국사 교과서는 "5·16 군사정변은 헌정을 중단시킨 쿠데타였다"고 하면서도 "하지만 반공과 함께 자유우방과의 유대를 강조했다"거나, "대통령 윤보선은 쿠데타를 인정했다. 육사 생도도 지지 시위를 했다. 미국은 곧바로 정권을 인정했다"(324쪽)고 기술했다. 또 일제강점기에 만들어졌던 공산주의민족운동 단체였던 조선공산당과 관련한 기술을 하면서는 "소련의 지령을 받은"이라거나, 신탁통치 찬성과 관련해 "(소련의) 찬탁 지시"라고 기술했다가 검정심의회로부터 두 차례나 권고를 받고 삭제했다.

(2) 야당의 교학사 교과서 비판

정부와 재계와 여당이 뉴라이트 역사교과서를 지지하는 분위기에서 야당과 진보단체들의 역사교과서 수정 반대운동이 거세졌다. 뉴라이트 교과서 거부운동이 시민사회 등 각계로 확산되어, 실제로 전국에서 이 교과서를 채택한 학교는 단 한 곳도 나타나지 않았다. 여당과 정부는 이에 굴하지 않고 국정교과서 계획에 들어가면서 보수 대 진보의 이념 대결은 극에 달했다.

뉴라이트 학자들이 집필한 교학사의 고등학교 한국사 교과서에 대해 국회 교육문화체육관광위원회 소속 야당 의원 15명은 기자회견을 열고 "반북·반공 논리를 강요하고 친일과 독재를 미화한 교학사 한국사 교과서의 검정 합격 즉각 취소돼야 한다"고 주장했다(한국일보 2013. 9. 3). "근대적 규율은 일상생활까지 확대되었다", "식민지 지배가 지속될수록 시간관념은 한국인에게 점차 수용되어 갔다" 등 일제의 식민지 지배 정당화 논리인 식민지근대화론을 소개하였다.

독재정권을 미화하는 내용도 담겼다. 박정희 전 대통령이 종신집권을 꾀한 1972년 10월의 유신 선포에 대해 "북한의 계속된 도발이 유신체제의 명분을 줬다"고 기술하면서 유신체제의 불가피성을 강조했다. 한국군에 의한 양민희생이 문제가 됐던 베트남 파병, 새마을운동 역시 경제발전의 원동력이 됐다는 장점만 부각했다. 6·15 남북공동선언에 대해서는 "평화 통일의 명분으로 추진되었지만 언제나 선언에 그치고 말았다"고 폄하했다. 역대 대통령 평가에서도 보수정당 출신의 이명박 대통령을 김대중·노무현 대통령보다 긍정적으로 평가했다.

(3) 뉴라이트 교과서 거부운동

한국정신대문제대책협의회, 4월혁명회, 전국교직원노동조합(전교조) 등 464개 단체가 참여한 '친일·독재 미화와 교과서 개악을 저지하는 역사정의실천연대'와 34개 단체가 참여한 '아시아평화와 역사교육 연대'는 2013년 9월 4일 "서울 광화문 이순신 동상 앞에서 교학사 한국사 교과서의 검정 취소를 요구하고 채택 거부 운동을 선언"한다고 밝혔다(한겨레신문 2013. 9. 5). 앞서 국회 교육문화체육관광위원회 소속 야당 의원들과 제주 4·3 및 광주 5·18 관련 단체, 광주교육청 등이 교학사 한국사 교과서의 검정 취소와 채택 거부 운동을 벌여나가겠다고 밝힌 데 이어 시민사회가 본격적인 반대 움직임에 나선 것이다.

(4) 뉴라이트 교과서 채택 좌절

뉴라이트 한국사 교과서는 2014년 1월 전국 어느 학교에서도 채택되지 않은 수모를 겪었다. 교육부는 교학사 교과서를 채택한 학교에 쏟아진 시민단체 등의 비판을 '외압'으로 규정했다. 교육부 차관은 2014년 1월 교육부가 교학사 한국사 교과서를 선정했다 바꾼 학교들을 특별조사한 결과를 발표했다(한겨레신문 2014. 1. 9). 하지만 대다수 학교가 교과서 선택을 바꾼 이유는 시민단체와 교직단체뿐만 아니라 교육 수요자인 학생과 학부모, 교사, 동문 등의 항의에 직면했기 때문이었다. 그럼에도 교육부는 유독 시민·교직단체의 항의를 강조하며 이를 '외압'이라고 지칭한 것이다. 그러나 이런 식의 '외압'에 대한 증언이 나온 학교도 교육부 조사 20곳 가운데 4곳에 불과했다.

04 _ 정부의 '국정 교과서' 추진

뉴라이트 한국사 교과서가 전국 어느 학교에서도 채택되지 않자 교육부는 궁여지책으로 '국정교과서'로 만들겠다고 나섰고, 이에 대해 시대착오적인 발상이라는 비판이 맞서면서 국정의 혼란을 빚었다. 결국 박근혜 정부의 고집으로 국정화 작업이 진행되었지만, 2016년 4월 총선의 결과로 국회가 여소야대로 바뀌면서 국정화 폐지운동이 예고되었다.

2014년 1월 교과서 편집·수정 전담 조직을 부활하겠다는 교육부의 방침에 대해 시민사회는 "교학사 교과서 사태를 반성해야 할 정부가 더 노골적으로 국가권력을 휘두르고 있다"며 강하게 반발했다(한겨레신문 2014. 1. 11). 보수단체나 지식인들 사이에서도 정부가 역사 교과서를 둘러싼 국론 분열을 부추기고 있다는 비판이 나왔다. 시민사회단체 관계자들은 편수실 부활이 권위주의 정부 시절 국정교과서 체제로 회귀하는 것이라고 비판했다.

(1) '국정 교과서' 반대운동

청와대와 여당이 한국사 교과서의 국정화를 강행키로 결정한 것으로 알려지면서, 야당과 시민사회의 반대운동이 거세졌다. 반대운동은 2016년 4월 총선 정국에까지 이어졌다. 청와대는 대통령이 교육부에 "사실에 근거한 균형 잡힌 역사교과서 개발 등 개선책을 마련해 주길 바란다고 지시했다"며 "이것이 청와대의 최종 입장이고, 그 이후로 변하지 않았다"고 밝혔다(한국일보 2015. 10. 8). 여당도 국정화 강행 기류를 주도하였다. 김무성 새누리당 대표는 "출판사별로 일관되게 우리의 역사를 부정하는 반(反) 대한민국 사관으로 쓰여져 있다"며 역사교과서 국정화를 지지하였다. 국정화 추진 방침에 학계와 진보 시민단체 등의 반발이 확산되는 가운데, 보수 진영은 국정화 찬성론에 목소리를 실었다.

시민사회에서는 466개 단체가 결성한 '한국사 교과서 국정화 저지 네트워크'가 서울·경남북·대전·부산·광주에서 기자회견을 열고 "박근혜 정부는 역사교육 통제 시도를 즉각 중단하라"고 촉구하였다. 이들 단체는 정부가 국정화를 강행할 경우 집필 거부, 채택 및 사용 거부 등 '불복종' 운동에 돌입한다는 방침을 밝혔다. 반면 전국의 초·중·고 1,659개 사립학교를 운영하는 902개 법인의 대표인 한국사립초중고등학교법인협의회는 "정부는 조속히 역사교육에 대한 국론이 통일되도록 국정 발행을 이행하라"고 요구하는 등 보수 단체들의 찬성 목소리도 커졌다.

(2) 여소야대 국회의 '국정화 폐지'

박근혜 정부가 고집해온 역사교과서 국정화 정책은 전문가 집단의 강력한 반대여론에 부딪쳤다. 2014년 8월 한국사 관련 7개 학회 공동성명은 "정치·사회적 갈등을 증폭시키고 역사교육을 퇴행시키는 등 많은 부작용과 악영향이 예상되는 한국사 교과서 국정화 시도를 중단하라"고 주장하였다. 2015년 9월 전국역사교사모임 소속 2,255인은 "정부가 공인한 하나의 역사 해석을 학생들에게 주입하는 결과를 가져올 국정 교과서는 역사교육의 본질에 정면으로 위배된다"고 규탄하였다. 2016년 4·13 총선에서 여당이 참패한 주요인으로 국정교과서에 대한 반감이 지목되고, 야권이 총선 직후 국정교과서 폐기를 최우선 공조과제로 선언하면서 정책 동력은 급격히 약화되었다(한국일보 2016. 5. 27).

(3) 깜깜이 교과서, 뉴라이트 교과서

2016년 11월 박근혜 대통령 퇴진 시민혁명으로 2017년 봄학기부터 시행될 국정교과서는 전면 무효화되었다.[10] 11월 28일 교육부는 그간 누가 어떤 내용으로 집필했는지를 일체 공개하지 않다가 법원의 행정명령으로 공개했는데, 학계 권위자들이 집필했다는 교육부장관의 설명을 무색하게 할 만한 증거들이 동시에 공개되었다. 먼저 현대사 집필진에 정통 역사학자가 한 명도 포함되지 않았고, 모두 5명의 교수와 1명의 현장교사가 참여했다. 교수들은 관변 또는 뉴라이트 학자들이었다.[11] 또 내용 자체에 대한 논란도 문제지만 집필진이 작성한 초고부터 국사편찬위원회 직원들이 다시 쓰다시피 전면 수정했다는 폭로도 있었다(JTBC 2016. 11. 28). 수정 작업을 위해 국사편찬위원회 내부 전공자들을 시대별로 총 20여 명 불러모은 것으로도 알려졌다. 이 작업을 거친 원고에는 집필진들의 흔적이 상당 부분 지워져 사실상 새로 쓴 수준이었다는 증언도 나왔다.

(4) 독재와 친일 미화의 교과서

내용에서도 뉴라이트 학자들의 친일 우파 사관이 그대로 반영되었다. 국정교과서는 1948년을 "대한민국이 수립되었다"고 서술해, 기존 검정교과서가 '대한민국 정부 수립'으로 기술한 것과 비교된다. 이에 대해 독립유공자단체인 광복회는 "3·1 운동으로 수립된 대한민국 임시정부의 법통을 계승한다"는 헌법정신을 정면에서 위배하는 것이라 비판했다. '대한민국 정부'가 아닌 '대한민국' 수립으로 표기하면 임시정부의 정통성을 부정하고 친일파들에게 면죄부를 주게 된다는 게 논리다(중앙일보 2016. 11. 29).

또 5·16은 군사정변으로, 박정희 정부는 '독재'로 명확히 기술된 반면 경제발전 성과에 대한 서술이 크게 늘었다.[12] 반면 유신 체제를 비판하는 내용은 "기본권들은 대통령의 긴급조치에 의해 제한됐다"고 짤막하게 서술됐고, 새마을운동과 재벌 등의 공헌을 자세히 표기됐다(JTBC 2016. 11. 29). 한·일협정도 지금까지는 일본의 사과나 배상, 굴욕적 외교 등에 초점을 맞춰 가르쳤는데 이번엔 일본 차관 액수와 경제적 효과가 강조된 게 특징이라고 분석했다(중앙일보 2016. 11. 29). 또 고교 한국사와 중학 역사 국정 교과서에서 평화의 소녀상이 누락됐다. 일본군 '위안부'의 참상과 일본 정부가 과거사를 제대로 사죄하지 않고 있다는 점을 상징한다. 반면 검정 교과서 대다수는 평화의 소녀상 사진을 게재했다.[13] 또 5·18 민주화운동에 대해서는 "5월 18일 광주에서 전남대생들의 시위가 일어났고, 신군부는 계엄군을 투입해 과잉진압했다"고 기술했는데, 군부의 과잉진압이 시민들 참여를 이끌어냈다는 게 일반적인 분석이다(JTBC 2016. 11. 29).

(5) 보수와 진보 모두 거부

서울·경기·광주·충북·경남 등 진보교육감들은 공개된 역사교과서 현장검토본에 대해 "독재와 친일을 미화했다"며 반대하고 나섰다. 또 보수성향의 교원단체인 한국교원단체총연합회는 먼저 집필 기준과 내용, 방법 등에 있어 전국민이 납득할 수 있는 교과서가 아니며, 이념적으로 편향되지 않은 집필진 구성도 아니며, 친일 및 독재 미화, 건국절 등 교육현장 여론과 배치되기 때문에 수용할 수 없다는 입장을 밝혔다. 진보성향의 전교조는 "박정희 독재정권은 여기저기서 미화됐고 새마을운동은 찬양의 대상으로 부각됐다"며 "이승만의 부정선거 개입에도 면죄부가 부여됐다"고 주장했다(연합뉴스 2016. 11. 28).

2016년 12월 초 한국갤럽 조사에 따르면, 한국사 교과서 국정화 추진에 대해 국민 67%가 반대했고, 17%만 찬성한 것으로 나타났다. 또 국정교과서 현장검토본 공개 내용을 알고 있는 응답자에게 역사서술 내용이 적절했냐고 물었는데, 71%가 '적절하지 않다'고 평가했고 11%만 '적절하다'고 답했다.

(6) 교육부의 국정교과서 계획 철회

2016년 12월 26일 정부는 2017년부터 모든 중·고교에서 국정 역사교과서를 사용토록 하려던 계획을 철회했다. 적용 시점을 2018년으로 1년 유예하고 이때부터 각 학교가 국정·검정교과서 중에서 선택하게 한다는 것인데, 이는 교과서의 운명을 차기 정부로 넘긴 셈이어서 일부에서는 사실상 폐기 수순 아니냐는 해석도 나왔다(중앙일보 2016. 12. 27). 시민사회와 야당과 대부분의 교육감들은 국정교과서 폐기를 주장했다. 그럼에도 정부는 연구학교 지정이라는 새로운 편법으로 국정교과서의 불씨를 살리려 했지만, 전국에서 유일하게 신청한 경북 경산의 문명고는 학생과 학부모들의 거센 저항으로 법원의 효력정지 판결을 받아, 연구학교 지정이 무산되었다.

제 **5** 장

남북관계
이념 대립

한국의 시민사회는 특히 남북관계를 둘러싼 이슈들에서 보수 대 진보로 나뉘어 대립하는 일이 일상화되어 있다. 대북창구의 일원화라는 초기의 정부정책부터, 김대중 정부의 '햇볕정책'과 대북지원에 대한 논란을 거쳐 북한인권 문제와 대북전달 살포에 이르기까지 무수한 이슈들에서 보수 대 진보 단체들의 갈등이 거의 매일 언론에 소개될 정도였다.

01 _ 대북정책과 이념적 논란

(1) 정부-시민사회 갈등 : 대북창구 일원화

노태우 정부는 북방정책을 추진하는 과정에서 대북관계의 창구를 정부로 일원화시켰다. 이에 시민사회단체들은 반발하며, 정부와의 마찰과 갈등이 빈번했다. 문익환 목사는 1988년 3월 25일 평양을 직접 방문하였다. 문익환 목사는 전민련의 고문이면서 민주화운동과 통일운동의 상징적 인물로, 그의 방북은 엄청난 파장을 일으켰다. 또 1988년 12월 26일 북한의 조선학생위원회는 한국의 전대협에 축전 초청서신을 보냈고, 이에 전대협은 12월 30일 서울지역총학생회연합 이름으로 서신에 대한 지지, 이듬해 1월 20일에는 참가결정 및 자료교류, 실무회담방안 등을 제안한 서신을 북측에 보내달라고 대한적십자에 맡겼다. 이에 문교부는 1989년 6월 6일 공식적으로 평양축전 대학생참가단 파견불가를 밝혔다. 그러나 전대협은 참가 강행을 위해 동베를린을 거쳐 임수경을 전대협의 대표로 축전에 참여시켰다.

(2) 햇볕 정책과 이념 논쟁

김대중 정부는 출범과 동시에 햇볕정책을 대북포용정책으로 제시해 추진했다. 북한은 쉽게 붕괴되지 않을 수도 있으며, 기존의 봉쇄 및 대결정책은 북한을 다루는데 있어 효과적이지 못하다는 생각에서 새로운 대북정책을 햇볕정책으로 제시한 것이다(마인섭 2011: 53). 그런데 햇볕정책으로 남남갈등, 특히 보수 대 진보의 이념적 충돌이 초래되었다. 정치권과 시민사회의 이념적 갈등 양상은 진보 진영의 민주당, 진보적 언론, 시민단체와 보수 진영의 한라당과 보수적 언론, 시민단체 등으로 양분되어 서로 갈등하는 국면으로 발전되었다.

보수단체들은 햇볕정책을 지지하는 세력을 '친북좌파' 세력으로 규정하고 나섰다.[14] 반면 햇볕정책을 지지하는 진보 세력은 햇볕정책을 비판하는 보수세력들에 대해 '냉전수구', '반통일'세력으로 비난하였다. 햇볕정책을 지지하는 진보세력은 2001년 8월 15일 서울과 평양에서 동시에 개최된 '8·15 민족통일대축전'을 계기로 본격적인 활동에 들어갔다. 이 행사에 참여하기 위해 종교, 문화, 예술, 노동, 언론계 등이 평양을 방문했다. 한편 2002년 통일대축전을 앞두고 재향군인회와 자유시민연대 등 보수단체들은 북측이 서해교전에 대해 분명히 사과하지 않은 상태에서 축전에 참여하는 것은 다시 '친북' 파문이 불 수 있다며 반대시위를 공언하였다.

노무현 대통령은 대통령선거에서 '햇볕정책의 계승'을 공약했고, 평화번영정책은 제1단계에서 북핵문제를 해결한 후 제2단계에서 남북협력을 심화하겠다고 밝혔다. 보수와 진보 양진영은 서로에 대해 '친북', '수구'로 비난하였다. 시민사회 내부의 갈등이 심화된 배경은 여야 정치권의 갈등에도 많은 영향을 받았지만, 특히 언론이 이념적 갈등을 증폭하고 조장하는 경향도 있었다(마인섭 2011: 62-63). 보수와 진보의 탈을 쓴 폭력적 언어가 남남갈등의 골을 더욱 깊게 만들었다고 세계일보(2011. 3. 23)는 분석했다. 2010년 5월 지방선거에서 야당을 찍은 젊은 세대에 대해 당시 외교통상부 장관은 "북한이 좋으면 북한에 가서 살라"고 말해 이념갈등의 골을 여실히 드러냈다.[15)]

(3) 북한에 대한 국민인식

한편 북한에 대한 국민들의 복합적인 인식이 시기별로 점차 변화되는 특징을 주목해볼 만하다. 1990년대 초만 해도 '구호대상'이라는 인식이 강했지만, 이런 인식은 이후 햇볕정책 추진으로 인한 보수 대 진보의 갈등과 북한 퍼주기 논란이 강해지면서 거의 10%대 수준으로 급감되었다. 그럼에도 북한은 '협력대상'이라는 의식이 꾸준히 30%를 유지해온 특징을 엿볼 수 있으며, 반면 '경계대상' 또는 '적대대상'이라는 인식도 북핵 위기 이후 더욱 강해졌다.

〈표 5-1〉 북한에 대한 국민인식 : 1993~2009

대상	1993	2003	2005	2007	2009
구호대상	50.8	20.8	16.4	20.5	14.3
협력대상	28.7	36.6	42.8	39.5	32.1
경계대상	5.7	29.5	26.7	28.5	35.0
적대대상	14.3	9.1	9.1	9.7	15.8
기타/무응	0.4	4.0	5.0	1.7	2.4

〈자료〉 1993년 통일연구원, 2003~09년 한국종합사회조사.

02 _ 인도적 지원

(1) 남북협력기금

김대중 정부의 남북협력기금 지원을 둘러싸고 기금 사용의 적정성 시비가 끊이질 않았다. 통일부에 따르면 남북협력기금은 2001년 관광공사 900억원 등 2,543억원의 대출을 비롯해 인도적 지원, 교류협력사업 등에 모두 5,423억원의 사용이 결정돼 집행되었다.[16] 남북협력기금은 경협사업에 대한 기금의 우선지원 대상으로 '중소기업자'를 명시했지만, 실제로는 대단히 미흡했다.[17]

(2) 남북정상회담 1년 후

역사적인 남북정상회담이 열린지 1년, 그간 남북관계의 패러다임이 크게 바뀌었다는 세계일보의 보도(2001. 6. 13)를 참고해볼 만하다. 남과 북은 이념과 체제의 벽, 불신과 대립의식을 넘어 한반도 평화정착을 위한 화해와 협력의 길로 들어섰다. 지난 반세기 동안 헤어진 혈육들이 눈물로 만나 이산의 한을 달랬고, 남북의 각료들이 서울과 평양을 오가며 대화를 나눴다. 그 결과 김대중 대통령은 한반도 평화에 기여한 공로로 노벨평화상을 수상했다. 이산가족 교환방문이 세 차례나 이뤄져 모두 3,630명의 흩어진 가족들이 상봉의 기쁨을 나눴다. 경의선 연결, 개성공단 개발, 임진강 수해방지에도 합의했고, 또 투자보장, 청산결제, 이중과세 방지, 상사분쟁 해결 등 경협을 위한 4개 합의서를 채택했다. 남북간 교역도 부쩍 늘었고, 금강산 관갱객을 제외하고 북한 방문자는 7,318명이고, 남한 방문자는 647명에 달하는 등 인적 교류에 봇물이 터졌다.

그러나 시간이 흐르면서 '대북 저자세'와 '대북 퍼주기' 등 부정적 현상이 부각됐다는 인식도 제기되었다. 식량 50만 t 의 차관형식 지원을 제외하고도 2000년 1,364억원의 정부와 민간차원의 지원이 이뤄졌다. 2001년에도 비료 30만 t 을 지원했지만 전력 50만킬로와트 지원 등 북측의 요구는 끊이지 않았다.

(3) 대북 쌀지원과 퍼주기 논란

정부의 대북 지원을 '퍼주기'라고 비난해온 한나라당이 2001년 9월 북한에 쌀 200만섬을 주자고 정부에 제안하고 나섰다. "식량난으로 고통받는 북측에 인도적 차원에서 지원해야 한다"는 대북지원론에 "분배 투명성이 확보되지 않는 쌀 지원은 북한 체제만 연장시켜 주는 꼴"이라는 반대론이 맞섰다(한국일보 2002. 9. 28).

인도적 지원 찬성측은 분배 투명성이 이미 국제원조기관들이 북한 190여 개 시·군에 주재원을 두고 식량분배 상황을 감시해왔고, 군사용으로 전용된 사례가 한 건도 없었다는 공식보도도 있었다고 밝혔다. 반면 반대론자들은 대북 쌀 지원은 북송된 쌀들이 필요한 주민들에게 전달되는지, 군사용으로 전용되지는 않는지, 충성심을 얻기 위한 고위 간부들의 선물용으로 쓰이지는 않는지 등 배분과정의 투명성과 검증이 전제되어야 한다고 주장한다. 정부는 2002년 9월 "현 정부 들어 인도적 대북지원은 미국의 절반도 되지 않고, 일본보다 약간 더 많은 수준으로 집계됐다"고 밝혔다(서울신문 2002. 9. 27).

2010년에도 북한에 대한 인도적 쌀 지원문제를 둘러싸고 찬성과 반대의 목소리가 나왔다. 압록강 홍수로 북한 주민들이 고통을 겪고 있으니 이를 고려해 인도적 차원에서 지원하자는 입장과, 천안함 사건의 책임을 묻는 5·24조치 등을 유지해야 할 시기에 대북 쌀지원을 시작하는 것은 아직 이른 감이 있다는 반대 입장이 팽팽하게 맞섰다(경향신문 2010. 9. 14). 찬성 견해는 조건 없이 인도주의적 차원에서 식량지원을 하자는 입장, 식량지원에 상응하는 인도주의적 조치를 북한으로부터 얻어내야 한다는 입장, 식량지원을 지렛대로 하여 남북대화의 실마리를 찾자는 입장, 식량지원을 통해 북한으로부터 상응하는 대가를 얻을 수 있을 뿐만 아니라 국내의 농민들에게도 도움이 되므로 적극적으로 지원하자는 입장 등이다. 반대 견해는 대북제재를 견지해야 할 국면이지 대북지원을 재개할 시점이 아닐 뿐만 아니라 천안함 사건에 대한 사과도 받지 않고 식량을 지원하면 북한에 잘못된 신호를 줄 수 있다는 것이다.[18]

(4) 인도적 지원에 대한 정권별 입장

북한에 대한 인도적 지원을 '퍼주기'라는 말로 갈등을 야기한 정치권의 논쟁을 객관적 자료로써 요약하면 다음과 같다(한겨레신문 2013. 4. 29). 통일부의 통계를 보면, 식량 차관까지 포함한 한국 정부의 인도적 지원은 김영삼 정부 때 2,118억원으로 시작해 김대중 정부 6,153억원, 노무현 정부 1조 4,226억원으로 크게 늘었다가 이명박 정부 986억원으로 뚝 떨어졌다. 김·노 정부의 인도적 지원 총액은 모두 2조 379억원이었다. 여기에 첫 정상회담을 앞두고 북한에 보낸 1억 달러(1,100억원)까지 포함하면 10년 동안의 이른바 '퍼주기' 총액은 2조 1,479억원이다. 1년에 2,148억원꼴이다.

김·노 정부 10년 동안의 퍼주기는 어떤 결과를 낳았을까? 이에 대해 한겨레신문의 보도(2013. 4. 29)를 참고해볼 만하다. 금강산과 개성에 11년 동안 204만 6,695명의 남한 사람들이 방문했고, 개성공단에는 8년 동안 80만 명과 차량 50만대가 방문해 모두 19억 7,599만달러(2조 1,736억원)를 생산했다. 노무현 정부 마지막 해인 2007년 북한 무역에서 한국이 차지하는 비중은 38.0%에 이르렀다. 대북 무역액 1위인 중국(41.6%)에 근접했고, 2008년에는 중국을 제치고 제1의 대북 무역국이 될 것으로 예상됐다.

그러나 이명박 정부가 들어선 뒤 퍼주기는 14분의 1로 줄어, 개성공단을 뺀 경제협력 사업도 거의 사라졌다. 이명박 대통령은 김대중·노무현 정권 10년간 북한에 대규모 지원을 하고도 핵·미사일 개발과 잇단 도발을 막지 못했다고 판단, 북한에 단 한 톨의 쌀도 주지 않았고, 남북 관계는 김영삼 정부 이후 가장 냉랭했다(동아일보 2014. 2. 8). 2013년 박근혜 정부는 4월 26일 개성공단에서 스스로 철수함으로써 경협의 문을 닫았다. 박근혜 대통령은 "개성공단 문제가 조속히 해결되기 바라지만 과거와 같은 '퍼주기'식 해결은 있을 수 없다. (그러나) '인도적 지원'은 정치 상황과 관련 없이 북한 주민들을 생각해 노력하겠다"고 말했다(한겨레신문 2013. 4. 29).

03 _ 북한 인권

(1) 유엔에서의 북한 인권

2003년 유엔에 처음으로 북한인권 문제가 상정되었다. 정부는 스위스 제네바에서 열린 유엔 인권위원회의 '북한 인권상황 규탄 결의안' 찬반 투표에 불참했다. 국내 반발을 예상했음에도 북핵 문제 해결에 미칠 파장을 염려했다는 것이 외교부의 설명이었다(동아일보 2003. 4. 16). 같은 시기에 미국 국무부는 다른 나라들이 북한과 관계를 맺을 때 인권 개선을 조건으로 삼을 것을 촉구한다는 내용을 담은 보고서를 공개했다.[19]

2005년 11월 17일 유럽연합(EU)의 주도로 유엔총회가 '북한 인권 상황에 대한 결의안'을 채택한 이후, 국내에서도 북한 인권 문제를 다루는 자리가 잇따라 마련되었다. 미국 프리덤하우스와 보수적 성향의 국내 민간단체들을 중심으로 '북한인권 국제대회'가 열렸다. 이에 앞서 인권운동사랑방 등 진보성향 인권단체들을 중심으로 '북 인권 문제의 대안적 접근'을 모색하는 연쇄 워크숍의 첫 번째 토론회가 서울에서 열렸다(한겨레신문 2005. 11, 30).

(2) 국가인원위원회와 북한 인권

2003년 4월 유엔과 미국, 정치권의 요청을 감안, 국가인권위원회(위원장 김창국)도 최초로 북한인권 관련 실무팀을 만들어, 북한인권 관련 시민단체 등과 지속적인 교류를 할 것이라고 밝혔다(동아일보 2003. 4. 29). 또 6월에는 국가인권위원회가 북한인권 실태에 대한 공식 조사활동을 시작했다. 북한인권시민연합, 납북자가족협의회 등 북한인권 상황에 대해 비판적인 단체와 경실련, 참여연대, 평화네트워크 등 시민단체 관계자들이 참석해 북한 인권문제에 대한 간담회도 가졌다(한국일보 2003. 6. 6).

이명박 정부로 정권이 교체되자, 국가인원위원회 위원장이 정부에 편향적인 인물(현병철)로 교체되며, 인권위원회에도 변화가 일어났다. 북한인권 문제를 이슈화하고 나선 것이다. 또 국가인권위원회는 2009년 대한민국 인권상 중 '인권위원장 표창' 단체로 북한민주화네트워크를 선정했다(동아일보 2009. 10. 29). 1999년 설립된 북한민주화네트워크는 북한 정권에 공개처형 중지와 정치범 수용소 철폐 등을 요구하고, 남한 정부의 유화적인 대북 정책 등을 앞장서 비판해온 단체다.

(3) 북한인권 주창 신흥 보수단체

자유총연맹, 재향군인회 등 전통적인 보수단체들은 1990년대 이후 여야 정권교체가 이뤄지면서 상대적으로 진보적인 정권이 등장한 뒤 힘을 잃어 갔다. 그러나 김대중 정권 말기에 등장한 자유시민연대, 민주참여네티즌연대, 북핵저지시민연대 등의 보수단체들은 '북한의 핵개발 재개와 인권 상황 악화'를 이유로 목소리를 높여갔다. 30여개 보수단체가 모여 2002년 말에 결성한 북핵저지시민연대를 비롯해 자유시민연대, 자유민주민족회의 등이 '신흥 보수세력'이었다(한국일보 2003. 8. 29). 또 2000년부터 활동 중인 민주참여네티즌연대와 북한의 인권 개선과 민주화 등을 이슈화하는 인터넷 매체 독립신문은 보수진영의 행동대 역할을 하였다. 자유총연맹 등을 비롯한 기존 보수단체들은 자칫 이들의 행동이 '극우'로 흐를 가능성이 크다는 인식 때문에 일정한 선을 긋고, 2003년 8.15대회 등에 불참하였다.

(4) 국가인원위원회의 북한인권 권고

2010년 6월 국가인권위원회는 '대북방송 재개'를 국방부에 권고하는 안건을 논의하였다. 인권위원회는 현병철 위원장 부임 이후 '북한인권팀'을 새로 설치하는 등 북한인권에 대해 적극적인 행보를 보였다. 이에 대해 사회단체들의 의견이 엇갈렸다(동아일보 2010. 6. 28). 고계현 경제정의실천시민연합 정책실장은 "대북방송 재개와 전단 살포 등이 북한 주민들의 인권 향상과 어떤 연관을 가지는지 알 수 없다"며 "북한을 압박하는 '전술적인 방법'을 인권위가 먼저 이야기하고 나선 것은 유감스럽다"고 우려했다. 반면 박효종 바른사회시민회의 공동대표는 "한국 인권과 다름없는 북한 인권 문제를 거론하고 개선시키기 위한 것은 정상적인 활동"이라고 지지했다.

(5) 탈북 기획망명

2004년 두 차례 걸쳐 탈북자 468명이 대거 입국하면서, "한국 내 탈북자가 2만명을 넘어선다면 정부는 더 이상 통제력을 유지하기 어렵다."는 정보기관의 분석이 제시되었다(동아일보 2004. 7. 29).[20] 그런데 정부는 탈북자를 지원하는 기획 탈북에 대해 회의론을 제기하였다. 2004년 8월 정동영 통일부 장관은 '기획 탈북'이 정부의 대북화해협력 정책에 부합하지 않는다며 자제를 당부하였다(동아일보 2004. 8. 16). 이에 대해 탈북자지원 단체들은 "북한 당국이 최근 탈북자 468명의 국내 입국을 '남한 당국의 계획적 유인 납치'라고 비난하자 정 장관이 이를 해명하려고 엉뚱하게 NGO 탓을 하고 있다"며 강하게 반발했다. 당시에 정부가 마련중인 탈북자 종합대책은 '보호'가 중심이었던 기존의 탈북자 정책을 '자립·자활 기반 마련'에 대한 지원 강화로 하는 내용이었다(한겨레신문 2004. 8. 20).[21]

04 _ 대북 전단 살포

2006년부터 일부 반북 민간단체가 대북 비난 전단을 북쪽에 살포하고 있는 것으로 확인돼, 정부가 남북간 합의정신을 들어 중단을 촉구했다(한겨레신문 2006. 9. 2).[22] 2008년에도 통일부는 북한이 강력 반발하고 있는 대북 선전물(삐라) 살포를 중단하도록 국내 민간단체들에 협조를 요청했다고 밝혔다(한국일보

2008. 10. 9). 남북은 2004년 6월 장성급회담에서 군사분계선 지역의 방송, 게시물, 전단 등 선전활동을 중지하기로 합의했다. 이후 정부 차원의 선전물 살포는 중단했지만 보수 성향 단체들은 계속 선전물을 발송해왔다.

2008년 한나라당이 반북 단체의 삐라 살포 비용을 지원하는 법안을 제출하면서 이에 반대해 온 정부와 마찰을 빚었다. 한나라당 황우여 의원 발의의 북한인권법 제정안은, 북한 주민에 대한 정보 전달 비용으로 7억원을 배정하고, 이 중 3억원을 북한으로 자유의 풍선이나 소형 라디오를 날려 보내는 데 사용토록 하자는 것이었다(한국일보 2008. 12. 9). 한편 국회의원 195명의 설문조사에서는 민간단체의 대북전단(삐라) 살포와 관련한 정부 대응에 대해서는 '자제를 권고하면 된다' 91명(46. 7%), 정부가 막아야 한다가 81명(41.5%)으로 갈렸다(동아일보 2008. 11. 26).

대북전단 살포를 추진하는 단체들에 대한 지역 주민의 반발은 물론이고, 보수·진보 단체들 사이의 마찰도 일어났다.[23] 2011년 김포시 월곶면·하성면 등 4개 면 이장단협의회와 김포지역 13개 시민사회단체는 "지난해 말 북의 '애기봉 조준포격 경고' 이후 전쟁 위험지역으로 부각돼 땅값이 폭락하고 지역상권이 붕괴돼 주민들이 살기가 힘들어졌는데, 또다시 북에 공격의 빌미를 줘 걱정이 크다"며 이 날 전단 살포에 강한 불만을 나타냈다(한겨레신문 2011. 4. 1). 2014년 10월 25일 경기도 파주시 임진각 인근의 한 공원에서 대북 전단을 날리려는 보수단체 회원과 이를 저지하려는 지역단체 회원들이 몸싸움을 벌였다(동아일보 2014. 10. 27).

05 _ 남북관계의 단절

남북관계는 북핵위기를 비롯해 천안함 폭침과 연평도 포격 등 군사적 충돌로 단절의 위기를 맞았다. 단절을 상징적으로 보여준 사건들이 포격 등 군사적 충돌 이외에도 대북 방송 재개, 개성공단의 폐쇄 등으로 이어졌다.

(1) 천안함 폭침과 연평도 포격

2010년 천안함 폭침과 연평도 포격 도발을 거치면서 보수와 진보 양측이 다시 팽팽하게 맞섰다. 진보 측에서 정부의 대북강경책이 도발의 빌미를 제공했다는 비판이 제기되자, 보수 측에서는 지난 정부의 대북 퍼주기가 무력도발로 돌아왔다고 반박했다(세계일보 2011. 3. 23). 북한 문제에서 극명하게 드러나는 보수 대 진보의 갈등 또는 '남남갈등'은 역대 정부를 거치면서 세대간, 지역간 갈등과 맞물려 증폭됐다. 김영삼 정부는 '조문 파동'으로 홍역을 앓았다. 대북 포용정책을 내세운 김대중 정권에는 '퍼주기'라는 꼬리표가 달렸다. 보수 대 진보의 충돌의 파열음은 북한에 대한 쌀·비료 지원을 기점으로 가시화됐다. 이 때부터 '남남갈등'이라는 용어가 본격적으로 사용되었다. 남남갈등은 노무현 정부에서 북한 문제를 넘어 한·미관계를 비롯한 사회 전반으로 확산됐다. 이명박 정부 들어 2008년 금강산 관광객 피격사망 사건을 계기로 단절된 남북관계는 2010년 천안함 폭침, 연평도 포격 도발을 거치면서 극한의 대립으로 치달았다.

(2) 김정일 사망

2011년 12월 19일 김정일 북한 국방위원장의 사망에 대해, 보수단체들은 "김 위원장 사망을 계기로 북한이 개혁개방의 길을 걸어야 한다"고 촉구한 반면, 중도·좌파 단체들은 "북한을 자극하는 행동을 자제해야 한다"며 신중론을 폈다(동아일보 2011. 12. 20). 보수단체인 대한민국어버이연합과 납북자가족모임 등 6개 단체는 "김정일의 죽음을 계기로 북한 지도부가 개혁과 개방의 길을 걷기를 권한다"고 밝혔다. 반면 참여연대는 "한국 정부를 포함한 주변국은 북한 주민의 선택을 존중하면서 한반도 평화 유지를 최우선 목표로 차분하고도 신중하게 대응해야 한다"고 주장했다. 한편 정부의 불허 방침에도 불구하고 민간 통일운동 단체 간부가 김정일 국방위원장을 조문한다며 방북했다(한겨레신문 2011. 12. 27).

(3) 개성공단의 폐쇄

2016년 2월 10일 정부는 북한의 핵실험과 장거리 로켓(미사일) 발사 대응 조치로 개성공단 가동 전면중단을 발표했다. 천안함 폭침 사건이 발생한 2010년엔 정부가 개성공단에 대한 신규 투자를 금지하는 '5·24 조치'를 시행했다. 북한은 2013년 "남측이 최고지도자(김정은)의 존엄을 훼손했다"는 이유를 들어 북측 근로자를 전원 철수시키고 5개월간 공단을 폐쇄했다. 2013년 9월 재가동에 들어갔지만 2016년 2월에 다시 폐쇄된 것이다.

개성공단은 1998년 10월, 정주영 현대그룹 창업주가 소 501마리를 몰고 두 번째로 방북하면서 김정일 국방위원장을 만났을 때 처음 논의됐다(동아일보 2016. 2. 12). 당시 대북 유화정책인 '햇볕정책'을 쓰고 있었던 김대중 정부가 이 사업을 적극적으로 지원했고, 북한도 외화를 벌어들일 수 있는 개성공단에 대해 긍정적인 반응을 보이면서 현대 아산의 개성공단 사업이 개시될 수 있었다.[24]

2016년 개성공단 폐쇄에 대해서도 찬반 의견이 극명하게 갈렸다. 보수단체인 바른사회시민회의 김도연 팀장은 "정부가 개성공단에 경제적인 지원을 하고 있고, 그 돈이 북한 정권의 미사일 개발이나 핵실험에 쓰였다고 볼 수밖에 없다"며, "이번 사건이 아니어도 하루속히 철수했어야 했다"고 주장했다. 반면 진보 성향의 평화네트워크 정욱식 대표는 "결국 한국 기업만 피해를 보게 될 것"이라고 강조했다(세계일보 2016. 2. 11). 한국갤럽이 2월 19일 발표한 여론조사 결과에 따르면 국민 55%가 북한의 4차 핵실험과 광명성 4호 발사에 따른 개성공단 전면중단 조치를 지지했고, '잘못한 일'이라고 답한 응답자는 33%였다(매일경제 2016. 2. 19).[25]

제 6 장

한·미관계와
시민사회

한국의 시민사회가 미국과의 관계에서 불편한 갈등의 관계로 변화된 것은
노무현 정부 이후부터였다. 그 전에는 전통적으로 우호적이고 협력적인 관계가
특징이었는데, 미국의 원조와 다양한 지원활동으로 사회복지 관련 단체들의 성
장이 민주항쟁 이전의 시민사회의 모습이었기 때문이다. 그러다가 노무현 정부
의 출범 이후 전시작전권, 이라크 파병, 한·미 FTA 등 대형 글로벌 이슈들이 쟁
점화되면서 한·미관계를 둘러싼 보수 대 진보의 이념적 갈등이 본격화되었다.
진보적 시민사회단체들은 미국의 이라크 전쟁 반대부터 국내 미군 범죄, 미군
기지의 이전과 기지의 환경파괴 문제 등 여러 이슈들에서 미국을 자주 비판해
왔고 보수단체들은 미국 반대에 대한 반대집회와 시위로 맞서는 일이 잦았다.

01_노무현 정부의 한·미관계

노무현 정부의 집권으로 한·미 관계가 변화할 것이라는 예고가 나오면서
재계, 정치권, 종교계까지 전통적인 한·미관계의 유지를 주장하는 움직임이
2003년부터 진행되었다. 이후 이명박 정부와 박근혜 정부의 출범으로 시민사회
내부에도 보수단체들의 설립과 활동이 활성화되면서 미국관계와 관련된 많은
이슈들에서 '보수 대 진보'의 대립이 끊이지 않았다.

2002년 두 여중생의 미군 장갑차에 의한 사망 사고로 촛불시위가 전국적으로 확대되면서, 이에 '반미 자제'를 주장하는 보수단체들의 또 다른 촛불 시위가 있었다. 보수적 개신교 단체인 한국기독교총연합회(한기총)가 2003년 1월 초 서울 시청광장에서 '반미 자제' 촉구 기도회를 연 것이다.[26] 노무현 정부의 집권으로 우려되는 반미정서 확산에 대해 미국 기업인들이 불만의 메시지를 던지는 일도 발생하였다.[27] 2003년 야당인 한나라당 의원 151명 가운데 129명은 2월 '주한미군 철수반대 모임'을 발족하고 서명운동 등 범국민운동을 전개하기로 했다(문화일보 2003. 2. 19).[28]

02 _ SOFA 개정과 미군기지 이전

한·미동맹 50주년을 맞은 2003년, 한·미주둔군지위협정(SOFA) 합동위원회를 열어 훈련 안전조치 합의서, 미군 반환·공여지 환경오염 조사·치유 절차 합의서 등 주목할 만한 SOFA 운용개선책 2건을 발표하였다(한국일보 2003. 5. 31). 그러나 이 날 합의가 형사재판권할권 한국 이양을 포함한 SOFA '개정'을 요구해온 시민단체 등의 기대에는 미치지 못했다.[29]

또 주한미군 범죄는 끊이지 않았고, 그에 따라 미군에 대한 부정적인 여론이 들끓었다.[30] 주한미군 범죄는 2006년 207건에서 2010년 316건이 될 정도로 급증했다. 그런데도 SOFA 개정이 매번 현안으로 부상하는 것은 SOFA가 미군들에게 '특권'으로 오해되고, 부당하게 미군 범죄자를 보호하는 울타리가 되고 있다는 우려를 낳았다. 특히 시민단체들이 요구하는 살인 등 12대 강력범죄에 대한 신병인도 시기 조정이나 단심제 폐기가 관철되도록 정부가 적극적으로 나서야 한다는 여론이 제기되었다. 2006년 평택 미군기지 확장저지 범국민대책위에서는 경찰이 금지하는 평택집회 개최를 강행했고, 반면 보수단체들은 평택과 서울에서 평택기지 이전을 촉구하는 또다른 집회를 가졌다(서울신문 2006. 5. 14).

03 _ 이라크 파병

이라크 파병에 대해 고민을 거듭했던 노무현 정부는 결국 미국의 요청에 따라 이라크 파병을 결정했고, 이에 보수단체들은 파병지지를, 진보단체들은 파병반대 시위를 이어가며 파병 정국에서 보수 대 진보의 대립이 심화되었다. 2003년 2월 15일 세계 60여개국에서 일제히 열린 미국의 이라크 침공 반대시위는 지구촌에 엄청난 충격을 주었다. 600여 도시의 거리를 메운 1천여만 명의 시위대는 미국의 침공계획에 적지 않은 차질을 안겼다. 뉴욕타임스는 이 시위를 두고 미국이라는 수퍼파워에 유일하게 맞설 수 있는 지구적 차원의 '새로운 길거리 권력'이 탄생했다고 평가했다(한겨레신문 2003. 2. 29).[31]

2003년 10월 20일 노 대통령은 미국의 이라크 파병 요청을 수락하는 결정을 내렸다. 대통령은 "미국의 압력은 없다. 다만 내가 가장 우려하는 것은 테러의 위협이다. 파병을 한다고 해서 석유자원이나 경제적 이익은 크다고 생각하지 않는다"고 설명했다(한국일보 2003. 10. 21). 대통령의 파병 결정이 알려지면서 전국적으로 파병 반대 시위가 있었고, 반면 파병지지 시위도 이어지며 파병을 둘러싼 보수 대 진보의 대립이 가열되었다.

2003년 미국의 이라크 전투병 파병 요청에 9월부터 진보적 시민단체들이 일제히 반발, 공동대응을 결의하고, 보수단체들은 파병찬성 집회를 준비했다. 참여연대, 환경운동연합 등 370여개 시민사회단체로 구성된 '이라크 파병반대 국민행동'은 정부의 파병 결정과 관련, 10월 18, 19일 잇따라 집회와 기자회견을 갖고 "노무현 대통령의 재신임과 연계해 파병 책임을 묻겠다"고 선언했다(한국일보 2003. 10. 20). 한편 자유총연맹 등 보수단체들은 성명을 통해 "파병 결정은 자유민주주의 국가로서 중동지역 안정과 세계평화에 기여하려는 결단으로 적극 지지한다"고 밝혔다.

04 _ 전시 작전권

노무현 대통령의 전시작전권 환수 정책에 반대하는 보수단체들의 반발이 거세졌다. 2006년 8월 초부터 시작된 보수 대 진보 단체들의 대립은 2007년 2월 한·미 합의가 이뤄진 시점까지 계속되었다. 중도보수 시민단체인 '선진화 국민회의'는 2006년 9월 5일 지식인 700명의 서명을 받아 "작전권 단독행사 반대"를 주장하고 나섰다(한국일보 2006. 9. 6). 재향군인회, 자유총연맹 등 보수단체들도 작전권 환수 반대 '500만 서명운동'을 개시하였다(한국일보 2006. 9. 13). 전시작전권 환수 반대 논란이 본격화된 8월 초부터 9월 중순까지 연인원 수만 명이 반대 집회를 열었다(동아일보 2006. 9. 12). 전시작전통제권을 2012년 4월에 이양한다는 합의가 마침내 이뤄졌다. 양국의 합의 발표에 대해 진보·보수 단체들의 반응은 크게 엇갈렸다. 진보측은 "늦었지만 환수 시기를 확정한 것은 다행"이라며 총론적으로 환영한 반면, 보수측은 "현실을 도외시한 무모한 합의"라며 정부를 향해 목소리를 높였다(한국일보 2007. 2. 26).

05 _ 한·미 FTA

한·미 FTA 또한 보수 대 진보의 대결을 극명하게 보여준 미국관계 사례로 살펴볼 만하다. 협상 개시부터 발효까지 73개월 동안 크고 작은 집회와 시위와 성명발표가 끊이지 않았고, 진보적 노무현 정부부터 협상이 개시되어 보수적 이명박 정부에 와서 발효되었다는 지난한 협상의 과정을 거쳤다.

2007년 4월 한·미 자유무역협정(FTA) 타결로 보수 대 진보단체들의 이념적 대립은 더욱 가열되었다. 뉴라이트 계열의 보수단체들은 연대기구를 구성하면서 진보단체들이 꾸린 한·미FTA저지범국민운동본부와의 세 대결에 들어갔다. 바른사회시민회의와 자유주의연대 등 13개 보수단체는 '한·미 FTA 비준 시민연대'를 출범시키고 조속한 국회 비준을 촉구했다(한국일보 2007. 4. 6). 이들은 "선진국 도약을 위한 전환점이 될 한·미 FTA를 바로 알리는 캠페인을 전개할 것"이라고 밝혔다. 반면 참여연대, 환경운동연합 등 범국본에 참여한 진보성향 시민단체들은 이 날도 촛불문화제를 여는 등 한·미FTA 저지 결의를 다졌고, 서울 도심에서 대규모 집회도 열어갔다. 2014년 말까지 30개월에 걸친 한·중 자유무역협정(FTA) 협상 과정에서 나타난 두드러진 특징은 FTA와 직접적 이해관계가 없는 정치·시민단체의 반대 목소리가 거의 없었다는 점이다. 협상 개시부터 발효까지 73개월 동안 이념 갈등으로 온 나라가 시끄러웠던 한·미 FTA 당시와 비교했을 때 가장 큰 차이점이다(동아일보 2014. 11. 11).

한·미 FTA는 협상의 내용보다도 상대국이 미국이라는 점 때문에 사회 일각의 반미 감정과 맞물려 정치적 이슈로 비화됐다는 게 통상전문가들의 평가다. 정부의 거듭된 설득에도 불구하고 농민들과 일부 시민·사회단체는 "나라를 팔아버리는 굴욕 협상"이라며 격하게 반발했다. 우여곡절 끝에 2007년 4월 타결됐지만 이후에도 미국산 쇠고기에 대한 광우병 논란 등 계기가 있을 때마다 한·미 FTA에 대한 부정적 감정을 표출하는 세력이 적지 않았다. 이런 과정을 거쳐 협상 타결부터 발효까지 무려 5년이라는 세월이 걸렸다.

06 _ 사드 배치와 박근혜 대통령퇴진 촛불집회

2016년 사드 배치가 현실화되면서 상주시와 김천시 주민단체들은 물론 시민사회단체들도 일제히 반대 투쟁에 나섰다. 물론 이번에도 이에 맞서는 보수단체들의 맞불집회도 있었다. 7월 8일 한·미 양국은 '사드'(THAAD, 고고도 미사일 방어체계) 배치를 공식 발표했고, 이에 찬성하는 집회가 11일 서울 종로구 정부서울청사 앞에서 열렸다. 집회에는 종북좌익척결단, 나라사랑어머니연합, 바른사회시민연대 등의 보수단체들이 참여했다.

그런데 2016년 11월 미국의 국무부 대변인은 11월 28일 정례브리핑에서 "국민은 정부에 대해 그들의 우려에 관해 말할 권리가 있어야 한다. 평화적 시위와 집회는 민주주의의 작동방식"이라며 한국의 촛불집회를 옹호하는 듯한 발언을 하기도 했다(경향신문 2016. 12. 4).

제 7 장

정권별
'보수 대 진보'

'보수 대 진보'의 대립은 이상에서 서술한 역사교과서, 경제와 복지, 북한과 미국 관련 이슈들 이외에도 정권의 등장과 유지와 관련된 정치적 활동과도 다양하게 관계되어 있다. 김영삼과 김대중 정부의 경우, 개혁입법을 추진하며 진보단체들의 지지 속에서 보수 대 진보의 이념 대립이 공개적으로 표출된 경우가 많지 않았지만, 노무현 정부에 와서는 뉴라이트 계열 보수단체들의 등장과 집회 확대 등으로 정치, 경제, 사회 등 거의 모든 국정 이슈들에서 보수 대 진보의 충돌이 잦았다. 이후 이명박과 박근혜 정부는 보수단체들의 활동을 편파 지원하며 진보단체들의 활동을 보조금 지급축소, 세무사찰 등으로 압박하는 편향성을 보였다.

01_ 김대중 정부 시기

김대중 정부 시기에는 시민사회단체들의 2000년 낙선운동을 계기로, 일부 언론 등의 부정적인 시각이 보수 진영의 입장처럼 표출되는 일이 있었다.

(1) 소설가 이문열의 홍위병 논란
이문열 소설가의 신문 기고문들이 몰고온 이념적 파장은 진보성향의 김대중 정부가 출범하면서 2000년 총선시민연대의 낙선운동, 2001년 국세청의 언론사 세무조사 등이 발단이 되어 이후 노무현 정부에 이르기까지 계속되었다. 2000년 낙선운동 등 시민사회단체의 활동에 찬물을 끼얹는 비판이 소설가 이문열씨로부터 발동되어, 언론과 인터넷에는 지지와 비판이 봇물 터지듯 보수 대 진보의 대결을 적나라하게 보여주었다. 소설가 이문열의 동아일보 기고문('홍위병을 떠올리는 이유') 내용이다(동아일보 2001. 7. 9).

　　요즘의 시민운동에서 이따금씩 홍위병을 떠올리게 되는 것은 소수에 의한 다수 위장이다. 몇 명이 어떻게 모여 이루어진 단체인지 모르지만 만들어졌다 하면 그 즉시로 익명의 다수를 위장하고 대표성을 주장한다. 며칠 전 야당 당사 앞에서의 시위에서는 160여 개의 단체가 집결했다고 하는데, 텔레비전 화면으로는 회장, 부회장만 다 와도 그보다는 수가 많을 성싶었다. 비전문적 정치논리에 의지한 전문성 억압도 홍위병식 특징이다. 지난번 낙선운동은 특정한 정치인들만 겨냥했고, 어떤 안티운동은 특정 신문만 대상으로 삼았지만, 그렇게 하기로 한다면 다른 분야인들 운동의 대상이 못될 까닭이 없다. … 마지막으로 요즘의 이런 저런 시민운동에서 홍위병을 떠올리게 되는 까닭은 우연의 일치치고는 너무 자주 그들의 견해가 정부 혹은 정권의 그것과 일치한다는 점이다. 솔직히 말해서 정부가 이미 추구하고 있는 것이라면 따로 시민운동으로 옥상옥(屋上屋)을 세울 필요는 없다. 그런데도 태연스레 정부의 주장을 반복하고 있는 운동을 보게 되면 절로 어떤 이면적인 연계를 억측하게 된다. 아직껏 확고하게 다수를 확보하지 못하고, 군대나 경찰 같은 공권력도 선임자들의 악용 때문에 함부로 동원할 수 없게 된 정부가 의지할 수 있는 힘이 있다면 바로 홍위병 같은 힘일 것이다.

(2) 소설가 황석영과 유시춘의 비판

2001년 7월10일 언론사 세무조사와 관련된 이문열의 글을 비판하는 황석영의 인터뷰와 유기춘의 기고문이 소개되었다(서울신문 2001. 7. 11). 황씨는 MBC 라디오와 가진 전화 인터뷰에서 "현 정권의 언론개혁은 만시지탄의 감이 있지만 제대로 돼야한다"고 주장한 뒤 "최근 신문에 실린 일부 글들은 곡학아세(曲學阿世) 쪽이라는 것이 나의 생각"이라고 말했다. 그는 "다음 정권이 보수·수구적이 된다면 옛날처럼 다시 저항하겠다"고 말하며, "최근 문인들의 정치적 발언은 언론권력과 문학권력이 적극적으로 결합한 현상"이라고 주장했다.

또 유시춘씨는 이날 문화일보(2001. 7. 10)에 기고한 '이문열의 영광과 오욕'에서 소설 쓰기를 통해 권력화된 이문열은 "소설, 〈선택〉에서처럼 불합리한 현실을 개선하려는 약자들의 집단적 운동에 대해 거의 천래적인 거부감을 갖고 있는 듯하다"면서, "정치적 발언이 그의 문학적 완성을 기리는 이들을 절망하게 한다"고 꼬집었다.[32]

02 _ 노무현 정부 시기

시민사회에서 보수단체와 진보단체들의 갈등과 대립이 공개적으로 본격화되기 시작한 것은 노무현 정부부터라고 할 수 있다. 국경일 행사나 집회에서 이같은 보수 대 진보의 대립 현상이 언론에 상세히 보도되면서 이를 지켜보는 시민들은 시민사회에 대한 신뢰보다는 불신을 보이기 시작하였다.

(1) 보수단체들의 집단행동

2003년 3·1절을 맞아 서울에서는 남-남, 보수·진보진영이 둘로 확연히 나뉘어 반북·반전행사를 잇달아 개최했다. 보수진영은 '성조기여, 영원하라'를 노래했고, 진보 진영은 "부시는 여중생 사망을 책임지라"며 성조기를 동강냈다(한국일보 2003. 3. 3). 서울시청 앞에서는 재향군인회 등 114개 보수단체가 '반핵반김 자유통일 3·1절 국민대회'를 주최해, 10만여 명의 인파가 '북핵 개발 저지,

한·미동맹 강화' 등이 적힌 피켓을 들었다.[33]

한편 700여개 시민단체로 구성된 전쟁반대 평화실현 공동실천과 여중생범대위는 탑골공원 앞에서 시민 학생 2첨여 명이 참가한 가운데 '3·1 민족자주 반전평화 실현 촛불대행진' 행사를 열었다. 남북한 종교인들도 워커힐호텔에서 '평화와 통일을 위한 3·1 민족대회'를 개최했다. 북측 대표단은 핵전쟁 반대 입장을 역설했고, 남측은 3·1정신 계승에 초점을 맞췄다. 남북 종교인들은 2일 명동성당, 봉은사, 소망교회 등지에서 각각 합동 미사와 예배를 드렸다.

보수단체들이 세를 처음 드러낸 것은 2003년 3월 1일, 미군 장갑차에 희생된 미선·효순 양을 추모하는 촛불시위가 사그러들지 않고 노무현 정부가 출범한 지 얼마 되지 않은 즈음이었다(한국일보 2003. 9. 2)[34] 보수단체의 행사는 탈북난민운동본부, 국민대회청년본부, 재향군인회, 자유시민연대 등이 주도적으로 준비위원회를 꾸려 열었다. 이들 행사의 특징은 다소 과격성을 서슴지 않게 보인다는 것이다. 김정일 국방위원장과 핵미사일 모형물이 등장하거나 인공기 화형식이 벌어지는 것은 기본이 돼버렸다.

보수 단체들은 사회적 일반 현안에 대해서도 자기 목소리를 내기 시작했다. 교육행정정보시스템(NEIS) 문제, KBS 정연주 사장 선임 등 사회 전반의 이슈들에 자신들의 주장을 펼쳤다. 2000년 11월 김대중 정부 시기에 40여개 보수단체가 연합해 출범한 자유시민연대는 그 동안 전교조의 사립학교법 개정운동 반대 및 의료보험 재정통합 반대, 언론사 세무조사 1인시위 등의 활동을 꾸준히 벌여 주류의 균열을 꾀해 왔다. 북핵저지시민연대 등 신흥 보수단체들은 삼일절, 6·25, 8·15 등 기념일마다 대규모 장외집회를 열어 거리를 장악했다(한국일보 2003. 12. 24). 또 새만금 개발사업, 북한산 관통도로 사업, 부안 핵폐기장 등으로 이어지는 환경 현안에서도 정부 및 진보세력과 대립했다.

2004년 서울시는 시청광장을 문화행사 공간으로 사용하겠다는 약속과 달리, 보수단체들의 정치색 짙은 집회를 잇따라 허용하였다. 반면에 진보단체들의 행사에는 광장 사용을 허용하지 않았다(한겨레신문 2004. 10. 4). 서울시는 10월 4일 보수단체들의 '나라와 민족을 위한 구국기도회 및 국가보안법 사수 국민대회'의 시청광장 사용을 허가했다.[35]

(2) 노무현 대통령 탄핵반대 촛불집회

2004년 9월 9일 강영훈, 이영덕, 현승종 전 국무총리 등 각계 보수 원로인사 400여 명은 △소모적 현안인 수도 이전과 국가보안법 폐지 및 언론개혁 등의 일방적 추진을 중단할 것, △안보와 경제 영역의 좌경화 정책을 그만둘 것, △연방제 통일을 수용한 6·15 남북공동선언을 파기할 것 등을 요구했다(이나미 2004). 이들은 노무현 대통령이 국가보안법 폐지를 주장한 것이 대통령의 헌법준수 의무에 위배된다는 이유로 국회에 탄핵소추 발의를 요구하기로 했다. 시국선언은 보수단체인 자유시민연대가 주관했다.

2004년 3월 10일 대한민국을 지키는 바른선택 국민행동, 친북좌익척결운동본부 등 30여개 보수단체로 이뤄진 국민행동본부 소속 400여 명은 "노 대통령 탄핵은 대통령이 일으킨 국가 혼란을 합법적으로 종식시키는 일"이라고 주장했다(한겨레신문 2004. 3. 10). 그러나 한국자유총연맹과 한국기독교총연합회는 헌법재판소의 탄핵 기각 결정을 환영하는 성명을 발표했다. 진보단체들의 경우, 참여연대, 환경운동연합, 민족문학작가회의, 민변 등 15개 시민사회단체와 353개 단체로 이뤄진 시민사회단체연대회의도 3월 10일 긴급 기자회견을 열고 대통령 탄핵 발의 철회를 촉구했다.

03_ 이명박 정부 시기

이명박 정부에 와서는 대선 과정에서부터 지지세력이 되었던 뉴라이트 단체들에 대한 활동비 편파 지원과, 뉴라이트 출신 인사들의 정계진출 후원이 두

드러지게 나타났고, 진보단체들은 상대적으로 위축되었다.

(1) 보수 대 진보의 대통령선거 개입

2007년 12월 대통령 선거를 앞두고 보수와 진보를 자처하는 단체들이 속속 연대 조직을 발족시키는 가운데, 보수단체의 세 결집이 크게 부각되었다(한국일보 2007. 9. 8). 전국포럼연합과 한국시민사회네트워크, 민주사회시민단체연합 등 중도보수 성향의 50여 개 시민단체 대표들은 '2007대선국민연대(가칭)'를 출범시켜, 후보의 정책을 검증하고 진보진영의 정치운동을 철저히 감시하겠다고 밝혔다.

한편 진보진영에서는 351개 시민사회단체가 모인 '2007대선시민연대'가 출범하였다. 또 참여연대 등 1천여개 진보·개혁성향 단체들로 구성된 전국시민사회단체 비상대책회의는 선거일 이틀을 앞두고 명동 향린교회에서 'BBK 대국민 거짓말, 이명박 후보 사퇴를 촉구하는 기자회견'을 열고 이 후보가 당선되더라도 당선무효 운동을 벌이겠다고 선언했다(국민일보 2007. 12. 18).

(2) 2008년 총선과 뉴라이트

2008년 총선의 결과, 두 번의 진보정권을 통해 한국사회의 주류로 성장한 진보진영이 퇴진하고, 보수진영이 의회권력을 장악하는 변혁이 일어났다. 총선에서 한나라당(153석), 자유선진당(18석), 친박연대(14석), 보수계 무소속(18명) 등 보수진영이 개헌가능선(200석)을 넘는 203석을 확보했다. 한나라당이 행정·지방권력을 차지하고 있는 상황에서 보수진영은 국회 절대 의석까지 차지한 것이다. '87년 체제의 종말'이라는 평가도 나왔다(문화일보 2008. 4. 10). 1987년 이후 정치권에 대거 유입됐던 민주화 세대들이 대거 낙선한 것이다.[36] 그럼에도 2012년 총선에서는 진보적 시민사회단체 대표 상당수가 야당 공천으로 당선되었다. '87 체제의 종말'이라는 평가가 성급한 판단이었다고 볼 수 있다.

(3) 이명박 정부와 진보 단체

2008년 촛불시위에 참여했던 진보 시민사회단체들은 보수 이명박 정부에 의해 상당한 시련을 겪었다. 주요 활동가들이 수배·구속됐고, 무엇보다 정부 보조금 지원 중단으로 재정 압박이 가시화하면서 시민사회의 공익적 활동마저 크게 위축되었다(한겨레신문 2009. 2. 26).[37] 경찰은 대책회의 참여단체 1,842곳 모두를 '불법·폭력시위 단체'로 규정해 관계기관에 통보했고, 행정안전부는 "불법·폭력 시위를 한 단체는 원칙적으로 지원 대상에서 제외하겠다"는 방침을 거듭 밝혔다. 장애우권익문제연구소가 펼쳐 온 장애인들의 문화체험, 우리밀살리기운동본부의 우리밀 체험행사, 건강세상네트워크의 '전국민 주치의 갖기 캠페인' 등 공익사업들도 같은 이유로 줄줄이 중단되었다.

(4) 이명박 정부와 뉴라이트

이명박 대통령 후보의 당선에 기여한 뉴라이트 보수단체들에게는 정치적 기회가 찾아왔다. 2005년 뉴라이트전국연합의 창립을 주도한 김진홍 목사는 이명박 후보와의 오랜 친분으로, 이명박 후보를 전폭 지지했고, 그 결과 뉴라이트 전국연합 인사들 상당수가 한나라당과 정부를 통해 정치권에 진입했다.[38] 뉴라이트 그룹에서 식민지 근대화론, 이승만·박정희의 긍정적 평가와 '북한 민주화 운동'을 주도했던 뉴라이트재단 출신 인사들도 제도권에 진입하였다.[39]

뉴라이트 학자들이 주축이 된 교과서포럼과 그 회원들이 주도한 현대사학회는 일부 출판사의 한국 근·현대사 교과서를 좌편향이라고 비판했다. 이들은 2008년 식민지근대화론, 이승만·박정희 긍정적 재평가론이 담긴 대안교과서를 펴낸 데 이어, 2011년에는 대안교과서의 내용을 토대로 교육과학기술부에 '역사교육과정 수정 건의서'를 제출했다. 현대사학회는 '강제병합 이후 일제에 의한 근대제도의 이식과 우리 민족의 수용'을 역사교육과정에 명기하자고 주장했다. 국사편찬위원회는 현대사학회의 17개 요구안 중 10가지를 수용했다.

(5) 이명박 정부의 보수단체 지원

이명박 정부와 박근혜 정부는 보수단체에 정부 보조금을 크게 늘려 지급했다. 이명박 정부 출범 첫해인 2008년에는 10개 보수단체, 4억여 원에 불과했지만, 마지막 해인 2012년에는 73개 보수단체에 37억원으로 크게 늘었다.[40) 또 불법 폭력시위 단체로 규정된 단체에 대해 3년간 지원을 받을 수 없도록 규제했지만, 이명박 정부에 와서는 보수단체들만 예외적으로 제약을 받지 않았다. 2008년 촛불집회와 시위에 참여했던 '광우병국민대책회의'에 속한 1,800여 개 단체를 경찰은 불법 폭력시위 단체로 규정해 정부 보조금을 받을 수 없게 만들었다.

04 _ 박근혜 정부 시기

박근혜 정부 또한 뉴라이트의 역사교과서를 지지하며 국정 교과서를 고집하는 등, 진보단체에 비해 보수단체의 활동을 편파적으로 지원했다. 그러나 이명박 정부와 밀착관계를 유지해온 뉴라이트 그룹에 대해서는 총선 공천배제, 정계 퇴출이라는 새로운 조치를 취했다.

국회에 진출했던 뉴라이트 인사들은 19대 총선에서 대부분 새누리당의 공천을 받지 못했다. 18대 총선에서 김근태 전 의원을 낙선시킨 신지호 전 의원, '반(反)전교조 투사' 조전혁 전 의원도 공천에서 탈락했다(경향신문 2012. 07. 10).[41) 뉴라이트전국연합은 17만 명의 회원 조직으로 한때 보수 시민운동의 중심이었지만 이제 실질적 활동은 거의 없는 것으로 알려졌다.

(1) 박근혜 정부의 보수단체 지원

박근혜 정부에 와서도 정부 보조금이 보수단체에 편파적으로 지급되었다. 박근혜 정부 첫해인 2013년 70여 개의 보수단체에 40여 억원이 지원됐고,

2014년에도 70여곳 30여 억원이 지원되었다(시사저널 2014. 5. 19). 보수단체 중에는 2012년 대선 당시 박근혜 후보에 대한 지지를 발표하며 사실상 선거운동을 펼친 단체들도 있었다.[42)]

(2) 정권과 보수단체 유착 : 세월호 참사 맞불 집회

세월호 참사 2개월 후(6월 19-27일 사이) 작성된 국가정보원 보고서는 실종자 12명에 대한 수색이 한창 진행되던 때인데도, 진상 규명이나 선체 인양, 희생자 가족 지원에 대한 대책이나 제언은 전혀 언급하지도 않은 채, 대통령에 대해 "비판 세력이 여객선 사고를 빌미로 투쟁을 재점화하려는 기도를 제어해야 한다", "보수단체를 활용해 적극적인 맞대응 집회를 열어야 한다"며 '여론 조작' 필요성을 강조했다(JTBC 2016. 11. 17). 또 세월호 참사에 대한 정부의 책임을 물은 비판적 문화예술인들의 활동을 차단하거나 응징하기 위해 블랙리스트가 만들어졌다. 그 사실이 드러난 것도 2년 반이 지나 박근혜 퇴진 촛불집회 정국 때문에 가능했다.

(3) 정권 - 보수단체 유착

2016년 4월 11일 〈시사저널〉은 각종 보수집회에 일당을 주고 탈북자들을 동원한 내역이 담긴 어버이연합의 회계장부를 공개했다.[43)] 또 JTBC는 전국경제인연합회(전경련)가 2014년 9월부터 12월까지 기독교단체인 벧엘복지재단을 통해 어버이연합에 1억 2천만원을 우회 지원했다고 보도했다. 국고보조금을 받는 대한민국재향경우회가 어버이연합과 관련된 탈북단체에 돈을 지급한 입금 내역도 드러났다. 그 뒤로 청와대의 보수집회 개입 의혹까지 불거졌다.

어버이연합의 경우 세월호 참사 진상규명을 반대하는 집회나 통합진보당 해산요구 집회 등에 적극적으로 참여해 정부의 입장을 옹호하는 활동을 벌여왔다. 어버이연합뿐 아니라 다른 보수단체들도 오래전부터 금품을 유인책으로 사람을 모아 친정부 활동을 벌여왔다는 의심을 받아왔다.[44] 한편 자유총연맹은 청와대가 2015년 10월부터 국정화교과서 지지의 관제데모 요청을 해와 거절할 수 없었다고 전직 임원이 증언했다(JTBC 2017. 1. 19). 이후 실제로 한국자유총연맹은 국정교과서 지지에 선도적 역할을 해왔다. 관제 데모 협조 요구를 듣지 않을 경우 연간 100억 원에 달하는 정부 예산과 보조금, 각종 포상을 받을 수 없을 거라는 두려움이 있었다는 것이다.

(4) 2016년 총선 낙선운동 단체 압수수색

2016년 총선 2개월이 지난 6월 16일 참여연대 등의 총선 낙선운동단체들에 대한 경찰의 압수수색이 진행되면서, 다시 보수정권의 진보단체들에 대한 보복이 문제되었다. 경찰에 따르면, 참여연대는 일부 후보자들에 대한 낙선운동을 하는 과정에서 선거법을 위반한 혐의를 받고 있다. 서울시선거관리위원회는 지난 4월 12일 총선넷이 기자회견을 빙자한 낙선운동 목적의 집회를 개최하고, 선관위에 사전신고 없이 설문조사를 빙자한 여론조사를 실시하는 등 선거법을 위반했다며 총선넷을 고발했다. 이에 참여연대는 "총선넷은 선관위의 의견을 수용해 합법적 틀 내에서 유권자 행동을 전개했다"며 "수사당국이 압수수색에 나선 것은 유권자의 정당한 권리인 표현의 자유에 대한 명백한 탄압"이라고 맞섰다.

(5) 보수단체의 분열

2016년 11월 박근혜 대통령 탄핵 정국에서 보수단체들의 입장은 분열되었다. 대한변협은 진보단체인 민변과 대립해온 보수단체로 1980년대 군부 독재 시절 이후 처음으로 박근혜 대통령 하야촉구 시국선언을 발표했다(JTBC 2016. 11. 23). 대한변협은 "박 대통령의 국정농단 행위가 불법을 넘어 불법임이 검찰 조사에서 드러났다"며 대통령은 물러나라고 주장했다. 이들과 달리 전통적인 관변단체로 알려진 자유총연맹은 박사모와 함께 11월 12일 맞불집회에

참여했다.[45)]

역사교과서 국정화를 찬성하던 보수단체도 입장을 바꿨다. 2016년 11월 보수성향의 교원단체인 한국교원단체총연합회는 국정교과서가 집필 기준과 내용, 방법 등에 있어 전 국민이 납득할 수 있는 교과서가 아니며, 이념적으로 편향되지 않은 집필진 구성도 아니며, 친일 및 독재 미화, 건국절 등 교육현장 여론과 배치되기 때문에 수용할 수 없다는 입장을 밝혔다.

언론도 보수, 진보 구별없이 시민사회 편에서 정부와 국가권력에 맞서는 촛불 집회와 시위를 보도하였다. 종편 방송들은 생중계로 집회와 시위 현장을 생생하게 보여주었다. 시민들의 관심과 참여를 이끈 것도 보수언론과 보수 평론가들의 변화였다. 보수 언론들은 대통령 퇴진에 앞장설 정도로 경쟁을 했다. 언론들은 노조나 시민사회단체 주도의 동원된 집회가 아니라 중고생과 대학생, 남녀 커플이나 부모 등 가족과 함께 중장년층도 고루 참여하는 시민참여의 물결을 이루었다고 보도하였다. 이런 언론의 변모는 2008년 광우병 시위 때와는 딴판이다. 당시 보수 언론들은 사설이나 방송 출연진의 논평을 통해 집회 주도 단체들을 좌파 세력으로 비판했었다.[46)]

경찰의 시위 제한에 법원은 시위의 자유를 최대한 허용하는 변화에서도 보수나 진보의 논리는 없었다. 집회에 비판적이었던 보수적 시민들도 시위에 동참해 질서있는 시위문화의 주역이 된 것도 적지 않은 변화였다. 보수정권과 집권여당의 퇴진에 보수 시민들이 심판자로 나서 민주주의와 민주화를 갈구하는 '비판적' 시민으로 변모한 것이다. 보수적 시민들의 정치성향이 중도 또는 진보 성향으로 이동하는 변화도 여론조사 자료에서 확인된다(제1부 총론 참조).

(6) 박근혜 정권의 블랙리스트

박근혜 정부는 정권을 비판하거나 문제를 제기한 진보 인사나 단체를 블랙리스트로 불이익을 주는데 서슴치 않았다.

박 대통령은 정권 초기부터 좌파에 대한 거부를 국정추진으로 지시해왔다. 2013년 9월 30일 열린 수석비서관회의에서 "국정 지표가 문화 융성인데 좌편향 문화·예술계에 문제가 많다"며 "특히 롯데와 CJ 등 투자자가 협조를 하지 않아 문제다"라는 취지로 발언한 사실을 특별검사가 파악했다(연합뉴스 2017. 1. 31).

문화예술계와 체육계 블랙리스트, 국립대학 총장 임명에도 블랙리스트 적용이 확인되었다. 문화계 블랙리스트에는 교수, 시인, 안무가 등 예술계 인사와 영화사나 극단 등 단체 등의 이름이 등장하고, 명단 옆에는 블랙리스트에 오른 이유들이 적혀 있었다(SBS 2016. 12. 26). 문재인, 안철수, 박원순 등 야당 정치인 지지 선언을 했거나 이들과 조금이라도 함께 활동한 이력이 있으면 명단에 올랐다. 또 세월호 참사 등 사회적 이슈에 의견을 표현한 행위도 검증 대상이었고, 비정규직 노동자 시위를 지지한다거나, 쌍용자동차 국정조사 촉구 운동에 참여했다는 사실만으로 블랙리스트에 포함시켰다. 그리고 문체부의 민간단체 예산 지원에서 블랙리스트에 오른 개인이나 단체 대부분의 지원이 삭감되거나 아예 심의에서 탈락했다(SBS 2016. 12. 26).

국립대 총장 선출의 경우, 1순위 후보와 2순위 후보를 교육부에 올리면 교육부장관이 그중 한 명을 제청해서 대통령이 최종 임명하는데, 여기에도 시민사회 활동 경력을 문제삼는 블랙리스트가 있었다. 경북대는 2014년 투표를 통해 1순위로 뽑힌 김사열 교수를 총장 후보로 교육부에 추천했다. 하지만 교육부는 2년간 임명을 미루다 2016년 11월 2순위인 김상동 교수를 총장에 임명했다. 김사열 교수의 대구시민단체연대회 활동이력 때문이라는 게 학교 안팎의 분석이다(JTBC 2017. 1. 2). 경상대와 순천대, 충남대, 한국해양대에서도 2순위 후보가 총장이 됐는데, 이전 정부에서는 유례가 없던 일로 결국 정권의 개입 없이는 불가능하다는 것이 일반적인 시각이다. 전국 국공립대교수협의회는 국공립대학교 총장 임용에 청와대가 부당하게 개입했다고 주장했다(노컷뉴스 2017. 1. 3).

(7) 위헌과 위법으로 파면된 박근혜 대통령

한국 보수의 상징이 되었던 박근혜 대통령은 위헌과 위법행위를 저질러 '법과 질서'를 목숨처럼 소중히 여기는 보수의 가치를 스스로 무너뜨리고 말았다. 2017년 3월 10일 헌법재판관 8인 전원일치의 판결문은 "헌법과 법률 위배 행위는 재임 기간 전반에 걸쳐 지속적으로 이뤄졌고, 국회와 언론 지적에도 불구하고 오히려 사실을 은폐하고 관련자들을 단속해왔다"면서, "대국민담화에서는 진상규명에 최대한 협조하겠다고 했으나 정작 검찰과 특별검사의 조사에 응하지 않았고, 청와대에 대한 압수수색도 거부했다. 이 사건 소추와 관련한 피청구인 일련의 언행을 보면 법 위배 행위 반복되지 않도록 해야 할 헌법 수호의지가 드러나지 않다."고 밝혔다.

이런 판결에 승복한다는 말도 국민들께 사과한다는 말도 없이 청와대 관저를 떠나 사저의 문을 닫고 말았다. 대변인을 통해 친박 지지자들에게는 믿고 성원해주어 감사한다는 말과 "진실은 반드시 밝혀진다"는 말만 남겼다.

보수와 진보
그리고
민주주의

〈한국시민사회사〉에서 살펴본 보수 대 진보의 이념적 갈등은 정치, 경제, 사회 전반에 걸쳐 폭넓게 표출되어 진영 다툼과 다를 바 없었다. 인권 이슈에서는 사형제를 비롯해 교육정보 인권 이슈, 성소수자, 양심적 병역거부 등 다양한 이슈들이 있었고, 정치 이슈들도 반전평화운동, 북한인권, 한·미 SOFA 개정, 현대사와 역사교과서, 정권의 보수단체 활동 지원 등 다양하게 얽혀 있었다. 북한문제나 미국문제가 중요한 이슈로 대두되면 사회 지도자들뿐 아니라 시민사회 단체들도 찬성과 반대로 극명하게 대립하는 '진영' 다툼이 일상화된 것이 현실이다. 또한 언론이나 학자들도 '보수 대 진보'라는 양분법으로 인식하고 설명한다.

돌이켜보면, 정권 차원에서 이념 갈등을 부추기는 그릇된 정책이나 전략을 추진한 것을 또한 확인할 수 있었다. 노무현 정부 말기부터 본격화된 보수단체들의 활성화는 이명박 정부의 집권에 크게 기여했고, 실제로 이명박 정부는 뉴라이트와 보수단체에 의존하는 정책을 추진하며 진보단체들을 견제하고 억압하는 국정을 펼쳤다. 이때부터 시민사회가 보수 대 진보로 심각하게 분열되었고, 집회와 시위 때마다 맞불집회가 등장하며 사회혼란까지 야기되었다. 또 무능하고 부패한 박근혜 정부는 뉴라이트에 의존하지는 않았지만 세월호 참사 등 국정실정을 비판하는 진보단체들에 대해 블랙리스트로 억압하고 수시로 극우단체들을 동원하고 지원하는 국정문란을 일으켰다. 시민사회를 국정 파트너로 인정하는 형식적인 제도는 존재했지만, 실제로는 정권의 무능과 부패를 은폐하는 수단으로 극우단체들을 활용했던 것이다.

모든 이슈들이 정권의 정치적 성향에 의존하는 것은 아니다. 시민사회 이슈들은 보수 대 진보라는 양분법으로 해석하는데는 상당한 무리가 있고, 일부 이슈들에서는 설득력을 상실할 수 있다. 양측과 거리를 두는 중도적 입장이 때로는 다수 시민들의 의식과 행태로 나타났기 때문이다. 사회는 보수와 진보의 양 날개가 안정적인 균형을 이루며 발전하는데, 한국 사회는 그간 보수 편으로 치우친 보수화 역사를 가진 것이 사실이다. "해방 이후 70여 년간 한국 사회를 추동해 온 저변엔 보수 이념이 자리해왔다. 남과 북으로 대치된 지정학적 조건과 '잘살아 보자'는 국민적 염원 등이 보수의 반공주의·성장론에 힘을 실어 줬다. 분단뿐 아니라 유권자 구성(영남 1059만 명, 호남 414만 명)이나 미디어 환경 등에서 보수에 절대적으로 유리한 정치지형"이었다(중앙일보 2016. 12. 1).

그런데 2017년 박근혜 대통령 탄핵 이후의 보수 대 진보의 이념 지형이 다소 균형을 갖춰가는 추세이다. 그간 보수적 대통령과 새누리당을 지지해온 전통적인 보수단체들도 대통령 퇴진에 동조하였다. 많은 보수 성향의 시민들도 촛불집회와 시위에 동참했다. 또 보수성향의 한국교직원단체협의회가 국정 교과서에 대해서도 집필진과 교과내용의 문제를 제기하며 반대한 것도 대표적인 사례이며, 국정교과서를 검토해본 보수성향의 시민들 중 국정화 찬성(36%)보다 반대(45%)가 더 많았다(한국갤럽 2016. 12. 2). 보수 성향의 종편 방송사뿐 아니라 신문사들도 대통령퇴진 촛불집회를 지지하며 '시민혁명', '촛불혁명' 등으로 자주 보도했다. 그래서 자신의 정치성향에 대해 '진보적'이라고 밝히는 시민들이 더 늘어나 이명박, 박근혜 정부 이래 처음으로 보수를 앞서는 진보의 역전이 일어났다. 대통령에 대해, 진보세력을 응징하는 국정농단에 대해, 정부 복지정책과 국정 교과서 계획에 대해, 정경유착에 대해, 보수 정당과 대의민주주의에 대해 '비판적인' 시민들이 그만큼 늘어난 것으로 보여진다.

그럼 한국에서도 '중도의 길' 가능성은 있는가? 영국의 토니 블레어 노동당이 추진했던 '제3의 길'(third way)처럼 보수와 진보가 정치이념과 정책 편향성을 극단에서 중립으로 바꾸는, 중도의 길이 가능한가? 사실 복지정책의 경우 2012년 대통령선거에서 보수적인 박근혜 후보와 진보적인 문재인 후보가 서로 크게 다르지 않은 복지공약을 했던 것이 사실이다. 또 보수 정당에서 경제민주화와 같은 진보적 개혁정책이 논의되고 있는 등, 복지나 일부 영역에서는 보수와 진보의 정책 수렴이 가능하다고 볼 수 있다. 그럼에도 국정 교과서, 재벌개혁, 사드 배치, 남북관계 개선 등 핵심 국정 이슈들에서 보수와 진보의 의견이 수렴되는 변화는 당장에 기대하기 어려운 것이 한국의 실정이다. 이에 따라 한국 시민사회도 민주주의도 보수 대 진보의 경쟁과 대립을 피할 수 없을 것이며, 이념 성향이 강한 정권이나 정당이 아니라 주권자 시민들이 보수나 진보 어느 편에 서든 공정한 심판자 역할을 해야 할 것이다.

결 론

국가·시민·시민사회가
함께 만드는
'강한' 민주주의

한국 시민사회의 30년 역사는 시민사회와 국가(정부)와 국민(시민)의 관계의 역사로 좁혀 이해해볼 만하다. 1987년 민주항쟁 이후 시민사회는 줄곧 민주화와 개혁운동을 추진해온 과정에서 국가와 공조해 정책 거버넌스로 개혁의 성과를 거두기도 했지만, 반면 개혁을 거부하는 국가에 맞서 대립하는 경우도 적지 않았다. 국가와의 공조 또는 대립에서 시민사회가 의존할 수밖에 없는 후원자는 주권자 시민들이었다. 그래서 '시민 없는 시민사회'의 존재 가치는 무의미할 수밖에 없었고, 87 민주항쟁으로 되찾은 민주주의를 시민사회의 역량과 활동만으로 지켜낼 수 없었다. 지난 30년의 역사를 통해 시민사회는 '비판적' 시민의 성장과 지지로 '강한' 시민사회로 성장해야 하는 과제를 확인할 수 있었다.

그런데 '비판적' 시민과 '강한' 시민사회가 확고히 결합해도 민주주의가 흔들리지 않고 강하게 성장하는데는 한계가 있었다. 이는 지난 30년의 한국 시민사회사에서 확인할 수 있다. 2016년 시민혁명이 미완에 그치지 않고 민주화를 성공시킨 역사가 되기 위해서는 이제 '효과적' 국가의 법과 제도로 뒷받침되어야 한다. 민주적 리더십에 기초한 '효과적' 국가와 만나는 '비판적' 시민들과 '강한' 시민사회만이 '강한' 민주주의를 만들 수 있다. 이 책의 시민사회 〈제도사〉는 국가, 〈조직사〉는 시민사회, 〈생활사〉는 시민에 각각 초점을 맞춰 그들의 효과적인, 강력한, 비판적인 역할의 중요성을 확인할 수 있었다.

한국 시민사회는 지난 30년의 민주화기에 국가와는 공조와 대립이라는 극명한 양분의 역사를 경험했다. 진보주의 15년 기간은 공조적 거버넌스 시대, 그리고 이후 보수정권들의 10년 기간은 대립과 갈등의 시대로 확연히 구분되었다. 보수정권들은 시민사회를 '보수 대 진보'의 대결의 장으로 만드는 그릇된 판단으로 국정을 문란시킨 책임이 있다. 민주사회에서는 "효과적인 국가와 강력한 시민사회는 상호지지적"이지, 결코 상호대치적인 것은 아니다(OECD 1997: 7). "강력한 시민사회가 존재하지 않으면 국가는 그 기초가 협소해져 정치적·경제적 기회주의자들에 의해 포위될 수 있는 취약성을 갖고 있다"는 선진사회의 경험이 무능하고 부패한 박근혜 대통령을 탄핵한 한국사회에 제시해준 역사적 교훈이다.

민주주의 시각에서도 국가가 시민사회의 역할을 부정하거나 억압하는 자세를 거두는 것이 무엇보다 중요하다. 시민사회가 수행하는 다음과 같은 '민주주의' 기능에 대해 국가는 방해하지 않고 오히려 지지해야 한다(Blair 1998: 67). 첫째, 엘리트 중심의 정책결정과정에 시민들이 참여할 수 있는 기회를 확대시켜야 한다. 빈곤층, 소외집단 등의 지지세력을 동원하는 기능과 이들의 권익을 위한 공공정책 주창 및 제안 활동이 시민사회의 핵심적인 기능이다. 둘째, 시민사회는 공공정책과 정부활동을 수시로 모니터링을 하면서 정책을 분석하며 나타난 문제들을 공론화시켜 정부로 하여금 시민들에 대한 책무성

(accountability)을 갖도록 하는 기능을 함으로써 민주주의의 질적 향상에 기여한다. 셋째, 시민사회는 사회 현실과 민주주의에 대해 시민들에게 그 내용을 알리고, 또 시민들이 직접 참여해 학습할 수 있는 기회를 갖도록 하는 민주주의 교육을 담당한다.

한국 시민사회의 민주화운동은 절반의 성공에 머무는 역사를 남겼다. 정치, 경제, 사회 민주화운동은 초기의 악법 폐지 또는 개정, 제도의 폐지 또는 도입 등 법과 제도에 초점을 맞추면서도 국가보안법 폐지, 집시법 개정 등의 정치민주화와 재벌개혁, 노동법 개정, 세제개혁 등의 경제민주화는 진전이 없었던 뚜렷한 한계를 보였다. 다만 지방자치, 정보공개, 호주제 폐지, 부정청탁금지법 등 행정과 사회개혁이 일부 진전되었고 시민사회 관련 법과 거버넌스 제도의 도입의 성과도 있었다. 개혁의 유리한 정치적 환경이 조성되었던 '진보주의 시대'에도 개혁적인 리더십조차 오랜 정경유착의 관행, 보수 대 진보의 이념 대립, 비민주적 정당정치에 묶여 시민사회가 요청하는 개혁입법과 제도를 수용하지 못한 한계를 보였다. 시민들의 민주주의 가치관의 성장과 시민사회의 개혁과 민주화운동 역량 증대에 비해 국가의 민주화 리더십과 국정추진이 효과적이지 못해 뒤쳐진 역사를 보였다. 그래서 보수나 진보 어느 정부든 점차 국민의 신뢰를 잃고 임기 말기에 국정수행 지지도가 20~30%, 그리고 박근혜 정부는 4%로 추락하는 수모를 겪었다.

1987년 민주항쟁 이후 개혁과 민주화가 제대로 추진되지 못한 데는 심각한 경제, 정치 위기 상황도 한 몫 했다. 1997년에는 외환위기로 빈곤과 실업 등 경제위기가 정치개혁과 경제개혁 논의를 무산시켰고, 2008년 총선에서는 민주화운동 세력이 대거 패배하며 '87 체제 붕괴론'까지 거론되는 위기도 있었다. 그럼에도 2012년과 2016년 총선에서 개혁적인 시민사회 대표들이 다시 국회에 진출해, 보수정권의 국정 농단을 막는 견제자 역할도 했다. 또 2008년부터 보수정권의 국정 실패와 문란에 시민사회와 시민들이 공조해 촛불집회로 저항했다. 2016년 말의 시민혁명은 민주적 정권으로의 교체 가능성과 함께 다시 민주화와 개혁의 희망을 갖게 해주었다. '비판적' 시민들이 촛불시위에 나섬으로써 "모든 권력은 국민으로부터 나온다"는 주권재민의 실천을 확인할 수 있었다.

그럼에도 '정치적' 행동이나 발언에 여전히 발이 묶이거나 입을 열지 못하는 시민들이 적지 않은 것도 현실이다. 마치 정치가 지식인이나 엘리트들만의 독점물인 양, 집회나 시위 등의 정치적 활동을 경계하거나 좋지 않게 보는 시각이 지배적이다. 지식인과 인기 연예인들의 소신 발언과 집회 참여를 곱지 않게 보는 언론, 이들에게 블랙리스트로 불이익을 주며 표현의 자유를 침해했던 정권도 있었다. 이명박 정부는 촛불시위에 참여한 시민사회단체 블랙리스트를 만들어 이들에게 정부지원을 차단시켰고, 보수단체들을 편향적으로 지원해 보수대 진보 대립을 유도했다. 박근혜 정부도 같은 방식을 따랐다. 박정권은 더 나아가 블랙리스트로 문화예술인, 대학총장들의 사상과 표현의 자유를 침해했다. 이처럼 국가기관에 의한 불법 사찰과 감시가 사라지고 않고 있어, 지식인들은 자신의 글이나 말이 자신에게 불이익으로 돌아오지 않을까 하는 두려움 때문에 표현의 자유조차 누리지 못하고 있는 게 현실이다. 기업들이 정치 활동에 관여한 단체들에 지원을 하지 않는 현실도 오랜 관행이 되었다. 이런 정치적 권리와 시민적 자유에서 한국인들은 프리덤하우스가 평가한대로 '자유국가'에서 살고 있지 않다.

'정치적'이라는 그릇된 비난이나 정치에 대한 혐오 또는 무관심이 한국 민주주의를 '강한' 민주주의로 업그레이드 되지 못하게 만든 장애로 작용하였다. 그러나 1987년과 2016년에는 비판적 시민들의 정치참여가 있어서 민주항쟁과 시민혁명의 역사가 만들어질 수 있었다. 정치는 '가능성의 예술'이라고 했다. 시민들의 정치적 동력으로 대통령 탄핵도, 국정 교과서 논쟁도 해결하고 위기를 수습할 수 있었다. 비판적이고 참여하는 시민들의 존재가 '강한' 민주주의를 만드는 최소한의 조건이다. 서구 역사에서도 '비판적' 시민의 성장이 개혁입법에 정치적 압력으로 행사되어 '대의민주주의와 직접민주주의의 강화' 모두에 기여했다는 경험을 참고해볼 만하다(Norris 1999: 270).

민주주의는 법과 제도를 통해, 시민사회의 민주화운동으로, 시민들의 일상생활에서, 민주주의의 가치추구를 통해 성장한다. 이 점은 〈한국 시민사회사〉 연구를 통해 확인할 수 있다. 국가의 민주적 제도, 시민사회의 민주화운동, 시민들의 민주적 생활, 민주적 가치와 이념이 밀접하게 유기적으로 결합되어 '강한' 민주주의를 만든다. 지난 30년의 시민사회 역사에서 개혁입법의 제도화는 시민사회의 민주화운동과 결합되어 발전을 거듭해왔다. 그러나 '보수 대 진보'의 대립과 갈등으로 국가 차원의 민주주의가 오히려 퇴행되는 위기를 맞기도 했다. 그렇지만, 다행히도 시민들이 일상에서 경험하는 '생활' 민주주의의 성장으로 위기에 처한 민주주의를 구하는 새로운 역사도 만들어졌다. 2016년 시민혁명은 이런 역사적 의미와 진가를 갖고 있다. 그간 시민들은 미군범죄, 노무현대통령 탄핵, 미국산쇠고기 수입, 등록금 인상, 무상급식, 4대강, 세월호 참사, 박근혜 대통령 탄핵 등 다양한 국가적 이슈들과 끊임없이 제기되는 부정부패, 인사비리, 실업, 비정규직, 청년실업, 명퇴, 노인빈곤, 먹거리 불안 등 자신과 이웃, 공동체 문제들에 마주쳐 인터넷과 SNS 등을 통해 지식과 정보를 학습하고 공유하면서 '비판적' 의식을 갖춘 시민들로 성장해 갔다. 이런 '비판적' 시민들이 직접행동에 나섬으로써 사회와 국가를 바꾸는 시민혁명이 가능했던 것이다.

시민들은 권리를 누리면서 의무를 실천해야 한다. 정치인을 비판하며 민주주의를 걱정하는 것으로 시민의 의무를 다한 것으로 보기 어렵다. 선거에 참여해 투표하고, 국가적 이슈들에 행동으로 실천할 수 있는 시민이 되는 것이 중요하다. 자원봉사자로 이웃이나 공익을 위한 활동에 참여하거나 현물로 나누는 기부자가 되는 것도 중요하다. 본격적으로 교육, 노동, 환경 등 공익을 위해 활동하는 시민사회단체의 회원으로 가입해 활동할 수도 있고, 동호회 회원들과 더불어 촛불집회에 참여하거나 가습기살균제 피해를 준 제품들의 불매운동에 직접 나설 수도 있다. 대통령을 퇴임하면서 오바마 대통령은 시민의 정치참여가 민주주의의 기초라고 역설하였다. 그는 "우리 모두가 정파와 상관 없이 시민의 일을 해야 한다"며 "선거가 있을 때만이 아니라, 작은 이해관계가 달렸을 때만이 아니라 일생에 걸쳐 그렇게 해야 한다"고 말했다. 그는 "무언가 고쳐야 한다면 운동화 끈을 묶고 단체를 조직해 보라"고도 충고했다. 민주주의 이론가 바버(Barber 1984)는 '대중'이 관여하고 공유하며 기여하게 되면 '시민'이 되고, 그럼으로써 '참여한다'고 강조했다.

이제 제도사, 조직사, 생활사, 이념사 연구에서 분석한 한국 시민사회의 역사적 특징들을 정리해볼 만하다. 시민사회 〈제도사〉에서는 시민사회가 국가보안법, 집회와 시위법, 인권보호의 제도화를 지속적으로 요구해왔다는 것을 확인할 수 있었다. 일부에서는 민주화가 완성된 것처럼 얘기하지만, 한국의 정치적 권리와 시민적 자유와 언론의 자유는 완전한 '자유국가'의 위상을 누리지 못하고 있다. 경제민주화의 경우도 김영삼 정부 때부터 시민사회가 줄곧 '재벌개혁'을 요구해왔지만 정부나 국회가 정경유착의 관행을 고수한 채 이를 무시해온 것이 사실이다. '빈익빈 부익부'의 불평등 문제를 개선하기 위한 복지정책의 추진에 필요한 재원 마련에도 국가기관들은 증세 등 뚜렷한 대안을 내놓지 못한 채 논쟁만을 일삼았다. OECD 선진사회에서는 '증세 없는 복지는 허구'라는 역사적 경험을 보여주고 있지만, 복지 공약(公約)으로 당선된 후 공약(空約)으로 외면하는 대통령도 있었다. 지키지 못할 공약으로 당선된 박근혜 대통령은 의료와 복지뿐 아니라 실업과 소득불평등, 국정교과서, 세월호 참사, 메르스와 AI 대란, 위안부 합의 등, 수많은 정책에서 국민의 탄핵을 받았다.

시민사회 〈조직사〉에서는 민주화와 개혁을 추진했던 시민사회와 국가, 시민의 공조가 중요했다는 것을 확인할 수 있었다. 국가와 공조해 개혁입법의 성과를 내기도 했고, 반면 국가 권력의 횡포에 굴하지 않고 개혁입법을 지속적으로 주창했던 시기도 있었다. 특히 세월호 참사 사례처럼 지난 30년의 시민사회 운동사 대부분은 역사적 사건의 '진실 규명'에 일차적 초점을 맞춰, 지난 30년을 '진실을 향한 촛불'을 밝히는데 최선을 다했고 또 상당한 성과도 생산했다. 한국의 시민사회가 나약한 것은 아니었지만 얼마나 취약한지, 조직의 기초가 되는 회원 참여와 재정 후원을 통해 살펴볼 수 있었다. 시민사회에 대한 시민들의 지지는 회원 활동과 회비 납부로 실천될 필요가 있는데, 이 점에서 한국의 시민사회와 시민들은 취약성을 확연히 드러내 보여준다. 시민사회단체들의 공익사업에 시민들의 회비가 가장 중요한 재원이 되면서, 국가는 거버넌스 차원에서, 기업들은 '사회적 책임' 차원에서 공조하는 새로운 제도적 방안이 모색될 필요가 있다. 주창형 시민사회단체들과는 달리 친목이나 서비스 유형의 시민사회단체들이 점차 늘고 있지만, 여기에 참여하는 시민 기부자와 자원봉사자들은 늘고 있지 않아 시민참여형 시민사회 지속가능성의 과제를 보여준다.

시민사회 〈생활사〉에서는 시민참여가 촛불집회부터 일상생활 모임과 활동까지 스펙트럼이 다양화되며, 특히 IT와 SNS와 만나며 더욱 역동적으로 성장하고 있다는 것을 주목하였다. 시민참여 활동이 전통적인 시민사회단체들과 다른 소규모 자조모임, 카페, 동호회 등에서 많이 늘고 있다. 풀뿌리 생활권에서 다양한 시민모임들이 활성화되어 여기에 많은 시민들이 편하게 참여하는 생활권 시민사회의 밝은 전망을 보여준다. 그럼에도 전반적으로 시민사회 활동에 대한 시민들의 참여는 여전히 저조한 상태에 머물러, 시민사회의 확고한 지지기반의 지속가능성을 보여주지 않는다. 참여하는 시민들만 참여하고, 사회적 약자나 취약층도 동참하는 '포용적' 참여는 매우 저조하다. 시민참여의 지지기반이 취약한 한국의 시민사회가 국가 권력과 시장의 재력에 맞서 역량을 발휘하며 '강한' 민주주의를 추진할 수 있는 원동력이 취약한 상태라 볼 수 있다.

시민사회 〈이념사〉에서는 2016년 시민혁명으로 보수와 진보의 균형이 갖춰질 수 있는 새로운 변화를 발견할 수 있었다. 87년 민주항쟁 이후 김영삼-김대중-노무현 정부의 개혁성향, 이후 이명박-박근혜 정부의 보수 성향이 시민사회에도 어느 정도 반영되며, 정권별 이념 대립과 갈등이 정책 이슈들마다 지배적이었던 것이 사실이다. 정권이 보수나 진보, 어느 편에 기대어 국정을 운영하는 그릇된 선택이 국정과 시민사회 모두에 막대한 피해를 초래했다. 정권의 이런 그릇된 판단은 다시 되풀이 되서는 안 될 것이다. 뉴라이트의 역사 교과서 문제제기부터 박근혜 정부의 역사교과서 국정화는 엄청난 국력을 낭비하며 사회분열을 초래했던 대표적 사례이다. 또 보수나 진보, 어느 한편을 국정의 지지기반으로 삼아 다른 편을 블랙리스트로 탄압하거나 불이익을 주는 정권은 '민주적' 정부의 정통성 인정을 받을 수 없다.

앞으로 30년 후 한국의 시민사회, 민주주의는 어떤 성장을 이뤄냈을까? 국가와 시민사회가 공조해 주권자 시민들의 뜻을 받들어 정치, 경제, 사회 전반에 걸친 민주화 개혁으로 민주적 법과 제도를 갖추게 될까? 자주적이고 '비판적' 시민들이 다시 무관심한, 소극적인 시민들로 돌아가지 않는 한 민주화 개혁이 중단되는 역사의 악순환을 되풀이 하지는 않을 것으로 기대해본다. 그럼에도

30년 전, 민주항쟁으로 민주화의 시대를 열었던 민주화운동가들과 시민들이 30년 후 오늘의 한국 시민사회와 민주주의를 비관적으로 내다보지 못했던 것과 같은 현실을 거울삼아야 할 것 같다.

민주주의는 결코 완벽할 수 없다. 국민을 대신하는 대의민주제에 국민들이 직접 나서는 직접민주제가 적절한 조합을 이루는 '하이브리드' 민주제도로 '강한' 민주주의를 지향해볼 만하다. 2016년 촛불 시민혁명이 제시한 국민의 목소리와 판단이 반영되는 직접민주제 방향으로 개혁이 이뤄지지 않으면 지금의 대의민주제가 안고 있는 여러 결함을 치유하기가 쉽지 않을 것이다. '강한' 민주주의를 만들기 위한 정치개혁 과제가 있으며, 또 정경유착과 부정부패를 차단하는 경제민주화 개혁도 시민들과 시민사회가 정부와 공조해 풀어야할 과제이다. 특권층의 특혜를 낮추고 고소득층의 부익부를 개선하는 분배정의의 개혁과제도 함께 고민해야 한다. 경제적으로 어려운 시민들의 생계와 인간다운 삶을 보장하는 사회안전망 확보도 시급한 과제가 되고 있다. 이런 개혁과 민주화를 실행하는 '효과적' 국가와 '강한' 시민사회와 '비판적' 시민들이 함께하는 든든한 삼각 파트너십을 기대해본다.

주 석 ANNOTATE

서론 _ 한국시민사회사 연구방법론

1   NGO, NPO, 시민사회단체는 같은 개념으로 혼용하고 있다. NGO는 1947년 UN 헌장에서 최초로 사용된 이후 국제사회에서 많이 통용되며, NPO는 미국의 세법상 공익단체로 세제 혜택을 받는 비영리단체로 한국 등지에서도 널리 사용하는 개념이다(주성수 2004, 2008).

2   2003년 국제연합(UN)이 발행한 NPI 핸드북은 비영리섹터가 ①제도화된(Institutional), ② 비정부적(Separate from government), ③ 비영리적(Non-profit-distributing), ④ 자율적(Self-governing), ⑤ 자발적 (Voluntary/ Non-compulsory)이라는 속성을 가져야 한다고 제시한다(UN 2003).

PART 01 _ 총론 : 한국 시민사회 _ 민주화기

1   1972년 국민투표에 의해 개정된 유신헌법 제1조 2항은 "국민은 그 대표자나 국민투표에 의하여 주권을 행사한다."고 하였다.

2   신사회운동은 시민참여에 기초해 환경, 공동체, 복지, 삶의 질 운동으로, 노동계와 학생운동에 의존한 민주화운동과 구분된다(주성수 2004). 신사회운동은 독일 사회학자들이 서구의 정치문화가 '정치저항'의 문화로 급변하는 추세를 지칭한 데서 생겨난 용어이다(Olivo 2001: 26).

3   그에 따르면, "UN은 그간 다양한 정도, 다양한 방법으로 이 추세에 적응하고 시민사회에 문호를 개방하려는 노력을 기울여오면서, 1990년대 전반부에 개최된 일련의 세계정상회담과 회의들에서 가장 가시적인 성과를 이뤘고, 또 이 성과들을 이어나가기 위해 모든 UN 체계에서 그리고 UN의 거의 모든 활동에서 NGO들과의 상호협력을 강화하는 조치들이 취해져 왔다."

4   UN 가입 당시 국제기구에 근무하는 한국인은 17개 기구 139명 수준에 불과하였으나, 20여 년이 지난 2013년에는 59개 기구에서 479명이 활동해 국제기구 진출이 크게 늘었고, 또 인권이사회를 포함한 국제기구에서 이사와 위원, 국제형사재판소 등의 재판관, UN 식량농업기구(FAO) 등의 국제기구 고위직에 진출한 한국인은 반기문 사무총장을 비롯해 무수하다(외교부 2014).

5   1970년에 시작되어 공익법률사의 활동을 지원하는 프로그램에 1천 5백만 달러를 지원했고, 다른 30여 재단들도 포드재단의 사업과 같은 공익법률사 지원활동에 동참하는 파급효과가 있었다. 공익법률사들은 주로 공익소송에 필요한 비용을 지원받으며 공익시민운동의 활성화에 중요한 계기가 되었다. 환경방위기금(Environmental Defense Fund)과 자연자원방위기금(Natural Resource Defense Fund)은 포드재단의 지원금 덕택에 무수한 공익소송을 통해 왕성한 시민운동을 전개해 갔다. 이후 환경운동은 이 두 단체가 환경관련 소송기관을 대표하게 되었다(주성수 2004).

6   이 수치는 정치경제적으로 민주화 이행기의 혼란에 처한 남미의 수준(23%)보다 낮고, 서구 수준(37.5%)에는 절반 수준밖에 안되는 매우 저조한 성적표이다. 당시는 외환위기로 빈곤과 실업이 확대된 심각한 경제위기 상황이라 한국인의 평가는 다소 냉혹했던 것 같다.

7   한국이 국제투명성본부(Transparency International)의 2014년 부패인지지수 평가에서 175개국중 43위로, 그리고 OECD에서는 하위권 국가로 평가된 점, 2012년 대통령선거에 불법적으로 개입한 원세훈 국정원장이 2009년과 2010년 서울시 부시장 시절에 뇌물수수 혐의로 2년 징역형을 선고받은 점, 그리고 국정원이 서울시 공무원 유우성씨가 친북활동을 한 것처럼 서류를 조작했다는 법원의 판결이 나왔다는 점이 감점으로 반영되었다. 북·중 출입경기록을 비롯해 관련 문서들이 법원에서 위조 판결을 받은 사실이 소개되었다.

8   감청팀은 카카오톡의 감청을 시도해, 수백만명의 카카오톡 이용자들이 한국 밖의 소셜 미디어 플랫폼으로 사이버 어싸일럼(cyberasylum)했다고 한다. 한국인 10명 중 7명이 경찰이나 정부 관리가 자신의 온라인 활동을 몰래 감청하고 있다고 생각한다는 여론조사(10월 7-11일 실시) 결과를 소개하였다.

9   군대에서의 폭력과 왕따 문제가 심각해졌다. 2014년 4-8월 새에 적어도 4명의 신병들이 고참들의 구타 등으로 자살한 것으로 보도되었다. 폭력이나 외롭히기 등으로 피해를 본 사병이 동료 사병 5명을 사살하는 총기사건도 발생했다. 또 일부 이주민 소수자들은 법적, 사회적 차별에 직면해 있다. 한국 국적 취득도 어렵고 이로 인해 취업도 어려운 실정이다. 동성애 관계는 법적 보장을 받지만 동성애 결혼은 불법이다. 서울시가 2014년 12월 동성애 관련 인권헌장을 제정할 계획이었지만 기독교단체들로부터 저항을 받아 무산되었다. 탈북 새터민들이 늘어나면서 이들의 권리에 대한 국정원의 개선방안이 제시되었다.

10   조사는 2016. 5. 25~12. 23 기간, 전국 만 15세 이상 일반 국민 1,504명, 교수, 법조인, 언론인, 시민단체 활동가, 교사 등 전문가 500명을 대상으로 했다.

11   잉글하트는 서구사회가 물질적 풍요와 경제적 안정을 누리면서 고학력자인 젊은 세대 사이에 물질적 관심을 초월하는 삶의 질에 대한 관심과 행태가 '조용한 혁명'으로 진행되었다고 관찰하였다.

12   일차로 미국, 영국, 프랑스, 독일, 스웨덴, 일본, 인도 등 13개국 사례들이 발표되었고
     (Salamon and Anheier 1997), 또 이어서 22개국, 36개국 비교연구가 발표되었다
     (Salamon et al. 1999, 2005). 2005년의 국제비교 발표에는 한국도 동참할 수 있었다.
     UN(2009)은 국가계정체계(System of National Accounts: SNA)에서 비영리조직들의
     통계를 세분화한 국제적 자료를 제시하는 연구가 진행되어 핸드북으로 소개하였다.

13   세계가치관조사(World Values Survey 2005) 결과를 여러 항목들에서 활용하였고, 그밖
     에 Freedom House의 자유와 권리의 지표, World Bank의 지니계수(Gini coefficient),
     Social Watch의 기초역량지표(BCI), 국제투명성본부의 부패지수 등도 활용했다.

14   시민사회 조직을 대표하는 100개 조직들을 유형별, 지역별로 선별해서 조직의 실무대표
     (사무총장이나 사무국장)을 대상으로 설문을 실시하였다. 또 시민사회의 주요 이해관계자
     들을 정부(입법, 사법, 행정부), 경제계, 학계, 언론, 재단 등으로 구분해 30명을 대상으로
     설문조사를 실시하였다.

15   연구결과는 이선미 2006, 조영재 2006, 주성수 2006, Joo et al. 2006을 참고할 수 있다.
     100점 만점은, 차후 비교국가 분석에서 볼 수 있겠지만, 어느 국가도 달성할 수 없는 '이상
     적' 수준이라는 점이다. 따라서 2005년 조사에서도 국가간 비교연구에는 근본적인 한계가
     있다는 것이 연구자들의 공통된 의견이다(Heinrich 2009; 주성수 2009). 또 지표항목들
     각각이 서로 다른 100점 기준을 갖고 있기 때문에 참여, 조직, 가치, 영향, 환경이 서로 비
     교되어 예를 들면 참여는 높지만 조직은 약하다든지 하는 비교 또한 큰 의미가 없다는 것
     이다. 따라서 참여, 조직, 가치, 영향, 환경에서 나타난 세부 내용에 대한 해석에 시민사회
     지표 결과의 초점을 맞추는 것이 옳다고 볼 수 있다.

16   작년에 비해 수입이 늘었다(32.3%), 같은 수준(43.4%), 줄었다(24.2%)이며, 지출에서도
     늘었다(39.2%), 같은 수준(43.4%), 줄었다(17.5%)를 보였다.

17   2015년 현재 국제결사체협회에 등록되어 활동하는 한국의 국제조직과 INGO의 수는 200
     개에 불과하다. 미국 6,670개, 영국 2,864개, 프랑스 2,533개, 일본 499개 등 인구 규모에
     비례해서도 매우 적은 수준이다(www.uia.org). 그런데 최근 국제회의 등의 행사가 가장
     자주 열리는 국가 톱10에 한국은 2010년부터 2013년까지 10위 → 8위 → 5위 → 4위로
     대단히 활성화되어 있다(UIA 2014).

18   시민사회 내부에 존재하는 "명백하게 인종차별적, 성차별적이고 관용적이지 못한 세력"에
     대해서는 '많은 사례'(8%), '일부 사례'(49%)로 나타나 있고, 반면 한 두가지 사례(24%)나
     전혀 없음(9%)은 소수 의견에 지나지 않았다. 또 시민사회의 가치실천의 다른 기준들이
     되는 윤리강령, 노동기준, 환경기준에 대해서도 시민사회가 제도화를 갖추고 있지 않아,
     향후 중대 과제로 부각되어 있다.

19 내부자들은 ① 빈곤층과 소수층 지원(25.7%), 2) 교육(16.4%), 3) 사회개발(12.6%)로 꼽았지만, 외부 이해관계자들은 ① 빈곤층과 소수층 지원(34.5%)에는 일치하지만, 다음 우선순위로 ② 인도적 구호(32.8%), ③ 교육(13.8%)을 꼽았다.

20 먼저 "일반적으로 시민사회에 대한 국가 차원의 규제와 법률은 어떻습니까?" 하는 질문에 대해 매우 규제적(22.2%), 다소 규제적(59.6%), 다소 지지적(14%), 매우 지지적(1%)로 나타나, 규제가 심각하다는 것을 보여준다. 또 "귀하의 조직은 중앙정부나 지방정부로부터 부당한 제재나 억압을 받은 적이 있었습니까?" 하는 질문에 대해서도 답은 긍정(47.5%)이 부정(43.4%)보다 더 많이 나와, 정부와의 심각한 대립 관계를 확인시켜 준다.

21 시민사회단체연대회의는 2009년 5월 8일 '행정안전부의 불법폭력시위 단체분류에 대한 논평' 등의 성명을 발표해, 정부의 촛불시위 탄압에 항의했다.
www.civilnet.net/?mid=csonik_pds_statement&page=10

22 중앙지와 지방지도 포함되는데, 중앙지로는 중앙일보, 조선일보, 동아일보가 제외되어 있고, 방송사는 MBC, OBS, SBS, YTN만 국한되어 종편(연합, 동아, 조선, JTBC, MBN)과 인터넷 신문도 제외된다.

PART 02 _ 한국 시민사회 제도사

1 여야는 다음과 같이 헌법 개정의 이유를 개정문에 피력하였다. "이제 제12대 국회의 여·야의원은 지난 39년간 겪은 귀중한 헌정사적 교훈을 거울삼고 우리 국민의 창의와 근면으로 이룩한 경제성장과 더불어 꾸준히 변화·성숙되어 온 민주역량과 다양화된 민의를 폭넓게 수용하여 대한민국 헌정사의 새로운 장을 여는 합의개헌안을 제안함으로써, 국민 모두의 동의와 자발적 참여를 바탕으로 자유민주주의 이념과 체제를 더욱 확고히 계승·발전시키고 조국의 평화통일기반을 공고히 하여 세계 속에 웅비하는 2천년대의 새 역사 창조에 획기적인 계기를 마련하고자 한다. 지난 제12대 총선 이후 우리 사회는 개헌문제를 둘러싸고 갈등과 대립 그리고 혼란을 거듭하기도 하였으나 마침내 국민대화합을 이룩하여 우리 역사상 처음으로 여·야 합의에 의하여 대통령직선제의 헌법개정안을 제안할 수 있게 되었다."(국가법령정보센터).

2 제3자정부형의 장점은 정부조직처럼 관료조직을 만들지 않고서도 공공서비스 공급 기능을 할 수 있다는 점이다. 제3섹터 기관들 사이의 서비스공급의 다양성과 경쟁이라는 시장원리가 작용함으로써 비용절감과 효율성을 낳는 점도 장점이 된다.

3 국가의 이익매개 방식이 조합주의를 대체하는 새로운 형태의 정책 네트워크로의 전환이 이뤄진 것인데, 정책 거버넌스에서는 조합주의에서와는 달리 공부문과 사부문의 경계가

불명확해지고, 정책은 상호의존적인 정책행위자들의 상호작용으로 형성되는 특징이 있다 (유재원 2005: 96).

4   국보법 폐지를 요구하는 40여건의 진정이 이어지자 인권위원회는 2003년 3월 국가보안법 태스크포스 팀을 구성한 뒤 실태조사와 공청회 등을 통해 국보법의 문제점을 검토해왔다고 밝혔다. 김창국 위원장은 "국보법 남용으로 인한 인권 침해는 일일이 거론하기조차 버거울 정도이며, 국보법 2~4조(반국가단체), 7조(찬양·고무), 10조(불고지)는 죄형법정주의에 위배되고 양심의 자유를 심각하게 침해하는 악법 조항"이라며 "이념적 차원이 아니라 인권 차원에서 신중하게 결정한 것"이라고 밝혔다.

5   인권위원회는 "북한이 1991년 남한과 함께 유엔에 가입함으로써 독립국가지위를 갖게 됐고, 남북정상회담이 이뤄졌으며, 통일을 지향하는 남북교류협력법 등이 존재하고 있는 시대 변화를 인정해야 한다"며, "북한을 반국가단체가 아니라 사실상의 국가로 봐야 한다"는 의견을 밝혔다.

6   재판부는 "이 사건 헌법재판소 결정은 그 주문의 표현 형식에도 불구하고 집시법의 위 각 조항의 '시위'에 관한 부분 중 '해가 진 후부터 같은 날 24시까지' 부분이 헌법에 위반된다는 일부 위헌의 취지라고 보아야 하므로, 헌법재판소법 47조에서 정한 위헌결정으로서의 효력을 가진다"고 밝혔다.

7   재판부는 "이 모임은 행위예술의 한 형태인 퍼포먼스 형식으로 진행되긴 했지만 주된 목적과 일시, 장소, 방법, 참여내용 등에 비춰볼 때 신고의무가 배제되는 오락 또는 예술에 관한 집회라고 볼 수 없다"고 밝혔다.

8   사법연감 2014년. http://www.scourt.go.kr/portal/justicesta/JusticestaListAction.work?gubun=10&searchWord=&searchOption=&currentPage=0&pageSize=10 제2절 2013년 사건의 추이.

9   2001년 제정과 동시에 시행된 국가인권위원회법은 제1조(목적)에서 "이 법은 국가인권위원회를 설립하여 모든 개인이 가지는 불가침의 기본적 인권을 보호하고 그 수준을 향상시킴으로써 인간으로서의 존엄과 가치를 구현하고 민주적 기본질서의 확립에 이바지함을 목적으로 한다"고 밝혀준다. 또 제2조에서 '인권'의 개념에 대해 "헌법 및 법률에서 보장하거나 대한민국이 가입·비준한 국제인권조약 및 국제관습법에서 인정하는 인간으로서의 존엄과 가치 및 자유와 권리를 말한다"고 정의한다.

10   다만 원활한 직무수행과 사교·의례·부조 등 목적으로 제공되는 음식물·경조사비·선물은 대통령령으로 각각 3만, 5만, 10만원 내에서 허용하는 예외 규정을 두고 있다.

11   이에 따르면 일본군 중위를 지낸 박정희 전 대통령은 구체적 친일행적이 밝혀지지 않더라도 친일파로 규정된다. 시민단체들은 "그 지위에 오른 것 자체가 명백한 친일"이라고 주장

하고 있지만, 특정 지위자를 곧바로 친일파로 규정하는 것은 순리에 맞지 않는다며 개정을 요구한 것이다.

12 1945년 8월 15일부터 한국전쟁 전후의 시기에 불법적으로 이루어진 민간인 집단 희생사건, 1945년 8월 15일부터 권위주의 통치시까지 헌정질서 파괴행위 등 위법 또는 현저히 부당한 공권력의 행사로 인하여 발생한 사망·상해·실종사건, 그 밖에 중대한 인권침해사건 및 조작의혹사건과 1945년 8월 15일부터 권위주의 통치시까지 대한민국의 정통성을 부정하거나 대한민국을 적대시하는 세력에 의한 테러·인권유린과 폭력·학살·의문사 등에 대한 진실을 규명하도록 하였다.

13 또 "민주화운동관련자(이하 '관련자'라 한다)"에 대해서는 다음 중 하나에 해당하는 사람을 말하였다. (가) 민주화운동과 관련하여 사망하거나 행방불명된 자. (나) 민주화운동과 관련하여 상이를 입은 자, (다) 민주화운동으로 인해 대통령령이 정하는 질병을 앓거나 그 후유증으로 사망한 것으로 인정되는 자, (라) 민주화운동을 이유로 유죄판결·해직 또는 학사징계를 받은 자 등이다.

14 1974년 부마민주항쟁 시위에 참여해 두개골 함몰, 이빨이 부러지는 등 부상당한 전병진. - 이철, 유인태, 이해찬 등 9명의 민청학련 주동자들에 대해 민주열사 지위 부여. - 386 간첩단사건 2명을 민주화 운동가로 인정하고 이들 각각에 3,900만원과 890만원을 보상금으로 지급. - 1985년 민통련 서울지부 사회부장이었던 김두관, 1986년 4월 군부독재타도 시위로 유죄판결. - 1988년 6월 숭실대 3학년 재학 중 권위주의 통치체제 반대 시위 참여, 분신자살한 박래전. - 1986년 목포 사회운동청년연합 사무차장으로 활동, 목포역 광장에서 민주운동 탄압중지를 외치며 분신한 강상철. - 1991년 4월 전남대 재학 중 광주 5·18광장에서 강경대 살인규탄 및 정권퇴진을 위한 결의대회 참가 뒤 분신. - 전교조 해직교사 1520명 전원 민주화운동 관련자로 인정(2002년 4월). - 전장복. 포스코 해고노조원. 1989~1991년의 노조활동과 해고 과정을 감안해 민주화운동 관련자로 인정. 하지만 포스코 복직은 무산.

15 의문사사건에 대한 조사를 위하여 대통령소속하에 의문사진상규명위원회를 설치하고, 위원회는 진정이 동 위원회의 조사대상에 속하지 아니하는 경우와 진정의 내용이 그 자체로서 명백히 허위이거나 이유없다고 인정되는 경우에는 진정을 조사하지 아니하고 각하하도록 하며, 또 위원회는 의문사 사건의 조사 결과 민주화운동과정에서 공권력의 위법한 행사로 사망하였다고 인정하는 경우에는 민주화운동관련자명예회복및보상등에관한법률에 의한 보상심의위원회에 심의를 요청하도록 해야 한다.

16 http://archives.go.kr/next/search/viewArchiveList.do?doctype=M&businessFunctionId=G00000000005&descClassDiv=G&descFullId=T00000000010/T00000000015/

G00000000005&viewSel=archive

17 군의문사진상규명위원회 조사보고서 2007 외.
http://www.archives.go.kr/next/search/moreArchiveRecordDetail.do

18 제2조에서는 "공개라 함은 공공기관이 이 법의 규정에 의하여 정보를 열람하게 하거나 그 사본 또는 복제물을 교부하는 것 등"을 말한다. 이어 제3조(정보공개의 원칙)에서는 "공공 기관이 보유·관리하는 정보는 이 법이 정하는 바에 따라 공개하여야 한다"고 규정한다.

19 첫 주민소환 투표는 경기도 하남시장이 주민들의 동의를 얻지 않은 채 광역 장사시설의 유치를 일방적으로 발표했다는 이유에서 실시되었다. 이 투표로 유신목, 임문택 하남시의 원이 소환되었으나, 김황식 하남시장과 김병대 하남시의회 의장에 대한 주민소환은 투표 율 33.3% 미달로 무산되었다. 이어서 2009년에는 제주특별자치도 김태환 지사가 '제주해 군기지 건설'을 추진하며 부당한 여론조사를 이용하는 등 민주주의의 원리에 위배되는 활 동을 하였다는 이유로 2009년 8월 6일 소환투표에 회부되었지만 8월 26일에 실시된 투 표는 투표율 33.3%에 미달되어 무산되었다.

20 전국의 지가 상승률은 1988년 27.5%, 1989년 32%, 1990년 20.6%로 급진되며 전국토의 땅값이 GNP의 9.3배에 해당되는 1,300조원에 달할 정도였다(위평량 2004: 90).

21 1989년말 30대 재벌이 소유한 부동산이 무려 1억 3천 1백만평으로, 1천만명이 넘는 인구 를 포용하고 있는 거대도시 서울의 70%에 해당하는 면적으로, 장부가격으로만 10조 8천 1백억원으로 추산되었다(국민일보 1990. 3. 6).

22 2012년 박근혜 후보의 대선 공약집에는 "성장의 과실이 일부 계층에 집중되면서 부문간 격차가 확대되고, 성장잠재력을 해치는 요인이 되고 있다. 경제 민주화를 통해 모든 경제 주체들이 성장의 결실을 골고루 나누면서, 조화롭게 함께 커가는 나라를 만들겠다"고 쓰 여 있다. 경제민주화를 '1번 공약'으로 세우고 헌법 119조 2항에 규정된 '경제의 민주화' 를 구현하겠다는 의지를 담았다고 한다. 공정거래법 위반에 대한 징벌적 손해배상제와 집 단소송제 도입, 대기업 지배주주·경영자의 중대 범죄에 대한 사면권 행사 제한, 일감 몰아 주기 등 총수 일가의 부당내부거래 금지 규정 강화, 소액주주의 권한 강화를 위한 집중투 표제·전자투표제·다중대표소송제 도입 등도 들어갔다. 그런데 "4년이 흘렀고, 현실은 정 반대 편에 와있다"고 경향신문은 보도했다(2016. 12. 12).

23 국민의당 비례대표 채이배 당선인은 공인회계사 출신으로 20여 년간 시민단체에서 대기 업 지배구조 개혁 운동을 해왔는데, 그는 "일감 몰아주기에 따른 이익을 세금이나 과징금, 손해배상 등으로 '뱉어'내게 한다면 경제적 유인이 없어지고 행위도 사라질 것"이라고 주 장했다(문화일보 2016. 4. 20).

24 법의 제1조(목적)에는 "우리나라가 체약상대국과 체결한 자유무역협정의 이행을 위하여

필요한 관세의 부과·징수 및 감면, 수출입물품의 통관 등 관세법의 특례에 관한 사항과 자유무역협정에 규정된 체약상대국과의 관세행정에 필요한 사항을 규정함으로써 자유무역협정의 원활한 이행과 국민경제의 발전에 이바지함을 목적으로 한다"고 규정하고 있다(국가법령정보센터).

25 국가 및 지방자치단체의 남녀평등의 촉진, 여성의 사회참여 확대 및 복지증진을 위한 법적 제도적 장치의 마련과 이에 필요한 재원을 조달할 책무와 이 법의 목적을 실현하기 위한 사업 등의 지원에 필요한 재원을 확보하기 위한 여성발전기금 설치, 국가 및 지방자치단체의 여성단체의 활동 등에 필요한 경비 보조 등이 주요 내용이다.

26 여성연합 주도의 법 제정운동은 '성매매는 여성에 대한 폭력과 성적 착취'라고 규정한 국제협약에 근거해 성매매를 근절을 위한 접대문화 개선 캠페인을 추진해왔다(강남식 2004: 425).

27 전통과 악습의 이름으로 통용돼 온 남녀 차별적 편견들로부터 인권을 보호하는 헌법적 지표를 구축했다는 평가를 받고 있다(동아일보 2008. 12. 10).

28 한국여성의전화가 정부의 사업을 받는 조건으로 불법폭력시위단체가 아니라는 서약서에 서명하라는 요구를 받은 사례도 제시됐다.

29 대법원은 판결문에서 "세계무역기구(WTO)와 관세 및 무역에 관한 일반협정(GATT)의 규정에 따르면 수입물품의 국내 판매에 불리한 영향을 주는 법률, 규칙 및 요건 등이 국내 생산을 보호할 목적으로 적용돼서는 안 된다"고 해석했고, 또 "수입국이 법률, 규칙 및 요건에 의해 수입물품에 대해 국내의 동종 물품과의 경쟁에서 불리한 영향을 미칠 수 있는 차별적인 대우를 해서는 안 된다"고 봤다(한국일보 2005. 9. 10).

30 한나라당과 일부 사학재단들은 학교운영위원회에 전교조 교사가 다수 참여해 있어 전교조가 사학을 좌지우지 할 것이라는 비판을 쏟아냈다. 여당과 정부는 시민사회단체들과 공조해 맞섰다. "새 사학법 때문에 전교조가 사학을 접수, 학교가 친북·반미 교육의 장으로 전락할 것"이라는 주장과 "고질적 사학 비리를 막기 위한 최소한의 장치"라는 논리가 충돌하였다(한국일보 2006. 1. 9).

31 주민의 무관심의 문제는 왜 교육감 선출이 중요한지, 교육자치가 자신의 삶과 무슨 관계가 있는지 주민들이 체감하지 못한 데 있었다(한겨레신문 2007. 2. 16).

32 서울시의 경우 2010년 선거에서 무상급식을 공약한 야당후보들이 의회 다수당을 차지해 무상급식을 반대하던 오세훈 서울시장과 마찰을 빚다가, 오시장은 2011년 서울 시민의 무상급식 찬반 투표가 투표율 미달로 무산되자 8월 시장직을 사퇴했고, 시장의 사퇴로 보궐선거로 당선된 박원순이 서울시장으로 취임해 무상급식 공약을 실천하였다.

33 영국 내셔널트러스트는 회원수 300만명, 연간 예산 6천억원 규모로 전국 토지의 2.7%, 해안

지역의 17%를 보유하고 있어 국민신탁운동을 활발히 전개하고 있다(연합뉴스 2006. 3. 2).

34   ④ 광주 무등산 (무등산공유화재단, '93년부터 시작) : 무등산 난개발 방지를 위해 계좌당 1,000원 모금운동을 전개, 토지 158,337평 보유(기증 23,676평, 매입 134,661평). ⑤ 대전 '오정골 외국인 선교사촌' 보존 (한남대 매입) : '99년 아파트건설 반대를 위해 '오정골 지키는 시민의 모임' 결성, 땅 한평 사기운동 전개, 최종 한남대에서 매입·보존. ⑥ 서초구 우면산 (우면산내셔널트러스트, '06.3월) : '03년 서초구 주도로 창립, 훼손 우려가 있는 우면산 기슭의 사유토지(소유주 LG칼텍스) 980평을 44억원에 매입(주민 18,152명 모금 15억원, 서초구 출연금 17억원, LG칼텍스 후원금 12억원).

35   다시 말해 "'공공의 안녕질서', '미풍양속'은 매우 추상적인 개념이어서 어떠한 표현행위가 과연 '공공의 안녕질서'나 '미풍양속'을 해치는 것인지, 아닌지에 대한 판단은 사람마다의 가치관, 윤리관에 따라 크게 달라질 수밖에 없고, 법집행자의 통상적 해석을 통하여 그 의미내용을 객관적으로 확정하기도 어렵다"는 지적이다(정보통신정책연구원 2002).

36   디스켓에는, 보안사가 사찰대상인 정치인, 종교인, 언론인, 재야인사, 운동권학생들의 일거수 일투족을 세세히 감시해온 내용들로, 보안사는 국민들의 언행을 추적 감시하는 '비밀경찰'의 역할을 해온 것을 입증해주었다(동아일보 1990. 10. 8).

37   공익침해행위를 하는 사람이나 기관·단체·기업 등의 대표자 또는 사용자, 공익침해행위에 대한 지도·감독·규제 또는 조사 등의 권한을 가진 행정기관이나 감독기관, 수사기관, 위원회 등이다.

38   1989년의 법안은 국회에서 통과했지만 대통령의 거부권 행사로 무산되었고, 김영삼 정부 시기인 1994년에 와서 시민운동과 노동운동이 결합된 조직(의료보험통합연대회의)의 발전으로 지역과 직장 의료보험을 통합하는 1단계 국민의료보험법이 1997년 말에 입법, 공표되었다(이영환 2004: 320-1).

39   유가족들이 요구했던 수사권을 특조위에 부여하지 않았지만, 특검보가 특조위에서 업무 협조 활동을 하도록 하는 방식으로 보완장치를 마련했다. 특조위는 구성을 마친 날부터 1년 내에 활동을 완료하는 것을 원칙으로 하고 한 번에 한해 6개월 이내에서 활동 기간을 연장할 수 있어 최장 1년 6개월 동안 활동할 수 있다.

40   고(故) 김영한 전 민정수석의 비망록을 보면 2014년 7월 18일 김 전 실장은 수석비서관들에게 대통령의 "4·16 동선·위치, 경호상 알지도 알려고도 하지 않는다"는 지침을 내렸다.

41   한국천주교주교회의 사회복지위원회, 대한예수교장로회, 대한불교 조계종, 구세군 대한본영, 대한성공회 등으로 이루어진 한국종교계 사회복지대표자협의회는 "공동모금법은 적법성과 시행가능성이 결여된 미비한 입법"이라며 "이 법의 강행실시는 새 정부 개혁의지를 의심하게 할 것"이라고 주장했다(한겨레신문 1998. 6. 27).

42　종교계는 "이 법이 시행되면 전체의 90%에 이르는 종교계의 소규모 미등록 복지시설이 성금 배분에서 불이익을 받게 된다"고 우려했다. 하지만 주무부처인 보건복지부는 "공동모금법 제정은 사회복지 관계자들의 10년 숙원"이라며, "이 법이 시행되면 투명한 성금 운영으로 현재 성금 사용내역을 밝히지 않는 종교계에도 귀감이 될 것"이라고 강조했다.

43　기부금품 모집을 위하여 행정자치부장관과 광역지자체장의 허가를 받아야 하는 조건이 부가되었고, 기부금품은 국가, 지자체, 언론, 금융기관 등 공개된 장소에서 모금해야 하였다. 특히 기부금품 모금에 활용되는 필요경비를 전체의 2%로 제한하는 규정이 문제로 부각되며, 국제적인 통상 기준과 현실적 비용을 고려하여 증대시켜야 한다는 반론에 직면해 개정된 것이 지금의 법률이다.

44　기획재정부 관계자는 "작년 공동모금회 성금 유용 비리 사건이 터진 뒤 제2 전문 모금기관을 지정해 선의의 경쟁을 통해 투명성을 강화하고 기부 문화를 확산해야 한다는 지적이 있었다"고 설명했다(매일경제 2011. 12. 11).

45　YMCA(21세기 지역사회만들기 시민운동), 흥사단(대학로 건전생활문화 시범공간조성), YWCA(바른삶 실천-하나하나운동), 기독교윤리실천운동(정의롭고 건강한 사회만들기운동), 환경운동연합(도시지역 환경친화적 시민공동체건설), 공동체의식개혁, 국민운동협의회(강릉지역 공동체의식 형성운동), 한국여성유권자연맹(여성정치의식함양및 자원봉사운동), 소비자문제를 연구하는 시민의 모임(모유권장사업), 여성복지회관(여성의식개혁 활동가양성사업), 장애권익문제연구소(국민들의 장애인체험행사), 무등산보호단체협의회(환경의식향상 및 환경파수군양성사업), 인간교육실현 학부모연대(공동체적 인간교육을 위한 학부모의식개혁), 건강사회실천운동협의회(부정부패추방 등 '4추5실' 캠페인) 등.

46　이회창 후보는 관변단체와 관련해 "'육성'이라는 것은 시대착오적이고 시민단체를 왜곡하는 것"이라는 견해를 밝혀 예전의 여당후보들과는 뚜렷한 차이를 나타냈다. 시민단체의 역할과 관련해서 이회창 후보는 "시민단체와 정부의 일에 참여하는 것은 시민의 행정참여를 높이는 것으로 매우 바람직하다"는 입장을 밝혔다. 김대중 후보도 "시민단체와 정부, 정당간의 관계는 일방이 타방을 배척하는 것이 아니라 상호보완하는 관계"라고 전제한 뒤 "각 정책자문위원회에 시민단체 대표들의 참여를 강구해야 한다"고 주장했다.

47　이회창 후보는 "기부금품모집규제법은 시민단체의 자생성을 막고 있으므로 전향적으로 개정을 검토해볼 필요가 있다"는 의견을 나타냈다. 김대중 후보는 "기부금품모집규제법이 좋은 취지로 돈을 모으는 것까지 규제하는 등 시민단체의 사적인 활동까지 지나치게 간섭해서는 안된다"면서 "기부금품모집과 관련해서는 법률 개정의 필요성에 공감한다"고 했다.

48　① 사업의 직접 수혜자가 불특정 다수일 것, ② 구성원 상호간에 이익분배를 하지 아니할 것, ③ 사실상 특정정당 또는 선출직 후보를 지지·지원할 것을 주된 목적으로 하거나, 특

정 종교의 교리전파를 주된 목적으로 설립·운영되지 아니할 것, ④ 상시 구성원수가 100인 이상일 것, ⑤ 최근 1년 이상 공익활동실적이 있을 것, ⑥ 법인이 아닌 단체일 경우는 대표자 또는 관리인이 있을 것.

49 1988년 올림픽의 자원봉사자 참여는 1984년 미국 LA 올림픽이 자원봉사자 참여로 성공적인 개최로 평가되면서 서울올림픽위원회가 벤치마킹해 도입한 제도였다.

50 자원봉사센터의 예산은 2/3 이상이 지자체 부담이고, 시도와 중앙의 재정지원은 1/3에도 미치지 못한다. 그러나 자원봉사센터에 근무하는 인력은 공무원(28.9%)보다 민간인(71.1%) 비중이 훨씬 높다. 지자체가 직영하지만 센터의 대표와 직원을 민간인으로 채용해서 활용하고 있기 때문에 일종의 혼합형이다.

51 "최근 자발적인 소비자생활협동조합 활동이 지역·직장·단체 및 학교 단위에서부터 점차 증대하고 있으나, 소비자생활협동조합은 농업협동조합 등 생산자조합과는 달리 법적 근거가 없이 운영되고 있어 조합에 대한 공신력의 결여, 조합원의 확보곤란 등 조합운영에 많은 어려움을 겪고 있으므로, 이 법의 제정을 통하여 상부상조의 정신을 바탕으로 한 소비자의 자발적인 조합활동을 촉진함으로써 소비자의 복지향상에 기여하려는 것"이다(국가법령정보센터).

52 법제정의 이유도 "새로운 일자리를 창출하여 생산활동을 통해 수익을 올리면서 저소득층에 대한 사회서비스 제공 등 사회적 목적을 추구하는 사회적기업이 우리 사회에서 의미 있는 대안으로 자리매김할 수 있도록 제도적 지원체계를 구축하기 위하여"라고 밝힌다(국가법령정보센터).

53 설문조사에서 "정부 인건비 지원이 중단된다면" 사회적기업 45.9%가 인력감축을 하겠다, 19.5%가 취약계층 근로자를 일반근로자로 교체하겠다, 일반기업으로 전환과 폐업을 고려하겠다는 응답이 각각 8.3%, 4.4%로 나타나, 지원받은 업체의 약 80%가 인건비지원 중단의 위기를 우려했다(국회입법조사처 2014. p.31). 한편 정부로부터 지원받고 있는 4대사회보험료 지원이 중단된다면 약 60%(인력감축 35%, 일반근로자로의 교체 14%, 일반 기업으로 전환 8%, 폐업고려 3%) 정도가 심각한 영향을 받는 것으로 조사되었다. 나아가 "사회적기업이 지속적으로 성장·발전하기 위해 지속될 필요가 있는 정부의 지원정책"에 대해서는 공공기관 우선구매제도가 23.7%, 인건비 지원 20.6%, 사회적가치의 공유·확산 및 환경조성이 14.7%로 나타났다. 사회적기업 육성법 제12조는 공공기관의 장의 사회적기업 제품 우선구매 촉진의무를 규정하고 있으나, 구매실적은 매우 저조하다. 504개 공공기관의 2012년도 사회적기업 제품 구매실적을 보면, 1,916억원으로 총 구매액의 0.18%에 불과하며, 이 중 91개 기관은 구매실적이 전혀 없고, 66개 기관은 구매액이 500만원 이하이다.

54 법은 "대한민국의 보호를 받고자 하는 북한이탈주민이 급증함에 따라 이들에 대한 종합적

55 다음과 같은 북한이탈주민 대상의 사업들이 재단의 주요사업이 되고 있다. ① 북한이탈주민의 생활안정 및 사회적응 지원사업, ② 취업지원사업, ③ 직업훈련에 필요한 사업, ④ 장학사업, ⑤ 전문상담인력의 양성과 전문상담사업, ⑥ 민간단체 협력사업, ⑦ 정책개발 및 조사·연구사업, ⑧ 실태조사 및 통계구축사업, ⑧-② 영농정착지원에 관한 사업, ⑨ 그밖에 재단에 위탁하는 사업 등이다.

56 남북하나재단 https://www.koreahana.or.kr/eGovHanaFin33.do)

57 법이 제정된 이유는 "우리 나라의 국제적 위상이 높아짐에 따라 개발도상지역으로부터의 점증하는 협력요청에 능동적으로 대처하고 국제사회에서 우리 나라의 국력에 상응하는 역할과 책임을 효율적으로 수행하기 위하여 개발도상지역에 대한 각종 국제협력사업을 총괄적으로 전담 수행하는 정부출연기관 형태의 한국국제협력단을 설립하려는 것"이다 (국가법령정보센터).

58 1984년에는 건설부에서 현재의 개발조사사업에 해당하는 무상건설기술 용역사업을, 노동부에서는 직업훈련원 설립 지원사업을 시작하였다. 1987년 한국수출입은행을 통하여 개도국에 대한 양허성차관을 지원코자 300억원 출연, 대외경제협력기금(EDCF) 조성, 우리의 개발원조 유상협력의 본격적인 계기를 마련하였다.

59 '국가인권위원회 제자리찾기 공동행동' 회원 30여 명은 2009년 7월 17일 취임식이 열리는 국가인권위원회 행사장을 점거해, 취임식이 무산되었다(동아일보 2009. 7. 18). 위원장에 대한 시민사회의 반발과 비판은 위원장의 재임 기간 내내 지속되었다.

60 ICC는 세계 120여개국 인권기구 연합체로, 5년마다 각국 인권기구의 활동을 토대로 A~C 등급을 매긴다. 2004년 ICC 가입 당시 A등급을 받았던 한국 인권위는 2008년 심사에서 같은 등급을 유지했으나 가입 이후 첫 등급보류 판정을 받았다.

61 규제개혁포털, https://www.better.go.kr/fz.intro.RrcWorkFunc.laf

62 위원회는 일제강점기를 △제1기(1904년 러일 전쟁~1919년 3·1 운동) △제2기(1919년 3·1 운동~1937년 중일 전쟁) △제3기(1937년 중일 전쟁~1945년 해방) 세 부분으로 나눠 친일반민족행위 대상자를 조사해왔다.

63 환경부 장관에 내정된 이치범 한국환경자원공사 사장은 1993~97년 국내 최대 환경단체인 환경운동연합 사무처장, 2002년에는 고양환경운동연합 공동의장을 역임하였다.

64 협의회의 목적을 "환경정책 수립시 민간 환경단체와 충분한 협의 후 정책을 결정함으로써 환경보전 업무를 효율적으로 추진하기 위한"(제1조) 것이라고 명시했다. 이 규정에는 민·

관 환경정책 협의회에서 실질적인 정책협의가 이뤄질 수 있도록 환경단체 관계자가 환경 부에 파견 근무할 수 있는 근거 조항까지 들어 있다.

65 부처별로는 조사대상 위원회가 가장 많은 건설교통부의 경우 26개 위원회 중 13개 위원 회가 시민단체 위촉위원 수를 채우지 못했으며, 20개의 위원회가 있는 행정자치부도 8개 의 위원회가 시민단체 추천 위원을 위촉하지 않고 있다. 교육인적자원부도 6개의 대상 위 원회 중 4개 위원회가 목표율을 달성하지 않고 있으며, 농촌진흥청의 경우에는 3개 위원 회 모두 시민단체 위촉 위원수를 채우지 못했다.

66 2005년 9월 박기춘의원 국정감사 보도자료 http://blog.cyworld.com/parkkichoon /236095)

67 정부위원회 543개 중에서 위촉위원이 명시되어 있는 수는 482개(88.8%)로, 각 위원회에 명시된 위원 수는 10,074명이었다. 이중 당연직이 2,920명(29.0%)이며, 위촉 위원수는 7,154명(71.0%)으로 나타났다(조세현 외 2014). 이중 시민사회단체 대표를 포함한 현장 전문가는 3,975명으로 52.7%를 차지한다.

68 지방정부의 위원회가 주로 과단위로 운영되고 관리되는 점을 고려하여 담당관을 포함한 과의 수로 나누어본 결과, 각 자치단체는 1개 과 단위당 평균 1.1개의 위원회를 운영하고 있다. 울산이 1과 단위당 2.0개, 대전이 1.8개로 가장 많은 위원회를 운영하고 있다.

69 백원우 당선자는 노무현 대통령 경선후보 인터넷팀장, 청와대 민정수석실 행정관 등을 지 냈고, 복기왕 당선자는 '2030네트워크' 대표로 노무현 대통령 만들기에 발벗고 뛰었으며, 정청래 당선자는 시민단체인 '생활정치네트워크 국민의 힘' 초대 대표를 지냈다.

70 김태년 당선자는 대학 졸업 뒤 경기 성남자활지원센터 운영위원 등으로 활동하면서, 성남 비행장 주변 고도제한 완화 운동 등을 주도했다. 이기우 당선자도 수원에서 지역운동을 하 면서 경기도의회 의원으로 활동했으며, 이철우 당선자는 경기 포천에서 북부비전21 공동 대표 등을 지내며 한탄강댐 반대 운동 등을 주도했다.

71 심상정 당선자의 말대로 "공돌이, 공순이가 스스로의 힘으로 당을 만들어 국회에 입성한 것"이며, 80년대 노동운동의 중요한 화두였던 '노동자의 정치세력화'가 20여년 만에 열매 를 맺은 셈이다(한겨레신문 2004. 5. 19). 최순영 민노당 당선자는 가발공장인 YH무역의 스물여섯살 노조위원장으로 79년 9월 노조 탄압을 위한 공장폐쇄에 항의해 조합원들을 이끌고 마포 신민당사에서 농성을 벌였다.

72 서울대 역사교육과 출신인 심 당선자는 80년 미싱사로 서울 구로공단에 취업한 뒤, 85년 구로공단 10개 공장 2,500여명의 노동자들이 참여한 '구로동맹파업'을 주도했다. 이 파업 을 계기로 노동운동권은 정권이 정한 기업별 노조의 한계를 뛰어넘어 광범위한 노동조직 을 시도할 수 있게 됐고, 그런 고민은 노동자의 정치세력화를 꿈꾸는 서노련 결성으로 이

어졌다.

73 조 당선자는 "당시에는 탄압을 피하기 위해 조직원이 점조직으로 연결돼 있어, 최근에야 송 의원과 같은 단체에서 활동한 것을 알았다"며 "송 의원도 뒤늦게 알고 웃더라"고 말했다. 인민노련은 그 뒤 민중당, 진보정당추진위를 거쳐 민주노동당의 한 축으로 이어진다.

74 화학노조와 크리스찬아카데미, 한국노총 등에서 정보경찰의 감시를 피해 노조운동을 지원했던 천 당선자는 전노협 출범 때부터 민주노총에 이르기까지 지도위원으로, 활동해왔다.

75 열린우리당의 김영주 의원은 고교 졸업 후 은행에 입사해 금융노련 상임부위원장을 지냈는데, 은행내 남녀 차별을 고치기 위해 노동조합 활동을 시작, '동일노동 동일임금'을 쟁취해내는 데 큰 구실을 했다. 같은 당 이목희 의원은 1988년 한국노동연구소 소장을 거쳐 노사정위 상무위원, 현대자동차 노조투쟁 중재단 등으로 활동해 왔다. 또 한나라당에는 1987년 서울지하철공사 초대 노조위원장을 거쳐 88년 서울지역노동조합협의회 의장을 지내다 구속, 해고당했던 배일도 의원이 있다. 그는 해고 10년 만인 98년 서울지하철공사에 복직해 세 차례 더 노조위원장을 지내기도 했다.

76 유기홍 열린우리당 당선자는 1985년 출범한 민통련에서 이광철, 최규성, 정봉주 당선자 등과 함께 활동했는데, 이들은 모두 80년대 내내 구속과 수배를 겪었다. 성균관대 총학생회장 출신인 고진화 한나라당 당선자도 민청련에서 활동했다. 김근태 전 원내대표의 '싱크탱크'인 한반도재단 출신의 정봉주 열린우리당 당선자는 민통련과 전민련에서 편집기획 일을 맡았다. 강기정 열린우리당 당선자는 92년 출범한 전국연합에서 한국민주청년단체협의회(한청협) 전국대표를 지냈다. 유기홍·김형주·이광철·강기정 의원 등은 지난 대선 직전 개혁당에서 함께 머물다가 17대 국회에 나란히 입성했다.

77 1980년대 대표적인 전대협 세대인 통합민주당 임종석(성동을)·오영식(강북갑) 후보가 실패했고, 재선에 도전한 민주당 조정식(시흥을)·최재성(남양주갑) 후보와 강기정 후보(광주북갑)는 성공해 국회에 머물렀다. 반대로 통합민주당 김현미 후보(고양일산서)와 이기우(수원 권선)·김태년(성남 수정) 후보, 그리고 전대협 초대 의장인 통합민주당 이인영 후보(구로갑)는 패했으며, 고려대 운동권 출신이며 이명박 대선후보 대변인을 지낸 한나라당 박형준 후보(부산 수영)도 낙마하였다. 반면에 노무현 전 대통령의 대선캠프 주역인 이광재 후보(강원 태백·영월·정선·평창)와 서갑원 후보(순천), '노사모'를 이끈 백원우 후보(시흥갑)는 나란히 재선에 성공했다.

78 전두환 군사정권 치하의 1986년 6월 대우어패럴 노조파업을 계기로 구로동맹파업이 시작되었는데, 인권변호사들이 이 사건을 공동 변론하면서 '정의실천법조인회(정법회)'를 결성했다. 정법회를 창설했던 조영래, 홍성우, 김상철, 최병모 변호사 등과 1982년 부산 미문화원방화사건 재판 변호인단에 참여했던 노무현 변호사 등이 1988년에 창설한 단체가

민변이다.

79 현 원장은 〈순이 삼촌〉 등을 통해 제주 4·3문제를 다뤘고 미군 장갑차 여중생 치사사건 등 현실문제에 대한 발언도 아끼지 않은 진보적 성향의 인물이며 이 장관 역시 대표적인 개혁성향의 영화인이다.

80 김진홍 뉴라이트전국연합 상임의장은 2007년 대선에서 이 대통령을 공개 지지했다. 또 바른사회시민회의의 박효종·조동근 공동대표, 한반도선진화재단을 운영하며 선진화정책의 연구와 교육에 관한 민간싱크탱크 역을 자임하고 있는 박세일·이명현 선진화국민회의 공동대표 등도 새 정부의 파워엘리트로 분류되었다(문화일보 2008. 4. 4).

81 김성이 장관은 이화여대 사회복지학과 교수로, 뉴라이트 전국연합 공동대표와 한나라당 선대위 위원장(사회복지분야)을 맡았다. 이석현 법제처장은 경실련 사무총장을 지냈으며, 노무현 정부에 비판적인 목소리를 내면서 뉴라이트 운동을 이끌며 뉴라이트연합의 공동 대표를 지냈다.

82 홍성참여연대, 홍성YMCA 등 7개 시민단체로 구성된 홍성지방자치개혁연대는 충남지역에서 유일하게 군수와 군의원 후보 4명을 냈으나 단 한명도 당선되지 못했다. 강원도 춘천 시의원에 3명이 춘천시내 6개 시민단체가 공동으로 추대했으나 모두 낙선되었다. 또 32명의 광역과 기초의원 후보를 낸 전북지방자치개혁연대는 기초의원만 8명 당선자를 냈다.

83 뉴스1, 2014. 6.10 http://news1.kr/articles/?1714205

84 교육과학기술부의 경우 과학기술인공제회가 600억원의 지원을 받는데, 이는 교육과학기술부의 지원액의 60% 정도를 차지한다. 또 중소기업청의 경우 소상공인진흥원이 565억원을 지원받는데, 이는 중소기업청 지원총액의 80%를 상회하는 수치이다. 이 두 단체가 수령하는 지원금총액은 본 백서에 포함된 비영리민간단체 지원총액의 36%가 넘는 수치이다. 그런데 문제는 이 두 단체가 순수한 '비영리민간단체'인가, '재단' 등의 구성을 통해 민간의 외형을 지니고 있지만 정부와 유사한 조직으로서 그 역할을 나누어 수행하는 '공공기관'인가 하는 점이다(조흥식 외 2011).

85 11억2천4백만원이 책정된 서울시에는 185개 시민단체가 배정액의 10배가 넘는 121억원을 신청했다. 부산에선 220개 단체가 책정예산 6억 6백만원의 6배인 36억원을 신청하는 등 16개 시도를 합쳐 2,214개 시민단체들이 497억여원을 신청했다.

86 30억 8천만원이 새마을운동중앙협의회(17억 5천만원)와 바르게살기중앙협의회(5억 2천만원), 자유총연맹(8억 1천만원)의 10개 사업에 배정된 반면, 자원봉사포럼. 인권운동사랑방 등 34개 단체에 각 1천만원, 사회발전시민실천협의회 등 29개 단체에는 2천만원 씩만 배분됐다.

87 중앙과 지방을 비교할 수 있는 2001년 자료를 보면, 중앙 경쟁률은 2.2대 1, 지방 경쟁률

은 1.6대 1로 나타났다. 또한 단체당 지급받는 사업비는 지방보다 중앙이 훨씬 많다. 지방 시도는 '다수단체·소액분배'의 경향이 있다. 2001년의 경우 한 단체당 지급된 지원금은 중앙이 3,847만원, 지방이 532만원으로 7배 이상 차이가 있다(주성수 2004).

88 이같은 지원 조례의 급증은 지방의회에 이들 단체 출신 의원들이 진출한 것과 무관하지 않다. 조례를 제정한 132개 지방의회 의원들의 경력을 분석한 결과 85개(64%)에 해당 단체 출신들이 있었다(뉴스타파 2014. 1. 28). 관변단체 출신 의원들이 자신이 몸담았던 단체에 대한 지원 조례를 만들고, 이를 바탕으로 세금으로 해당 관변단체에 지원될 수 있는 구조를 갖춘 것이다.

89 행자부는 "한·미 자유무역협정이 국민적 공감대 형성을 통해 체결될 수 있도록 지역 단위의 지원을 강화하라"고 지시했다. 행정자치부는 "지방재정법(제3조)은 국가의 정책에 반하거나 국가 또는 다른 지방자치단체의 재정에 부당한 영향을 미치는 행위를 금지하고 있다"고 밝혔다.

90 대책회의는 "이명박 정권과 경찰이 대책회의에 속한 1,800여개 단체 모두를 불법·폭력단체로 규정하는 치졸함의 극치를 보여주고 있다"며 "이는 돈으로 시민단체를 길들이려는 파렴치한 저의를 드러낸 것"이라고 반발했다(한겨레신문 2009. 2. 7).

91 여성부에 2천만원의 보조금을 신청했던 '한국 여성의 전화'는 여성부로부터 불법 시위를 주최하거나 적극적으로 참여하지 않았고, 불법 시위 활동 등에 보조금을 쓰지 않겠다는 확인서를 제출하지 않으면 보조금을 지급할 수 없다는 연락을 받았다(한겨레신문 2009. 4. 20).

92 방통위가 공개한 시청자 권익증진 지원사업 선정 결과를 보면, 서울YMCA, 한국여성민우회, 서울YWCA 등 시청자 보호 활동을 지속적으로 벌여 온 단체들이 경찰청 '불법폭력 단체 목록'에 포함돼 지원 대상에서 빠졌다(한겨레신문 2009. 5. 15). 반면 선진미래연대, 자유교육연합 등 보수 성향 단체들이 상당수 지원 대상에 포함됐다.

93 2009년 12월 법원은 '한국 여성의 전화'가 "보조금 선정 및 지급 취소 결정을 취소해 달라"며 여성부 장관을 상대로 낸 소송에서 여성의 전화의 손을 들어줬다. 재판부는 "여성의 전화가 불법시위를 주최하거나 참여했다고 볼 증거가 없는 이상 이에 대한 확인서 제출을 거부했다는 이유만으로 보조금 지급을 제한해서는 안 된다"며 "단체의 성격이나 활동을 문제 삼아 확인서를 제출하라고 할 수는 없다"고 밝혔다.

94 하나회 출신 정정택 예비역 육군소장이 보수정권 창출을 목표로 만든 뉴라이트안보연합이 이름을 바꾼 국민생활안보협회, 기무부대원 출신으로 규합한 충호안보연합, 예비역대령연합회, 육군발전협회 등이 대표적 단체이다. 모두 15곳이 4년 새 '안보사업' 명목으로 14억 7,900만원을 지원받았다.

95 새로 선정된 단체들에는 '국가안보' '국민선진화' 등을 내세운 곳이 많았다. 예비역대령연합회는 '국가 안보전략 연구사업'에 3천만원을, 국민행동본부는 '헌법수호 및 선진시민정신 함양운동'에 3,100만원을 지원받는다. 새로 선정된 단체 가운데 뉴라이트 및 보수 계열인 20여 곳은 공익사업 지원 신청 마감일인 2월 27일 직전에 '비영리 민간단체'로 등록한 것으로 드러났다.(한겨레신문 2009. 5. 11.)

96 2009년 정부가 제시한 사업은 △100대 국정과제 △저탄소 녹색성장 △사회통합과 선진화를 지향하는 신국민운동 △일자리 창출 및 4대강 살리기 등으로, 그 내용이 공익사업보다는 국정홍보에 가깝다는 비판을 샀다. 2008년 지원 유형은 △사회통합과 평화 △자원봉사·엔지오 활동기반 구축 △소외계층 인권신장 △국제 교류협력 등이었다.

PART 03 __ 한국 시민사회 조직사

1 공익성이란 '사업의 직접수혜자가 불특정 다수일 것', '최근 1년 이상 공익활동 실적이 있을 것'을 말하며, 공식성으로는 '상시 구성원 수가 100인 이상일 것' 등이다.

2 국민계정에는 '가계에 봉사하는 비영리조직의 목적별 최종소비지출' 자료가 있는데, 이 자료를 GDP 대비 비중으로 활용한 '경제사회적 환경이 비영리부문의 성장에 미치는 영향' 연구(김석은과 김유현 2013)는 1971~2010년 기간의 연간 데이터를 바탕으로 시계열 회귀분석을 실시하였다.

3 바우처는 2007년 장애인활동보조, 노인돌봄(종합), 지역사회서비스투자사업에 첫 도입된 후, 2008년 산모신생아도우미, 가사간병방문사업, 임신출산진료비 도입, 2009년 장애아동재활치료사업 도입, 2010년 언어발달지원사업 도입 등으로 확대되었고, 2011년에는 '사회서비스 이용 및 이용권에 관한 법률'이 제정되었다.

4 구속적부심사청구권의 전면보장, 형사보상제도의 확대, 범죄피해자에 대한 국가구조제 신설 등 국민의 신체와 생명에 대한 보호를 강화하고, 언론·출판·집회·결사에 대한 허가·검열의 금지 등 표현의 권리를 최대한 보장하며, 근로3권의 실질적 보장과 최저임금제의 실시 등 근로자의 인간다운 생활을 할 권리를 확충하여 기본적 인권을 신장하였다.

5 경실련은 금융실명제, 토지세제 개혁안, 재벌의 경제력 집중 해소 등에 대한 법률제정·개정안 등을 관철시키기 위해 국회의원 초청간담회, 입법청원 공청회를 개최하였다. 또 전국노동조합협의회는 복수노조금지, 제3자개입금지, 공무원의 단결권 부정 등 독소조항을 삭제시키는 노동법개정운동을 전개하였다.

6 1993년 정기국회에서 통과된 법률이 1백건 이상 되지만 반민주악법 개폐실적은 기대 이하라며, 특히 국가보안법과 노동관계법은 유엔의 규약인권위원회와 국제노동기구의 정식

개폐권고를 받고 있는데도 그 의지를 보이지 않고 있다고 비판했다. 소년소녀가장, 무의탁 노인 등 사회경제적 약자를 위한 본격적인 사회정책입법이나 사회보장입법 등이 마련돼야 하는데도 이들의 생존권은 여전히 사각지대에 방치돼 있다고 지적했다.

7   시민단체의 청원이 의원입법안과 정부발의안으로 반영된 경우도 20여 건에 그쳤으며, 이들 가운데 청원 내용이 대부분 관철돼 처리된 것은 국민기초생활보장법, 전파개정법, 부가가치세법 등 3건에 불과한 것으로 나타났다. 또 청원안 내용이 부분 반영된 것은 증권거래법, 부패방지법, 임대주택법, 국민연금법, 인사청문회법 등 17건이었다.

8   국가보안법폐지 국민연대와 언론개혁 국민행동, 민주적 사립학교법 개정과 부패사학 척결을 위한 국민운동본부, 올바른 과거청산을 위한 범국민위원회는 공동 기자회견을 열어 "4대 개혁입법을 추진하는 연대기구들은 11월 중순까지 개혁입법안이 통과되도록 총력 투쟁을 할 것"을 밝히고 운동에 매진했지만(한겨레신문 2004. 10. 30), 이후 입법이 성사되지는 못했다.

9   민주사회를 위한 변호사 모임은 국가보안법 등 5개 법률의 폐지와 집시법 등 9개 법률 및 농민·언론·통신관계 법률의 개정을 주장하는 '반민주악법 개폐에 관한 의견서'를 만들어 국회와 법무부에 보냈다(한겨레신문 1989. 2. 2).

10   1995년 민주화실천가족운동협의회, 천주교정의구현전국사제단, 한국기독교교회협의회 인권위원회, 8·15 50주년 민족공동행사 남쪽준비위원회 등이 공동주최한 '국가보안법 피해자 대회'에서 이창복 전국연합 상임의장 등 국가보안법 피해자 3백여명은 "국가보안법으로 인한 피해를 UN인권이사회에 정식으로 제소할 것"을 결의했다(한겨레신문 1995. 7. 21).

11   유엔인권이사회는 1998년 "한국 정부가 재미유학생 출신 박태훈씨에 대해 국가보안법 7조를 적용한 것은 '시민적 정치적 권리에 관한 국제규약(B규약)'이 보장한 표현의 자유를 침해한 것"이라고 통보했다.

12   김 부총재는 89년 초 전민련 출범식장에서 결의문을 낭독 배포했다가 국보법 위반 혐의로 구속기소돼 91년 4월 대법원에서 징역 2년이 확정되자 93년 10월 유엔인권이사회에 구제신청을 냈다.

13   사법연감에 따르면 집시법 위반으로 기소된 인원은 2005년 104명, 2006년 206명, 2007년 318명, 2008년 470명, 2009년 488명, 2010년 501명, 2011년 293명, 2012년 415명, 2013년 222명 등이다. http://www.scourt.go.kr/portal/justicesta/JusticestaListAction.work?gubun=10&searchWord=&searchOption=&currentPage=0&pageSize=10

14   집회 및 시위에 투입되는 경찰의 수는 2011년과 2012년에는 167만여명 수준이었으나 2013년에는 207만여명, 2014년에는 1~7월 사이에만 147만여명으로 급증했다.

15 2014년 6월 황석영, 신경림, 도정일, 은희경, 공지영 등 문인 754명이 정부의 세월호 참사 대응 방식을 비판하면서 집회의 자유를 보장하라는 시국선언을 발표했다(한국일보 2014. 6. 2).

16 투쟁본부는 "온 국민이 요구하고 있는 전·이 부부의 구속 처벌은 정치적 보복이 아니라 엄정한 법의 집행"이라며 "어느 누구도 전·이 부부를 구속 처벌하지 못하는 이때 우리 시민이 직접 서명운동에 나설 수밖에 없다"고 주장했다(한겨레신문 1988. 10. 20).

17 서울지역 출옥자동지회, 민중불교연합 등 12개 재야단체 회원과 대학생들은 서울대 아크로폴리스 광장에서 '광주학살 5적 화형식'을 마친 뒤 '광주학살 원흉처단' 등의 구호를 외치며 시위를 벌였다(한겨레신문 1998. 5. 18).

18 '민주화운동'이란 "1964년 3월 24일 이후 자유민주적 기본질서를 문란하게 하고 헌법에 보장된 국민의 기본권을 침해한 권위주의적 통치에 항거하여 헌법이 지향하는 이념 및 가치의 실현과 민주헌정질서의 확립에 기여하고 국민의 자유와 권리를 회복·신장시킨 활동을 말한다"고 정의하였다(국가법령정보센터).

19 2년여 동안 조사활동에 참가한 18명의 의문사위 민간조사관들도 이날 성명을 내어 "강제구인권 등이 없어 실체 접근에 실패하고 증거 확보에 한계를 겪었다"며 특별검사제와 함께 거짓진술에 대한 처벌이 가능한 청문회 도입 등을 촉구했다(한겨레 2002. 5. 11).

20 노무현 대통령은 8월 17일 국무회의에서, "과거 문제가 됐던 사안에 대해 각 기관들이 스스로 조사해서 밝히되 잘 협의해서 방법과 시기 수준 등을 결정해 체계적으로 추진하라"고 지시했다(동아일보 2004. 8. 18).

21 국정원은 '과거사건 진상규명을 통한 발전위원회'의 민간위원 10명을 내정, 위원회를 발족시켰고(동아일보 2004. 11. 1), 국방부는 국방차관을 위원장으로 하는 '과거사 진상규명위원회'를 설치했다고 발표, 군 관련 과거사 범위에 대해 △한국전쟁 전후 민간인 희생사건 △군 복무중 의문사 △기타 군 관련 사건·사고 등으로 정했다(한겨레신문 2004. 9. 2).

22 이들은 "피해자들은 일본제국주의나 그 부역자들, 전시에 민간인 학살을 명령했던 사람들, 군사독재 아래서 고문과 폭력을 자행했던 모든 가해자들을 용서할 준비가 돼 있다"며 "그러나 사태의 진상을 알아야, 그리고 가해자의 사과가 있어야 진정한 화해가 가능하다"고 주장했다.

23 행자부와 별도로 75억원의 지원금은 전국 시·도들이 해당 지역 시민사회단체들에게 같은 공모 방식으로 배분하였다. 지원액을 단체별로 보면 새마을운동중앙협의회가 7억 3,400만원으로 가장 많고, 한국자유총연맹 3억원, 서울YMCA 등 10개 단체 컨소시엄 2억원, YMCA 1억 9,000만원, 바르게살기운동중앙협의회와 환경운동연합 각 1억 8000만원, 대한YWCA와 ASEM민간단체포럼 각 1억 5,000만원 등이다(조선일보 2000. 6. 12).

24 공직을 이용한 재산증식을 막기 위해 재산별로 총액만 신고하던 기존방식을 개선, 재산 취득일자 및 취득경위 등을 써 재산 형성과정의 정당성 여부를 판단할 수 있도록 했으며, 공직자의 주식투자와 관련, 고위 공직자의 주식거래 내역을 공개토록 해 공직상 취득한 비밀을 이용한 주식투자를 원천적으로 제어하도록 한 방안도 개정안에 포함됐다(동아일보 2001. 11. 20).

25 정부·지방자치단체·공기업 등 공공부문은 △부패통제기관의 역할 조정 △지방자치단체의 투명성 제고, △민간참여의 확대, △정보공개법 개정, △반부패 교육 강화, △공기업 투명성 개선 등을 협약의 주요 의제로 담았다.

26 6월 26일 전국언론노동조합, 민주언론시민연합, 동아자유언론수호투쟁위원회를 비롯한 22개 언론·시민단체들도 기자회견을 열어 "국정조사로 국정원의 불법 선거개입과 이를 은폐·묵인한 사건의 전모를 밝혀야 한다"고 주장하였다(한겨레신문 2013. 6. 27).

27 시민연대는 각계 전문가로 구성된 모니터단과 평가전문단을 발족해서, 국감현장을 따라다니면서 성실성, 전문성 등을 토대로 의원들의 의정활동을 감시해왔다. 전반적으로 "이전 국감에 비해 성실성이 돋보였다"는 총평이 나왔는데, 높은 출석률, 초선의원들의 의욕적인 준비 등이 이 같은 평가의 근거가 됐고, 금융구조조정, 남북문제, 의약분업 등 주요 현안이 빠짐없이 문제제기 됐다는 것도 긍정적으로 평가됐다(한국경제 2000. 11. 9).

28 의원들은 환경감시운동(10.7%), 한·미주둔군지위협정(SOFA) 개정(8%)을 낙천·낙선운동에 이어 성과를 거둔 시민운동이라고 평했다. 또한 동강살리기, 소액주주운동, 국회의정 감시, 매향리사건 대응, 새만금간척사업 감시 등도 성공적인 시민운동이라고 밝혔다(월간 경실련 2000. 12).

29 범국민대책위 소속 회원과 대학생 등은 11월 21일 동두천시 미군기지 캠프 케이시 앞에서 무죄평결에 대한 항의시위를 벌이며 요식적인 재판 중단과 SOFA 개정을 촉구했다(한국일보 2002. 11. 22).

30 진보연대, 전국농민회총연맹, 민주노동당, 한국대학총학생회연합(한총련), 민족문제연구소, 조국통일범민족연합 남측본부 등 37개 단체가 참여했다.

31 여의도에서 집회를 끝낸 민주노총 조합원 1만 8,000여명 중 일부와 전국교사대회를 끝마친 전국교직원노조 교사들이 집회에 합류했다(한국일보 2008. 5. 26).

32 4월 20일 청계광장에서 촛불 행사를 시작한 전국여성연대는 "오늘부터 매일 서울을 비롯한 전국 각지에서 촛불을 들겠다"며 성명을 발표했고, 부산여성회와 부산학부모연대는 21일부터 촛불집회를 시작하며 "실종자의 신속한 구조와 올바른 대응을 촉구하며 매일 이곳에서 촛불을 들겠다"고 밝혔다(한국일보 2014. 4. 22).

33 7월 9일 국민대책회의는 유가족들과 공동으로 특별법 입법 청원을 제출했다(세월호 국민

대책회의, http://sewolho416.org/1113). 광복절에는 기소권과 수사권이 보장된 세월호 특별법 제정을 요구하는 대규모 집회가 열렸는데(SBS TV 2014. 8. 15), 8월 임시국회에 서는 세월호 특별법을 놓고 여야의 대치는 계속되고 있었다(MBC 2014. 8. 23). 여야 합의 가 결렬되자 야당의원 100여명은 8월 26일 국회 본청 앞 계단에서 특별법 제정을 위한 결 의대회를 가졌고, 30일에는 시민사회단체와 연대 집회를 가졌다(KBS 2014. 8. 30).

34 김대통령은 시민단체의 낙선운동을 4 · 19혁명이나 6월항쟁에 비유했다. "당시에는 모두 실정법 위반이었으나 국민에 의해 정당성을 인정받았다"고 지적했다. 김대통령은 "21세 기는 참여민주주의, 직접민주주의로 바뀐다. 인터넷과 사이버공간에서 모든 게 이뤄지는 데 법으로 규제가 되느냐"며, "과거식으로 규제만 하려 하지 말고 발상을 바꿔야 한다"는 주문도 했다.

35 총선시민연대 집행부 전원이 전담 마크맨으로 배수진을 치면서 집중 낙선운동을 벌인 대 상자 22명중 15명(68.2%)도 낙선의 고배를 마셨다(시민의 신문 2000. 4. 19).

36 검찰은 "공명선거를 통한 정치개혁이라는 정당한 목적을 갖고 있고 '유권자의 후보자 적 격성 판단'이라는 공익에도 부합하기 때문에 명예훼손 혐의를 적용하지 않고 그 대신 선 거법에 정면으로 위배되는 대상만 기소키로 했다"고 설명했다.

37 김기식 전 참여연대 사무처장, 박원석 전 참여연대 협동사무처장, 남윤인순 한국여성단체 연합 상임대표, 이학영 한국YMCA 사무총장, 그리고 송호창(참여연대) · 홍종학(경실련) · 박홍근(서울시민포럼) · 김제남(녹색연합) 의원 등이 대표적인 시민사회 리더들이었다. 한 편 뉴라이트 단체를 대표하는 신지호 의원은 도봉갑에서 김근태 의원의 부인 인재근 후보 에게 지역구를 내놓게 되었다.

38 김영삼 후보는 "재벌이나 힘있는 단체에 의해 정책이 좌지우지 되고 권력있는 사람들이 교묘히 법망을 빠져 나가며 잇속을 챙기는 우리 사회의 만성적 부조리를 집권기간에 반드 시 척결하겠다"고 약속했다(한국일보 1992. 11. 24).

39 IMF는 재벌이 빌려 쓴 돈이 너무 많아 금융위기가 상존한다는 진단을 내리고, 차입금 비 율을 과감하게 낮출 것을 권고했다. 또한 재벌의 문어발식 경영 때문에 개별 기업단위의 경쟁이 이뤄지지 못해 전반적인 경쟁력 저하를 가져온 것으로 보고 상호 빚보증과 내부거 래를 해소하고, 기업 회계장부를 선진국 기준에 맞추도록 요구했다. 실제로 한국정부와 IMF가 채택한 경제프로그램에도 예산 · 통화정책의 강화, 금융부문 구조조정, 무역과 자본 이동의 자유화, 재벌의 소유구조 개선을 포함하는 광범위한 내용이 명시되었다(한국일보 1997. 12. 4).

40 위원회는 권고안에서 우선 "한국 정부가 노동조합을 결성할 권리를 제한하는 것은 UN사 회권규약(일명 인권 A규약) 8조와 맞지 않는 것으로 본다"며, "방위산업 종사자에게도 적

용하지 않는 금지조항을 교사에게 적용해 노동조합 결성을 막을 만한 명백한 근거가 없다"고 밝혔다. 위원회는 특히 "교사나 공무원 등에게 이들 권리를 보장해주는 조처가 반드시 취해져야 한다"고 강조했다.

41 IMF가 요구하는 구조조정을 수행하려면 산업평화를 유지하는 것이 급선무라고 판단해, 1998년 1월 15일 첫 회의를 연 노사정위원회는 2월 6일 '경제위기 극복을 위한 사회협약'을 체결했다(한겨레신문 2009. 8. 24).

42 정부는 제3자 개입 금지조항을 적용시켜 새로 출범한 전국노동조합대표자회의 간부들을 구속 수배했고, 파업 사업장에 경찰력을 투입했으며, 각계의 이해 대립이 첨예하다는 이유로 '노동법 개정 무기한 연기'를 일반적으로 선포하였다. 이에 대응하여 새로운 노조조직으로 민주노총(전국민주노동조합총연맹)이 2005년 출범해, 노동법 개정뿐 아니라 사회보장제도 개선, 재벌개혁, 세제개혁 등 경제개혁과 사회개혁으로 노동운동을 확장시켜갔다.

43 경실련도 환경보전콘서트를 열면서 환경오염기업체들로부터 협찬을 받아 비난을 받자 기업체들의 지원으로 개최하려던 '알뜰가족 한마당'을 대폭 축소해 자체 경비만으로 치렀다. 환경운동연합의 경우 1993년 예산 2억 9천 5백여만원중 회원들의 회비는 33%에 불과하고 나머지는 우리농산물판매나 일일찻집, 외부원고 및 강연료, 교육프로그램 참가비 등 수익사업으로 충당하고 있다고 설명하였다.

44 전문가들은 분양가 내역이 상세히 공개될 경우 합리적인 분양가 책정은 물론 분양가 인하 압력을 통해 주택시장 안정에도 큰 도움을 가져올 것으로 기대하며, 분양가가 20~30% 낮춰질 것이라는 전망도 나왔다(한국일보 2003. 9. 9). 그러나 건설업계는 당장 수익이 최고 절반 가까이 떨어지는 등 영업 손실이 불가피해지는 데다 주택 품질의 저하와 공급 위축, 또 다른 투기세력 양상 등의 부작용이 잇따를 것이라며 분양가 내역 공개에 반대했다.

45 분양원가의 일부가 공개되고 원가연동제(분양원가 상한제)가 적용되는데, 공공택지에서 민간 건설업체가 분양하는 전용면적 25.7평 초과 아파트나 민영택지에서 분양하는 아파트는 제외되었다(동아일보 2004. 7. 15).

46 한국소비자연맹 등은 외채상환 범국민운동본부를 결성, 외채상환의 실천적 방법으로 금모으기 운동을 실시해 큰 호응을 얻었다(매일경제 1998. 12. 3). YWCA는 음식개선운동의 일환으로 1년에 몇 조원씩 낭비되는 음식물을 남기지 않는 환경적 차원에서 전국적으로 먹거리 나누기 운동 등 생활협동운동을 전개하였다. 전국주부교실중앙회는 시도지부, 234개 시군구 지회에서 30만명의 회원들이 외식비 줄이기, 혼례비용 줄이기, 충동구매 줄이기, 수입상품 구입 줄이기, 해외여행 줄이기, 음식물 쓰레기 줄이기, 에너지 비용 줄이기 캠페인을 전개하였다.

47 새마을운동중앙협의회와 산하단체들, 한국부인회총본부, 한국상록회, 한국학원총연합회

등 보수 성향의 단체들과 민주노총, 민주화를 위한 교수협의회, 전교조, 한국여성단체연합, 한국민족예술인총연합 등 진보 성향의 단체들이 포함돼 있다. 또 직능단체로 한국직능단체총연합회와 대한영양사회, 한국간호조무사협회, 한국경비협회, 한국농업경영인중앙연합회, 한국보육시설연합회, 한국사회복지사협회, 대한약사회, 대한미용사중앙회, 대한한의사협회 등도 참여했다.

48 서울에서는 서울북부지역실업자사업단 등 저소득층 밀집지역을 중심으로 민간단체들이 협의체를 구성해 활발히 움직였다. 서울 이외의 지역에서는 광역 및 공업도시를 중심으로 지역을 포괄하는 지역협의체들이 활동하고 있고, 이들 대부분이 국민운동의 지원 대상단체로 선정됐다.

49 실업극복 사업비 총규모는 국민운동이 보유하고 있는 실업성금 388억원의 일부에 불과하지만, 한국여성단체연합이 제안한 '실직여성 겨울나기'에 14억 6천만여원을 지원하고, 또 인도주의실천의사협의회의 실업자 진료비 감면, 영등포산업선교회의 노숙자 자활교실, 장애우권익문제연구소의 장애인실직자모임터, 환경운동연합의 민간단체 인턴제도, 인천지역건설일용노조의 건설노동자 고용안정복지센터, 봉천동 나눔의집의 실업극복 한가족운동 등이 시범사업이었다.

50 147만여명이 국민운동에 참여해 1,142억 1,300만원의 성금을 냈고, 이 기금으로 실직가정돕기 범국민결연사업, 실업자종합지원센터, 실직노숙자 지원 사업 등이 진행됐다(한겨레신문 2003. 4. 2). 실직여성겨울나기, 자녀교육지도, 무료급식, 자활공동체 등도 지원했다. 886개 시민사회단체가 함께 했고, 실업자와 가족 등 530만 8,953명이 도움을 받았다.

51 정부는 국회 비준을 받기 위해 피해농가를 보상하는 FTA특별법도 제출할 예정이라고 밝혔지만, 농민들은 "법안을 들여다보면 농가 보상보다는 고령농가 지원, 품질 향상을 비롯한 중장기 농업 구조조정 등 이농을 촉진하기 위한 내용이 주를 이루고 있다"며 반발하였다.

52 한국기독교교회협의회 인권위원회와 민주사회를 위한 변호사 모임은 정부 보고서에 반대하는 보고서를 공동작성하는 준비작업에 들어갔고, 또 민주화실천가족운동협의회(민가협)도 반대보고서 작성 작업에 착수하였다(한겨레신문 1991. 11. 16).

53 인권이사회는 헌법을 비롯한 각종 인권관련 법령 개정과 헌법재판소 신설 등 제도 개혁, 사회안전법의 폐지, 집회 및 시위에 관한 법률과 국가보안법의 개정 등에 긍정적 의견을 보였지만, 국가보안법과 관련해 한국의 분단상황에 따른 특수성을 인정하면서도 국가 안보의 개념에 대한 모호성, 국민에 대한 정치적 소신의 강요 가능성 등 문제점을 지적했다.

54 같은 해 민주화실천가족운동협의회, 천주교정의구현전국사제단, 한국기독교교회협의회 인권위원회 등이 공동주최한 '국가보안법 피해자 대회'에서 이창복 전국연합 상임의장 등

국가보안법 피해자 3백여명은 "국가보안법으로 인한 피해를 UN인권이사회에 정식으로 제소할 것"을 결의했다(한겨레신문 1995. 7. 21).

55 유엔인권이사회는 1991년 대법원이 김부총재를 국보법 7조(찬양·고무등) 위반으로 처벌한 것은 국제규약(B규약) 19조의 표현의 자유를 침해했다고 결정, 우리 정부에 금전배상을 포함한 구제조치 등을 권고하고 90일내 조치 결과를 알려달라고 요구했다.

56 한국기독교교회협의회 인권위원회, 천주교 인권위원회, 인권운동 사랑방 등 19개 인권단체들은 세계인권선언 52주년(12월 10일)을 앞두고 "김대중 대통령은 노벨평화상 수상 자리에서 인권상황 개선을 위한 실천의지를 밝혀야 할 것"이라고 발표하였다(한겨레신문 2000. 12. 8).

57 국가인권위법은 서면조사 우선원칙, 경찰·검찰 등이 수사 중이거나 수사종결된 사안에 대한 인권위 수사 불가, 증인신문권 제한, 국가인권위의 면책특권 불인정 등이 포함됨으로써 인권단체의 핵심요구를 대부분 외면했다(한겨레신문 2001. 5. 17).

58 중국, 네팔, 파키스탄 등지에서 온 외국인 노동자들의 산업재해나 임금체불 문제 등을 상담하고 해결책을 제시해왔다. 질병으로 직장을 그만둔 외국인 노동자들에게 안식처를 제공하는 것도 주요 활동이다.

59 수도권에서 활동중인 외국인 노동자모임 등과 연대해 임금체불과 인권침해 등 법률적 분쟁해결을 위해 무료로 자문과 소송을 대행해주었다. 의료보험이 적용되지 않는 외국인 노동자들을 위한 민간의료보험 형식의 자체의료보험 공제조합도 운영했다.

60 법무부와 산업자원부, 노동부 등 유관부처와 시민단체가 참여한 대책기구는 인권실태 조사와 분석·대책 마련은 물론 장기 적립금, 송출기관 선정 권한, 사후관리업체 지정 등 산업연수생 제도와 관련된 문제점을 논의했다(조선일보 2000. 5. 24).

61 개선방안으로는 재중동포의 자유왕래 점진적 확대, 국적취득 요건 완화, 무차별 추방으로 야기되는 인권침해 최소화를 위한 NGO와의 협력, 재중국 자녀 초청 가능 등이다(한겨레신문 2001. 10. 7).

62 한국천주교 주교회의는 "국민의 생명을 보호해야 하는 국가가 국민의 생명을 강제로 빼앗는 모순적인 제도에 면죄부를 준 결정이다"고 비판했고, 한국기독교교회협의회도 "헌법의 기본권인 생명권에 반하는 판결로, 또 하나의 국가폭력이 아닐 수 없다"고 비판했다. 사형제폐지범종교연합, 국제엠네스티 한국지부, 민주사회를 위한 변호사모임 등도 "국회에 사형제폐지특별법안이 계류돼 있는 만큼 국회가 나서 해결해야한다"고 주장했다. 대한변호사협회도 이 날 논평을 내고 "사실상의 사형폐지국으로 분류된 우리나라의 국격에 걸맞게 사형제도는 마땅히 폐지돼야 한다"고 주장했다.

63 바른사회시민회의는 "범죄자의 인권은 많이 신장되었지만 피해자의 인권과 권리 보호는

제자리 걸음"이라며 "사형제 폐지에 앞서 피해자 인권 보호 문제가 먼저 해결돼야한다"고 말했다. 뉴라이트전국연합은 "흉악범죄를 막기 위해서도 모든 국민들이 용납할 수 없는 범죄에 대해서는 사형을 집행해야 한다"고 주장했다.

64 윤 일병이 폭행을 당하고 숨지는 순간까지 지켜본 목격자인 김일병에게 피고인들은 스스로 살인죄를 인정한 일이 있었다(연합뉴스 2014. 8. 29).

65 같은 해 10월에 발생한 서울대 우조교 성희롱 사건은 '성희롱'이 정식으로 성폭력 개념으로 포괄되고, 그 영향으로 대학뿐 아니라 직장 등에서 성희롱 문제가 사회 전반에 드러났다.

66 보고서는 한국여성노동자회가 광우병 우려가 있는 미국산 쇠고기의 수입에 반대하는 '광우병대책위원회'에 참여했다는 이유로 정부 지원을 받지 못하는 등 "이명박 정부가 거버넌스 당사자인 여성단체의 활동을 억압, 배제했다"고 지적했다. 한국여성의전화가 정부의 사업을 받는 조건으로 불법폭력시위단체가 아니라는 서약서에 서명하라는 요구를 받은 사례도 제시됐다. 또 보고서는 "두 단체는 법정 소송을 진행해 대법원과 고등법원에서 각각 승소했지만 정부와의 신뢰는 깨졌다"고 기술했다.

67 여성평우회는 인천 만석동 큰물공부방 개원(1984), 운동권 최초의 문화집회 여성문화큰잔치 개최(1984~85), 여성 25살 조기정년제 철폐운동(1985), 성도섬유 여성노동자 부당해고에 맞선 톰보이 불매운동(1985) 등 노동·빈민·문화·학술 등 다양한 분야에서 '여성의 인간화'를 목표로 활동을 펼쳤다(한겨레신문 2003. 6. 16).

68 가정폭력방지법 제정을 추진해온 여성단체들은 상습적으로 폭력을 휘두르던 사위를 살해한 이상희 할머니 사건이 터지면서 가정폭력방지 운동에 박차를 가했다.

69 대한상공회의소는 "여성근로자의 생리휴가와 출산휴가의 평균 사용률이 각각 39%, 62%에 불과해 미사용분에 대해 수당을 지급하고 있는 상황에서 여성 휴가를 늘리면 기업의 인건비 부담이 가중된다"고 주장하였다. 이에 대해 여성단체들은 "국제경쟁력을 키우겠다는 기업들이 휴가확대를 이유로 고급 여성인력을 고용하지 못하겠다는 것은 엉터리 발상"이라고 비난하였다(한겨레신문 2001. 1. 18).

70 전국교직원노동조합(전교조), 한국교원단체총연합회(교총) 등 교원들이 주축을 이루는 단체들과 참교육시민모임과 '정의로운 사회를 위한 교육운동협의회'(정교협, 대표 최현섭) 등 학생과 학부모를 포함하는 민간교육단체들이 연대하는 교육개혁시민운동연대가 출범해 교육개혁을 추진하였다(한겨레신문 1999. 3. 3.)

71 이명현 서울대 교수와 강지원 변호사 등 각계 인사 87명의 공동출연으로 설립되었는데, 전국에서 전학 형식으로 신입생(중학교 1년 3학급 60명, 고교 1년 4학급 80명)을 심층면접과 합숙캠프 등 독특한 전형을 실시해 선발했다.

72 안산에서는 YMCA와 YWCA 등 시민단체들이 9월에 일탈 청소년을 위한 '꽃우물 대안학

교'를 폐교된 화정초등학교 분교(단원구 화정동) 건물을 개보수해 설립하였다. 과천에는 교사와 학생, 학부모가 공동체를 이뤄 학습하는 '무지개 대안학교'(가칭)가 상반기 중에 개교해, 학년당 학생을 10명 이내로 해서 초등학교 과정을 체험 위주의 교육을 했다.

73 1999년 8월 주민발의 제도가 처음 도입된 뒤 2009년까지 발의된 조례 161건 중 절대다수(97건)가 학교급식지원 조례였는데, 학교급식운동이 최고조에 달했던 2003년 40건, 2004년 19건, 2005년 31건을 기록했다(한겨레신문 2010. 3. 8).

74 조례 제정에 앞장서고 있는 시민단체들은 학교급식에 위탁급식제도가 도입된 1996년 이후 업체들이 식재료나 위생설비에 투자할 비용을 줄이기 위해 저가의 외국농산물을 사용하면서 학교급식의 위해성이 높아졌다고 주장했다.

75 2010년 지방선거에서는 16개 시도 가운데 6개 시도에서 무상급식을 공약한 진보성향의 교육감들이 당선되었고, 2014년 선거에서는 현직 교육감인 민병희(강원)·장휘국(광주)·김승환(전북)·장만채(전남) 교육감이 모두 여유있게 재선에 성공했고, 중도 사퇴한 곽노현(서울)·김상곤(경기) 교육감을 대신하는 서울과 경기도의 교육감도 당선됨으로써 전체 17개 시도 가운데 13개 시도에서 진보성향의 교육감이 이끄는 무상급식 시대가 개막되었다.

76 역사정의실천연대, 항일독립운동가기념사업단체연합회, 한국정신대문제대책협의회 등 465개 단체들은 '친일·독재 미화 뉴라이트 교과서 무효화 국민네트워크'를 결성해 9월 12일 기자회견을 열고, "교육부가 역사교과서 8종을 재검정하겠다는 방침을 세운 것은 '뉴라이트 교과서' 하나를 비호하기 위한 궁색한 조치"라며, 역사단체 소속 연구자들은 교육부가 구성하려는 '전문가협의회'에 참여하지 않기로 결의했다고 밝혔다(경향신문 2013. 9. 13).

77 유영익 국사편찬위원장 내정자는 대표적인 '이승만 예찬론자'이자 '뉴라이트의 이론적 지주'로 통하는 인물이며, 같은 날 취임한 이배용 한국학중앙연구원 원장 역시 뉴라이트운동에 동참해온 보수 인사였다(국민일보 2013. 9. 25).

78 학생인권조례는 대한민국헌법과 교육기본법, 초·중등교육법, UN아동권리협약에 근거해 모든 학생이 인간으로서의 존엄과 가치를 실현할 수 있게 하는 것을 목적으로 한다.

79 대표적인 반공해운동단체로 1982년 5월에 발족된 공해문제연구소(소장 최완택 목사)는 1985년 1월 온산 지역주민들의 집단 괴질을 자체조사, '온산병은 공해병'이라고 발표함으로써 공해문제에 대한 사회적 관심을 불러일으켰다. 이에 대해 환경청은 "온산지역 괴질은 공해병이 아니다"고 부인하고 나섰다. 공해문제연구소는 또 6월 1일 경기도 시흥군 소래읍 매화리 예림빌라 주민들의 집단피부병을 자체조사, '중금속인 비소에 의한 중독가능성'을 여론화하기도 했다.

80 공해전화에서는 공해에 대한 갖가지 문의에 응답하고 시민들이 문제로 느끼는 공해에 대

해 좀 더 체계적으로 이해할 수 있도록 대기, 수질, 식품, 약품, 농약, 합성세제, 핵발전소 등 7개 부문의 소책자를 준비해놓았다(동아일보 1987. 4. 6). 공해전화를 통해 접수된 공해문제는 개통 2개월 만에 102건으로, 이중에는 주택가 안에 자리잡은 무허가 공장에 대한 고발이 특히 많았는데, 공장과 당국에 몇 번이나 진정해도 해결을 못 보아 고발전화를 돌렸다는 경우가 대부분이었다.

81 1985년 경남 울주군 온산공단 주민 7백여명이 집단적으로 앓았던 온산병, 살인적인 공해병 이타이이타이병의 한국상륙, 1987년의 시흥괴질 등은 공해추방을 위해 한국공해문제연구소, 공해반대시민운동협의회, 공해추방운동청년협의회가 연대조직을 갖춰 운동역량을 배가시키는 계기가 되었다(한겨레신문 1990. 10. 2).

82 탈퇴를 밝힌 민간위원들은 환경단체 간부 또는 전문가들로서, 대통령자문 지속가능발전위원회(이하 지속가능위)의 민간 추천 위원 35명 중 27명, 물관리정책민간위원회의 민간인 위원 16명 중 7명, 민간환경단체정책협의회 위원 23명 중 20명 등 모두 54명에 이르렀다(한겨레신문 2001. 5. 30).

83 '체르노빌이 남긴 상처와 교훈' 등의 강연과 원전 피해주민 사례발표가 있었고, 원전 건설계획 취소, 원전 사고내역 공개 등 성명서 발표가 있었다. 공해추방운동연합(공동의장 최열 서진옥 이덕희)은 핵발전소 인근지역 주민들의 생존권 투쟁 지지성명을 발표하고, 주민들의 생계와 안전대책 수립, 11, 12호기를 포함한 핵발전소 추가건설계획 중단, 그 동안 숨겨온 사고 내역과 계약 과정에서의 부정비리 공개, 주민들의 정당한 요구에 대한 탄압 중지 등 4개 항을 요구했다(한겨레신문 1988. 12. 7).

84 공해추방운동연합은 미국 드리마일 핵발전소 사고 10주년을 맞아 3월 28일 YWCA 회관 강당에서 반핵평화시민대회를 열고 한반도에 배치된 핵무기 철수, 핵발전소 건설 계획 취소 등 4개항을 요구했다(한겨레신문 1989. 3. 29).

85 1989년 울진. 영덕, 영일 지역, 1990년 안면도, 1991년 고성, 양양, 울진, 진홍, 안면도, 1994년 장안, 울진, 굴업도(덕적도)에 이르기까지 주민반발과 시위가 끊임없이 계속되었다.

86 2005년 11월 경주시 유권자 71% 투표와 찬성율 90%, 2004년 2월 부안군 유권자 72% 투표와 반대율 92%. 이 둘은 극히 대조적였다. 전자는 법에 의한 공식적인 주민투표 결과이고 후자는 비공식적인 주민자치적 주민투표 결과라는 차이 이외에도, 전자는 정부주도의 결과이고 후자는 '시민사회운동'의 결과라는 대조를 보여주었다(주성수 2006).

87 환경운동연합 등 14개 시민사회단체는 "일본 사고는 '핵은 더 이상 안전하지 않다'는 사실을 만천하에 알렸다"며 "정부는 원자력 르네상스 정책을 당장 폐기해야 한다"고 촉구했다(경향신문 2011. 3. 15). 2012년 야4당과 30여 시민단체는 '핵안보정상회의 대항행동'을 구성했다. 대항행동은 "핵안보정상회의가 문제삼는 핵테러 위협이 아니라 수많은 핵무기

와 핵발전소 존재 자체"가 심각한 문제라며 정상회의 개최 자체를 문제삼았다(경향신문 2012. 3. 23).

88 구세군, 성공회 등 7개 개신교 교단 주부 30만 명의 연합체인 한국교회여성연합회도 두산그룹 전 제품의 불매운동에 나섰다(한국일보 1991. 3. 29).

89 불교환경연대 대표 수경 스님과 천주교정의구현사제단 대표 문규현 신부는 2001년 5월 명동성당에서 청와대까지 3보1배를 하며 새만금 간척사업의 '반(反)생명성'을 알렸다. 참가단은 11월 21일 '한국 새만금 갯벌의 국제적인 가치와 그 보전 전략'이란 주제의 특별포럼을 개최하고 새만금 개발반대 서명운동, 새만금 보고서 배포, 각국 정부상대 로비 등의 활동을 펼쳤다(한국일보 2002. 11. 7).

90 환경정의시민연대, 용인택지개발반대 공동투쟁위원회, 용인 YMCA 등은 10월 14일 대지산의 땅 100평 매입을 자축하는 기념행사를 가졌다(동아일보 2000. 11. 14).

91 낙동강지키기 경남본부, 함안보 피해대책위원회, 4대강사업저지 창녕대책위원회 등 경남지역 시민사회단체들은 새해부터 함안보 건설 현장에서 합동 신년인사회를 갖고 4대강 사업을 반드시 막겠다는 결의를 다졌다(한겨레신문 2010. 1. 9).

92 환경운동연합, 4대강조사위원회 등 4개 환경단체는 1월 18일 기자회견을 열고 "전날 감사원의 감사결과 4대강 사업이 '대국민 사기극'임이 드러났다"며 이명박 대통형의 대국민 사과를 요구했다(한국일보 2013. 1. 19). 이들 단체는 "이번 감사 결과는 시민사회가 줄기차게 지적한 문제점이 모두 사실임을 감사원이 인정한 것"이라고 강조했다.

93 소비자보호단체협의회가 제시한 개정안은 민간소비자단체의 시험 공표권의 회복을 위해 현행법상 '국공립시험기관'을 '공신력있는 시험기관'으로 고치는 내용을 담고 있으며, 또 집단소송제 도입, 정부 지방자치단체를 소비자와 대응하는 사업자의 범주에 포함시키며 보호원소비자분쟁조정위원회의 권한을 강화하는 것 등이 포함되었다(동아일보 1989. 11. 22).

94 그러나 작은 업체였던 세퓨는 가습기 살균제 문제가 본격적으로 불거진 2011년 폐업, 손해배상을 받기 어렵게 되었다.

95 서울시철거민협의회 후원 아래 서울 및 인천의 14개 재개발지역 세입자 7백여 명이 '도시빈민생존권 및 서민 주택 쟁취 대회'를 가졌고, 인천지역 철거민협의회는 '강제철거반대 및 구속 주민 석방 촉구대회'를 열었다. 서울시 철거민협의회는 창신동, 도화동, 양평동 등의 철거민과 세입자가 중심이 되어 재개발지역의 철거 반대운동을 지원하거나 도시빈민생존권 대회를 열어 왔다.

96 1987년 말 부터 전남도 내 군·읍·면 지역에 자율적으로 조직되기 시작한 농민회는 1988년에 21개군 가운데 16개군 54개 읍.면 지역에서 창립됐다(한겨레신문 1988. 8. 13).

97 한국낙농육우협회 주관으로 전국농민협회 등 8개 농업생산자, 농민운동단체 주최로 외국

농축산물 수입을 반대하는 연대활동을 개시한 것이다. 농민운동단체, 생산자단체 및 농업기술단체 등 13개 농민단체는 지역 단위에서 산발적으로 전개돼 온 농민운동을 범농민 차원에서 효율적으로 펴나가기 위해 10월 31일 '전국농민단체협의회'(회장 유달영)를 결성한 데 이어 그 첫 연대사업으로 여의도에서 '농축산물 수입 저지 및 제값 받기 전국농민대회'를 개최했다(한겨레신문 1988. 11. 15).

98 참여연대 등 시민사회단체 40개가 주축이 돼 결성한 언론개혁시민연대는 신문사주 한사람, 또는 사주 일족에 의한 '황제경영 언론사'의 소유구조 타파를 위해 정기간행물 등록 등에 관한 법률의 개정작업을 돌입한다고 밝혔다.

99 언개련과 한국기자협회가 발표한 여론조사는 85%가 넘는 국민이 신문사에 대한 세무조사가 필요하며, 신문시장의 탈법행위 단속도 해야 한다고 응답했다고 소개하였다.

100 참여연대, 여연, 환경운동연합 등 283개 시민사회단체로 구성된 시민사회단체연대회의는 "정간법 개정을 비롯해 언론개혁을 위한 본격적인 논의를 시작해야 한다"고 주장했다(한겨레신문 2001. 7. 24). 이들은 또 언론사 세무조사 정례화, 정기간행물 등에 관한 법률개정 추진, 언론사 세무조사에 대한 검찰의 엄정 수사를 촉구했다.

101 대마초를 피웠다는 허위보도로 가수 생명을 위협받았던 조덕배씨, 통조림에 포르말린이 포함됐다는 검증되지 않은 수사결과 보도로 사업을 망친 김진홍씨, 학술논문을 사상 검증의 대상으로 삼은 언론에 의해 공직에서 밀려난 최장집 고려대 교수, 평화적 방북을 이념공세로 덧칠한 보도로 '반북 이데올로기'의 희생양이 된 황석영씨와 임수경씨 등이 그 주인공이다.

102 진료의 주축인 전공의와 전임의들이 철수하면서 진료 차질·수술 연기 등 '진료 공백'으로 환자만 큰 고통을 당했고, 목숨을 잃는 환자도 나왔다. 또 의사들의 비협조로 처방전 리스트가 약국에 제대로 전달되지 않아 처방전을 받고도 약을 구하지 못한 환자들이 큰 곤란을 겪었다.

103 경실련, 인도주의실천의사협의회 등 20여 개 단체로 구성된 의료연대회의는 기자회견을 열고 "의료법 개정은 국민 건강보호를 우선해 추진해야 한다. 하지만 복지부는 의료계에 편향되도록 위원을 선발해 국민의 의료주권을 훼손했다"고 주장했다(한국일보 2007. 2. 8).

104 함께걸음 의료생협 개원을 준비중인 장애우권익문제연구소와 장애인과 함께하는 보건의료인 모임은 1998년부터 서울 노원구와 수서지역의 저소득 장애인을 대상으로 무료의료 봉사활동을 펼쳐왔다.

105 진보네트워크와 인권운동사랑방 등 사회단체들은 "경찰이 정치적 토론이 많은 사회단체 홈페이지에 개인의 정치적 발언이나 단순한 지지 혹은 반대 글을 올린 것을 문제삼아 무차별적으로 수사를 진행하는 것은 정치참여의 자유를 침해하는 것"이라고 비난했다. 이에

대해 경찰은 "사이버상의 선거법 위반 행위에 대해 IP 추적작업을 하는 것은 통상적인 업무로 특정 단체들을 탄압할 의도는 전혀 없다"고 해명했다.

106 만원계를 처음 만든 엄기호씨(32)는 "10만원도 동남아 운동가들에게는 큰돈이라고 생각해 이 운동을 시작했다"며 "인터넷(http://www.10usd.net)을 통해 홍보를 하니 관심을 갖고 연락해 온 사람이 많았다"고 말했다. 이들 단체는 잘 모르는 사람들끼리 자발적으로 모였고, 조직과 가입, 탈퇴가 느슨해서 '유연자발집단'이라고 불리기도 한다.

107 영화가 개봉된 2월 3일 민주언론운동시민연합(민언련)과 문화연대, 스크린쿼터문화연대와 한국방송프로듀서연합회 등은 한국프레스센터에서 공동 기자회견을 갖고, "사법부의 조건부 상영 결정은 권위주의적 검열의 논리로, 힘들게 얻어낸 소재 선택의 자유와 표현의 자유를 억압하는 퇴행적 정치판단의 결과"라고 주장했다(경향신문 2005. 2. 4).

108 보건의료사이트를 운영하는 최순애씨 등 시민들은 정부가 "인간 유전정보 데이터베이스를 구축해 미아가족찾기 사업을 추진하겠다고 했으나, 법적·제도적 안전장치 없이 이를 추진할 경우 사생활 침해와 유전정보의 상업화를 부를 수 있다"고 지적하며 유전정보의 비영리화, 당사자 동의 원칙, 불이익에 대한 국가나 기업의 손해배상 등을 보장하는 '인간 유전정보 보호법'을 제정해야 한다고 주장했다.

109 김연명 중앙대 교수는 "우리나라 복지정책이 국가재정의 지속가능성을 현저히 위협하는 증거는 없다"며 "오히려 과소복지로 인해 사회시스템이 불안한 측면이 크다"고 주장했다(경향신문 2011. 1. 12). 실제 우리나라의 국내총생산(GDP) 대비 복지지출은 2007년 현재 경제협력개발기구(OECD) 평균치(19.3%)의 절반도 안되는 7.5%로, OECD 30개국 가운데 29번째. 최근에는 보편적 복지가 시장과 상충하는 게 아니라, 가계의 가처분소득을 높여 시장을 활성화할 수 있다는 반론도 제시되고 있다.

110 2016년에는 '4대 중증질환 보장강화'에 따라 총 18항목에 대한 건강보험 적용을 결정하고, 국내에서 실시되지 않는 것으로 확인된 비급여 행위 7항목은 삭제하기로 했다.

111 2016년 기초연금이 도입된 지 2년이 지났지만 65살 노인 가운데 기초연금을 받는 비율은 법에 규정돼 있는 70%에 못 미치는 66%대로 고착화되고 있다(한겨레신문 2016. 9. 20).

112 신나는 조합의 경우 한국 최초의 소액대출 은행 형태를 도입했는데, 2000년 6월 방글라데시의 사회연대은행인 '그라민은행'으로부터 5천만원을 대출받아 국내의 130여명에게 창업자금을 지원했다. 대출은 1인당 100만원에서 300만원까지이며, 연대의식과 공동책임을 강조하기 위해 5명 단위로 묶어 공동창업을 하는 경우에 한해 자금을 지원하였다.

113 법정기부금단체로 지정된 비영리단체 중 반 이상(39개 단체중 21개)이 각 부처 소속의 학술 연구에 치중되어 있고, 그밖에 문화단체 6개, 보훈단체 5개, 사회복지 단체 5개 등이다.

114 이외에도 지역화폐운동이 점차 확대되었고, 전국의 풀뿌리 NGO들이 모여 NGO2000 대

회를 개최했다. 또 전국 읍·면·동사무소의 주민자치센터 활성화를 위한 준비작업에 착수한 것도 지방 NGO들의 활기찬 활동으로 꼽아볼 수 있는 사업들이었다.

115 부산경실련은 부산시의회 예결위에 세입·세출 분야의 문제점과 삭감·검토 사항 50가지를 적은 의견서를 보냈다. 의견서에는 시의회 소속 공무원(12명)에 대한 해외 배낭여행 지원금 1천 8백만원, 시의원 해외연수비 6천만원, 민간인 4명 해외여비 1천 4백만원 등 구체적인 목표가 부족한 해외연수 등은 전면 중단해야 한다고 지적했다(중앙일보 2000. 11. 12).

116 납세자 소송은 국가나 지방자치단체의 예산이 위법하게 사용된 경우 이를 환수할 수 있도록 납세자들에게 소송 제기권을 부여하는 제도다.

117 서울시는 '서울시 시민감사관 운영 및 주민감사청구에 관한 개정조례'를 공포했다. 개정조례에 따르면 서울시에 대해 주민감사를 청구하는 요건이 현행 '20세 이상 시민 2,000명 이상 연서'에서 '20세 이상 시민 300명 이상 연서'로 완화됐고, 각 구청에 대한 청구인 수도 구마다 200~1,000명까지 차이가 나던 것을 일률적으로 200명 내외로 낮추도록 권고했다.

118 군포시민의 모임, 늘푸른 사회를 위한 부산남구지역 시민모임, 올바른 지방자치 실현을 위한 대전시민모임, 아름다운 광주사랑모임, 민주부천자치연구회, 동두천시민회의, 부평시민모임, 의정부시민광장, 순천시민의 모임, 참여와 자치를 위한 인천시민연대 등이다..

119 단지 내의 나무를 조사해 나무지도를 그리는 한편 신설 아파트의 조경에 대한 컨설팅도 할 계획이다. 이밖에 대구의 담장 허물기 운동, 강원도 태백의 폐광을 활용한 마을 만들기, 경기도 양평의 환경농업마을, 충남의 전통문화와 역사경관이 어우러진 마을 만들기 등 전국 20여 개 지역에서 지속가능한 마을을 만들기 위한 프로그램이 진행되었다.

120 열린사회시민연합, 대구청년연합회, 부산청년정보문화센터, 경남정보사회연구소, 희망공동체전북연대, 청주시민회, 순천동부지역사회연구소, 원주참여자치시민센터, 민주개혁을 위한 인천시민연대 등이 동참하였다(중앙일보 2000. 11. 14).

121 김 할머니는 "일본군 소부대 앞에 세워진 가건물에 5명의 10대 한국 여성이 함께 있었다. … 쌀과 부식은 부대에서 제공됐고 24시간 감시상태에서 지내면서 몇번이나 탈출을 시도했지만 그때마다 일본 군인들에게 들켜 두들겨맞곤 했다고 털어놓았다.

122 일본이 저지른 종군위안부 관련 행위가 인도에 관한 범죄인 동시에 노예제도를 금지한 국제관습법을 위반한 행위라고 규정했다. 그러면서 일본이 종군위안부 피해자에 대해 사죄 및 국가배상을 할 것과 가해자를 전원 처벌할 것, 종군위안부에 관한 역사교과서의 기술을 고칠 것을 요구했다.

123 국제연대운동은 계속 이어져 뉴질랜드의 오클랜드 등 2개 도시에서 시작해 일본을 비롯

한 아시아 25개국 37개 도시, 미국 등 미주지역 13개국 38개 도시 등 71개국 125개 도시에서 열려, 일본교과서 역사왜곡 문제의 심각성을 국제사회에 환기시켰다.

124 반크는 세계 주요 언론, 국제기관 등의 홈페이지를 검색하여 자료를 수집, 분류하는 네트워크를 구축했다. 반크는 이를 통해 독도, 동해표기, 역사교과서 등 역사바로세우기 운동에 선도적인 역할을 하고 있다(반크 홈페이지 www.prkorea.com 참조).

125 오대산본 환수는 약탈 문화재 반환의 새로운 본보기를 세웠다는 점에서 더욱 주목된다. 오대산 사고의 관리자인 월정사(주지 정념 스님) 등 불교계와 시민사회단체는 2004년 3월 조선왕조실록환수위원회를 꾸려 일본 정부와 도쿄대를 압박해 얻어낸 성과이다.

126 그 중에는 명성황후 국상 기록인 '명성황후국장도감의궤'와 고종 13년 옥새를 새로 제조하는 과정을 담은 '보인소 의궤' 등도 있다(한국일보 2010. 8. 3).

127 '반전평화 시국선언'에는 전국 765개 단체들이 동참하였으며 평화를만드는여성회 등이 마련한 '평화쪽지 날리기' 캠페인에는 행사 한 달만에 4,000여 명이 참가하였다. 세계 각국에서 평화운동이 전개되는 것도 국내 반전평화운동에 힘을 실어 주었다. 세계 85개 도시에서는 '전쟁반대 전 세계 동시행동' 행사가 열렸다.

128 민간포럼은 '다른 세상은 가능하다. 세상을 바꾸자!'는 제목의 '서울선언문'을 채택한 데 이어 노동권 완전 보장, 생태계 보존, 제3세계 외채 탕감, WTO·IMF 등 신자유주의 국제기구 폐지 등을 촉구했다(동아일보 2000. 10. 20). 대회에는 프랑스 외환거래과세운동연합(ATPAC), 아시아·태평양노동자연맹(APWS) 등 33개국 100여개 NGO 단체들이 참가했다. 매향리에서 수거한 포탄의 잔해로 만든 작품이 전시되고 민중가요 공연이 펼쳐지기도 했다. 참가자들은 집회가 끝난 뒤 잠실운동장 앞 호돌이 광장까지 행진을 했으나 경찰과 충돌은 없었다.

129 이씨는 지난 10일 낮 12시 50분께 칸쿤 시내에서 각국 시위대 1만여 명이 도하개발의제 (DDA) 협상 반대를 외치며 교외 회의장 진입을 시도하며 시위를 벌이는 과정에서 자살을 시도, 병원으로 옮겼으나 숨졌다.

130 유네스코는 10월 20일 총회를 열어 '문화 콘텐츠와 예술적 표현의 다양성 보호 협약'을 채택했다. 외국과의 경쟁에서 자국의 문화를 보호하려는 조치를 허용하는 국제법적 근거가 마련된 것이다(동아일보 2005. 10. 22).

131 영화배우 안성기는 '오늘은 영화계의 국치일'이라며 참혹한 심경을 밝혔고, 정지영 감독은 "미국의 압박에 굴종한 정부의 태도를 이해할 수 없다"고 주장했다(경향신문 2006. 1. 27).

132 "미군측이 기름을 유출한 사실이 명백히 밝혀졌는데도 10여 일이 지나도록 공식사과는 물론 뚜렷한 해명조차 없으며 한·미 공동조사단 구성에도 시민단체 관계자 포함을 전혀

언급하지 않았다"며 시민단체 환경전문가가 참여하는 공동조사단 구성과 미군측의 사과 및 관계자 처벌, 피해주민 보상, 미군기지 캠프 롱의 이전 등을 요구했다(한겨레신문 2001. 6. 14).

133 대북 경협사업 추진방향으로는 남북통일을 위한 투자사업 쪽으로 간다는 정책에 공감한 다(67.0%)는 의견이 많았고, 이산가족문제 해결수준으로는 서신왕래(26.7%), 생사확인 (26.0%), 한반도 내 면회소 설치(21.4%), 이산가족 상호방문(14.2%) 순서로 나타났다(시 민의 신문 2000. 5. 3).

134 시청광장 응원이 무산됨에 따라 월드컵공원 내에 대형무대를 설치하고 통일연대 50개 산 하 시민사회단체가 '통~일축구 세~계최강 응원전'을 펼쳤다. 이들은 'One Corea'가 새 겨진 하늘색 티셔츠와 단일기를 준비, 시민들과 함께 '통~일조국' 등 의 응원구호를 외치 며 각종 통일 관련 부대행사를 개최하였다. 500명 규모의 북한 서포터즈 '아리랑'은 부산 대, 경성대, 부경대, 동아대 등 시내 각 대학에 분산, 시민들과 함께하는 통일응원을 펼쳤다 (한국일보 2002. 9. 5).

135 체육·문화·예술·정계 인사 30여 명의 소장품을 기부 받아 10월 25일부터 11월 2일까지 인터넷 바자 행사를 열었다. 아시아 선수로는 최초로 올림픽에서 펜싱 종목 금메달을 목에 건 김영호 선수가 시상식 때 입었던 땀복도 내놓았다.

136 탈북자 지원단체로는 북한인권시민연합, 피랍탈북인권연대, 좋은 벗들, 두리하나선교회, 피난처, 한국기독교총연합회 탈북난민운동본부, 탈북자동지회 등이 있다(동아일보 2003. 4. 7).

137 2005년 북한민주화운동본부가 미 국립민주주의기금(NED)으로부터 7만 5,000달러의 지 원금을 받은 것을 시작으로 자유북한방송, 탈북여성인권연대, NK지식인연대 등이 NED 지원금을 받았다.

138 대통령 부인 이희호 여사가 명예회장을 맡았고, 김성수 전 성공회 대주교가 회장을 맡았 다. 부회장은 이세중 한국시민단체협의회 공동회장, 손병두 전국경제인연합회 상근부회 장, 지은희 한국여성단체연합 상임대표가 맡았다.

139 2000~10년 기간에 자활공동체는 248배, 대안금융기관은 17배, 서비스공급형 시민사회 단체는 4배로 늘었고, 2007년에 첫 설립된 사회적기업은 2014년 25배로 급성장했으며, 생활협동조합은 2000-14년 기간에 16배, 협동조합은 2012년 법 제정 이후 3년만에 120 배로 폭증하였다.

140 아름다운재단 홈페이지는 "우리 사회에 올바른 기부문화를 확산하고, 도움이 필요한 소외 계층 및 공익활동을 지원합니다. 시민의식의 성장과 공동체 발전을 위해 기여하는 개인과 단체를 지원합니다"고 밝히고 있다.

141 "시민들의 자발적인 참여를 통한 물건의 재사용과 재활용을 도모하여 우리 사회의 생태적, 친환경적 변화에 기여함을 목적으로 한다"고 설립 취지를 밝혔다.

142 초대 이사장은 안병직 서울대 명예교수가 맡았고, 안세영 서강대 국제대학원장, 김영호 성신여대 교수, 윤창현 서울시립대 교수, 김영환 시대정신 편집위원 등이 참여했다(한국경제 2006. 4. 25).

143 법적 단체인 대한변호사협회를 제외하고 진보 성향의 '민주사회를 위한 변호사 모임(민변)', 보수 성향의 '헌법을 생각하는 변호사 모임'에 이어 3번째 변호사 단체가 생긴 것이다(동아일보 2005. 1. 15).

144 이날 행사에는 평소 유기동물 보호에 깊은 관심을 보여온 배우 채시라·가수 김태욱 부부 등과 임순례 영화감독이 카라의 대표로 손님을 맞았다(경향신문 2011. 5. 24).

145 김상원 전 대법관이 신탁평의회 의장으로, 문국현 유한킴벌리 대표이사가 이사장으로 추대됐다. 한국내셔널트러스트는 2004년 동강이 가로지르는 강원 정선군 신동읍 제장마을 5,200여평을 매입하는 등의 활동을 해왔다.

146 상반기까지 한 달에 평균 8천만원 가량이던 후원금이 하반기 들어오면서 7천만원대로 떨어졌고, 새로 가입하는 회원도 한달 200여 명에서 100명대로 줄었다. 전체 회원 수도 1만 3,350명으로, 2001년 1만 4,600명에 육박했던 때와 견줘 1,200명 이상 줄었다(한겨레신문 2004. 12. 21).

147 서울본부의 회원 5천여 명중 2천여 명이 매달 내는 회비 1천여 만원과 60여개 중소기업인들의 모임인 바른 경제동인회가 매달 내는 후원금 5백만~1천만원, 그리고 비정기적으로 열리는 '경실련운동을 위한 작은 만찬'의 수익금 등을 합쳐 월 2천만~3천만원이 수입의 모두였다. 이 수입으로는 사무실 임대료를 비롯, 각종 운영비를 충당하기에도 빠듯해 수천만원씩 드는 대규모 행사나 지속적 운동은 엄두를 내기 어렵다는 것이 경실련의 설명이다(한국일보 1994. 5. 9).

148 경실련은 주택공사, 석유공사 등 5개 정부투자기관에 공문을 보내 "11월 29일 열리는 경실련 11주년 기념식 및 후원의 밤 행사에 재정지원을 해달라"며 지원요청금액 1천만원을 적시했다(동아일보 2001. 1. 4).

149 대상그룹은 2천만원을 후원했다. 대상그룹은 조미료 등을 생산하는 종합식품기업인데, 소시모는 '화학조미료 안 먹는 날 운동'을 펼친 바 있었다. 농수산홈쇼핑·롯데홈쇼핑·GS홈쇼핑·현대홈쇼핑·CJ홈쇼핑 등 홈쇼핑 업체와 남양유업·농심·롯데제과·한국야쿠르트 등 식품업체도 각 30만~100만원씩 후원했다.

150 이 기금은 1997년 상반기까지 68개 시민단체 77건의 사업에 6억 4,000여만원을 지원했다. 기금은 일반후원회원의 후원비와 기업·단체 개인의 특별후원금, 재정위원들의 활동을

통한 모금으로 조성되었다.

151 소득공제 대상이 될 수 있는 비영리 민간단체 등록을 받으려면, 특정정당 지지를 주된 목적으로 설정해선 안되며, 최근 1년 이상 공익활동 실적을 갖춰야 하고, 총예산 중 개인의 회비·후원금 수입비율이 50%를 넘어야 한다.

PART 04 _ 한국 시민사회 생활사

1 현대적 의미의 '시민'을 가장 먼저 다루었던 글은 1954년 서울신문사가 발간한 『신천지』 제9집 5호에 '시민사회와 도서관'을 발표한 고재욱의 글이다. 또 2년 뒤에는 김성근이 『사상계』 7월호에 '시민사회의 세계관'을 발표했고, 같은 해 『자유세계』에 세 편의 '시민사회' 관련 글이 실리면서, 서구와 일본에서 논의되던 '시민'과 '시민사회'를 이 땅에 처음 소개하였다. 학위논문으로는 1956년 김영준이 〈시민사회와 개인자유〉라는 석사학위 논문을 발표한 것이 최초였다.

2 대상자의 정치 사회활동 및 원고내용 강연활동 등을 기록한 것이지만, 일부는 택시나 다방 안에서 나눈 대화내용이나 심지어는 부모와 나눈 대화까지 포함돼 있어 미행, 도청, 우편물검열 등 온갖 탈법적인 수단을 동원했다는 것을 보여주었다. 또 부모형제는 물론 처조부, 시아버지, 당숙 등 친인척의 6·25 당시 부역·월북사실까지 상세히 기록, 공식적으로는 폐지된 '연좌제'가 엄연히 살아있음을 보여주었다.

3 2011년 서울중앙지법은 국가를 상대로 낸 손해배상 청구소송에서 모두 1억 2,600만원을 배상하도록 판결했다. "사생활 정보가 상세히 수첩에 기록된 점, 사생활을 직접 촬영한 내용이 캠코더에 저장된 점 등을 종합하면 기무사 수사관들이 미행 등으로 사적 활동을 감시 추적하고 정보를 수집하는 등 사찰행위를 한 것으로 보인다"고 판단했다(아시아투데이 2011. 1. 15).

4 공개된 문건에 따르면 2008년 7월부터 3년간 벌인 총리실 윤리지원관실의 불법사찰은 여당 의원의 지인은 물론 시민단체, 문화계, 재벌과 금융계 인사 등 사회 각계를 망라하였다. 사찰의 목적도 단순한 사회동향 파악보다는 탄압, 보복 등 정치적 이유에 맞춰져 있다(서울신문 2012. 3. 31).

5 사건 발생 5개월 후 과실치사 혐의로 기소된 미군 2명 중 관제병 페르난도 니노 병장에 대한 공판이 경기도 동두천시 미군기지에서 열리자 '여중생사망범국민대책위' 등 시민단체 회원들은 부대 정문 앞에서 '재판과정 전면 공개' '의혹 없는 재판' 등을 주장하며 경찰과 대치했다(조선일보 2002. 11. 19).

6 여중생 사망사건으로 기소된 미군 2명이 무죄평결을 받은 데 분노한 네티즌들은 미선·효

순양의 죽음을 추모하고 미군 법정의 무죄평결에 항의하는 뜻으로 전국의 중·고·대학생들이 가슴에 검은 리본을 달 것을 제안하였다. 사이트나 커뮤니티 등에도 검은 리본을 달자는 주장이 제기되었다. 네티즌들은 '검은 리본 달기'와 함께 개봉 예정인 007 영화관람 거부운동도 시작했다(한겨레신문 2002. 11. 27). 여중생 관련 사이트와 커뮤니티에는 종묘 집회와는 별도로 광화문에 검은 옷에 흰 리본을 달고 모여 촛불시위를 벌이자는 '사발통문'도 돌았다. 검은 리본 또는 흰 리본을 상징하는 '▶◀', '▷◁' 표시를 단 네티즌들이 출현한 이후, 수백만 명으로 추정되는 네티즌이 각종 메신저에 이런 표지를 달았다(한겨레신문 2002. 11. 29).

7 중고생을 거리로 불러낸 이유는 미국 쇠고기가 수입될 경우 자신들이 직접적 피해자가 될 것이라는 인식 때문이라는 지적도 있지만(한겨레신문 2008. 5. 5), 중고생들이 미국산 쇠고기와 광우병의 연관성을 극도로 강조하는 편파적 정보에만 빠져, 잘못된 행동을 하고 있다는 지적도 있었다(한국일보 2008. 5. 5).

8 이날 부산, 인천, 대전, 울산 등 전국 95개 시군에서도 7만 7천여 명이 모인 가운데 촛불시위가 벌어졌다. 서울 도심에서 10만 명의 시위는 2004년 3월 노무현 전 대통령의 탄핵을 규탄하는 촛불시위 이후 처음이었다(동아일보 2008. 6. 11). 경찰은 471개 중대 3만 7천여 명의 경찰을 전국 집회 현장에 배치했으나 큰 충돌 없이 촛불시위가 끝났다.

9 경찰청 인권위원회는 성명을 내어 "최근 촛불 집회 과정에서 벌어진 일련의 사태는 매우 유감스럽고 우리의 역할에 대해 한계를 절감하게 됐다"며, 사퇴결의 이유를 밝혔다(한겨레신문 2008. 6. 27).

10 공동조사단은 "한국 정부가 촛불집회 현장에서 취재기자, 의료지원 봉사자, 변호사 등 인권옹호자들에게 폭력을 휘두르고 인터넷상에서 표현의 자유를 제한했다"고 비판했다. 조사단은 권고문에서 "유엔 인권옹호자 선언 비준국인 한국 정부는 이를 이행하는 구체적인 조처를 취하고, 법무부는 표현의 자유를 억압하고 야간집회를 불허하는 현행 법률을 개정할 것과, 민주적인 토론 정착을 위해 명예훼손 형사처벌을 금지할 것을 제안한다"고 밝혔다(한겨레신문 2008. 7. 26).

11 한나라당은 "정부가 4조원에 가까운 돈을 대학당국에 지원하고, 10만원 이하 기부금을 내면 세금을 공제해주는 등의 방안으로 대학 등록금 부담을 반으로 줄일 수 있다"고 주장했다(경향신문 2011. 4. 4).

12 이명박은 경선 후보 자격으로 참석했던 한나라당 정책비전대회에서 "반값 등록금을 통해 사교육비를 절반으로 줄이겠다"고 약속했다.

13 광주·전남 57개 단체 네트워크는 "이명박 정부는 대선 때 국민에게 약속한 등록금 반값 정책을 시행하라"고 촉구했고(한겨레신문 2008. 3. 7), 전교조경남지부 등 경남지역 121

개 단체들도 "이명박 정부와 한나라당은 대선에서 약속한 '등록금 반값 정책'을 조속히 시행해야 하며 이를 지키지 않으면 국민적 심판과 저항을 받을 것"이라고 강조했다(동아일보 2008. 3. 18).

14 이화여대 총학생회는 신입생 등록금 동결을 요구하며 필수 과목인 채플 수강 거부운동을 벌였다. 서강대 총학생회는 1,200여명의 학생이 모인 가운데 22년 만에 학생총회를 열고, 학교측 협상안을 거부하는데 합의했다(한국일보 2011. 4. 4).

15 반값등록금학부모모임은 이날 무대에 올라 '반쪽 사과' 500여 개를 나눠주며 학생들을 응원했다. 한국여성단체연합 등 16개 여성단체는 촛불집회 시작과 동시에 반값 등록금 실현을 촉구했고, 여성연맹 조합원들은 집회 참가자들에게 주먹밥을 만들어주었다(한국일보 2011. 6. 11).

16 "1분 1초가 아깝다던 대통령은 어디 갔나요? 이 나라 국민이라는 게 창피합니다. 부모로서 아무것도 못 해줘서 창피합니다"며 절규했고, 체육관에 머물던 한 어머니는, "정부가 제대로 구조를 안 하잖아요. 이제 100시간이 지나고 있는데…. 이건 100% 인재예요." "정부가 책임져라"며 외쳤다(한겨레신문 4. 21).

17 한국갤럽이 4월 28~30일에 실시한 여론조사에서, 참사에 대한 정부의 대응이 미흡했다는 응답이 82%에 달했고, 대통령의 직무 수행에 대한 긍정 평가는 48%로 사고전 4월 첫째 주 조사 때(61%)보다 크게 떨어졌다(동아일보 5. 3). 7월에 가서도 대통령 지지율은 취임 후 '최악' 이라는 보도가 이어졌다(한국일보 7. 3).

18 4월 23일부터 청계천 양 옆은 노란 리본으로 물결을 이뤘고, 노란 리본은 온라인에서도 이어졌다. 시민들은 카카오톡, 페이스북 등 SNS 프로필 사진을 리본 그림으로 바꾸었다.

19 안산 시내 24개 고교생 2천여 명은 희생자를 추모하고 기성세대를 비판하는 카드섹션과 자유발언 등을 진행했고, 안산 고교 회장단연합 학생 2백여 명은 합동분향소가 차려진 화랑유원지에서 안산 문화광장까지 2km 구간을 침묵 행진했다(KBS 5. 9).

20 단원고 학생 사망자 110여명의 유족들은 4월 29일 '세월호 사고 유가족 대책위원회'를 꾸려, "정부의 태만과 기만적인 구조체계로 아이들의 생명을 구할 수 있었음에도 구하지 못했다"고 비판했다(한겨레신문 4. 30). 또 가족대책위원회는 "서울 12곳과 인천, 대전, 울산, 광주, 대구, 제주 등 14곳에서 대국민 서명운동을 펼칠 것"이라고 KBS(5. 30)가 보도했다.

21 유가족들은 대통령 면담을 요구하며 76일간 청운·효자동 주민센터 앞에서 농성을 벌여오다 11월 5일 철수하면서, "대통령에 대한 기대를 접는 것"이라며, "이 자리를 떠나 안산과 광화문광장, 전국으로 국민들을 만나러 간다"고 밝혔다(한국일보 11.5).

22 2014년도 20세 이상 인구 추계(41,303,341명) x 0.264 =10,904,082).

23 AP통신은 시민들이 대통령의 퇴진을 필사적으로 요구했다고 보도했고, AFP통신은 국회

에서의 탄핵 표결을 앞두고 시위에서는 박 대통령의 구속과 체포, 투옥을 해야 한다는 목소리가 늘었다며 죄수복을 입고 포승줄에 묶인 실물 크기의 박 대통령 모형이 등장한 사실을 전했다(KBS 2016. 12. 3). 영국의 이코노미스트는 "박 대통령이 진심으로 나라를 위한 최선의 것을 원한다면 더는 야단법석을 떨지 말고 즉각 사임해야 한다"고 논평했다.

24 나우누리의 '삽니다 팝니다(go buy, go sell)' 게시판에는 휴대전화 단말기를 비롯, 전자사전, 오디오, 이스트팩 가방과 유명 청바지 등을 헐값으로 내놓는다는 글이 다수 게시되었다. 또 '그냥드립니다(go give)' 게시판에는 자동차, 유행이 지난 옷이나 가전제품을 공짜로 준다는 정보가 가득했다. PC통신 하이텔의 '물물교환(go change)' 코너의 경우 이용시간이 외환위기 직후 1개월 새에 38% 이상 늘었고, 필요없게 된 물건을 이용자들에게 무료로 제공하는 '그냥드립니다(go free)' 역시 25% 가량 증가했다. 또 데이콤의 천리안 '알뜰장터(go market)' 코너도 이용건수가 12월 152만 건으로 늘었다.

25 물품 상태와 가치 등을 고려한 '품목별 가격 기준표'에 따라 가격이 정해지고, 물품 가격의 50~60%는 녹색카드에 기록되고, 나머지는 환경기금으로 사용되었다. 물품을 기증한 사람은 카드에 기록된 금액만큼 매장내 다른 물건과 교환할 수 있다.

26 음식점·편의점·피시방 등에서 일하는 대학생들은 대부분 시간당 3,500~4,000원을 받았고, 또 일주일에 15시간 이상 근무하면 유급휴가 하루나 하루치 일당을 주도록 되어 있으나 이를 받지 못한 대학생이 76%에 이르렀다.

27 일본의 청년노동운동 단체인 포세(POSSE)는 1,500건 이상의 노동상담과 조사활동 결과를 토대로 블랙기업을 선정·고발해 사회적 반향을 불러일으키고 있다(경향신문 2014. 11. 10).

28 2014년 청소년유니온과 청년유니온이 조사한 '청소년 호텔·웨딩홀 아르바이트 실태조사 결과'이다.

29 사업주가 실습생에게 지급하는 월 실습비가 50만원 미만인 업체는 59개 중 48개(81.3%)였고, 월 40만원 미만인 업체도 59개 중 38개(64.4%)였다(한국일보 2014. 9. 30).

30 한겨레신문(2014. 9. 25.)에 따르면, 조사 대상자들은 편의점과 패스트푸드점, 음식점, 술집, 커피 전문점, 빵집 등 주로 서비스업종에서 일하는 청년들이다. '너무 비싸다. 값을 깎아달라' '같이 나가서 밥 먹자' '연애하자' 등 황당한 요구를 거부하면 화를 내거나 폭언을 하는 경우가 많다고 한다. 이런 상황에서도 항상 웃거나 즐거운 표정을 지어야 했다(85.4%). 이들은 '나이가 어려서'(69.2%), '아르바이트생이라는 이유로'(68%) 부당한 대우에 자주 노출된다고 답했다.

31 민달팽이 유니온 임소라 주거팀장은 "임대주택은 지하에서 지상으로, 여럿이 쓰던 방에서 혼자 쓰는 방으로 스스로 올라가게 하는 사다리예요. 민달팽이 2호에 입주한 청년들이 가

장 좋아했던 게 뭔 줄 아세요? 햇빛이 드는 창, 번호 키, 자동 현관, 수압이 좋은 물, 잘 내려
가는 하수구 같은 거였어요."(경향신문 2015. 1. 1).

32 노년유니온 홈페이지 http://cafe.daum.net/eldunion

33 임 위원장은 어르신들과 협의하여 100원부터 1만원까지 모금하고, 목수와 설비 출신 어
르신들이 재능기부를 하는 방식으로 카페와 도서관을 만들었다고 한다. 283명이 기금을
내고 100여 명이 재능기부를 하는 방식으로 어르신들이 카페와 도서관을 만든 사례는 최
근 초등학교 교과서에도 실렸다.

34 노년유니온 등은 "국내 노인빈곤율이 49.2%로 OECD 평균인 12.4%의 3배가 넘는 상황
에서 현행 제도대로라면 가장 가난한 노인이라고 할 수 있는 기초생활수급 노인 40만명은
실질적으로 기초연금 혜택을 받지 못하는 것"이라고 주장했다.

35 100만원 이하 문화예술인 비율은 문학(91.5%), 미술(79%), 사진(79%), 연극(74%), 영화
(71%), 국악(67%), 무용(64%), 음악(60%), 대중예술(43.5%), 건축(34%) 순이다. 아예 수
입이 없다는 응답도 26.2%나 나왔다.

36 강씨는 출소와 함께 1,500만원을 대출받아 가죽가방 사업을 시작했다. 1년 3개월 동안 쉼
없이 일한 결과, 한달에 가방 500~600개를 브랜드 회사에 납품하며 안정적인 수익을 내
고 있다.

37 크라우드펀딩이 최근 2~3년 새 부쩍 활성화되면서 현재 크라우드펀딩 업체는 15개가 넘
는다. 투자자(후원자)가 자금을 전달해 결과물에 대해 보상받는 후원형, 자금만 전달하는
기부형, 자금을 전달하고 돌려받는 대출형, 투자자들이 자금모집 기업의 주주가 되는 지분
투자형 등이 있다.

38 신한카드 노동조합은 동북아평화연대의 연해주 고려인 돕기 사업에 돼지 3마리를 사주면
서 알게 된 고려인의 자립을 위해 만든 기업 '바리의 꿈'의 청국장과 청국장환 등을 구매해
조합 연례행사인 '알뜰장터'에서 팔았다.

39 직원도 7명에서 10명으로 늘었고, 연 매출액도 2억여원에서 10억원대로 커졌다. 필리핀
의 도시 빈민 지역과 타이에 공부방과 도서관 3곳을 만들었다.

40 환경보건시민센터는 4월 21일 7건(사망 3건)의 피해사례가 새로 접수됐고 기존에 신고
된 피해자 가족 중에 8건(사망 1건)의 피해사례가 더 발견됐다고 밝혔다(경향신문 2013.
4. 21).

41 가족모임 고소인단과 환경보건시민센터는 옥시 레킷벤키저 등 15개사에 대한 고소장을
제출하며, "가습기살균제에 유해성분이 포함된 사실을 알고도 안전하다고 속여 판매했다"
며 살인죄 적용을 주장했다(매일경제 2014. 8. 29).

42 3천~5천원 하는 일회용품을 현금으로 사서 쓰고 버린 경우가 대부분이라 증거가 사라졌

기 때문이다. 그래서 피해자들은 정부가 나서서 가해기업의 사과와 피해기금 마련 등의 대책 마련하기를 요구하는 광화문 1인시위를 2012년 5월부터 9월까지 벌였다.

43 감염병이 아니라면 유해 화학물질 노출을 의심하는 게 당연하고 폐 섬유화 등 의심할 만한 증상이 있었는데도 2011년 이전까지는 역학조사도 하지 않았다. 피해를 막을 수 있었던 4~5년을 그냥 흘려보낸 것이다.

44 대구의 담장허물기는 123개 시민단체·기관들과 대구시가 함께 하는 대구사랑운동시민회의 중점사업이었다. 1999년 5월 자기집 담을 허물고 나선 김경민 대구YMCA 실무위원이 시민운동을 제안하면서부터 시작되었는데, 그는 "보수적이고 폐쇄적인 지역 분위기를 개방적으로 바꿔 이웃과 소통하며 '사람냄새'가 나는 마을로 꾸미는데 초점을 맞췄다"고 말했다(중앙일보 2000. 3. 15).

45 부산에서는 금샘사랑방문화클럽, 남구 늘푸른 시민의 모임, 북구의 정자나무, 금정구 구서동 선경1차아파트의 쓰레기줄이기운동 등 마을단위 주민조직의 싹들이 자라고 있다(한겨레신문 1995. 1. 4).

46 2003년 아이들에게 유기농 음식을 먹이기 위해 12명의 엄마들이 출자해 '두레생협'을 설립, 8,500명이 조합원으로 참여했다. 유기농 반찬을 필요로 하는 직장맘들이 '동네부엌'을 차렸고, 아토피가 심한 아이가 먹을 아이스크림을 만들던 곳이 주민 쉼터인 '작은나무' 카페가 됐다. 10여개에 달하는 마을기업들은 주민들의 공유 공간이 되었다.

47 http://www.seoulnpocenter.kr/bbs/board.php?bo_table=npo_story&wr_id=14&page=5

48 판증후군가족모임, 무과립세포증환우회, 베체트환우협회, 복합부위통증증후군환우회, 샤르코-마리-투스환우협회, 윌슨사랑회, 크론가족사랑회, 한국고셔모임회, 부신백질이영양증부모모임회, 섬유근통증후군환우, 소뇌위축증환우회, 척수성근위축증환우회, 폐동맥고혈압환우회, 한국뮤코다당증환우회, 트레처콜린스증후군가족모임, 한국다발성경화증환우회, 신경섬유종을이기는사람들 등도 있다.

49 그녀는 2001년 '유방암 3기' 진단을 받은 후 분노로 주위 사람들과 모든 연락을 끊고 살다가 '비너스회'라는 유방암환우회를 만나 환우회 합창단 활동을 열심히 했다. 2011년에는 합창단원 9명과 히말라야의 고사인쿤드 호숫가에서 'I HAVE A DREAM'을 노래했다.

50 조사대상자의 68.4%가 다양한 모임에 참여하고 싶다고 답했는데, 그 중 모국인 친구모임이 46.1%, 봉사와 취미활동 36.5%, 자녀 학교의 학부모 모임 15.5%, 지역주민모임 12.3%로 나왔다.

51 자립해야 살 수 있다는 것에 공감한 남편들 30여명이 봉사단을 조직해 어울림 한마당 체육대회도 열고 국수 대접이나 연탄·가스 배달 등 크고 작은 봉사를 이어왔다. 다문화 가정

들이 자립하고 협력하려면 장기적으로 수익을 낼 수 있는 공동체 사업이 필요하다는 생각에서 협동조합을 만든 것이다(한겨레신문 2013. 2. 15).

52 막달레나공동체는 성매매 경험 여성들을 위한 그룹홈, 자조모임과 의료, 직업훈련 지원, 대안 연구를 펼쳐 왔으며, 최근에는 가출과 성매매 등 위기 상황에 있는 10~20대 초반 여성들을 위한 서울시립 청소녀건강센터 '나는 봄'을 운영하고 있다.

53 이 영화가 다루고 있는 초등학생 이형호(당시 9살)군 납치·살인 사건의 공소시효(15년)가 2006년 1월 만료되면서 범인을 잡아도 처벌할 수 없게 됐기 때문이다. 영화사는 시민단체와 함께 범인의 협박전화 음성과 필적, 몽타주 등을 담은 온라인 국민수사본부(www.wanted1991.org) 사이트를 만들었다(한겨레신문 2007. 1. 20).

54 또 양, 돼지, 토끼 등 동물만지기 체험행사는 시간 제한 없이 계속된다. 동물을 학대하며 쇼에 동원하는 문제가 이슈화 되면서, 카라는 쥬쥬동물원이 멸종위기동물인 악어 42마리를 수입해 최근까지 악어 쇼를 진행해 왔다고 고발하였다(한국일보 2013. 10. 3).

55 길고양이는 없앤다고 사라지지 않는다. 길고양이는 특정 영역을 몇 마리가 공유하는 식으로 살아가므로 한 지역의 길고양이를 모두 퇴치하더라도, 이웃 길고양이가 들어와 처음과 같은 밀도가 될 때까지 번식한다.

56 대구 평화의 소녀상 건립추진위원회는 남구 대명동 대구여자상업고등학교 안 명상의 숲에서 평화의 소녀상을 제막했다. 경남 창원시 마산합포구 오동동 문화광장 입구에 창원시민들의 성금으로 만든 소녀상이 설치되었다. 강원도 원주에서는 시민 추진위원회가 원주시청 공원에서 평화의 소녀상 제막식을 했다. 충북 청주시 청소년광장에서는 평화의 소녀상을 모시고 받는다는 의미의 시봉식이 열렸다. 광주광역시청 앞 시민 숲 잔디광장과 경남 남해군 남해읍 숙이공원에 소녀상이 세워졌다. 전북 군산시 금광동 동국사 경내, 전북 전주시 완산구 풍남문 광장에서 소녀상 제막식이 열렸다.

57 가톨릭대, 광운대, 상명대, 서강대, 서울대, 성균관대, 연세대, 용인대, 인천대, 중앙대, 한양대에도 '안녕들 하십니까' 등의 제목을 단 대자보가 붙거나 온라인 커뮤니티에 게시됐다(경향신문 2013. 12. 14).

58 27일에는 홍익대 앞 한 공연장에서 인디밴드 가수들의 '안녕들' 콘서트가 열렸다. '버뮤다삼각지' 등 8개 인디밴드들이 '안녕하지 못한 청년들'을 위해 4시간 동안, 젊은이들의 아픔과 희망을 담은 노래를 불렀다.

59 서울대 학생들의 '관악, 안녕들 하십니까'는 연초 교내에서 '관악 안녕 회동 쎄씨봉·빠-봉!' 행사를 열어 민영화 문제와 노동자 파업권, 20대와 정치 등에 대해 난상토론을 벌이고 민영화와 밀양 송전탑 관련 영상물을 함께 관람하기로 했다. 이화여대의 '이화, 안녕들하십니까'는 철도파업·민영화 관련 '라운드테이블' 토론회를 열었고, 중앙대 학생들이 만

든 '의혈, 안녕들 하십니까'는 파업중인 청소노동자들을 지지하는 활동을 벌였다.

60 주부들은 "아이들 교육이나 남편의 성공만 생각하면서 사회 문제에 방관하고 살아왔는데 대학생들의 대자보를 보면서 다시 사회적 문제에 관심을 갖게 됐다"며 육아나 교육, 출산 장려정책에 대한 문제점을 꼬집었다. 한 직장인 네티즌은 "일이 산더미처럼 쌓인 직장인에게 정치나 사회 문제는 먼 이야기라고 생각했다"면서 "대자보를 쓰는 것은 내 양심에 대한 고백"이라고 밝혔다. 전북 군산여고 학내 게시판에는 1학년생이 실명으로 쓴 '고등학교 선배님들, 학우 여러분 안녕하십니까'라는 제목의 대자보가 걸렸다.

61 2010년 말 국내 장기기증 희망등록자는 총 59만 3천여 명으로 10년 전에 비해 12배 이상 증가했고, 장기기증 희망자도 18만 5천여 명에 달해 2009년보다 2.4배 증가하는 등 장기기증 문화가 활성화되고 있다. 생존자의 장기기증은 2008년 1,532명에서 2013년 1,920명으로, 뇌사자는 2008년 256명에서 2013년 416명으로 증가했고, 사후장기기증자는 2008년 98명에서 2013년 80명으로 감소한 것으로 나타났다(통계청 2014). 헌혈 실적은 2007년 208만 8천 건에서 2013년 291만 4천 건으로 증가했고, 헌혈률은 2007년 4.3%에서 2013년 5.8%로 증가했다(통계청 2014).

62 2010년 현물기부유형은 의식주 관련 기부가 80% 정도인데, 쌀 등 식품이 35%로 가장 많고, 다른 식품과 의약품이 16%, 의류/잡화가 14%, 생필품과 침구류 14%, 상품권 6.6%, 도서/완구 5.7% 등이다. 특히 상품권의 경우 큰 폭의 증가세를 보여주는데, 이는 재래시장 활성화를 위한 재래시장 상품권 기부가 증가한 데 기인한다. 또한 학원강의 기부 참여 증가도 눈에 띤다.

63 향후 유산의 기부의향에 대해 60대 이상 고령층에서는 78.8%가 부정적인 반면, 10대 청소년 중 49.2%가 긍정적으로 생각하고 있어, 유산기부에 대한 세대간 인식차이를 보여준다(통계청 2011). 일본인 가운데 14.7%만이 유산기증을 하고 싶다는 조사결과에 비교하면(JFA 2011), 한국의 나눔문화가 비교적 건실한 편이라고 볼 수 있다.

64 해피빈을 통해 이들 단체에 소통과 참여의 공간이 마련돼 2013년 현재 6천곳 넘는 시민사회단체들이 해피빈 모금을 진행하고 있다(한겨레신문 2013. 5. 16).

65 이는 전체 다수(59.7%)의 비중을 차지하고, 이어서 '산업적 연관 효과를 고려한 사회가치 창출활동(21.8%)'이라는 인식이 뒤를 이었다.

66 일부 선도적인 기업들이 1998년 이래 점진적인 진전을 이룩했지만, 대부분의 기업들은 최근에 와서야 제도화에 박차를 가한 것으로 나타난다.

67 감사에서 적발된 17개 정부기관들은 현행법(기부금품 모집금지법)을 위반하면서까지 2,3년 동안에만 수십억원대의 기부금을 걷어온 것으로 드러났다(동아일보 1994. 2. 23).

68 삼성그룹은 연초부터 부산 지역의 각종 학교와 문화 사회단체 관계자들이 삼성자동차 부

산사무실에 찾아와 손을 내미는 바람에 적지않게 시달렸다고 한다(동아일보 1995. 8. 25). 또 현대건설은 1994년 대한건설협회 등 51개 소속 단체 협회비 16억 3백만원, 체육협회 등 사회단체 기부금 64억원 등을 지출했다. 제일제당은 한미친선회, 인천체육회, 심리학회, 사회복지단체 등에 9억원 이상, 대우건설은 80개 단체와 24개 협회 18개 학회 기타 민간행사 후원비용으로 33억 이상을 지출했다.

69   LG그룹 관계자는 "여러 복지 단체에서 팜플렛이나 유인물을 일방적으로 전달, 지원을 부탁하는 사례가 끊이지 않는다"며, "기업 이미지 제고나 기업이익의 사회적 환원이라는 취지에 적합할 때에 한해서만 적정 범위내에서 보조하고 있다"고 밝혔다(동아일보 1995. 8. 25).

70   법인세법상 재단이 내야하는 각종 기부금 중 정치헌금, 국방성금 등 법정기부금은 100% 면세를 받는 반면 지정기부금으로 분류된 복지사업 기부금에 대한 세제 혜택은 5%에 불과했다. 기부금에 대한 세제혜택이 인색한 데에는 세수확대라는 현실적인 이유도 있다는 것이다.

71   '무주택 장애인, 소년소녀 가장세대 등 무주택 전세지원비'(109억 5천만원), '사회복지시설 개·보수 및 기능 보강사업비'(27억 8천만원), '사회복지시설지원 수용자의 김장비·피복비·자립 정착금'(20억 8천만원), '결식 노인지원 및 저소득 노인 주택전세금지원 등 노인복지 사업비'(61억 7천만원), '저소득 자활지원 및 혼혈인 지원'(8억 1천만원) 등.

72   실제 271억 중 연말연시, 추석명절 때 사회복지시설 수용자 7만 6천여 명에게 13억 8천만원 어치의 위문품만 전달할 뿐 나머지 성금들은 그냥 시설개보수비·정착지원금 등 복지부 예산처럼 집행된다(한겨레신문 1996. 12. 27).

73   이처럼 일부 단체들이 부실한 성금 관리로 불신을 자초하고 있지만 성금 집행을 투명하게 하고 있는 모범적인 단체도 적지 않았다.

74   한국직능단체총연합회와 대한영양사회, 한국간호조무사협회, 한국경비협회, 한국농업경영인중앙연합회, 한국보육시설연합회, 한국사회복지사협회, 대한약사회, 대한미용사중앙회, 대한한의사협회 등이 동참했다. '10만 저소득실직가정돕기 범국민결연운동'은 1단체 단위에서 1가구 이상의 실직가정을 지원하는 것이다. 교회, 성당, 사찰, 기업, 공공기관, 학교 등 각종 단체가 실직가정들에 일정금액 상당을 일정 기간 이상 지원하도록 하자는 것이다. 정부 지원의 사각지대에 놓인 실직가정의 생존에 필요한 최소한의 물품을 3개월 이상 지원하는 원칙을 세워 실천했다. 이른바 달동네에 밀집한 저소득 비정규직 노동자, 여성, 장애인 등 저소득 소외계층을 결연운동의 주요대상으로 설정하였다.

75   인도주의실천의사협의회의 실업자 진료비 감면, 영등포산업선교회의 노숙자 자활교실, 한국협동조합연구소의 부도기업 노동자 인수, 장애우권익문제연구소의 장애인실직자모임터, 환경운동연합의 민간단체 인턴제도, 인천지역건설일용노조의 건설노동자고용안정복

지센터, 봉천동 나눔의집의 실업극복 한가족운동 등이었다(한겨레신문 1998. 12. 08).

76 하루에 수천만원씩 들어가는 장비 임대료도 기업체의 몫이었다. 중장비 가동을 위한 기름도 영업을 중단한 채 인근 주유소에서 공급하고 있었다. 인명구조장비도 대부분 민간기업이 제공했다. 밤낮으로 인명구조와 현장철거에 매달리고 있는 구조대원들에게 필요한 음식도 자원봉사자나 사회단체에 의존했다.

77 자원봉사 전문기관 '볼런티어21'이 1999년에 20살 이상 성인을 대상으로 한 조사에서 지난 1년 동안 자원봉사 경험이 있다고 답한 사람은 14%였다. 볼런티어21과 한국자원봉사협의회 등은 세계 자원봉사자의 해를 맞아 각종 행사를 개최, 자원봉사 인식제고와 참여를 독려했다. 이로써 전국적으로 시도, 시군구에 자원봉사센터 설치가 완료되어 센터를 통한 시민참여가 늘었고, 2002년 볼런티어21의 전국 조사에는 자원봉사 참여율이 늘어나기도 했다.

78 태안 자원봉사활동이 첫 자원봉사활동 경험이었는지에 대한 질문에서 태안자원봉사 참여자 중 15.6%만이 첫 활동이라고 대답, 대부분의 사람들이 자원봉사 경험을 가지고 있었다. 이 수치는 태안 봉사활동을 계기로 첫 자원봉사자가 된 사람들이 15.6%임을 보여준다.

79 둘 다 여자보다 남자가 좀더 많이 참여했고, 연령에서는 40대와 50대가 많았으며, 고학력층과 중간소득층의 참여가 가장 많은 공통점을 보여준다. 직업에서는 다소 차이가 있지만 직장인과 무직(은퇴자 포함)이 많은 공통점도 있다. 특히 단체 소속에서는 구호단체와 시민사회단체가 많은 공통점도 있지만, 태안반도 봉사활동에는 직장과 노조와 종교단체의 역할이 컸고, 세월호 참사 관련 봉사활동에는 학교 관련 단체와 정치단체의 참여가 많은 특징이 있다(주성수 2015).

80 그밖에도 우수한 자원봉사자를 표창하는 '자원봉사자 표창제도'와 사회봉사활동을 희망하는 직원들을 위한 '자원봉사자 등록제도' 그리고 봉사활동 참가와 관련해 휴가를 인정해주는 '봉사활동 휴가제도' 등은 60% 이상의 기업들이 시행하고 있다.

81 봉사단원이 가장 많이 파견된 곳은 베트남으로 누계 643명이며, 필리핀, 인도네시아, 몽골, 캄보디아, 스리랑카 등에서 활동 중인 봉사단원은 45개국 1612명에 이른다. 가장 많이 파견된 분야는 교육(54.7%)이다. 그중 컴퓨터·한국어 교육 수요가 가장 많다. 최근에 미용, 봉재 등 직업훈련 수요도 늘었다.

82 제빵·제과, 자동차 정비, 용접, 컴퓨터 등을 전공한 실업계 고등학생 31명이 정부의 해외봉사단원으로 선발돼 2014년 2월부터 8개월 동안 기술전수 등 해외봉사 활동을 하였다. 미얀마, 캄보디아, 스리랑카, 베트남 등 4개 동남아 국가의 직원훈련원과 기술학교에서 기계 및 컴퓨터 등의 기술을 전수했다.

83 국세청 자료를 보면, 2010년 종합소득금액에서 기부금이 차지하는 비율은 소득금액 8천

만원 초과~1억원 이하 구간이 2.08%로 가장 높았던 것으로 나타났다. 하지만 1억원 초과 구간에서는 기부금의 비율이 오히려 감소해, 5억 이상 고소득층에서는 1.62%에 불과했다. 한편 종합소득금액 4천만원 이상 1억원 이하자가 전체 기부금 신고자의 30.8%를 차지했으며, 전체 기부금액 대비 이들이 차지한 비율도 30.0%로 가장 활발한 기부활동을 했던 것으로 조사되었다.

PART 05 _ 한국 시민사회 이념사

1 보수적 우파는 권위, 계서제, 질서, 의무, 전통, 민족주의를 중시하며, 진보적인 좌파는 자유, 평등, 연대, 권리, 진보, 개혁, 국제주의를 중시하는 대조를 이룬다(A. Heywood, *Key Concepts in Politics and International Relations* (Palgrave Macmillan, 2015), p.119.

2 이석연 변호사는 경실련 사무총장을 거쳐 이명박 정부에서 뉴라이트 계열의 일원으로 법제처장을 역임했다. 서경석 대표 또한 경실련 사무총장을 지냈지만 2016년 박근혜대통령 퇴진 정국에 박사모 등의 탄핵반대 집회에 나서 대통령과 정권을 옹호했다.

3 2001년 언론사 세무조사도 한 계기가 되었다. 언론사 세무조사는 보수단체를 오프라인 무대로 집결시켜 조선일보 등 보수언론의 반발과 함께 거리로 나가게 했는데, 안티조선반대운동과 언론사세무조사 반대운동이 대표적이다(이나미 2004: 150).

4 그밖에도 자유민주민족회의(이철승 상임의장), 자유시민연대(대한참전단체연합회장), 자유수호국민운동, 육해공군해병대 예비역대령연합회, 공군전우중앙회, 대한민국해군동지회, 베트남참전전우회 등 전역 군인단체들과 독립신문, 북한민주화협의회, 북핵저지시민연대 등이 가입한 국민행동본부, 실향민중앙협의회 등 실향민단체, 독립신문(신혜식 대표), 북핵저지시민연대(박찬성 대표), 민주참여네트즌연대, 시민과함께하는대학생연대, 청년우파연대 등이 있다(이나미 2004: 152).

5 유죄 취지의 다수 의견은 헌법 제19조가 보장하는 '양심의 자유'를 두 가지로 나누어 판단했다. '내심(內心)의 양심 형성의 자유'와 '양심 실현의 자유'가 그것인데, 전자는 제한할수도, 제한할 필요도 없는 절대적 자유라고 보았지만, 후자는 양심 실현 과정에서 헌법의 다른 법익과 충돌할 경우 제한이 가해질 수 있는 '상대적 자유'라는 것이다. 다수 의견은 또 헌법 제39조가 규정하고 있는 병역의 의무도 궁극적으로 인간의 존엄과 가치를 보장하기 위한 것이라고 밝혔다. 따라서 병역의 의무를 근거로 양심 실현의 자유를 제한하는 것은 헌법상 정당한 제한이라는 논리다.

6 강씨는 2004년 대광고 재학 중 종교 교육을 위해 설립된 사립학교(미션스쿨)도 학생에게 종교의 자유를 보장해야 한다며 1인 시위를 벌이다 퇴학당한 이후 모교와 서울시를 상대

로 5천만원의 손해배상 청구소송을 냈고, 2007년 일부 승소 판결을 받아냈다. 그는 손해배상금 2,500만여 원을 모두 시민단체인 인권연대에 기부했고, 이 단체는 강씨의 기부금으로 '종교자유 인권상'을 제정했다(한겨레신문 2011. 4. 21).

7 전문가들은 또한 현재 시급한 건 복지담론 투쟁이 아니라, 튼튼한 복지국가의 토대가 되는 소득과 노동시장 왜곡을 바로잡는 것이라는 데 방점을 찍었다. 10년 내 발생할 가장 심각한 위기로 전문가들은 소득불평등(34.4%)과 노동시장 양극화(29.5%)를 꼽았다. '임금과 고용'의 문제가 온전히 해결되지 않고는 제대로 된 복지를 논하기가 어렵다는 뜻이다.

8 그 발생 원인을 "발전과 중앙권력으로부터 소외가 누적된 데다 그 지역 출신 정치인 김대중 씨의 체포 소식이 분노를 야기했기 때문"이라고 기술했다.

9 1912년 조선총독부가 공포한 조선민사령은 한국을 지배할 목적의 법령이지만 개인의 사유재산권을 절대적 권리로 인정한 결과 일본인뿐 아니라 한국인의 사유재산권과 경제 활동의 자유를 보장해 한국인도 근대적 사권(私權)의 주체가 됐다는 설명이다.

10 국정화 찬성을 고집해온 한국교총이 반대로 돌아섰고, 마침내 교육부도 관보를 통해 국정화 보류를 공표하였다.

11 고려대 북한학과 유호열 교수는 현재 대통령자문기구인 민주평통자문회의 수석부의장을 맡으며 흡수통일을 주장했던 인물로, 대통령 퇴진 정국에서 SNS에 "박근혜 대통령을 위해 기도하자"는 글을 올렸다. 동국대 김낙년 교수는 '식민지근대화론'을 대표하는 뉴라이트 학자이며, 김명섭 연세대 정외과 교수 역시 뉴라이트 계열의 한국현대사학회 출신의 정치학자이고, 나종남 교수는 육사를 졸업한 보수파며, 최대권 서울대 명예교수는 헌법학자로 보수성향 인사로 분류된다(연합뉴스 2016. 11. 28).

12 고교 한국사의 경우 분량이 400쪽에서 315쪽으로 줄었는데 박정희 정부의 경제발전 내용은 3~4쪽에서 4.5쪽으로 오히려 늘었다. 고등학교 교과서 10쪽에 걸쳐 수출 확대, 과학 진흥 정책 등이 자세히 서술됐고 중학교 교과서에는 박정희 전 대통령이 1963년 제작·발표한 '경제 개발 5개년 계획' 도표까지 실었다.

13 지학사, 리베르스쿨, 천재교육, 금성출판사, 동아출판 등 5종 교과서는 사진을 싣고 "위안부 문제는 아직 해결되지 않았다"는 점을 가르치고 있다(국민일보 2016. 11. 29).

14 이들은 북한이라는 국가체제의 존립목표와 근거가 '남조선을 해방시켜' 사회주의화 하는 데 있고, 따라서 북한이 스스로 체제변화를 하기 전까지는 엄격한 상호주의에 따르지 않는 '퍼주기'식 지원은 상대권력을 강화시켜 오히려 남한을 위협할 수 있다는 시각이다(마인섭 2011: 57). 또한 남북한간 군사적 신뢰구축 조치의 선결과정이 없는 상태에서 통일문제를 지원 등의 햇볕정책으로 추진하는데 강하게 반대했다.

15 토론회에 진보진영 인사로 종종 초청받는 한 북한 전문가는 "'북한에 다 맞춰주라는 게 아

니다. 싸울 때 싸우더라도 일단은 만나서 남북간 입장차이를 확인해야 한다. 대화의 끈은 놓지 말아야 한다'는 주장을 하는데도 '종북주의자', '빨갱이'라는 비난이 돌아온다"고 털어놨다. 보수진영으로 분류되는 다른 전문가는 "같은 사안에 대해서도 시각이나 처방, 대안이 다를 수밖에 없는데 그 차이에 대해 '김정일이랑 직접 대화해봤느냐', '노동당 간부와 만나보긴 했느냐'는 식으로 비아냥거리는 경우도 있다"고 말했다.

16 대북 무상지원은 비료 20만 t 686억여원, 옥수수 10만 t 221억원, 10개 민간단체 53억여원 등 1,040억원에 이르며, 또 교류협력사업으로 경의선 복원과 도로 연결사업에 1,657억 등 1,668억원에 달했다.

17 정부는 관광공사에 900억원을 대출한 반면 인천~남포간 운항 차질로 피해를 입은 11개 중소교역업체에 8억 3천만원, 위탁가공용 봉제설비 반출을 위해 제일모직에 3억 8,800만원, 의류가공업체인 SK글로벌에 2억 5천만원을 고작 빌려줬다. 2000년에는 비앤씨무역 1곳에 5억원의 대출이 전부다.

18 퍼주기 비판의 핵심은 "북한에 일방적으로 주기만 하고 우리는 얻는 것이 없다"는 입장, 남한의 지원을 받은 북한이 지원금 혹은 물품을 주민들에게 분배하지 않고 핵과 미사일 개발 등 군사 분야에 돌려썼다는 비판이다.

19 이 보고서에서 미국은 북한 인권 상황을 모니터하고 보고하는 것을 지원하기 위해 한국의 비정부기구(NGO) 2곳에 미국의 민주주의를 위한 기부단체(NED)를 통해 25만 달러를 간접 지원했다고 밝혔다(동아일보 2003. 6. 26).

20 탈북자들이 가장 많이 이용하는 두만강을 넘는 '탈북'은 일단 2002년 말을 기점으로 소강 상태로 들어갔는데, 일부 탈북지원 민간단체는 탈북자 수를 최대 20만~30만명이라고 추산했고, 유엔난민고등판무관실은 2003년 그 수를 10만여 명으로 추산했다.

21 정부의 이런 방침은 국내 정착 탈북자 수가 5천명을 넘어서는 등 탈북자 규모와 증가세 모두 급증하는 추세이기 때문에 위기상황으로 판단한 것이다. 정부는 탈북자 정착금 지급, 주거 마련, 교육 등의 집행 업무를 단계적으로 지자체에 위임하기로 했다.

22 통일부 남북회담본부장은 "최근 남북관계를 고려할 때 이런 일이 되풀이되면 여타 남북간 합의사항 이행에 부정적 영향을 줄 수 있을 뿐 아니라 관계 악화의 빌미를 제공할 수 있다"며 전단 살포 행위를 중지할 것을 촉구했다.

23 천안함 폭침 1년을 맞아 2011년 3월 백령도에서 대북 전단 20만 장을 살포하려던 20여개 탈북자 단체의 계획도 무산됐다(동아일보 2011. 3. 26). 또 다른 전단 살포 단체인 대북풍선단은 강원 철원군의 한 지역에서 대북전단을 살포하려다 주민들과 마찰을 빚자, 철원군을 벗어나 다른 지역에서 전단을 보냈다.

24 2000년 8월 현대아산은 개성을 공단 부지로 확정한 뒤 북한 조선아시아태평양평화위원

회와 '공업지구 건설 운영에 관한 합의서'를 체결했고, 2002년 11월 북한이 개성을 경제특구로 지정하는 '개성공업지구법'을 제정하여 이듬해 6월 약 100만 평 규모의 1단계 단지개발이 시작됐다.

25   국민 55%는 북한이 핵 개발을 지속할 경우 '모든 대북 지원을 중단해야 한다'고 답했다. 그럼에도 대북 지원을 유지해야 한다는 응답률은 35%다. 한국갤럽이 북한 3차 핵실험 직후인 2013년 2월 실시한 조사에서는 '모든 대북 지원 중단' 답변이 46%, '인도적 대북 지원 유지' 의견이 47%였다. 한국갤럽은 "'인도적 지원 유지' 응답이 줄고 '모든 지원 중단'이 늘어난 현상은 현재의 대북 인식이 3년 전에 비해 더 냉랭하다는 뜻"이라고 해석했다.

26   개혁 세력인 교회개혁실천시민연대는 성명에서 "촛불시위를 반미 집회로 규정하는 데 반대한다"며, 한기총에 대해 "냉전적 이데올로기에서 벗어나라"고 촉구했다(한국일보 2003. 1. 17). 시민연대는 "촛불시위는 미군 철수를 주장하는 것이 아니라 민족 자존을 지키자는 것"이라며 "한기총은 한·미 주둔군지위협정(SOFA) 개정 요구에 동참하라"고 덧붙였다.

27   전국경제인연합회는 미국 재계가 2003년 1월 제16차 한·미 재계회의에서 발표될 성명서에 '한국측은 반미감정이 허용돼선 안된다는 입장을 밝혔다'라는 문구를 넣은 초안을 보내왔다고 밝혔다(한국경제 2003. 1. 11). 또 미국 신용평가회사인 무디스는 북한 핵문제와 반미감정 등을 놓고 실사단을 한국에 파견해 '한국 신용등급 재평가'에 나설 예정이라고 했다.

28   김용갑 의원 등 5명을 대표로 선발해 미국 대사관을 방문, 허버드 대사를 면담하고 "현 시점에서 한·미동맹의 강화가 필요한 만큼 주한미군 철수계획에 반대한다"는 입장을 전했다. 당내 개혁모임인 '국민속으로' 의원 10명은 이같은 움직임에 우려를 표명하고 모임에 불참했다.

29   미국측 위원장인 랜스 스미스 주한미군 부사령관(중장)은 "여중생 사망사건 이후 129개의 안전조치를 취했다"면서 "강경한 시민단체의 모든 요구를 수용하기는 어렵겠지만 한국민 보호를 위한 노력을 계속할 것"이라고 말했다.

30   2011년 미군병사가 새벽 4시에 고시텔에 침입해 여고생을 흉기로 위협하고 수 차례 성폭행했다. 서울에서도 주한미군에 의한 여고생 성폭행 사건이 연이어 발생하면서 주한미군지위협정(SOFA)을 재개정해야 한다는 목소리가 높아졌다(한국일보 2011. 10. 10).

31   2001년 9.11 동시다발 테러 이후 미국이 주도한 전쟁을 통한 보복을 거부해왔거나, 10년이 넘도록 대이라크 경제제재 반대운동을 벌여온 각국 시민단체들이 바로 그들이다. 이라크 침공 반대운동의 기수로는 영국의 '광야의 목소리'가 손꼽힌다. 1991년 걸프전 이후 이 단체는 미국의 경제봉쇄 벽을 뚫고 이라크를 방문해 구호품을 전달해왔으며, 이라크의 고

통을 전세계에 알렸다.

32 유씨는 "부패한 정치의 틀을 개선하고자 했던 총선시민연대의 활동을 향해 홍위병 운위했던 그가 언론개혁을 향해 다시 '홍위병을 떠올리는 이유'(9일자 동아일보 시론)를 반복하는 데 이르러서는 참으로 섬뜩하다"며, "작가여, 부디 작품으로 말하라"고 글을 맺었다.

33 집회 참가자들은 행진하며 '전쟁 반대' '여중생 사망에 대해 부시 대통령은 책임을 져라' 등의 구호를 외쳤고, 성조기를 둘로 가르는 퍼포먼스를 벌인 뒤 해산했다.

34 시청앞 광장에는 114개 보수단체 회원 10만여 명이 모여 '반핵반김'을 외쳤다. 이어진 4·19, 6·25, 8·15 '반핵반김국민대회'는 집회와 시위가 더 이상 진보진영의 전유물이 아니며 보수진영도 자리를 잡을 수 있음을 과시했다.

35 이 집회는 한국기독교총연합회 주최의 종교행사를 표방하고 있었지만, 이들은 신문광고를 통해 보안법 폐지 반대와 사립학교법 개정 반대 등 정치적 주장을 폈고, 또 재향군인회·반핵반김국민협의회 등의 보수단체들이 2부 행사를 주도하는 등 '정치 집회' 성격이 짙었다.

36 민주화운동의 '대부'격인 김근태(서울 도봉갑) 의원이 뉴라이트 선봉인 신지호 한나라당 후보에게 패했고, 유인태(도봉을)·한명숙(고양 일산동)·장영달(전주 완산갑) 의원 등 원로급 민주화운동인사들도 줄줄이 낙선했다. 이인영(구로갑) 의원 등 '386' 운동권 출신들도 고배를 마셨다.

37 한글문화연대는 '한글옷이 날개'라는 정부의 공익사업을 통해 한글 디자인을 활용한 옷을 만들어 국내 결혼이민자 가족과 국외 동포 등에게 보내는 활동을 해왔다. 그러나 2008년 '광우병국민대책회의'에 참여했다는 이유로 '불법·폭력시위 단체'로 규정돼, 행정안전부의 '비영리 민간단체 공익활동 지원사업' 대상에서 제외되었다.

38 김성회 뉴라이트경기안보연합 상임대표와 장제원 뉴라이트부산연합 공동대표는 18대 총선에서 국회의원에 당선되었고, 뉴라이트전국연합 공동상임대표를 지낸 제성호 중앙대 교수, 시민과함께하는변호사들 공동대표를 지낸 이석연 변호사, 박영모 전국연합 조직국장, 한오섭 전국연합 기획실장은 각각 인권대사, 법제처장, 청와대 시민사회비서관실 행정관, 청와대 언론1비서관실 선임행정관이 됐다(경향신문 2012. 7. 10).

39 안병직 서울대 명예교수는 2007년 9월부터 1년간 한나라당 여의도연구소장으로 있으면서 중도실용주의, 선진화, 비핵개방3000 등 정부·여당의 주요 정책의 골자를 마련했다. 신지호 자유주의연대 대표, 조전혁 자유주의교육운동연합 대표, 박영아 자유주의교육연합 정책위원장은 한나라당의 공천을 받아 18대 국회에 입성했다. 또 국가인권위원회의 주요 주제가 북한 인권으로 바뀌면서, '대한민국 인권상'은 2009년부터 3년 연속 북한 인권단체에 돌아갔다.

40 보수단체로 분류한 기준은 △ 2012년 1월, 보수 성향 단체가 연합해 출범한 '범시민사회단체연합'에 속해 있는 단체, △2007년 대선에서 이명박 후보 지지 선언을 한 단체, △친(親)정부·보수 성향 인사가 대표를 맡고 있는 단체 등이다.

41 이영조 바른사회시민회의 공동대표는 서울 강남을에 공천을 받았으나 역사관 문제로 중도탈락했다. 그 외에도 박세일 한반도선진화재단 이사장이 창당한 '국민생각'의 총선 실패, 이석연 전 법제처장의 서울시장 출마 좌절 등도 뉴라이트의 몰락을 상징하는 사건들이다. 6월 16일에는 정형근 뉴라이트전국연합 상임의장이 17대 의원 시절 유동천 제일저축은행장으로부터 수천만원이 든 쇼핑백을 받았다는 사실을 인정하기도 했다.

42 비영리 민간단체 지원법에 따르면, 비영리 민간단체는 "특정 정당이나 선출직 후보를 지지·지원할 것을 주된 목적으로 하거나, 특정 종교의 교리 전파를 주된 목적으로 설립·운영되지 아니할 것"을 명시하고 있다. 그러나 국민생활안보협회·선진화시민행동·숭의동지회·NK지식인연대 등은 박근혜 후보 지지를 공개 선언했다.

43 회계장부에는 2014년 4월부터 11월까지 39차례에 걸쳐 탈북자 1,259명이 집회에 참여했으며, 이들에게는 총 2,500만원이 지급된 것으로 기록돼 있다.

44 이명박 정부 출범 이후 보수단체들이 집회 참가자에게 돈을 지급했다는 의혹 역시 끊임없이 제기됐지만 돈줄의 전체 흐름을 보여주는 구체적 증거가 공개된 적은 없었다(한겨레신문 2016. 4. 21). 이번에 탈북자들에게 일당이 지급된 내역이 담긴 회계장부와 전경련을 출처로 하는 자금이 어버이연합 쪽으로 흘러 들어간 정황이 동시에 공개되었다.

45 박사모(박근혜를 사랑하는 모임), 대한민국애국시민연합, 엄마부대, 나라사랑어머니연합 등 일부 수구단체들만이 반대를 위한 반대를 외쳤다.

46 노컷뉴스(2016. 11. 26)는 '진보 좌파들의 촛불?…보수 언론의 비뚤어진 시선'이라는 제목으로 조선일보와 동아일보의 논설과 보도 내용을 민주언론연합 김언경 사무처장과 함께 진행한 '시사자키 정관용입니다'에서 인용 보도했다.

참 고 문 헌 REFERENCE

강남식, 2004, 「여성운동의 성과와 과제」, 『한국시민사회운동 15년사』, 시민의신문사.

고근예, 2005, 「사회보호법 마침내 폐지」, 『인권하루소식』 제2842호, 인권사랑방.

공혜정, 2016, 「아동학대저지시민모임」, 2016 전국자원봉사대축제 포럼 발제문.

국가인권위원회, 2017, 「인권위, 국민·전문가·학생 인권의식 조사」, 보도자료.

국무조정실, 2007, 「OECD 규제개혁보고서: 한국」.

국민건강보험공단, 2014, 『2013 노인장기요양보험통계연보』

국회입법조사처, 2014, 「사회적기업 지원제도의 문제점과 개선방안」.

규제개혁위원회, 1998, 「규제개혁백서 1998」.

금홍섭. 2013. 「지방의회 이대로 좋은가?」 http://goldcham.tistory.com/m/post/293

기획재정부 2000, 「개인 기부금 등에 대한 조세지원 확대」 보도자료.

──── 2015, 「협동조합·규모 확대에서 운영 내실화로」 보도자료.

김귀영, 2009, 「지방정부 위원회제도 개선방안」, 『지방행정연구』 23/2.

김도종, 2005, 「한국의 민주화 이후 정치개혁에 대한 평가 및 향후 과제」, 국회연구용역.

김미곤, 2014, 「빈곤 불평등 추이 및 전망」, 『보건복지포럼』.

김석은·김유현, 2013, 「경제사회적 환경이 비영리부문 성장에 미치는 영향의 시계열 회귀분석」,
　　　『한국행정학보』 47/4, 287~311.

김유선, 2004, 「1987년 이후 노동운동 15년사」, 『한국시민사회운동 15년사』, 시민의신문사.

마인섭 외, 2011, 「북한문제를 둘러싼 한국사회 균열의 극복방안과 사회적 합의 창출을 위한 국
　　　회의 역할」, 국회연구용역과제보고서.

박상신, 2004, 「협동·생활협동조합운동」, 『한국시민사회운동 15년사』, 시민의신문사.

박영선, 2010, 「한국 시민사회 관련법의 변화에 대한 연구」, 성공회대 사회학 박사논문.

박원순, 2002, 『한국의 시민운동 : 프로크루스테스의 침대』, 당대.

보건복지부, 2014, 『2014 보건복지백서』.

선우숙, 2005, 「NGO 출신 국회의원의 의정활동에 관한 연구」, 이화여대 정책과학대학원 석사학
　　　위논문.

손원익, 2000, 「비영리법인 관련 세제의 선진화 방안」, 한국조세연구원.

──── , 2013, 「성숙한 기부문화 확산을 위한 정책과제」, 2013 자원봉사·기부문화 컨퍼런스, 행
　　　정자치부.

손원익·박태규, 2013, 「공익법인 관리체계의 근본적 개선방안」, 한국조세재정연구원.

심성보·한만중, 2004, 「교육 : 한국사회 민주화와 교육시민운동의 발전」, 『한국시민사회운동 15년사』, 시민의신문사.

외교부, 2014, 『2014 외교백서』.

우석균, 2004, 「한국 보건의료운동의 역사와 과제」, 『한국시민사회운동 15년사』, 시민의신문사.

유재원, 2003, 『한국 지방정부정치론: 이론과 실제』, 박영사.

——, 2005, 「정책과정에서 비정부기구(NGO)의 역할 변화」, 『행정논총』 42/4.

윤민재, 2004, 「한국 사회의 보수/진보운동단체 실무진의 정치의식, 태도와 네크워크」, 『사회과학연구』 12(2).

위평량, 2004, 「민주화 이후 경제문제에 대한 시민사회의 대응」, 『한국시민사회운동 15년사』, 시민의신문사.

원종욱 외, 2012, 「협동조합기본법 도입이 시장 및 사회에 미치는 영향」.

이나미, 2004, 「한국 보수단체의 이념적 분화」, 『시민사회와 NGO』 2/2, 149-188.

이득연, 2004, 「소비자운동, 그 15년의 궤적」, 『한국시민사회운동 15년사』, 시민의신문사.

이선미, 2006, 「한국 시민사회의 영향」, 주성수 편, 『한국시민사회지표』, 아르케.

이숙종, 2002, 「한국 시민단체의 정책 제언활동」, 세종연구소.

이연호, 2001, 「김대중 정부와 비정부기구 기간의 관계에 관한 연구」, 『한국정치학회보』 35(4), 147-64.

이영환, 2004, 「사회복지운동의 성과와 과제」, 『한국시민사회운동 15년사』, 시민의신문사.

이원태, 2004, 「정보 운동」, 『한국시민사회운동 15년사』, 시민의신문사.

이현기, 2009, 「생산적 노화활동으로서 노인자원봉사활동」, 『노인복지연구』, 45, 317-346.

자연환경국민신탁, 2015, 「2015년 평의회 및 정기총회 자료집」.

조규범, 2015, 「국가인권기구 국제조정위원회(ICC) 등급판정 보류 : 내용, 경과와 권고사항」, 국회입법조사처.

조성미, 2008, 「우리 생애의 원근도」, 주성수 외, 『아래로부터의 시민사회』, 창비.

조세현 외, 2014, 「정부위원회 체계 개편 및 운영내실화 방안」, 한국행정연구원.

조영재, 2006, 「한국 시민사회의 환경」, 주성수 편, 『한국시민사회지표』, 아르케.

조현연·조희연, 2001, 「한국 민주주의의 이행」, 조희연 편, 『한국 민주주의와 사회운동의 동학』, 나눔의 집.

조화순·김혁·한정택, 2012, 「스마트 소통 시대의 행정부-국가와 시민사회 관계 연구」, 한국의회발전연구회, 국회사무처 연구용역.

조흥식 외 2011, 「2011 정부의 비영리민간단체지원 백서」, 한국NPO공동회의.

주성수, 2000, 『글로벌 거버넌스와 NGO』, 아르케.

──, 2003, 『공공정책 거버넌스』, 한양대 출판부.

──, 2004, 『NGO와 시민사회』, 한양대 출판부.

──, 2004, 「시민참여, 자치권능, 심의민주주의 제도: 정책갈등 해결방안의 탐색」, 『경제와 사회』, 63호.

──, 2005, 「국가정책결정에 국민여론이 저항하면?」, 『한국정치학회보』, 39(3).

──, 2006, 「주민투표는 환경갈등 해결의 대안인가? 방사성폐기물처리장 주민투표 평가」, 『경제와 사회』 73호.

──, 2006, 『한국시민사회지표 : CIVICUS 국제공동연구 한국보고서』, 아르케

──, 2008, 「시민, 시민사회, 시민사회단체」, 주성수 외, 『아래로부터의 시민사회』, 창비사.

──, 2009, 『직접민주주의 : 풀뿌리로부터의 민주화』, 아르케.

──, 2010, 「한국 시민사회지표 2008-2010 : 참여·조직·가치·영향·환경」, 『시민사회와 NGO』, 8(1).

──, 2011, 『사회적경제 : 이론, 제도, 정책』, 한양대출판부.

──, 2011, 「한국 시민사회의 영향력에 관한 경험적 분석」, 『시민사회와 NGO』, 9(1).

──, 2013, 『자원봉사 문화와 제도』, 한양대출판부.

──, 2014, 「기부와 자원봉사 참여의 불평등 분석」, 『시민사회와 NGO』, 12(2),

──, 2015, 「세월호 참사 관련 시민참여와 자원봉사」, 『시민사회와 NGO』, 13(2).

──, 2016, 『나눔문화: 기부, 자원봉사, 이웃돕기, 시민참여』, 한양대출판부.

주성수·남정일, 2001, 『한국 NGO 리포트 2001』, 한양대출판부.

주성수 외, 2003, 『한국 NGO 리포트 2002-2003』, 한양대출판부.

──, 2004, 『한국 NGO 리포트 2004』, 한양대출판부.

──, 2006, 『한국시민사회지표』, 아르케.

──, 2012, 「제2차 자원봉사진흥을 위한 국가기본계획」, 행정자치부.

주성수·박영선, 2014, 「서울시 공익지원사업 현황 분석」, 서울시NPO지원센터.

주성수·정희선, 2014, 「전국 자원봉사와 기부 실태」, 행정자치부.

차병직, 2002, 『NGO와 법』, 이화여대출판부.

참여연대, 2014, 『감시자를 감시한다』, 이매진.

총무처, 1994, 「94년 정부조직 관리지침 통보」.

통계청, 1999, 2002, 2005, 2008, 2011, 2014, 사회조사.

──, 2014, 「2014 국내 나눔실태 결과」.

──, 2015, 「2015 국내 나눔실태 결과」.

하승수, 2012, 「지방자치 12년의 과제와 지방자치리더교육의 방향 - 지역재단」

www.krdf.or.kr/xe/?module=file&act=procFileDownload&file
한국사회적기업진흥원, 2012, 「사회적기업 실태조사 연구보고서」.
─── , 2015, 「2014 사회적기업 개요집」.
행정자치부, 2000, 「2000년도 정부조직관리지침」.

Amnesty International. 2008. "South Korea: Policing the Candlelight Protests in South
　　Korea." http://www.amnesty.org/en/library/info/ASA25/008/2008/en
Amnesty International. 2010. "Amnesty International Report 2009 : South Korea." http://
　　report2009.amnesty.org/en/regions/asia-pacific/south-korea
Anheier, H. 2004, Civil Society: Measurement, Evaluation, Policy. Earthscan.
Barber, B. 1984, Strong Democracy: Participatory Politics for a New Age. Berkeley:
　　University of California Press.
Barber, B. 1998, A Place for Us: How to Make Society Civil and Democracy
　　Strong. New York: Hill & Wang.
Berger, P. and Neuhaus, R. 1996, To Empower People: From State to Civil Society.
　　Washington, D.C.: AEI Press.
Berman, E. 1997, 「Dealing with Cynical Citizens」, Public Administration Review 57(2).
Berry. J. 1999, The New Liberalism: The Rising Power of Citizen Groups. Washington
　　D.C.: Brookings Institution.
Blair, H. 1998, 「Civil Society and Building Democracy: Lessons from International
　　Donor Experience」, In Bernard, A., Helmich, H. and Lehning, P., eds., Civil Society
　　and International Development, Paris: OECD, 65-80.
CAF(Charity Aid Foundation), 2015, World Giving Index. London.
Cigler, A. and Loomis, B. 1991, Interest Group Politics. 3rd edition. Washington, D.C.:
　　CQ Press.
Coston, J. 1998, 「A Model and Typology of Government-NGO Relationships.」,
　　Nonprofit and Voluntary Sector Quarterly 27/3, 358-82.
Dahrendorf, R. 1997, After 1989: Morals, Revolution and Civil Society, New York: St.
　　Martin's Press.
De Oliveira, M. and Tandon, R. 1994, 「An Emerging Global Civil Society」, In CIVICUS,
　　Strengthening Global Civil Society. Washington, D.C.: Kurian Press.

Edwards, M. 2001, 「Introduction」, In Edwards, M. and Gaventa eds., Global Citizen Action. Boulder, CO: Lynne Rienner.

Einolf, C. 2009, 「Will the Baby Boomer Volunteer during Retirement?」, Nonprofit and Voluntary Sector Quarterly, 38(2), 181-199.

Erlinghagen, M. and Hank, K. 2005, 「Participation of Older Europeans in Voluntary Work」, Mannheim Research Institute for the Economics of Aging.

Euchner, C. 1996, Extraordinary Politics. Boulder, CO: Westview Press.

EU, 2000, 「Concise Report of the Debates of the First Convention of Civil Society Organised at European Level」.

Fiorina, M. 1999, 「Extreme Voices: A Dark Side of Civic Engagement」, Skocpol, T. and Fiorina eds. Civic Engagement in American Democracy. Washington, D.C.: Brookings Institution Press.

Fukuyama, F. 2000, 「Social Capital and Civil Society」, IMF Working Paper No.00/74.

Gallup International, 1999, 「Millennium Survey」, www.gallupinternational.net

Goldstone, J. 2003, 「Introduction: Bridging Institutionalized and Noninstituionalized Politics」, Goldstone, ed. States, Parties, and Social Movements. Cambridge: Cambridge University Press.

Gordenker, L. and Weiss, T. 1996, 「Pluralizing Global Goverance: Analytical Approaches and Dimensions」, In Weiss, T. and L. Gordenker, eds., NGOs, the United Nations, and Global Goverance, Boulder, Co.: Lynne Rienner.

Hefner, R. 1998, 「Civil Society: Cultural Possibility of a Modern Ideal」, Society 35/3, 16-27.

Heywood, A. 2015. Key Concepts in Politics and International Relations. Palgrave: Macmillan.

Hrebenar, R. 1997, Interest Group Politics in America. 3rd edition, New York: M.E. Sharpe.

Huntington, S. 1968, Political Order in Changing Societies. NY: Yale University Press.

Joo, S., Lee, S. and Jo, Y. 2006, 「The Explosion of CSOs and Citizen Participation」 CIVICUS Civil Society Index Report for South Korea. www.civicus.org/new/media/CSI_South_Korea_Report.pdf

Jordan, G. 1998, 「Politics without Parties: A Growing Trend?」, Parliamentary Affairs 51/3. King, C. and Stivers, C. 1998, 「Introduction: The Anti-Government Era In

King, C. and Stivers, C. (eds) Government Is Us: Public Administration in an Anti-Government Era. Thousand Oaks: Sage.

Kimball, J. 1997, 「NGOs Make An Important Contribution to Policy Development」, Public Management Forum 3/3, OECD.

Mathews, D. 1999, Politics for People. Urbana, Il.: University of Illinois.

McPherson, J. Miller, and Thomas Rotolo. 1996, 「Diversity and Change in Voluntary Groups」, American Sociological Review, 61, 179-202.

Norris, P. 1999, 「Introduction: The Growth of Critical Citizens」, Norris, P. (ed) Critical Citizens: Global Support for Democratic Government, Oxford: Oxford University Press.

O'Connell, B. 1994, People Power: Service, Advocacy, Empowerment. New York: Foundation Center.

OECD, 1997, 「Final Draft of the Ad Hoc Working Group on Participatory Development and Good Governance」, Paris.

———, 2000, Government of the Future. Paris.

———, 2007,「OECD 규제개혁보고서: 한국」(국무조정실 편역).

———, 2014, Society at a Glance. Paris.

Olivo, C. 2001, Creating A Democratic Civil Society in Eastern Germany. New York: Palgrave.

Putnam, R. 1993, Making Democracy Work: Civic Traditions in Modern Italy. New Jersey: Princeton University Press.

Richards, D. and Smith, M. 2002, Governance and Public Policy in the UK. New York: Oxford University Press.

Rose, R. Shin. D. and Munro, N. 1999, 「Tensions Between the Democratic Ideal and Reality : South Korea」,Norris, P. (ed) Critical Citizens: Global Support for Democratic Government, Oxford: Oxford University Press.

Salamon, L. 1994, 「The Rise of the Nonprofit Sector」, Foreign Affairs 73/4. 109-122.

———, L. 1995, Partners in Public Service, Baltimore: Johns Hopkins University Press.

———, L. et al. 1999, Global Civil Society: Dimensions of the Nonprofit Sector. Baltimore: Johns Hopkins University Press.

———, L and Anheier, H. 1997, 「Toward a Common Definition」, In Salamon and Anheier, eds., Defining the Nonprofit Sector, Manchester: Manchester University

Press.

Smith, D. and Gay, P. 2005, 「Active Aging in Active Communities: Volunteering and the Transition to Retirement」, Institute for Volunteering Research, Bristol: UK.

UN, 2003, "Handbook on Nonprofit Institutions in the System of National Accounts"

UNDP, 1993, Human Development Report 1993.

───, 1997, 「Governance for Sustainable Development: Glossary of Key Terms」

───, 2015, Human Development Report 2015.

UNSG, 1998, 「Arrangements and Practices for the Interaction of Non-Governmental Organizations in All Activities of the United Nations System」.

Van Til, J. 2000, Growing Civil Society: From Nonprofit Sector to Third Space. Bloomington: Indiana University Press.

Verba, S., Schlozman, K., and Brady, H. 1995. Voice and Equality: Civic Voluntarism in American Politics. Cambridge: Harvard University Press.

Warburton, J., Terry, D., Rosenman, L., Shapiro, M. 2001, 「Differences between Older Volunteers and Nonvolunteers」, Research on Aging, 23(5). 586-605.

Webler, T. and Renn, O. 1995, 「A Brief Primer on Participation: Philosophy and Practice」, Renn, O., Webler, T. and Wiedemann, P. eds. Fairness and Competence in Citizenship Participation. Dordrecht: Kluwer Academic.

Wilson, J. and Musick, M. 1997, 「Who Cares? Toward an Integrated Theory of Volunteering」, American Sociological Review, 62, 694-713.

Woods, N. 1999, 「Good Governance in International Organizations」, Global Governance 5.

찾아보기 INDEX